Oldenbourg

Rechnernetze

Technik, Protokolle, Systeme, Anwendungen

von
Prof. Dr. Walter E. Proebster
Universität München

2., überarbeitete Auflage

Oldenbourg Verlag München Wien

Über den Autor:
Walter E. Proebster

1947 – 1951	Studium der Elektrotechnik, Dipl.-Ing.
1951 – 1956	Promotion
1956 – 1989	Forschung und Entwicklung bei IBM, u.a.: Director Experimental Machines, IBM Research Center Yorictown, N.Y., USA (1962 – 1964); Direktor der IBM Entwicklungslaboratorien, Böblingen (1964 – 1973)
1972	Honorarprofessor, Universität Karlsruhe
1977	IEEE Fellow
1989 – 1993	Extraordinarius, Technische Universität München
Seit 1993	Honorarprofessor, Technische Universität München Forschung und Lehre auf den Gebieten Rechnersysteme, Peripherie von Informationssystemen, Rechnernetze

Die Deutsche Bibliothek - CIP-Einheitsaufnahme

Proebster Walter:
Rechnernetze : Technik, Protokolle, Systeme, Anwendungen / von Walter Proebster. - 2., überarb. Aufl.. – München ; Wien : Oldenbourg, 2002
ISBN 3-486-25777-3

Rosenheimer Straße 145, D-81671 München
Telefon: (089) 45051-0
www.oldenbourg-verlag.de

Lektorat: Irmela Wedler
Herstellung: Rainer Hartl
Umschlagkonzeption: Kraxenberger Kommunikationshaus, München
Gedruckt auf säure- und chlorfreiem Papier
Druck: R. Oldenbourg Graphische Betriebe Druckerei GmbH

Inhaltsverzeichnis

Vorwort

Rechnernetze befinden sich heute in einem fast explosivem Wachstum. Die Zahl und Komplexität der zugrundeliegenden Techniken, Protokolle, Systeme und Anwendungen ist beinahe unüberschaubar. Das Ziel dieses Buches ist, in einem begrenzten Rahmen einen Überblick zu geben über die wesentlichen Prinzipien und Formen von Rechnernetzen und auch Entwicklungslinien aufzuzeigen. Es soll damit dem Studierenden als hilfreicher Leitfaden dienen.
Der Inhalt basiert auf Skripten von Vorlesungen über Rechnernetze an der Technischen Universität München (TUM) von folgenden Professoren:

U. Baumgarten
H.-G. Hegering
E. Jessen
W.E. Proebster
J. Schlichter
H.-J. Siegert

Regelmässige Vorlesungen zum Thema Rechnernetze wurden an der TUM, Fakultät Informatik, seit dem Wintersemester 75/76 abgehalten. Diese Unterlagen wurden von mehreren Studenten der Informatik der TUM im Rahmen von Studienarbeiten über eine Reihe von Jahren zusammengetragen, geordnet und ergänzt. Die letzte hier vorliegende Fassung stammt von

Sebastian Birnbach
Tin Kai Chan 陳天旗
Robert Müller
Andreas Völkl
Anke Waterkamp

Eine Reihe dieser Studenten haben inzwischen ihr Studium mit Erfolg abgeschlossen.

Um in einem auch wirtschaftlich vertretbarem Rahmen zu bleiben, mußte das Originalmaterial von über 800 Seiten auf etwa die Hälfte reduziert werden. Zur strukturierten und auch didaktisch sinnvollen Darstellung wurde für die Gliederung und den Inhalt der Kapitel 2 bis 10 das ISO/OSI Referenzmodell herangezogen. Tatsächlich hat sich dieses Modell am Markt nicht durchsetzen können, doch können die hier behandelten Prinzipien in anderer Gewichtung auch in anderen Rechnernetzen gefunden werden. Kapitel 11 behandelt das Netzmanagement, Kapitel 12 und 13 vertiefen die Themen ISDN und Hochleistungsnetze, wie ATM, über die Behandlung in den vorausgegangenen Kapiteln hinaus.
Es ist angestrebt, daß jedes Kapitel für sich selbst verständlich ist, ohne den Leser zu zwingen, den gesamten Inhalt des Buches aufzunehmen. Jedes Kapitel trägt am Anfang eine kompakte Übersicht, um dem eiligen Leser einen raschen Einstieg in die

behandelte Materie zu ermöglichen. Weiterhin enthält das Buch ein Literaturverzeichnis - zum Teil kommentiert. Die angegebene Literatur soll auch zur Ausarbeitung von Seminarvortragen und anderen Studienarbeiten dienen. Am Ende jedes Kapitels befinden sich Prüfungsfragen, die zur Selbstprüfung und insbesondere zur Vorbereitung auf Prüfungen gedacht sind.
Wo immer möglich wurden deutsche Fachausdrücke verwendet; haben sich jedoch englische Ausdrücke bereits fest in die Fachsprache eingebürgert, wurde letzteren der Vorzug gegeben.
Angesichts des Umfangs und der Dynamik des Gebietes erhebt dieses Buch nicht den Anspruch auf Vollständigkeit der Darstellung und letzter Aktualität. Hinweise auf Korrekturen, Vorschläge für Ergänzungen und Verbesserungen sind sehr willkommen. Es wird eine WWW-Seite eingerichtet, die Ergänzungen und Aktualisierungen enthalten wird. Diese ist unter der URL http://www.oldenbourg.de/rot/proebste.htm zu finden. Anregungen schicken Sie bitte an w.proebster@ieee.org.
Allen die am Zustandekommen dieses Werkes beigetragen haben, sei an dieser Stelle herzlich gedankt. Besonderer Dank gebührt auch Herrn Robert Karnecki für seine Beiträge bei der Ausarbeitung und Gestaltung des Manuskripts. Nicht zuletzt richtet sich unser Dank auch an den Verlag für verständnisvolle Unterstützung.

München im November 1997
Walter E. Proebster

Vorwort zur zweiten Auflage

Die stürmische Entwicklung auf dem Gebiet der Rechnernetze und das breite Interesse daran hält auch nach dem Erscheinen des Buches Anfang 1998 ungebrochen an. Seine günstige Aufnahme durch die Leserschaft hat den Oldenbourg Verlag veranlasst zu Beginn dieses Jahres die Entscheidung für eine Neuauflage zu treffen.
Die grundlegende Konzeption ist dabei in dieser zweiten Auflage erhalten geblieben: Das Buch beschreibt einführend die systemtechnischen Grundlagen von Rechnernetzen. Es ist gegründet auf eine große Zahl von Vorlesungen an der Technischen Universität München und wendet sich vornehmlich an Studenten von Fachschulen, Fachhochschulen und Universitäten, aber auch an andere Interessierte, die sich mit dem Wesen von Rechnernetzen befassen wollen.
Gegenüber der ersten Auflage sind hier wichtige Ergänzungen und notwendige Korrekturen vorgenommen worden. Berücksichtigt wurden dabei insbesondere die Vorlesungen meiner Kollegen Hegering, Jessen, Schlichter und Baumgarten aus den letzten Jahren, denen ich an diesre Stelle besonders danke.
Bei der Ausarbeitung im einzelnen waren behilflich:

Dipl.-Inf. Ingo Bauer
Dipl.-Phys. Oliver Bösl
Cand.Inf. Adrian Bunk
Dipl.-Inf. Tin Kai Chan 陳天旗
Dipl.-Inf. Robert Müller
Dipl.-Inf. Andreas Völkl

denen ich ganz besonders für ihr Engagement und ihr persönliches Interesse danken mochte.
Dem Verlag sei gedankt für sorgfältige Betreuung und Drucklegung. An Anregungen und Vorschlägen bin ich stets interessiert.
Schließlich wünsche ich auch dieser zweiten Auflage von „Rechnernetzen" vollen Erfolg.

München im Juni 2001
Walter E. Proebster

1 Einleitung

1.1 Überblick

Das Kapitel „Einleitung“ gliedert sich in vier Themengebiete: Allgemeines, Normierung, ISO/OSI-Referenzmodelle und TCP/IP.
Abschnitt 1.2 befaßt sich mit allgemeinen Aspekten zu Rechnernetzen. Der Abschnitt 1.2.1 gibt einen kurzen geschichtlichen Überblick über die Entwicklung der Rechnernetze. Schon in den 60er Jahren entwickelte man als Alternative zum Zentralrechnerbetrieb die Fernstapelverarbeitung (bei der der Programmierer oder Benutzer sein Programm noch über Lochkarten eingeben mußte). In den 70er Jahren propagierte man dialoggesteuerte *time-sharing*-Systeme, mit Hilfe derer mehrere Anwender einen Rechner (= Host, = Terminal) gleichzeitig benutzen konnten. Mit dem Aufbau des ARPA-Netzes Anfang der 70er Jahre entstanden grundlegende Ideen und Konzepte der Pakettechnologie. Als Paket bezeichnete man damals zum erstenmal kleine, für die Kommunikation günstige Nachrichtenfragmente, die beim Empfänger wieder zur ursprünglichen Nachricht zusammengesetzt wurden. Ab 1976 beschäftigte sich die CCITT mit der Schnittstellennormung von Speichervermittlungssystemen (siehe auch Abschnitt 1.2.8). Die Ausarbeitungen des ISO/OSI-Modells und der Empfehlung X.25 erfolgten anfangs parallel. Schicht 4 aufwärts wird jedoch fast nur noch von der ISO geprägt. X.25 legt die Protokolle für die unteren drei Schichten fest.
Im Abschnitt 1.2.3 wird genauer erklärt, was man sich unter Datenübertragung und Datenfernübertragung vorzustellen hat. Eine Datenstation besteht aus einer **Datenendeinrichtung, DEE** und einer **Datenübertragungseinrichtung, DÜE**. Die DEE wiederum besteht aus einer Fernbetriebseinheit (verantwortlich für Schrittakterzeugung, Synchronisation, Parallelserienumsetzung und Koordination der Datenübertragung) und einem Datenendgerät (Drucker, Fernschreiber, Rechenanlage). DÜEs bilden das Verbindungsstück zwischen DEE und den Übertragungswegen (Subnet).
In Abschnitt 1.2.4 erfährt man, welche Arten von Rechnerkopplungen es gibt. Koppelt man mehrere Prozessoren über einen **Bus**, so spricht man von einem Mehrprozessorsystem. Mittels **DFÜ-Leitungen** kann man Rechner über eine längere Entfernung miteinander verbinden. Weit verbreitet ist inzwischen die Kopplung über **lokale Netze** (LAN), deren Ausdehnung sich jedoch meist auf ein Grundstück oder Gebäude beschränkt. Will man Rechner grundstückübergreifend vernetzen, so verwendet man meist die **öffentlichen Übertragungswege**, z.B. das Netz der Deutschen Telekom.
Abschnitt 1.2.5 legt die Unterschiede zwischen einem Rechnernetz und einem verteilten System dar.
Ein Rechnernetz (Rechnerverbund, *computer network*) ist primär ein Übertragungssystem zwischen an ein Netz angeschlossenen, weitgehend oder vollständig autonomen Rechnern (Datenstationen), die über eigene Speicher, eigene Peripherie und eigene Rechenfähigkeit verfügen können.
Ein verteiltes System erscheint dem Benutzer gegenüber als ein homogenes Verarbeitungssystem und verbirgt vor ihm bewußt, wo und wie die angebotenen Funktionen erbracht werden.

Wozu und wie man Rechnernetze einsetzen kann, zeigt Abschnitt 1.2.2:
Dateitransfer, electronic mail, Fernstapelbetrieb, virtuelle Terminals, gemeinschaftliche Nutzung teurer Peripheriegeräte, verteilte Anwendungen und Lastverteilung in Stoßzeiten. Die Motivation und die Möglichkeiten von Rechnernetzen werden hier erläutert.
Welche Anforderungen werden an Rechnernetze im Gegensatz zu einzelnen Systemen gestellt? Abschnitt 1.2.6 führt folgende Punkte aus:

- In Rechnernetzen gibt es nur explizite Nachrichtenübermittlung, d.h. Dialog mittels Protokollelementen, da die angeschlossenen Rechner keinen gemeinsamen (Real-)Speicher besitzen und implizite Kommunikation, d.h. daß mehrere Benutzer auf einen gemeinsamen Speicher zugreifen, nicht möglich ist.
- Synchrone Abläufe können nicht garantiert werden.
- Angeschlossene Systeme sind meist heterogen.
- Der Kommunikationsmechanismus muß sich mit Nachrichtenverzögerung, Fehlern im Transportsystem und örtlicher Unabhängigkeit befassen.

In Abschnitt 1.2.7 werden verschiedene Netztopologien aufgezeigt. Als Topologie eines Rechnernetzes bezeichnet man die Form der Verteilung der Knotenrechner und deren Verschaltung. Man unterscheidet zwischen folgenden Topologien: Punkt-zu-Punkt-Kanal, Bus-Topologie, Ring-Topologie, Sternnetzwerk, Baumnetzwerk, Mischnetzwerk und komplett verbundenes Netz.
Abschnitt 1.2.8 gibt einige Möglichkeiten zur Klassifizierung von Rechnernetzen an:

- nach Einsatzgebiet,
- nach Rechnertypen im Netz (homogen/inhomogen),
- nach Art des Zugangs (öffentlich/privat),
- nach Ausdehnungsbereich (LAN, MAN, WAN),
- nach Verbindungstyp (Wählnetz/Standleitung),
- nach Vermittlungstechnik (Leitungs-, Speichervermittlung). Die Nachrichten können dabei ungeteilt als Ganzes oder geteilt in Paketen übertragen werden.

Bei der **Leitungsvermittlung** existiert zwischen den vernetzten Teilnehmern eine durchgehende physikalische Leitung.
Bei der **Speichervermittlung** werden die Daten auf dem Weg zum Empfänger mehrmals zwischengespeichert; es gibt keine durchgehende reale physikalische Verbindung.
Bei **verbindungsorientierter** Kommunikation wird zwischen den Kommunikationspartnern eine logische Verbindung aufgebaut.
Bei **verbindungslosen** Verfahren muß vor der Datenübertragung keine Verbindung

aufgebaut werden. Die übertragenen Benutzerdatenblöcke, die Ziel- und Absenderadressen enthalten, bezeichnet man als Datagramme.

Abschnitt 1.3 behandelt die Normierung von Rechnernetzen und stellt die wichtigsten Gremien der Normierung vor.
Abschnitt 1.3.1 geht anfangs kurz auf die Entwicklung von geschlossenen zu offenen Systemen ein.
Unter einem **geschlossenen System** versteht man ein System, das auf der Technologie eines bestimmten Herstellers aufbaut, mit Konkurrenzprodukten nicht kompatibel ist und dessen Ausdehnung sich auf einen bestimmten Teilnehmerkreis und ein bestimmtes räumliches Gebiet beschränkt. Datenübertragung von einem solchen Netz in ein fremdes Netz ist nur mit sehr großem Aufwand an Hard- und Software möglich.
Ein **offenes System** dagegen ist ein System von Computern, Software, Peripherie und Übertragungsmedien, das einem Satz von Normen für den Informationsaustausch gehorcht. Damit ist jedes Teilsystem offen für die Kommunikation mit jedem anderen Teilsystem.
Ziel der Normierungsarbeit im Bereich der Rechnerkommunikation ist es, den Dialog zwischen Rechnern verschiedenster Hersteller zu ermöglichen.
Im Abschnitt 1.3.2 werden die wichtigsten Normierungsinstitute aufgelistet und kurz beschrieben: ITU, CCITT, CEPT, ISO, IEEE, DIN/NI, ANSI, ECMA, EIA.

Das nächste Themengebiet, das ISO/OSI-Referenzmodell, seine Schichten und Terminologie, wird in **Abschnitt 1.4** behandelt. Ziel des Modells ist es, eine Übersicht über die komplexe Interaktion zwischen Systemen zu schaffen und damit den Entwurf, die Implementierung und die Wartung offener Systeme zu erleichtern. Ein bestimmtes Einteilungsprinzip zerlegt jedes offene System in Module mit eigenständigen Aufgaben. Jedes Modul benutzt das darunterliegende und unterstützt das darüberliegende. Damit entsteht eine Struktur von horizontalen Schichten, beim ISO/OSI-Modell sind es sieben.
Im folgenden werden die sieben Schichten kurz charakterisiert:
Die **Bitübertragungsschicht** stellt ungesicherte Verbindungen zwischen Systemen für die Übertragung von Bits zur Verfügung.
Die **Sicherungsschicht** verbessert ungesicherte Verbindungen auf Teilstrecken zu gesicherten Verbindungen. Eine Verbindung heißt dabei gesichert, wenn sie Fehler in der Datenübertragung erkennt und korrigiert.
Die **Vermittlungsschicht** verknüpft Teilstrecken eines Netzes zu einem Endsystem, beschäftigt sich also mit der Steuerung des Subnet-Betriebs. Sie kümmert sich um Vermittlung und Wegewahl vom Ursprung zum Bestimmungsort.
Die **Transportschicht** nimmt die Anforderung der Anwenderprozesse hinsichtlich der Übertragungsqualität entgegen, erstellt entsprechende Aufträge an die darunterliegenden Schichten und gleicht gegebenenfalls ungenügende Leistungen dieser Schichten aus.
Die **Sitzungsschicht** regelt den Gesprächswechsel zwischen kommunizierenden Partnern und liefert Vorkehrungen zum Wiederanlaufen einer unterbrochenen Übertra-

gung ab einem zwischen den Partnern vorher vereinbarten Punkt (Synchronisationspunkt).
Die **Darstellungsschicht** stellt Ausdrucksmittel (z.B. Zeichenvorrat, Datentypen) zur Verfügung, die es den Anwendungsinstanzen ermöglichen, Begriffe eindeutig zu benennen. Das Darstellungsprotokoll enthält Regeln, die festlegen, wie die in der gemeinsamen Sprache dargestellte Information auszutauschen ist.
Die **Anwendungsschicht** ist die höchste Schicht des Referenzmodells und stellt die Mittel zur Kooperation zwischen verteilten Anwendungsprozessen zur Verfügung. Sie enthält die eigentlichen, für den Benutzer interessanten Anwendungen.

In der OSI-Terminologie bezeichnet man als **Instanz** die aktiven Elemente einer Schicht, die man sich als abstrakte, funktionelle Träger der in einer Schicht erbrachten Dienste vorstellen kann. Als **Diensterbringer** bezeichnet man Schicht *N*, die die Schicht *N+1* (**Dienstbenutzer**) mit Diensten versorgt. *Service access points*, SAPs, sind die abstrakte Modellierung der Schnittstellen von Programmen oder Prozessen zwischen den Funktionsschichten. Sie sind die Interaktionspunkte zwischen dem Diensterbringer und dem Dienstbenutzer. Beim Übergang einer Nachricht über einen SAP von der Instanz *N+1* zur Instanz *N* wird an die eigentliche Information ein Verwaltungsteil angehängt, der beim Transport von der Instanz *N* zur Instanz *N+1* wieder abgehängt und ausgewertet wird. Im OSI-Kommunikationsmodell unterscheidet man Systemschnitt, Dienstschnitt und Protokollschnitt.
Der **Systemschnitt** legt fest, welche Systeme Endsysteme (Quelle und Senken der Kommunikation) und welche Transitsysteme (Übertragungs- und Vermittlungshilfen) sind. Der **Dienstschnitt** zerlegt die Kommunikation in funktionelle Zusammenhänge. Ein **Dienst** ist ein Satz von Dienstelementen, der von einer Schicht der über ihr liegenden Schicht zur Verfügung gestellt wird. Diese Vereinbarung wird in der Nomenklatur deutlich sichtbar: z.B. T-CONNECT.request, wobei **T** für die Transportschicht steht, **CONNECT** der Name der Dienstgruppe ist und **.request** ein Dienstelement ist. Der **Protokollschnitt** legt Protokollinstanzen fest, die systemübergreifend Dienste realisieren. Ein Protokoll bezieht sich auf die Ausführung des Dienstes und ist als solches für den Dienstbenutzer nicht sichtbar.

In den letzten **Abschnitten 1.5 und 1.6** wird das TCP/IP Referenzmodell des Internets behandelt und mit dem OSI Referenzmodell verglichen. TCP/IP besteht nur aus drei Schichten: Der Vermittlungsschicht mit dem Protokoll IP, der Transportschicht mit dem Protokoll TCP und der Anwendungsschicht. Schicht 5 und 6 des OSI Modells, Sitzungs- und Darstellungsschicht, die auch bei OSI wenig ausgeprägt sind, fehlen bei TCP/IP völlig. Die an sich wichtigen Schichten 1 und 2 von OSI, physikalische Schicht und Sicherungsschicht, werden im TCP/IP Modell nicht erwähnt. TCP/IP hat sich vor allem durch seine Anwendung im Internet gegenüber OSI durchgesetzt, da es frühzeitiger und qualitativ besser implementiert wurde als OSI [COME 95]. Aufgrund der besseren Strukturierung wird in diesem Buch weitgehend das OSI-Modell herangezogen, aber soweit möglich auf TCP/IP Bezug genommen.

1.2 Allgemeines

1.2.1 Geschichte, Gegenwart und Zukunft der Rechnernetze

Zentralrechner der 60er Jahre: Die Anwendungen der Datenverarbeitung in den 60er Jahren lassen sich klar in zwei Klassen unterteilen: in zentralisierte, stapelverarbeitungsorientierte (*batch*) Systeme und in Prozeßrechner zur Steuerung und Überwachung von Produktionsprozessen oder anderer Realzeitprobleme. Die Prozeßsteuerung war meist auf eine Vollautomatisierung mit geringem menschlichen Eingreifen ausgerichtet.
Im Bereich der kommerziellen und technisch-wirtschaftlichen Datenverarbeitung wurde der Einsatz von DV-Anlagen dadurch behindert, daß zwischen Rechner und Entwickler oder Anwender weitere Personen, wie Programmierer, Systemspezialisten etc. geschaltet waren. Die Benutzer des Systems hatten also keinen direkten Zugang zu den Anwendungen eines Rechners.
In dieser Zeit entwickelte man den ersten Fernrechnerzugang (*remote access*): die **Fernstapelverarbeitung**. Der Bediener einer solchen Stapelstation mußte einen Lochkartenstapel mit seinem Auftrag in den Kartenleser einlegen, den Kartenstapel einlesen und den Drucker selbst bedienen. Diese Aufgaben fielen zuvor in den Bereich des Maschinenoperateurs. Die Übertragungsverfahren, die im Rahmen der Fernstapelverarbeitung entwickelt wurden, zählen zu den Ursprüngen der Datenkommunikation.

Rechnerzugang in den 70er Jahren: Die ersten dialogorientierten Zeitscheibensysteme (*time-sharing*-Systeme) zu Beginn der 70er Jahre erleichterten den Zugang zum Rechner wesentlich. Erstmals konnten mehrere Anwender einen Rechner gleichzeitig benutzen und damit eine bessere Auslastung erreichen. Zusammen mit dem Einsatz von Bildschirmterminals entstanden Softwaresysteme, die unmittelbar von Anwendern auch mit wenig DV-Kenntnissen bedient werden konnten. Verfahren wurden entwickelt, die es ermöglichten, die Datenstation unmittelbar am Arbeitsplatz eines Sachbearbeiters aufzustellen und nicht, wie zuvor, gezwungenermaßen in unmittelbarer Nähe des Rechnerraums.
Die meisten Hersteller erweiterten ihr Produktangebot um spezielle Komponenten für Datenkommunikation, wie Vorrechner, Konzentratoren, Multiplexeinrichtungen, etc. Beispiele für solche Herstellernetzprodukte sind SNA (*Systems Network Architecture*) von IBM, TRANSDATA von Siemens, DECNET von DEC, DCA von Sperry, Wang-Net von WANG etc.

Nachteile von Herstellernetzen: Diese Herstellernetze stießen bald an ihre Grenzen. Sie sind darauf ausgerichtet, alle Aufgaben in einem Zentralrechner oder wenigen Verarbeitungssystemen zu bearbeiten. Herstellerspezifische technische Lösungen verhindern den Zusammenschluß verschiedener Netze.
Geschlossene, homogene Herstellernetze sind der sprunghaft ansteigenden Anzahl installierter DV-Systeme und deren neuen Einsatzmöglichkeiten in teilweise sich überschneidenden Anwendungsgebieten nicht mehr gewachsen. An immer mehr Arbeits-

plätzen werden Leistungen benötigt, die auf unterschiedlichen Rechenanlagen angeboten werden. Aufgrund fehlender Kompatibilität können die verfügbaren Dienste, die auf DV-Anlagen von unterschiedlichen Lieferanten laufen, nicht über ein einziges Endgerät abgerufen werden.
Angesichts der Einsatzperspektiven von Arbeitsplatzrechnern oder PCs wird der Ruf nach freizügiger Kommunikation immer lauter. Ein Mikrocomputer wird um so attraktiver, je größer das Spektrum der angebotenen Dienstleistungen ist.
Homogene Herstellernetze verlangen von anzuschließender Fremdperipherie ein Verhalten, das dem der eigenen Terminals entspricht (Terminalemulation). Wollte man in Tausenden PC-Installationen Emulationen für den Anschluß an die wichtigsten Herstellernetze bereitstellen, wäre das wirtschaftlich sicher uninteressant. Die Entwicklung von Arbeitsplatzrechnern war sehr stark an die Entwicklung offener Systeme gebunden.

Paketnetzentwicklung: 1964 gab das amerikanische Verteidigungsministerium eine Studie zur Untersuchung militärischer Anwendungen der Datenübertragung in Auftrag. Unter anderem wurde für diese Studie eine Statistik über die Nachrichtenlänge von Dialogtransaktionen erstellt. Wie sich herausstellte, war die Nachrichtenlänge überwiegend sehr kurz. Aufgrund dieser Ergebnisse beschloß man, die Übertragung sehr kurzer Nachrichten zu optimieren. Die eingereichten Anregungen und Vorschläge befaßten sich mit der Neukonzeption von Übertragungssystemen, die robust gegenüber dem Ausfall einzelner Netzknoten, weitgehend dynamisch bei der Routenwahl waren und mit zu übertragenden Nachrichten von maximal 256 Zeichen arbeiteten.
Auch eine frühe Studie am National Physics Laboratory (NPL) in Großbritannien kam 1967 zu ähnlichen Schlußfolgerungen. Ziel dieser Studie war es, die Antwortzeiten bei entfernt aufgestellten Terminals möglichst gering zu halten. Theoretische Überlegungen auf der Basis der Modellierung eines Netzknotens als simple Warteschlange ergaben, daß einzelne lange Nachrichten die durchschnittliche Wartezeit spürbar erhöhten. Deswegen kam man auf die Idee, lange Nachrichten in Blöcke einer bestimmten Länge zu fragmentieren. Diese Nachrichtenfragmente nannte man damals zum erstenmal „Pakete“.

Erste Paketnetze: Beim Aufbau des ARPA-Netzes in den USA, das es seit ca. 1970 gibt, versuchte man weitgehend alle Studienergebnisse umzusetzen. ARPA steht als Kürzel für *Advanced Research Project Agency*, eine zivile Forschungsförderungsorganisation in den USA, die aber hauptsächlich militärische Auftragsforschung durchführt. (Inzwischen wurde der ARPA berechtigterweise ein D für *Defense* hinzugefügt: sie heißt jetzt DARPA.)
Viele der grundlegenden Ideen und Konzepte der Pakettechnologie sind im Umfeld des ARPA-Netzes entstanden und konnten auch praktisch erprobt werden.
Die Erfahrungen, die man mit dem ARPA-Netz gemacht hat, führten zu den ersten privatwirtschaftlichen Anwendungen der Datagramm- und Paketvermittlungsnetze.
Das SITA-Netz (*Societé Internationale des Télécommunications Aeronautiques*) des internationalen Verbands der Fluggesellschaften (IATA) verwendet seit Ende der 60er

Jahre ein Datagrammverfahren zur Minimierung von Antwortzeiten bei Auskunftsdiensten. Anwendungen sind Buchungen, Informationen über Flugverspätungen usw. TYMNET betreibt heute eines der größten privaten Netze und nimmt insofern eine gewisse Sonderstellung auf dem Markt ein, als es primär Datenübertragungsdienstleistungen über ein privates, internationales Netz anbietet. Die interne Technologie des TYMNET-Netzes hat eine völlig eigenständige Entwicklung durchlaufen und stellt eine interessante und leistungsfähige Alternative zu der Hauptentwicklungslinie dar, wie sie heute durch ISO und CCITT vertreten wird.
Ab etwa 1975 datiert die Übernahme und wirtschaftliche Nutzung der ARPA-Net-Erfahrungen durch die GTE-TELNET Corp.. Deren Produkte wurden von wichtigen Netzbetreibern in Nordamerika eingesetzt und hatten maßgeblichen Einfluß auf den Entwurf der Empfehlung X.25 der CCITT.
Ab 1976 beschäftigt sich CCITT - der internationale Dachverband der Postorganisationen - mit der Normung von Schnittstellen für Speichervermittlungssysteme. Im Unterschied zu den Arbeitsergebnissen der ISO heißen die vom CCITT erlassenen Normen „Empfehlungen" (*recommendation*). Die Empfehlungen der V-Serie betreffen Schnittstellenfestlegungen für Fernsprechnetze (z.B. V.24 für Datenübertragung über ein Fernsprechnetz). In der X-Serie werden Schnittstellen für Datennetze festgelegt (z.B. X.25 für eine Paketschnittstelle). Es gibt für jeden Buchstaben des Alphabets eine Serie von CCITT-Empfehlungen. Für die Datenverarbeitung und -kommunikation ist noch die S-Serie von Interesse (z.B. S.61 zur Festlegung eines 8-Bit-Alphabets für den Teletextdienst). Die wichtige Empfehlung X.25 legt Protokolle für die unteren drei Ebenen des ISO-Modells fest. Die Ausarbeitung des ISO-Modells und der X.25-Norm erfolgte anfangs parallel. Aufgrund von Unstimmigkeiten zwischen ISO und CCITT umfaßt die X.25-Norm auch einige Regelungen, die nach dem ISO/OSI-Modell eigentlich in die Transportschicht gehören.
Neben diesen internationalen Standards von ISO und CCITT exisitieren geschlossene Herstellersysteme, wie z.B. von IBM und ähnliche Herstellernetze zwar weiter, jedoch mit Anbindungsmöglichkeiten an internationale Netze.

Rechnernetze heute: Technik und Anwendung von Rechnernetzen zeigen heute ein fast explosives Wachstum: Die Leistungsfähigkeit von modernen Glasfasern als Transportwege kann auch nicht annähernd genutzt werden. Die Halbleitergroßintegration (VLSI: Very Large Scale Integration) erlaubt es, kostengünstig leistungsstarke Vermittlungs- und Endgeräte bereitzustellen. Die Bedeutung von Graphikanwendungen in vielen Industriezweigen führt zur Forderung nach leistungsstärkeren Netzen. Internet, global ausgedehnt, mit heute exponentiellem Wachstum, hat den früheren Schwerpunkt: Verbindung von Universitäten und Forschungseinrichtungen, auf den privaten Sektor verlagert durch E-Mail, World-Wide Web (WWW), Multimedia. Die Erweiterung der Integration von Diensten über ISDN hinaus durch mit ATM, Text, Daten, Sprache und Bewegtbild ist ein globales Ziel. Auch die mobile Kommunikation von Sprache, Text und Daten über Funk und Satelliten ist ein treibendes Element. Nicht zuletzt zu erwähnen ist die weltweite Aushöhlung oder Aufhebung der staatlichen Fernmeldemonopole als Auftrieb für die Entwicklung und den Einsatz neuer

Dienstleistungen bei gleichzeitiger Reduzierung der Kosten und Tarife.
Hemmende Faktoren dieser Entwicklung sind die Übersättigung der Benutzer durch die wachsende Informationsflut, die Angst vor unsichtbarem Datenmißbrauch - der „gläserne Mensch" - oder gar vor kriminellem Mißbrauch. Gerade bei den letzten beiden Punkten ist der Informatiker, der die entsprechenden Systeme entwickelt, in seiner ethischen Verantwortung gefordert.

Zukunft von Rechnernetzen: Wir sehen heute schon die wachsende Überlappung - in der Zukunft vielleicht die völlige Verschmelzung - von drei mächtigen Industriekomplexen, die in der Vergangenheit gänzlich getrennt waren:

- die Telefonindustrie, einschliesslich Telegramm-, Fernschreib- und Faximilediensten,
- die Computerindustrie, die sich von ursprünglich militärischen, wissenschaftlichen und kommerziellen Anwendungen mehr und mehr dem privaten Bereich zuwendet,
- die Unterhaltungsindustrie, die angestoßen durch die Computertechnik sich zunehmend auf digitales Radio, Fernsehen, Video und Photographie konzentriert.

Aufgrund dieser Annäherung besteht die Chance für großzügige Systemlösungen, die für ein weites Anwendungsspektrum eine breite Basis bilden. Zukünftige Rechnernetze spielen bei diesen Entwicklungen eine entscheidende Rolle.
Das starke Wachstum der Rechnernetze beruht nicht nur auf einem wachsenden Bedarf, sondern auch auf der beispiellosen Verbilligung der Computer und Übertragungsmedien. Rechnernetze werden sich nicht nur quantitativ in Bezug auf beteiligte Stationen erweitern, sondern auch qualitativ verbesserte Dienste anbieten.

1.2.2 Ziele von Rechnernetzen

Die Existenz und das Funktionieren von Rechnernetzen werden heute mit Selbstverständlichkeit hingenommen, so daß an dieser Stelle kurz die Motivationen skizziert werden, die für die Errichtung von Rechnernetzen Pate stehen.

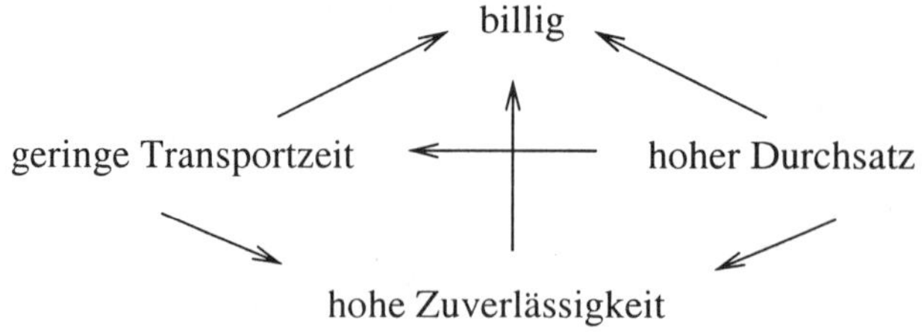

Abbildung 1: Zielkonflikte

a.) aus Endnutzersicht:

- Kommunikation von Personen:
  - elektronischer Briefverkehr (mail, news),
  - elektronische Konferenzen (conferencing)
    → Trend zu Multimedia (simultane Darbietung von Sprache, Ton, Texten und Bildern),
  - Zugriff auf Information,
  - Dateien (file access, manipulation, transfer, ftp),
  - Informationssysteme (NEWS, GOPHER, WWW),
  - Fachdatenbanken, Fachinformationszentren,
  - Video on Demand,
- Benutzung entfernter Verarbeitungsrechner / Funktionen:
  - Ferndialog (remote login),
  - Stapelverarbeitung (RJE = remote job execution),
  - telefonbanking, teleshopping,
  - remote experiments,
  - Kooperation von Programmläufen,
  - client/server-computing,
  - distributed computing,
  - verteilte Anwendungen.

b.) aus Betreibersicht

- Erhöhung der Zuverlässigkeit, Verfügbarkeit, Grenzdurchsatz, Ausgleich schwankender Anforderungen,
  → Funktionsverbund (resource sharing),
- Verbund „spezialisierter“ Rechner z.B. mit Spezial-Hardware, Spezial-Anwendungen (spezielle Software), speziellen Datenbeständen, unterschiedlicher CPU-Kapazität,
  → Lastverbund (load sharing),
- Ausgleich von Spitzenanforderungen nach Kapazität: örtlich/zeitlich Ausgleichsstrategien: automatisch / Operator / Benutzer,
  → Verfügbarkeitsverbund ((hot) standby),
  → Datenverbund (replicated database partitioned database).

Weitere Aufgaben von Rechnernetzen:
Über den Transport von Benutzer- und Anwendungsdaten hinaus müssen Rechnernetze weitere Dienste erbringen Diese Nicht-Transportdienste machen den überwiegenden Teil der Netz-Software aus.
Informationsdienste für Netzbenutzer:

- planmäßige Betriebszeit,
- Betreiber (d.h. Zuständigkeit),
- Hardware/Software: Art, Umfang, Version, aktuelle Verfügbarkeit, Tarife, Beratungsfunktionen, Manuale, Lernprogramme, Berater,
- Aktuelle Mitteilungen des Rechenzentrums (message of the day),
- Operator (Name, Adresse, evtl. Dialog),
- Aktuelle Auslastung/Wartezeit,
- Nachrichten für den Benutzer,
- Zustand eigener Aufträge/Dateien,
- Beschwerdebriefkasten,
- Informationen über das Kommunikationsnetz,
- Menge der nutzbaren Rechner: Namen/Adressen,
- Menge der erreichbaren Personen: Namen/Adressen (Beides Aufgaben eines Nameservers, evtl. mit Personen- / Hostinformationen wie z.B. public keys für verschlüsselte Übertragung),
- Konfiguration des Netzes,
- Netzdienste (z.B. directory, mail),
- Zugang zu Nachbarnetzen (Gateways, Router, Bridges),
- Betriebszustand.

Informationsdienste für Netzbetreiber:
Die für den Netzbenutzer i.a. transparenten Vorgänge und Maßnahmen der Netzbetreiberseite haben einen wichtigen Stellenwert; diese Dienste sollen hier kurz umrissen werden, umfassendere Informationen über den theoretischen und praktischen Netzbetrieb sind in Kapitel 11 (Netzmanagement) zu finden.

- Abrechnung: Im allgemeinen eine schwierige Aufgabe, da nichtsynchrone Uhren und nichtzuordenbare Betriebsmittel eine präzise Kostenrechnung verhindern. Außerdem Abwägung zwischen verursachergerechter Abrechnung / Pauschalierung / Nulltarif (Kommunikationsförderung). Typische Kategorien der Abrechnung sind Anschaltzeit, Zahl der Sendungen, Volumen, Entfernung (selten), auf diesem Host benutzte Dienste.

- Konfigurationsverwaltung:
  - Buchführung über Soll-Netz (Knotenrechner, Leitungen, Verarbeitungsrechner),
  - Aktuelles Ist-Netz (Verfügbarkeit etc.),
  - Ein-/Ausschalten von Komponenten,
  - Fernbedienung (Laden von Software, auch im Zusammenhang mit Diagnose, Wiederanlauf),
  - Downloading,
  - Change-Management,
  - Fehlermanagement,
  - Nicht-lokale Fehler entdecken, melden, diagnostizieren, eindämmen,
  - Prozesse wiederanlaufen lassen,
  - Fehler beheben, melden: Die Reproduktion solcher Fehler ist im allgemeinen unsicher bzw. nicht möglich,
  - Registrierung der nicht-lokalen und kommunikationsorientierten lokalen Fehler.

- Testhilfen für Diagnose:
  - Verfolgung von Nachrichten (trace) durch Echo-Test (Nachricht wird zwischen Sender und Empfänger „reflektiert“),
  - Registrierung der Nachricht an vorbestimmten Plätzen,
  - Zwischenstationen schreiben eine Notiz über das Passieren der Nachricht und hängen ihr diese an,
  - Fehlermanagement fußt auf umfangreichen Vorkehrungen im Netz, wie:
    - Prüfungen der Nachrichten, weitere Prüfungen der Protokolle,
    - Defensive Schnittstellen,
    - Redundanz (Leitungen, Knotenrechner, Prüfungen),
    - periodische Tests durch Nachrichtengeneratoren (Prüfmuster).

1.2.3 Allgemeines zur Datenübertragung

Unter **Datenübertragung** (*data transmission*) versteht man den Transport von Daten zwischen zwei oder mehreren räumlich beliebig weit voneinander entfernten Geräten (Datenstationen). Von **Datenfernübertragung** spricht man, wenn die beteiligten Datenstationen mehr als etwa einen Kilometer voneinander entfernt sind. Die zur Datenfernübertragung eingesetzten Verfahren unterscheiden sich meist wesentlich von denen, die zur Übertragung zwischen an einem Ort befindlichen Geräten verwendet werden.

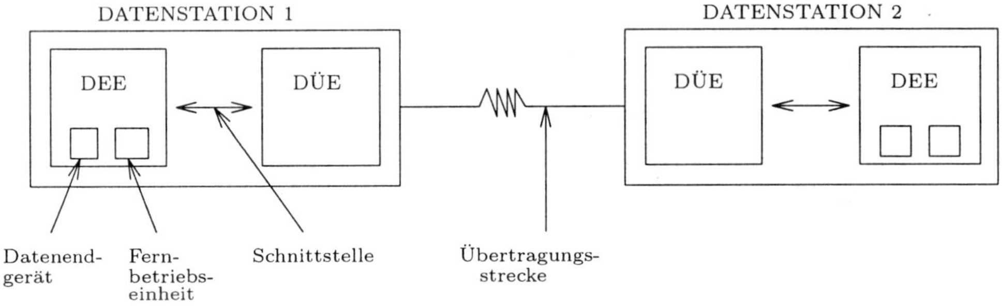

Abbildung 2: Datenübertragung

Jede Datenstation besteht aus einer **Datenendeinrichtung** (DEE, *data terminal equipment*, DTE) und einer **Datenübertragungseinrichtung** (DÜE, *data circuit terminal equipment*, DCE), die über eine genormte Schnittstelle miteinander verbunden sind. Eine DEE besteht aus einer Fernbetriebseinheit und einem Datenendgerät. Die Fernbetriebseinheit hat folgende Aufgaben, die teilweise auch von der DÜE wahrgenommen werden:

- Schrittakterzeugung:
  Erzeugung eines regelmäßigen Taktes, mit dem Daten oder Datenblöcke übertragen werden.

- Synchronisation:
  Einhalten des gleichen Schrittaktes bei zwei Datenstationen während der Datenübertragung.

- Parallelserienumsetzung:
  Serielle Ausgabe von parallel eingehenden Daten und umgekehrt.

- Steuerung und Koordinierung der Datenübertragung:
  z.B. Festlegung, welche Datenstation sendet und empfängt und wann die Übertragung beendet ist.

Das Datenendgerät enthält eine oder mehrer der folgenden Funktionseinheiten:

- Eingabewerk,
- Ausgabewerk,
- Rechenwerk,
- Steuerwerk,
- Speicher.

Datenübertragungseinrichtungen (DÜEs) bilden das Verbindungsstück zwischen DEE und den (meist öffentlichen) Übertragungswegen (Subnet). Die DÜE ist mit der DEE über eine genormte Schnittstelle verbunden (z.B. X.25).
Aufgaben einer DÜE:

- Signalumsetzung: Anpassung der zu sendenden Daten an die Eigenschaften des Übertragungsweges und Umwandlung der empfangenen Signale in eine für die Schnittstelle vorgeschriebene Form.
- Anschalten: Auf- und Abbau von Datenverbindungen, z.B. durch Senden eines Rufsignals an eine andere Datenstation oder durch Anwahl einer Datenstation mit Hilfe einer in der Anschalteinheit integrierten manuellen oder automatischen Wähleinrichtung.
- Synchronisation: Erzeugung und Einhaltung eines konstanten Sende- und Empfangstaktes zwischen den DÜEs.
- Fehlerbehandlung: Erkennung und Behebung von Übertragungsfehlern.

Die Komponenten Synchronisiereinheit und Fehlerschutzeinheit sind häufig statt in der DÜE in der DEE realisiert. Modem sind Beispiele für DÜEs zur Datenübertragung über das Telefonnetz. Als **Quellstation** bezeichnet man den Rechner, von dem Daten an einen anderen Rechner (bzw. an andere Rechner), die **Ziel-** bzw. **Senkestation**(en), geschickt werden.

1.2.4 Typen von Rechnerkopplungen

Dieser Abschnitt behandelt die Vielfalt der Möglichkeiten, Rechner miteinander zu verbinden. Verbindet man mehrere Prozessoren über einen **Bus** miteinander, spricht man von einem Mehrprozessor-System. Über Adreß-, Daten- oder Steuerbus werden Daten und Steuerinformationen, die je nach Implementierungsart in Oktetts, Halbworten oder Worten dargestellt werden, parallel übertragen. Systeme, die auf diese Art miteinander verbunden sind, liegen meist nur wenige Meter auseinander. Kennzeichnend für eine Busverbindung ist die hohe Übertragungsrate (Tendenz zu GBit/s).

Von räumlich enger Kopplung von Rechnersystemen spricht man, wenn diese nur etwa 10 – 200 m voneinander entfernt liegen. Dabei sind die Rechner über Kanäle oder Externspeicher gekoppelt. Die Übertragungsraten bei dieser Verbindung liegen heute zwischen 1 – 5 MBit/s und 800 MBit/s.

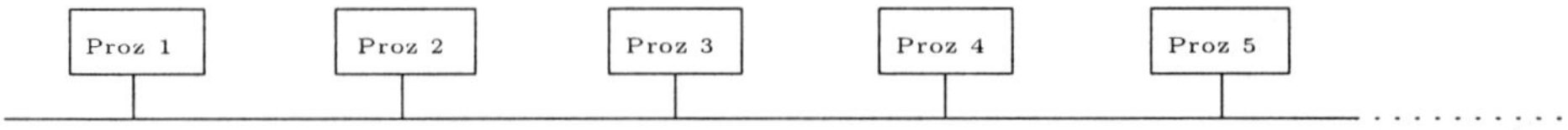

Abbildung 3: Buskopplung

Mittels **Datenfernübertragunsstrecken** (DFÜ-Strecken) kann man Rechner über längere Entfernung miteinander verbinden. Als Datenübertragungsleiter verwendet man elektrische Leiter, Lichtwellenleiter, Funk- oder Infrarotstrecken. Die maximal überbrückbare Entfernung hängt vom Übertragungsmedium (Bandbreite, Störempfindlichkeit) und der Existenz von Verstärkungsgliedern ab.

Medium	**Übertragungsrate**	**Bitfehlerrate**
Twisted Pair	bis 16 MBit/s	10^{-4} bis 10^{-6}
Koaxialkabel	bis 50 MBit/s	10^{-8}
Glasfaser	mehrere 100 MBit/s bis 100 GBit/s	10^{-12} bis 10^{-13}

Definition: (Bitfehlerrate) Die Bitfehlerrate gibt an, mit welcher Wahrscheinlichkeit ein Bit bei der Übertragung verfälscht wird.

Weitverbreitet ist die Kopplung über **lokale Netze** (*local area network*, LAN). Ein LAN hat i.a. eine geringe Ausdehnung, die sich auf ein Gebäude oder ein Grundstück beschränkt, verwendet Topologien wie Bus, Stern oder Ring und überträgt 4, 10, 16, 50 MBit/s oder mehr.

Beabsichtigt man Rechner grundstückübergreifend miteinander zu verbinden, verwendet man zur Datenübertragung in der Regel die **öffentlichen Übertragungswege** (z.B. das Netz der Deutschen Telekom).
Man unterscheidet Standleitungen, bei denen eine Verbindung über einen längeren Zeitraum besteht und festgeschaltet ist, und Wählleitungen, bei denen eine Datenstation eine andere durch Anwahl erreichen kann. Für die Datenübertragung stellt die Telekom im wesentlichen drei verschiedene Übertragungswege zur Verfügung, die unter dem Namen „Datel-Dienste" (Abkürzung für **Da**ta **Tel**ecommunications) zusammengefaßt sind: das Fernsprechnetz, das Fernschreibnetz (Telex-Netz) und das Datex-Netz. Alle erwähnten Netze lassen nur Wählverbindungen zu. Die Netze unterscheiden sich im wesentlichen durch die maximal möglichen Datenübertragungsraten und die Bitfehlerraten. Im Fernsprechnetz werden Daten üblicherweise mit einer

Datenübertragungsrate von 300, 1 200, 2 400, 4 800, 9 600, 14 400, 28 800, 33 600 und 56 000 Bit/s übertragen. Die Bitfehlerrate liegt bei etwa $5 \cdot 10^{-5}$ bis $2 \cdot 10^{-4}$.
Im Fernschreibnetz arbeitet man mit der sehr niedrigen Übertragungsrate von 50 Bit/s (Bitfehlerrate etwa 10^{-5} bis 10^{-6}).
Das Datexnetz, das 1967 speziell eingerichtet wurde, um die Anforderungen der digitalen Datenübertragung zu erfüllen, erlaubt Übertragungsraten von im Normalfall bis zu 9 600 Bit/s. Mit Hilfe besonderer Übertragungsverfahren können auch bis zu 48 000 Bit/s transportiert werden. Die Bitfehlerraten liegen je nach Übertragungsrate zwischen 10^{-6} und 10^{-5}.
In den obigen Netzen sind zwei Datenstationen während des Datenaustausches ununterbrochen direkt miteinander verbunden (leitungsvermittelte Netze).
Bei Datagrammdiensten steht der Sender einer Nachricht nicht unmittelbar mit dem Empfänger in Verbindung. Der Sender übergibt vielmehr seine mit der Adresse des Empfängers versehene Nachricht dem Netz, das diese selbständig an den Empfänger übermittelt. Da das Netz gegebenenfalls eine Nachricht so lange zwischenspeichert, bis eine geeignete Datenverbindung frei ist, werden insgesamt weniger Leitungen benötigt. Ein solcher paketvermittelter Dienst kann daher wesentlich preiswerter betrieben werden. Der nach diesem Prinzip aufgebaute Dienst der Telekom heißt Datex-P (P für paketvermittelt, im Gegensatz zu Datex-L = leitungsvermitteltes Netz). Diese verschiedenen Verbindungstypen werden in Abschnitt 1.2.8 noch genauer behandelt.
Heute werden die unterschiedlichen Netze durch ISDN (siehe Kapitel 12) abgelöst (*Integrated Services Digital Network*, dt.: Netz, in dem die Dienste Sprache, Text, Daten und Bild integriert sind und in digitaler Form geleistet werden). Nach der Umstellung auf Lichtwellenleiter werden dann Übertragungsraten von mindestens 2 Mbit/s mit sehr geringer Fehlerrate möglich sein. Andere von der Telekom angebotene Netze sind T-Online, Telefax, VBN (Vermitteltes Breitbandnetz), Temex Fernwirknetz.

1.2.5 Abgrenzung Rechnernetz - verteiltes System

Definition: (Rechnernetz) Ein Rechnernetz (Rechnerverbund, *computer network*) ist primär ein Übertragungssystem zwischen an ein Netz angeschlossenen, weitgehend oder vollständig autonomen Rechnern (Datenstationen), die über eigene Speicher, eigene Peripherie und eigene Rechenfähigkeit verfügen können.
Alle Rechner sind untereinander vernetzt, d.h. ein Rechnernetz bietet allen Teilnehmern die Möglichkeit, mit jedem anderen gewünschten Netzteilnehmer in Verbindung zu treten. Das Rechnernetz sorgt für die Zustellung der Daten.

Sind die DEE (Datenendeinrichtungen) unmittelbar durch Leitungen miteinander verbunden, also ohne Verwendung von entscheidungstreffenden (bzw. nachrichtenverändernden) Komponenten (z.B. Vermittlungsstellen, Schalter), dann spricht man von **direkter Vernetzung**, ansonsten von **indirekter Vernetzung**.
Indirekte Vernetzung wird in der Regel durch Netzknoten realisiert, die die Aufgabe der Vermittlung und Übertragung von Daten übernehmen. Bei den meisten Typen

von lokalen Netzen gibt es keine Netzknoten in diesem Sinn.
Für die Übertragungsstrecke zwischen den Knoten und den Datenstationen können Kupfgerleitungen, Koaxialkabel, Lichtwellenleiter und Satellitenstrecken verwendet werden.
Strikt hierarchisch strukturierte Systeme, bei denen z.B. von einer zentralen Datenstation aus (*master*) eine Reihe von unintelligenten Stationen (*slaves*) kontrolliert wird, stellen keine Rechnernetze dar.
Merkmale eines **verteilten Systems** (*distributed system*) :

1. Vielfalt von physischen und logischen Komponenten, denen Aufträge dynamisch zugeordnet werden können (Anmerkung: Homogenität der Komponenten ist nicht verlangt),
2. Räumliche Verteilung der Komponenten,
3. Kooperative Autonomie der Komponenten,
4. Systemtransparenz bezüglich der durch die Komponenten erbrachten Dienste für DEE,
5. Existenz eines (verteilten) Netzbetriebssystems, das die notwendigen Verarbeitungsschritte eines Auftrags koordiniert.

Ein Rechnernetz bietet im allgemeinen die Merkmale 4 und 5 nicht.

Verteilte Systeme erscheinen ihren Benutzern gegenüber als homogene Verarbeitungssysteme und verbergen vor ihnen bewußt, wo und wie die angebotenen Funktionen erbracht werden. Dem Benutzer wird der Eindruck vermittelt, er arbeite an einem virtuellen Einprozessorsystem. Alle Zuweisungen von Jobs an Prozessoren und von Dateien an Speicherplatten bzw. alle anderen Systemfunktionen müssen automatisch ablaufen und sind für den Benutzer nicht sichtbar oder beeinflußbar. Beim Rechnernetz hingegen muß die Aufgabe der Zuordnung vom Benutzer erledigt werden. Ein verteiltes System ist somit ein besonderes Netz, bei dem die Software dem System einen hohen Grad an innerer Geschlossenheit und Transparenz verleiht. Der Unterschied zwischen einem Rechnernetz und einem verteilten System liegt also in der Software (speziell dem Betriebssystem) und weniger in der Hardware. Verteilte Systeme bilden ein eigenes, abgrenzbares Fachgebiet und werden hier nicht näher behandelt; in der Praxis ist die Unterscheidung Rechnernetz/verteiltes System jedoch weniger scharf (siehe z.B. NFS).

1.2.6 Anforderungen an Rechnernetze im Vergleich zu einzelnen Systemen

In einem Rechnernetz sind einzelne Computersysteme räumlich getrennt; es gibt also keinen gemeinsamen (Real-)Speicher und damit verbunden auch keine implizite Kommunikation. Für die Synchronität von Abläufen kann man in Rechnernetzen nicht garantieren, da die beteiligten Systeme autonom sind und keine gemeinsame globale Uhr und oft auch unterschiedliche Steuerstrategien besitzen. Dies führt zum distributierten Status des Gesamtsystems Rechnernetz. Folglich handeln die einzelnen Systeme auf der Grundlage einer ungesicherten Kenntnis über den jeweiligen tatsächlichen Zustand des Gesamtsystems. Ein nicht notwendiges, aber in aller Regel beherrschendes Kennzeichen eines Rechnernetzes ist die Heterogenität der angeschlossenen Systeme. Diese unterscheiden sich in der Hardware, also in der Rechnerstruktur (Wortlängen, Maschinenoperationen, Operandendarstellung, Register-/Zeichendarstellung, Adreßraum, Zyklus- und Zugriffszeiten), den Schnittstellen (E/A), der Peripherie, und in der Software (Betriebssystem, Auftragssteuerung, Compiler, Datenmanagement, etc.). Ein Kommunikationsmechanismus hat generell folgende Aufgaben zu bewältigen:

- Austausch von (Normal-)Daten
- Signalisierung asynchroner Ereignisse (*events*)
- Koordination von Prozessen

In Betriebssystemen von Einzelrechnersystemen wird dies z.B. über *shared memory*, Interrupts oder Synchronisation mittels Semaphoren bzw. unteilbarer Operationen realisiert. Im Fall von *shared memory* spricht man von **impliziter** Kommunikation, da mehrere Benutzer auf den gleichen Speicher zugreifen. In verteilten Systemen (oder Rechnernetzen) kommt nur die explizite Nachrichtenübermittlung (Dialog mittels Protokollelemente) für alle drei Aufgaben in Frage. Zusätzlich zu diesen ursprünglichen Aufgaben muß der Kommunikationsmechanismus in einem verteilten System noch folgende Aspekte berücksichtigen:

- Nachrichtenverzögerungen
- alle Formen von Fehlern im Transportsystem (Verlust, Verfälschung, Duplikate, Reihenfolgevertauschung, Fehladressierung)
- die örtliche Unabhängigkeit der Systeme: Lokalität der Prozesse ist unerheblich, beide Prozesse haben volle Kontrolle über Interaktionen mit dem Partner
- das Problem der Kompatibilität

Diese Kommunikationsmechanismen werden durch sogenannte Protokolle beschrieben.

1.2.7 Netztopologien

Definition: (Netztopologie)
Als Topologie eines Rechnernetzes bezeichnet man die Form der Verteilung der Knotenrechner und deren Verschaltung.

Das einfachste Netz ist der **Punkt-zu-Punkt-Kanal**, der zwei Stationen permanent verbindet. Legt man mehrere Stationen auf einen Kanal dieser Art, spricht man auch von einer Mehrpunkt-Verbindung (*multipoint*) oder **Bus-Topologie**. Bei Local Area Networks verwendet man häufig die **Ring-Topologie**, die ein spezieller Fall des Mehrpunkt-Kanals ist. Sobald der Datenverkehr die Kapazität eines einzelnen Kanals übersteigt, braucht man ein Netz, das mehrere Kanäle enthält. Die naheliegende Lösung ist anfangs sicher die direkte Verknüpfung aller Benutzerstationen, also ein **komplett verbundenes Netz** (*fully connected network*). Ein Netz dieser Art hat die optimale Verfügbarkeit, da bei Ausfall eines Kanals durch Umlenkung immer ein Ausweg gefunden werden kann. Komplett verbundene Netze werden jedoch selten eingesetzt, da die Kommunikationskapazität bei steigender Anzahl von Stationen nie ausgenützt werden kann und die Kosten enorm hoch sind.
Viele konventionelle Anwendungen legen eine hierarchische Organisation eines Netzes nahe, wobei sich jedoch der Datenverkehr auf die Kommunikation zwischen einem Computer und mehreren Terminals beschränkt. Dies führt ganz natürlich zu der Definition eines **Sternnetzwerkes**, das aus einer Zentralstation besteht, die direkt mit jeder Terminalstation verbunden ist.
Faßt man einige Terminals zusammen und ist ihr Datenverkehr gering, kann die Kanalauslastung durch Verwendung von Konzentratoren oder Multiplexern verbessert werden. Als Resultat entsteht das **Baumnetzwerk**, das zwar immer noch hierarchisch aufgebaut ist, aber Datenaustausch zwischen Terminals ohne den Weg über die Zentralstation ermöglicht.
Baumnetzwerke haben den Vorteil einer guten Kanalauslastung und sind sehr einfach aufgebaut. Nachrichtenrouting verursacht keine großen Probleme, da es zwischen Zentralstation und Terminal keine zweideutigen Pfade gibt. Schlecht zugeschnitten ist das Baumnetzwerk jedoch auf Kommunikation zwischen Terminals. Außerdem hängt die Zuverlässigkeit des Systems stark von der seiner Elemente ab. Verlust einer Datenleitung nahe der Zentralstation beeinträchtigt einen großen Teil des Netzes.
Meistens werden nicht-hierarchische Netze als **Mischnetze** entworfen und zwar bestehend aus einigen Kanälen, die durch Schalter oder Multiplexer verbunden sind. In solch einem Netz fließen Daten generell durch einige Multiplexer, bevor sie ihr Ziel erreichen. In den meisten Fällen gibt es mehrere mögliche Pfade zwischen einem Rechnerpaar, so daß man bei Unterbrechung einer Leitung oft einen Ausweg finden kann. Allgemein haben Mischnetzwerke einen hohen Verfügbarkeitsgrad. Sie sind jedoch schwieriger einzurichten als hierarchische, vor allem was die Routing-Strategie betrifft.

1.2.8 Klassifizierung von Rechnernetzen

Rechnernetze lassen sich nach den unterschiedlichsten Kriterien klassifizieren. Einige Möglichkeiten werden in diesem Abschnitt besprochen.

- Rechnernetze kann man nach ihrem **Einsatzgebiet** unterteilen. Gibt es im Netz Rechner für Spezialanwendungen, Rechner mit unterschiedlicher CPU-

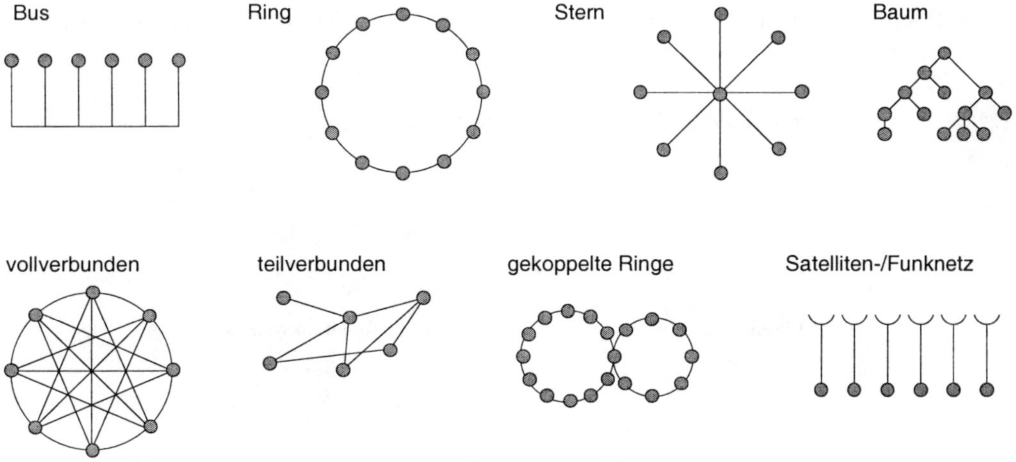

Abbildung 4: Verschiedene Netztopologien

Kapazität, Spezialsoftware oder speziellen Datenbeständen, so spricht man von einem **Funktionsverbund**. Findet ein örtlicher oder zeitlicher Ausgleich von Spitzenanforderungen statt durch automatische, operatorgesteuerte, bzw. benutzergesteuerte Ausgleichsstrategien, so spricht man von einem **Lastverbund**. Werden in einem Netz Daten, die auf einzelnen Rechnern verstreut liegen, benutzt, spricht man von einem **Datenverbund**. Werden innerhalb eines Netzes Nachrichten, wie z.B. E-Mails ausgetauscht, spricht man von einem **Nachrichtenverbund**. Gibt es stand-by-Rechner, die bei Ausfall eines Rechners dessen Funktion übernehmen, übt das Netz die Funktion eines **Verfügbarkeits-** oder **Sicherheitsverbundes** aus.

- Als weiteres Unterteilungskriterium betrachtet man die **Typen von Rechnern in einem Netz**. Sind alle Rechner vom gleichen Typ, spricht man von einem homogenen Netz, ansonsten von einem heterogenen Netz.

- Man differenziert auch zwischen Netzen, die einen **öffentlichen Zugang** haben, wie z.B. über Telefon, und Netzen, die einen **nichtöffentlichen Zugang** haben, wie z.B. bei Banken oder bei der Polizei.

- Je nach **Ausdehnungsbereich** unterscheidet man zwischen LANs (*local area network*), deren Knotenrechner über kurze Entfernungen bis zu 2,5 km verbunden sind; MANs (*metropolitan area network*), die sich über die Fläche einer Stadt ausbreiten, aber die Technik eines LANs verwendet (z.B. Kabelfernsehen) und WANs (Weitverkehrsnetze, *wide area network*), die ganze Länder und Kontinente umspannen und im Besitz von mehreren Unternehmen sind.

- Auch **Verbindungstypen**, also Wählnetz oder feste Verbindung, dienen zur Klassifizierung von Netzen.

- Rechnernetze unterscheidet man auch nach ihrer **Vermittlungstechnik**, also nach Leitungs-, Nachrichten- oder Paketvermittlung.

Es werden nun verschiedene Netztypen vorgestellt:

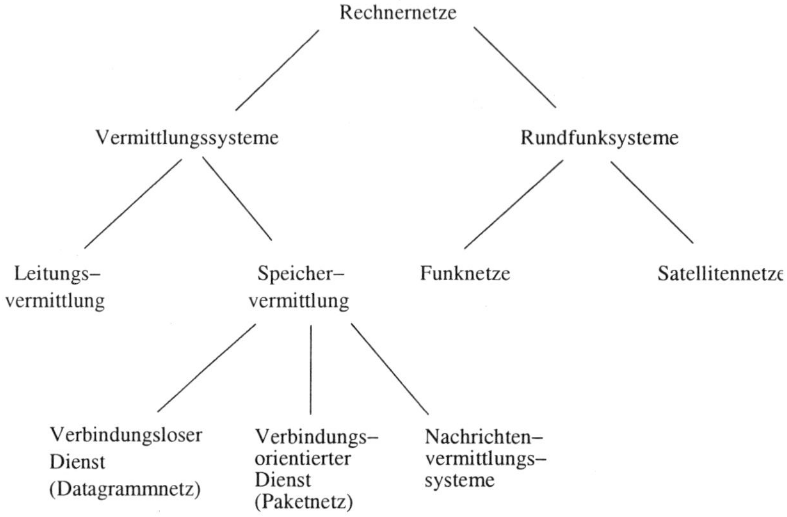

Abbildung 5: Rechnernetztypen

Vermittlungsnetz / Rundfunknetz: Bei einem Vermittlungsnetz (*switching system*) werden die Daten der Quellstation genau an die Zielstation übertragen. Diese Kommunikationsart wird als Punkt-zu-Punkt bezeichnet.
In einem **Rundfunksystem** (*broadcast system*) steht nur ein sehr leistungsfähiger Übertragungskanal zur Verfügung. Eine Vermittlung findet nicht statt, da alle Teilnehmer gleichzeitig „mithören“. Die daraus resultiernde Kommunikationsart bezeichnet man als Mehrpunktkommunikation (*multipoint*) oder Vielfachzugang (*multi-access*).
Leitungsvermittlung / Speichervermittlung: Bei der **Leitungsvermittlung** (*circuit switching*) wird zwischen den vernetzten Teilnehmern eine durchgehende, physikalische Verbindung geschaltet, die anschließend den Kommunikationspartnern exklusiv zur Nutzung überlassen wird. Die Leitungsvermittlung ist im Vergleich zur Speichervermittlung die ältere Methode, die vor allem im Zusammenhang mit dem Telefonnetz perfektioniert wurde. Vom Betreiber eines leitungsvermittelten Netzes werden Nutzungsgebühren erhoben, die von der Verbindungsdauer, also der Betriebsmittelreservierung abhängen, nicht jedoch von der Menge oder Qualität der übertragenen Daten. Das wichtigste nicht-digitale Beispiel für ein leitungsvermitteltes Netz ist das Telefonnetz; für die Übertragung digitaler Daten relevantestes Beispiel ist das Datex-L-Netz der Telekom.
Bei der **Speichervermittlung** (*store and forward*) wird keine direkte physikali-

sche Verbindung zwischen den Endteilnehmern hergestellt. Die Daten werden auf dem Übertragungsweg einmal oder mehrmals zwischengespeichert, bevor sie beim Empfänger ankommen.

Verbindungslose / verbindungsorientierte Dienste:

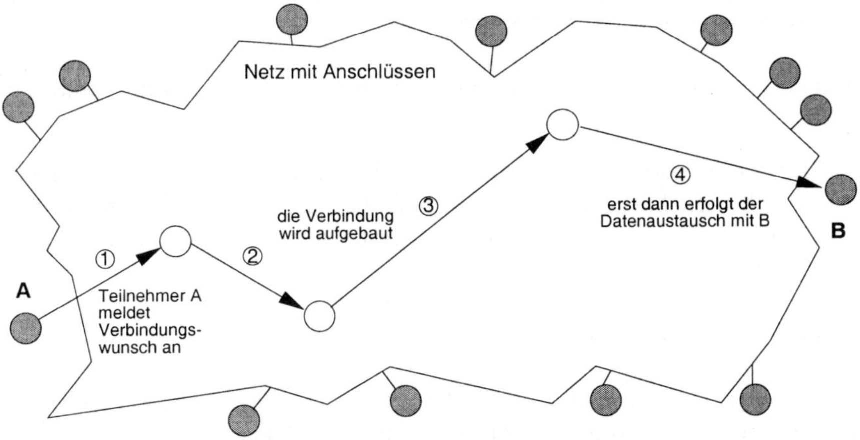

Abbildung 6: Phasenablauf in einem verbindungsorientierten Netz

Bei den bis heute entwickelten Speichervermittlungssystemen werden Dienstleistungen für die Teilnehmer als **verbindungslose** oder **verbindungsorientierte** Dienste angeboten. Leitungsvermittelte Netze sind immer verbindungsorientiert. Bei einer verbindungsorientierten Kommunikation muß vor der Datenübertragung zwischen den Kommunikationspartnern jeweils eine logische Verbindung aufgebaut werden; bei verbindungslosen Netzen ist das nicht notwendig.

Bei einem **verbindungsorientierten** Netz setzt sich die Kommunikation aus drei Phasen zusammen: Verbindungsaufbau, Datenübertragung und Verbindungsabbau. Die Dienstleistungen von traditionellen Netzen sind verbindungsorientiert, z.B. das analoge Fernsprechnetz, das Telexnetz, die im kommerziellen Bereich eingesetzten Herstellernetze.

Bei **verbindungslosen** Verfahren können die Teilnehmer ihre Kommunikation spontan abwickeln, d.h. vor der Datenübertragung muß keine Verbindung aufgebaut werden. Die zu übertragenden Daten werden unmittelbar an das Transportsystem übergeben. Man bezeichnet die zu transportierenden Benutzerdatenblöcke als **Datagramme** (*datagram*). Netze mit einem verbindungslosen Dienst werden deshalb auch **Datagrammnetze** genannt. Dabei müssen die Blöcke jeweils mit den vollen Absender- und Empfängeradressen versehen werden, da die einzelnen Datagramme aus Sicht des Netzes nicht in Beziehung zueinander stehen.

Datagrammnetze verdeutlichen beispielhaft die grundlegenden Konzepte von Speichervermittlungssystemen. Jeder Teilnehmer kann dem Netz spontan Datagramme übergeben. Aufeinanderfolgende Datagramme von einer Quelle zum gleichen Ziel können vom Netz über verschiedene Wege geleitet werden und kommen deswegen nicht unbedingt in derselben Reihenfolge bei der Zielstation an, in der sie an das Netz übergeben worden sind. Datagramme werden vom Netz nur in einer bestimmten Größe akzeptiert. Deswegen müssen die Teilnehmer längere Nachrichten in passende Teilstücke zerlegen bzw. zur alten Nachricht zusammenfügen. Diese beiden Vorgänge bezeichnet man auch als **Segmentierung** oder **Fragmentierung** bzw. **Rekonstruktion**. Nachteile des Datagrammverfahrens:

- Datagramme müssen volle Absender- und Empfängeradressen beinhalten (Overhead).
- Von Anwendungsprogrammen wird üblicherweise verlangt, daß die Daten auch in der richtigen Reihenfolge ankommen. Die Einhaltung der Reihenfolge wird von einem Datagrammnetz nicht garantiert. Deswegen muß in den Endsystemen eine Sequenzkontrolle realisiert werden.

Vorteile des Datagrammverfahrens:

- Das Verfahren ist konzeptionell sehr einfach und kann deswegen ohne großen Aufwand auch auf Mini- und Mikrorechnern realisiert werden.
- In den Netzknoten müssen keine Tabellen über gültige Pfadverbindungen geführt werden, da die Entscheidung über die Weiterleitung eines Datagramms in jedem Knoten neu getroffen wird.
- Die Vermeidung bzw. Auflösung von Stausituationen ist durch die flexible Weiterleitung von Datagrammen einfacher als bei anderen Verfahren.
- Das Verfahren ist gegen Datenmißbrauch besser geschützt als die Leitungsvermittlung, da im Inneren des Netzes an jedem Punkt immer nur Teile der Kommunikation abgehört werden können.

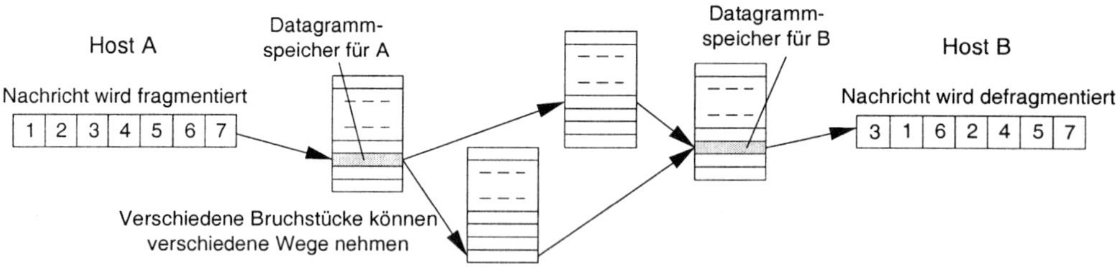

Abbildung 7: Schematische Darstellung des Datagrammverfahrens

Tatsächlich gibt es jedoch kein bedeutendes Fernnetz oder Netzprodukt, das nur eine Datagrammschnittstelle anbietet. Viele Netze sind jedoch aufgrund der genannten Vorteile intern als Datagrammnetz realisiert, bieten den Teilnehmern jedoch komfortablere Schnittstellen ohne die angeführten Nachteile. Beispiele für solche „verkleidete“

Datagrammnetze sind DATAPAC oder DECNET mit einem DEC-spezifischen Randprotokoll.
In **Paketvermittlungssystemen** (*packet switching systems*) werden wie bei Datagrammsystemen relativ kurze Blöcke, die als Pakete bezeichnet werden, übertragen. Es gibt dabei zwei Arten: verbindungslose und verbindungsorientierte Netze. Bei verbindungslosen Netzen können die Pakete spontan dem Netz übergeben werden, das dann den Transport zum Empfänger besorgt. Bei verbindungsorientierten Netzen muß vor jeder Übertragung eine Verbindung aufgebaut werden. Bei Paketnetzen bezeichnet man diese Verbindungen als **virtuelle Verbindungen** (*virtual circuit*).

- Alle Pakete zwischen zwei Kommunikationspartnern werden auf derselben virtuellen Verbindung transportiert. Eine Vertauschung der Reihenfolge einzelner Pakete ist deswegen sehr unwahrscheinlich.
- Die Entscheidung über den Weg der Pakete einer virtuellen Verbindung ist nur einmal beim Verbindungsaufbau notwendig.
- Die Betriebsmittelzuordnung erfolgt starrer als beim Datagrammverfahren. Reaktionen auf Stau, Leitungs- und Knotenausfälle erfolgen weniger flexibel.

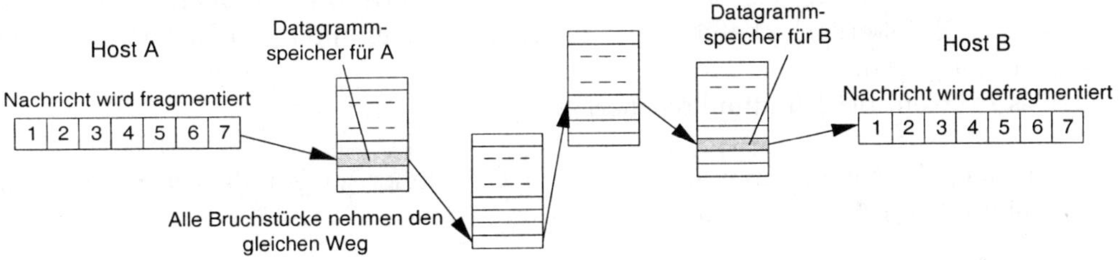

Abbildung 8: Schematische Darstellung des Paketnetzverfahrens

Daß sich das Paketnetz- gegenüber dem Datagrammverfahren durchgesetzt hat, liegt sicherlich wesentlich daran, daß CCITT in Form seiner Empfehlung X.25 eine paketorientierte Schnittstelle genormt hat.
Beispiele für Paketnetzwerke sind z.B. das EDX-P-System von Siemens, die SL-10-Knotenrechner der NORTHERN TELECOM, welche die Basis für das Datex-P-Netz der Telekom bilden.
Ziel der **Nachrichtensysteme** oder **Nachrichtenvermittlung** (*message switching, message handling*) ist die absolut sichere Zustellung der übertragenen Daten. Dabei spielen Zeitaspekte eine untergeordnete Rolle. Obwohl es schon seit längerem entsprechende Produkte auf dem Markt der Nachrichtensysteme gibt, sind sie in ihrer Bedeutung nicht mit Datagramm- und Paketnetzen zu vergleichen. Seit 1984 gibt es jedoch eine Reihe von CCITT-Empfehlungen auf deren Grundlage der Aufbau weltweiter Nachrichtensysteme begonnen hat. Dabei sollte zum einen eine moderne Alternative zum Telexnetz entwickelt werden. Zum anderen war gedacht, Nachrichtenvermittlungssysteme als elektronische Post einzusetzen. Seit 1985 bietet die Telekom

z.B. einen Telebox- oder Telemail-Dienst an, der eine solche Nachrichtenvermittlung realisiert. Nachrichtenvermittlungssysteme können für die Kommunikation zwischen räumlich dicht zusammenliegenden Benutzern verwendet werden (z.B. lokale Netze, Büroautomatisierung) oder für eine Vermittlung von Nachrichten zwischen weit entfernten Teilnehmern über ein Fernnetz hinweg.

Teilaufgaben beim Entwurf eines Nachrichtensystems:

- Speicherverwaltung für die Nachrichten im Langzeitspeicher
- Buchführung über die vermittelten und zugestellten Nachrichten
- Anmahnung von ausstehenden Antworten (Quittungen auf Benutzerebene) etc.

Nachrichtenvermittlungssysteme sind hier nur kurz skizziert worden, um zu zeigen, welche Möglichkeiten die Speichervermittlung prinzipiell bietet.
Lokale Netze/Funk- und Satellitennetze: Die Unterscheidung dieser Systeme bezieht sich primär auf die geographische Verteilung der zu verbindenden Kommunikationspartner. Der Unterschied in der räumlichen Ausdehnung zwischen einem lokalen Netz, bei dem die Teilnehmerstationen maximal wenige Kilometer auseinander liegen, und einem Nachrichtensatelliten, der sich in einer geostationären Bahn etwa 36 000 km über der Erdoberfläche befindet, ist so erheblich, daß unterschiedliche technische Lösungen nötig sind.
Zentrales Problem bei Rundfunkrechnernetzen:

- Zu einem Zeitpunkt kann immer nur ein Teilnehmer senden, da sich Signale von mehreren Sendern auf dem gleichen Kanal stören;
- Für die notwendige Synchronisation der sendewilligen Teilnehmer steht keine zentrale Instanz zur Verfügung.
- Die Teilnehmer müssen sich darüber abstimmen, wer das aktuelle Senderecht erhält.

Die zur Lösung dieses verteilten Problems entwickelten Algorithmen werden **Zugangsverfahren** (*access control*) genannt und sind prinzipiell für alle Rundfunksysteme identisch. Diese Verfahren werden im Kapitel 3 im Detail behandelt.

1.3 Normierung

1.3.1 Allgemeines zur Normierung

Bereits in den 60er Jahren gab es weltweite Netze (z.B. ARPANetz), die aber wesentliche Nachteile hatten: Aufgaben konnten nur für einen sehr kleinen Teilnehmerkreis erfüllt werden, eine Kommunikation von Teilnehmern untereinander war nicht möglich und jedes Netz, samt Datenendgeräte, bildete ein geschlossenes System.

Definition: (geschlossenes System) Unter einem geschlossenen System versteht man ein System, das auf der Technologie eines bestimmten Herstellers aufbaut, zu Konkurrenzprodukten nicht kompatibel ist und dessen Ausdehnung sich auf einen bestimmten Teilnehmerkreis und ein bestimmtes räumliches Gebiet beschränkt. Datenübertragung von einem Netz in ein anderes ist nur mit großem Aufwand an Hard- und Software möglich.

Ziel der internationalen Normierungsarbeit ist es, Datenendeinrichtungen unterschiedlicher Hersteller zur Kommunikation untereinander zu befähigen. 1977 wurde diese Aufgabe von der ISO (International Organization for Standardization) mit Gründung des SC16 (*subcommittee*) aufgenommen. Eine erste Untersuchung befaßte sich mit der Frage, ob und welcher Bedarf für herstellerübergreifende Text-, Daten- und Sprachkommunikation bestünde. In einem zweiten Schritt wurde ein Modell für rechnergestützte Kommunikation entworfen, das später dann zur Entwicklung eines Referenzmodells für die Kommunikation offener Systeme führte, dem sogenannten ISO/OSI-Referenzmodell.

Definition: (offenes System) Ein offenes System ist ein System von Computern, Software, Peripherie und Übertragungsmedien, das einem Satz von Standards für den Informationsaustausch mit anderen offenen Systemen gehorcht. Jedes Teilsystem ist offen für die Kommunikation mit jedem anderen Teilsystem.

Ziel der Normierungsarbeit ist es, den Dialog zwischen Rechnern verschiedenster Hersteller zu ermöglichen. Dies hat logischerweise zu höheren Marktanteilen von Produkten geführt, die sich an diese Normen gehalten haben, zu Massenproduktionen und auch zu größerer Akzeptanz. Die Festlegung eines international einheitlichen Standards erleichtert den Handel und den Informationsaustausch zwischen den Ländern. Man muß hierbei zwischen „de facto"-Normen (Normen, die ohne bestimmten Plan entstanden sind, sich aber am Markt durchgesetzt haben, z.B. TCP) und „de jure"-Normen (formalen Normen, z.B. IEEE-Normen) unterscheiden.

1.3.2 Standardwelt

Die Normenwelt setzt sich aus unterschiedlichen Gremien zusammen, die man grob in Institute der Postverwaltungen und andere Normierungsanstalten aufteilen kann.
Die **ITU** (International Telecommunication Union), gegründet 1865, war damals für die internationale Standardisierung des Telegraphenverkehrs, z.B. des Morsecodes zuständig. ITU besteht heute aus drei Hauptgruppen: ITU-R, Radiokommunikation, verantwortlich für die weltweite Zuteilung von Frequenzbändern, ITU-T, Standardisierung auf dem Bereich der Telekommunikation und Datenkommunikation und schließlich ITU-D, zuständig für Entwicklungen (Development).
ITU ist heute eine spezielle Agentur der United Nations und für die Koordination verschiedener Dienstleister zuständig.

Von 1956 bis 1993 war ITU-T bekannt als **CCITT** (Comité Consultatif International Télégraphique et Téléphonique, Internationaler Telegrafen- und Telefonbeirat), ein Zusammenschluß der Fernmeldeverwaltungen. Im März 1993 wurde CCITT umorganisiert und umbenannt in ITU-T. Die Ergebnisse der Arbeiten von CCITT, jetzt ITU-T werden als Empfehlungen, recommendations, veröffentlicht. ITU-T Mitglieder lassen sich in 5 Kategorien unterteilen:

A	PTTs (Post-, Telegramm- und Telefonbehörden) der einzelnen Mitgliederstaaten
B	anerkannte private Anstalten (z.B. AT&T)
C	wissenschaftliche und industrielle Organisationen
D	andere internationale Organisationen (z.B. ISO)
E	Organisationen eines anderen Gebietes, aber mit Interesse an der Arbeit der ITU

Zwei Arbeitsgruppen der ITU-T befassen sich mit Datenkommunikation:
Die ITU-T Study Group XVII beschäftigt sich mit Datenkommunikation über Telefoneinrichtungen. Die Ergebnisse werden in den V-Serien veröffentlicht (Beispiel: V.24: Anordnung und Belegung der einzelnen Pins für die von asynchronen Terminals verwendeten Verbindungsstecker).
Die ITU-T Study Group VII ist für die Datenkommunikation über Datennetzwerke verantwortlich. Die Ergebnisse werden in den X-Serien veröffentlicht (z.B.: X.25: Schnittstelle zwischen einem Computer und einem paketvermittelten Netz).
Die **CEPT** (Conférence Européenne des Administrations des Postes et Télécommunications) ist eine Unterorganisation der CCITT und ist nur für europäische Normen auf dem Gebiet der Telekommunikation zuständig.
Die **ISO** (International Organization for Standardization) wurde 1946 gegründet und ist Dachorganisation von über 50 nationalen Normenausschüssen mit Sitz in Genf. Die Aufgabe der ISO ist es, die von den einzelnen Ländern vorgeschlagenen Standardisierungen abzustimmen und zu vereinheitlichen. Die von der ISO festgelegten Richtlinien werden an die nationalen Normenausschüsse (z.B. in Deutschland DIN, in den USA ANSI, in Frankreich AFNOR) als Empfehlungen weitergegeben und von den jeweiligen Ländern direkt oder in veränderter Form übernommen. Die ISO besteht aus ungefähr 200 technischen Komittees (TCs), die nach der Reihenfolge ihrer Entstehung numeriert sind und jeweils mit einem Fachgebiet betraut werden (z.B. TC1: Schrauben und Muttern, TC97: Computer und Informationsverarbeitung). Jedes TC teilt sich in Subkomittess (SCs) auf, deren Aufgabenbereiche wieder enger gesteckt sind (z.B.: ISO/TC97/SC6, verantwortlich für Datenkommunikation; ISO/TC97/SC16: verantwortlich für OSI). Zwei Beispiele für Standardisierungsempfehlungen des ISO sind ein 7-Bit-Code, dessen amerikanische Norm der ASCII-Code ist, und die Protokollhierarchie bei der Datenübertragung (ISO/OSI-Modell; OSI: Open System Interconnection).
Das **IEEE** (Institute of Electrical and Electronic Engineers) ist der größte Fachverband der Welt und befaßt sich auch mit der Entwicklung von Normen auf dem Gebiet der Elektrotechnik und Informatik. Die IEEE-Norm 802 ist der Standard für

lokale Netze.
Internet Standards entstehen im Rahmen der **Internet Society**, einem Fachverband vergleichbar mit IEEE oder ACM, der persönliche Berufungen ausspricht für den Internet Activities Board, IAB, ein Lenkungskomitee fur Standardisierung. IAB steht seinerseits wieder vor für das Komitee Internet Research Task Force, IRTF, forschungsorientiert und das Komitee Internet Engineering Task Force, IETF, orientiert auf kurzfristige Entwicklungsaufgaben. Vorschläge für neue Standards und auch verabschiedete Standards werden weltweit veröffentlicht durch technische Berichte, genannt: Request For Comments, RFC. Es gibt heute über 2 000 solcher Berichte.
Das **DIN/NI** (Deutsches Institut für Normung / Normenausschuß Informationsverarbeitung) arbeitet in Deutschland sehr eng mit der ISO zusammen.
Das **ANSI** (American National Standards Institute) koordiniert Aktivitäten für freiwillige Standards in den USA. Die Arbeiten zum Thema Datenkommunikation werden in zwei technischen Komittees des Komittees X3 (Informationssysteme) behandelt. Ergebnisse erscheinen in den X3.-Serien.
Die **ECMA** (European Computer Manufacturer Association) ist das gemeinsame Gremium europäischer Computerhersteller, jedoch nicht-stimmberechtigtes Mitglied der ISO.
Die **EIA** (Electronic Industries Association) ist eine Handelsgesellschaft, die Hersteller der amerikanischen Elektronikindustrie vertritt. Das technische Komittee TR30 befaßt sich mit Datenkommunikation und veröffentlicht seine Ergebnisse in den RS-Serien (z.B.: RS-232 $\doteq$ V.24).

Literatur: IRME 94.

1.4 ISO/OSI-Referenzmodell

1.4.1 Motivation für das ISO/OSI-Referenzmodell

Das ISO/OSI-Schichtenmodell (International Standards Organization / Open Systems Interconnection: Kommunikation offener Systeme) basiert auf einem Vorschlag, der von der ISO enwickelt wurde und den ersten Schritt auf dem Weg zur internationalen Standardisierung der verschiedenen Protokolle darstellt [DAY 83].
Ziel des Modells ist es, eine Übersicht über die komplexe Interaktion zwischen Systemen zu schaffen und damit den Entwurf, die Implementierung und die Wartung offener Systeme zu erleichtern. Komplexe Systeme lassen sich nur durch Strukturierung in möglichst selbständige Teile übersichtlich gestalten. Dem Systementwurf zugrunde gelegt war das Prinzip, daß jeder Teil seine hauptsächliche Aufgabe selbst erfüllt und sich die Zusammenarbeit zwischen den Teilen auf einfache klare Schnittstellen beschränkt.
Das gesamte Modell basiert auf dem Schichtenprinzip, d.h. ein bestimmtes Einteilungsprinzip zerlegt jedes offene System weiter in Module mit eigenständigen Aufga-

ben, bei ISO **Instanzen** genannt. Jedes Modul verwendet das darunterliegende und unterstützt das darüberliegende Modul. Somit entsteht eine Struktur von horizontalen Schichten. Jede Schicht erfüllt eine genau umrissene, für beide Partnersysteme gemeinsame Aufgabe.
Wie kam es aber gerade zu den für das ISO/OSI-Referenzmodell charakteristischen sieben Schichten?
Ähnliche Aufgaben wurden in einer Schicht zusammengefaßt; dort wo Prozeßabläufe oder involvierte Techniken implementierungsunabhängig sind, wurde eine Trennlinie gezogen; außerdem erfolgte dort eine Trennung, wo Erfahrung dies nahelegte und wo der Austausch von Schichtfunktionen ohne große Auswirkungen war. Die Anzahl an Schichten sollte so groß sein, daß keine Notwendigkeit dafür bestand, verschiedene Funktionen auf dieselbe Schicht zu packen, und sollte so klein sein, daß die gesamte Architektur nicht zu unhandlich wurde.
Das OSI-Modell ist jedoch keine Netzarchitektur. Genaue Dienste und Protokolle werden nicht festgelegt, sondern es wird nur beschrieben, was jede Schicht können soll. Die ISO-Normen für jede Schicht gehören genau genommen nicht zum Modell; jede von ihnen ist als eigene internationale Norm veröffentlicht worden.

1.4.2 Schichten des ISO/OSI-Referenzmodells

1. Bitübertragungsschicht (*physical layer*): Die Bitübertragungsschicht stellt eine ungesicherte Verbindung zwischen Systemen für die Übertragung von Bits zur Verfügung. Sie behandelt die Vielfalt von Übertragungsmedien, wie „twisted pair“, Koaxialkabel, Funkverbindungen über Radio, Satellit, Lichtwellenleiter, etc. und sorgt für den transparenten (verdeckten) Transport von Bits über eine Leitung (*data circuit*). Außerdem werden in der Schicht 1 Charakteristika der physischen Verbindung festgelegt: mechanische (Pin-Gestaltung und Konfiguration), physikalische (elektrische, elektromagnetische, optische, akustische Größen), funktionelle (Art der Elementarereignisse) und prozedurale (Ablauf der Elementarereignisse).

2. Sicherungsschicht (*data link layer*): Wichtigste Aufgabe der Sicherungsschicht ist es, Rohdaten in eine Datenreihe zu verwandeln und sie ohne Übertragungsfehler an die Vermittlungsschicht weiterzugeben. Der Sender teilt die Eingangsdaten in Datenübertragungsrahmen (*data frames*), überträgt sie sequentiell und verarbeitet die vom Empfänger erzeugten Quittungsrahmen. Die Schicht 2 muß sich um die Behandlung von beschädigten, verlorengegangenen und duplizierten Rahmen kümmern, ist also für Fehlererkennung und Fehlerbehandlung zuständig. Ein weiteres Problem, das in der Sicherungsschicht behandelt wird, ist die Datenüberschwemmung. Häufig werden Mechanismen zur Flußregelung in die Fehlerbehandlung integriert. Dateninterpretation ist nicht Teil dieser Schicht.

3. Vermittlungsschicht (*network layer*): Die Vermittlungsschicht verknüpft Teilstrecken eines Netzes vom Sendersystem zum Empfängersystem: Endsystem zu

Endsystem Verbindung. Die Schicht 3 nimmt der Schicht 4 die Pfadschaltung über Transitnetze ab, kümmert sich damit um Vermittlung und Wegewahl vom Ursprung zum Bestimmungsort. Außerdem muß sie Probleme bewältigen, die heterogene Netze mit sich bringen, wenn z.B. Sender und Empfänger in verschiedenen Netzen liegen. Die Betreiber von Subnets fügen häufig eine Abrechnungsfunktion in Schicht 3 ein, um übertragenen Pakete, Zahlen oder Bits in Rechnung stellen zu lassen.

4. Transportschicht (*transport layer*): Die Transportschicht ist endsystemorientiert, d.h. Benutzer werden unabhängig vom geographischen Ort bedient. Sie nimmt die Anforderungen der Anwenderprozesse hinsichtlich der Übertragungsqualität entgegen, erstellt entsprechende Aufträge an die darunterliegenden Schichten und gleicht gegebenenfalls ungenügende Leistungen dieser Schichten aus. Die Transportschicht kann sowohl auf OSI-Netzen als auch auf jedem beliebigen Netz aufsetzen.

5. Sitzungs-/Kommunikationssteuerungsschicht (*session layer*): Die Sitzungsschicht regelt den Gesprächswechsel zwischen kommunizierenden Partnern. Sie liefert Vorkehrungen zum Wiederanlaufen einer unterbrochenen Übertragung ab einem Punkt im Datenstrom (Synchronisationspunkt), den die Partner zuvor vereinbart haben. Das Setzen eines Wiederaufsetzpunktes entspricht einer Synchronisation, das Zurücksetzen auf einen Wiederaufsetzpunkt einer Resynchronisation. Beim Verbindungsaufbau wird festgelegt, ob die Datenübertragung im Duplex-(bei Echtzeitanwendungen) oder Halbduplexbetrieb (meist bei kommerziellen Anwendungen) erfolgt.

6. Darstellungsschicht (*presentation layer*): Im Gegensatz zu den bisherigen Schichten hat die Darstellungsschicht Interesse an Syntax und Semantik der übertragenen Information. Sie stellt Ausdrucksmittel zur Verfügung, die es den Anwendungsinstanzen ermöglichen, Begriffe eindeutig zu benennen. Durch das „presentation protocol“ wird eine konkrete Transfersyntax vereinbart und die lokale Syntax in diese konkrete Transfersyntax transformiert. Zur Beschreibung einer solchen abstrakten Syntax wird dem Benutzer eine spezielle Sprache zur Verfügung gestellt (z.B. ASN1, *abstract notation no.1*). Die Schicht 6 hat also die Aufgabe, Daten von der Darstellungsart eines Systems in jene des Partnersystems zu übersetzen. Außerdem werden in der Darstellungsschicht andere Aspekte der Informationsdarstellung, wie z.B. Datenkompression und Kryptographie, behandelt.

7. Anwendungsschicht (*application layer*): Die Anwendungsschicht enthält die „eigentlichen“, für den Benutzer interessanten Anwendungen. Es gibt nicht ein Schicht-7-Protokoll, sondern eine Reihe von anwendungsspezifischen Protokollen. Dazu zählen z.B. der Nachrichtenaustausch (*electronic mail*), Terminal-to-Host-Connection (virtuelles Terminal), Dateienaustausch in heterogener Umgebung (FTP), Informationsbanken-Abfragen, Platzbuchung, Bestellwesen (z.B.

EDIFACT), Banktransaktionen, Fax (Abkürzung von lat. „fac simile", übersetzt: „mach ähnlich"), Directory-/Name-Server.

Die unteren vier Schichten sind mit der Beförderung der Informationen betraut, während die oberen drei Schichten Ende-zu-Ende-Verbindungen darstellen. Einige der Aufgaben in Netze, wie z.B. Multiplexing und Flußsteuerung, können (oder müssen) in jeder einzelnen Schichten erbracht werden. Aus diesem Grund wird in diesem Skriptum im Kapitel 7 auf diejenigen Dienste eingegangen, die nicht eindeutig einer Schicht zuzuordnen sind.

1.4.3 OSI-Terminologie

Die eigentliche Funktion jeder Schicht des OSI-Modells ist es, der nächsthöheren und niedrigeren Schicht Dienste zu liefern. Die aktiven Elemente einer Schicht bezeichnet

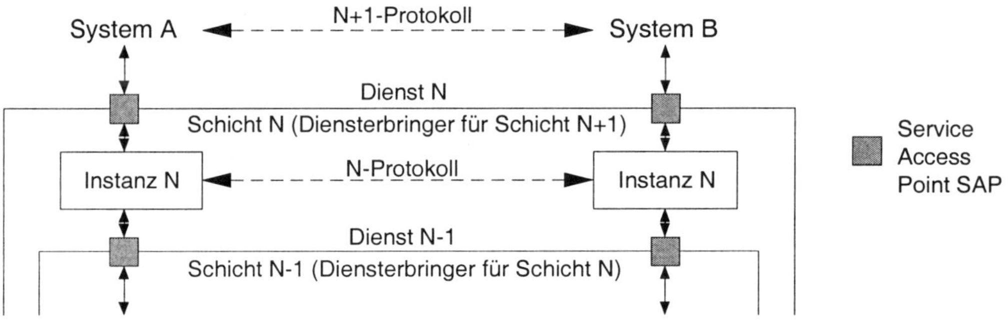

Abbildung 9: Modell einer Schicht und ihrer Interaktionen

man als **Instanzen** (*entities*). Eine Instanz ist dabei die Abstraktion von den in den einzelnen Systemen lokalisierbaren konkreten Prozessen oder Prozeßteilen. Sie ist der abstrakte, funktionelle Träger der in einer Schicht in diesem System erbrachten Dienste. Instanzen derselben Schicht in verschiedenen Systemen heißen Partnerinstanzen (*peer entities*).

Über Instanzen der Schicht *N* wird ein Dienst für die Schicht *N+1* implementiert. In diesem Fall ist Schicht *N* **Diensterbringer** (*service provider*) und Schicht *N+1* **Dienstbenutzer** (*service user*).

Der Dienst für eine höhere Schicht wird von den Partnerinstanzen der untergelagerten Schicht an **Dienstzugangspunkten** (*service access points, SAPs*) in den jeweils zugehörigen Systemen erbracht. SAPs sind die abstrakte Modellierung der Schnittstellen von Programmen oder Prozessen zwischen den Funktionsschichten. Sie sind die Interaktionspunkte zwischen dem Diensterbringer und Dienstbenutzer. SAPs von Schicht *N* sind Stellen, an denen Schicht *N+1* die angebotenen Dienste in Anspruch nehmen kann. Jeder SAP hat eine unverwechselbare Adresse.

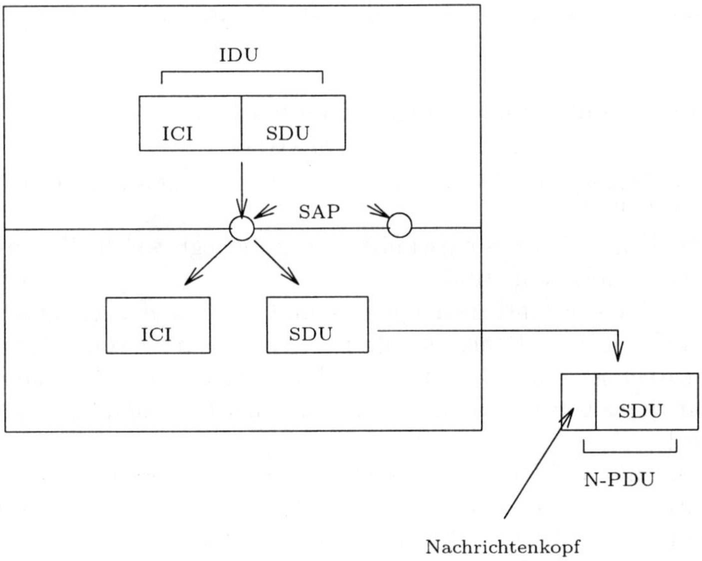

Abbildung 10: Schichtenbeziehung an einer Schnittstelle

Information / K-Partner	Steuerinformation	Nutzdaten	kombiniert
Instanzen auf gleicher Schicht (N)-(N)	Protocol-Control-Information **PCI**	User Data **UD**	Protocol-Data-Units **PDU**
Benachbarte Instanzen (N+1)-(N)	N-Interface-Control-Information **ICI**	N-Interface-Data **ID**	(N-)Interface-Data-Unit **IDU**

Abbildung 11: Nomenklatur nach ISO-OSI

Damit zwei Schichten Informationen austauschen können, muß ein genau vereinbarter Satz an Regeln die Schnittstelle beschreiben. Bei einer typischen Schnittstelle gibt die Instanz von *N+1* eine Schnittstellendateneinheit (*interface data unit, IDU*) über den SAP an die Instanz der Schicht *N* weiter. Die IDU besteht aus einer Dienstdateneinheit (*service data unit, SDU*) und Schnittstelleninformationen (*interface control information, ICI*), die wiederum z.B. die Anzahl an Bytes der SDU enthält. Für die Übertragung wird die SDU von der Instanz der Schicht *N* in Teile zerstückelt, von denen jede einen Nachrichtenkopf bekommt und als separate Protokolldateneinheit (*protocol data unit, PDU*) in einem Paket übertragen wird. Die PDUs von Transport-, Sitzungs- und Anwendungsschicht werden als TPDUs, SPDUs oder APDUs bezeichnet. Abb. 11 faßt diese wichtigen Bezeichnungen zusammen.

1.4.4 System-, Dienst- und Protokollschnitt

Im OSI-Kommunikationsmodell unterscheidet man zwischen Systemschnitt, Dienstschnitt und Protokollschnitt.

Systemschnitt: Durch den Systemschnitt wird festgelegt, welche Systeme Endsysteme und welche Transitsysteme sind.

Endsysteme sind die eigentlichen Quellen und Senken der Kommunikation. Sie können z.B. durch einzelne Benutzerstationen, eine Gruppe von solchen Stationen, einen einzelnen Rechner oder ein ganzes Rechnernetz repräsentiert werden. Ein System ist also nur eine Abstraktion, das bezüglich seiner Kommunikationseigenschaften beschrieben wird.

Transitsysteme sind im Modell alle Übertragungs- und Vermittlungshilfsmittel, die allen Endsystemen gemeinsam sind. Es ist nicht festgelegt, welcher Teil der realen Welt System genannt wird. Deshalb können alle Übertragungs- und Vermittlungseinrichtungen als ein einziges Transitsystem angesehen werden. Sofern die Verbindung über eine Reihe von realen Netzen führt, können diese aber auch einzeln als Transitsysteme sichtbar gemacht werden. Diese Aufteilung kann verfeinert werden, bis zu den einzelnen Vermittlungsknoten eines Netzes.

Dienstschnitt: Der Dienstschnitt zerlegt die Kommunikation in funktionelle Zusammenhänge und trennt in inhaltliche und formale Aspekte. Ein **Dienst** ist ein Satz von Dienstelementen (Operationen), die von einer Schicht der über ihr liegenden Schicht zur Verfügung gestellt werden. Der Dienst gibt an, welche Operationen diese Schicht für ihre Anwender ausführen will, aber er sagt nicht das Geringste über die Implementierung der Operation aus (vergleichbar mit einem **.h**-file in der Programmiersprache C. Ein Dienst läuft über die Schnittstelle zwischen zwei Schichten, wobei die (untere) Schicht N Diensterbringer und die (obere) Schicht N+1 Dienstbenutzer ist. Die entstehende Schichtung ist systemübergreifend bezüglich des Systemschnitts.

Dienste werden formal durch eine Reihe von Dienstelementen (*primitives*) oder Operationen gekennzeichnet, die logisch als unteilbare Ereignisse angesehen werden. Dienstelemente sorgen dafür, daß der Dienst eine bestimmte Handlung durchführt oder daß auf eine Handlung in bestimmter Weise reagiert wird. Innerhalb des OSI-Modells gibt es vier Typen von Dienstelementen, die durch die an den Namen angehängte Bezeichnung gekennzeichnet werden:

.request (Anforderung):	Instanz möchte einen Dienst veranlassen, etwas Bestimmtes zu tun.
.indication (Anzeige):	Instanz soll über Ereignis informiert werden
.response (Antwort):	Instanz möchte auf Ereignis reagieren
.confirm (Bestätigung):	Instanz soll über Anforderung informiert werden

Die Dienstbezeichnung besteht aus Kennbuchstaben für die Schicht

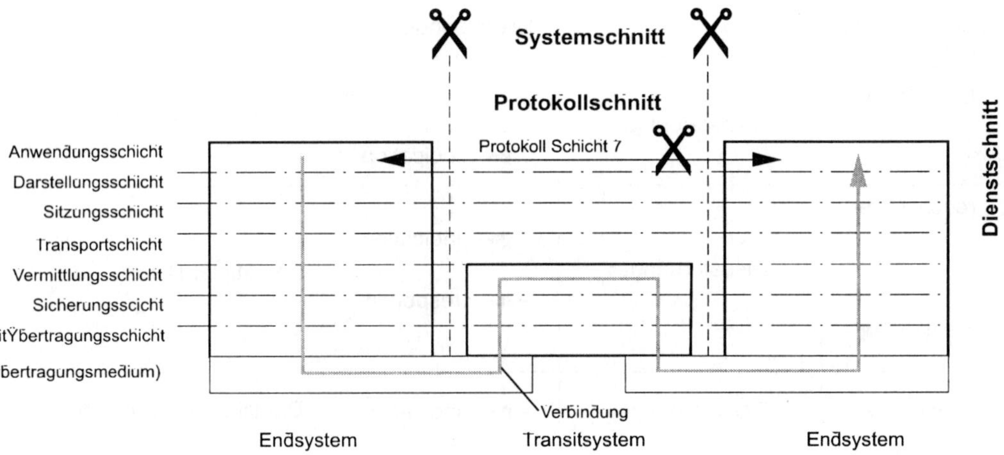

Abbildung 12: Basiselemente des Modells

P:	presentation
S:	session
T:	transport
N:	network
DL:	data link

und einem Namen für die Dienstgruppe, z.B.:

CONNECT:	für Verbindungsaufbau
DISCONNECT:	für Verbindungsabbau
DATA:	für Datentransport

Demnach sieht das Dienstelement zur Beschreibung der Transportverbindung zweier Teilnehmer wie folgt aus:
T-CONNECT.request, T-CONNECT.indication,
T-CONNECT.response, T-CONNECT.confirm.

Die Typen von Dienstelementen sind i.a. voneinander abhängig. Abb. 13 zeigt vier verschiedene Diensttypen:

Protokollschnitt: Durch die Dienstnorm wird zwar die Funktionalität eines Dienstes festgelegt, aber nicht seine Realisierung. Der Protokollschnitt legt auf jeder durch den Dienstschnitt gegebenen Schicht in jedem durch den Systemschnitt gegebenen System Protokollinstanzen fest, die systemübergreifend den Dienst realisieren. Ein **Protokoll** ist das Regelgefüge, welches das Format und die Bedeutung der von den Partnerinstanzen innerhalb einer Schicht ausgetauschten Rahmen, Pakete oder Nachrichten festlegt. Mit Protokollen führen die Instanzen ihre definierten Dienste aus. Sie können ihre Protokolle beliebig verändern, solange sie nicht ihre für den Dienstbenutzer sichtbaren Dienste verändern. Das Protokoll bezieht sich auf die Ausführung

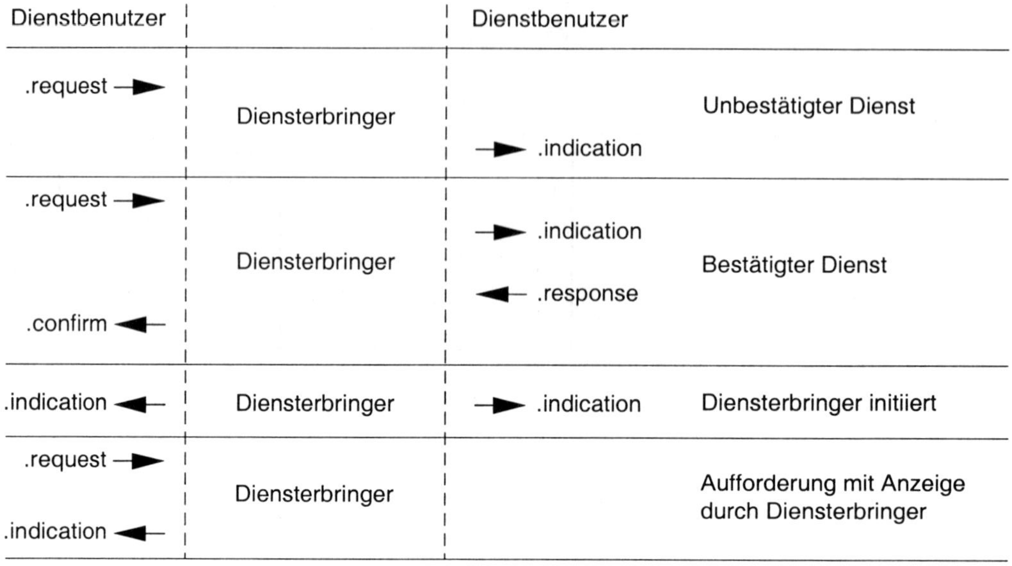

Abbildung 13: Die verschiedenen Möglichkeiten der Dienstsignalisierung

des Dienstes und ist als solches für den Dienstbenutzer nicht sichtbar. Während der Kommunikation zwischen zwei Benutzern wird der Austausch zwischen zwei entsprechenden Schichten durch ihre eigenen Protokolle geregelt. Obwohl die Information physikalisch durch einen Kanal der niedrigeren Stufe übertragen wird, also vertikal, kann man sich das Ganze auch als horizontale, virtuelle Kommunikation vorstellen.

Probleme des OSI-Schichtenmodells:

- Die konkrete Schichtung ist konzeptuell auf Punkt-zu-Punkt-Kommunikation über unsichere, schmalbandige Netze ausgerichtet. Andere Randbedingungen (z.B. Broadcast im LAN) sind erfüllbar, aber die Lösungen sind weniger natürlich. Ähnliches gilt bei getrennten Steuerkanälen (z.B. ISDN)
- Gewisse Probleme sind in allen Schichten dieselben, müssen aber schichtenspezifisch gelöst werden, sind also nicht beliebig delegierbar auf niedere Module. Diese Probleme sind im **Kapitel 7** „Schichtübergreifende Protokollkonzepte" zusammengefaßt:
  - Adressierung
  - Verbindungsmanagement
  - Flußregelung (Knoten, Verbindung)
  - Multiplexing
  - Fehlererkennung und -behebung

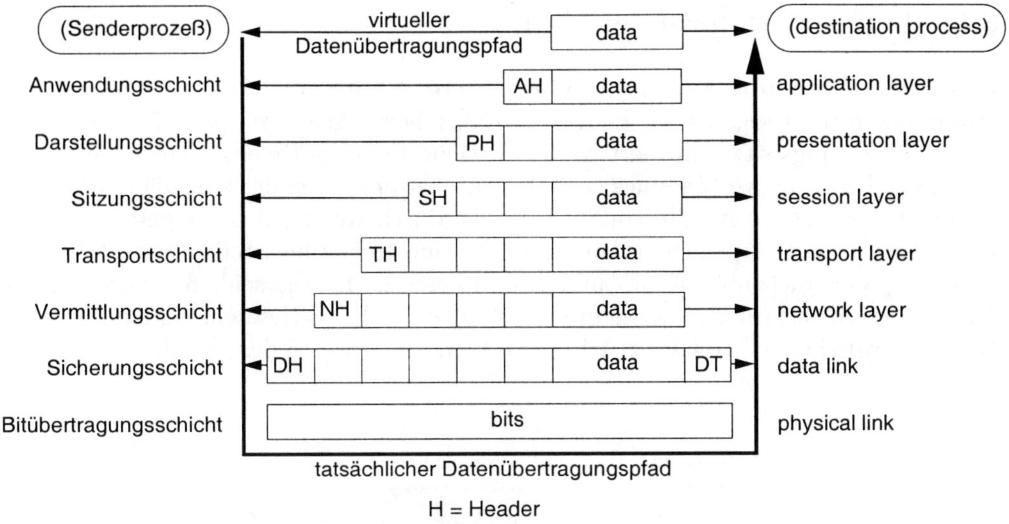

Abbildung 14: Virtuelle und tatsächliche Datenübertragung

- Neue Netztechniken verlagern Probleme: z.B. Routing auf Schicht 2 (Bridges bei LAN), Vermittlung auf Schicht 1 (ATM). Die Aufgaben mobiler Systeme und des Netzmanagements sind nur wenig angesprochen.

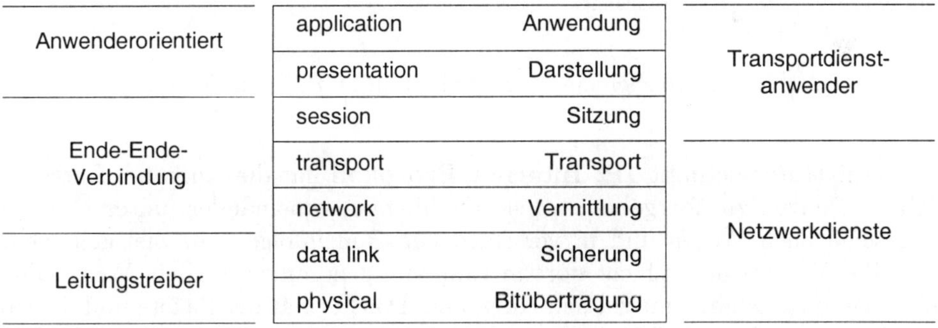

Abbildung 15: Perspektiven existierender Systeme

Trotzdem ist OSI eine wichtige Referenzarchitektur, deren allgemein anerkanntes Konzept keineswegs rein akademischer Natur ist. Abb. 15 zeigt, wie sich das ISO 7-Schichtenmodell aus Sicht der existierenden Systeme darstellt.

1.5 TCP/IP-Referenzmodell

TCP/IP : Transmission Control Protocol / Internet Protocol ist die Protokollwelt im Internet, das aus dem ARPANET hervorgegangen ist. Das ARPANET war ein Forschungsnetz, gefördert von DoD: Department of Defense, Verteidigungsministerium, USA, das verbindungslos Datenpakete vom Absender zum Ziel beförderte, auch beim plötzlichen Ausfall von Netzstecken durch Kriegseinwirkungen (siehe auch 1.2.1). Es verband ursprünglich Universitäten und Regierungsstellen über Telefonleitungen, später auch über Funk- und Satellitenstrecken, was schließlich die Bildung eines Standards erforderte, der heute den Namen TCP/IP-Referenzmodell trägt. Die Schichten von TCP/IP im Vergleich zu OSI sind in Abb. 16 dargestellt:

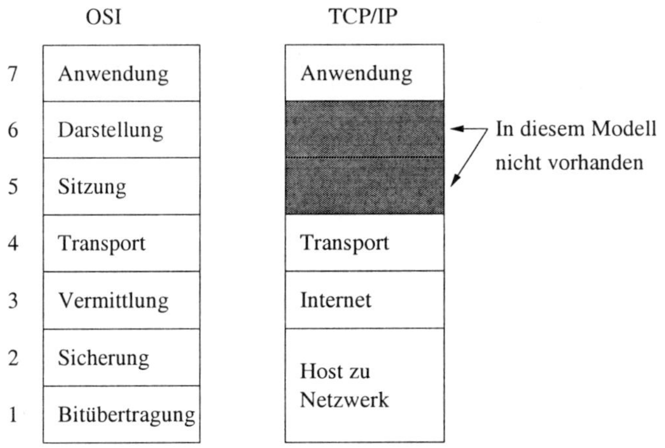

Abbildung 16: Schichten bei OSI und TCP/IP im Vergleich

Die **Vermittlungsschicht IP: Internet Protokoll** hat die Aufgabe, Datenpakete beliebigen Netzen zu übergeben, wo sie unabhängig voneinander, unter Umständen auf verschiedenen Wegen und in verschiedenen Reihenfolge zum Ziel gelangen, wo sie von der Vermittlungsschicht dort in Empfang genommen werden. Wegewahl und Stauvermeidung gehören mit zu den Aufgaben. Das Format der Pakete und die Protokolle, als Internet Protokoll IP bezeichet, sind genau spezifiziert. Falls eine bestimmte Reihenfolge der Pakete am Zielort gewünscht wird, ist es die Aufgabe der darüberliegenden Schichten, diese Reihenfolge herzustellen. Somit ist die Internet Schicht der OSI Vermittlungsschicht sehr ähnlich.

Die Tranportschicht sieht zwei Protokolle vor:

- **TCP: Transmission Control Protocol** sorgt für eine zuverlässige, fehlerfreie, verbindungsorientierte Übertragung von einem Host zu einem anderen über ein möglicherweise unzuverlässiges Netz. Der vom Host eingehende Bytestrom wird zerlegt in diskrete Nachrichten und der Internetschicht übergeben.

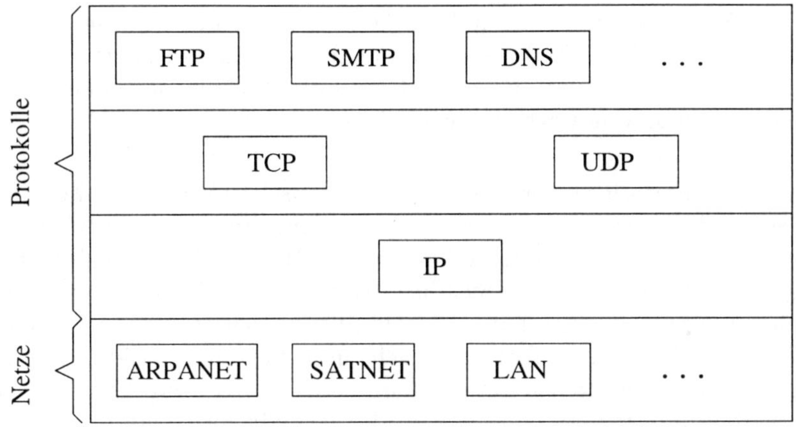

Abbildung 17: Protokolle und Netze des TCP/IP Modells

Am Empfangsort fügt der TCP Prozeß die von der Internetschicht übergebenen Nachrichten in einen Bytestrom zusammen. TCP regelt auch die Flußkontrolle und sorgt dafür, daß ein schneller Sender nicht einen langsamen Empfänger überflutet.

- **UDP: User Datagramm Protokoll** ist unzuverlässig, verbindungslos und gedacht für Benutzer, die auf Flußkontrolle und Ordnung der Paktete durch die Transportschicht keinen Wert legen. Typische Anwendungen sind hier solche, bei denen schneller Transport wichtiger ist als zuverlässige Übermittlung wie z.B. für Sprache und Video.

Die **Anwendungsschicht** enthält die oberen Protokolle wie Dateitransfer: File Transfer Protocol: FTP, Electronic Mail: Simple Mail Transfer Protocol, SMTP, Adressenverwaltung: Domain Name System: DNS, Protokolle für das World Wide Web, WWW: Hypertext Transfer Protocol HTTP, und vieles mehr (Abb. 17). Die Sitzungsschicht und die Darstellungsschicht fehlen gänzlich. Die Funktionen dieser Schichten sind auch im OSI-Modell sehr spärlich ausgebildet, im TCP/IP Modell weitgehend in der Anwendungsschicht zu finden, z.B. Kryptographie, Darstellungsaufgaben. Die Entsprechung der OSI Schichten 1 und 2, Bitübertragungsschicht und Sicherungsschicht, durch „Host zu Netz“ bei TCP/IP (Abb. 16), ist bezüglich eines Protokolls nicht definiert [STEV 94].

1.6 Die Referenzmodelle OSI und TCP/IP im Vergleich

OSI und TCP/IP haben viele Gemeinsamkeiten: Beide beruhen auf dem Konzept einer Schichtung von unabhängigen Protokollen. Auch die Funktionalität der Schichten ist ähnlich: Die OSI Schichten 1 bis 4 und die TCP/IP Schichten Internet und Transport unterstützen einen Ende-zu-Ende netzunabhängigen Transportdienst für Prozesse, die miteinander in Verbindung treten wollen. Oberhalb der Transportebene befinden sich in beiden Modellen anwendungsbezogene Dienste.

Geschichtliche Entwicklung: Bei OSI war der erste Schritt die Entwicklung des Referenzmodells. Dies war getrieben von dem Bestreben der internationalen Postverwaltungen und der Industrie - außer IBM - dem herstellerspezifischen „geschlossenen“ Referenzmodell: Systems Network Architecture: SNA von IBM, das 7 Schichten enthält, ein offenes System entgegenzusetzen. Das so entstandene OSI Referenzmodell wurde dabei von Fachleuten entworfen, die wenig praktische Erfahrung mit Rechnernetzen hatten. So unterstützte der erste Entwurf nur Punkt-zu-Punkt Verbindungen und es wurde bald nötig für die Einbeziehung von Local Area Networks, LANs, die Mehrpunktverbindung verlangen, dem Modell die Medium Access Control Schicht, MAC, aufzupfropfen. Erst später entstanden Protokolle, wobei große Probleme auftauchten, diese mit dem Referenzsystem in Einklang zu bringen. Die darauf aufbauenden Produkte waren überdies mit Fehlern behaftet.
Die Entwicklung bei TCP/IP verlief genau umgekehrt: Es entstanden zuerst Protokolle auf der Basis von ARPANET entworfen von Praktikern, vor allem an Universitäten, in dem Bestreben rasch praxisnahe Lösungen ohne Bevormundung durch Postverwaltungen und Industrie zu erhalten. Erst später wurden diese frühen Arbeiten im TCP/IP Referenzmodell formalisiert, wobei das Modell tatsächlich eine Beschreibung der existierenden Protokolle darstellte. Auf der Basis von TCP/IP entwickelten Universitäten und Industrie - kostenlos für die Anwender - und Industrie frühzeitig hochwertige Produkte. Aufgrund der hohen Investitionen bei Entwicklern und Anwendern war die Bereitschaft gering, später eine Anpassung der Produkte in Richtung auf OSI vorzunehmen.
Im folgenden sollen Vor- und Nachteile der beiden Referenzmodelle OSI und TCP/IP sowie ihre Protokollimplementierung kurz zusammengefaßt werden:
Vorteile von OSI: Klare Strukturierung der Schichten mit einigen Ausnahmen. Klare Trennung von Diensten, Schnittstellen und Protokollen: Jede Schicht leistet Dienste für die darüberliegende Schicht. Die Definition der Dienste legt fest, welche Funktionen die Schicht ausführt und welche Zugänge von der darüberliegenden Schicht bestehen. Die Schnittstelle vermittelt den darüberliegenden Prozessen Zugangsparameter und Resultate, die zu erwarten sind. Wie die Schicht von innen arbeitet, ist nicht offengelegt. Die ausführenden Protokolle einer Schicht können völlig unabhängig gestaltet und auch geändert werden, ohne Rücksicht auf die darüberliegenden Protokolle. diese Konzepte entsprechen gut den Konzepten der objektorientierten Programmierung: Ein Objekt, hier eine Schicht, besitzt einen Satz von Operationen (= Methoden), die von äußeren Prozessen initiierte werden können. Die Semantik dieser Operationen definieren den Satz von Diensten, die das Objekt anbietet. Die Parameter und Resultate der Operationen bilden die Schnittstelle des Objekts. Der interne Code des Objekts ist das Protokoll, nicht sichtbar und für die Außenwelt ohne Bedeutung. Dies alles führt zu leichter Änderbarkeit der Protokolle

bei Änderung der Technologie.
Nachteile von OSI: Die Standarisierung von OSI erfolgte zu spät, zu einem Zeitpunkt als TCP/IP bereits weitverbreitet war. Das Modell und die Protokolle sind komplex, die darauf aufbauenden Produkte von schlechter Qualität. Manche Protokolle wurden in ihrer Entstehung stark von Telekommunikationsfachleuten beeinflußt, was zu Unstimmigkeiten bei der Realisierung in Computern führte. Als letztes: das Netzmanagement fehlt völlig.
Vorteile von TCP/IP: Die IP und TCP Protokolle sind gut durchdacht und implementiert. Diese Implementierungen begannen zu einem früheren Zeitpunkt als die für OSI und eroberten damit den weltweiten Markt.
Nachteile von TCP/IP: Zusätzlich zu den oben aufgeführten Vorteilen von OSI, die hier fehlen, ist aufzuführen: Das TCP/IP Modell ist sehr speziell und wenig geeignet, andere Protokollhierarchien zu beschreiben. Die unterste Schicht, Host zu Netz ist weniger als Protokollschicht zu bezeichnen, sie ist vielmehr eine Schnittstelle zwischen der Vermittlungsschicht und dem Netz. Als letztes: Sicherungsschicht und Bitübertragungsschicht werden nicht erwähnt.
Zusammenfassung: Das OSI Modell ist nützlich, Computernetze in ihren Konzepten zu erläutern und zu diskutieren. Implementierungen von OSI haben sich nicht durchgesetzt. Das Umgekehrte ist der Fall für TCP/IP [PISC 93]. Die folgenden Kapitel dieses Buches stützen sich deshalb auf das OSI Modell, wobei auch die TCP/IP Protokolle behandelt werden.

Literatur: BELL 96, BLAC 95, CONR 93, FRAN 86, HODG 95, JABB 95, KWOK 95, KAUF 98, KERN 92, HODG 95, LAUD 95, TANE 98, SPAR 91, STAL 94, STEI 95.

1.7 Prüfungsfragen

Was ist das OSI Modell?
Wozu braucht man das OSI Modell?
Halten sich konkrete Netze an OSI?
Warum gibt es eine Schichtenbildung?
Wie kam es zu dieser speziellen Schichtenbildung im OSI Modelle?
Wie stehen die einzelnen Schichten beim OSI Modell zueinander in Beziehung?
Wie läuft die Kommunikation im OSI Modell ab?
Erklären Sie kurz die Hauptaufgaben jeder Schicht des OSI Modells.
Nennen Sie zu jeder Schicht des OSI Modells ein Protokoll!
Welche Schnitte gibt es?
Erläutern Sie einige Topologien von Rechnernetzen.
Wie unterscheiden sich LAN, MAN und WAN?
Geben für LANs, MANs und WANs jeweils Beispiele an.
Wie sieht die Toplogie bei einem WAN aus?
Wie lautet die Definition von Rechnernetzen?
Welche Aufgaben erfüllt ein Rechnernetz?
Was ist der Unterschied zwischen einem Rechnernetz und einem verteilten System?
Wie lassen sich Rechnernetze grob klassifizieren?
Was ist der Unterschied zwischen Nachrichten-, Paket- und Leitungsvermittlung?
Nennen Sie ein Beispiel für ein Paketnetz.
Was sind die Vor- und Nachteile einer Paketvermittlung?
Was sind die Vor- und Nachteile eines Datagrammnetzes?
Erläutern sie verbindungsorientierte und verbindunglose Dienste.
Was gibt die Bitfehlerrate an?
Was gibt es bei offenen Systemen zu beachten?

2 Bitübertragungsschicht

2.1 Überblick

Dieses Kapitel gliedert sich in zwei große Themengebiete. Das erste befaßt sich mit den Übertragungsmedien, während das zweite von Schnittstellen und Modulation handelt. Die Bitübertragungsschicht ist die unterste Schicht im ISO/OSI-Modell und beschäftigt sich mit der Übertragung von Daten auf der physikalischen Ebene. Die Aufgaben dieser Schicht berühren weitgehend die elektrischen, mechanischen und prozeduralen Schnittstellen sowie das physikalische Übertragungsmedium. Doch zunächst einige einfache und grundlegende Definitionen:

Definition: (Daten) **Daten** sind in der Umgangssprache Gegebenheiten, Tatsachen, Ereignisse. In der Fachsprache sind Daten Zeichen oder kontinuierliche Funktionen, die Informationen darstellen.

Definition: (Nachricht) Eine **Nachricht** ist eine endliche Zeichenfolge, die eine Information vermittelt.

Der Unterschied zwischen Daten und Nachrichten besteht definitionsgemäß nur darin, daß die Darstellung der Information zu verschiedenen Zwecken erfolgt: zur Verarbeitung (Daten) oder zur Weitergabe (Nachricht). In der Fachsprache der Technik werden sowohl Daten als auch Nachrichten als Zeichen oder kontinuierliche Funktionen definiert, die Informationen darstellen [DIN 44 300].

Definition: (Information)
Daten (bzw. Nachrichten) werden erst zu einer **Information**, wenn sie einer Bedeutung (Semantik) zugeordnet werden, d.h. wenn sie einen Sachverhalt ausdrücken, einem Zweck dienen oder eine Aktion auslösen.

Informationen sind in der Umgangssprache (laut DIN) Kenntnisse über Sachverhalte und Vorgänge. Informationen können jemandem vermittelt werden, man kann sie sich aber auch selbst beschaffen. Nachrichten kann man sich dagegen nicht selbst beschaffen, denn Nachrichten werden (erwartungsgemäß) zu Informationen, wenn der Empfänger sie zur Kenntnis nimmt.

Definition: (Signale)
Signale sind in der Fachsprache die physikalische Darstellung von Nachrichten oder Daten.

Der **Abschnitt 2.2** befaßt sich zunächst mit einigen theoretischen Grundlagen der Nachrichtenübertragung. Ein Signal wird durch seine mathematische Darstellung beschrieben und es wird gezeigt, daß jedes Signal durch eine Darstellung von Sinus-

und Cosinusfunktionen nachgebildet werden kann. Die Bandbreite eines Signals ist demnach die Frequenzbreite mit dem das Signal auf einer Leitung übertragen wird. Die Grenzen der Übertragungsgeschwindigkeit eines mit thermischem Rauschen behafteten bzw. rauschfreien Kanals wurden von N.Nyquist und C. Shannon berechnet. Die von einer (Nachrichten-) Quelle kommende Nachricht wird in eine für die Übertragung geeignete Form gebracht, auf einem Kanal übertragen und vom Empfänger in seine ursprüngliche Form zurückgebracht. Ein **Übertragungsmedium** kann eine elektrische Leitung, eine Funkverbindung, eine optische Strecke oder ein Lichtwellenleiter sein. Eine elektrische Leitung besteht aus einem Leiter, einer Isolierhülle sowie einem Mantel und wird durch ihre Grundeigenschaften - den Widerstand R, die Induktivität L, die Kapazität C und die Ableitung G - beschrieben. Unter den elektrischen Leitern sind die symmetrischen Leitungen (zwei parallel verlaufende lineare Leiter) und die Koaxialkabel (konzentrisch mit rohrförmigem Außenleiter) am weitesten verbreitet. Können mehrere Signale gleichzeitig auf einer Leitung übertragen werden, so spricht man von einer Breitband-Übertragung. Kann nur ein Signal übertragen werden, nennt man dies Basisband-Übertragung. Zu den Störeinflüssen, bedingt durch die elektrotechnische Natur einer Leitung, zählen Nebensprechen, Erdschleifen, der Skineffekt sowie die Dämpfung.
Bei Lichtwellenleitern werden Glasfasern als Übertragungsmedium verwendet. Als Sender kommen Elektrolumineszenzdioden (LED - Light Emitting Diode) oder Laserdioden (LD) in Frage, während auf der Empfängerseite Photodioden als Senke eingesetzt werden. Licht ist eine für das Auge erkennbare elektromagnetische Strahlung. Trifft ein Lichtstrahl auf eine Grenzfläche zwischen zwei Medien, so entsteht Reflektion bzw. Totalreflektion. In einer Stufenfaser werden Lichtstrahlen durch Totalreflektion, auf einem „Zickzackkurs“ entlang der Kern-Mantel-Wand geführt. Bei der Gradientenfaser bewegen sich die Lichtstrahlen auf wellenförmigen Bahnen. Die Wege, die das Licht in einer Faser nehmen kann, nennt man **Moden**. Monomodefaser sind Glasfaser, in denen das Licht nur noch einen Weg nehmen kann. Dadurch entstehen keine Laufzeitunterschiede (Modendispersion) zwischen Lichtstrahlen mit unterschiedlicher Weglängen. Neben der Modendispersion gehört die durch spektrale Breite einer Lichtquelle entstehende Materialdispersion zu den Störeinflüssen von Glasfasern.
Im **Abschnitt 2.3** werden Schnittstellen anhand ihrer physikalischen, funktionalen und prozeduralen Spezifikation behandelt. Die Schnittstellen V.24 und RS-232 C unterscheiden sich nur geringfügig voneinander und beschreiben eine asynchrone, serielle Schnittstelle zwischen Datenübertragungseinrichtung und Datenendeinrichtung. X.20 und X.21 sind Empfehlungen für eine asynchrone bzw. synchrone Schnittstelle auf digitalen Leitungen.
Jeder Nachricht kann man ein bestimmtes Frequenzspektrum zuordnen. Die menschliche Stimme enthält z.B. Spektralkomponenten zwischen etwa 60 Hz und 12 000 Hz, bei bewegten Bildern ist das Spektrum sehr viel breiter. Die so ermittelten spektralen Grenzen sind aber für die Übertragung meist nicht maßgebend. Oft kann der volle Spektralbereich nicht erfaßt werden, oder das ist aus wirtschaftlichen Gründen nicht akzeptabel. So wird die Bandbreite des Nachrichtensignals eingeschränkt. Die Band-

breite einer analogen Telefonleitung beträgt etwa 3 kHz (von 300 Hz bis 3400 Hz) und reicht meist vollkommen aus, um ein Gespräch zufriedenstellend übertragen zu können. Höhere, bzw. tiefere Töne werden jedoch stark verzerrt.

Definition: (Nachrichtenkanal)
Der für die Übertragung des Signals zur Verfügung gestellte Frequenzbereich wird als **Nachrichtenkanal** bezeichnet.

Abweichend davon wird aber manchmal auch als Nachrichtenkanal der Weg vom Sender zum Empfänger bezeichnet. Eine Übertragung der Nachrichtensignale in der ursprünglichen Signalform ist meist technisch nicht möglich oder unwirtschaftlich. Das Nachrichtensignal muß dann in eine höheren Frequenzlage übergeführt oder umgesetzt werden. Dies wird durch **Modulation** ermöglicht. Dazu benötigt man einen **Modulationsträger**. Als Träger kommen Sinusschwingungen und periodische Impulsfolgen in Frage. Wichtige Modulationsverfahren sind Amplitudenmodulation (AM), Frequenzmodulation (FM) und Phasenmodulation (PM).
Die Einrichtung, die das Nachrichtensignal umsetzt, heißt Modulator und die Rückumsetzung auf der Empfangsseite geschieht im Demodulator. Ein Gerät, das sowohl einen seriell ankommenden Bitstrom als auch umgekehrt in einem modulierten Träger umwandelt, wird **Modem** (für **Mo**dulator-**Dem**odulator) genannt.

2.2 Übertragungsmedien

2.2.1 Theoretische Grundlagen

Signale sind die physikalische Darstellung von Nachrichten oder Daten. Die Information wird durch einen zeitkontinuierlichen Signalverlauf repräsentiert. Eine analoge Nachricht wird durch eine stetige Funktion der Zeit dargestellt. Ein Signal ist diskret, wenn es nur eine endliche Menge an Signalwerten annehmen kann. Der Wertevorrat ist dabei häufig sehr gering, bei Binärsignalen kommen nur die Werte 0 und 1 in Frage. Eine digitale Nachricht ist diskret.
Ein Signal $s(t)$ ist periodisch mit der Periodendauer T, wenn gilt

$$s(t+T) = s(t) \quad -\infty < t < +\infty$$

Drei bezeichnende Merkmale eines periodischen Signals sind Amplitude, Frequenz und Phase. Die Amplitude ist der momentane Wert des Signals zu einem gewissen Zeitpunkt. Da die Signale, die in der Bitübertragungsschicht besprochen werden, fast ausschließlich elektromagnetischen Wellen sind, wird die Amplitude in Volt angegeben. Die Frequenz f ist die Inverse der Periode ($\frac{1}{T}$), bzw. die Anzahl der Wiederholungen der Periode pro Sekunde und wird in Hz (Hertz) angegeben. Die Phase ist die relative Position in der Zeit während einer Periode des Signals. Folglich können wir nun eine Sinuswelle darstellen,

$$s(t) = A_0 \sin(2\pi f t + \Theta)$$

wobei A_0 die maximale Amplitude, f die Frequenz und Θ die Phasenverschiebung ist. Bisher haben wir ein Signal als Funktion der Zeit betrachtet. Es ist aber genau so möglich, ein Signal als eine Funktion der Frequenz zu sehen. Als Beispiel besitzt das Signal

$$s(t) = \sin(2\pi f)t + \frac{1}{3} \cdot \sin 3(2\pi f)t + \frac{1}{5} \cdot \sin 5(2\pi f)t$$

Sinuswellen mit den Frequenzen f, $3f$ und $5f$.
Für die Datenübertragung kann durch diese Anschauung das Verständnis oft erleichtert werden. Jedes Signal und so auch ein digitales Signal kann durch einer Reihe von Sinuskurven mit verschiedenen Frequenzen dargestellt werden. Durch eine Betrachtung der verwendeten Frequenzen können dann leicht Rückschlüsse auf die Bandbreite gezogen oder andere frequenzabhängige Aussagen gemacht werden.
Jede streng stetige Funktion $s(t)$ mit der Periode T kann durch die Summierung von (eventuell unendlich vielen) Sinus- und Cosinusfunktionen dargestellt werden.

$$s(t) = \frac{1}{2}a_0 + \sum_{n=1}^{\infty} a_n sin(2\pi nft) + \sum_{n=1}^{\infty} b_n sin(2\pi nft)$$

wobei $f = 1/T$ die Grundfrequenz ist und a_n und b_n die Sinus- und Cosinusamplituden der n-ten Harmonischen sind. Eine solche Zerlegung heißt **Fourierreihe**.
Um z.B. ein Bitmuster zu übertragen, wird das Datensignal durch die Fourierreihe bis zur n-ten Harmonischen (Abb. 18) angeglichen. Je größer n gewählt wird, desto besser ist die Annäherung, aber auch um so mehr harmonische Schwingungen $(2\pi ft)$ sind vorhanden.

Betrachtet man die Anzahl der harmonischen Schwingungen (Fourierfrequenzen) erhält man eine einfache Definition der Bandbreite.

Definition: (Bandbreite) Die Differenz zwischen maximaler und minimaler Fourierfrequenz wird als **Bandbreite** bezeichnet.

Ab einer gewissen Grenzfrequenz f_g werden die Signale nicht mehr unverändert übertragen, sondern stark abgeschwächt und in ihrer Phasenlage verändert.

Definition: (Bandbreite einer Leitung) Unter der **Bandbreite B einer Leitung** versteht man den Frequenzbereich, bei dem mit dieser Leitung noch keine Verzerrungen auftreten.

Die Signalgeschwindigkeit gibt an, wie oft in jeder Sekunde das Signal seinen Wert ändern kann und wird in **Baud** gemessen. Da jeder Signalwert mehrere Bits übertragen könnte, entspricht die Baudrate nicht immer der Bitrate, sondern nur dann, wenn mit jedem Signalwert genau ein Bit übertragen wird.

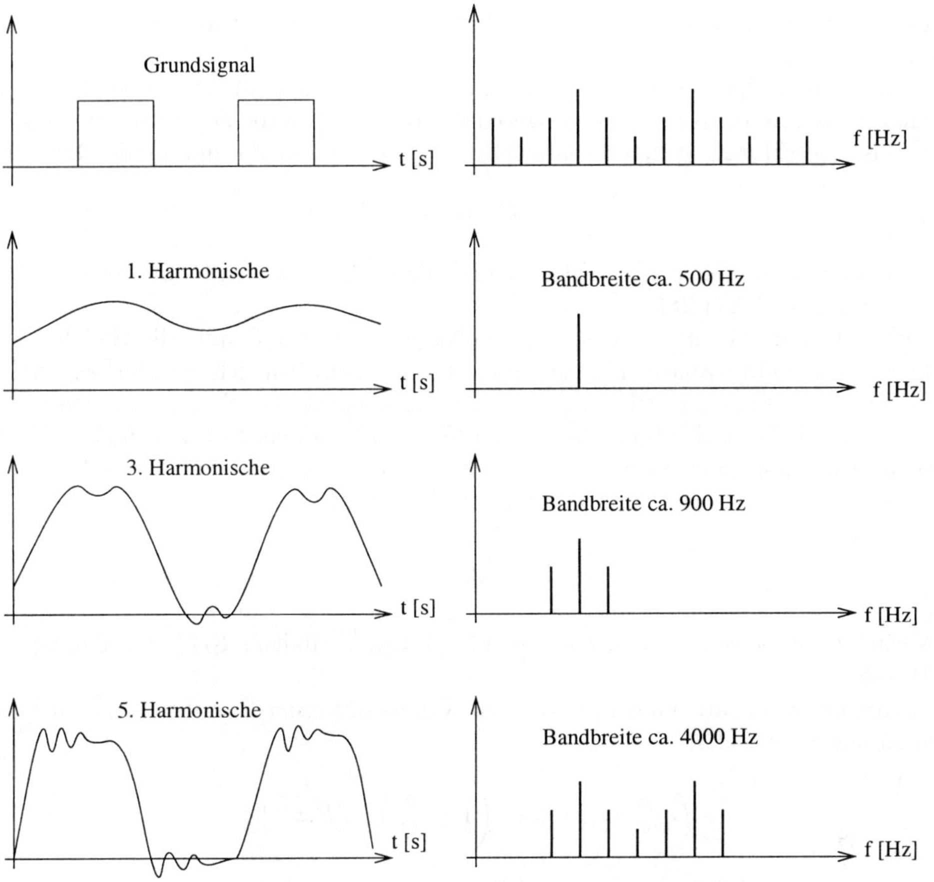

Abbildung 18: Harmonische Schwingung

Beispiel: Mit den Spannungsstufen 0, 1, 2, 3, 4, 5, 6 und 7 ($\hat{=}2^3$) könnten mit jedem Signalwert 3 Bits übertragen werden. Damit ist die Bitrate dreimal größer als die Baudrate. Wenn die Signalstufen lediglich die Werte 0 und 1 verwenden, entspricht die Baudrate der Bitrate.

Die Zeit Z, die benötigt wird, um einen Buchstaben zu übertragen, hängt von der Signalgeschwindigkeit und der Kodiermethode ab.

Definition: (Zeitgesetz der Nachrichtentechnik) Das Produkt aus Übertragungszeit Z_T und Bandbreite B einer Nachricht ist stets konstant:

$$Z_T \cdot B = konstant$$

Um die Übertragungszeit zu verkürzen, muß die Bandbreite erhöht werden und umgekehrt.
Schon 1924 hat N. Nyquist eine Gleichung abgeleitet, welche die maximale Datenrate für einen rauschfreien Kanal mit eingeschränkter Bandbreite B angibt. Besteht ein Signal aus K diskreten Stufen (Kennzuständen), so gilt für die maximale Datenrate:

$$D_{max}^{NY} = 2 \cdot B \cdot \log_2 K \quad [Bit/s]$$

So kann ein rauschfreier 3 kHz-Telefonkanal binäre Signale nicht mit mehr als 6000 Bit/s übertragen [NYQ 28].
1948 führte Claude Shannon die Arbeit von Nyquist fort und dehnte die Gleichung auf den Fall aus, daß ein Kanal zufälligem, z.B. thermischem, Rauschen unterliegt [SHAN 48]. Wenn S die Signalenergie und N die Rauschenergie bezeichnet, so nennt man S/N den Rauschabstand (Signal zu Rausch Verhältnis, *Signal to Noise Ratio*). Da der Rauschabstand normalerweise in Dezibel angegeben wird (nicht aber das Verhältnis S/N), bedarf es meistens einer Umrechnung. Dabei gilt

$$y\,[dB] = 10 \cdot \log_{10} \frac{S}{N}$$

Ein Verhältnis $S/N = 10$ entspricht also 10 dB, Ein Verhältnis $S/N = 100$ entspricht 20 dB usw.
Die maximale Datenrate eines rauschenden Kanals mit einer Bandbreite B wird nach Shannon angegeben als:

$$D_{max}^{SH} = B \cdot \log_2 \left(1 + \frac{S}{N}\right) \quad [Bit/s]$$

Beispiel: Bei einem Telefonkanal mit 3 kHz Bandbreite und einem Rauschabstand von 30 dB können nie mehr als $3000 \cdot log_2 \cdot (1 + 1000) = 30\,000 \quad Bit/s$ übertragen werden.

2.2.2 Elektrische Leiter

Die Nachrichtensignale werden auf Leitungen als elektromagnetische Wellen mit endlicher Fortpflanzungsgeschwindigkeit übertragen. Diese Wellen sind meist **periodische Vorgänge**. Aber auch wenn sie beliebige Form haben, genügt es, die Untersuchungen auf periodische Vorgänge zu beschränken. Dies ist möglich, da sich alle anderen Signalformen als Summen oder Integrale von Teilwellen darstellen lassen (Fourieranalyse, siehe S. 62).
Leitungen werden in **homogene** und **inhomogene** Leitungen unterteilt. Homogene Leitungen haben die gleiche Fortpflanzungskonstante γ und den gleichen Wellenwiderstand Z_L überall längs der Ausbreitungsrichtung x. Bei inhomogenen Leitungen werden, durch örtlich verteilte Abweichungen, reflektierende Wellen gebildet.
Das elektrische Verhalten einer Leitung kann durch die **Grundeigenschaften** beschrieben werden, nämlich durch

- den Widerstand R [Ω] (Ohm),
- die Induktivität L [H] (Henry),
- die Kapazität C [F] (Farad),
- die Ableitung G [S] (Siemens), (reziproker Isolierwiderstand).

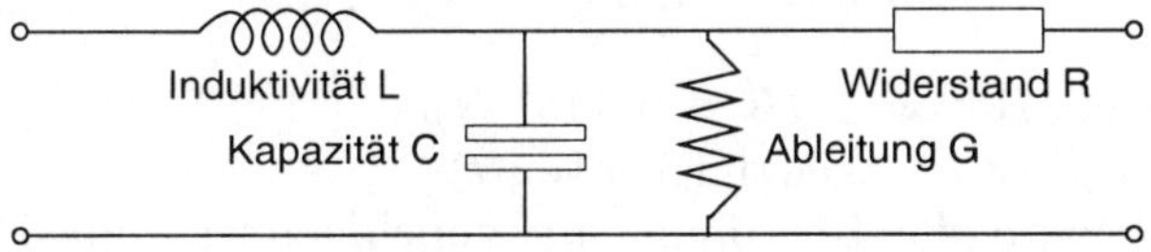

Abbildung 19: Die vier Kenngrößen einer realen Leitung

Diese Grundgrößen sind abhängig von

- dem Aufbau,
- den Abmessungen der Leitung,
- der wirksamen Hülle,
- den verwendeten Materialien,
- der Frequenz,
- der Temperatur.

Die auf die Längeneinheit einer Leitung bezogene Grundgrößen werden auch **Leitungsbeläge** genannt und mit einem Apostroph (d.h. R', L', C', G') gekennzeichnet.

Mit Hilfe der Leitungstheorie läßt sich ableiten:

1. Wellenwiderstand:
$$Z_L = \sqrt{\frac{R' + j\omega L'}{G' + j\omega C'}} \quad [\Omega]$$
wobei $j^2 = -1$ und $\omega = 2\pi f$ die Kreisfrequenz ist. Typische Werte für Z_L sind 50 Ω (z.B. bei Ethernet) und 75 Ω. Der Wellenwiderstand ist wichtig als Kriterium für die Anpassung der Leitung an Sender und Empfänger und für den richtigen Abschlußwiderstand zur Unterdrückung von Reflexion an den Kabelenden.

2. Fortpflanzungskonstante:
$$\gamma = \sqrt{(R' + j\omega L')(G' + j\omega C')} = \alpha + j\beta$$
wobei α [N_P/km] die Dämpfungskonstante und β [rad/km] die Phasenkonstante ist.

3. Wellenlänge:

$$\lambda = \frac{2\pi}{\beta \cdot 1000} \quad [m]$$

4. Zusätzlich zu den Wellenparametern ist das Dämpfungsmaß für die Übertragungseigenschaft wichtig.

$$d = \alpha \cdot Länge \quad [Np] \, (Neper)$$

($1 \; Np \; = 8,686 \; dB$ bzw. $1 \; dB \; = 0,1151 \; Np$)
(dBm heißt Verlust bezogen auf $1 \; mWatt$)
Offensichtlich wird die Dämpfung mit zunehmender Kabellänge größer. Die Dämpfung wird aber auch größer mit:

(a) zunehmendem spezifischen Widerstand des Leitermaterials,

(b) abnehmendem Leiterquerschnitt,

(c) steigender Betriebsfrequenz f,

(d) und steigender Temperatur.

Kabelaufbau

Ein Nachrichtenkabel setzt sich aus folgenden Konstruktionselementen zusammen:

1. **Leiter** zur Weiterleitung der elektrischen Ladungsträger. Eine Leitung besteht aus einzelnen Leitern (mindestens 2).

2. **Isolierhülle** zur Vermeidung von Übertragungsverlusten und zum Schutz vor Berührung mit spannungsführenden Leitern. Eine Ader ist ein Leiter mit Isolierhülle. Leitungen aus gleichartigen Adern werden *symmetrisch* genannt (ein Koaxialkabel ist dagegen unsymmetrisch).

3. **Mantel** und **Schutzhülle** die eine dichte, mechanisch widerstandsfähige und dauerhafte Hülle um die Kabelseele bilden. Eine **Kabelseele** ist die Gesamtheit aller Leitungen in einem Kabel. Der Mantel hat überdies die Aufgabe, das elektrische und in manchen Fällen auch magnetische Feld der Leitungen nach außen hin zu begrenzen und die Kabelseele vor dem Einfluß fremder Felder zu schützen.

Zum Zweck der Verminderung der gegenseitigen und äußeren elektromagnetischen Beeinflussung werden die Adern **verseilt**. Die Ganghöhe der Verseilung, d.h. der maximale Abstand zwischen zwei Punkten der Schraubenlinie, die einen vollständigen Schraubengang begrenzen, wird als **Drall** (Schlaglänge oder auch Drallschritt) bezeichnet.

Man unterscheidet:

- Elementenverseilung: Die einfachste Gruppe ist die Paarverseilung, die aus zwei gleichen, miteinander verseilten Kabeladern gebildet wird. Verseilt man vier Einzeladern zu einem seilförmigen Bündel, so nennt man dies einen Sternvierer. Vereinigt man zwei Doppeladern miteinander, so entsteht die Viererverseilung (DM-Verseilung nach Dieselhorst-Martin benannt) (Abb. 20).

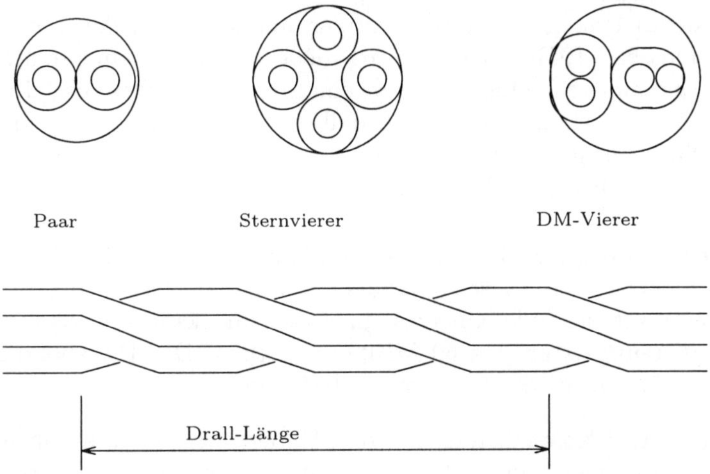

Abbildung 20: Verseilgruppen

- Kabelverseilung: Wird die Kabelseele in konzentrischen Lagen aufgebaut, spricht man von einer Bündelverseilung. Die Lagenverseilung baut auf lagenweise verseilten Bündeln mit einer gleichbleibenden Zahl von Gruppen auf.

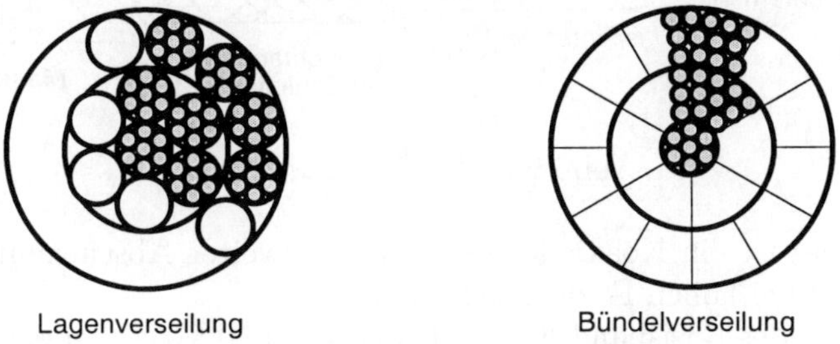

Abbildung 21: Kabelverseilung

Kabeltypen
Der älteste und immer noch gebräuchlichste Kabeltyp ist das **verdrillte Leitungspaar** (*twisted pair*). Eine verdrillte Masse- und Signalleitung verringert induktive Störungen. Verdrillte Leitungspaare können über mehrere Kilometer hinweg ohne dazwischen geschalteten Verstärker arbeiten. Die Übertragungsrate liegt bei etwa 100 MBit/s im Meterbereich und einigen Bit/s im Kilometerbereich.
Twinax Kabel sind twisted pairs mit Abschirmung (*shielded twisted pairs*). **Quadrax Kabel** sind Twinax Kabel mit zusätzlichem zweiten Schirm. Dadurch wird jeweils die Störsicherheit erhöht.
Ein **Koaxialkabel** besteht aus einem Kupferdaht als Kern, der von einem Isoliermaterial umschlossen ist. Der Isolator wird wiederum von einem zylindrischen Leiter umschlossen. Der äußere Leiter ist durch einen Plastikmantel geschützt (Abb. 22). Durch diesen Aufbau kann eine hohe Bandbreite (etwa 450 MHz) mit sehr hoher Rauschunempfindlichkeit erreicht werden.
Die zwei hauptsächlich verwendeten Arten von Koaxialkabeln sind:

1. Das **Basisband**-Koaxialkabel (50-Ohm-Kabel), das oft für die *digitale* Übertragung benutzt wird. Dieses Koaxialkabel wird sehr häufig in LANs und bei der Fernverbindung des Telefonnetzes eingesetzt und kann bei einer Länge von 1,5 km Übertragungsraten von 50 MBit/s erreichen. Das Basisband-Koaxialkabel ist derzeit das am stärksten verbreiteste Kabel.

2. Das **Breitband**-Koaxialkabel (75-Ohm-Kabel), wird hauptsächlich bei der *analogen* Übertragung benutzt. Breitbandsysteme bestehen fast immer aus mehrere Kanälen (meist 6 MHz-Kanäle). Jeder Kanal kann, unabhängig von den anderen, für analoge Fernsehübertragung, für Audioübertragung oder zur Übertragung von Bitfolgen verwendet werden. Die Übertragungsrate liegt bei typischen 300 MBit/s bei einer Kabellänge von 1,5 km.

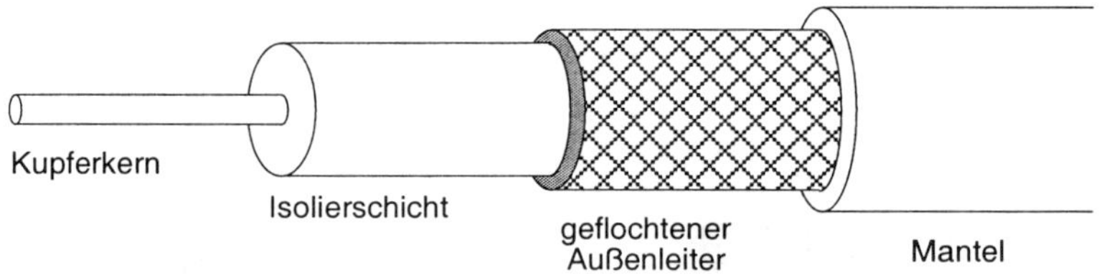

Abbildung 22: Koaxialkabel

Das **Triax Kabel** ist ein Koaxialkabel mit einer zweiter Abschirmung. Dies erhöht die Störsicherheit bei hohen Frequenzen erheblich.
Da die Bandbreite des Basisband-Koaxialkabel (etwa 50 MHz) bedeutend geringer ist als die vom Breitband-Koaxialkabel (etwa 450 MHz) oder von einem Lichtwellenleiter, wird in vielen Rechnernetzen durch dieses Kabel normalerweise nur ein Signal übertragen. Dies wird dann **Basisband-Übertragung** genannt.

Bei einer Bandbreite von mehr als 4 kHz sprechen die Fernsprech-Ingenieure oft von einer **Breitband-Übertragung**. Bei Computer-Netzwerken steht der Begriff „Breitband" oft für jede Verkabelung mit analoger Übertragung ([TANE 98]).
In einem Breitbandsystem ist es möglich, den Kanal in mehrere (Sub-) Kanäle zu unterteilen (Abb. 23). Dadurch wird die parallele Übertragung von mehreren Signalen mit eventuell unterschiedlichen Signalformen (Sprache, Daten, Video u.a.) möglich.
Unterschiede zwischen Breitband und Basisband:

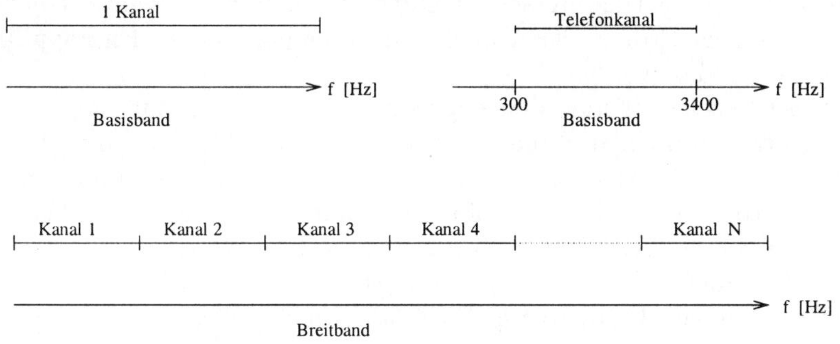

Abbildung 23: Basis- und Breitband

Breitbandsysteme benötigen meist Analogverstärker, die nur Signale in einer Richtung weiterleiten können. Deshalb werden entweder zwei Kabel benützt oder ein einziges Kabel wird in unterschiedliche Frequenzbänder aufgeteilt. Weiter brauchen Breitbandsysteme erfahrene Ingenieure für die Kabelinstallation und den Bau und Einsatz der Verstärker. Dazu kommt die Wartung und eine regelmäßige Einstellung der Verstärker. Als Vorteil bieten Breitbandsysteme mehrere Kanäle, durch die Daten, Sprache und Video parallel übertragen werden kann, während das Basisband nur ein Signal überträgt. Das Basisband dagegen ist einfach und billig zu installieren und benötigt keine teuren physikalischen Schnittstellen.

Störeinflüsse

Unter **Nebensprechen** (*crosstalk*) versteht man die gegenseitige Beeinflussung der Leitungen eines Leitungsbündels. Die störende Leitung erzeugt ein elektromagnetisches Feld und überträgt somit Energie auf die anderen Leitungen. Zur Verringerung dieser Störung kann man die einzelnen Leitungen mit Kupfergeflecht oder Metallfolie abschirmen.
Jede Stromquelle hat einen Innenwiderstand R_I. Der Widerstand des Verbrauchers - ein Gerät, eine Leitung- ist der Außenwiderstand R_A. Im Außenwiderstand wird dann die größte Leistung umgesetzt, falls $R_A = R_I$ (Anpassung). Gilt $R_A \neq R_I$, so spricht man von einer Fehlanpassung.
Bei Fehlanpassung wird ein Teil des Signals von der Leitung zum Sender zurück oder vom Empfänger zurück zur Leitung **reflektiert**. Unter Totalreflexion versteht man eine stehende Welle bei offener Leitung oder bei Kurzschluß am Ende der Leitung.
Um Reflexionen zu vermeiden setzt man den Widerstand des Senders gleich dem Wellenwiderstand der Leitung und gleich dem Wellenwiderstand des Empfängers.

Ein Leiter wirkt auch als Sende- und Empfangsantenne für elektromagnetische Wellen von außen oder nach innen. Eine **Einstrahlung** macht sich in der Nähe von Elektromotoren und Sendern, eine **Abstrahlung** in der Umgebung von Radio- und Fernsehempfängern sowie Meßleitungen besonders unangenehm bemerkbar. Durch eine oder mehrere Abschirmungen kann dies verringert werden.
Erdschleifen (*groundloops*) entstehen durch einen Potentialunterschied zwischen Sender und Empfänger. Dadurch entstehen Ströme auf der Abschirmung oder auf der Masseleitung. Der Potentialunterschied induziert auch Störungen auf der Signalleitung. Durch einseitige Erdung der Abschirmung oder galvanische Entkopplung können Erdschleifen vermieden werden.
Als **Skineffekt** bezeichnet man den physikalischen Vorgang, daß bei steigender Frequenz die Elektronen mehr und mehr auf die Leiteroberfläche verdrängt werden und sich hauptsächlich dort fortbewegen. Der Widerstand erhöht sich und damit auch die Verluste der Leitung. Wird die Leiteroberfläche mit hochleitfähigem, glatten Material (z.B. Gold oder Silber) beschichtet, werden die Verluste verringert.
Je länger die Leitungen, desto stärker sind auch die zeitlichen Verzerrungen aufgrund der frequenzabhängigen **Dämpfung**. Die Wahrscheinlichkeit für das Auftreten oben genannter Störeinflüsse steigt.

2.2.3 Lichtwellenleiter

Die Nachrichtenübertragung durch Lichtstrahlen bringt als ersten Vorteil, daß durch die sehr hohe Frequenz des Lichtes eine viel größere Bandbreite zur Verfügung steht als bei der Übertragung von elektromagnetischen Wellen.
Um optische Signale bei der Nachrichtenübertragung zu generieren, werden **Lumineszenzdioden** (LED) oder **Laserdioden** – LASER - Light Amplification by Stimulated Emission of Radiation – verwendet. Licht wird ausgestrahlt, sobald die Dioden von einem elektrischen Strom durchflossen werden. In ähnlicher Weise erzeugt der Empfänger, eine **Photodiode**, einen elektrischen Impuls, sobald Licht auf sie fällt. Die dritte Komponente des optischen Übertragungssystem ist das Übertragungsmedium, die aus Quarzglas hergestellte **Glasfaser**.

Charakteristische Größen

Licht ist eine elektromagnetische Strahlung, erkennbar für das Auge. **Photonen** (Quanten) sind elementare Bausteine jeder Lichtstrahlung. Im Zusammenhang mit Halbleiterbauelementen (d.h. LED, Laserdiode und Photodioden) wird daher von Photonen gesprochen.
Oft ist die Photonenenergie nicht von Interesse, jedoch die Welleneigenschaften der Photonen. Ist die **Wellenlänge** vergleichbar oder größer als das dargestellte Objekt, so gelten die Gesetze der **Wellenoptik**.
Sind dagegen die dargestellten Objekte stets groß im Vergleich zur Wellenlänge des Lichtes, so können die Welleneigenschaften des Lichtes vernachlässigt werden und man spricht von **Lichtstrahlen**. Die **geometrische Optik** (Strahlenoptik)

beschreibt den Verlauf von Lichtstrahlen.
Trifft ein Lichtstrahl auf eine Grenzfläche zwischen zwei verschiedenen Medien, so entsteht eine **Reflexion**, wobei der Einfallswinkel gleich dem Ausfallswinkel ist (Abb. 24). Ein Teil des Lichtstrahls dringt zudem in das andere Medium ein und ändert dabei seine Richtung (**Brechung**).

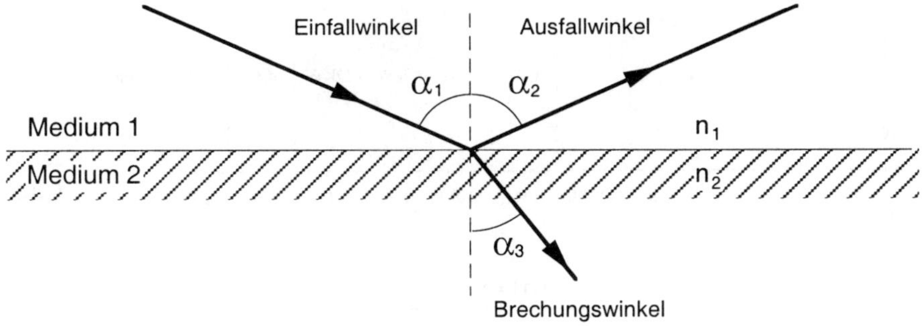

Abbildung 24: Brechung und Reflexion eines Lichtstrahls

Tritt Licht von einem Medium 1 in ein Medium 2 über, so lautet das Brechungsgesetz:

$$\frac{\sin \varphi_1}{\sin \varphi_2} = \frac{n_2}{n_1}$$

wobei n_1 und n_2 die Brechzahl der beiden Medien angibt.
Die **Brechzahl** n ist eine dimensionslose physikalische Größe, die vom Medium und von der Wellenlänge des Lichtes abhängt (für Vakuum gilt $n = 1$). Ein Lichtstrahl wird beim Übergang in ein optisch dichteres Medium ($n_1 > n_2$) zu diesem Medium hin gebrochen.
Fällt der Lichtstrahl genügend „flach" auf eine Grenzfläche so wird der Strahl nicht mehr gebrochen, sondern reflektiert (**Totalreflexion**).
Wie schon erwähnt, hängt die Brechzahl auch von der Wellenlänge λ ab (**Dispersion**). Fällt z.B. weißes Sonnenlicht auf ein Prisma, so kann man einen Farbstreifen (**Spektrum**) mit den Spektralfarben (Regenbogenfarben) beobachten. Weißes Licht umfaßt einen Wellenlängenbereich von ca. 300 - 700 nm (Abb. 25).

Definition: (Spektrale Breite) Unter **Spektraler Breite** eines Lichtstrahls versteht man den Wellenlängenbereich des unter Dispersion erzeugten Spektrums.

Die Ausbreitungsgeschwindigkeit des Lichtes in Luft berechnet sich aus:

$$c_L = f \cdot \lambda \,,$$

wobei f und λ die Frequenz bzw. die Wellenlänge des Lichtes bezeichnen.
Die Ausbreitungsgeschwindigkeit des Lichtes in einem Medium berechnet sich aus:

$$c_M = \frac{c}{n} \,,$$

wobei c=300 000 Km/s die Lichtgeschwindigkeit im Vakuum und n die Brechzahl ist. Für die typische Brechzahl des Glases $n = 1,5$ ergibt sich eine Ausbreitungsgeschwindigkeit von $c_M = 200\ 000$ KM/s.

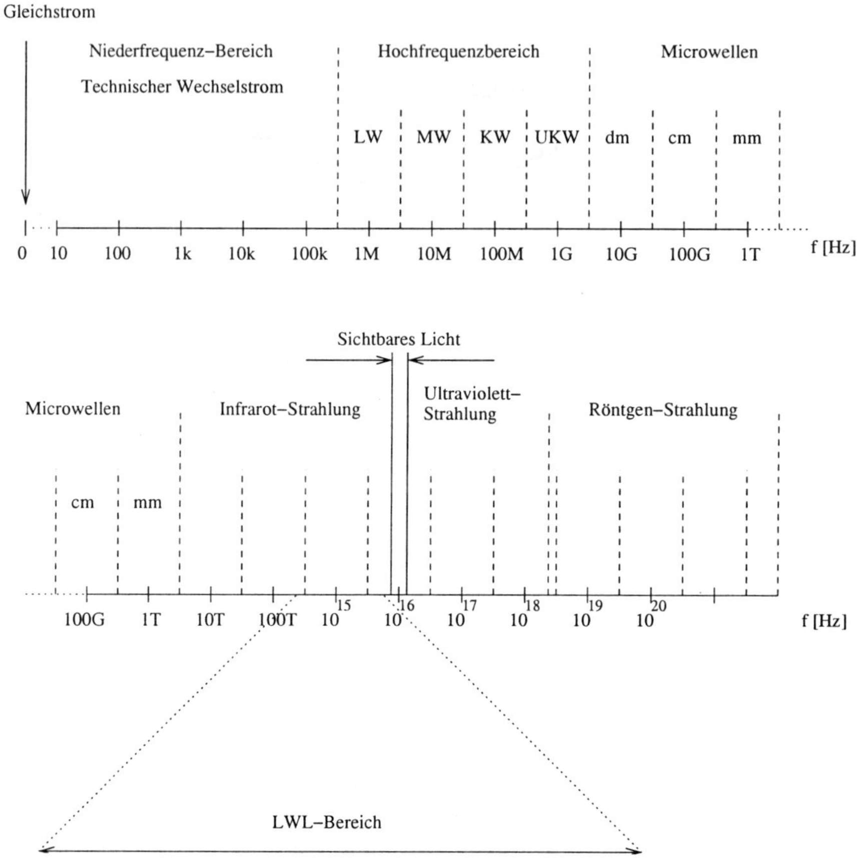

Abbildung 25: Frequenz- und Wellenlängenbereich

Definition: (Moden)

Die Wege, die das Licht unter zulässigen Eintrittswinkel in die Faser nehmen kann, nennt man **Moden**

Bei Fasern mit großen „Kerndurchmesser“, groß gegenüber der Wellenlänge des verwendeten Lichtes, kann die Anzahl der Moden mehr als 1000 sein. Bei sehr kleinen Kerndurchmessern bleibt nur eine Mode übrig.

Sender

Als optische Sender werden Licht emittierende Dioden (LED) und Laserdioden verwendet. Das Licht dieser beiden Bauelemente wird von Ladungsträgern erzeugt, die zunächst in einem stromdurchflossenen pn-Übergang vom Valenz- ins Leitungsband angehoben werden, um dann bei der Rückkehr ins Valenzband Photonen auszustrahlen. Die ausgestrahlte Lichtleistung Φ wächst mit zunehmendem Diodenstrom J und kann daher auf einfache Weise direkt moduliert werden. Ersetzt man den einfachen pn-Übergang durch eine Doppelheterostruktur, d.h. eine aus mehreren verschiedenen Schichten aufgebaute Halbleiterstruktur, verbessert dies den Wirkungsgrad der Dioden.

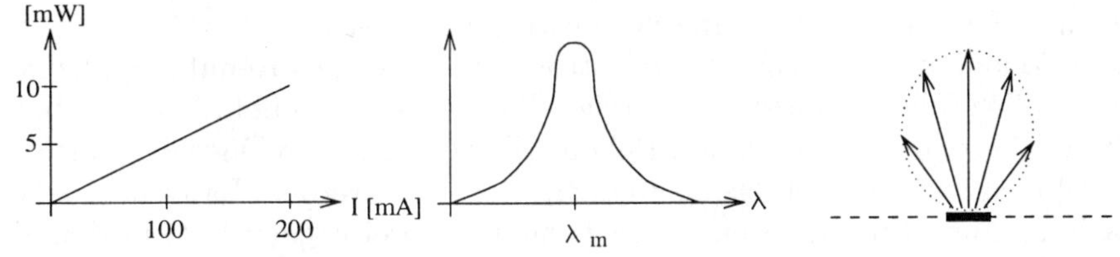

Abbildung 26: Kennlinie, spektrale und räumliche Leuchtkraftverteilung der LED

Die **LED** emittiert inkohärentes Licht, Licht mit mehreren unterschiedlichen, nicht phasengleichen Wellenlängen und mit einer spektralen Breite von etwa 40 nm. Außerdem ist die erreichbare Modulations-Frequenz auf etwa 250 MHz beschränkt. Vorteilhaft bei der analogen Signalübertragung ist ihre lineare Strom-Lichtleistungs-Kennlinie. Aufgrund der Abstrahlcharakteristik und der hohen spektralen Breite eignet sich die LED nur für kurze Übertragungsstrecken mit relativ geringer Bandbreite. Die Übertragungsrate erreicht dabei etwa 100 MBit/s bei Entfernungen von 10 bis 20 km.
Die am häufigsten verwendeten LED-Bauarten sind:

- der Flächenemitter, bei der die Photonen senkrecht zur Schichtebene austreten,
- der Kantenemitter, bei dem die erzeugten Photonen seitlich aus der aktiven Schicht austreten.

Der Vorteil des Kantenemitters ist seine geringere Spektrale Breite. Die starke Temperaturabhängigkeit wirkt sich auf die Strom-Lichtleistungs-Kennlinie negativ aus.

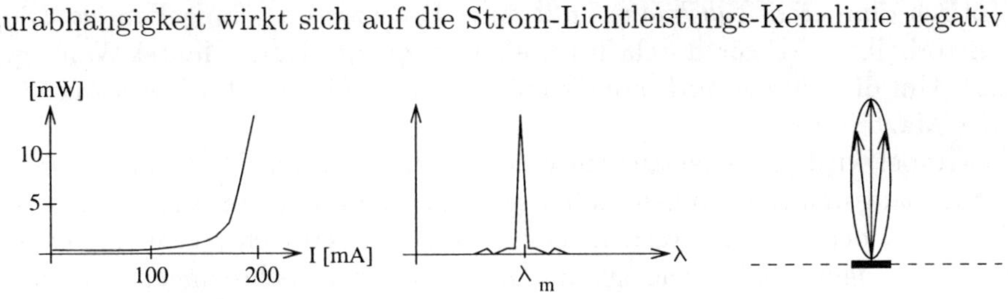

Abbildung 27: Kennlinie, spektrale und räumliche Leuchtkraftverteilung der Laserdiode

Die gegenüber der LED teurere, aber leistungsfähigere **Laserdiode** strahlt kohärente, gebündelte Lichtwellen mit geringer spektraler Breite (2 nm) ab. Lichtwellen nennt man kohärent, wenn sie die gleiche Frequenz (bzw. Wellenlänge) und gleiche Phasenlage haben.
Die Endflächen der Doppelheterostruktur des Halbleiterbauelementes reflektieren einen Teil der Lichtleistung mehrfach hin und her. Wenn die Weglänge von Spiegel zu Spiegel ein ganzzahliges Vielfaches der halben Lichtwellenlänge ist, so überlagern sich die verschiedenen Teilwellen gleichphasig (konstruktive Interferenz). Dadurch erreicht man eine starke Bündelung des austretenden Lichtes.
Die Laserdiode hat eine nichtlineare Strom-Lichtleistungs-Kennlinie, die ab dem sogenannten Schwellenstrom stark ansteigt. Wegen dieser Kennlinie ist sie besonders für digitale Übertragungen geeignet. Bei der Übertragung von Digitalsignalen können bei Laserdioden Bitraten von bis zu 30 GBit/s erreicht werden. Laserdioden kommen hauptsächlich zum Einsatz, wenn eine hohe Bandbreite gefordert wird und weite Entfernungen überbrückt werden sollen (Größenordnung 5-200 km).

Empfänger
Als optische Empfänger werden **Halbleiterphotodioden** verwendet. Im ruhenden Zustand, d.h. es treffen keine Photonen ein, fließt nur ein kleiner Strom (der Dunkelstrom). Wenn Photonen eintreffen, werden Elektronen-Lochpaare gebildet und damit ein Strom (der Photostrom) erzeugt. Je größer die Bandbreite der zu übertragenden Signale ist, desto höhere Lichtleistung benötigt die Photodiode.

Die am häufigsten benutzten Photodioden sind:

- die PIN-Photodiode, die eine Lichtleistung von ca. 1 nW bei einer Bandbreite von einigen GHz detektiert,
- die Avalanche-Photodiode (Lawinendiode), die eine Lichtleistung von ca. 0,1 nW detektiert und eine nichtlineare Kennlinie besitzt.

Kabelaufbau
Grundbaustein eines Lichtwellenleiter-Kabels (LWL-Kabels) ist die Glasfaser. Der Aufbau der Glasfaser besteht aus einem *Glaskern* mit Brechzahl n_K, welcher von einem optisch dünneren *Kabelmantel* mit einer Brechzahl n_M umgeben ist. Die Welle wird innerhalb der Faser durch Totalreflexion an der Kern-Mantel-Wand geführt (Abb. 29). Um dies zu gewährleisten, muß die Brechzahl n_K des Kernes größer sein als die des Mantels n_M.
Ein LWL-Kabel wird entweder aus einzelnen Fasern oder aus Bündeln von mehreren Fasern aufgebaut und muß so beschaffen sein, daß die Fasern im Inneren mechanisch möglichst nicht beansprucht werden. Dazu werden zusätzlich zu einem Kabelmantel Stütz- und Zugelemente benötigt, um Zug- und Druckbelastungen aufnehmen zu können. Anderseits muß das Kabel so biegsam sein, daß es den Verlegungsanforderungen noch genügt.
Einfache Beispiele hierfür zeigt Abb. 28.

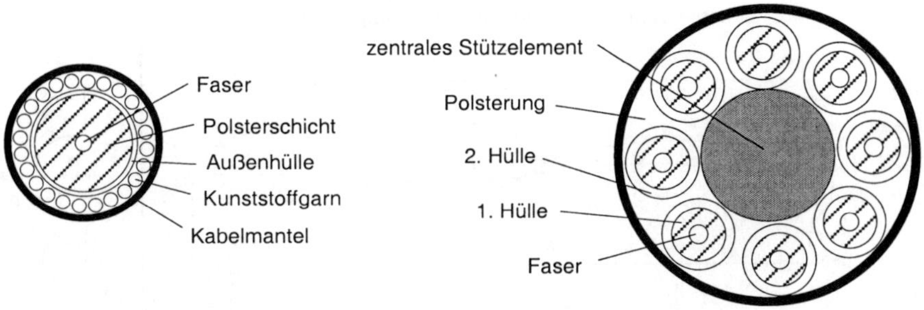

Abbildung 28: Einfaser- und Mehrfaser- LWL-Kabel

Glasfasertypen

Der einfachste LWL, die sogenannte **Stufenindexfaser**, besteht aus einem Glaskern mit Brechzahl n_K und einem Durchmesser von 50 bis 200 μm. Der Glasmantel, dessen Brechzahl n_M etwa 1% kleiner ist als n_K, umhüllt den Glaskern. In einer Stufenfaser werden alle Lichtstrahlen, die genügend flach in die Faser einfallen, durch vielfach wiederholte Totalreflexion auf „Zickzackbahnen" den Kern entlang geführt. Die Strahlen folgen so dem Lauf der Faser (Abb. 29).

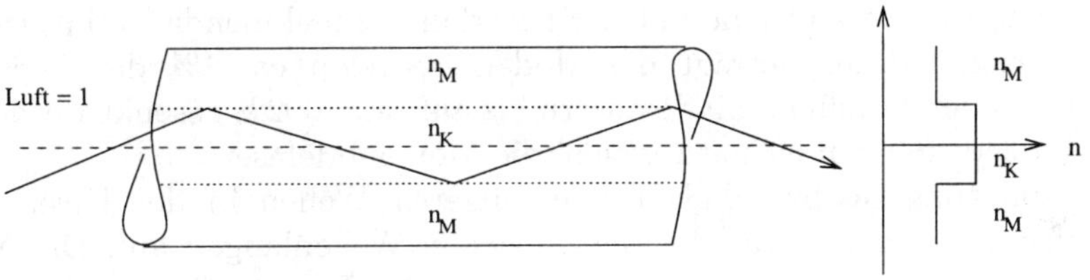

Abbildung 29: Strahlengang und Brechzahlprofil einer Stufenfaser

In einer **Gradientenindexfaser** ist die Brechzahl im Faserkern nicht konstant. Abb. 30 zeigt die Brechzahl im Verhältnis zum Radius. Dabei ist die Brechzahl auf der Faserachse maximal, um dann parabelförmig nach außen abzufallen. An der Kern-Mantel-Wand entspricht die Brechzahl des Kerns der Brechzahl des Mantels. Durch diese Anordnung erreicht man, daß sich die Lichtstrahlen anstatt auf einem „Zickzackkurs" auf wellenförmigen Bahnen bewegen. Dadurch erhöht sich die Bandbreite bei der Übertragung.

Mit einem sehr kleinen Kerndurchmesser des LWL (d.h klein im Verhältnis zur verwendeten Wellenlänge) kann erreicht werden, daß die Lichtstrahlen nur noch einen Weg nehmen können. Glasfaser mit dieser Eigenschaft nennt man **Monomodefaser**. Da die Lichtstrahlen nur einen Weg nehmen können, entstehen keine Laufzeitunterschiede (siehe Abschnitt 2.2.3) aufgrund verschiedener Weglängen. Dies bewirkt eine größere Bandbreite als bei Multimoden-LWL. Es können lediglich

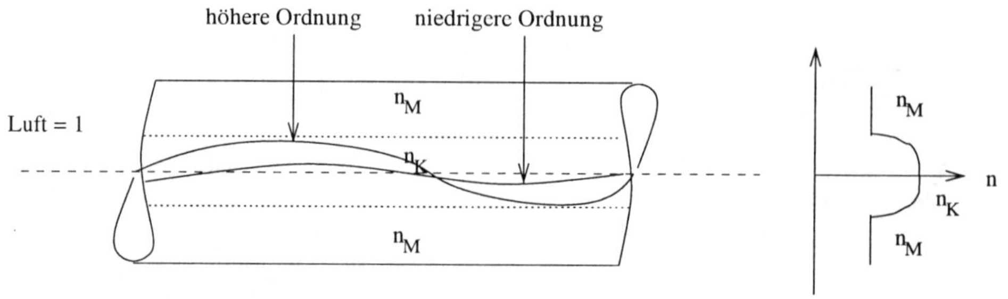

Abbildung 30: Strahlengang und Brechzahlprofil einer Gradientenfaser

Laufzeitunterschiede aufgrund verschiedener Wellenlängen auftreten, da verschiedene Wellenlängen unterschiedliche Ausbreitungsgeschwindigkeit haben.

Störeinflüsse
Da bei Stufen- und Gradientenindexfasern die Lichtstrahlen in unterschiedlichen Winkeln in die Faser einfallen und dort verschiedene Wege nehmen, ergeben sich verschiedene Signallaufzeiten der Moden. Die Summe dieser Einzelimpulse ergibt dann einen verbreiterten Gesamtimpuls am Ausgang der Faser. Die **Modendispersion** (Laufverzerrung) beschreibt eine mit der Faserlänge zunehmende Impulsverbreitung. Bei der Stufenindexfaser beträgt die Modendispersion ca. 1% der Signallaufzeit, während sie bei den Gradientenindexfasern bis auf ca. 0,002% gesenkt werden konnte. Frei von Modendispersion ist naturgemäß die Monomodefaser.
Da die Ausbreitungsgeschwindigkeit von längeren Wellen in der Faser höher ist, treten Laufzeitunterschiede für die verschiedenen Wellenlängen auf. Die **Materialdispersion** entsteht durch die spektrale Breite der Lichtquelle und hat denselben Effekt wie die Modendispersion. Den Einfluß der Materialdispersion kann man verringern durch die Verwendung von Sendern mit einer geringeren spektralen Breite, wie z.B. Laserdioden, schaffen. Die Materialdispersion ist der einzige Faktor, der die Bandbreite der Monomodefasern begrenzt.

Vor- und Nachteile der Lichtwellenleiter:
Für die Installation eignen sich LWL besonders durch kleine Kabeldurchmesser, geringes Gewicht, große Lieferlängen und relativ niedriges Trommelgewicht durch günstige Trommelabmessungen. LWL können daher mit geringem Materialaufwand hergestellt und verlegt werden.
Zudem existiert bei LWL keine Beeinflussung durch elektrische oder magnetische Felder, die z.B in der Nähe von Hochspannungsleitungen, Industrieanlagen oder bei Gewittern auftreten können. Abschirmungen sind daher überflüssig. Aus diesem Grund ist die Glasfaser auch ausgesprochen abhörsicher. Weil Glas ein elektrischer Isolator ist und somit Eingang und Ausgang der Übertragungsstrecke galvanisch getrennt sind, entfallen Probleme mit Potentialdifferenzen, Erdschleifen und Nebensprechen.
Durch die elektromagnetische Immunität können LWL in explosionsgefährdeter Um-

Medium / Merkmal	verdrillte Kupferkabel	Koaxialkabel Basisband	Koaxialkabel Breitband	Lichwellen-leiter (LWL)
Übertragungsart / Betriebsart	analog/digital uni-/bidirektional	digital bidirektional	analog/digital unidirektional	— unidirektional
Übertragungs-rate	16 MBit/s	bis 60 MBit/s	bis 600 MBit/s	bis 10 GBit/s
Fehlerrate	10^{-5}	$10^{-7} - 10^{-8}$	$10^{-8} - 10^{-9}$	$< 10^{-12}$
Abhör-sicherheit	gering	gute Abschirmung möglich, Kabel jedoch leicht anzapfbar		hoch
Störempfind-lichkeit	groß	durch elektromagnetische Felder möglich		sehr gering
Verlegbarkeit	sehr gut	gut	gut, erfordert aber Sorgfalt	schwierig
Kosten	gering	hoch	hoch,CATV-Komponenten	relativ hoch

Abbildung 31: Typische Kennzeichen von Übertragungsmedien

gebung eingesetzt werden.
Übertragungstechnisch zeichnen sich LWL durch folgende Punkte aus:

- Gute Dämpfungswerte,
  - bei Multimode-LWL zwischen 2,5 und 3,5 dB/km (bei 850 nm) und zwischen 0,7 und 1,5 dB/km (bei 1300 nm),
  - bei Monomode-LWL etwa 0,4 dB/km bei 1300 nm und 0,2 dB/km bei 1550 nm,
- hohe Bandbreite,
  - bei Multimode-LWL bis 1,2 GHz für 1 km,
  - bei Monomode-LWL bis einige 10 GHz für 1 km,
- hohe Abhörsicherheit,

- geringere Fehlerrate als bei elektrischen Leitern,
- Zwischenverstärker für Monomodefasern erst bei Entfernungen größer als 50 km erforderlich.

Im Vergleich mit elektrischen Leitern ist die Herstellung von LWL heute noch aufwendiger und die Kosten dementsprechend höher als z.B. Kupfer- oder Koaxialkabel. Die Verbindungstechnik ist aufwendiger und Verzweigungen sind nicht so einfach zu realisieren. LWL sind zudem mechanisch empfindlicher als ein Kupferkabel und die Schaltungen bei Sender und Empfänger sind komplizierter.
Einsatz von Lichtwellenleiter heute (2001): Stufenindex- und Gradientenindex-LWL werden in Kurzstreckenverbindungen eingesetzt wie z.B. bei Teilnehmeranschlüssen und in LANs. Für WANs finden Monomode-LWL Verwendung mit Übertragungsgeschwindigkeiten von 2 GBit/s und sogar 10 GBit/s. Die einzelnen Leitungsstücke sind etwa 4 km lang, die mit sehr geringen Einfügungsdämpfungen von nur 0,02 dB aneinandergeschweisst werden. Ohne Zwischenverstärker läßt sich eine Distanz von 250 km überbrücken, mit optischen Zwischenverstärkern alle 100 km - keine Umsetzung des optischen Signals in ein elektrisches Signal - sogar eine Distanz von 600 km. Für bereits verlegte LWL Strecken kommt zur Erhöhung des Durchsatzes Frequenzmultiplex d.h. Farbmultiplex in Frage: 8 und sogar 64 verschiedene Farben mit einer Bandbreite kleiner als 1 nm lassen sich auch über eine Strecke mit optischen Zwischenverstärkern mit einer Gesamtbandbreite von 50 nm übertragen.

Literatur: [GREE 93], [PALA 92], [UNGE 84], [TELC 95].

2.2.4 Funkstrecken

Übertragung von Information über Funk, vor allem von Sprache zunehmend aber auch von Daten, findet Anwendung zum einen innerhalb von Gebäuden, um aufwendige Kabelinstallationen zu vermeiden, zum anderen im mobilen Verkehr, zu Land, zu Wasser und in der Luft. In diesem Abschnitt soll vor allem der erdgebundene bzw. erdnahe Funkverkehr betrachtet werden, Satellitenfunkverkehr wird im nächsten Abschnitt kurz beleuchtet.
Als Anwendungen, die z.T. schon vor vielen Jahren begannen, sind aufzuzählen: Personenrufsysteme, z.B. Taxiruf, Einweg Personeninformationssysteme, z.B. Quix, Ein- und Zweiweg Mobilfunk für Sprache und Daten. Bei Einwegbetrieb ist ein stationärer leistungsstarker Sender mit schwachen mobilen Empfängern in Verbindung, bei interaktivem Zweiwegbetrieb eine stationäre leistungsstarke Empfangs- und Sendestation mit relativ schwachen mobilen Sende- und Empfangseinrichtungen.
Das Hauptproblem, das bei erdgebundenem Funkverkehr und auch bei Satellitenfunk auftritt, ist die begrenzte Bandbreite des nutzbaren Frequenzspektrum. Zuteilung der Frequenzbänder und der entsprechenden Sendeleistungen geordnet nach Ländern und Anwendungsbereichen, z.B. Zivil, Militär, Medizin, Industrie, wird international geregelt durch ITU-R.

Der Begrenzung durch das nutzbare Frequenzspektrum sucht man zu begegnen durch Vielfachausnutzung der einzelnen Frequenzbänder: Schränkt man die Sendeleistung ein, so überdeckt ein Sender nur einen örtlich begrenzten Bereich, so daß die entsprechende Frequenz bzw. das Frequenzband mehrfach vergeben werden kann. Dieser Ansatz ist mit der wabenartigen Anordnung der Sender mit 7 verschiedenen Frequenzen noch weiter verfeinert worden (Abb. 32).

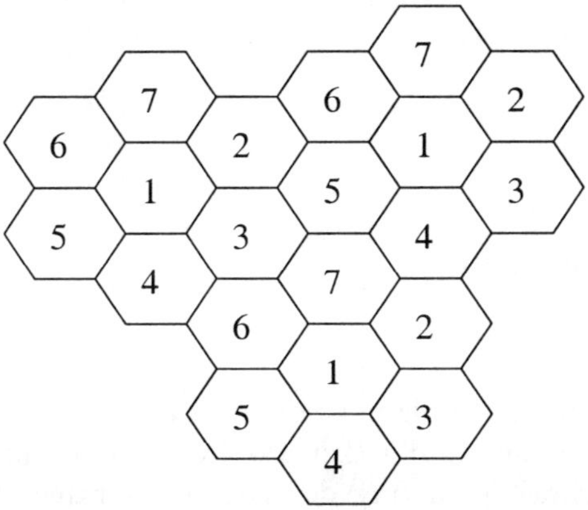

Abbildung 32: Vielfachausnützung verfügbarer Frequenzen durch schwache Sendeleistungen und geschickte Plazierung der Sender

Es ist ersichtlich, daß jeder Sender vom nächsten Sender der gleichen Frequenz durch zwei Zellen mit verschiedenen Frequenzen getrennt ist. Wenn ein mobiler Anwender von einem Senderbereich in einen anderen wechselt, tritt ein Übergabeprotokoll zwischen den entsprechenden Bereichen in Kraft.
Die Systeme, die in Europa, den USA und in Japan entstehen oder sich bereits im Einsatz befinden, sind untereinander unverträglich (incompatible).
Die erste Generation von Funknetzen, hauptsächlich für Telefonverkehr, beruhte auf analoger Signalübertragung, heute sehen wir den Übergang zu digitalen Verfahren.
In den USA sind zwei digitale Systeme in Vorbereitung, das erste standardisiert in IS 54 und IS 135, das zweite in IS 95. Das erste System ist mit dem analogen Funknetz in USA: Advanced Mobile Phone System, AMPS, verträglich, das zweite benutzt das Sequenz Spreitz Spectrum Verfahren. Ein drittes System ist in Diskussion, das System: **Personal Communication Services, PCS**, auch benannt: **Personal Communication Network, PCN**. Es beruht auf dem Zellenverfahren, aber mit sehr kleinen Zellen mit einem Aktionsradius von nur 50 bis 100 Meter. Die Basisstationen hierfür sollen auf Telefonmasten gesetzt werden. Die Vorteile dieses Systems wären: sehr kleine Sende- und Empfangsleistungen, viele Kanäle, großer Gesamtdurchsatz, der Hauptnachteil sind die hohen Investitionskosten.
In Europa, mit bisher 5 unverträglichen Analogsystemen der ersten Generation, ent-

stand auf völlig neuer Grundlage das digitale System: Global System for Mobile Communication, GSM. GSM ist heute eingesetzt in mehr als 50 Ländern, innerhalb und außerhalb Europas.
GSM verwendet eine Mischung von FDM und TDM im 900 MHz und 1 800 MHz Band. Jede Zelle besitzt 124 Duplex Kanäle mit einer Bandbreite von 200 kHz. Jeder Kanal ist wieder in acht Zeitscheiben unterteilt, die jeweils einer Übertragung zugeordnet werden. Jede Zeitscheibe, etwa 0.5 ms lang, überträgt 148 Bits für Sprache oder Daten. Slotted ALOHA wird angewandt als Zugriffsmethode auf einen Kanal.
Literatur: DAVI 95, PADG 95.

2.2.5 Nachrichtensatelliten

Nachrichtensatelliten empfangen Signale von der Erde über ein bestimmtes Frequenzband, verstärken diese Signale und setzen sie um auf ein anderes Frequenzband zur Rückübertragung zur Erde. Trennung des Aufwärtsstrahls (uplink) vom Abwärtsstrahl (downlink) ist notwendig, um Interferenzen zu vermeiden. Die Abwärtsstrahlen können schwach oder scharf gebündelt sein, je nach Auslegung der Antenne und damit einen ganzen Kontinent oder nur ein Gebiet von einigen hundert Kilometer im Durchmesser ausleuchten.
Wir unterscheiden zwischen geostationären oder geosynchronen Satelliten und tieffliegenden (low-orbit) Satelliten.
Geostationäre Satelliten haben einen Abstand von etwa 36 000 km über dem Äquator, sie umkreisen die Erde mit der gleichen Winkelgeschwindigkeit wie die der Erde selbst, sie stehen also über einem bestimmten Punkt der Erde fest. Technisch ist es heute nicht möglich diese Satelliten näher als 2 Grad zueinander anzuordnen, d.h. nicht mehr als 180 Satelliten verteilt über dem Äquator. Für die kommerzielle Nutzung dienen drei Frequenzbänder. Das C-Band um 4 und 6 GHz, das Ku-Band um 11 und 14 GHz und das Ka-Band um 20 und 30 GHz, jeweils für den Abwärts- bzw. Aufwärtsstrahl. Ein typischer Nachrichtensatellit hat 12 bis 20 Kanäle: Verstärker/Umsetzer (transponder), jeder mit 36 bis 50 MHz Bandbreite. Damit ist es möglich über jeden Kanal einen 50 MBit/s Datenkanal oder 800 Kanäle für 64 kBit/s Sprache zu betreiben.
Tieffliegende Satelliten haben eine Reihe von Vorteilen, aber auch von Nachteilen gegenüber geostationären Satelliten. Ein Vorschlag von Motorola aus dem Jahre 1990 sieht 77 Satelliten, später reduziert auf 66 solcher Satelliten vor, die in einem Abstand von etwa 750 km zum Boden polumkreisend die Erde wie ein Netz umspannen. Von Vorteil sind : kürzere Signallaufzeiten, größere Gesamtdatenrate, bessere Ausleuchtung der polnahen Gebiete z.B. Kanada und Alaska, von Nachteil sind die Kosten dieses komplexen Projekts. Die ersten Satelliten befinden sich bereits in der Umlaufbahn.

2.3 Schnittstellen und Modulation

2.3.1 Schnittstellen

Einleitung

Schnittstellen definieren die Zusammenarbeit zwischen Komponenten. Sie entstehen immer dort, wo verschiedene Komponenten oder Zuständigkeiten aneinandergrenzen. So umfaßt eine Schnittstelle Vereinbarungen, die die Art und Weise beschreiben, wie Informationen ausgetauscht werden. Im allgemeinen werden die mechanischen, elektrischen, funktionellen und prozedurellen Einzelheiten in Protokollen festgelegt. Innerhalb eines Systems existieren verschiedene Schnittstellen zwischen Teilsystemen und einzelnen Funktionseinheiten.

- Die **Mensch-Maschine-Schnittstelle**, auch Benutzerschnittstelle genannt, umfaßt die Sprachen, Programme und Geräte, die dem Benutzer für den Umgang mit einem Datenverarbeitungssystem zur Verfügung gestellt werden.
- Die **Software-Schnittstelle** definiert die Zusammenarbeit zwischen Programmen und abgeschlossenen Programmteilen.
- Unter einer **Hard-Software-Schnittstelle** versteht man die Festlegung, welche Funktionen eines Rechnersystems von der Hardware einerseits und von der Software andererseits übernommen werden, wie diese Funktionen zu benutzen sind und auf welche Weise man sie abrufen kann.
- Selbständig arbeitende Funktionseinheiten einer Datenverarbeitungsanlage sind über **Hardware-Schnittstellen** miteinander verbunden.

Die Hardware-Schnittstelle ist für die Bitübertragungsschicht von größter Bedeutung. Sie beschreibt die Eigenschaften der Übertragungsstrecke (Kabel, Stecker usw.) und die Art und Bedeutung der auf den Leitungen übertragenen Signale. Daher wird sie auch in diesem Kapitel eingehender behandelt. Der Begriff „Schnittstelle" wird hier speziell für die Zusammenarbeit zwischen Datenendeinrichtung (DEE), insbesondere Fernbedieneinheit (FBE) und Datenübertragungseinheit (DÜE) verwendet.
Die Hauptaufgabe einer FBE (Fernbedieneinheit) ist die Anpassung der E/A-Werke der Rechnersysteme oder Terminals an die Datenübertragungs-Anforderungen. Die Anpassung muß sowohl physikalisch als auch funktional und prozedural erfolgen.
Bei der **physikalischen** Schnittstellenanpassung müssen die mechanischen Einheiten (z.B. Stecker) sowie die elektrischen Eigenschaften (z.B. Spannungsniveau) aufeinander abgestimmt sein.
Zu der **funktionalen** Schnittstellenanpassung gehört die Anpassung der Übertragungsrate und die Rahmenbildung. Außerdem muß die Gleichlaufsteuerung geregelt werden, d.h. es müssen die Start/Stop-Bits und die Synchronisationszeichen definiert und der Takt angepaßt werden.
Die **prozedurale** Abwicklung sieht den Verbindungsaufbau und -abbau sowie die

Übertragungssteuerung und Fehlerprüfung vor. Die genannten Aufgaben müssen sich in der Festlegung der „Schnittstelle“ wiederfinden, die eine Verbindung zwischen DÜE und DEE darstellt.
Schnittstellen in diesem Sinne sind eigentlich Protokollfestlegungen für Schicht 1 bis Schicht 3. Sie könnten daher auch in der Sicherungsschicht oder der Vermittlungsschicht besprochen werden. Da die Schnittstellen V.24 und X.21, die sich eher auf die physikalischen Eigenschaften und die Bedeutung der Signale beziehen, in diesem Kapitel besprochen werden sollten, werden die Schnittstellen schon in der Bitübertragungsschicht behandelt.
Damit Geräte unterschiedlicher Hersteller miteinander verbunden werden können, müssen die Schnittstellen der Geräte genormt oder zumindest ähnlich sein. Die Empfehlungen von **CCITT** sind in Serien von A bis Z aufgeteilt, wobei die Serien von G bis Z für den Technischen Standard zuständig ist. Die **V-Serie** von CCITT beschreibt Einrichtungen und Übertragungssysteme für die Übertragung auf öffentlichen Netzen, die DEE-DÜE -Schnittstellen und Modem-Empfehlungen. Die **X-Serie** beinhaltet Datenkommunikations-Netze mit OSI (Open Systems Interconnection). Der Hauptunterschied zwischen V- und X-Schnittstellen ist, daß die V-Schnittstelle für analoge, die X-Empfehlungen für digitale Leitungen vorgesehen sind.
Es folgt eine kurze Beschreibung der wichtigsten Schnittstellen zwischen den Datenübertragungseinrichtungen und Datenendeinrichtungen.

- Die **V.24**-Empfehlung sieht eine Liste von Definitionen für die Gestaltung einer asynchronen, seriellen Schnittstelle zwischen DÜE und DEE vor.
- **RS-232 C** steht für synchrone und asynchrone, serielle, binäre Datenübertragung bis 19,2 kBit/s.
- **RS-449** steht für synchrone und asynchrone serielle binäre Datenübertragung bis 2 MBit/s.
- **X.20** ist eine Schnittstelle für asynchrone Übertragung auf digitalen Leitungen.
- **X.21** ist eine Schnittstelle für synchrone Übertragung auf digitalen Leitungen.

V.24 und RS-232 C Schnittstelle
Die Schnittstelle zwischen DEE (engl. DTE-Data Terminal Equipment) und DÜE (engl. DCE - Data Circuit Terminating Equipment) ist die wichtigste Schnittstelle der Bitübertragungsschicht. Die Norm RS-232 C (sowie V.24) ist eine Norm für die Festlegung der physikalischen, funktionalen und prozeduralen Einzelheiten. Die V.24-Empfehlung des CCITT ist die internationale Version des RS-232 C (C steht für die dritte Überarbeitung der ursprünglichen RS-232 Norm) und unterscheidet sich nur geringfügig vom RS-232 C. Im folgenden wird daher die RS-232 C Norm genauer betrachtet, da die V.24-Empfehlung sich nur bei einigen selten benutzten Schaltungen unterscheidet (bei V.24 sind einige Begriffe genormt, die bei RS-232 C nicht festgelegt sind).

Die **physikalische Spezifikation** enthält die Maße des 25-poligen Steckers und dessen Anschlüsse, sowie die Begrenzung des Kabels auf maximal 15 Meter. Eine Spannung von weniger als -3 Volt stellt eine logische „0“ dar, eine Spannung von mehr als +4 Volt eine logische „1“.
Die **funktionale Spezifikation** bestimmt, welche Schaltungen mit jedem der 25 Anschlüsse verbunden sind und was sie bedeuten. In Abb. 33 werden die 9 gebräuchlichsten Anschlüsse dargestellt. Die anderen Anschlüsse dienen dazu, die Übertragungsrate (maximal 19,2 kBit/s) festzulegen, die DÜE (z.B. ein Modem) zu testen, die Daten zu takten oder Daten auf einem anderen Kanal wieder zurückzusenden.

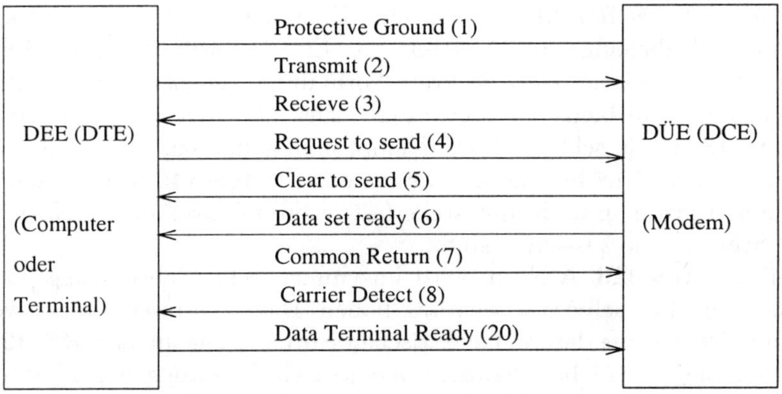

Abbildung 33: Einige der wichtigsten RS-232 C Anschlüsse

Wird die DEE (Computer oder Terminal) eingeschaltet, bestätigt sie dies über *Data Terminal Ready* (Anschluß 20), indem sie den Anschluß auf „1“ setzt. Wird die DÜE (Modem) eingeschaltet, so bestätigt sie dies über *Data Set Ready* (Anschluß 6). Erkennt die DÜE dann einen Träger, so meldet sie *Carrier Detect* (Anschluß 8). *Request to Send* (Anschluß 4) meldet, daß die DEE (Terminal) senden will und *Clear to Send* (Anschluß 5) bedeutet, daß die DÜE bereit ist, Daten zu empfangen. Schließlich werden auf der *Transmit*-Leitung (Anschluß 2) Daten von der DEE gesendet und auf der *Receive*-Leitung (Anschluß 3) Daten empfangen.
Die **Prozedurale Spezifikation** stellt das Protokoll dar, das festlegt, welche Abfolge von Ereignissen überhaupt erlaubt ist. Das Protokoll ist durch Aktions-Reaktions-Paare definiert, d.h. wenn zum Beispiel das Terminal die Anfrage *Request to Send* stellt, dann meldet das Modem *Clear to Send*, falls es in der Lage ist, Daten zu empfangen.
Die **V.24-Empfehlungen**, die im Jahre 1968 von CCITT verabschiedet wurden, sehen etwa 50 Schnittstellenleitungen vor, die alle denkbaren Anwendungsfälle abdecken

sollen. Für spezielle Anwendungsfälle werden die benötigten Schnittstellenleitungen, ebenfalls anhand der Empfehlung, ausgewählt. In der CCITT-Empfehlung V.24 wird die Bedeutung der Signale definiert, während in der Empfehlung **V.28** die elektrischen Eigenschaften für unsymmetrische Schnittstellenleitungen (mehrere Leitungen mit gemeinsamen Rückleiter) beschrieben werden.
Oft muß man zwei Datenendeinrichtungen (DEE), z.B. zwei Computer, miteinander verbinden. Da keiner von beiden eine DÜE ist, ergibt sich ein Schnittstellenproblem. Dieses Problem wird gelöst, indem die Computer über ein Gerät mit dem Namen **Nullmodem** miteinander verbunden werden. Das Nullmodem, auch *crossover-cable* genannt, verbindet den *Transmit*-Anschluß des einen Computers mit dem *Receive*-Anschluß des anderen. Einige anderen Anschlüsse werden auch in gleicher Weise gekreuzt (siehe Abschnitt 2.3.4).
Die etwas ältere Norm **RS-232 C** sieht eine Übertragungsrate von 19,2 kBit/s mit einer maximalen Kabellänge von 15 Metern vor. Eine Debatte entstand bei EIA (Electronic Industries Association), ob die ältere Norm durch eine neue, inkompatible Norm oder mit einer kompatiblen, aber technisch nicht sehr weit fortgeschritten, ersetzt werden sollte. Es wurde schließlich ein Kompromiß gefunden, der keine Einzelnorm, sondern drei verschiedene beinhaltet. Die neue Norm **RS-449** legt die mechanische, funktionelle und prozedurale Schnittstelle fest, während zwei andere Normen für die elektrische Schnittstelle zuständig sind.
Die Technik der **RS-423 A**-Norm wird unsymmetrische Übertragung genannt, da alle Stromleitungen dieselbe Masseleitung haben. Diese Norm entspricht weitgehend RS-232 C und ist die eine der zwei elektrischen Normen. Die andere, **RS-422 A**, verwendet die symmetrische Übertragung, wobei jede Hauptleitung zwei Drähte benötigt und somit keine gemeinsame Masse vorhanden ist. Die RS-422 A sieht Übertragungsgeschwindigkeiten bis zu 2 MBit/s über Distanzen bis zu 60 m vor.
Einige Anschlüsse sind bei der RS-449 Norm gegenüber der RS-232 C Schnittstelle hinzugekommen, z.B. Anschlüsse zum lokalen und ferngesteuerten Testen von Modems. Da noch Zweidrahtleitungen hinzugekommen sind, wurden statt des herkömmlichen 25-poligen Steckers ein 37-poliger und ein 9-poliger Anschluß benötigt. Der 9-polige Anschluß wird nur gebraucht, wenn der zweite (entgegengerichtete) Kanal benutzt wird.

Schnittstelle X.21

Die V.24-Empfehlung wurde Anfang der 70er Jahre durch weitere Empfehlungen der X-Serie ergänzt, die einerseits weniger aufwendig sind und andererseits den Anforderungen der Datenübertragung über öffentliche Digitalverbindungen entsprechen. Die X.20-Empfehlung regelt die Datenübertragung zwischen DÜE und DEE im asynchronen Verfahren, während X.21 für die Datenübertragung im synchronen Ablauf zuständig ist.
Die **physikalische Spezifikation** des X.21 sieht eine 15-polige Steckverbindung gemäß ISO 4903 vor. Die DÜE arbeitet stets mit X.27-Schnittstellenstromkreisen, während die DEE mit X.26- oder X.27-Schnittstellenstromkreisen ausgerüstet sein kann.
Die **funktionale Spezifikation** bestimmt, wie die Signalleitungen und deren Signale

definiert sind (Abb. 34) und benützt das Internationale Alphabet Nr.5 (IA5).

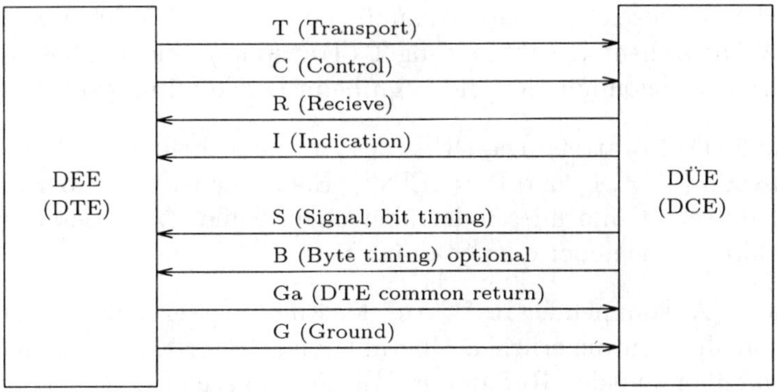

Abbildung 34: Die Signalleitungen bei X.21

Die gesamte Kommunikation zwischen DÜE und DEE wird über die vier Leitungen für Senden (T-Transport), Empfangen (R-Receive), Steuern (C- Control) und Melden (I-Indication) gesteuert. Die S-Leitung überträgt Synchronisationssignale, um den Anfang und das Ende einer Bitsequenz zu erkennen. Mit Hilfe der B-Leitung hat der Netzbetreiber die Möglichkeit Bits in 8-Bit-Rahmen zusammenzufassen.
Die Unterschiede zwischen V.24 und X.21 beziehen sich hauptsächlich darauf, daß X.21 digital überträgt und daß der Verbindungsaufbau und -abbau über die Schnittstelle abgewickelt wird. Dadurch kann die X.21-Schnittstelle selbst verschiedene Zustände annehmen. Die **prozedurale Spezifikation** definiert diese Zustände und wird gerne mit Hilfe eines Zustandsdiagramms beschrieben.
Im folgenden wird der Verbindungsaufbau über eine X.21-Schnittstelle beschrieben. Zum besseren Verständnis werden nicht alle Zustände beschrieben, sondern nur jene, die für einen erfolgreichen Aufbau nötig sind. Das dazugehörende, vereinfachte Zustandsdiagramm wird in Abb. 35 dargestellt.

- Zustand 1 (Bereit): Die Übertragung kann beginnen, wenn sich die X.21 Prozedur im Bereit-Zustand befindet, d.h. auf der T-Leitung (Transport) und auf der R-Leitung (Receive) liegt jeweils eine „1“ und die C-Leitung (Control) sowie die I-Leitung (Indication) sind im „AUS“-Zustand.

- Zustand 2 (Verbindungsaufforderung): Wenn die DEE (des Anrufers) eine Verbindung herstellen will, so wechselt sie ihren Zustand, indem sie auf Leitung T eine „0“ und auf Leitung C ein „EIN“-Signal legt.

- Zustand 3 (Wahlaufforderung): Das Netz (d.h. die DÜE des Anrufers) kann nun, vorausgesetzt es ist dazu bereit, die DEE zum Wählen auffordern. Dies geschieht, indem es das Zeichen „+“ (IA5) auf die R-Leitung (Receive) kontinuierlich überträgt.

- Zustand 4 (Wählzeichenfolge): Wenn die DEE das „+“-Zeichen registriert, kann sie die Wählzeichenfolge auf Leitung T (Transport) senden. Dies entspricht dem Wählen der Telefonnummer und kann beim Direktruf umgangen werden.
- Zustand 5 (DEE wartet): Die DEE (des Anrufers) befindet sich nun im wartenden Zustand (T = „1“ und C = „EIN“). Entweder wird sie über einer Übertragungsbereitschaft informiert oder über einen Fehler (z.B. Besetztzeichen beim angewählten Teilnehmer oder Stau im Netz).
- Zustand 8 (Ankommender Ruf): Auf der Empfangsseite meldet die angewählte DÜE, mit der kontinuierlichen Übermittlung des „BEL“-Zeichens auf Leitung R, einen ankommenden Ruf an die DEE des angerufenen Teilnehmers. Um den ankommenden Ruf entgegennehmen zu können, muß die T-Leitung auf „1“ liegen und C auf „AUS“ gestellt sein.
- Zustand 9 (Rufannahme): Ist die Voraussetzung von Zustand 8 erfüllt, so meldet die DEE des angerufenen Teilnehmers dem Netz, indem Leitung C auf „EIN“ geschaltet wird, daß der ankommende Ruf entgegengenommen wird.
- Zustand 11 (Verbindung im Aufbau): Nachdem die DEE des angerufenen Teilnehmers bereit ist einen Anruf entgegenzunehmen und die DEE des Anrufers nur noch auf das Signal zu senden wartet, kann das Netz die Verbindung aufbauen. Dies wird mit Einsen auf Leitung R (Leitung I = „AUS“) den beiden DEEs mitgeteilt.

Danach wird Leitung I auf „EIN“ geschaltet und die DÜE geht in den Zustand „Sendebereit“ über, um im nächsten Zustand schließlich die Daten zu senden (diese letzten beiden Zustände sind nicht in der Abb. 35 dargestellt).

Literatur: HELD 94.

2.3.2 Kodierungsverfahren

Bei der Übertragung von binären Daten über eine physikalische Leitung ist eine Kodierung notwendig. Die Kodierung benötigt man, um u.a. Leitungsunterbrechungen von einem Nullbit unterscheiden zu können, um Fehler erkennen zu können oder um den Anfang und das Ende einer Bitfolge zu finden. Die binären Daten müssen in Signale umgewandelt werden. Im einfachsten Fall erfolgt eine eins-zu-eins Umwandlung, d.h. jede logische Null wird mit einer niedrigen Spannung und jede logische Eins mit einer höheren Spannung dargestellt. Es gibt eine Vielfalt an Kodierungsverfahren, die alle ihre Vor- und Nachteile haben. Dazu einige grundlegende Betrachtungen.
Enthält das Frequenzspektrum eines Signals viele Hochfrequenz-Anteile, so erfordert

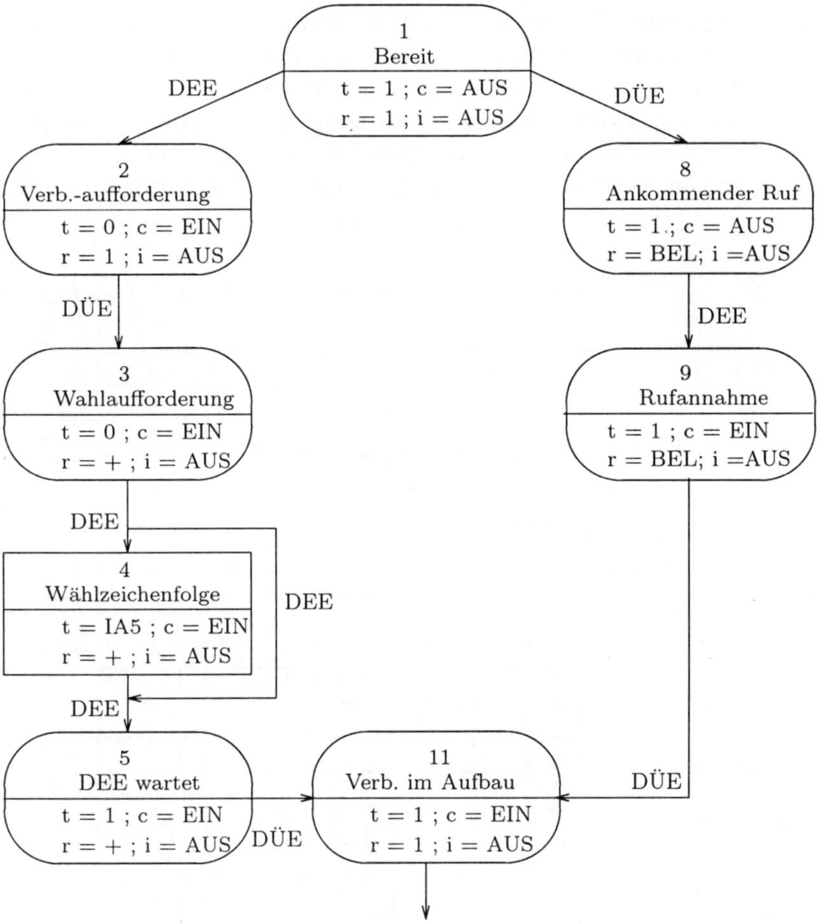

Abbildung 35: Vereinfachtes Zustandsdiagramm für X.21

dies zur Übertragung eine große Bandbreite der Leitung. Wünschenswert ist jedoch eine niedrige Modulationsrate.

Definition: (Modulationsrate)
Die **Modulationsrate** ist die durchschnittliche Anzahl von Signalübergängen während einer Bitdauer.

Das Signal sollte möglichst keinen Gleichstromanteil besitzen, da viele Leitungen Signale mit niedrigen Frequenzen nicht oder nur schlecht übertragen.
Eine wichtige, aber keine einfache Aufgabe ist, den Anfang und das Ende einer Bitposition festzulegen. Mit einem Taktgeber wäre es möglich, Sender und Empfänger

zu synchronisieren, dies erfordert jedoch einen entsprechenden Mehraufwand. Einige Kodierungsverfahren umgehen dieses Problem und sind selbsttaktend.
In den höheren Schichten des OSI-Modells werden Verfahren zur Fehlererkennung und -behebung besprochen. Doch schon in der Bitübertragungsschicht können durch die Art der Kodierung einfache Fehler erkannt oder vermieden werden.
Weitere Forderungen für Kodierungsverfahren sind geringer Implementierungsaufwand.

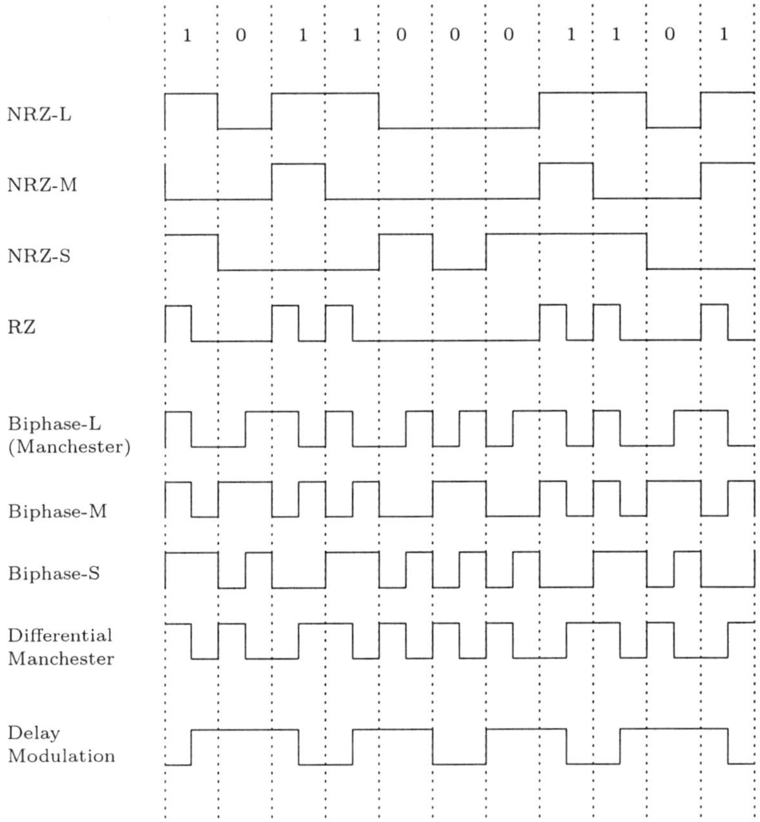

Abbildung 36: Verschiedene Kodierungsverfahren

Der **NRZ**-Code *(Non Return to Zero)* ist die einfachste Kodierungsmethode und ist bei digitalen magnetischen Aufzeichnungen und beim Anschluß von lokaler Peripherie weit verbreitet. Für Datenübertragungszwecke ist der NRZ-Code unattraktiv. Beim NRZ-Code wird das Spannungsniveau während eines Bitintervalls konstant gehalten, d.h. das Spannungsniveau geht nicht auf Null Volt zurück. Neben dem NRZ-L Code (Pegel für 0- und 1-Bit, L steht für Level) existieren zwei weitere Versionen, „mark“ und „space“, mark und space beziehen sich aus historischen Gründen auf die logische

„1“und „0“.
Beim **NRZ-M** wird für jedes 1-Bit eine Flanke (am Anfang des Bitintervalls) erzeugt, bei 0-Übergängen ändert sich das Signal nicht. Entsprechend wird beim **NRZ-S** eine Flanke für jedes 0-Bit erzeugt. Der Vorteil der Mark- und Space-Versionen ist, daß sie nach dem Prinzip der differentiellen Kodierung arbeiten, d.h. nicht das Spannungsniveau an sich ist ausschlaggebend, sondern lediglich der Übergang zwischen zwei beliebigen Spannungswerten.
Wenn nur die Spannungswerte verglichen werden, kann durch den Einfluß von Rauschen oder anderen Störungen eventuell eine Eins als Null interpretiert werden bzw. eine Null als Eins. Da bei der differentiellen Kodierung nur der Übergang betrachtet wird, können solche Fehler zuverlässiger entdeckt werden. Allerdings zieht ein 1-Bit-Fehler die fehlerhafte Erkennung aller folgenden Bits nach sich.
Alle NRZ-Kodierungsverfahren nützen die Bandbreite gut aus und sind zudem einfach zu implementieren. Jedoch fehlt die Möglichkeit zur Synchronisation und das Signal enthält einen hohen Gleichstromanteil.
Der **RZ**-Code *(Return to Zero)* erzeugt für eine logische „1“ einen Impuls in der ersten Hälfte des Bitintervalls, d.h. das Spannungsniveau geht in der Mitte des Intervalls auf Null Volt zurück (für ein 0-Bit wird kein Impuls erzeugt).
Wie auch beim NRZ-Code enthält das Signal einen hohen Gleichstromanteil und ist nicht selbsttaktend. Zudem ist die Bandbreite wegen der hohen Modulationsrate höher als beim NRZ-Code.
Die Modulationsrate hängt somit von der übertragenen Sequenz ab, d.h. je nachdem wie viele 1-Bits übertragen werden, schwankt die Modulationsrate zwischen Null (nur 0-Bits) und Zwei (Nur 1-Bits) beim RZ-Code. Der RZ-Code ist sehr einfach zu implementieren, wird aber wegen seiner erwähnten Nachteile kaum verwendet.
Der Ausdruck „**Biphase**“ wird für vier verschiedene Kodierungsverfahren verwendet, Biphase-L (*Manchester*), Biphase-M, Biphase-S und Differential Manchester. Die Biphase-Kodierung soll die Nachteile des NRZ-Codes und RZ-Codes beheben. Dafür benötigen alle Biphase-Codes mindestens einen Übergang je Bitintervall. Die maximale Modulationsrate ist somit doppelt so hoch wie beim NRZ-Code und die benötigte Bandbreite dementsprechend größer. Dafür bietet die Biphase-Kodierung folgende Vorteile.

- Da in jedem Bitintervall ein Übergang stattfindet, kann der Empfänger mit Hilfe dieses Übergangs eine Synchronisierung vornehmen. Aus diesem Grund werden Biphase-Codes selbsttaktend genannt. Bei Biphase-M und -S tritt der Übergang am Anfang des Intervalls ein, bei Manchester und Differential Manchester in der Mitte eines Intervalls.

- Das Ausbleiben eines erwarteten Übergangs kann für Fehlererkennung genutzt werden. Störungen und Rauschen müssen das Signal vor und nach dem Übergang invertieren um einen unentdeckbaren Fehler zu generieren.

- Biphase-Codes haben keinen Gleichstromanteil.

Beim **Manchester-Code** wird ein 1-Bit durch eine fallende Flanke dargestellt und ein 0-Bit durch eine steigende Flanke (jeweils in der Mitte eines Intervalls).
Bei der **Differential Manchester** Kodierung findet immer in der Mitte des Intervalls ein Übergang statt. Ob nun eine Null oder eine Eins übertragen wird, hängt vom Übergang am Anfang des Intervalls ab. Kein Übergang am Anfang des Intervalls markiert eine Eins, während ein Übergang am Anfang eine Null markiert.
In ähnlicher Weise arbeitet die **Biphase-M** und die **Biphase-S** Kodierung. Am Anfang eines Intervalls findet immer ein Übergang statt. Ein Übergang in der Mitte des Intervalls kennzeichnet eine Eins, kein Übergang eine Null (beim Biphase-M). Umgekehrt wird beim Biphase-S eine Null durch einen Übergang in der Mitte des Intervalls dargestellt, während kein Übergang eine Eins darstellt.
Eine interessante Alternative zu den Biphase-Codes ist die *Delay Modulation*, auch bekannt als **Miller-Code**. Nach Miller tritt höchstens ein Übergang pro Bitintervall ein, jedoch spätestens nach zwei Intervallen stellt sich sicher ein Übergang ein. Ein Übergang in der Mitte des Intervalls kennzeichnet eine Eins, während es für die Null zwei Möglichkeiten gibt. Folgt eine Eins nach der Null, so findet kein Übergang statt um die Null zu kennzeichnen. Folgt jedoch erneut eine Null nach der Null, so wird am Ende des Intervalls eine Flanke erzeugt. Da spätestens nach zwei Intervallen ein Übergang stattfindet, ist eine Synchronisation zwar möglich, aber nicht so genau. Dafür ist die Modulationsrate niedriger und die benötigte Bandbreite geringer.

2.3.3 Modulation

Modulationsverfahren

Unter **Modulation** versteht man die Umsetzung eines Quellsignals in eine andere Signalform. Dies geschieht in Rechnernetzen bei der Umsetzung eines digitalen Signals in ein analoges. Die Umkehrung dieses Vorgangs bezeichnet man als Demodulation. Auch für die Überführung eines Signals in eine höhere Frequenzlage verwendet man Modulationstechniken. Dies ist oft wünschenswert, falls das Signal gegenüber dem Übertragungsmedium eine schmale Bandbreite aufweist, da dann mehrere Signale die Bandbreite des Kabels ausnützen können.
Um ein Signal modulieren zu können, benötigt man einen **Modulationsträger**, dabei wird fast ausschließlich eine Sinusschwingung (analoge Modulation) oder ein Pulsvorgang, d.h. eine periodische Folge von Pulsen, (digitale Modulation) verwendet. Die Parameter des Modulationsträgers werden bei der Modulation derart geändert, daß der Signalverlauf des ursprünglichen Signals im modulierten Signal möglichst ohne Qualitätsverlust wiedergespiegelt wird.
Bei einer Sinuswelle ist es möglich, Amplitude, Frequenz und Phase zu ändern. Je nachdem welchen Parameter man dabei ändert, spricht man von Amplituden-, Frequenz- und Phasenmodulation. Bei einem Pulsvorgang kann die Amplitude, die Pulsbreite, die Phase oder die Frequenz geändert werden.
Indem man für den Modulationsträger einen anderen Frequenzbereich wählt, kann man das Signal in einen anderen (evtl. höheren) Frequenzbereich überführen.

Bei der Datenübertragung gibt es prinzipiell vier Möglichkeiten ein Quellsignal zu übertragen.

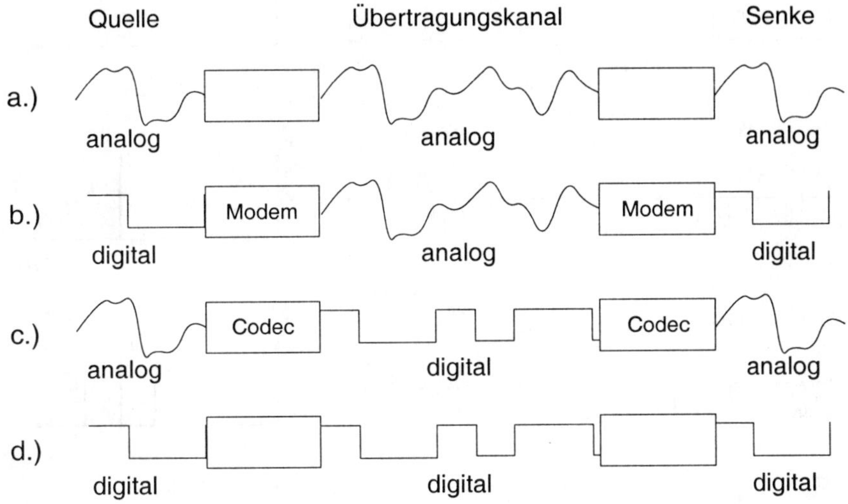

Abbildung 37: Übertragungsmöglichkeiten

Abb. 37 *a* zeigt die einfachste Form, wobei ein analoges Signal analog übertragen wird (z.B. ein Telephongespräch).
Abb. 37 *b* zeigt den Ablauf, wenn ein digitales Signal analog übertragen wird. Ein Gerät, das digitale Signale in analoge Signale umwandelt heißt **Modem** (Modulator/Demodulator).
Bei der Übertragung eines analogen Signals auf ein digitales Medium wird das analoge Signal abgetastet und als Folge von Nullen und Einsen codiert. Erst dann kann das Signal moduliert werden. Ein Gerät, das analoge Signale digitalisiert und codiert heißt **Codec** (Coder/Decoder).
Pulscodemodulation (PCM), Differenz-Pulscodemodulation und die Deltamodulation sind Verfahren, die alle drei Schritte (abtasten, codieren und modulieren) realisieren (Abb. 43).

Modulation mit einer Sinusschwingung als Träger

Bei der **Amplitudenmodulation** (AM) wird die Amplitude des Trägersignals verändert. Dabei bleiben Frequenz und Phase unverändert.

Soll eine Bitfolge mit einer Sinusschwingung als Träger moduliert werden, so wird die Amplitude des Trägers bei jedem Null-Bit auf Null zurückgesetzt (Abb. 38 a).
Abb. 38 b zeigt die Modulation eines Sinussignals

$$a(t) = A_0 + a \cdot \sin(\omega t)$$

wobei $\omega = 2\pi f$ die Kreisfrequenz ist.

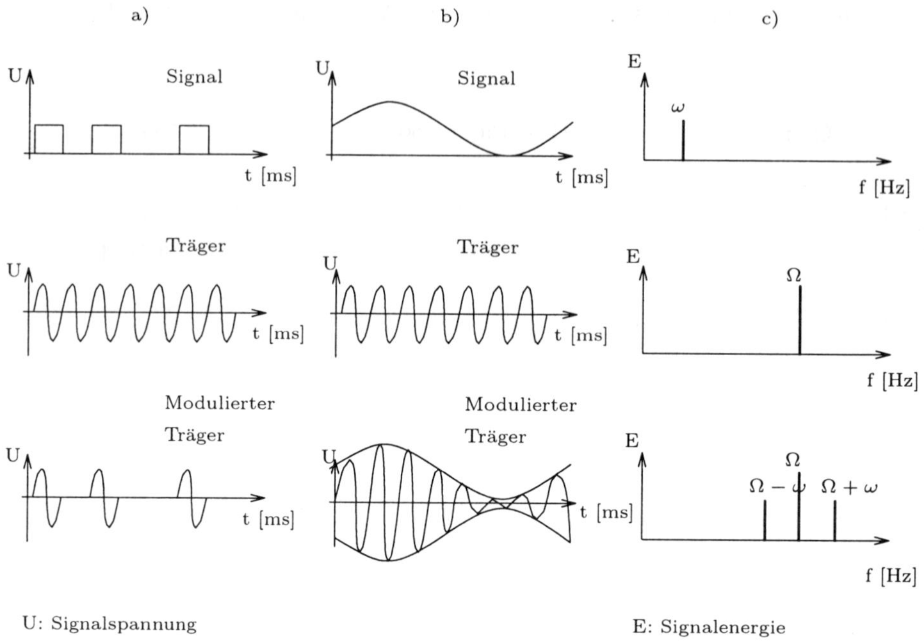

Abbildung 38: Amplitudenmodulation

Sei $\Omega \quad (\Omega > \omega)$ die Frequenz der Trägerschwingung

$$s(t) = s(t) \cdot \sin(\Omega t),$$

dann gilt für das modulierte Signal

$$s(t) = (A_0 + a \cdot \sin(\omega t)) \cdot \sin(\Omega t) = A_0 \cdot \sin(\Omega t) + a \cdot \sin(\omega t) \cdot \sin(\Omega t) =$$

$$= A_0 \cdot \sin(\Omega t) + \frac{a}{2} \cdot [\cos(\Omega - \omega)t - \cos(\Omega + \omega)t]$$

Das modulierte Signal $s(t)$ enthält daher das Frequenzspektrum Ω, $\Omega - \omega$, $\Omega + \omega$ (Abb. 38 c).

Die Amplitudenmodulation ist die einfachste Art ein Signal zu modulieren. Der Vorteil liegt bei dem geringen Aufwand für Modulation und Demodulation. Dagegen ist diese Methode störanfällig bei einem schwankendem Signal (Unterbrechung und Nullbit können besonders bei Funkübertragung oder Gewitter nicht unterschieden werden). Da die Ausnutzung des Kanals schlecht ist, muß man eine niedrige Übertragungsgeschwindigkeit wählen.

Die Amplitudenmodulation wird zur Übertragung beim MW-Radio und beim Fernsehen (Helligkeitssignal) verwendet.

Bei der **Frequenzmodulation** (FM) wird bei gleichbleibender Amplitude des Trägersignals die Frequenz entsprechend dem Signal verändert.

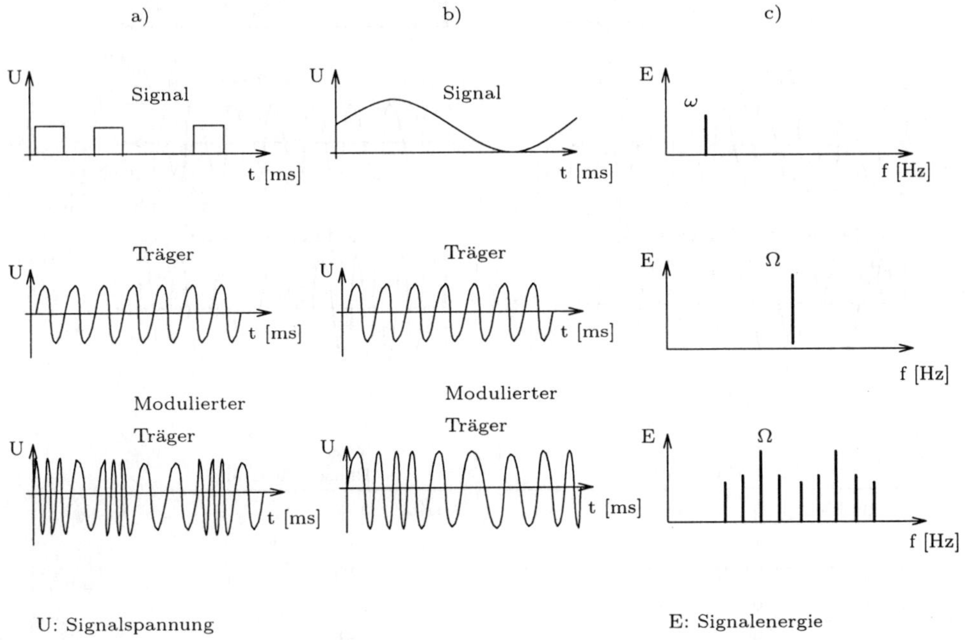

Abbildung 39: Frequenzmodulation

Soll eine Bitfolge übertragen werden, so wird die Frequenz des Trägersignals bei jedem 1-Bit erhöht (Abb. 39 a).
Abb. 39 b zeigt das entsprechende Verfahren für ein Sinussignal und Abb. 39 c zeigt dessen Frequenzspektrum.
Die Frequenzmodulation ist relativ störsicher, stellt aber höhere Anforderungen an Modulation und Demodulation. Ein Sendeausfall wird, im Gegensatz zur Amplitudenmodulation, leicht erkannt.
Diese Modulationsart wird beim UKW-Radio und beim Fernseher zur Übertragung des Tonsignals benutzt.
Bei der **Phasenmodulation** (PM) wird die Phase geändert, während Amplitude und Frequenz des Trägersignals gleich bleiben.

Soll ein digitales Signal übertragen werden, so gibt es mehrere Varianten zur Modulation. Bei der **Phasendifferenzmodulation** entspricht jeder Übergang (von 0 zu 1 oder 1 zu 0) einem festen Sprung (z.B. 180°) gegenüber der vorherigen Phase

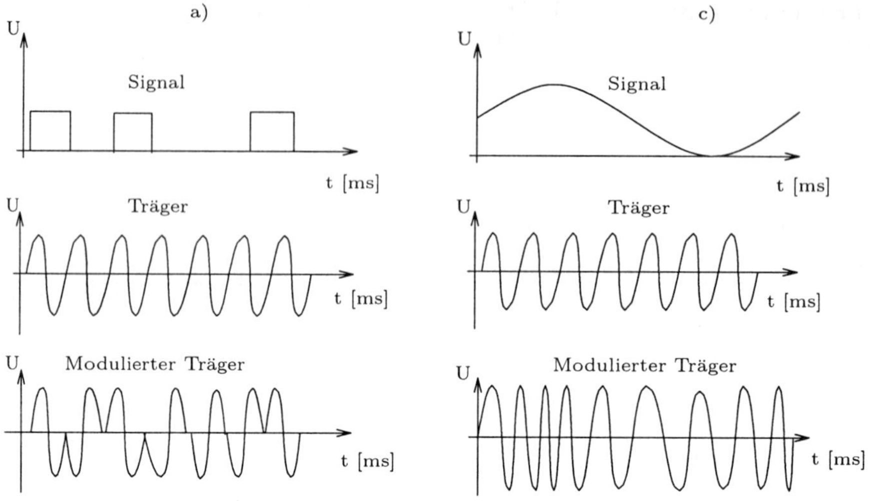

b)

	mögliche Phasenänderung
single bit	0°
	180°
dibit	0°
	90°
	180°
	270°

	mögliche Phasenänderung
tribit	0°
	45°
	90°
	135°
	180°
	225°
	270°
	315°

Abbildung 40: Phasenmodulation

(Abb. 40 a). Findet kein Übergang statt, so wird auch kein Phasensprung vorgenommen.
Eine andere Möglichkeit wäre jede binäre Eins durch eine 90°-Phasenänderung darzustellen und jede binäre Null durch eine 270°-Phasenänderung (*single bit phase-shift keying, single bit PSK*). Dies kann man erweitern, indem die Phase der Trägerwelle systematisch in gleich große Intervalle um 45°, 135°, 225° und 315° unterteilt wird (Quarternäre Phasenmodulation, *dibit PSK*). Bei jeder Phasenänderung werden dann zwei Bits übertragen (Abb. 40 b). Dementsprechend arbeitet die Übertragung von drei Bits je Phasenänderung (Oktonäre Phasenmodulation, *tribit PSK*). Ein weiterer Ausbau zum 16-fachen PSK ist möglich, um höhere Datenraten zu erzielen.

Grundsätzlich existieren zwei unterschiedliche Verfahren, die sich in Bezug auf die Phasenänderung unterscheiden:

1. Die Phasenmodulation, die sich auf die Phasenänderung eines Referenzträgers bezieht (dadurch schwierige Demodulation),

2. die Phasenmodulation, bei der sich jede Änderung auf die vorhergehende Phase bezieht.

Abb. 40 c zeigt die Phasenmodulation einer Sinusschwingung. Ein phasen- und ein frequenzmoduliertes (analoges) Signal kann man nicht unterscheiden, wenn die gleiche Trägerschwingung benutzt wurde. Frequenz- und Phasenhub verhalten sich jedoch gegensinnig [MÄUS 91].
Vorteile der Phasenmodulation sind die hohe Störsicherheit und die geringe benötigte Bandbreite. Demgegenüber fällt ein hoher Aufwand für Modulation und Demodulation an.
Mit Hilfe der Phasenmodulation ist es möglich, mehrere Bits pro Phasenänderung zu übertragen. Dadurch erhöht sich auch die Übertragungsrate. Eine weitere Verbesserung erreicht man, indem Phasen- und Amplitudenmodulation kombiniert eingesetzt werden.
Diese Technik ist als **Quadraturmodulation, QAM** bekannt. Bei der ersten Implementierung wurden 4 Bits je Signaländerung übertragen. Dabei wurde die Phase der Trägerwelle in 12 Intervalle unterteilt und man verwendete drei verschiedene Amplitudenhöhen. Abb. 41 veranschaulicht dieses Verfahren, wobei der Radius der Amplitudenhöhe entspricht und der Winkel zwischen den Geraden den Phasenunterschied darstellt.

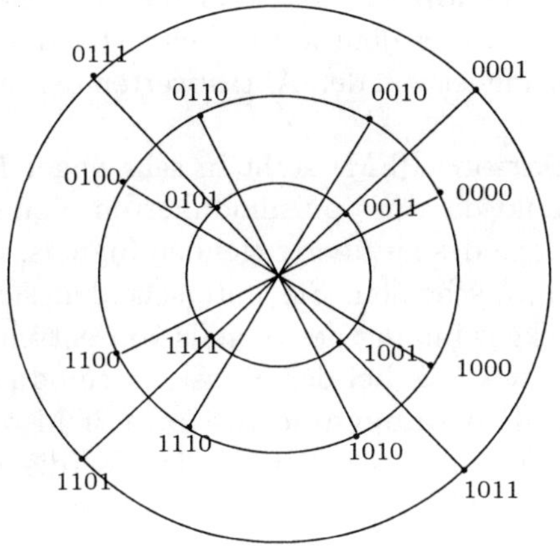

Abbildung 41: 16-QAM mit 12 Winkeln und 3 Amplitudenhöhen

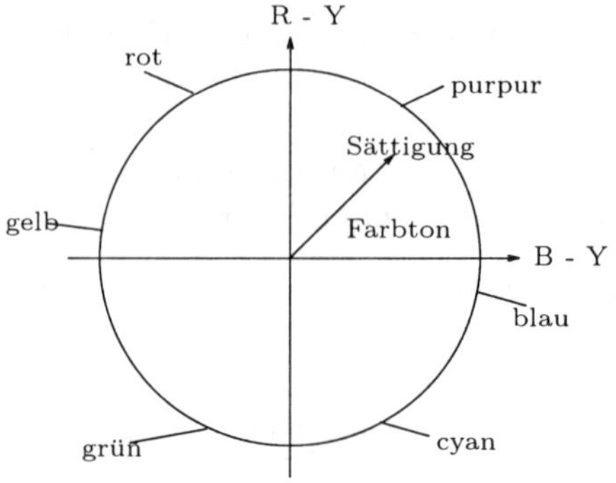

Abbildung 42: Farbkreis

Durch die Quadraturmodulation erreichte man eine noch bessere Ausnutzung des Mediums und eine höhere Störsicherheit. Dagegen ist der Aufwand für Modulation und vor allem Demodulation entsprechend höher.
Die Quadraturmodulation wird beim Fernsehen zur Übertragung des Farbsignals benutzt (Abb. 42).

Modulation mit einer Pulsfolge als Träger
Bei diesem Verfahren wird kein Sinusträger moduliert, sondern ein Analogsignal abgetastet und in Pulse umgewandelt.

Abb. 43 a zeigt das zu übertragende Signal und Abb. 43 b den Pulsträger.
Bei der **Pulsamplitudenmodulation** (PAM) wird die Amplitude dem Signal entsprechend verändert (Abb. 43 c). Die Pulsfrequenz und Pulsbreite bleiben dabei gleich.
Bei der **Pulsphasenmodulation** (PPM) wird die zeitliche Lage der Impulse innerhalb der Impulsfolge gegenüber dem festen Zeitraster des Trägerpulses verändert (Abb. 43 d). Die Veränderung ist von den Abtastwerten des zu übertragenden Signals abhängig.
Die **Pulsfrequenzmodulation** (PFM) steht in sehr enger Beziehung zur Pulsphasenmodulation. Die Zeitfunktion eines pulsmodulierten Signals ist, ohne direkte Bezugnahme auf die Phasenlage des zu übertragenden Signals, nicht von dem des pulsfrequenzmodulierten zu unterscheiden. Sie unterscheiden sich jedoch im Frequenzspektrum, was für die Rückgewinnung des Signals von entscheidener Bedeutung ist.
Ein Pulsmodulationsverfahren, das bei der Sinusträgermodulation kein entsprechendes Äquivalent hat, ist die **Pulsdauermodulation** (PDM oder *Pulse Width Modulation* **PWM**). Im Rhythmus des modulierten Signals (die Pulsfolge) wird hier die Impulsdauer verändert (Abb. 43 e).

Wie wir schon bei der Amplitudenmodulation mit einer Sinusschwingung als Träger gesehen haben (Abb. 38 c), entstehen bei der Modulation Seitenbänder im Frequenzspektrum. Dies ist bei der Pulsmodulation nicht viel anders. Zu jeder der Spektrallini-

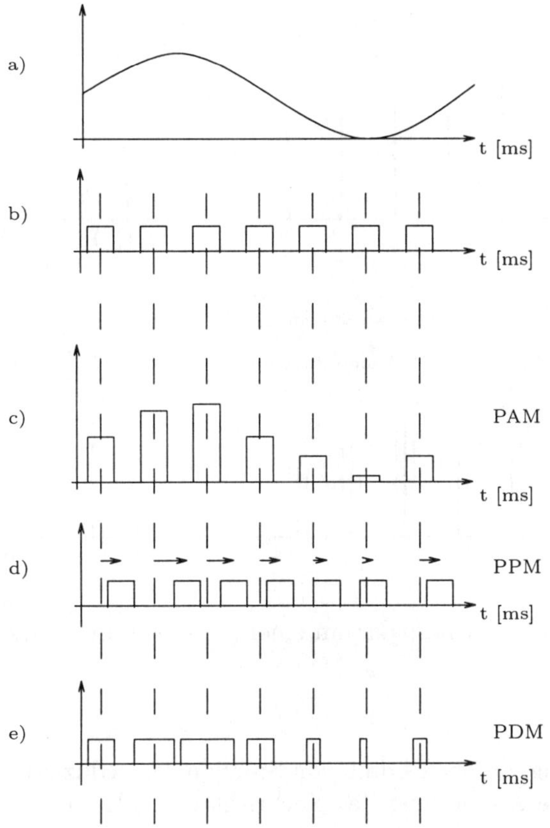

Abbildung 43: Pulsmodulationsverfahren

en des unmodulierten Pulses (Abb. 44 a) entstehen bei der Modulation Seitenbänder in ähnlicher Weise wie bei der Sinusmodulation. Ein Beispiel hierfür zeigt Abb. 44 b, wobei das Signal pulsamplitudenmoduliert wurde. Die Signalbreite beträgt hier $2 \cdot B$, d.h. die doppelte Bandbreite.

Ein pulsmoduliertes Signal trägt also die Nachricht vielfach (im Falle der PAM doppelt), d.h. mit hoher Redundanz und benötigt im Vergleich zur Sinusmodulation eine wesentlich größere Bandbreite.

Bei sehr kurzen Impulsen kann jedoch die Zeit zwischen zwei Impulsen zur Einfügung weiterer pulsmodulierter Nachrichten im sogenannten Zeitmultiplexverfahren genutzt werden.

Zu Beginn des Zeitalters der Nachrichtenübertragung wurden ausschließlich analoge Medien verwendet. Dabei wurde die Amplitudenmodulation wegen ihrer Einfachheit eingesetzt. Mit der Frequenz- bzw. Phasenmodulation erhielt man jedoch eine ver-

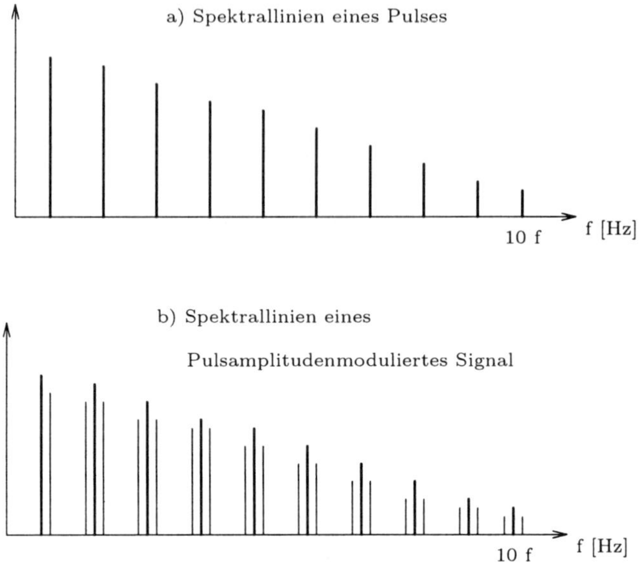

Abbildung 44: Frequenzspektrum einer Pulsfolge und eines PAM-Signals

besserte Übertragung, da der Einfluß von Störsignalen reduziert werden konnte. Dies liegt daran, daß eine Ausweitung des Nachrichtensignals auf ein breiteres Frequenzband weniger anfällig gegen Störungen ist. Nun ist aber die Bandbreite eines analogen Mediums sehr begrenzt und damit auch die Möglichkeit, Signale auf ein breiteres Frequenzband auszuweiten. Auch mit der eben besprochenen Pulsphasenmodulation sind dem Modulationsgewinn auf analogen Medien Grenzen gesetzt.
Um diese Grenzen zu umgehen, verlagerte sich die Forschung auf breitbandigere Medien. Durch den Übergang von der analogen zur digitalen Signalübertragung konnten die Störsignale wie auch die Verzerrungen im Übertragungssignal weitgehend eliminiert werden.
Im vorangehenden Abschnitt wurde schon die digitale Übertragung mit einer Sinusschwingung als Träger behandelt (PSK, QAM). Damit bleibt noch das entsprechende Verfahren mit einem Pulsträger zu besprechen.
Zur Umwandlung eines analogen Quellsignals in ein Digitalsignal erzeugt man Abtastwerte, die dann direkt oder indirekt durch m-wertige Codewörter ausgedrückt werden.
Die direkte Kodierung der Abtastwerte führt zur **Pulscodemodulation** (PCM), während eine Bezugnahme auf die vorangehende Signalwerte den Verfahren der **Deltamodulation** (DM) und **Differenz-Pulscodemodulation** (DPCM) zugrunde liegt.
Der Begriff Pulscodemodulation sagt aus, daß bei diesem Verfahren der Signalwand-

lung ein Pulsträger verwendet wird und eine Kodierung erfolgt. Im Vergleich zur Pulsamplituden-, Pulsfrequenz-, oder Pulsphasenmodulation wird hier allerdings der einmal festgelegte Code nicht beeinflußt.

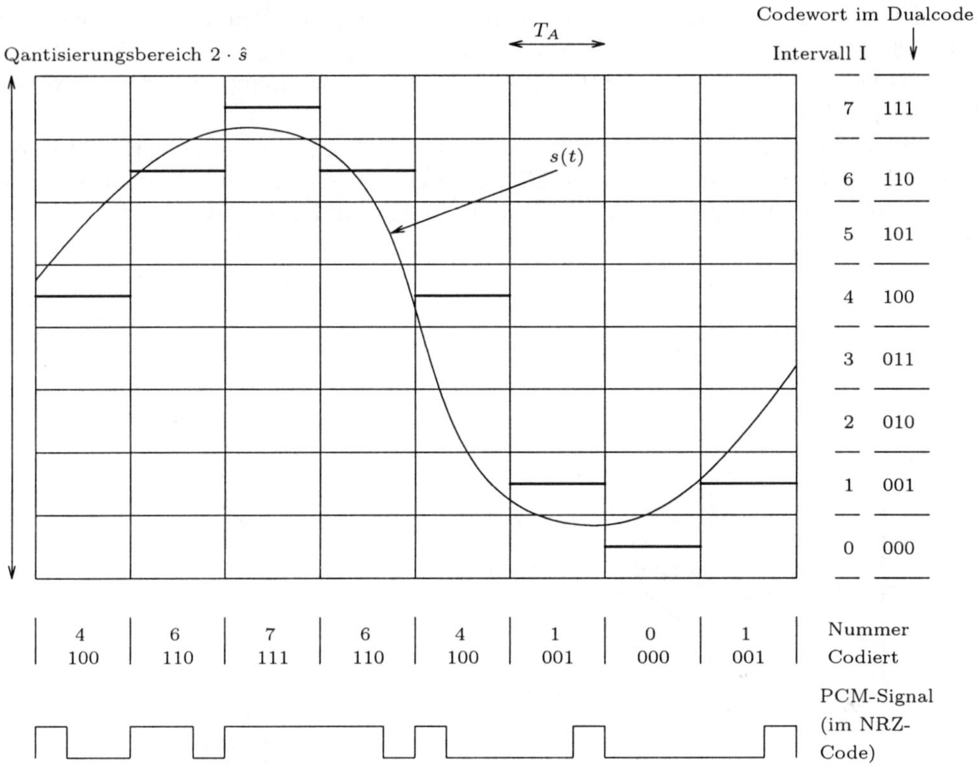

Abbildung 45: Pulscodemodulation

Das zu übertragene analoge Quellsignal $s(t)$ wird durch den Trägerpuls, d.h. durch schmale Impulse mit der Folgefrequenz $f_A = \frac{1}{T_A}$, abgetastet. Entsprechend dem Zeichenvorrat des Codierers wird dann eine Wertquantisierung vorgenommen, indem der gesamte Quantisierungsbereich $2 \cdot \hat{s}$ in eine Anzahl von I Quantisierungsintervalle unterteilt wird. Diese werden ziffernmässig („digital") erfaßt und nach einem vorgegebenen Code, meist dem Dualcode, durch binäre Codewörter gekennzeichnet. Der Codierer ordnet den anliegenden Signalwert dem entsprechenden Quantisierungsintervall zu und gibt das binäre Codewort im NRZ- oder Manchester-Code aus. Die binären Codeworte werden fortlaufend ohne Unterbrechung als serielles PCM-Signal auf den Übertragungskanal gegeben. Durch eine in gewissen Abständen mitübertragene Synchronisierinformation wird der Codewortbeginn markiert. Zur Veranschaulichung dieses Verfahrens zeigt Abb. 45 die Pulscodemodulation mit

$I = 8$ Intervallen und eine Kodierung in 3 Bit. In der Praxis werden meist $I = 256$ Quantisierungsstufen und 8-Bit Codeworte verwendet.
Wenn sich bei der Pulscodemodulation die aufeinanderfolgenden Abtastwerte nur geringfügig ändern, wird ein großer Anteil an redundanter Information übertragen. Um die Datenmenge zu reduzieren, wird der Anteil des Signalwerts weggelassen, der sich aufgrund gewisser Kenntnisse über den wahrscheinlichen Signalverlauf rekonstruieren läßt. Dies bedeutet, daß bei der Rückgewinnung eines Signalwerts ein Vorhersagewert zugrunde gelegt wird.
Der einfachste Fall einer Vorhersage ist, wenn als Vorhersagewert der letzte verarbeitete Signalwert genommen wird. Die Differenz zwischen dem Momentanwert des Signals und dem Vorhersagewert wird binär codiert und übertragen.

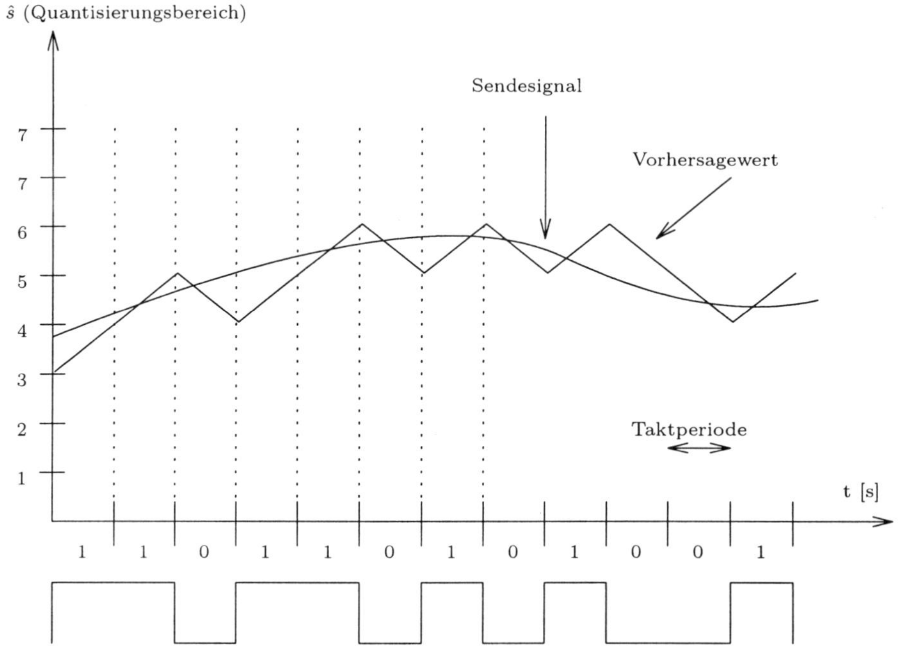

Abbildung 46: Deltamodulation

Erfolgt die Kodierung des Differenzwerts mit nur einem Bit, d.h. es wird der Unterschied zwischen Sendesignal und dem Vorhersagewert nur nach dem Vorzeichen übertragen, dann handelt es sich um das Verfahren der **Deltamodulation**. Dabei wird bei jedem Takt das Sendesignal und der Vorhersagewert verglichen. Ist der Signalwert größer als der Vorhersagewert, so wird eine logische „1“ übertragen und der Vorhersagewert mit einem positiven Impuls (+1) auf einen neuen (höheren) Wert gebracht. Ist dagegen der Signalwert kleiner als der Vorhersagewert, so wird eine logische „0" übertragen. Zudem wird der Wert der Vorhersage um ein negativen Impuls (-1) korrigiert um für den nächsten Vergleich eine bessere Näherung darzustellen. Beim nächsten Takt wiederholt sich das Spiel (Abb. 46). Sollte sich nun das Sendesignal zu schnell ändern, so kommt der Vorhersagewert nicht mehr nach, wodurch Fehler entstehen.

Abhilfe schafft die **Adaptive Deltamodulation ADM**, bei der jeder n-te gleichlautende Wert eine Vergrößerung (meist Verdoppelung) des Quantisierungswertes bewirkt, und ein darauf folgender abweichender Wert (z.B. 0111**0**) den Quantisierungswert wieder auf den ursprünglichen Wert setzt. Allerdings kann auch die ADM einer Gleichspannung nur ungenau folgen.

Ein besseres Ergebnis liefert das Verfahren der **Differenz-Pulscodemodulation**. Sie kann als Kompromiß zwischen der Pulscodemodulation und der Deltamodulation gesehen werden. Die Einfache 1-Bit-Kodierung des Differenzwertes bei der Deltamodulation wird jetzt durch eine mehrstufige Quantisierung des Differenzwertes ersetzt. Zudem wird das (Quantisierungs-) Intervall nicht gleichmäßig, sondern nach einer vorgegebenen Häufigkeitsverteilung angepaßt.

Das Hauptanwendungsgebiet der Differenz-Pulscodemodulation liegt bei der Übertragung von Fernseh-Bildern, da Fernsehsignale bekanntlich sehr viel redundante Information aufweisen, z.B. wenn sich über gewisse Bereiche im Bild der Helligkeitswert nur geringfügig ändert. Zudem kann noch die Unempfindlichkeit des menschlichen Auges gegenüber Helligkeitsstörungen ausgenutzt werden. Für die Quantisierung bedeutet dies, daß große Differenzwerte, die gemäß der Wahrscheinlichkeitsverteilung ohnehin nur mit geringer Häufigkeit auftreten, gröber quantisiert werden können als kleine Differenzwerte. Auf diese Weise kommt man bei der Bildsignalübertragung durch Differenz-Pulscodemodulation mit z.B. 16 Quantisierungsstufen für das Differenzsignal, entsprechend 4-Bit-Codeworten, auf die halbe Bitrate gegenüber PCM mit 256 Stufen und 8-Bit-Codeworte bei vergleichbarer Bildqualität.

Die Empfindlichkeit gegenüber Fehlern ist bei den Deltamodulationsverfahren allerdings höher als bei der PCM, da über das Differenzsignal eine Fehlerfortpflanzung stattfindet. Es wird deshalb ein sehr störungsfreier Übertragungskanal erforderlich oder die Erweiterung der Codes durch redundante Schutzinformation zur Fehlererkennung und ggf. Fehlerkorrektur.

Literatur: MAEU 88, MAEU 91.

2.3.4 Modem

Aufgaben und Klassifizierung

Das Telefonnetz ist heutzutage, trotz der Einführung einer Reihe neuer digitaler Netze, die gebräuchlichste Einrichtung für Datenfernübertragung. Telefonleitungen waren ursprünglich nur für die menschliche Stimme gedacht und sind somit als ein analoges System aufgebaut. Terminals und Computer generieren dagegen digitale Signale und benötigen somit eine Einrichtung zur Umwandlung der Signale, wenn das Telefonnetz als Übertragungsmedium genutzt wird. Solche Modems (*modulator demodulator*) haben neben der Umwandlung und Rückgewinnung der Signale weitere Aufgaben, nämlich den Auf- und Abbau von Verbindungen und das Bereitstellen von Daten zur Betriebsüberwachung. Zudem kommen für spezielle Anwendungen noch einige Aufgaben hinzu, z.B. bei Wählverbindungen das Umschalten von Fernsprechen auf Datenübertragung.

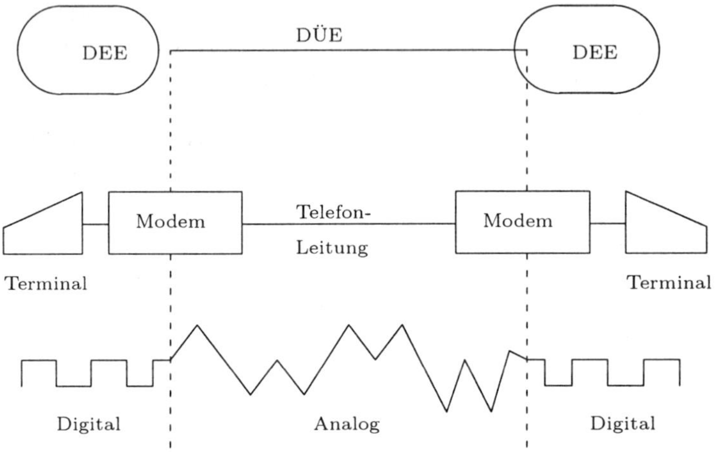

Abbildung 47: Modems als Schnittstelle zwischen DEE und DÜE

Zusammengefaßt kann die Aufgabe eines Modems als eine Abbildung der Leitungssignale auf die Schnittstelle zwischen DEE und DÜE gesehen werden. Dabei muß der Leitungsabschluß „vorschriftsmäßig“ sein, d.h. das Netz darf keinen Unterschied zwischen Telefon und DEE machen.
Zu den inneren Komponenten eines Modems zählen natürlich ein Modulator und ein Demodulator. Zudem ist ein Verstärker nötig, um schwache Eingangssignale auf die erforderliche Mindestspannung anzuheben, damit der Empfänger auch die Amplitude der Signale noch erkennen kann. Ein Begrenzer (Filter) ist in jedem Modem eingebaut, um die Bandbreite des Signals im Rahmen der gesetzlichen Vorschriften zu halten. Beim Empfänger wird das Signal durch ein Filter geleitet um Störsignale, die bei der Übertragung hinzugekommen sind, weitgehend zu entfernen. Daneben findet sich noch ein Transformator, der die von den Telekommunikationsgesellschaften geforderte galvanische Trennung garantiert.
Bei einer synchronen Übertragung ist eine Synchronisiereinheit notwendig, um die Synchronität zwischen den Stationen zu gewähren. Weiter ist ein Taktgeber und ein Scrambler (Verwürfler) im Modem mit eingebaut. Dabei sorgt der Scrambler dafür, daß keine längeren Folgen von Nullen (bzw. Einsen) entstehen, um somit mit einer ausreichenden Anzahl von 1-0 Übergängen die Synchronität zwischen den Datenstationen aufrechterhalten zu können. Die Verwürfelung wird durch einen vorgegebenen

Algorithmus realisiert, dessen Inverse im Disscrambler den ursprünglichen Bitstrom wieder herstellt. Zwei Modems synchronisieren sich also gegenseitig. Moderne Modems prüfen während der Übertragung die maximale Übertragungsrate und stellen diese dynamisch ein.
Für die Entwicklung und Standardisierung von Modems waren hauptsächlich zwei Institute maßgebend beteiligt, **Bell Systems** und **CCITT**. Unter dem Begriff „Bell Systems" ist dabei die charakteristische Arbeitsweise der Modems gemeint, die von der Western Electric für AT&T produziert wurden, ehe diese Firma selbständig wurde.
Modems können in viele verschiedene Kategorien eingeteilt werden. Die Aufteilung fällt unterschiedlich aus, je nach ihren technischen Merkmalen und ihren Einsatzgebieten. Im folgenden werden einige Kategorien aufgezählt, anhand derer eine Aufteilung erfolgen kann.

- Übertragungsart: **Synchron**, wenn alle Binärzeichen in einem festen Zeitraster liegen und zwischen Sender und Empfänger Synchronität besteht. **Asynchron**, wenn alle Binärzeichen einer Übertragungszeichenfolge in einem festen Zeitraster liegen und für diese Übertragungszeichenfolge zwischen den Datenstationen Synchronität besteht. **Start/Stop**-Übertragung, bei der das Zeitraster für jedes zu übertragende n-Bit-Zeichen durch ein Startbit neu festgelegt wird. Der Empfangsmechanismus wird mit dem Stopbit zur Ruhe gebracht.

- Betriebsart: Wenn das Modem nur in einer Richtung Daten senden oder empfangen kann, so spricht man von einem **Simplex**-Betrieb (SX). **Half-Duplex** (HDX) liegt vor, wenn ein Modem abwechselnd senden und empfangen kann und **Full-Duplex** (FDX) wenn es gleichzeitig senden und empfangen kann.

- Medium: Je nachdem, für welches Medium und welches Netz sich die Modems eignen, können sie nach Wähl-, Miet- oder Primärgruppenleitungen (im öffentlichen Netz), Basisband oder Breitband unterschieden werden. Zudem besteht noch ein Unterschied, ob das Medium analog oder digital ist bzw. ob elektrische oder optische Signale übertragen werden.

- Modems werden auch gerne bezüglich ihrer Übertragungsgeschwindigkeit unterteilt. Übliche Übertragungsraten sind 28 bzw. 33 kBit/s. Hochgeschwindigkeitsmodems erreichen sogar eine Übertragungsrate von 56 kBit/s, algorithmische Datenkompression nicht mitgerechnet.

- Eine andere Aufteilung kann auch in Abhängigkeit der verwendeten Modulationsart erfolgen.

Es gibt noch einige Alternativen zur Klassifizierung von Modems, z.B. nach der Art der Herstellung (ob es eine selbstständige Einheit, eine Adapterkarte oder ein Einbaugerät ist). Die CCITT Norm X.1 teilt Modems je nach Betriebsart und Übertragungsrate in Benutzerklassen auf. Weiter hat CCITT in der V-Serie Empfehlungen für

Modems herausgegeben, die mittlerweile mehr oder weniger als Standard angesehen werden können. Im nächsten Abschnitt werden einige dieser Empfehlungen eingehender besprochen.
Weitere Ausstattungen, z.B. Datenkompression, -verschlüsselung oder eingebaute Equalizer zur besseren Zurückgewinnung der empfangenen Daten, sind andere Merkmale von Modems. Zudem verfügen einige Modems über einen Hilfskanal, um entweder Bestätigungssignale mit einer niedrigeren Übertragungsrate zu empfangen (eingeschränkter Full-Duplex Betrieb) oder um den Hilfskanal als einen zweiten Kanal (bei einer 4-Draht Leitung) auszunutzen.

CCITT-Empfehlungen für Modems

Der Entwicklungsstand von Modems folgt weitgehend dem der Technik. Somit ist es nicht verwunderlich, daß die ersten Modems mit der Technik der Frequenzmodulation ausgerüstet waren und lediglich Daten mit 300 Bit/s übertragen konnten. Zu dieser Zeit waren auch noch keine Basis- oder Breitbandsysteme üblich und die begrenzte Bandbreite der Telefonleitung mußte in Kauf genommen werden. Das Aufteilen der verfügbaren Bandbreite in mehrere Kanäle (Frequenzmultiplex) konnte daher nur beschränkt eingesetzt werden. Das Verfahren des Zeitmultiplex, d.h. die Aufteilung des Kanals in Zeitintervalle wurde erst mit der Einführung von Breitbandsystemen interessant. Die Modems mit einer Übertragungsrate von 300 Bit/s arbeiten nach der Empfehlung **V.21** von CCITT. Die Betriebsart ist asynchron und die Übertragungsart Full-Duplex.
Der **V.23** Standard ist bestimmt für Modems, die mit 600 Bit/s oder 1200 Bit/s auf dem Fernsprechwählnetz übertragen. Sowohl asynchrone wie auch synchrone Übertragung wird durch Frequenzmodulation unterstützt. Neu ist der 75 Baud Hilfskanal für Fehlerkontrolle (eingeschränkter Full-Duplex Betrieb) mit einer logischen „1“ bei 390 Hz und einer logischen „0“ bei 450 Hz. Durch die Einführung des asynchronen 75 Baud Hilfskanals anstatt des ursprünglichen Kanals konnte bei gleichbleibender Modulationsart die Übertragungsrate des Hauptkanals erhöht werden. Bei vielen Anwendungen genügt ein eingeschränkter Full-Duplex Betrieb. Beim Videotext z.B. wird ein V.23 Modem in den Fernseher eingebaut, da für die Übertragung vom Computer zum Empfänger ein 75 Baud Hilfskanal ausreicht, um die Informationen vom Anwender zu übertragen. Die Informationen vom Fernsehgerät zum Computer sind dagegen um einiges umfangreicher und benötigen somit eine erheblich höhere Übertragungsrate.
Das **V.22** Modem ersetzte das ältere Modell V.23, das nur den Half-Duplex Betrieb vorsah. Die Übertragungsraten blieben dieselben, jedoch änderte sich die Modulationsart von Frequenzmodulation auf Phasenmodulation. Bei der Übertragungsrate von 1 200 Bit/s wird 4-fache PSK (Phase Shift Keying) angewandt und beim Herabschalten auf 600 Bit/s 2-fache PSK. Die Übertragungsart entspricht Full-Duplex und es kann entweder synchron oder asynchron übertragen werden. Ende der 70er und Anfang der 80er Jahre waren V.22 Modems die gebräuchlichsten Geräte für Datenübertragung. Obwohl sie später sehr schnell durch V.22 bis, V.23 und V.32 bis ersetzt wurden, sind viele von ihnen heute noch im Gebrauch. Während alle bisher besprochenen Modems für 2-Draht Leitungen vorgesehen sind, wird das **V.26** Modem bei 4-Draht Leitungen eingesetzt. Auf diesen Mietleitungen wird nur synchron und

Modem-Typ	Daten-rate	Betriebs-art	Übertra-gungsart	Modula-tionsart	Netzwerk	Leitungs-art	Hilfs-Kanal
V.21	bis 300 Bit/s	asynchron	duplex	FSK	Fehrnsprech-Wählnetz	2-Draht	
V.23	600 / 1200 Bit/s	asynchron/ synchron	halfduplex	FSK	Fehrnsprech Leitung	2-Draht	75 Baud
V.22	300/600/ 1200 Bit/s	asynchron/ synchron	duplex	2-/4-PSK	Fehrnsprech-Wählnetz/ Mietleitung	2-Draht	
V.26	2400 Bit/s	synchron	duplex	4-PSK	Mietleitung	4-Draht	75 Baud
V.26 bis	1200 / 2400 Bit/s	synchron	halbduplex	2-/4-PSK	Fehrnsprech-Wählnetz	2-Draht	75 Baud
V.27	4800 Bit/s	synchron	duplex	8-PSK	Mietleitung	2-/4-Draht	75 Baud
V.22 bis	2400 Bit/s	asynchron	duplex	4-QAM	Fehrnsprech-Wählnetz	2-Draht	75 Baud
V.29	9600 Bit/s	synchron	duplex	2-/ 4-QAM	Mietleitung	4-Draht	
V.32	9600 Bit/s	asynchron	duplex	4-QAM	Fehrnsprech-Wählnetz	2-Draht	75 Baud

Abbildung 48: Übersicht von Modemtypen nach CCITT

im Full-Duplex übertragen. Mit der 4-fachen Phasenmodulation beträgt die Übertragungsrate 2 400 Bit/s, ein Hilfskanal entsprechend dem V.23 Standard ist auch noch vorgesehen.
Eine Variante des V.26 Standards ist der **V.26 bis**, der zwei Geschwindigkeiten (2 400 und 1 200 Bit/s) zuläßt und im Half-Duplex Betrieb für Wählleitungen geeignet ist. Jedoch ist auch ein Full-Duplex Betrieb auf Mietleitungen (4-Draht Leitungen) möglich. Eine andere Variante, der **V.26 ter** Standard, enthält zudem noch die Echo-Unterdrückung. Eine Fehlanpassung im Übergang von 2-Draht auf 4-Draht Leitungen führt zu Echos, die mit Echosperren unterdrückt werden müssen. Bei Wählleitungen ist ein Übergang von 2- auf 4-Draht Leitungen bei den Vermittlungsstellen des Netzbetreibers möglich.
V.27 Modems sehen eine 8-fache Phasenmodulation vor, d.h. pro Phasensprung werden drei Bits codiert, und man erreicht somit eine Übertragungsrate von 4 800 Bit/s. Die Übertragung erfolgt auf einer 2-Draht Leitung bei synchroner Betriebsart und im Half- oder Full-Duplex Betrieb.

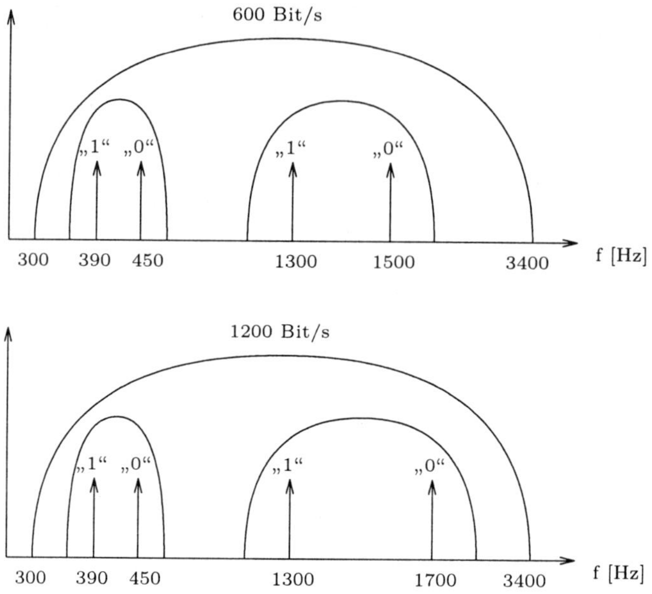

Abbildung 49: Belegung des Sprachkanals bei V.23 mit Hilfskanal

		Phasensprung	
Single Bit (600 Bit/s)	Dibit (1200 Bit/s)	Alternative A	Alternative B
0	00	90°	270°
–	01	0°	180°
–	10	180°	0°
1	11	270°	90°

Abbildung 50: Phasenaufteilung bei V.22 Modems

Die **V.22 bis** Empfehlung sieht eine Übertragungsrate von 2 400 Bit/s im Full-Duplex Betrieb auf einer 2-Draht Leitung vor. Im Gegensatz zu früher wird hier die Quadraturamplitudenmodulation (QAM) angewandt. Die Übertragungsrate von 600 Baud erlaubt hier, da ein Baud vier Bits repräsentiert, 2 400 Bit/s zu übertragen.

Auch die **V.29** Empfehlung arbeitet mit QAM (4-facher bzw. 16-facher QAM) im Full-Duplex Betrieb. Bei synchroner Übertragung erreicht das V.29 Modem Geschwindigkeiten von 7 200 oder 9 600 Bit/s. Es besteht auch die Möglichkeit mit 4 800 Bit/s zu übertragen. Dabei wird allerdings die Phasenmodulation verwendet. Die V.29 Empfehlung ist für Mietleitungen geeignet, sieht aber keinen Hilfskanal vor.
Das **V.32** Modem arbeitet asynchron im Full-Duplex Betrieb auf Wählleitungen mit 9 600 Bit/s. Dies wird mit Hilfe einer komplexen Technik für die Echounterdrückung ermöglicht. Es gibt noch weitere Modems mit noch höheren Übertragungsraten (z.B. V.32bis mit 14 400 Bit/s und V.34 mit 28 800 Bit/s). Mit Hilfe der Datenkompression (z.B. V.42) kann die Übertragungsrate nochmals erhöht werden.
Für **Primärgruppenleitungen** steht eine Bandbreite von 48 kHz (von 60 kHz-108 kHz) zur Verfügung, d.h. ungefähr 15 mal mehr als bei einer Telefonleitung. Daher ist es auch bedeutend leichter, Modems mit erheblich höheren Übertragungsraten dafür zu entwickeln. Die Empfehlungen V.35 und V.36 des CCITT sehen für eine synchrone Übertragung auf Primärgruppenleitungen eine Übertragungsrate von 48 kBit/s vor. V.36 Modems können auch mit einer Geschwindigkeit von 56, 64 bzw. 72 kBit/s übertragen.
Um die Eigenschaften von Modems zu verbessern, wurden Mikroprozessoren und Speicher (ROM, RAM und EPROM) den Modems zugefügt. Solche sogenannten **Intelligenten Modems** verfügen über eine Reihe von Merkmalen, wodurch Funktionen wie Fehlerentdeckung und -behebung sowie Datenkompression von Modems ausgeführt werden können. Zudem verfügen sie auch über eine Reihe von Befehlen, z.B. automatisches Wählen einer Nummer, Wahlwiederholung oder automatische Geschwindigkeitsanpassung. Ein weit verbreiteter Befehlssatz ist der *Hayes Command Set*, den es in einer Basisversion und einer erweiterten Version gibt.
Bei der Aufnahme einer Verbindung synchronisieren sich beide Modems durch den Austausch von speziellen Bitfolgen. Entsprechend der Güte der Leitung wird eine maximale Datenrate vereinbart, die sich dynamisch während der Übertragung nach oben oder unten verändert, falls sich die Güte verbessert oder verschlechtert.

Literatur: HELD 92, HELD 94, NUSS 90.

2.4 Bezeichnungen

α	Dämpfungskonstante [Np/km]
β	Phasenkonstante [rad/km]
γ	Fortpflanzungskonstante
Θ	Phasenverschiebung [rad] (Radiant)
λ	Wellenlänge [m]
π	3.1415...
Φ	Lichtleistung [W] (Watt)
φ	Winkel [rad] (Radiant)
φ_1	Einfallswinkel [rad] (Radiant)
φ_2	Ausfallswinkel [rad] (Radiant)

ω	Kreisfrequenz [Hz] (Hertz)
Ω	Kreisfrequenz der Trägerschwingung [Hz] (Hertz)
a	Amplitude (Momentanwert) [V] (Volt)
a_0	Sinusamplitude der 0-ten Harmonischen
a_n, b_n	Sinus- und Cosinusamplituden der n-ten Harmonischen
$a(t)$	Sinussignal [V] (Volt)
c	Lichtgeschwindigkeit in Vakuum [m/s]
c_L	Lichtgeschwindigkeit in Luft [m/s]
c_M	Lichtgeschwindigkeit in einem Medium M [m/s]
d	Dämpfungsmaß [Np] (Neper)
f	Frequenz [Hz] (Hertz)
f_g	Grenzfrequenz [Hz] (Hertz)
f_A	Folgefrequenz [Hz] (Hertz)
i	Index
j	Komplexe Zahl, $j^2 = -1$
k, l	Anzahl (von Leitungen)
n	Anzahl (von Harmonischen)
n_i	Brechzahl, i ∈ {1 = Medium 1, 2 = Medium 2, K = Kern, M = Mantel}
$\hat{s}$	Quantisierungsbereich
$s(t)$	Signal bzw. Sinussignal (Zeitabhängig)
t	Zeit [s]
x	Ausbreitungsrichtung
y	Umrechnungsvariable
A_0	Maximale Amplitude [V] (Volt)
B	Bandbreite [Hz] (Hertz)
C	Kapazität [F] (Farad)
D_{max}^{NY}	Maximale Datenrate nach Nyquist [Bit/s]
D_{max}^{SH}	Maximale Datenrate nach Shannon [Bit/s]
G	Ableitung [S] (Siemens)
I	Intervall
J	Diodenstrom [A] (Ampere)
K	diskreter Kennzustand
L	Induktivität [H] (Henry)
R	Widerstand [Ω] (Ohm)
R_I	Innenwiderstand [Ω] (Ohm)
R_A	Außenwiderstand [Ω] (Ohm)
S/N	Signal to Noise Ratio, Rauschabstand [dB] (Dezibel)
T	Periode [s]
Z	Zeit [s]
Z_T	Übertragungszeit [s]
Z_L	Wellenwiderstand [Ω] (Ohm)

2.5 Wichtige ITU-T Empfehlungen der V- und der X-Serie

V.21	Modem mit 200/300 Bit/s zur Benutzung im öffentlichen Fernsprechwählnetz (Duplex-Betrieb)
V.22	Duplex-Modem mit 1 200 Bit/s zur Benutzung im öffentlichen Fernsprechwählnetz und auf festgeschalteten Leitungen
V.23	600/1 200-Baud-Modem zur Benutzung im öffentlichen Fernsprechwählnetz
V.24	Liste der Definitionen für 25 polige Schnittstellenleitung zwischen DEE und DÜE im Fernsprechnetz
V.26	Modem mit 2 400 Bit/s zur Benutzung auf festgeschalteten Vierdrahtleitungen
V.27	Modems mit 4 800 Bit/s auf festgeschalteten Leitungen und automatischem Entzerrer
V.28	Elektrische Eigenschaften für unsymmetrische Doppelstrom-Schnittstellenleitungen
V.32	2400, 4800, 9600 Bit/s Modem (Duplex-Betrieb) im öffentlichen Fernsprechwählnetz und auf festgeschalteten Leitungen
V.32bis	9600, 12000, 14400 Bit/s Modem (Duplex-Betrieb) im öffentlichen Fernsprechwählnetz und auf festgeschalteten Leitungen
„V.32terbo“	kein ITU-Standard, sondern eine Bezeichnung für ein 16800/19200-Modem (AT&T)
V.33	14400 Bit/s Modem für 4-Draht-Standleitungen
V.fast	Bezeichnung für Übergangsstandard zu V.34
V.34	2400, 4800, 7200, 9600, 12000, 14400/, 6800, 19200, 21600, 24000, 26400, 28800 Bit/s Modem (Duplex-Betrieb) im öffentlichen Fernsprechwählnetz und auf festgeschalteten Leitungen In einer 1996 überarbeiteten Version sind Übertragungsraten von 31200 oder 33600 Bit/s möglich
V.35	Datenübertragung mit 48 KBit/s über Primärgruppenleitungen im Bereich von 60 bis 108 KHz
V.36	Modems zur synchronen Datenübertragung auf Primärgruppenleitungen (60 bis 108 kHz)
V.37	Modems zur Übertragung mit mehr als 72 KBit/s
V.38	48, 56, 64 kBit/s DCE für digitale Standleitungen
V.42	Modem mit Fehlerkorrektur
V.42bis	Modem mit Datenkompression

X.1	Internationale Klassen für Benutzer in öffentlichen Datennetzen
X.20	Schnittstelle zwischen DEE und DÜE für Start-Stop-Verfahren in öffentlichen Datennetzen
X.21	Schnittstelle zwischen DEE und DÜE für Synchronverfahren in öffentlichen Datennetzen
X.27	Elektrische Eigenschaften für unsymmetrische Doppelstromschnittstellenleitungen
X.28	Elektrische Eigenschaften für unsymmetrische Doppelstromschnittstellenleitungen

2.6 Prüfungsfragen

Was sind die Aufgaben der OSI Schicht 1?
Welche Übertragungsmedien kennen Sie?
Welche charakteristischen Größen spielen bei elektrischen Leitern ein Rolle?
Welche Probleme treten bei elektrischen Leitern auf?
Wie ist ein Koaxialkabel aufgebaut?
Was ist Twisted Pair?
Wie funktionieren Lichtwellenleiter?
Kann man bei einem Netz mit Bustopologie ein Glasfaserkabel verwenden?
Was sind die Vor- und Nachteile von Lichtwellenleitern gegenüber elektrischen Leitern?
Was versteht man unter Moden?
Was sind die Vor- und Nachteile von Lichtwellenleitern?
Welche Codierungsverfahren kennen Sie?
Erläutern Sie die Manchester Codierung.
Erklären Sie die Begriffe Codec und Modem.
Beschreiben Sie die Funktionsweise eines Modems.
Was versteht man unter Modulation?
Welche Modulationsverfahren kennen Sie?
Was versteht man eigentlich unter einer Schnittstelle genau?
Welche Vor- und Nachteile hat die Satellitenübertragung?

3 MAC-Teilschicht

3.1 Überblick

Das Kapitel „MAC (medium access control)-Teilschicht“ umfaßt Beschreibungen verschiedener Vielfachzugriffsverfahren (siehe Abschnitt 3.2), eine Bewertung und Analyse der Zugriffsverfahren und eine kurze Vorstellung von Komponenten zum Aufbau eines Ethernets (siehe Abschnitt 3.4).

Die Fähigkeit, wechselnde Kommunikationsbeziehungen zwischen unterschiedlichen Teilnehmern zu ermöglichen, ist eine wichtige Forderung an ein Rechnernetz. Dabei lassen sich Netze in zwei Klassen unterteilen: Vermittlungsnetze und Rundfunksysteme.

Bei einem **Vermittlungsnetz** (*switching system*) werden die von einem Teilnehmer an das Netz übergebenen Daten genau zu einem anderen Teilnehmer übertragen (z.B. Telefon). Diese Kommunikationsart wird durch **Punkt-zu-Punkt-Verbindungen** (*point-to-point*-Verbindungen) charakterisiert und ist die vorherrschende Kommunikationsart in existierenden Netzen, vor allem in kabelgestützten Fernnetzen.

In einem **Rundfunksystem** (*broadcast system*) steht nur ein (in der Regel sehr leistungsfähiger) Übertragungskanal zur Verfügung (z.B. Radio, Fernsehen). Jede Übertragung wird dabei von allen angeschlossenen Teilnehmern gleichzeitig „mitgehört“, so daß keine besonderen Vermittlungsanstrengungen erforderlich sind. Die resultierende Kommunikationsart wird **Mehrpunktkommunikation** (*multi-point*) oder auch **Vielfachzugriff** (*multi-access*) genannt.

Der Name Rundfunksystem geht einerseits darauf zurück, daß die ersten Erfahrungen mit der Nutzung eines solchen Ein-Kanal-Netzes mit einem Radionetz (Abramsons ALOHA-Netz auf Hawaii) gemacht wurden, zum anderen erinnert der Begriff „Rundfunk“ anschaulich an die zentrale Eigenschaft dieser Netze: die übertragenen Daten können von allen angeschlossenen Teilnehmern gleichzeitig empfangen werden.

Rundfunksysteme finden hauptsächlich Einsatz in lokalen Netzen (**LAN** *local area network*) und in Funk- und Satellitennetzwerken.

Ein lokales Netz ist charakterisiert durch eine geringe Ausdehnung von nicht mehr als einigen Kilometern und einem einzelnen Unternehmer als Besitzer. Für ein LAN ist eine Datenübertragungsrate von mindestens einigen MBits/s vorgesehen.

Die Funk- und Satellitenssysteme unterstützen die Kommunikation in ganze Länder umfassenden Weitverkehrsnetzen (**WAN** *wide area network*). WANs bedienen sich normalerweise Punkt-zu-Punkt Verbindungen.

Zwischen LAN und WAN liegt das Großstadtnetz **MAN** (*metropolitan area network*). Ein MAN dehnt sich über die Fläche einer Stadt aus bzw. über mehreren dicht beieinander liegenden Städten, bedient sich jedoch der gleichen Technik wie ein LAN.

Eine Hauptaufgabe in jedem Rundfunknetz besteht darin, festzulegen, wer auf den Kanal Zugriff hat. Schwierig wird diese Frage, wenn mehrere Teilnehmer gleichzeitig den Kanal benutzen wollen, also mehrere Teilnehmer um den Kanal konkurrieren. Es wurden einige Verfahren entwickelt, die das Problem der Konkurrenz lösen. In **Abschnitt 3.2** werden einige dieser Protokolle vorgestellt (Abb. 52).

ISO hat für diese Zugriffsverfahren eine Teilschicht reserviert, die als **MAC**- Teilschicht (*medium access control*) bezeichnet wird. Dabei werden die bereits bestehenden Normen von IEEE in das OSI-Modell integriert. Abb. 51 zeigt das Verhältnis von ISO/OSI zu den IEEE-Normen.

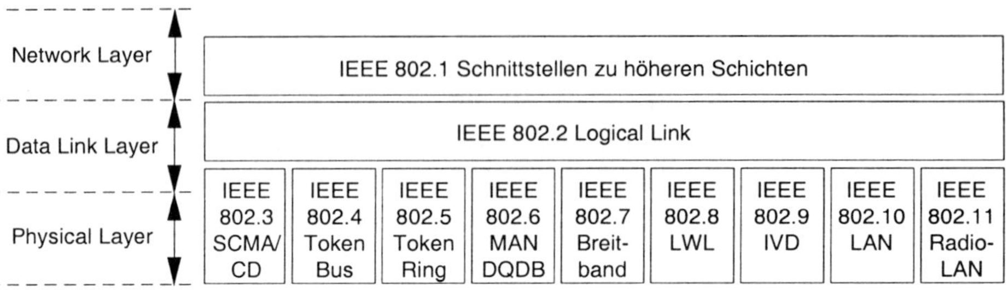

Abbildung 51: IEEE Standards und OSI-Modell

Zur Verdeutlichung der einzelnen Zugriffsverfahren stellt man sich einen Konferenztisch vor, an dem N Personen sitzen und miteinander kommunizieren wollen. Es muß gewährleistet sein, daß jede Person mit jedem sprechen und jeden hören kann.
Ein von Abramson auf Hawaii entwickeltes Zugriffsverfahren namens ALOHA (siehe Abschnitt 3.2.1) würde in diesem Bild etwa folgendem Ablauf entsprechen: Jede Person spricht, wenn ihr danach zumute ist, mit einer anderen Person. Gibt ihr sein Kommunikationspartner keine Antwort (Quittung), daß er ihre Rede verstanden hat (im akustischen Sinne), wiederholt sie ihre Rede. Wie sich leicht ableiten läßt, führt dieses Verfahren zu vielen Kollisionen (die Reden überschneiden sich und werden unverständlich) und somit zu vielen Wiederholungen, wenn viele Personen gleichzeitig kommunizieren wollen [ABRA 85].
Eine kleine Verbesserung stellt sich ein, wenn die Personen nicht sofort auf ihr Recht zu kommunizieren pochen, wenn sie bereits jemanden sprechen hören. Dann wird wenigstens die gehaltene Rede nicht gestört. Dieses Mithören des Sendekanals wird *carrier sense* genannt.

Definition: (carrier sense - Sendekanalmithören) : Sendewillige Stationen hören zunächst das Übertragungsmedium ab (*carrier sensing*). Eine Station hat Zugang zum Medium wenn der Kanal frei ist. Ist das Medium nicht frei, so gibt es mehrere Strategien, um die Wahrscheinlichkeit einer erneuten Kollision zu verringern.

Nachdem man den verschiedenen Personen nun verbietet zu reden, wenn bereits eine Person spricht, muß ihnen auch das Recht eingeräumt werden, daß sie nach einer bestimmten Strategie wieder beginnen dürfen zu kommunizieren. Dabei kann eine Person hartnäckig (persistent) vorgehen und sofort nach dem Ende der letzten Rede mit seiner Rede beginnen. Diese Hartnäckigkeit führt jedoch wieder zu einem Chaos, und viele Reden müssen wiederholt werden.

Würfelt jedoch jede Person nach dem Ende der letzten Rede, und es darf nur diejenige Person anfangen zu kommunizieren, die z.B. eine 6 würfelt, dann konkurrieren weniger Personen um das Rederecht. Somit ist die Gefahr von Kollisionen kleiner, aber nicht gebannt (1/6-persistent).
Halten sich alle Personen an folgende Strategie, dann spricht man von einem non-persistent Vielfachzugriffsverfahren: Will eine Person kommunizieren, überprüft sie zuerst, ob schon jemand spricht. Ist dies der Fall, legt sie eine zufällige Zeitspanne fest, die sie dann abwartet bevor sie einen neuen Versuch startet, das Rederecht zu erlangen.
Für alle oben erwähnten Verfahren könnte man auch die Regel einführen, daß die Personen nur zu bestimmten Zeitpunkten (z.B. nur alle 5 Minuten) eine Kommunikation beginnen dürfen. Jede Rede sollte jedoch bis zum nächsten Zeitpunkt abgeschlossen sein.

Definition: (slot) : Unterteilt man die Zeitachse in Abschnitte fester und gleicher Länge, so bezeichnet man die Zeitintervalle als Zeitschlitze oder Slots.

Im letzten Beispiel hätte ein Slot die feste Länge von 5 Minuten.
Alle besprochenen Strategien führen jedoch zum Erlangen des Rederechts nach dem Zufallsprinzip, weshalb diese Zugriffsverfahren unter „*random access*" Methoden zusammengefaßt werden. Diese „*carrier-sensing*" Zugriffsverfahren werden mit **CSMA** (siehe Abschnitt 3.2.3, *carrier sense multiple access*) bezeichnet. Der bekannteste Vertreter der CSMA-Methoden ist das ETHERNET.
Solche Kollisionen lassen sich grundsätzlich vermeiden, wenn man jeden Teilnehmer das Recht auf Kommunikation einräumt, der eine bestimmte, einmalig in der Runde vorhandene Marke (z.B. einen Schlüsselbund, oder ein gekennzeichnetes 5 Mark Stück) besitzt. Ist eine Person mit ihrer Rede fertig, dann gibt sie die Marke (und somit das Rederecht) an die nächste Person weiter. Diese Verfahren werden als Token-(Sendeberechtigungsmarke)-Verfahren bezeichnet. Die IEEE-Norm 802.4 beschreibt das Token-Bus-Verfahren (siehe Abschnitt 3.2.5), die IEEE-Norm 802.5 das Token-Ring-Zugriffsverfahren (siehe Abschnitt 3.2.6).
Weitere Verfahren basieren auf Reservierungslisten. Jede Person, die kommunizieren will, kann sich in eine solche Redeliste eintragen. Eine Person darf erst dann ihre Rede halten, wenn alle Personen vor ihr in der Liste bereits fertig sind.
Zwar ohne Reservierungsliste, aber mit einer ganz ähnlichen Anordnung arbeitet das MAN-Zugriffsverfahren **DQDB** (*Distributed Queued Dual Bus*, siehe Abschnitt 3.2.9).
Als stabile Reservierungsmethoden gelten die Verfahren, die a-priori jeder Station eine gewisse Zeit (**TDM** *time division muliplex*) oder eine gewisse Frequenz (**FDM** *frequence division multiplex*) zuordnen.
Abb. 52 gibt eine Übersicht über die Zugriffsverfahren.

In **Abschnitt 3.3** werden die verschiedenen Zugriffsverfahren einer Bewertung und einem Vergleich unterzogen. Dabei soll der Durchsatz und die Stabilität der einzelnen Verfahren untersucht werden.

<table>
<tr><th colspan="5">Vielfachzugriffsprotokolle</th></tr>
<tr><th colspan="3">ohne Reservierung</th><th colspan="2">mit Reservierung</th></tr>
<tr><th>Ohne Sende-kanalmithören</th><th colspan="2">Mit Sendekanalmithören (Carrier Sense)</th><th>dynamisch</th><th>stabil</th></tr>
<tr><td>(un)slotted ALOHA</td><td>random access</td><td>controlled access</td><td rowspan="4">DQDB</td><td>TDM</td></tr>
<tr><td rowspan="4"></td><td>(non)persistent</td><td>Token-Bus</td><td>FDM</td></tr>
<tr><td rowspan="3">(un)slotted CSMA</td><td>Token-Ring</td><td rowspan="3"></td></tr>
<tr><td>FDDI</td></tr>
<tr><td colspan="2">FDDI II</td></tr>
</table>

Abbildung 52: Übersicht über die Zugriffsverfahren

Definition: (Durchsatz)
Der Durchsatz ist der Quotient der in einem Zeitintervall erledigten Aufträge, geteilt durch die Dauer des Zeitintervalls, bei Übetragungswegen z.B. in Bit/s angegeben.

Zusammenfassend läßt sich feststellen, daß kollisionsbelastete Zugriffsverfahren einen bei weitem niedrigeren maximalen Durchsatz haben als Verfahren, die durch aufwendigere Protokolle Kollisionen vermeiden wollen. Die Token-Verfahren haben hierbei die besten Werte. Sie sind auch am stabilsten, wenn viele Rahmen gleichzeitig übertragen werden sollen (große Last).
Die meisten Zugriffsverfahren verfügen über eine Prioritätenregelung, mit deren Hilfe wichtige Nachrichten unwichtigeren vorgezogen werden können.

Abschnitt 3.4 stellt notwendige Bauteile und Komponenten für den Aufbau eines ETHERNETs vor.

3.2 Vielfachzugriffsverfahren

3.2.1 Pure ALOHA

Das Zugriffsverfahren beim puren ALOHA läßt sich wie folgt beschreiben: Jede Station sendet ihre Rahmen ohne Rücksicht auf bereits bestehende Aktivitäten auf dem Medium. Im Falle eines Auftretens einer Kollision mit einem anderen Rahmen (die Station erhält keine Quittung für ihren gesendeten Rahmen), unternimmt die Station nach einer aus einem Intervall zufällig ausgewählten Verzögerungszeit einen erneuten Übertragungsversuch. Die Verzögerungszeiten müssen zufällig gewählt werden, da sonst mit Sicherheit immer die selben Stationen in eine Kollision verwickelt wären. Der Durchsatz ist durch die Kollisionen stark beschränkt.

3.2.2 Slotted ALOHA

Bei diesem Zugriffsverfahren wird die Zeitachse in Abschnitte fester Länge (*slots*) unterteilt. Die Rahmen dürfen die Länge eines Slots nicht überschreiten. Eine Station muß auf den nächsten Anfang eines Slots warten bis sie ihre Rahmen abschicken darf. Sonst arbeitet das slotted ALOHA-Verfahren genauso wie das pure ALOHA-Verfahren.

3.2.3 CSMA (*Carrier Sense Multiple Access*)

Bevor eine Station zu senden beginnt, prüft sie, ob auf dem Übertragungsmedium bereits eine Station sendet (*carrier sense*, Trägerüberwachung). Wenn eine solche Aktivität erkannt wird, so verschiebt die Station ihren Übertragungswunsch. Da jedoch während dieser Aktivität mehrere Stationen „sendewillig“ werden können, gibt es unterschiedliche Strategien, wie sich die Stationen in diesem Konfliktfall verhalten können.

- Wenn eine Station einen Übertragungswunsch hat und feststellt, daß der Kanal bereits belegt ist, wartet sie von diesem Augenblick an eine zufällige Zeitspanne. Danach startet die Station einen neuen Übertragungsversuch **(non-persistent, „nicht-hartnäckig“, CSMA)**.

- Unmittelbar nach Abschluß der laufenden Aktivität auf dem Übertragungsmedium beginnt eine sendewillige Station, ihren eigenen Rahmen abzuschicken **(1-persistent)**.
  Warten jedoch mehrere Stationen auf das freie Übertragungsmedium, kommt es mit Sicherheit zu einer Kollision. Wird also eine Kollision erkannt, läßt jede sendewillige Station eine von einem Zufallsgenerator berechnete Zeitspanne verstreichen und startet erst dann einen neuen Zugriffsversuch auf das Übertragungsmedium. Würden nach einer erkannten Kollision wieder alle sofort auf das Medium zugreifen, dann würde erneut eine Kollision und somit eine Verklemmung eintreten.

- Nach Abschluß der laufenden Aktivität auf dem Übertragungsmedium beginnt eine sendewillige Station mit der Wahrscheinlichkeit p ($0 \leq p \leq 1$) ihre Rahmen abzusetzen (p steht für die Wahrscheinlichkeit, mit der nach dem Beenden der aktuellen Übertragung das Medium neu besetzt wird; p wird für jede Station vorher festgelegt). Mit der Wahrscheinlichkeit (1-p) wartet die Station eine festgelegte Zeitspanne. Nach Ablauf der Zeitspanne wird wieder mit der

Wahrscheinlickeit p übertragen und mit der Wahrscheinlichkeit (1-p) gewartet **(p-persistent CSMA)**.

Die sendende Station hört nach dem Absetzen ihres Rahmens den Kanal solange ab, bis sie sicher ist, daß alle anderen Stationen ihre Übertragung festgestellt haben.
Zur schnelleren **Kollisionserkennung (collision detection)** wurde folgende Verbesserung eingeführt: Wenn eine Station eine Kollision entdeckt, sendet sie eine zusätzliche Bitfolge als Störungssignalisierung (*jam*), um sicher zu sein, daß die Kollision im gesamten System erkannt wird.
Durch das Auftreten von Kollisionen kann eine festgelegte Übertragungszeit und damit eine maximale Antwortzeit nur noch mit einer bestimmten Wahrscheinlichkeit eingehalten werden. Das Zugriffsverfahren ist somit nicht deterministisch.
Die IEEE-Norm 802.3 beschreibt ein 1-persistent CSMA/CD (*carrier sense multiple access with collision detection*) [DIN 8802.3].

3.2.4 Rundsendeerkennung mit wechselnden Prioritäten

Dieses Zugriffsverfahren wurde unabhängig voneinander von Chlamtac und Scholl 1976 entwickelt. Aus Chlamtacs Version **BRAM** (*Broadcast Recognition Access Method*) und Scholls Version **MSAP** (*Mini Slotted Alternating Priorities*) wurde als Kompromiß der Name **BRAP** (*Broadcast Recognition with Alternating Priorities*) erstellt.
Das BRAP-Zugriffsverfahren läuft folgendermaßen ab: Im Gegensatz zum CSMA-Zugriffsverfahren, bei dem nach der Beendigung einer Übertragung eine Konkurrenzsituation zwischen den sendewilligen Stationen und somit Kollisionen auftreten, werden beim BRAP-Protokoll Kollisionen vermieden, indem nach der Beendigung einer Übertragung jeder Station Konkurrenzslots zugeteilt werden. Jede sendewillige Station kann sich nur in das Konkurrenzslot eintragen, dessen Nummer proportional zur Differenz zwischen der eigenen Stationsnummer und der Nummer der Station, die zuletzt gesendet hat, modulo N (Anzahl der Stationen) ist. Sobald sich eine Station in ein Konkurrenzslot eingetragen hat, sendet sie sofort ihre Rahmen. Die wechselnden Prioritäten ergeben sich dadurch, daß die Station, deren Nummer am nächsten zur Nummer der Station, die zuletzt übertragen hat, ist, die höchste Priorität hat. Abb. 53 zeigt einen zeitlichen Ablauf der Rahmensendungen.

3.2.5 Token-Bus Zugriffsverfahren

Beim Token-Bus-Zugriffsverfahren kontrolliert eine Sendeberechtigungsmarke (**Token**) den geordneten Zugriff auf das physikalische Medium. Dieses Token besteht aus einer speziellen Bitfolge. Prinzipiell kann jede am Bus angeschlossene Station alle gesendeten Signale empfangen.
Eine Station, die die Sendeberechtigungsmarke besitzt, übt die momentane Kontrolle über das Medium aus. Durch das Weiterreichen des Tokens wechselt die Kontrolle

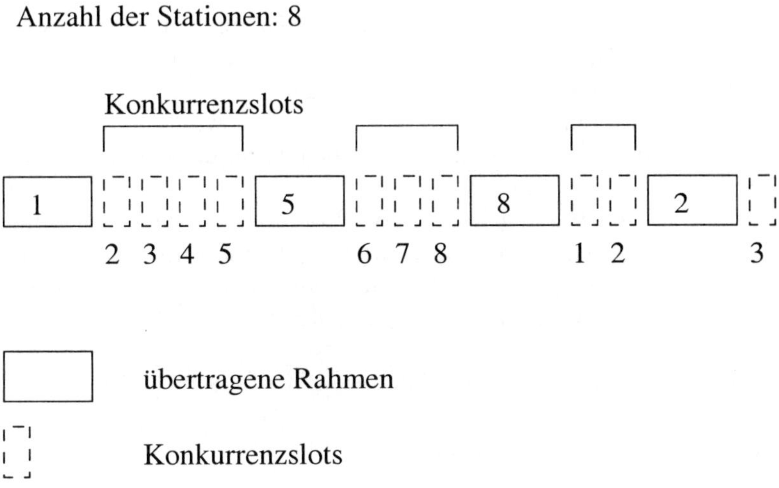

Abbildung 53: Zeitlicher Ablauf beim BRAP-Protokoll

von Station zu Station. Das Token wird so weitergegeben, daß die Stationen in numerisch fallender Reihenfolge der Stationenadressen durchlaufen werden. Jede Station kennt außer ihrer eigenen Adresse auch die Adressen ihrer direkten Vorgänger- und Nachfolgerstationen. Die Station mit der kleinsten Stationsadresse gibt das Token an die Station mit der größten Stationsadresse weiter, wodurch ein logischer Ring aufgebaut wird. Die Station, die das Token weitergibt, kontrolliert jeweils auch, ob die nächste Station das Token richtig erhalten hat, indem sie das Medium abhört und die nachfolgenden Aktivitäten registriert.

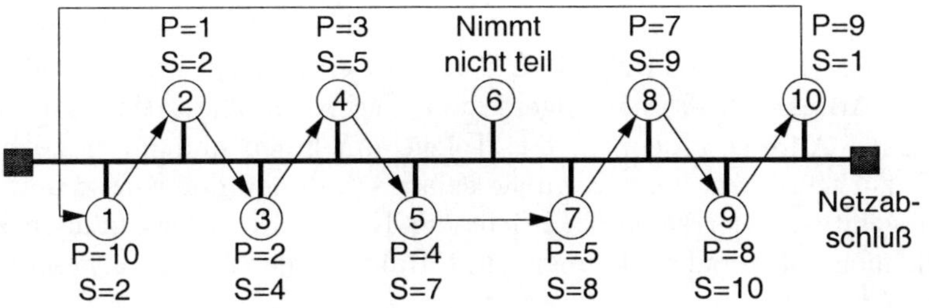

Abbildung 54: Token-Bus-Topologie

Die Existenz von Nachrichtenprioritäten erlaubt es, zeitkritische Kommunikationsdienste bevorzugt zu behandeln und ermöglicht somit eine bessere Nutzung der zur Verfügung stehenden Übertragungskapazität.

Bei der hier beschriebenen Methode handelt es sich um ein verteiltes (dezentrales) Zugriffsverfahren d.h. alle Stationen sind gleichermaßen für den logischen Ring verantwortlich und es besteht keine Notwendigkeit für eine zentrale Steuer- und Kontrolleinheit. Dieses Zugriffsverfahren ist deterministisch in dem Sinne, daß es erlaubt, Aussagen über die maximalen Reaktionszeiten des Systems zu treffen [DIN 8802.4].
Das IEEE 802.4 Token-Passing-Bus LAN Protokoll wurde geschaffen, um einen regulierten, deterministischen und kontrollierten Zugriff auf ein Medium zu gewährleisten. Dabei soll keine Station eine zentrale Kontrolle ausüben, sondern der Betrieb durch autonome Stationen aufrecht erhalten bleiben.

Deshalb werden folgende (anormale) Fälle im MAC-Teilschicht Protokoll behandelt:

1. Initialisierung des logischen Rings
2. Aufnahme einer neuen Station in den Ring
3. Ausscheiden einer Station aus dem Ring
4. Fehlerbehebung bei verlorenem Token
5. Fehlerbehebung bei mehreren Token
6. Fehlerbehebung bei anderen Störungen des logischen Rings durch Stationsfehler.

Eine MAC-Teilschicht kommuniziert mit der MAC-Teilschicht einer anderen Station mit Hilfe von *MAC protocol data units* oder **Frames**. Abb. 56 zeigt das Rahmenformat von 802.4. Nachfolgend sollen oben angeführte Punkte näher erläutert werden.

Normaler Betrieb: Jede Station kann ihre abzuschickenden Nachrichten in 4 Prioritätsklassen (Prioritätsklasse 6, 4, 2 und 0) einteilen. Eine Station sendet das Token an die Adresse ihrer Nachfolgestation. Die Nachfolgestation wird das Token mit der eigenen Adresse erkennen, das Token annehmen und ihren Token Holding Timer THT zurücksetzen. Jetzt kann sie solange Rahmen der Klasse 6 schicken, bis der THT abgelaufen oder keine Nachricht der Klasse 6 mehr vorhanden ist. Ist der Timer noch nicht abgelaufen, können jetzt Rahmen der Klasse 4 gesendet werden usw. (Abb. 55).

Initialisierung des logischen Ringes: Die Initialisierung des Ringes ist ein Spezialfall des Hinzufügens neuer Stationen. Ausgehend von einem ruhenden System (alle Stationen sind abgeschaltet) bemerkt die als erste eingeschaltete Station, daß über eine bestimmte Zeitspanne kein Datenverkehr stattfindet, und schickt dann einen CLAIM_TOKEN-Rahmen (Abb. 57). Die Station erhält das Token wieder und schafft somit einen Ring, der nur aus ihr selbst besteht. In bestimmten zeitlichen Abständen sendet sie Anfragen an neue Stationen. Werden neue Stationen eingeschaltet, so antworten sie auf die Anfrage und fügen sich in den Ring ein (vgl. Aufnahme einer

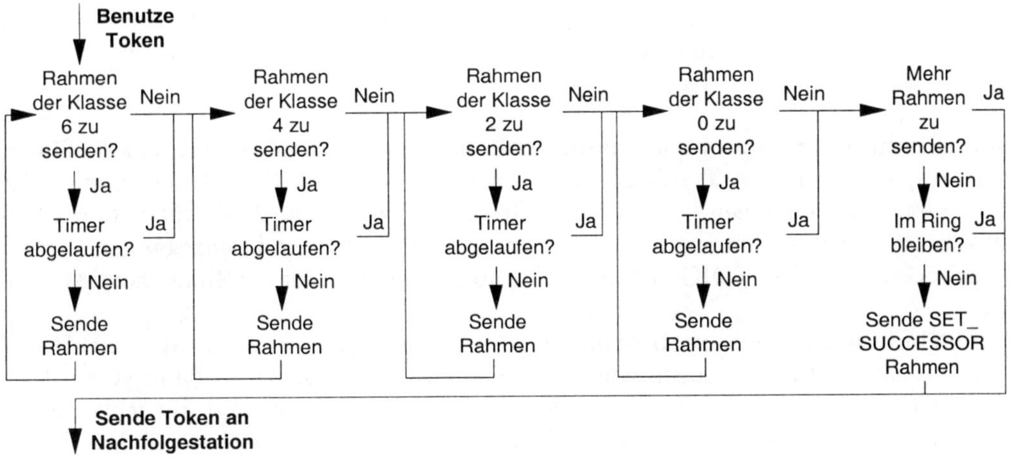

Abbildung 55: Token Bus Prioritätsschema

neuen Station in den Ring).

Aufnahme einer neuen Station in den Ring: Während des normalen Betriebes kennt jede Station die Adresse der Vorgänger- und Nachfolgestation. Der Tokenbesitzer fragt periodisch ab, ob eine Station zwischen ihm und seiner Nachfolgestation eintreten will. Dazu sendet er einen SOLICIT_SUCCESSOR_1-Rahmen (Abb. 57). Der Rahmen beinhaltet die Adresse des Token-Besitzers und die Adresse seines Nachfolgers. Es können immer nur die Stationen aufgenommen werden, deren Adresse zwischen den beiden Adressen liegen (→ Der Ring bleibt nach absteigender Stationsnummer sortiert). Hat sich keine Station in das Antwortfenster (*response window* ; Abb. 57) eingetragen, macht der Token-Besitzer normal weiter; hat sich jedoch genau eine Station in das Fenster eingetragen, wird diese als Nachfolger des Token-Besitzer in den Ring aufgenommen.
Tragen sich mehrere Stationen in das Antwortfenster ein, kollidieren die Antworten und werden verstümmelt. Der Token-Besitzer erkennt dies und versucht den Streit der Stationen zu schlichten, indem er einen RESOLVE_CONTENTION- Rahmen (Abb. 57) abschickt. Jede nunmehr angesprochene Station kann sich in das 1., 2., 3. oder 4. Antwortfenster eintragen (Jede Station bestimmt alle 50 ms ein neues Antwortfenster per Zufallsvariable). Durch die Erhöhung der Antwortfensteranzahl verringert sich die Wahrscheinlichkeit, daß sich in ein Antwortfenster mehrere Stationen eingetragen haben. Tritt in einem Fenster keine Kollision auf, dann wird diese Station in den Ring eingetragen. Ansonsten wiederholt sich der Vorgang, vorausgesetzt der Token-Besitzer mußte das Token noch nicht weitergeben.
Auf jeden Fall wird pro Anfrage nur maximal eine Station in den Ring eingefügt.

Ausscheiden einer Station aus dem Ring: Eine Station kann den Ring verlassen, indem sie ihrem Vorgänger einen SET_SUCCESSOR-Rahmen (Abb. 57) mit der Adresse ihres Nachfolgers schickt. Der Vorgänger trägt dann als seinen neuen Nachfolger diese Adresse ein.

Fehlerbehebung bei verlorenem Token: Jede Station besitzt einen Timer, der auf Null gesetzt wird, sobald ein Rahmen im Netz erscheint. Überschreitet der Timer einer Station einen vorgegebenen Grenzwert, weil keine Aktivität auf dem Bus zu erkennen war, so nimmt die Station an, daß der Token verlorengegangen ist und schickt einen CLAIM_TOKEN-Rahmen (Abb. 57), um wieder ein Token herzustellen.

Fehlerbehebung bei mehreren Token: Wenn eine Station, die im Besitz des Tokens ist, Übertragungen von einer anderen Station bemerkt, dann verwirft sie das eigene Token. Dies führt zu einer Reduzierung der Tokenanzahl. Im schlimmsten Fall fallen aber alle Token weg, weil alle Token-Besitzer gleichzeitig ihre Token verwerfen; dann muß ein neues Token geschaffen werden (→ Fehlerbehebung bei verlorenem Token).

Andere Störungen und deren Fehlerbehebung: Wird die Station, die gerade das Token hat, abgeschaltet, geht das Token verloren und es muß ein neues Token generiert werden (→ Fehlerbehebung bei verlorenem Token). Eine andere Störung könnte auftreten, wenn eine Station abgeschaltet wird und ihr Vorgänger gerade das Token abgeschickt hat: Der Vorgänger erkennt, daß weder ein Token noch eine Nachricht weitergegeben wird und schickt daraufhin ein neues Token. Bemerkt der Vorgänger wieder keine Aktivität auf dem logischen Ring, dann sendet er den WHO_FOLLOWS-Rahmen (Abb. 57) mit der Adresse der ausgefallenen Station. Die Nachfolgestation der ausgefallenen Station erkennt jetzt die Adresse im Rahmen als ihre Vorgängeradresse und reagiert mit einem SET_SUCCESSOR-Rahmen (Abb. 57), den eigentlich die ausgefallene Station senden hätte sollen (→ Ausscheiden einer Station aus dem logischen Ring).
Werden mehrere aufeinanderfolgende Stationen abgeschaltet und erreicht das Token die Zielstation nicht, soll ein SOLICIT_SUCCESSOR_2-Rahmen (Abb. 57) feststellen, ob überhaupt noch eine Station lebt. Der Ring wird dann neu aufgebaut (→ Initialisierung des Rings).

3.2.6 Token-Ring-Zugriffsverfahren

Im Gegensatz zum Token-Bus wird ein Ring durch gerichtete Punkt-zu-Punkt-Verbindungen (physikalisches Medium) zwischen den Stationen derart realisiert, daß von Station zu Station nur jeweils ein Pfad vorhanden ist. Eine Rekonfiguration des Ringes ist jederzeit möglich. Sie erfolgt durch Umschalten der betroffenen Punkt-zu-Punkt-Verbindung und wird durch die ausscheidende Station selbst ausgelöst, indem sie eine Schleifenleitungsüberbrückung (*lobe bypass*) aktiviert oder deaktiviert. Die Station, die die Sendeberechtigungsmarke (*token*) besitzt, darf Rahmen auf den Ring sen-

Preamble SD	FC	DA	SA	Data	FCS ED	
CLAIM_TOKEN	0000 0000	DA		0,2,4,6,8 slot data octets		
SOLIT_SUCCESSOR_1	0000 0001	next Station		0,2,4,6,8 slot data octets		response window
RESOLVE CONTENTION	0000 0100	next or this station´s address		0,2,4,6,8 slot data octets		response window
SET_SUCCESSOR	0000 1100	DA		new value of next station´s address		
WHO_FOLLOWS	0000 0011	DA		value new station´s address		
SOLIT SUCCESSOR_2	0000 0010	next or this station´s address		(no data)		

(leere Felder wie im Musterrahmen)

Abbildung 56: Rahmenformat für das Token-Bus Zugriffsverfahren nach IEEE 802.4

Preamble:	1 oder mehrere Bytes
SD (Start Delimiter):	zeigt den Beginn eines Rahmens an
FC (Frame Control):	mit folgender Zusammensetzung: FF rrr PPP, wobei FF = 00 MAC-Rahmen FF = 01 LLC-Rahmen rrr = 000 MAC-action request with no response rrr = 001 MAC-action request with response rrr = 010 MAC-action response PPP Prioritätsbits
DA (Destination Address) und SA (Source Address):	Ziel- und Quelladresse
FCS (Frame Check Sequence):	alle Bits on SD bis ED werden von FCS überprüft
ED (End Delimiter):	mit folgender Zusammensetzung: NN1NN1 I E, wobei I: Intermediate-bit (1: more to transmit; 0: end of transmission) E: Error (1: error; 0: no error)

Abbildung 57: Erklärung der Eintragungen in der Kopfleiste von Abb. 56

den. Die Rahmen werden von Station zu Station bitseriell übertragen. Jede Station empfängt die Bits und regeneriert sie, bevor sie zur nächsten Station weiter sendet. Nur die im Rahmen adressierte Station „kopiert" den Rahmen während sie ihn weiterleitet. Erkennt eine Station die Zieladresse im passierenden Rahmen als ihre eigene Adresse wieder, so setzt sie das A-Bit im Rahmen auf 1; kann sie den Rahmen annehmen und vom Ring kopieren, ändert sie das C-Bit auf 1 (siehe FS *frame status* Abb. 58).

1. A=0 und C=0 : Adressat nicht vorhanden oder nicht eingeschaltet.

2. A=1 und C=0 : Adressat vorhanden, aber Rahmen nicht angenommen.

3. A=1 und C=1 : Adressat vorhanden und Rahmen kopiert.

Schließlich trifft der Rahmen beim ursprünglichen Sender wieder ein, der ihn dann aus dem Ring entfernt. Jede Station darf das Token höchstens für die Dauer der Token-Haltezeit (*Timer, Holding Token* **THT**) behalten. Ist die Token-Haltezeit abgelaufen oder keine Nachricht mehr zu senden, baut die Station das Token wieder auf und gibt es auf den Ring aus.
Eine Station hat das Recht, einen Rahmen zu senden, wenn sie die Sendeberechtigungsmarke empfängt und das Senderecht in Anspruch nimmt. Die Inanspruchnahme geschieht durch Umwandlung eines bestimmten Bits der Sendeberechtigungsmarke und Anhängen des Informationsteils.
Jedes Token hat im AC-Byte (Abb. 58) 3 Bit für die Priorität reserviert. Nur die Station kann das Token annehmen, die Rahmen mit gleicher oder höherer Priorität zu senden hat.
Außerdem kann eine Station in den Prioritätbits (*priority-bits*) eines passierenden Datenrahmens die Priorität des nächsten Tokens vormerken. Nachdem der Vorvermerk nur erhöht werden kann, können Stationen mit Nachrichten niedriger Prioritäten „verhungern“.
Die Zuordnung von Prioritäten erfolgt durch Übereinkunft zwischen den Benutzern. Die Entdeckung und Behebung von Fehlern ist in diesem Verfahren gewährleistet. Fehler können während der Übertragung oder durch Hinzufügen und Herausnehmen von Stationen entstehen. Die Fehlerüberwachung erfolgt mittels einer Netz-Monitorfunktion. Diese Funktion kann jeder Station zugeordnet werden [DIN 8802.5].

Die Aufgaben der Monitorstation

Der Monitor gibt in periodischen Zeitabständen (Timer, Active Monitor TAM) den anderen Stationen zu erkennen, daß ein aktiver Monitor existiert, indem er einen ACTIVE_MONITOR_PRESENT Rahmen (Abb. 59) abschickt. Alle Stationen setzten beim Passieren des Rahmens ihren Standby Monitor Timer TSM zurück.
Der Monitor erkennt verstümmelte Rahmen daran, daß das Rahmenformat nicht stimmt, oder daß die Prüfsumme in FCS falsch ist. Die Monitor-Station öffnet den Ring und entfernt den fehlerhaften Rahmen.
Die Monitor-Station setzt bei jedem passierenden Rahmen ein sog. Überwachungsbit in den Rahmen. Ist bei einem ankommenden Rahmen dieses Bit bereits gesetzt, so ist der Rahmen schon ein zweites Mal am Monitor vorbeigekommen (d.h. Der Rahmen wurde von seiner Quellstation nicht entfernt). Diese „verwaisten“ Rahmen werden ebenfalls aus dem Ring genommen.
Der Ring muß eine Speicherkapazität von mindestens 24 Bit haben, damit das Token vollständig auf dem Ring passen kann. Ist also die Summe der Bit-Delays der angeschlossenen Stationen und die Bitanzahl auf dem Ring kleiner als 24 Bit, so fügt die Überwachungsstation weitere Bit-Delays ein, so daß das Token kreisen kann.

Initialisierung des Rings

Wenn der Ring aufgebaut wird, oder irgendeine Station durch Ablauf ihres TSM bemerkt, daß kein Monitor vorhanden ist, wird ein CLAIM_TOKEN Steuerrahmen (Abb. 59) gesendet. Wenn dieser Rahmen den Ring ganz umkreist, ohne daß ein anderer Rahmen die Station passiert, dann wird die Station zum Token-Besitzer und zum neuen Monitor. Die Station generiert daraufhin ein Token und schickt es ab. Außerdem überprüft jede Station, ob ihre Adresse nicht schon im Ring vorhanden ist, indem sie einen DUPLICATE_ADDRESS_TEST Rahmen (Abb. 59) abschickt. Kommt der Rahmen mit einem gesetzten A-Bit wieder an, so existiert bereits eine Station mit gleicher Adresse.

Unterbrechungen im Ring

Falls eine Station meint, daß einer der Nachbarn ausgefallen ist, schickt sie einen BEACON-Rahmen (Abb. 59) mit der Adresse der evtl. ausgefallenen Station. Hat sich das BEACON so weit wie möglich vorwärts bewegt, so ist ersichtlich, wie viele Stationen ausgefallen sind. Durch Schleifenleitungsüberbrückungen kann der Ring wieder geschlossen werden.

Die Rahmenformate

Es gibt zwei Grundformate, die bei Token-Ring verwendet werden: Zugriffsberechtigungsmarken (*token*) und Datenrahmen (*frames*).

Token - Format

SD	AC	ED

Frame - Format

SD	AC	FC	DA	SA	Info	FCS	ED	FS

mit der Abort Sequence

SD	ED

Abbildung 58: Das Rahmenformat der IEEE Norm 802.5

SD: Start Delimiter: besteht aus folgender Kodierung: JK0JK000, wobei J = non_data_J und K = non_data_K

AC: Access Control: PPP T M RRR

- **P** Priority-Bits zeigen die Priorität an (nur Stationen mit Rahmen höherer Rahmenpriorität dürfen Token benutzten)
- **T** Token-Bit zeigt an, ob es sich um ein Token (0) oder um ein Frame (1) handelt. Wenn eine Station ein Token liest, dessen Priorität gleich oder kleiner der Priorität der eigenen PDU ist, ändert sie das Token-Bit und schickt die Nachricht hinterher.
- **M** Monitor-Bit

  Das Monitor bit wird bei einem Rahmen vom Monitor gesetzt, wenn der Rahmen ihn passiert. Entdeckt der Monitor einen Rahmen mit bereits gesetztem Monitor bit, dann entfernt der Monitor den Rahmen vom Ring.

R Reservation-Bits
Jede Station kann hier eintragen, welche Priorität das nächste Token haben soll.

FC: Frame Control: FF zzzzzz
FF = 00 es handelt sich um einen MAC-Befehl,
FF = 01 LLC-Befehl
zzzzzz Art des Rahmens (siehe unten)

DA und SA: Destination and Source Address: enthalten die Adressen in 2 oder 6 Byte

info: zu übertragende Nachricht

FCS: Frame Control Sequence: Prüfsumme über alle Bits von FC bis zu FCS

ED: End Delimiter: JK1JK1 I E
I: zeigt an, ob noch ein Rahmen geschickt wird
(0) einziger oder letzter Rahmen
(1) es folgen noch Rahmen
E: Jede Station überprüft FCS und trägt dann hier bei einem Fehler eine 1 ein.

FS: Frame Status: ACrr ACrr
A: Empfangsstation hat Rahmen erkannt (1), default 0
C: Empfangsstation hat Rahmen kopiert (1), default 0

Literatur: DIN 8802, GÖHR 93, STAL 93.

Rahmenkontrollfeld (FC)	Name	Bedeutung
FFzzzzzz		
00000000	DUPLICATE_ADDRESS_TEST	Überprüfung der Adressen auf Gleichheit
00000010	BEACON	Für die Lokalisierung von Löchern im Ring
00000011	CLAIM_TOKEN	Versuch Monitor zu werden
00000100	PURGE	Ring reinitialisieren
00000101	ACTIVE_MONITOR_PRESENT	periodische Anzeige des Monitors
00000110	STAND_BY_MONITOR_PRESENT	Anzeige, daß potentielle Monitore vorhanden sind

Abbildung 59: Die Token-Ring Kontrollrahmen

3.2.7 FDDI (*Fiber Distributed Data Interface*)

Das FDDI Zugriffsverfahren ist speziell für eine hohe Bandbreite und für den Einsatz von Glasfasersystemen entworfen worden. Die Datenübertragungsrate beträgt

100 MBit/s. Ein 4B/5B-Code-Generator faßt jeweils 4 Bits zusammen und schafft ein Symbol mit 5 Bits. Eine Zusammenfassung dieses Codeschemas findet sich in [ROSS 86]. Die maximale Rahmenlänge beträgt 4 500 Bytes oder 9 000 Symbole.
Die Topologie ist prinzipiell die eines Doppelrings. Die Stationen können an beide gegenläufige Ringe (Typ-A Station) angeschlossen werden, einfachere Stationen (Typ-B Station) werden aus Zuverlässigkeitsgründen über Konzentratoren (Typ-C Station) versorgt.

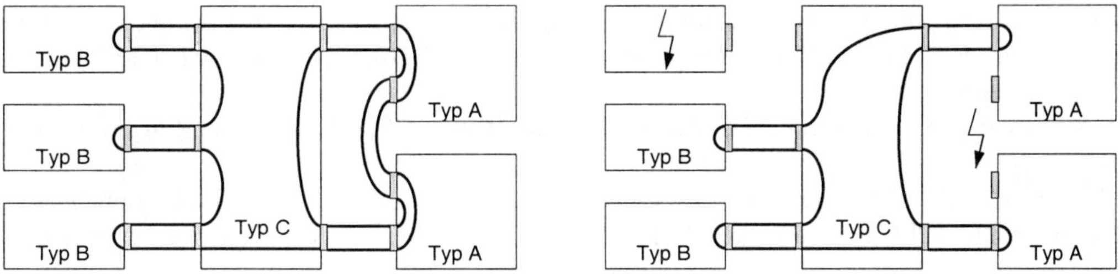

Abbildung 60: FDDI-Topologie

Das Token-Ring Protokoll bei FDDI baut auf der Norm IEEE 802.5 auf. Bei /break FDDI gibt die Station das Frei-Token jedoch unmittelbar nach Aussenden des letzten Rahmens innerhalb der maximalen Sendezeit auf den Ring, während IEEE 802.5 das Frei-Token erst nach Wiederankunft des (einzigen) Datenpakets bei der sendenden Station regeneriert wird. FDDI läßt die Sendung mehrerer Pakete innerhalb eines Tokenbesitzes zu, bei IEEE 802.5 kann jede Station nur ein einziges Paket schicken.
Die FDDI-Norm sieht zwei Arten von Verkehr vor:

synchroner Verkehr: Jeder Station wird eine maximale Bandbreite zugeteilt (SB_i) und eine bestimmte Antwortzeit garantiert.

asynchroner Verkehr: Alle Stationen teilen sich dynamisch eine bestimmte Bandbreite; Antwortzeiten sind nicht garantiert

Um plötzlichen aufkommenden Stoßverkehr („*bursty traffic* “) besser bewältigen zu können, wurden zwei verschiedene Token eingeführt:

non-restricted token: Ein Token für die normale asynchronen Bandbreitenzuteilung (Die zur Verfügung stehende Bandbreite wird unter den Stationen zeitlich aufgeteilt (*time-sliced*)).

restricted token: Ein Token für die speziellen Bandbreitenzuteilung (die zur Verfügung stehende asynchrone Bandbreite wird einem einzigem Dialog zwischen zwei Stationen zugeteilt)

Der synchrone Verkehr wird von der Art des Tokens nicht beinflußt.
Das FDDI-Zugriffsverfahren arbeitet wie folgt:
Durch das Senden von Claim-Token-Rahmen versuchen alle Stationen das Token an sich zu reißen. Dabei wird ein Wert für die **Target Token Rotation Time TTRT** ausgehandelt und von allen Stationen gespeichert:
Einige oder alle Stationen beanspruchen eine synchrone Bandbreite (SB_i) für sich, wobei gewährleistet sein muß, daß $\sum SB_i + D\_Max + F\_Max + Token\_Time \leq TTRT$ (Die Summe der beanspruchten synchronen Bandbreite aller Stationen, der maximalen Umlaufzeit eines Bits (D_Max), der Sendezeit eines maximalen Frames mit 9 000 Symbolen (F_Max) und der Sendezeit eines Tokens (Token_Time) darf TTRT nicht überschreiten.).
Jede Station besitzt einen **Token Rotation Timer TRT**, der die Zeit mißt, die seit dem letzten Tokenerhalt vergangen ist.
Trifft nun ein Token bei einer Station ein, so wird der Wert von TRT in den Token Holding Timer THT gespeichert (THT kontrolliert, wie lange eine Station asynchrone Frames senden darf). TRT wird auf 0 zurückgesetzt und beginnt die Zeit für die nächste Ringumkreisung des Tokens zu messen.

Jetzt kann die Station ihre Pakete abschicken:

1. Für die Zeitdauer SB_i kann die Station synchrone Pakete abschicken; THT wird nicht eingeschaltet

2. Nachdem entweder die synchronen Pakete abgeschickt worden sind oder die Zeit SB_i abgelaufen ist , beginnt der THT vom gesetzten Wert an zu zählen. Die Station kann jetzt solange asynchrone Pakete übertragen, solange $THT \leq TTRT$ (asynchrone Bandbreite für die Station = TTRT-THT).
   Trifft also ein Token ein, bevor TRT den Wert von TTRT erreicht hat, kann das Token für synchronen und asynchronen Verkehr benutzt werden; hat TRT TTRT bereits überschritten, so darf das Token nur noch für synchrone Übertragung verwendet werden.

Durch dieses Protokoll wird gewährleistet, daß der Mittelwert der Token Rotation Time unter TTRT liegt und TRT 2·TTRT nicht überschreiten kann. Für den synchronen Verkehr ist somit eine garantierte Anwortzeit von 2·TTRT vorgegeben.
Der asynchrone Verkehr kann weiterhin in 8 Prioritätsstufen unterteilt werden. Jede Station besitzt 8 „Schwellenwerte“ T_Pri(1), ..., T_Pri(8), wobei T_Pri(n) angibt, bis zu welchem Wert von THT Pakete der Priorität n abgeschickt werden können. (siehe Token-Bus)
Wenn für einen längeren Dialog zwischen zwei Stationen die gesamte freie asynchrone Bandbreite des Rings verwendet werden soll, sendet die Station nach Erhalt eines non-restricted Tokens ihr erstes Paket zur Zielstation und legt dann ein restricted Token auf den Ring. Nur die Zielstation kann das restricted Token für die asynchrone Übertragung nutzen (das restricted Token kann von jeder Station für synchrone

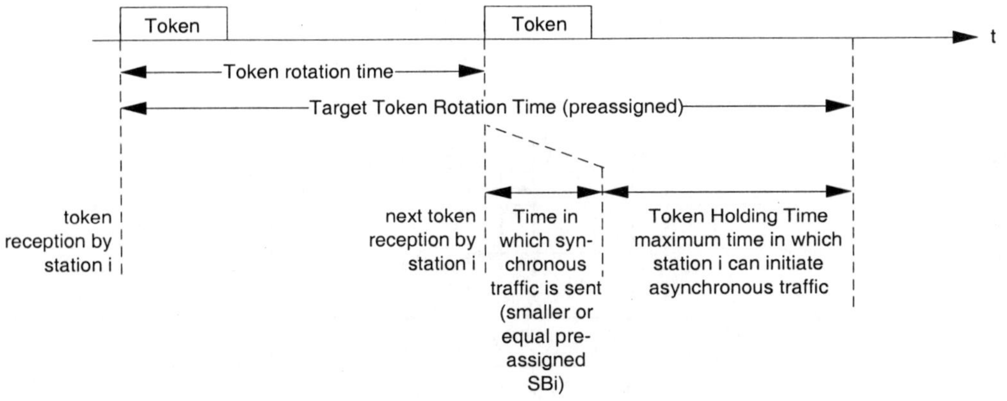

Abbildung 61: Darstellung von TTRT, TRT und THT bei asynchronem und synchronem Verkehr

Übertragung verwendet werden).
Die zwei Stationen übertragen dann asynchrone Pakete und restricted Token, solange keine andere Station asynchrone Pakete übertragen will.

3.2.8 FDDI-II

FDDI-II ist eine abwärtskompatible Erweiterung von FDDI, die neben der Paketvermittlung auch eine Leitungsvermittlung mit Hilfe einer isochronen Übertragung unterstützt.

Definition: (isochroner Verkehr) Beim synchronen Verkehr existiert eine obere Schranke für die maximale Antwortzeit; beim isochronen Verkehr liegt eine Übertragung mit konstanten Verzögerungszeiten vor.

Im Gegensatz zur Paketvermittlung schafft FDDI-II mit der Leitungsvermittlung eine kontinuierliche Verbindung zwischen zwei oder mehreren Stationen. FDDI-II Stationen können sowohl im Basic-Modus (siehe FDDI), als auch im Hybrid-Modus arbeiten. Der Ring kann vom Basic-Modus in den Hybrid-Modus (Paketvermittlung und Leitungsvermittlung kombinierend) wechseln, wenn eine Station darum bittet, dazu das Recht hat, und noch genügend synchrone Bandbreite zur Verfügung steht. Hat eine Station den Hybrid-Modus („*cycle-master*“-Station) erreicht, schickt sie alle 125 Mikrosekunden (entsprechen 8 kHz) einen Rahmen (Zyklus, *cycle*, Abb. 63) mit fester Länge (3 125 Symbole oder 1 562,5 Bytes) ab.
In diesem „cycle-Rahmen“ sind Bandbreiten für den paketvermittelten und leitungsvermittelten Verkehr reserviert.

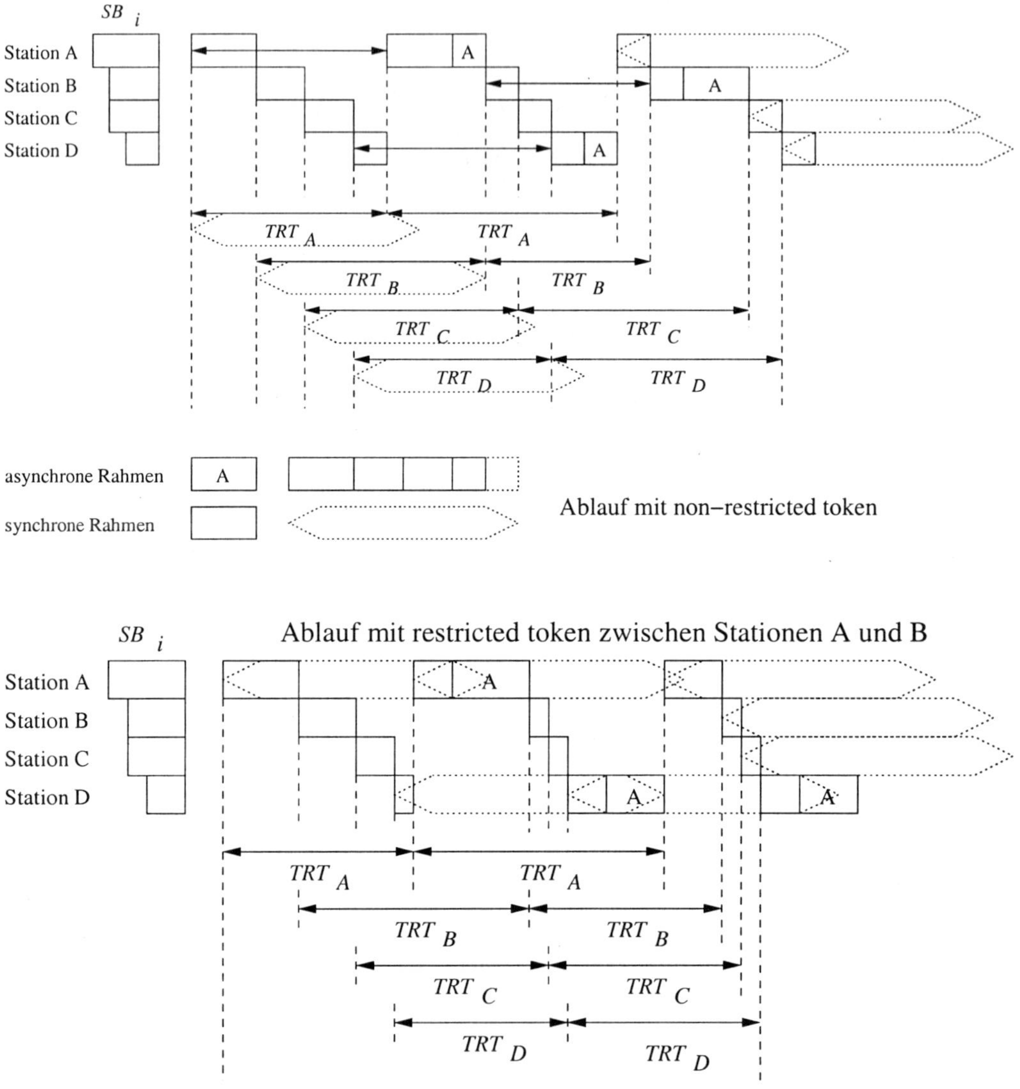

Für Stationen B und C ist noch asynchrone Bandbreite übrig, doch dürfen sie nicht das restricted token für asynchrone Übertragung verwenden.

Abbildung 62: Ablaufdiagramm für FDDI mit asynchronem und synchronem Verkehr

Für den paketvermittelten Verkehr sind 12 **Packed Data Groups PDG** à 2 Symbole in einem Zyklusrahmen vorgesehen. Die Bandbreite für den paketvermittelten Verkehr beträgt also

$$768kBits/s = 8Bit \cdot 12DPG \cdot 8000Hz. \tag{1}$$

Nutzt man die 12 DPGs einzeln, so umfaßt jeder Kanal 64 kBits/s.
Von den 3.125 Symbolen des cycles sind 3072 Symbole für den leitungsvermittelten Verkehr vorgesehen (3125-5(preamble) - 24(cycle header) - 24(DPG) = 3.072). 32 Symbole (oder 16 Bytes) hat man jeweils zu einer **cyclic group CG** zusammmengefaßt (96 cyclic groups). Das jeweils i-te Byte einer cyclic group ist einem Kanal i zugeordnet (**Widebandchannel WBC**). Ein Widebandchannel umfaßt also

$$96 \text{ CG} \cdot 8 \text{ Bits} \cdot 8000 \text{ Hz} = 6144 \text{ MBits/s an Bandbreite.}$$

Die 16 Widebandchannels nehmen 98 304 MBits/s der gesamten Bandbreite ein.
Jeder cycle beginnt mit einer Preamble mit einer Länge von 5 Symbolen. Ihr folgt der *cycle header* mit 2 Symbolen als **Starting Delimiter SD** (im FDDI mit JK, während des Hybrid-Mode mit IL belegt), 2 Symbolen C1, C2 zur Synchronisation und einer **cycle Sequence CS**, die die Sequenznummer des cycles modulo 192 angibt. Die 16 Symbole **programming information P0 - P15** geben an, ob ein WBC (0 - 15) für den paketvermittelten oder leitungsvermittelten Verkehr verwendet wird. Außerdem hat man 2 **Maintenance Voice Channel MVC** Symbole, die einen 64 kBits/s (8 Bit · 8 000 Hz) Kanal für Wartungszwecke bereitstellen.
Es koexistieren 4 Arten von Verkehr in einem FDDI-II Ring. Sind die Widebandchannels einmal aufgebaut, dann hat der isochrone Verkehr die höchste Priorität. Die zweithöchste Priorität hat der synchrone Verkehr, dem eine vorgegebene Bandbreite reserviert ist. Synchrone Rahmen dürfen nach Erhalt eines restricted oder non-restricted Token gesendet werden (siehe FDDI). Isochroner und synchroner Verkehr müssen sich die verfügbare synchrone Bandbreite teilen (wie bei FDDI). Die dritthöchste Priorität besitzt der asynchrone Verkehr mit restricted oder non-restricted Token. Der asynchrone Verkehr nur mit restricted Token übernimmt die restliche Bandbreite.
Literatur: ROSS 86, ROSS 89.

3.2.9 DQDB (*Distributed Queued Dual Bus*)

Ein DQDB besteht aus zwei in entgegengesetzter Richtung laufenden Bussen (Dual Bus), wobei beide für die Informationsübertragung verwendet werden (im Gegensatz zum FDDI-Konzept). Dadurch kann der Datendurchsatz im Extremfall doppelt so hoch sein wie der Durchsatz einer Leitung. An jedem Ende der beiden Busse befindet sich ein **Frame-Generator**, dessen Aufgabe die Erzeugung von DQDB-Rahmen ist. Die Stationen haben Zugang zu beiden Bussen.

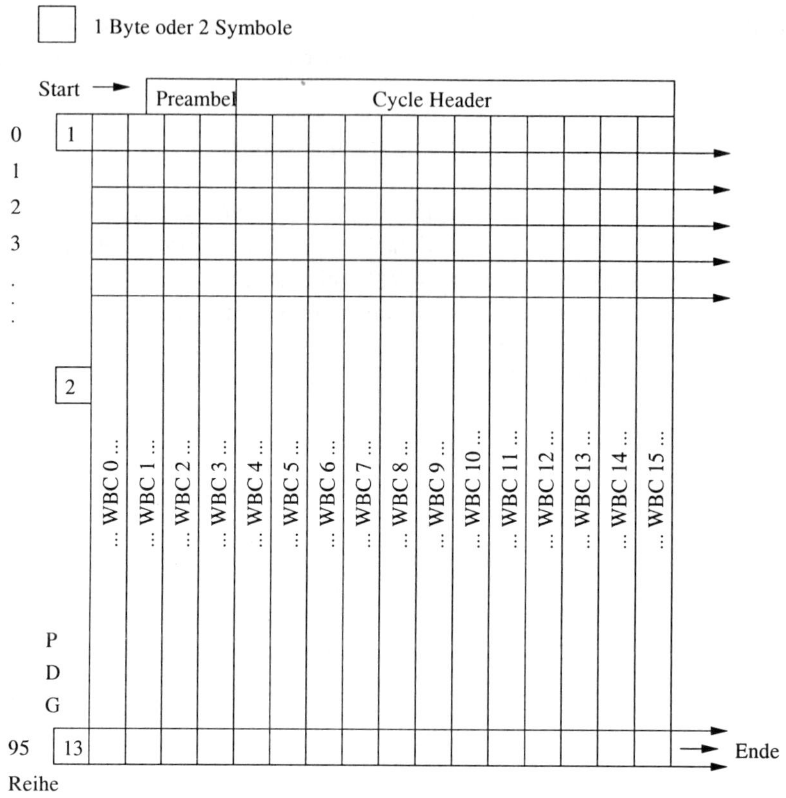

Abbildung 63: FDDI-Rahmenformat: „cycle“

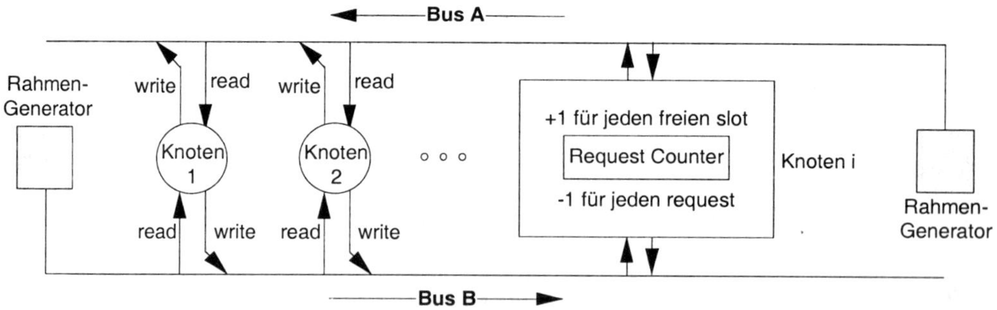

Abbildung 64: Offener Doppelbus für den Teilnehmerzugang

Die Stationen:
Die einzelnen Stationen sind mit jedem der beiden Busse über eine Lese- und Schreibfunktion verbunden, wobei die Lesefunktion vor der Schreibfunktion ausgeführt wird.

Die Stationen sind am Nachrichtentransport nicht aktiv beteiligt. Ihre Aufgabe beschränkt sich auf das Senden und Empfangen von Nachrichten.

Die Frame-Generatoren:

An jedem Ende der beiden Busse befindet sich ein Frame-Generator, dessen Aufgabe die Erzeugung von DQDB-Rahmen ist. Alle 125 Mikrosekunden wird ein Rahmen, der seinerseits in Zeitschlitze (Slots bzw. Zellen) eingeteilt ist, abgeschickt. Diese Rahmen werden wie leere Zugwaggons auf den Bus gelegt, um von den Stationen später beschriftet (aufgefüllt) zu werden.

Isochrone und asynchrone Übertragung:

Die Zerlegung der Zeit in Slots ermöglicht, einen Teil der Gesamtkapazität für die isochrone Nachrichtenübertragung zu reservieren. So werden in regelmäßigen Zeitabständen Slots vom Frame-Generator für den isochronen Verkehr reserviert. Der Zeitabstand hängt von den Anforderungen der angeschlossenen Stationen ab.

Die restlichen Zellen stehen für den asynchronen Verkehr bereit. Dies geschieht nach dem Protokoll der verteilten Warteschlange (Distributed Queue). Dabei sind vier Prioritätsstufen für die Übertragung vorgesehen.

Rahmen- und Zellstruktur:

Der DQDB-Rahmen teilt sich in mehrere Slots (Zellen) auf. Die 53 Byte eines Slots bestehen aus 5 Byte für den Header und 48 Byte für die Information.

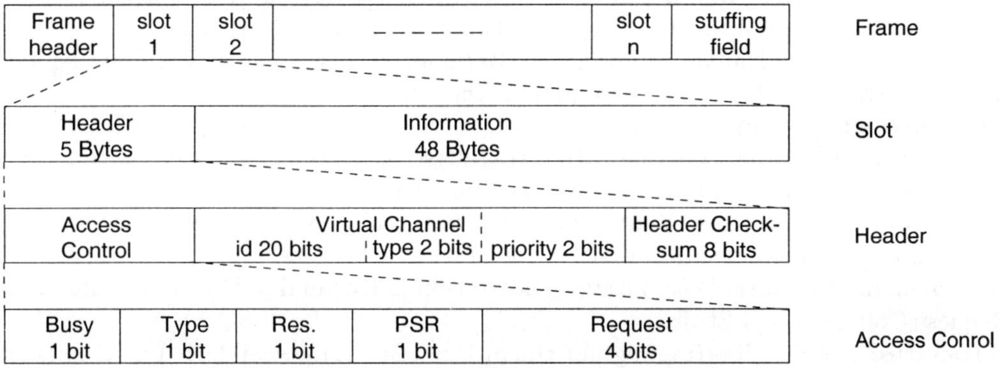

Abbildung 65: Zellstruktur, Header und Access-Control-Field.

Access Control: Unterscheidet isochrone und synchrone slots + Abwicklung der verteilten Warteschlange

VC: (Virtual Channel) Adress- bzw. Prioritätsinformationen

Header Checksum: Dient der Fehlerprüfung für den Header des slots (um Fehlzustellungen von slots zu vermeiden)

Busy-Bit: Zeigt an, ob der Slot bereits zur Informationsübertragung genutzt wird

Type-Bit: Identifiziert die Verwendung des slots für isochrone oder nicht-isochrone Übertragung

Res.-Bit: Noch nicht definiert

PSR-Bit: (Previous Slot Received) Erlaubt die Freigabe von belegten slots (durch sog. Eraser Nodes)

Request-Bits: Erlaubt die Anforderung von slots zur Datenübertragung. Jedes der vier Bits ist einer Prioritätsstufe zugeordnet.

Isochroner Nachrichtenverkehr:
Wenn ein Slot für den isochronen Nachrichtenverkehr genutzt werden soll, werden Busy- und Type-Bit von der Head-Station (Frame-Generator) gesetzt. Das Busy-Bit zeigt an, daß der Slot bereits reserviert ist. Das Type-Bit zeigt an, daß der slot für den isochronen Verkehr genutzt wird.
Die Stationen eines MAN fordern bei Bedarf isochrone Kanäle von der Head-Station an. Die Zuteilung eines virtuellen isochronen Kanals erfolgt durch die Head-Station dynamisch aufgrund dieser Anforderungen.
Für einen digitalen Sprachkanal mit 64 kBit/s - gemäß ISDN-Standard - ist ein Byte je Rahmen (d.h. je 125 Mikrosekunden) erforderlich. Da das Informationsfeld 48 Byte enthält, kann ein slot 48 Kanäle zu je 64 kBit/s gleichzeitig übertragen.
Die durch isochrone Kanäle verbundenen Stationen erkennen ihren Kanal an der Position „ihres“ oder „ihrer“ Bytes innerhalb eines slots.

Asynchroner Datenverkehr:
Slots, die nicht für die isochronen Übertragungsdienste reserviert sind, können zur asynchronen Datenübertragung genutzt werden. Der Zugriff auf diese slots wird durch das Protokoll der verteilten Warteschlange (Distributed Queue) geregelt.
Das Prinzip beruht darauf, daß sich jede Station selbst merkt, wo sie sich in der Warteschlange befindet. Dazu besitzt jede Station je Bus und je Prioritätsstufe einen Request Counter (→ 4 Stufen).
Fortan wird nur die Übertragung auf einem Bus (Bus A) geschildert. Für Bus B ist das Verfahren analog.

Die Position in der Warteschlange:
Alle aktiven Stationen beobachten das Request-Bit auf Bus B, sowie das Busy-Bit auf Bus A. Immer wenn ein Request-Bit auf Bus B vorbeikommt, wird der Request Counter (der entsprechenden Priorität) um eins erhöht. Dadurch wird der Station mitgeteilt, wenn eine Station „Bus-A-abwärts“ senden will.
Entsprechend wird der Request Counter dekrementiert, wenn ein nichtgesetztes Busy-Bit auf Bus A vorbeikommt. Dieses Slot wird dann für eine Station „Bus-A-abwärts“ vorbeigelassen.
Die Stationen erhalten auf diese Weise ein vollständiges Bild über die Anzahl der noch nicht erfüllten Sendewünsche „Bus-A-abwärts“.

Senden eines Paketes:
Will eine Station auf Bus A ein Paket flußabwärts (mit Priorität p) senden, so setzt

sie das entsprechende Request-Bit im nächsten vorbeilaufenden Slot auf dem entgegengesetzten Bus B. Ist das Request-Bit bereits gesetzt, wartet sie das nächste Slot ab, dessen Request-Bit frei ist. Danach überprüft die sendewillige Station ihren Request Counter (für Bus A und Priorität p).
Wenn sich „Bus-A-abwärts" keine Station für das Senden gemeldet hat (Request Counter gleich 0), so sendet sie ihre Nachricht mit dem nächsten Slot auf Bus A, deren Busy-Bit nicht gesetzt ist.
Liegen bereits Übertragungsanforderungen an, so lädt die Station den aktuellen Wert des Request Counters in ein Count-Down-Register. Der Request Counter wird auf Null zurückgesetzt. Für jedes freie Slot auf Bus A wird der Count-Down-Register um eins erniedrigt, bis er den Wert 0 erreicht hat. Dann darf die Station ihre Nachricht mit dem nächsten freien Slot senden.
Hat die Station mehr als ein Datenpaket zu versenden, so tritt sie erneut in den gleichen Zugriffsalgorithmus. Dazu lädt sie den aktuellen Wert des Request Counter in das Count-Down-Register (da mittlerweile evtl. Sendeanforderungen von anderen Stationen erfolgten). Der Request Counter wird erneut zurückgesetzt.
Dieser Prozeß wird fortgeführt, bis alle Datenpakete übertragen sind. Anschließend kehrt die Station in den ursprünglichen Zustand zurück, d.h. für jedes freie Slot auf Bus A wird jetzt wieder der Request Counter um eins dekrementiert.

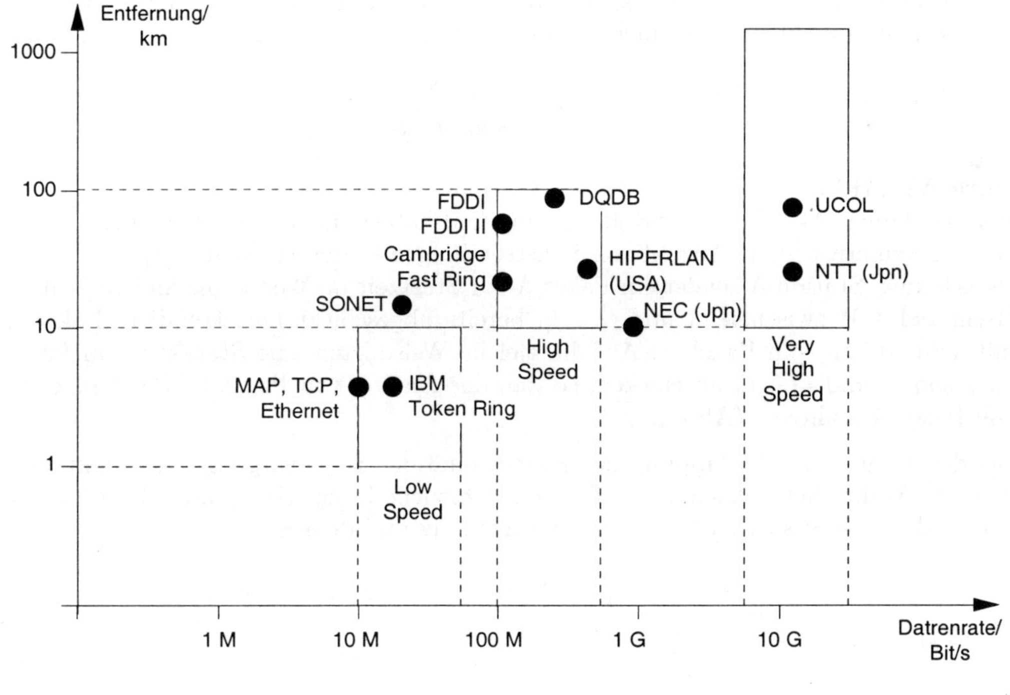

Abbildung 66: Übersicht über gängige MAC-Zugriffsverfahren

3.2.10 DQDB und FDDI-II

Im Bereich des High Speed LAN (HSLAN), d.h. über 100 MBit/s, gibt es drei verschiedene Standards. Es handelt sich dabei um FDDI, FDDI-II und DQDB. Bei lokalen Netzen ist FDDI der verbreitetste der drei Standards. FDDI-II und DQDB sind sogenannte Mehrdienste-LANs. Sie unterstützen sowohl asynchrone, als auch synchrone Dienste. Diese beiden Standards finden hauptsächlich ihren Einsatz bei Großstadtnetzwerken. Daher stehen bei MANs eigentlich nur zwei Verfahren zur Verfügung, FDDI-II und DQDB. Das von der American National Standards Institute (ANSI) entwickelte FDDI-II steht noch in der Anfangsphase der Standardisierung und hat daher zur Zeit noch keinen stabilen Standard. Da außerdem die Entwicklung des DQDB schon weiter fortgeschritten ist als die des FDDI-II, behauptet sich DQDB gegenüber FDDI-II in MAN-Systemen.

3.3 Bewertung und Analyse der Zugriffsverfahren

3.3.1 Durchsatz

Definition: (Durchsatz)

Im folgenden wird ein normierter Durchsatz S benutzt. Er kann durch Rückgriff auf den Rahmendurchsatz λ [Rahmen/s], die Rahmenlänge K[Bits] und die Kanalrate [Bit/s] so definiert werden:

$$S = \frac{\lambda \cdot K}{Kanalrate}$$

Pure ALOHA:

Voraussetzung: Alle Pakete sind gleich lang und haben eine Sendezeit von t_p.
G ist die zu erwartende Anzahl von Paketsendungen in der Zeitspanne t_p.
Berechnung: Station A sendet ein Paket A zur Startzeit t_0. Wenn eine andere Station B ein Paket B zwischen t_0 und t_0 - t_p bereits abgeschickt hat, kollidiert Paket B mit dem Anfang von Paket A. Auf die gleiche Weise kann eine Station C ein Paket zwischen t_0 und $t_0 + t_p$ abschicken, so daß der Anfang von Paket C mit dem Ende von Paket A kollidiert (Abb. 67).

Bei der geringsten Überlappung der Pakete muß der Sendevorgang wiederholt werden. Die Wahrscheinlichkeit p_k, daß k Sendeversuche in der Zeitspanne der Länge t_p stattfinden, ergibt sich nach der Poissonverteilung und dem Erwartungswert G zu:

$$P_k = \frac{G^k e^{-G}}{k!}$$

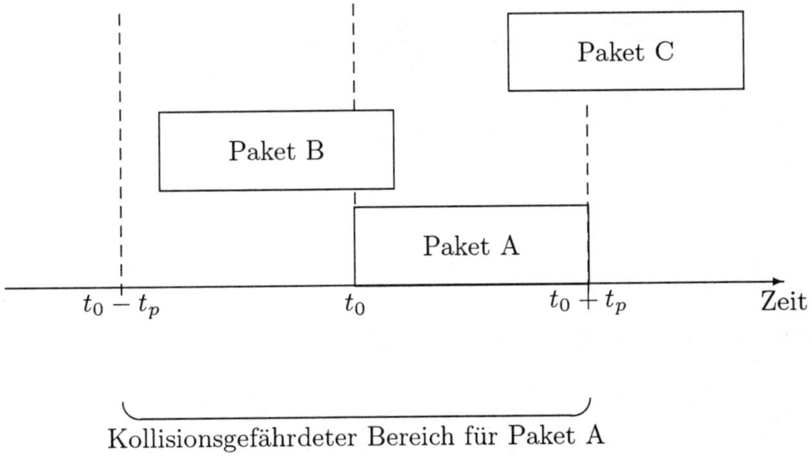

Abbildung 67: Ablaufbeispiel zur Bestimmung des Durchsatzes

Der Durchsatz ergibt sich aus dem Produkt der zu erwartenden Paketsendungen und der Wahrscheinlichkeit, daß zwischen $t_0 - t_p$ und $t_0 + t_p$ keine zusätzlichen Sendevorgänge stattfinden.
$S = G \cdot (p_0[t_0 - t_p, t_0] \cdot p_0[t_0, t_0 + t_p]) = Ge^{-2G}$
Kanalauslastung:
Die Kanalauslastung ist am größten, wenn zu jedem Zeitpunkt der maximale Durchsatz angenommen wird.

$$\begin{aligned} S_{Max} : S' &= 0; \\ S' &= (1 - 2G)e^{-2G} = 0 \end{aligned}$$

$\Rightarrow$ für G = 0.5 wird eine maximale Kanalauslastung von 0.184 erreicht

Slotted ALOHA:
Bei gleichen Voraussetzungen wie beim puren ALOHA erhöht sich der Durchsatz, weil eine Kollision jetzt nur noch in der Zeitspanne $t_0 + t_p$ (d.h. in einem Zeitslot) stattfinden kann. Aufgrund der festgesetzten Startzeiten „überlappen“ die Rahmen entweder ganz oder überhaupt nicht.

Analog zum puren ALOHA ergibt sich der Durchsatz zu

$$S = G\ p_0[t_0, t_0 + t_p] = G\ e^{-G}$$

Die Kanalauslastung liegt bei $S_{Max} = 0.368 = e^{-1}$.
1-persistent CSMA:
Der Durchsatz ergibt sich also zu:

$$S = \frac{G \cdot (1 + a - e^{-aG}) \cdot e^{G(1+a)}}{(1+a)(1-e^{-aG}) + ae^{-G(1+a)}}$$

wobei

$$a = \frac{PropagationDelay}{packettime}$$

ist.
p-persistent CSMA
Non-persistent CSMA:
Voraussetzungen:
wie ALOHA; Netzumlaufzeit (*propagation delay*) t_{PD};

$$a := \frac{t_{PD}}{t_P}$$

Berechnung:
Eine erfolgreiche Übermittlung eines Rahmens hat stattgefunden, wenn in der Zeit zwischen dem Abschicken des Rahmens und $t_P + t_{PD}$ (Summe der Rahmenlänge und der Zeit, die das letzte Bit des Rahmens für einen Netzumlauf braucht) kein anderer Rahmen gesendet worden ist. Eine Kollision tritt dann auf, wenn in der Zeit t_y ($t_y \leq t_{PD}$) nach der Sendung eines Rahmens A ein anderer Rahmen von der Station B geschickt wird. Dies kann eintreten, wenn der Rahmen A wegen der Netzumlaufzeit t_{PD} noch nicht bei der Station B eingetroffen ist, und die Station glaubt, daß das Medium frei ist.

Im folgenden soll ein Zyklus aus einer BUSY und einer IDLE Periode bestehen. Der Durchsatz ergibt sich aus dem Quotienten der mittleren Zeit eines Zyklus, in dem der Kanal ohne Kollisionen benutzt wird (E($\overline{K}$)) und der Summe aus mittlerer BUSY Zeit und mittlerer IDLE Zeit eines Zyklus.

$$S = \frac{E(\frac{keineKollision}{Zyklus})}{E(\frac{BUSY}{Zyklus}) + E(\frac{IDLE}{Zyklus})} = \frac{E(\overline{K})}{E(B) + E(I)}$$

Analog zu ALOHA ergibt sich für die Wahrscheinlichkeit p_k, daß k andere Stationen in der Zeitspanne t pro t_p senden:

$$p_k = \frac{G^k}{k!}\ e^{-dG}$$

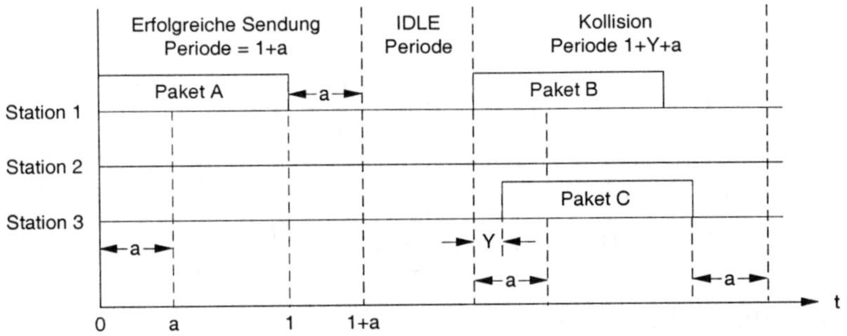

Abbildung 68: Ablaufbeispiel zur Bestimmung des Durchsatzes bei CSMA

wobei

$$d := \frac{t}{t_p}$$

ist.
Eine erfolgreiche Übertragung findet statt, wenn keine andere Station in der Zeiteinheit a sendet.

$$p_0 = e^{-aG} \Rightarrow E(\overline{K}) = e^{-aG}$$

Die IDLE Periode ist gerade die Zeit zwischen dem Ende der BUSY-Periode und der nächsten Rahmensendung. Die mittlere Dauer der IDLE Zeit ist indirekt proportional zur mittleren Anzahl von Rahmen, die in der Zeit t_p gesendet werden sollen:

$$E(I) = \frac{1}{G}$$

Eine BUSY Periode dauert (1 + a + y) t_p (für y = 0 hat eine erfolgreiche Sendung stattgefunden).

$$E(B) = 1 + a + E(y)$$

Der Erwartungswert für die BUSY Periode ergibt sich als Summe der Zeit, die für das Senden eines Rahmens gebraucht wird, dem Faktor a und einem kritischen (gefährdeten) Bereich y, in dem Kollisionen auftreten können. Die Wahrscheinlichkeit, daß im kritischen Bereich y ein anderer Rahmen geschickt wird, ergibt sich nach Poisson zu

$$p(y) = G\ e^{-G(a-y)} \qquad 0 \leq y \leq a$$

so daß

$$E(y) = \int_0^a y\, p(y) dy = a - \frac{1}{G} + \frac{1}{G} e^{-aG}$$

$$E(B) = 1 + 2a - \frac{1}{G}(1 - e^{-aG})$$

Für den Durchsatz ergibt sich also:

$$\begin{aligned} S &= \frac{E(\overline{K})}{E(B) \; + \; E(I)} \\ &= \frac{e^{-aG}}{(1 + 2a - \frac{1}{G} + \frac{1}{G} \cdot e^{-aG}) \; + \; \frac{1}{G}} \\ &= \frac{G \cdot e^{-aG}}{G(1 + 2a) + e^{-aG}} \end{aligned}$$

Ist die Netzumlaufzeit t_{PD} sehr viel kleiner als die Rahmendauer t_p, ergibt sich als Grenzwert für $a \to 0$:

$$\lim_{a \to 0} S = \frac{G}{1 + G}$$

Für sehr kleine Netzumlaufzeiten kann also theoretisch eine Kanalauslastung von annähernd 1 erreicht werden.

Non-persistent CSMA/CD:

Voraussetzungen: Rahmenlänge normiert auf 1;

$$a = \frac{Propagationdelay}{packettime}$$

Berechnung:

Station A sendet zur Zeit t=0 einen Rahmen. In der kollisionsgefährdeten Zeitperiode a sendet Station B einen Rahmen zur Zeit $t = y$ ($y \leq a$), weil sie den Rahmen von Station A noch nicht bemerkt hat. Die Station B entdeckt um $t = a + \delta$ den Rahmen von A, unterbricht sofort ihre Übertragung und schickt ein Störungssignal (*jamming signal*) der Länge b ab.

Station A entdeckt zur Zeit $t = y + a + \delta$ die Kollision und schickt ebenfalls ein „jamming signal“. Zur Zeit $t = 2a + y + b + \delta$ ist der Kanal wieder vollkommen frei. Eine erfolgreiche Übertragung ist bereits nach 1 + a Zeiteinheiten abgeschlossen.

$E(\overline{K})$ und E(I) wie bei non-persistent CSMA.

Die BUSY Periode kann entweder aus einer erfolgreichen Übertragung oder einer

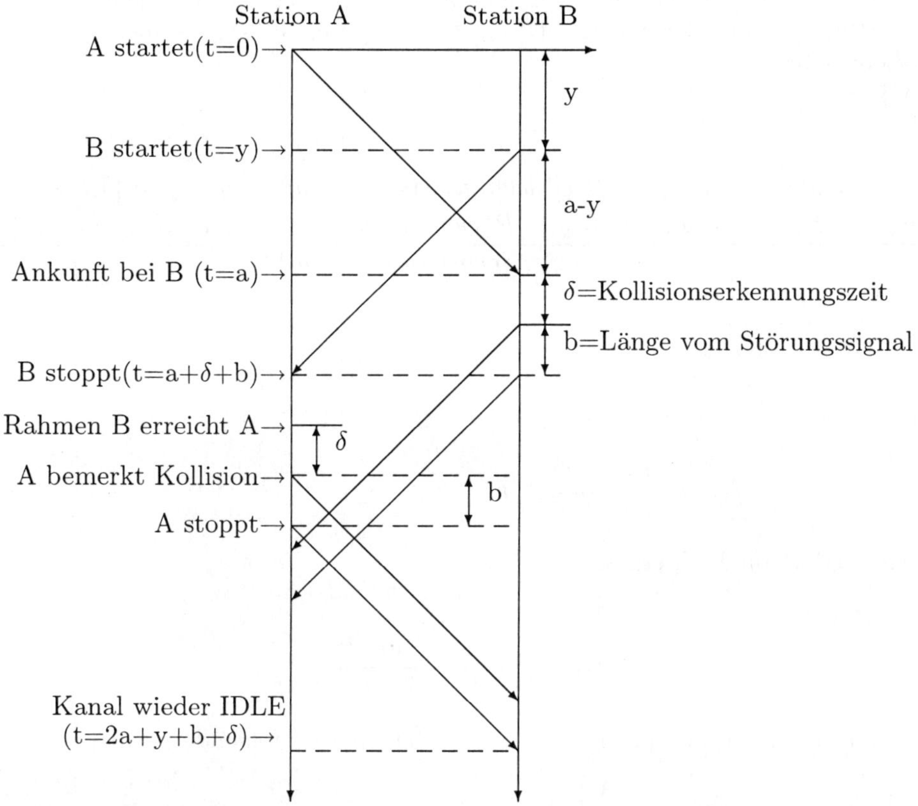

Abbildung 69: Ereignissequenz bei CSMA/CD

nicht erfolgreichen Übertragung mit anschließendem „Jamming“ bestehen.

$$\begin{aligned} E(B) &= P\{erfolgreiche\ \ddot{U}bertragung\}(1+a) \\ &\quad +P\{nicht\ erfolgreiche\ \ddot{U}bertragung\}E[2a+b+y] \\ &= e^{-aG}(1+a)+(1-e^{-aG})(2a+b+E[Y]) \end{aligned}$$

Um E[Y] zu bestimmen, benötigen wir die Wahrscheinlichkeitsfunktion f(y), die als Wahrscheinlichkeit $P\{y \geq Y\}$ mit $0 \leq y \leq a$ definiert ist.

$$f(y) = P\{y \geq Y\} = 1 - P\{y < Y\},$$

wobei P{y < Y} die Wahrscheinlichkeit angibt, daß im Intervall [0,y] kein Sendevorgang stattfindet unter der Voraussetzung, daß im Intervall [0,a] wenigstens eine Station gesendet hat.

$$\begin{aligned}
P\{y < Y\} &= \\
&= P\{kein\ Sendevorgang\ in\ [0,y]|\ wenigstens\ ein\ Sendevorgang\ in\ [0,a]\} \\
&= \frac{P\{kein\ Sendevorgang\ in\ [0,y]\} \cdot P\{wenigstens\ ein\ Sendevorgang\ in\ [y,a]\}}{P\{ein\ Sendevorgang\ in\ [0,a]\}} \\
&= \frac{e^{-yG}[1 - e^{-G(a-y)}]}{1 - e^{-aG}}
\end{aligned}$$

Somit haben wir

$$f(y) = \frac{1 - e^{-yG}}{1 - e^{-aG}}, \quad f\ddot{u}r \quad 0 \leq y \leq a$$

Als Erwartungswert für E[Y] ergibt das

$$E[Y] = \int_0^a y\ f(y)\ dy = \frac{1}{G} - \frac{ae^{-aG}}{1 - e^{-aG}}$$

Für den Durchsatz S von non-persistent CSMA/CD entsteht folgende Formel:

$$\begin{aligned}
S &= \frac{E(\overline{K})}{E(B) + E(I)} \\
&= \frac{Ge^{-aG}}{Ge^{-aG} + bG(1 - e^{-aG}) + 2aG(1 - e^{-aG}) + (2 - e^{-aG})}
\end{aligned}$$

Token-Ring-Zugriffsverfahren:

Voraussetzungen:

Die Rahmenlänge ist normiert auf 1 (Zeitspanne für das Senden eines Rahmens t_p);

Netzumlaufzeit t_{PD};

$a := \frac{t_{PD}}{t_p}$ für $a < 1$ hat der Rahmen nicht als Ganzes auf dem Ring Platz (d.h., daß die Station den Anfang des Rahmens empfängt bevor sie das Ende abgeschickt hat), für $a > 1$ paßt der Rahmen auf den Ring.

Berechnung:
Im folgenden soll T_P die Durchschnittszeit für das Senden eines Rahmens sein (hier auf 1 normiert), T_e gibt die mittlere Zeit an, die eine Station warten muß, bis sie ein neues Token generieren darf, und T_t ist die mittlere Tokenlaufzeit zur nächsten Station. Wenn N Stationen am Ring angeschlossen sind, ergibt sich eine mittlere Zeitdauer von a/N, um das Token zur nächsten Station zu senden (= Tokenlaufzeit zur nächsten Station).
Der Durchsatz errechnet sich also aus

$$S = \frac{T_P}{T_e + T_t}$$

Für den Fall $a < 1$ gilt: Eine Station sendet einen Rahmen zum Zeitpunkt t_0, empfängt den Anfang des Rahmens zur Zeit $t_0 + a$, komplettiert das Abschicken des Rahmens bei $t_0 + 1$ und erhält das Ende des Rahmens bei $t_0 + a + 1$. Die Station kann ihr Token also schon bei $t_0 + 1$ abschicken. Mit $T_p = T_e = 1$ und $T_t = a/N$ ist der Durchsatz für einen Token Ring mit $a < 1$:

$$S = \frac{1}{1 + a/N}$$

Für den Fall $a > 1$ kann die Station das Token bereits wieder auf den Ring geben, nachdem sie den Anfang des letzten Rahmens empfangen hat. Somit erhöht sich der Durchsatz mit $T_e = a, T_P = 1$ und $T_t = a/N$ zu

$$S = \frac{1}{a(1 + 1/N)}$$

Token-Bus-Zugriffsverfahren:
Der Durchsatz beim Token-Bus-Zugriffsverfahren berechnet sich genauso wie beim Token-Ring-Zugriffsverfahren. Durch die größere Netzumlaufzeit (*propagation delay*) ist der Durchsatz und die Kanalauslastung niedriger als beim Token-Ring-Zugriffsverfahren.
FDDI-Zugriffsverfahren (siehe Abschnitt 3.2.7)

In Abb. 70 sind die Durchsätze folgender Zugriffsverfahren dargestellt:
[1] Pure ALOHA
[2] Slotted ALOHA
[3] Slotted nonpersistent CSMA
[4] Nonpersistent CSMA
[5] 1-persistent CSMA
[6] Nonpersistent CSMA/CD
[7] 1-persistent CSMA/CD

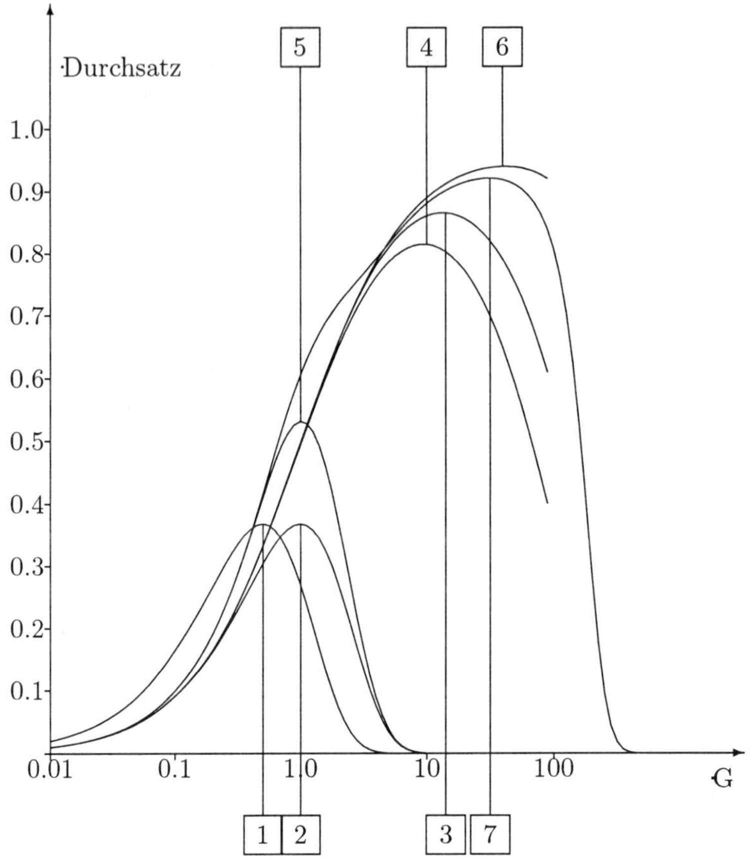

Abbildung 70: Vergleich der Durchsätze: [1] Pure ALOHA [2] Slotted ALOHA [3] Slotted nonpersistent CSMA [4] Nonpersistent CSMA [5] 1-persistent CSMA [6] Nonpersistent CSMA/CD [7] 1-persistent CSMA/CD

3.3.2 Vergleichende Leistungsbetrachtungen

Unter der Patenschaft des IEEE 802 Local Network Standard Committees wurde eine Studie über die maximale durchschnittliche Datenrate für Token-Ring-, Token-Bus- und CSMA/CD-Zugriffsverfahren erstellt. Dabei wurden folgende Modellabläufe angenommen:

In einem Netz mit 100 Stationen soll im ersten Fall nur eine Station senden. Die Station ist immer sendebereit und es warten immer neue Rahmen auf ihre Übertragung.

Die anderen 99 Stationen haben keine Rahmen zu senden.
Im zweiten Fall sollen alle 100 Stationen ständig sendebereit sein.
Für alle Netze und Zugriffsverfahren soll ein Rahmen aus 1 000 Datenbits und 96 Kontrollbits bestehen. Somit ergibt sich für die Rahmensendezeit T_R die Summe aus der Zeit für die Kontrollbitübertragung T_C und der für die Datenbitübertragung T_D.

$$T_R = T_C + T_D$$

Token-Ring-Zugriffsverfahren
Zwei wichtige Parameter sind für die mittlere Datenrate von Bedeutung: die Netzumlaufzeit $t_{PD,R}$ und die Schnittstellenzeit $t_{interface,R}$, die das Zeitintervall zwischen Erhalt des Tokens und der Entscheidung der Station, ob sie das Token weiterschicken oder behalten soll, angibt. Die Schnittstellenzeit läßt sich beim Token-Ring-Zugriffsverfahren mit 1 Bit Sendezeit gleichsetzten.
Im ersten Fall (1 Station sendet, 99 Stationen idle) ergibt sich die maximale durchschnittliche Datenrate zu

$$\begin{aligned} R_{MAX} &= \frac{1}{T_R + T_{Tokenzeit,Ring}} \\ &= \frac{1}{t_R + t_{PD,R} + 100 \cdot t_{interface,R}} \end{aligned}$$

Sind alle 100 Stationen aktiv, dann verkürzt sich die Tokenzeit $t_{Tokenzeit,Ring}$ auf die Zeit, die das Token zur nächsten Station braucht ($t_{PD,R}/100$).

$$\begin{aligned} R_{MAX} &= \frac{1}{T_R + T_{Tokenzeit,Ring}} \\ &= \frac{1}{t_R + t_{PD,R}/100 + t_{interface,R}} \end{aligned}$$

Beim Token-Bus-Zugriffsverfahren muß eine Station das Token fast vollständig empfangen, um entscheiden zu können, ob sie das Token zur nächsten Station weiterschicken oder für eine eigene Übertragung benutzen soll. Hier beträgt die Schnittstellenzeit $t_{interface,B}$ ungefähr 4 Mikrosekunden.
Die Netzumlaufzeit $t_{PD,B}$ ist durch die Zeit gegeben, die ein Token von einem Ende des Busses zum anderen benötigt.
Erster Fall:

$$R_{MAX} = \frac{1}{T_R + T_{Tokenzeit,Bus}} = \frac{1}{t_R + t_{PD,B} + 100 \cdot t_{interface,B}}$$

Zweiter Fall:

$$R_{MAX} = \frac{1}{T_R + T_{Tokenzeit,Ring}} = \frac{1}{t_R + t_{PD,B}/100 + t_{interface,B}}$$

CSMA/CD-Zugriffsverfahren:
Beim CSMA/CD-Zugriffsverfahren überträgt eine Station nicht, wenn sie eine Aktivität auf dem Bus erkennt. Falls also eine Aktivität auf dem Bus bemerkt wird, verschiebt die Station ihre Übertragung für ein Zeitintervall $t_{interframe}$ von 9.6 Mikrosekunden. Wenn eine übertragende Station eine Kollision entdeckt, stoppt sie ihre Übertragung und sendet ein 48-Bit jamming Signal mit einer Dauer von t_{jam}. Die Schnittstellenverzögerung bei CSMA/CD Bus-Verfahren ist die gleiche wie beim Token-Bus-Zugriffsverfahren (4 Mikrosekunden).

Erster Fall: Wenn nur eine Station aktiv ist, benötigt jede erfolgreiche Übertragung eine Rahmenübertragungszeit t_R und eine *interframe*-Zeit $t_{interframe}$, die noch umkreisende Rahmen berücksichtigt.

$$R_{MAX} = \frac{1}{T_R + t_{interframe}}$$

Zweiter Fall: Wenn alle 100 Stationen aktiv sind, müssen wir einen Parameter t_{slot} betrachten. t_{slot} ist die Summe der Zeit, die ein Signal von einem Ende des Busses zum anderen und zurück benötigt, und die Schnittstellenzeiten der Rahmen im Ring. Bei einer groben Annahme von $2e$ Kollisionen pro erfolgreicher Übertragung, ergibt sich eine maximale mittlere Datenrate von

$$R_{MAX} = \frac{1}{T_R + T_{interframe} + (2e-1)(t_{slot} + t_{jam})}$$

3.4 Komponenten für lokale Netze (Local Area Networks)

3.4.1 Der ETHERNET-Standard

In den Jahren 1972 - 1976 wurde im Forschungszentrum XEROX Palo Alto Research Center ein experimentelles Ethernet entwickelt, dem folgende Aufgabenstellungen und Zielsetzungen vorausgeschickt wurden:

- relativ hohe Datenrate (10 - 1000 MBits/s)
- geringe Verzögerung (keine Speicher- bzw. Transportlogik im Netz)
- Netzdurchmesser ca. 1 km
- Unterstützung mehrerer hundert unabhängiger Stationen
- hohe Zuverlässigkeit; keine Zentralkomponente
- sehr einfache Algorithmen (Mediumzugriff, Adressierung)

- effiziente Nutzung des gemeinsamen Übertragungsmediums
- faire Zugriffsverteilung für alle Teilnehmer
- einfache Installation und Rekonfiguration
- hohe Stabilität unter Last
- geringe Kosten [CHYL 88]

Ein verbessertes Ethernet V1.0 wurde 1988 von DEC, Intel und Xerox unter dem Namen DIX in einem gemeinsamen Projekt erarbeitet. Die Übertragungsrate wurde von 3 MBits/s auf 10 MBits/s angehoben. Die Spezifizierung des Ethernets wurde im Oktober 1981 in das Network Standard Committee der IEEE fast unverändert als IEEE 802 Draft B eingebracht. 1985 ist dann der IEEE 802.3 Standard verabschiedet worden. Dabei wurden inzwischen neue Funktionen aufgenommen.

Heute sind 1000 MBit/s (Gigabit Ethernet, GE) und sogar 10000 MBit/s (10 GE) im Praxiseinsatz. Bei einer GE-Übertragung über Twisted-Pair Kupferkabel (1000BASE-TX) übernimmt jedes Aderpaar jeweils einen Dual-Duplex 250 MBit/s Datenstrom. Die maximale Länge liegt bei 100 Metern. Eine Übertragung über Lichtwellenleitern ist im IEEE 802.3ab Standard auch vorgesehen (1000BASE-SX und 1000BASE-LX). Dabei steht 1000 für 1000 MBit/s, SX für „Short Wavelength Laser" und LX für „Long Wavelength Laser".

3.4.2 Grundsätzliches

Allen Ethernet-Spezifikationen ist gemein, daß sie mit 1-persistent unslotted CSMA/CD arbeiten. Die jeweiligen Grenzen der Kabellängen, der Übertragungsgeschwindigkeiten und der Anschlüsse rühren von den verschiedenen zum Einsatz gebrachten Kabeln her. 10Base5, 10Base10 und 10BaseT haben außerdem den Grenzdurchsatz von 10 MBit/s gemein. Zu beachten ist dabei - besonders bei der sternförmigen Verkabelung bei 10BaseT - daß sich alle Teilnehmer an einem Strang diesen Maximaldurchsatz teilen müssen. Die Kaskadierung mehrerer Stränge ohne aktive Komponenten wie Routern oder Bridges bringt kein Mehr an Durchsatz. Wie alle mit CSMA/CD-Protokoll betriebenen Netze ist auch Ethernet auf die Fairness jeder Komponente angewiesen, damit der Netzbetrieb garantiert werden kann. Unter anderem aus diesem Grund befindet sich die Logik zur Medium-Kontrolle in den Transceivern bzw. AUI-Einheiten und ist somit dem Anwender unzugänglich. Als Latenzzeit *(interframe gap)* zwischen dem Freiwerden des Kanals und dem Sendebeginn sind $9,6$ Mikrosekunden festgeschrieben. Die vorgeschriebene Wartezeit zwischen einer *collision detection* und einem erneuten Sendeversuch ist $i \times SlotTime$, wobei $SlotTime$ die Zeit ist, die für die Übertragung von 64 Byte benötigt wird, und $0 \leq i \leq 2^k$ mit $k = min(n, 10)$ und $n =$ die Nummer des Wiederholungsversuchs ist. Auf diese Weise wird versucht, solche Sendestationen zu bevorzugen, die bereits mehrmals

erfolglos zu senden versucht haben. Jedoch bleibt der Medium-Zugriffs-Algorithmus nicht-deterministisch, d.h eine sendewillige Station kann auf dem Kabelverkehr endlos warten müssen. Nach 16 fehlgeschlagenen Versuchen wird eine Fehlermeldung an den sendewilligen Teilnehmer übergeben und der Sendeversuch abgebrochen.
Die kompatiblen Schnittstellen beschränken sich auf das Hauptkabel und das Transceiverkabel und alle darauf laufenden Signale. So haben alle Hersteller die Möglichkeit, ihre eigenen Vorstellungen von Komponenten und deren Verwirklichung zu implementieren. Die OSI-Sicherungsschicht findet auf dem Ethernet-Controller-Board statt, die physikalische Schicht beinhaltet Transceiver, Strangkabel, Anschlüsse etc.

3.4.3 Die verschiedenen Ethernet-Standards

Es folgt eine stichpunktartige Aufzählung der wichtigsten Ethernet-Standards. Dem interessierten Leser sei die einschlägige Literatur über das Ethernet verwiesen, wie z.B. [DIN 8802.3].

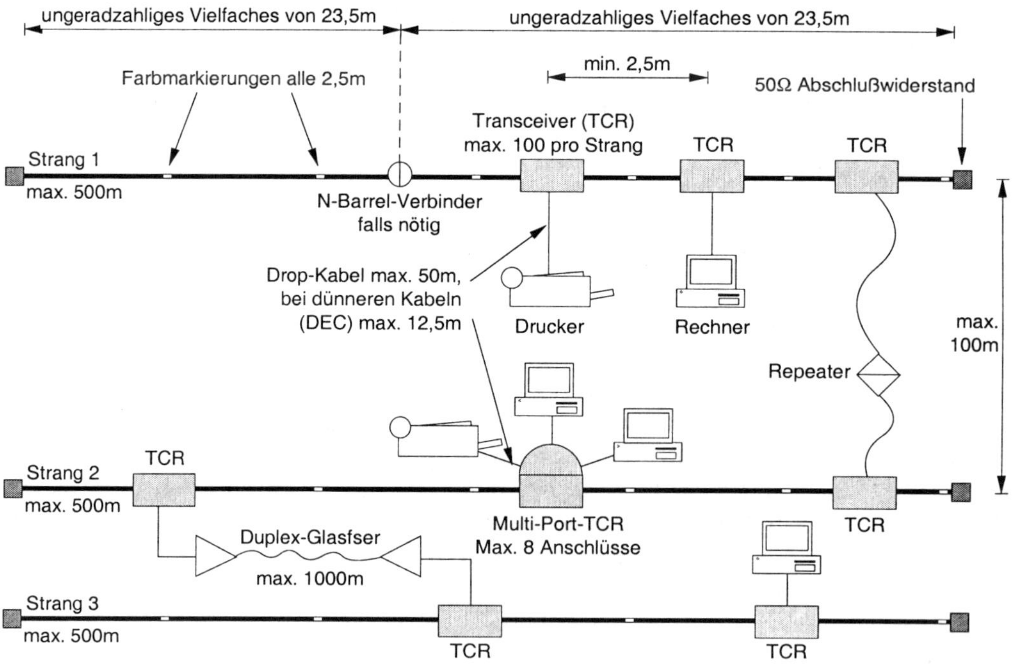

Abbildung 71: Ein typisches Thick Ethernet

10Base5:
Bustopoplogie; Koaxialkabel; Basisband; bekannt unter den Bezeichnungen „Thick Ethernet" und „Yellow Cable"; hiermit ist Ethernet groß geworden; inzwischen selten. Charakteristisch ist das mit gelbem PVC ummantelte und 0,4 inch (=10 mm)

dicke und entsprechend starre Strangkabel (Biegeradius ca. 30 cm) mit 50 Ω Impedanz, an das die Transceiver via Vampir-Verbindern (nötigenfalls on-the-fly, also bei laufendem Netz) angeschlossen werden. Alternativ noch starreres aber feuersichereres Kabel.

Die IEEE-Spezifikationen verlangen, daß zwischen zwei Stationen höchstens zwei Drop-Kabel (zwischen Transceiver und Station), drei Segmentkabel und zwei Link-Segmente (Repeater oder Remote Repeater-Pärchen) liegen. Somit beträgt die maximale Übertragungsstrecke

$$2 \cdot 50m + 3 \cdot 500m + 2 \cdot 1000m + 4 \cdot 50m = 3800m.$$

Multi-Port-Transceiver können auch zweistufig kaskadiert und ohne Strang eingesetzt werden, so daß bis zu 64 Geräte ein strangloses Netz bilden können. Beim Thick Ethernet werden zur Verbindung zwischen Strangkabel und Transceiver sogenannte Vampir-Adapter verwendet. Bei dieser Verbindungstechnik wird das Strangkabel mittels eines Spezialbohrers angebohrt, dann wird der Transceiver, der über einen passenden Kontaktstift verfügt, an dieser Stelle aufgesetzt. Der Vorteil dieser Technik besteht in der Möglichkeit, bei laufendem Netzbetrieb Transceiver zu versetzen, nachteilig ist die Beschädigung des Strangkabels, die eine häufige Versetzung von Transceivern verbietet.

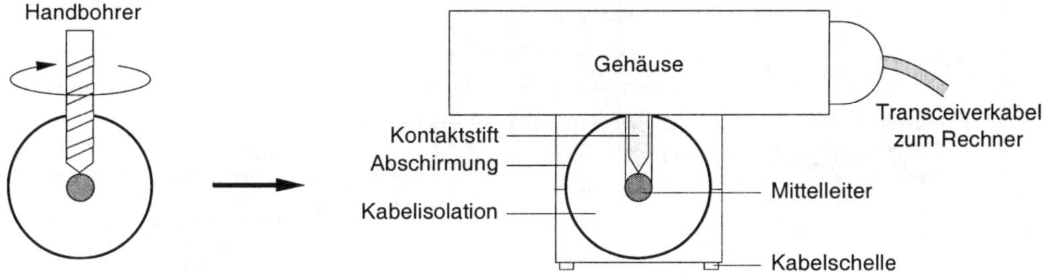

Abbildung 72: Montage eines Vampir-Transceivers

10Base2:

Wie 10Base5, jedoch dünneres Strangkabel; dadurch andere räumliche Dimensionen. Mit speziellen Repeatern mit 10Base5-Netzen koppelbar (identisches Protokoll). Es koexistieren das „Thin Ethernet“ mit doppelt abgeschirmtem und das weiter verbreitete „Cheapernet“ mit einfach abgeschirmtem Strangkabel (Typ RG58-A/U). Die Verbindungen zwischen dem Strangkabel und den Transceivern bzw. den Ethernetkarten im Endgerät mit eingebautem Transceiver werden mit T-förmigen BNC-Verbindungen und weiteren Koaxialkabeln hergestellt; somit muß das Netz bei jeder Rekonfiguration heruntergefahren werden, da das Strangkabel aufgetrennt werden muß. Zum Verbinden zweier Segmente gibt es BNC-Barrel-Verbinder. Die Anzahl der Verbinder sollte zugunsten der Signalqualität sowohl bei 10Base2 als auch bei 10Base5-Netzen so gering wie möglich gehalten werden. Die maximale Stranglänge für 10Base2-Netze beträgt 185 m mit bis zu 30 Stationen in Abständen von min. 0,5 m. Des weiteren gelten die für 10Base5-Netze erwähnten Beschränkungen bezüglich maximale Verbindungswege und stranglose Netze.

10BaseT:
Sterntopologie; Unshielded Twisted Pair (UTP); statt Transceivern Attachment Unit Interfaces (AUI). 10BaseT ist inzwischen die am meisten verwendete Ethernet-Technologie. Ein Netzsegment besteht aus der Summe aller an einen (möglicherweise kaskadierten) Konzentrator angeschlossenen Geräte inklusive Kabel und Konzentrator(en). Ein Strang ist das Kabel zwischen AUI und Konzentrator. Innerhalb eines Segments „hört" jede Station, was eine Station sendet. Alle Verbindungen ab der AUI werden mittels 8-poliger RJ-45-Steckverbindungen hergestellt. Als maximale Kabellänge (zwischen AUI und Konzentrator) ist 100 m spezifiziert. Eine Anbindung an 10Base2 / 10Base5-Netze ist mittels spezieller Repeater möglich. Konzentratoren haben Repeatereigenschaften (Signalverstärkung etc.), außerdem führen sie eine automatische Verwaltung fehlerhafter Netzsegmente durch, indem sie diese ab und bei wiederhergestellter Verfügbarkeit wieder zuschalten. Weitere Netzmanagementfunktionen sind je nach Komplexität des Konzentrators verfügbar.

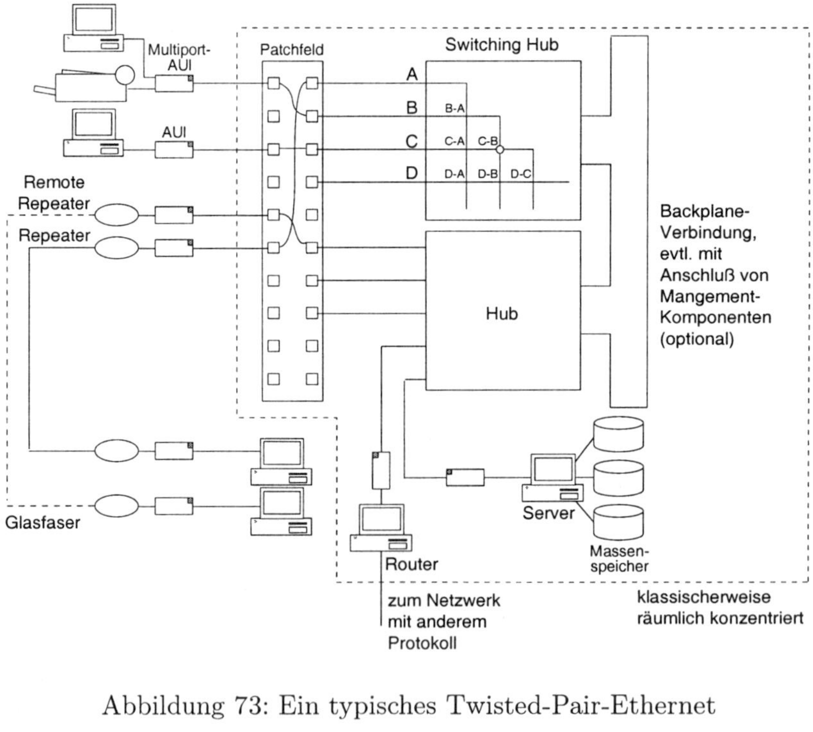

Abbildung 73: Ein typisches Twisted-Pair-Ethernet

10Broad5: Breitband-Koaxialkabel mit max. Segmentlänge 3 600 m
10BaseF: Glasfaser mit max. Geschwindigkeit 10 MBit/s
10Base100: Glasfaser mit max. Geschwindigkeit 100 MBit/s

3.4.4 Komponenten zum Aufbau von Ethernet-Netzen

Die folgende Kurzaufstellung wichtiger Ethernet-Komponenten soll dem Verständnis der vorgestellten Technologie dienen. Um ein Ethernet auch nur kleinsten Ausmaßes zu konzipieren, ist es unerläßlich, sich mit dem aktuellen Marktgeschehen und den momentanen Preisen vertraut zu machen.

Transceiver: erfüllt folgende Aufgaben: Hauptkabel-Signalisierung, Weiterleitung von codierten bitseriellen Datenströmen auf das Hauptkabel, Signalisierung repeaterfrei über 500 m bzw. 185 m; Empfangen von bitseriellen Datenströmen vom Hauptkabel; Kollisionserkennung; Carrier Sense; Unterstützung einer Datenrate von 10 MBit/s. Ein moderner Transceiver hat in etwa die Ausmaße einer Zigarettenschachtel. Für den Aufbau eines Transceivers wird kein Mikrocomputer benötigt, ein VLSI-Schaltwerk genügt völlig.

Transceiver-Kabel (Drop-Kabel): Auf Stationsseite männlicher, auf Transceiverseite weiblicher 15 poliger Subminiaturstecker. Herkömmliche Dropkabel sind recht starr und damit schlecht zu verlegen. Dünne Dropkabel haben schlechtere elektrische Kenngrößen und müssen daher kürzer sein als in der IEEE-Norm 802.3 definiert (Herstellerspezifikationen konsultieren).

Ethernet-Adapterkarte: Ausgestattet mit einem Mikrocontroller, der die unteren 2-4 Schichten des OSI-Modells abwickelt. Oft auch als Onboard-Schnittstelle bei Rechnern und Druckern neuerer Bauart integriert.

Repeater werden über Transceiver angeschlossen und realisieren die Signalaufbereitung und -verstärkung. Es gibt Local Repeater (max. $2 \cdot 50$ m Drop-Kabel) und Remote Repeater („Link-Segmente" bis 1 000 m Duplex-Glasfaserstrecke), die paarweise (Anfang und Ende der Glasfaserstrecke) eingesetzt werden.

Hub (Konzentrator): Für 10BaseT; erhältlich mit 3 (Minihub) bis 32 Anschlüssen, auch als beliebig über eine Backplane koppelbare 19-Zoll-Einschübe. Eingebaute Managementfunktionen unterschiedlichen Komforts: von LED für Aktivität / Anschluß / Kollision bis hin zum SNMP (Simple Network Management Protocol) für zentrale Überwachung / Steuerung von einem eigenen Rechner aus.

Switch (Switching Hub): Verbindungen werden über eine interne Verbindungsmatrix mit voller Geschwindigkeit von 10 MBit/s, 100 MBit/s oder 1000 MBit/s realisiert; konkurrierende Zugriffe werden sequentiell abgearbeitet.

Patchfeld: Eine Anzahl fest im Haus verlegter Stränge (mit Dosen an den Arbeitsplätzen) wird an ein Panel mit RJ45-Dosen geführt; von dort aus wird mit kurzen Patchkabeln die Verbindung zu den einzelnen Ports der Hubs nach Bedarf hergestellt. Vorteilhaft für die variable Gestaltung des Netzes besonders bei Unterstützung verschiedener Dienste und mehrerer Stränge (Zonen) über das gleiche UTP-Kabelnetz. In Amerika wird häufig eine bestehende Telefonverkabelung für Twisted-Pair-Ethernet mitverwendet, eine Technik, die mit deutschen Telefonkabeln nicht möglich ist.

Server: Aus Ethernet-Sicht nur eine gleichberechtigte Station; bietet anderen Stationen Dienste, wie z.B. gemeinsamen Datenzugriff (Fileserver), Mail (Mailserver), gemeinsamen Druckerzugriff (Printserver) oder zentrales Backup (Backupserver) an.

Router: Koppelelement zwischen mehreren Subnetzen. Ein Router arbeitet auf der Vermittlungsschicht, und hat die Aufgabe, Pakete anhand ihrer Adressen in das richtige Teilnetz weiterzuschicken. Es existieren zahlreiche Routing-Algorithmen, die dem jeweiligen Protokoll angepaßt sind. Router sind eine der zentralen Stellen, an denen Fluß- und Überlastungskontrolle ansetzt. Es gibt auch Multi-Protokoll-Router (MPR), die mehrere verschiedenartige Netze miteinander verbinden.
Gateway: Rechner oder Komponente, der die Verbindung zwischen LAN und Host / Minicomputer herstellt. Ausschlaggebend für die Leistungsfähigkeit ist der maximale Datendurchsatz, da die Verbindung zum Host i.a. über nur eine Leitung realisiert wird
Bridge: Koppelelement zwischen zwei (nicht notwendigerweise gleichartigen) Netzen; eine Datenübertragung findet nur im Bedarfsfall statt. Eine Bridge arbeitet auf der OSI-Schicht 2, der Sicherungsschicht. Es werden nur diejenigen Pakete weitergeleitet, die auch für das andere Netz bestimmt sind, alle anderen Pakete werden ignoriert. Bridges, die grundsätzlich verschiedene Netze miteinander verbinden, können oft nicht alle Dienstmerkmale übertragen. Dies ist insbesondere dann ungünstig, wenn zwischen zwei gleichartigen Netzen ein andersartiges Transitnetz liegt, welches die Möglichkeiten der Datenübertragung beschneidet.
Firewall: Abart eines Routers, die unbefugte Zugriffe aus dem einen Subnetz in anderen verhindert. Sinnvoll besonders bei Verwendung von TCP im LAN-Bereich bei gleichzeitiger Anbindung ans Internet. Passierende Pakete werden im Header auf Legitimität überprüft und weitergereicht oder zurückgewiesen. Es können verschiedene Dienste (FTP, Telnet, WWW, etc.) einer Anzahl von Benutzern selektiv oder generell ermöglicht oder unterbunden werden. Je nach Kapazität, Qualität, Support und Sicherheitsgrad kostet eine Firewall, bestehend aus Hard- und Software heute zwischen 3.500,- DM und 200.000,- DM. Datenverarbeitungsanlagen mit extremen Sicherheitsanforderungen werden nach wie vor nicht an Rechnernetze angeschlossen.

Das Ethernet wird ständig weiterentwickelt und ist im LAN Bereich und zum Teil auch im Backbone das am häufigsten benutzte Übertragungsmedium. Heute sind viele Rechner mit 100 MBit/s (fullduplex) an das Ethernet angeschlossen, Netzwerkkarten mit 1000 MBit/s (Gigabit Ethernet, oder kurz GE) sind auch schon im Praxiseinsatz. Fullduplex bedeutet, daß die Übertragungsgeschwindigkeit gleichzeitig in beide Richtungen erreicht werden kann. GE Karten waren bisher nur fur Glasfaser ausgelegt, können aber jetzt schon mit zum Teil herkömmlichen Kupferkabeln (Twisted Pair Kategorie 5) betrieben werden. Im Backbone gibt es schon 10 GE Einschübe zu kaufen, der Standard ist kurz vor dem Abschluss. Ein Ende dieser Entwicklung ist noch nicht abzusehen.
Heutige LAN Netze werden nur noch als vollgeswitchte Netze geplant, d.h. jeder Rechner im Netz bekommt seinen eigenen Switchport, es kann nicht mehr zu Kolissionen kommen, da das Medium nicht mehr geteilt werden muss. Nur auf solchen modernen Netzen konnen Echtzeitanwendungen, wie Videoübertragung oder Telefongespräche (Voice over IP, VoIP) sinnvoll eingesetzt werden.

Literatur zu Ethernet: CHYL 88, METC 76, METC 93.
Literatur zu LAN-Routers und -Bridges:PITT 88, LATI 92, PERL 92.
Weitere Literatur zu Kapitel 3: ABEY 91, KESS 92, RODR 90.

3.5 Prüfungsfragen

Was versteht man unter medium access control?
Welche Zugriffsverfahren gibt es bei LANs?
Erklären Sie einige Vielfachzugriffsverfahren!
Was ist das Charakteristikum bei Rundsendenetzen?
Erklären Sie die p-persistent und non-persistent.
Wie bestimmt bei p-persistent jede Station die Zeit, bis sie nochmal sendet?
Erklären Sie CSMA!
Was ist der Unterschied von CSMA und CSMA/CD?
Wie funktioniert CSMA/CD?
Kann es bei CSMA/CD zu Kollisionen kommen?
Vergleichen Sie CSMA/CD und das Token-Ring-Protokoll.
Erklären Sie das Token-Bus Zugriffsverfahren!
Erklären Sie das Token-Ring Zugriffsverfahren!
Was sind die Aufgaben der Monitorstation beim Token-Ring?
Was passiert beim Ausfall der Monitorstation beim Token-Ring?
Welche Fehlermöglichkeiten gibt es beim Token-Ring?
Was passiert bei Verlust des Tokens?
Wie kann es zu mehreren Token im Ring kommen?
Was ist ALOHA?
Was bringt Slotted ALOHO gegenüber Pure ALOHA?
Was ist BRAP?
Erläutern Sie das Konzept von Ethernet!
Welches Zugriffsverfahren wird im Ethernet verwendet?
Warum eignet sich Ethernet nicht für Echtzeit-Anwendungen?
Was ist die maximale Ausdehnung eines Ethernetzes?
Welche LAN-Typen kennen Sie ausser Ethernet?
Wieso ist das Ethernet in seiner Länge beschränkt?
Wo ist denn die Schicht drei beim Ethernet?
Was wissen Sie über FDDI?
Erklären Sie den Unterschied zwischen FDDI und Token-Ring!
Erklären Sie DQDB!
Wie läuft Reservierung bei DQDB ab?
Was würden Sie empfehlen, wenn sie für Ihre Firma ein LAN implementieren sollten?
Wie löst man Kollisionen auf?
Gibt es kollisionsfreie Mehrfachzugriffsverfahren?
Wie ist der Durchsatz definiert?
Vergleichen Sie die einzelnen Zugriffsverfahren hinsichtlich ihres Durchsatzes.

4 Sicherungsschicht

4.1 Überblick

Das Kapitel „Sicherungsschicht" gliedert sich in fünf größere Unterkapitel: Dienste an die Vermittlungsschicht, Rahmenerstellung, Fehlererkennung, Flußkontrolle und BSC/HDLC (binary synchronous communication/high level data link control).
Der **Abschnitt 4.2** gibt einen Überblick über die wichtigsten Aufgaben der Sicherungsschicht: fehlerfreie Übertragung von Daten der Vermittlungsschicht des Quellrechners an die Vermittlungsschicht des Zielrechners, Rahmenbildung und Berechnung von Fehlerprüfbits für die sichere Übertragung.
Die Sicherungsschicht stellt drei verschiedene Dienste zur Verfügung: unbestätigte verbindungsunabhängige Dienste, bestätigte verbindungsunabhängige Dienste und verbindungsorientierte Dienste.
Abschnitt 4.3 definiert zuerst allgemein, was man sich unter einem Rahmen genauer vorzustellen hat.
Ein Rahmen (*frame*) ist eine Folge von Bits, die an beiden Enden durch ein reserviertes Steuerzeichen (auch Flag genannt) begrenzt wird.
Im Anschluß daran werden vier verbreitete Methoden zur Rahmenerstellung beschrieben.
Das **Zeichenzahlfeld** gibt am Kopf eines Rahmens die Anzahl der Zeichen im Rahmen an.
Beim **Bytestuffing** wird der Rahmenanfang durch die ASCII-Zeichenfolge DLE STX und das Rahmenende durch DLE ETX gekennzeichnet. Um zu verhindern, daß in Nutzdaten vorkommende Folgen DLE STX/ETX fälschlicherweise als Rahmenanfang/ Rahmenende interpretiert werden, fügt die Schicht 2 des Senders vor jeder DLE-Zeichenfolge ein weiteres DLE-Zeichen ein. Der Empfänger entfernt diese doppelten DLEs, bevor er die Daten an die Vermittlungsschicht weiterleitet.
Beim **Bitstuffing** verwendet man das spezielle Bitmuster 01111110 als Rahmenbegrenzer und bleibt damit zeichencodeunabhängig. Um zu verhindern, daß die Bitfolge innerhalb der Nutzdaten als Rahmenbezeichner verstanden wird, fügt der Sender nach fünf aufeinanderfolgenden 1-Bits immer ein 0-Bit ein. Dieses 0-Bit wird vom Empfänger entfernt, bevor er die Daten an die Vermittlungsschicht weiterleitet.
Manche Kodierungen im physikalischen Medium sind mit **Redundanz** verbunden, z.B. die Manchester-Kodierung. Dabei werden die Kombinationen high-high bzw. low-low nicht zur Darstellung von Bitwerten genutzt und können als Rahmenbegrenzer verwendet werden.
Die meisten Protokolle verwenden bei ihrer Rahmenbildung eine Kombination aus den oben genannten Methoden.
Im **Kapitel 4.4** wird die blockweise Sicherung und das CRC-Verfahren behandelt. Bei Verfahren mit **blockweiser Sicherung** werden längere Bitfolgen gemeinsam durch ein oder zwei redundante Zeichen (**BCC**, *block check character*) am Ende eines solchen Blocks gesichert.
Bei der **Blocksicherung durch Längsparität** werden ganze Übertragungsblocks

über Paritätsbits gesichert. In Abhängigkeit von den Werten der jeweiligen i-ten Bits aller Zeichen im vorangehenden Block, wird das i-te Bit des Paritätszeichens auf gerade oder ungerade Parität gesetzt.

Bei der **Blocksicherung durch Summation** werden alle Zeichen eines Blocks als numerische Werte interpretiert und aufsummiert. Diese Summe wird als Summationszeichen am Ende eines Übertragungsblocks angehängt und mit diesem verschickt.

Das **CRC-Verfahren** ist die meist verbreitete Methode zur Prüfsummenbildung. Sender und Empfänger einigen sich auf ein Generatorpolynom $G(x)$, das als werthöchstes und wertniedrigstes Bit den Wert 1 hat. Die Grundidee des Verfahrens besteht darin, durch den Sender eine Prüfsumme am Ende des Rahmens anzuhängen, und zwar so, daß das Polynom, das den Rahmen repräsentiert, durch $G(x)$ mit Rest 0 teilbar ist.

Abschnitt 4.5 erläutert zu Beginn den Unterschied zwischen Fluß- und Staukontrolle und die Mechanismen der Flußsteuerung. Der zweite Teil befaßt sich mit dem Stop-and-Wait-Protokoll, dem Schiebefensterprotokoll und der Pipeline-Verarbeitung.

Aufgabe der **Flußkontrolle** ist es, dafür zu sorgen, daß eine leistungsfähige Quelle eine schwächere Senke nicht mit Daten überschwemmt.

Die **Staukontrolle** arbeitet netzglobal, da sie die Anzahl der Rahmen im gesamten Netz beschränkt und somit verhindert, daß eine Überlastung entsteht.

Protokolle, bei denen der Sender einen Rahmen verschickt und dann auf die Rückmeldung wartet, werden **Stop-and-Wait-Protokolle** genannt. Nach der Übertragung eines Rahmens startet der Sender einen Timer, vor dessen Ablauf die Rückmeldung eingetroffen sein soll. Läuft der Timer ab, so kommt es zu einer Deadlock-Situation: die Rückmeldung des Empfängers trifft immer zu spät ein und der Sender schickt den Rahmen ständig erneut, obwohl ihn der Empfänger erhalten hat. Zwischen der Übertragung eines Rahmens und seines Nachfolgerahmens befindet sich der Kanal im *idle*-Zustand, d.h. die Kanalkapazität wird für längere Zeitabschnitte nicht ausgenutzt.

Bei **Schiebefensterprotokollen** enthält jeder abzuschickende Rahmen eine Folgenummer von 0 bis zu einem bestimmten Maximum. Der Sender führt eine Liste von aufeinanderfolgenden Folgenummern, deren Länge der Anzahl an Rahmen entspricht, die er schicken darf (Sendefenster). Kommt von der Vermittlungsschicht ein Paket, erhält es die nächsthöhere Folgenummer und die Obergrenze des Fensters wird um eins verschoben. Die Größe des Empfangsfensters entspricht der Anzahl an Rahmen, die der Empfänger entgegennehmen darf. Jeder Rahmen, der nicht aufgenommen werden kann, wird verworfen. Rahmen, deren Folgenummer der Untergrenze des Fensters entsprechen, werden an die Vermittlungsschicht weitergegeben. Danach wird eine Rückmeldung erstellt und die Fenstergröße um eins weiterbewegt.

Bei der **Pipeline-Verarbeitung** darf der Sender bis zu w Rahmen abschicken, ohne auf eine Rückmeldung warten zu müssen (vgl. Stop-and-Wait-Protokoll, bei dem nur ein einziger Rahmen abgeschickt werden darf). Bei sinnvoller Wahl von w kann der Sender für die Dauer der Übertragung ununterbrochen Rahmen abschicken, ohne daß sein Fenster w gefüllt wird.

Im **Abschnitt 4.6** wird der theoretische Hintergrund der Übertragungsprozeduren

BSC und HDLC veranschaulicht.
BSC (*binary synchronous communication*) gehört zur Klasse der **synchronen** Übertragungsprozeduren, die man auch als *basic-mode*-Prozeduren bezeichnet. Bei dieser Art der Übertragung wird der Beginn der Übertragung durch eine Folge spezieller Synchronisationszeichen gekennzeichnet. In Abschnitt 4.6.1 wird gezeigt, wie ein Übertragungsblock aufgebaut ist.
Im industriellen Bereich ist BSC die Standardprozedur, die auf jedem datenübertragungsfähigen Mikro- oder Minirechner angeboten wird. *Basic-mode*-Prozeduren sind zeichenorientiert, also auf ein bestimmtes Alphabet beschränkt und werden deswegen auch als **zeichensynchrone** Verfahren bezeichnet.
Bitsynchrone Übertragungsverfahren arbeiten zeichencodeunabhängig. Rahmenanfang und -ende werden durch *flags* gekennzeichnet (Bitstuffing). Die Fehlersicherung erfolgt durch das CRC-Verfahren. Aus SDLC und später ADCCP wurde das HDLC-Protokoll (*high-level data link control*) entwickelt.
Bei **HDLC**-Protokollen unterscheidet man drei Rahmenformate: den Informationsrahmen (I-Rahmen, *information format*) für die eigentliche Informationsverarbeitung, den Überwachungsrahmen (S-Rahmen, *supervisory format*) für die Steuerung während der Datenübertragungsphase und den unnumerierten Rahmen (U-Rahmen, *unnumbered format*) für die Verbindungseröffnung und -beendigung.
SDLC (*synchronous data link control*) ist dem HDLC-Protokoll aufgrund seiner geschichtlichen Entwicklung sehr ähnlich. SDLC unterscheidet jedoch strikt zwischen Primär- und Sekundärstation. Nur die Primärstation kann von sich aus aktiv werden. Die Sekundärstation darf nur nach Aufforderung durch die Primärstation Informationsrahmen senden.

4.2 Dienste an die Vermittlungsschicht

Die Aufgabe der Sicherungsschicht besteht hauptsächlich in der fehlerfreien Übertragung von Daten der Vermittlungsschicht des Quellrechners an die Vermittlungsschicht des Zielrechners. Daten der Vermittlungsschicht werden in Rahmen gepackt, für jeden Rahmen werden Fehlerprüfbits berechnet und angehängt; dann wird das Ganze über einen physikalischen Leiter übertragen.

Für die Datenübertragung stellt die Sicherungsschicht drei verschiedene Dienste zur Verfügung:

- Unbestätigte verbindungsunabhängige Dienste
- Bestätigte verbindungsunabhängige Dienste
- Verbindungsorientierte Dienste

Bei **unbestätigten verbindungsabhängigen Diensten** schickt der Quellrechner unabhängige Rahmen an den Empfänger. Dabei wird weder vor noch nach der Übertragung eine Verbindung aufgebaut. Da der Empfänger den Empfang der Rahmen

nicht bestätigt, kann in Schicht 2 ein verlorener Rahmen nicht wiederhergestellt werden. Fehlererkennung und Datenwiederherstellung werden von höheren Schichten übernommen.
Man verwendet diesen Dienst nur bei Übertragungsarten mit sehr niedriger Fehlerquote oder bei Echtzeitverkehr (z.B. Sprachverkehr), da hier verspätete Daten oft problematischer sind als zerstörte.
Bei **bestätigten verbindungsunabhängigen Diensten** wird für die Übertragung zwar immer noch keine Verbindung aufgebaut, dafür aber der Empfang jedes abgeschickten Rahmens einzeln bestätigt. Der Sender erhält vom Empfänger immer eine Rückmeldung über den Verbleib seines Rahmens. Fällt diese negativ aus, wird der Rahmen erneut gesendet.
Der **verbindungsorientierte Dienst** ist der sicherste und aufwendigste Dienst, den die Sicherungsschicht der Vermittlungsschicht anbieten kann. Quell- und Zielrechner stellen vor jeder Datenübertragung eine Verbindung her. Jeder über diese Verbindung geschickte Rahmen wird numeriert. Schicht 2 sorgt dafür, daß jeder abgeschickte Rahmen auch ankommt und genau einmal – in der richtigen Reihenfolge – empfangen wird.

Beim verbindungsorientierten Dienst unterteilt man die Datenübertragung in drei Phasen:

1. Verbindungsaufbau zwischen Sender und Empfänger durch Initialisieren von Variablen und Zählern

2. Übertragung von einem oder mehreren Rahmen

3. Verbindungsabbau, Freigabe von festgesetzten Variablen, Puffern etc.

Bei der Kommunikation zwischen Vermittlungsschicht und Sicherungsschicht werden die genormten OSI-Dienstelemente verwendet: REQUEST, INDICATION, RESPONSE, CONFIRM.

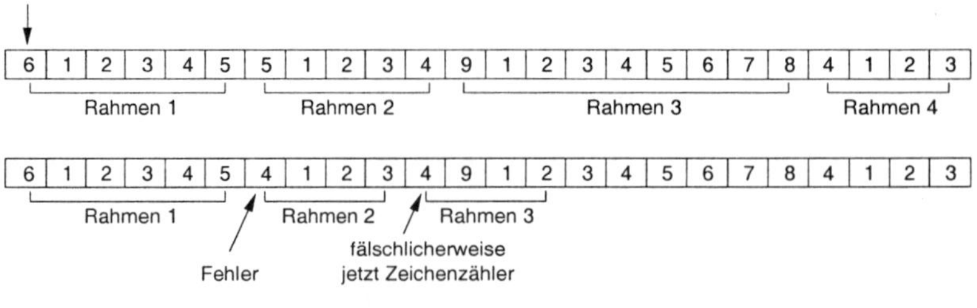

Abbildung 74: Zeichenanzahlfeld mit und ohne Fehler

4.3 Rahmenerstellung

Die Bitübertragungsschicht leitet einen unbearbeiteten, eventuell fehlerhaften Bitstrom an den Empfänger weiter. Aufgabe der Schicht 2 ist es deshalb, diese Übertragungsfehler aufzudecken. Dafür unterteilt sie die Bits der Vermittlungsschicht in diskrete Rahmen und berechnet für jeden Rahmen eine Prüfsumme.

Definition: (Rahmen)

Ein Rahmen (*frame*) ist eine Folge von Bits, die an beiden Enden durch ein reserviertes Steuerzeichen (auch Flag genannt) begrenzt wird.

Die zu übertragenden Bitfolgen werden in Stücke fester Länge unterteilt, die dann durch Rahmen abgegrenzt werden.
Von der anfänglichen Idee, Zeitlücken als Rahmengrenze einzufügen, ist man bald abgekommen, da es innerhalb von Netzen keine Garantie für Zeitabläufe geben kann; Zeitspannen entstehen oft zufällig.
Die vier wichtigsten Methoden zur Rahmenbildung werden im folgenden beschrieben.

4.3.1 Zeichenzahlfeld

Am Kopf eines Rahmens wird ein Feld eingefügt, das die Anzahl der Zeichen im Rahmen angibt.
In der Praxis wird dieses Verfahren allein kaum noch angewandt, da auch das Zeichenfeld während der Übertragung mit genau so hoher Wahrscheinlichkeit wie alle anderen Bits verändert werden kann.

4.3.2 Bytestuffing

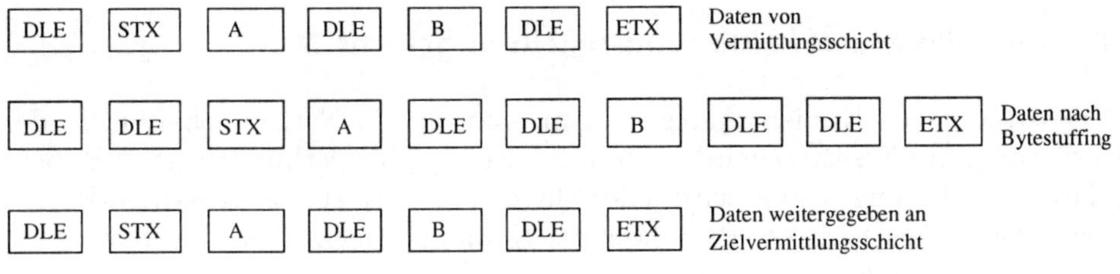

Abbildung 75: Bytestuffing

Eine andere Möglichkeit, einen Rahmen zu bilden ist die Kennzeichnung des Rahmenanfangs durch die ASCII-Zeichenfolge DLE STX (*data link escape, start of text*) und des Rahmenendes durch die ASCII-Folge DLE ETX (*data link escape, end of text*).
Diese Kontrollzeichen dürfen im Rahmen der Nutzdaten zunächst nicht auftreten, andernfalls würde die Synchronisation der Übertragung gestört werden und damit das

gesamte Verfahren zusammenbrechen.
Um dennoch auch innerhalb der Nutzdaten Kontrolldaten übertragen zu können, wendet man **Bytestuffing** (*character stuffing*) an: Die Schicht 2 des Absenders fügt vor jede eventuell auftretende DLE-Zeichenfolge ein DLE-ASCII-Zeichen ein. Die Schicht 2 des Empfängers nimmt dann das eingefügte DLE wieder heraus.
Auf diese Art und Weise können Rahmenanfang und -ende, DLE STX und DLE ETX, von der Zeichenfolge DLE STX bzw. DLE ETX unterschieden werden, da DLEs nach dem Bytestuffing in Daten immer doppelt vorkommen.
Ein großer Nachteil dieser Methode ist die enge Bindung an 8-Bit-Zeichen im allgemeinen und den ASCII-Zeichensatz im besonderen. Da es sich herausstellte, daß die Einbettung des Zeichencodes in den Rahmungsmechanismus nicht sehr vorteilhaft ist, versuchte man andere Methoden zu entwickeln.

4.3.3 Bitstuffing

Um zeichencodeunabhängig zu sein, verwendet man beim **Bitstuffing** das spezielle Bitmuster 01111110 als Rahmenanfang und -ende. Die als Nutzdaten zu übertragende Bitfolge kann natürlich auch derartige Folgen von 1-Bits enthalten. Um zu verhindern, daß Teile der Nutzdaten irrtümlich als *flag* interpretiert werden, fügt der Sender während der Nutzdatenübertragung nach allen 5 aufeinanderfolgenden 1-Bits immer ein 0-Bit ein. Diese Veränderung der Nutzdaten muß vom Empfänger rückgängig gemacht werden: Nach jeweils 5 empfangenen 1-Bits wird das folgende 0-Bit wieder entfernt, bevor die Daten zur Vermittlungsschicht weitergeleitet werden.
Falls die Benutzerdaten das Bit-Muster 01111110 enthalten, wird es als
011111010 übertragen, im Empfängerspeicher aber als 01111110 gespeichert.
In der Regel werden die beschriebenen Bitoperationen jeweils bei Sender und Empfänger über geeignete Hardwareeinrichtungen realisiert, so daß das Bitstuffing keine Zeitverluste bedingt.

4.3.4 Verstößе gegen Kodierungsregeln in Schicht 1

Mit Verstößen gegen Kodierungsregeln kann man nur in Netzen arbeiten, in denen die Codierung im physikalischen Medium mit Redundanz verbunden ist, z.B. bei der Manchester-Kodierung. Dabei wird jedes Bit mit dem Wert 0 als low-high-Paar und mit dem Wert 1 als high-low-Paar kodiert. Kombinationen high-high bzw. low-low werden nicht verwendet.
Einige Protokolle verwenden eine unzulässige Folge, wie z.B. high-high-low-low für ihre Rahmenbildung. Das hat den Vorteil, daß man keine redundanten Bits, wie bei der Bitstuffing-Methode, übertragen muß.
Der Einsatz von unzulässigen Codierungen ist Teil der IEEE 802-Norm.
Viele Protokolle in der Sicherungsschicht verwenden bei ihrer Rahmenbildung aus Sicherheitsgründen eine Kombination aus Zeichenzahlfeld und einer der anderen Methoden. Beim Empfang eines Rahmens wird mit Hilfe des Zeichenzahlfelds das Rah-

menende bestimmt. Nur wenn an der richtigen Stelle der Begrenzer steht und die Prüfsumme korrekt ist, wird der Rahmen als gültig angenommen.

4.4 Fehlererkennung

4.4.1 Blockweise Sicherung

Bei den Verfahren mit blockweiser Sicherung werden längere Bitfolgen gemeinsam gesichert. Am Ende eines Blocks werden ein oder zwei redundante Zeichen zur Absicherung des gesamten Blocks angefügt und zusammen mit dem Block übertragen. Zwischen Sender und Empfänger wird verabredet, wie diese Blockprüfzeichen (*block check character*, BCC) zu berechnen sind. Im Anschluß an die Übertragung berechnet der Empfänger erneut die Blockprüfzeichen. Weicht dieser Wert von dem mitgeschickten Wert des Senders ab, so liegt ein Fehler vor. Je nach vorher verabredetem Verfahren kann der Empfänger die Neu-Übertragung der verfälschten Daten veranlassen oder nicht.

Blocksicherung durch Längsparität:
Bei der Blocksicherung durch Längsparität werden ganze Übertragungsblöcke durch Paritätsbits gesichert. Abb. 76 veranschaulicht dieses Verfahren. In diesem Fall hat

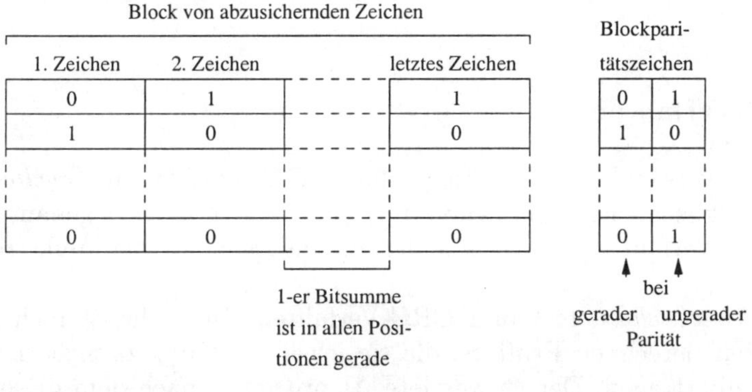

Abbildung 76: Schema für Blockparitätssicherung

der Code die Länge k, wobei jeweils das letzte, k-te Bit das zeichenweise genutzte Paritätsbit ist. Der Wert der einzelnen Bits des Blockparitätszeichens wird in gleicher Weise ermittelt wie bei der Zeichenparität. In Abhängigkeit von den Werten des jeweils i-ten Bits aller Zeichen im vorangehenden Block wird das i-te Bit des Paritätszeichens auf gerade oder ungerade Parität ergänzt.

Bewertung:
Die Blockparitätssicherung ist ähnlich zu bewerten wie die Zeichenparität. Die Verbesserung der Restfehlerwahrscheinlichkeit hängt von der Länge der zu sichernden Datenblöcke ab. Als Faustregel kann man eine Verbesserung um den Faktor 10 gegenüber der Zeichenparitätsprüfung angeben.
Wird ein Block durch ein langes oder viele kurze Fehlerbündel verstümmelt, ist die Wahrscheinlichkeit, daß eine der n Spalten zufällig die richtige Parität hat, gleich $0,5$. Die Wahrscheinlichkeit, daß ein fehlerhafter Block dennoch angenommen wird, ist gleich 2^{-n}.
In der Praxis verwendet man dieses Verfahren kaum, weil jede gerade Anzahl verfälschter Bits unerkannt bleibt, was im Hinblick auf das häufige Auftreten von Fehlerbündeln bei Übertragungen nicht akzeptabel ist.

Blocksicherung durch Summation:
Bei der Blocksicherung durch Summation werden alle Zeichen eines Blocks, d.h. die zugehörigen Bitfolgen, als numerische Werte interpretiert und aufsummiert. Wenn nur ein beschränkter Platz für die Blocksicherung zur Verfügung steht, muß man sich darüber einigen, wie man bei einem Überlauf verfährt.
Resultat einer solchen Berechnung ist eine Bitfolge festgelegter Länge. Im Normalfall entspricht sie der Codelänge von ein oder zwei Zeichen. Dieses Summationszeichen wird einfach an das Ende des Übertragungsblocks angehängt und zusammen mit diesem verschickt.

4.4.2 CRC-Verfahren

In der Praxis verwendet man häufig das **CRC-Verfahren** (*cyclic redundancy check*), auch zyklische Prüfsummenbildung oder Polynomcode genannt. Es ist ein leistungsfähiges Verfahren, das Blockfehler, die insbesondere bei Funkstrecken auftreten, erkennt.
BCC- (*block check character*) und CRC-Verfahren sind sehr ähnlich strukturiert. Beide Verfahren berechnen Prüfbits, die sie jeweils mit den zu sichernden Übertragungsblöcken übertragen. Der verwendete Algorithmus, nach dem diese Prüfzeichen gebildet werden, ist jedoch verschieden. Das CRC-Verfahren kann auf Bitfolgen beliebiger Länge angewendet werden, es arbeitet zeichencodeunabhängig.
Beim CRC-Verfahren werden Bitketten als Polynome mit den Koeffizienten 0 und 1 betrachtet.
110001 zum Beispiel, besteht aus sechs Bits und repräsentiert folglich ein Polynom mit sechs Termen und den Koeffizienten 1, 1, 0, 0, 0 und 1: $x^5 + x^4 + x^0$.
Polynomberechnungen werden modulo 2 durchgeführt. Es gibt also keinen Übertrag bei Addition und kein Borgen bei Subtraktion. Additions- und Subtraktionberechnungen sind identisch mit der Exklusiv-Oder-Operation. Dividiert wird wie im Dezimalsystem, nur wird die Subtraktion modulo 2 durchgeführt.

$$\begin{array}{r} 10011011 \\ +\ 11001010 \\ 01010001 \end{array}$$

$$\begin{array}{r} 11110000 \\ -\ 10100110 \\ 01010110 \end{array}$$

Beim CRC-Verfahren müssen sich Sender und Empfänger auf ein Generatorpolynom $G(x)$ einigen. Sowohl werthöchstes als auch wertniedrigstes Generatorbit müssen den Wert 1 haben.
Die Grundidee des CRC-Verfahrens besteht darin, eine Ausgleichszahl am Ende des Rahmens anzuhängen, und zwar so, daß das Polynom, das den ganzen Rahmen repräsentiert, durch $G(x)$ mit Rest 0 teilbar ist (Abb. 77).

Dazu wird an die Nachricht eine Anzahl von Nullen angehängt (und zwar eine weniger, als $G(x)$ Stellen hat) und dieser Term durch das Generatorpolynom geteilt. Der daraus resultierende Rest wird zur Nachricht addiert, und der gesamte Rahmen verschickt. Der Empfänger teilt den erhaltenen Rahmen durch das ihm bekannte Generatorpolynom $G(x)$. Ergibt sich ein Divisionsrest $\neq 0$, so ist der Rahmen fehlerhaft und muß verworfen werden. Andernfalls entfernt der Empfänger die an die Nachricht angehängten Bits, die den Divisionsrest repräsentieren, und leitet die Nachricht weiter.

Fehlererkennung:
Von einem Übertragungsfehler spricht man, wenn beim Empfänger statt des Übertragungspolynoms $T(x)$ das Polynom $H(x) = T(x) + E(x)$ ankommt, mit $E(x)$ als Fehlerpolynom. Jedes 1-Bit in $E(x)$ entspricht einem invertierten Bit und somit einem Einzelbitfehler. Nach Empfang des Rahmens inklusive Prüfsumme teilt ihn der Empfänger durch $G(x)$, also $[T(x) + E(x)]/G(x)$. Der Divisionsrest von $T(x)/G(x)$ ist immer gleich Null, also bleibt nur noch die Berechnung von $E(x)/G(x)$. Nur die Fehler, die zufälligerweise Polynomen mit $G(x)$ als Faktor entsprechen, werden nicht entdeckt, alle anderen schon.
Bei einem Einzelbitfehler ist $E(x) = x^i$, wobei i bestimmt, welches Bit fehlerhaft ist. Enthält $G(x)$ zwei oder mehr Terme, so kann $E(x)$ nie durch diese geteilt werden, d.h. alle Einzelfehler können aufgedeckt werden.
Treten zwei isolierte Einzelfehler auf, dann ist $E(x) = x^i + x^j$, wobei gilt: $i > j$. Man kann diese Formel auch folgendermaßen schreiben: $E(x) = x^i(x^{i-j} + 1)$. Unter der Annahme, daß $G(x)$ nicht durch x teilbar ist, reicht zur Aufdeckung aller

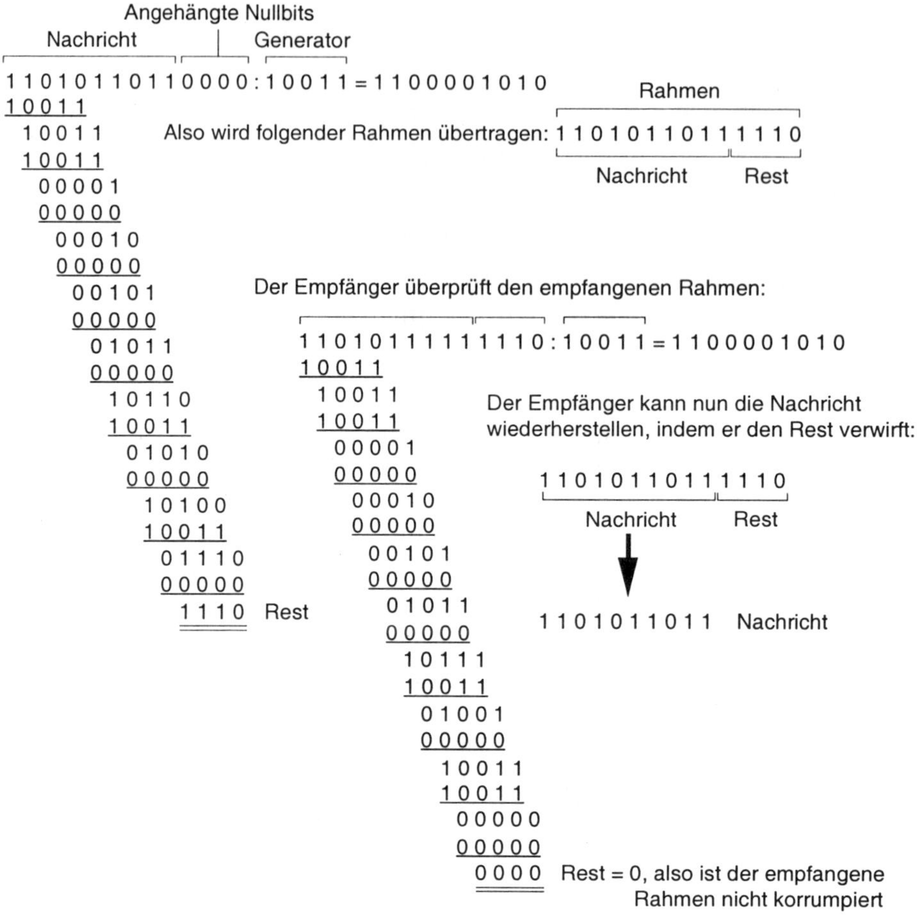

Abbildung 77: Berechnung der Polynom-Prüfsumme

Doppelfehler aus, daß $G(x)$ nicht durch $x^k + 1$ teilbar ist und zwar für jedes k bis zu einem Maximalwert von $i - j$ (d.h. bis zur maximalen Rahmengröße).
Schon einfache Polynome können lange Rahmen schützen, z.B. teilt $x^{15} + x^{14} + 1$ den Ausdruck $x^k + 1$ für kein k unter 32 768.
Ist die Anzahl der fehlerhaften Bits ungerade, so enthält $E(x)$ eine ungerade Zahl von Termen (z.B. $x^5 + x^2 + 1$, aber nicht $x^2 + 1$). Interessanterweise gibt es kein Polynom mit einer ungeraden Anzahl von Termen, das $x + 1$ als Faktor im modulo-2-System hat.
Durch Verwendung von $x + 1$ als Faktor von $G(x)$ kann man alle Fehler finden, die aus einer ungeraden Anzahl invertierter Bits bestehen.
Schließlich erkennt ein Polynomcode mit r Prüfbits alle Fehlerbündel der Länge $\leq r$. Ein Fehlerbündel der Länge k kann durch $x^i(x^{k-1} + \ldots + 1)$ dargestellt werden, wobei

i angibt, wie weit das Fehlerbündel vom rechten Ende des empfangenen Rahmens entfernt ist.
Enhält $G(x)$ einen x^0-Term, dann hat es keinen x^i-Term als Faktor; wenn also der Grad des Ausdrucks in Klammern geringer ist als der Grad von $G(x)$, dann kann der Rest niemals gleich Null sein.
Sei $r+1$ die Länge des Fehlerbündels. Wenn das Fehlerbündel identisch mit $G(x)$ ist, dann (und nur dann) nimmt der Rest der Division durch $G(x)$ den Wert 0 an. Bei einem Fehlerbündel ist das erste und letzte Bit per Definition 1; folglich hängt die Identität von den $r-1$ dazwischenliegenden Bits ab. Werden alle Kombinationen als gleich wahrscheinlich angenommen, so liegt die Wahrscheinlichkeit, daß ein solcher fehlerhafter Rahmen angenommen wird, bei $\frac{1}{2^{r-1}}$.
Bei Fehlerbündeln, die länger als $r+1$ sind, ist die Wahrscheinlichkeit, daß ein fehlerhafter Rahmen unbemerkt angenommen wird, gleich $\frac{1}{2r}$ (unter Annahme, daß alle Bitmuster gleich wahrscheinlich sind).
International genormte Polynome:

$$\begin{aligned} CRC-12 &= x^{12}+x^{11}+x^3+x^2+x^1+1 \\ CRC-16 &= x^{16}+x^{15}+x^2+1 \\ CRC-CCITT &= x^{16}+x^{12}+x^5+1 \end{aligned}$$

Alle drei Normen enthalten $x+1$ als Hauptfaktor. CRC-12 wird bei einer Zeichenlänge von 6 Bits eingesetzt, die anderen bei 8-Bit-Zeichen.
Eine 16-Bit-Prüfsumme wie CRC-16 oder CRC-CCITT entdeckt alle Einzel- und Doppelfehler, alle Fehler mit ungerader Bitanzahl, alle Fehlerbündel mit 16 oder weniger Bits, 99,997% aller 17-Bit-Fehlerbündel und 99, 998% aller Fehlerbündel mit 18 oder mehr Bits. Aus diesem Grund ist CRC das gemeinhin bevorzugte Fehlererkennungsverfahren. Die Polynomdivision kann durch einen einfachen Algorithmus realisiert werden (Abb. 4.4.2). In Paketnetzen typischer Grösse werden wenige Pakete jährlich unentdeckt verfälscht, wobei Generatorpolynome hohen Grades verwendet sind. Überraschendeweise lassen sich Divisionen in der "+" basierten Arithmetik sehr einfach durchführen mittels rückgekoppelter Schieberegister [PETE 61].

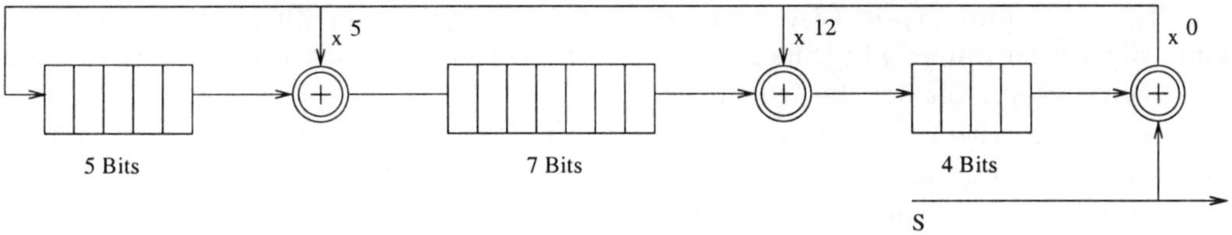

Abbildung 78: Beispiel HDLC $G_r = 2^{16} + 2^{12} + 2^5 + 1$

4.5 Flußkontrolle

4.5.1 Problemstellung

Aufgabe der **Flußkontrolle** (*flow control*) ist es, dafür zu sorgen, daß die Datenübertragungsrate des Senders kompatibel ist mit der Rate, die der Empfänger aufnehmen kann. Das heißt konkret: Kommuniziert eine leistungsfähige Quelle mit einer schwächeren Senke, so muß verhindert werden, daß diese mit Daten überflutet wird. Die Flußkontrolle sichert also den punktuellen Zu- und Abfluß von Daten auf einer Übertragungsstrecke oder logischen Verbindung.
Dem gegenüber steht die **Staukontrolle** (*congestion flow*), die in der Literatur manchmal fälschlicherweise mit der Flußkontrolle gleichgesetzt wird. Aufgabe der Staukontrolle ist es, die Anzahl der Rahmen im gesamten Netz so zu beschränken, daß keine Überlastung entsteht. Sie arbeitet somit netzglobal und wird in der Vermittlungsschicht behandelt.

4.5.2 Mechanismen der Flußsteuerung

Die Flußsteuerung ist nicht für die Übergabe oder den Transport von Benutzerdatenblocks zuständig, sondern für die Steuerung ganzer Folgen von Blöcken.
Um einzelne, aufeinanderfolgende Übertragungsblöcke unterscheiden und identifizieren zu können, werden sie durchlaufend numeriert.
Diese **Sequenznummern** stehen meist im Kopf eines Rahmens. Je nach Flußsteuerungsverfahren variieren die Sequenznummern zwischen 1 und einem beliebigen Maximum.
Bei einer Datenübertragung müssen drei verschiedene Geschwindigkeiten aufeinander abgestimmt werden:

1. Die Geschwindigkeit, mit der die Quelle Daten freigibt

2. Die Geschwindigkeit, mit der das Netz Daten zwischen Quelle und Senke transportieren kann

3. Die Geschwindigkeit, mit der die Senke Daten annehmen kann

Ist (1) $<$ (2) und (1) $<$ (3), dann ist eine Flußregulierung überflüssig: das Netz kann die Daten immer abnehmen und die Senke erhält die Daten höchstens mit der Geschwindigkeit, mit der die Quelle arbeitet.
Problematisch wird es erst, wenn eine der beiden Voraussetzungen nicht mehr erfüllt ist; ohne Flußsteuerungsmechanismen kommt es dann mit sehr großer Wahrscheinlichkeit zu Kommunikationsstörungen.
Gilt (1) $>$ (2) oder (2) $>$ (3), so müssen lokale Flußkontrollmaßnahmen Abhilfe schaffen.
Falls (1) $>$ (3), so kommt es zu einem Mißverhältnis zwischen den kommunizierenden

Endteilnehmern. An dieser Stelle ist eine Flußkontrolle unbedingt erforderlich.
In den folgenden Abschnitten werden zwei Protokolle der Flußsteuerung besprochen: Stop-and-Wait-Protokoll und Schiebefensterprotokoll.

4.5.3 Stop-and-Wait-Protokoll

Bei einem Stop-and-Wait-Protokoll können Daten zu einem bestimmten Zeitpunkt nur in eine Richtung übertragen werden (Halbduplex-Kanal).
Anfänglich gehen wir von einem fehlerfreien Kommunikationskanal aus, in dem Rahmen weder verloren gehen, noch verändert werden. Aufgabe der Flußsteuerung ist es dann nur, den Sender davon abzuhalten, den Empfänger schneller mit Daten zu überschwemmen als dieser sie abarbeiten kann.
Falls die Empfängerhardware die erhaltenen Daten nicht automatisch zwischenspeichert und auch keine Warteschlangen anlegt, darf der Sender erst dann einen neuen Rahmen abschicken, wenn der zuvor geschickte abgeholt worden ist, damit es zu keiner Überflutung des Empfängers kommt.
Um dieses Problem zu lösen, schickt der Empfänger nach Erhalt eines Rahmens oder Blocks eine Rückmeldung (*acknowledgement*) an den Sender. Dieser wartet mit dem Abschicken eines neuen Rahmens so lange, bis er die Rückmeldung des Empfängers bekommen hat.
Protokolle, in denen der Sender einen Rahmen schickt und dann auf die Rückmeldung wartet, werden **Stop-and-Wait-Protokolle** genannt.
In der Realität ist eine Kommunikationsleitung jedoch selten fehlerfrei, denn Rahmen können zerstört werden oder verlorengehen. Der Empfänger erkennt mit Hilfe der Prüfsummenberechnung, ob ein Rahmen beschädigt worden ist oder nicht. Nach

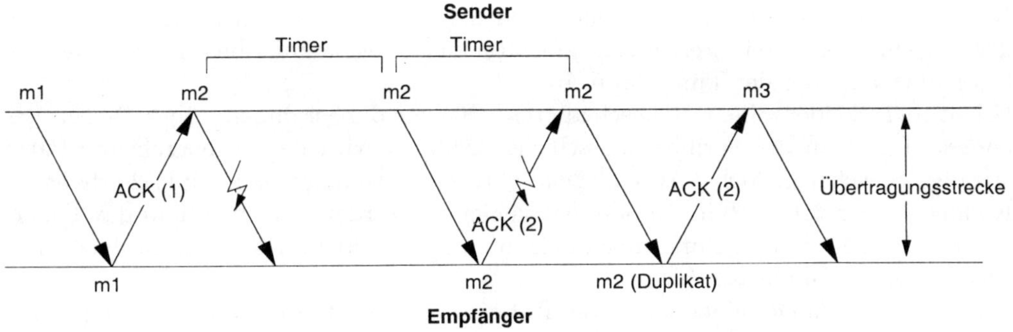

Abbildung 79: Stop-and-Wait-Prozedur bei gestörtem Kanal

Übertragung eines Rahmens schaltet der Sender seinen Timer ein. Dabei sollte für die Zeitspanne des Timers gelten:
$T_{Timer} = T_{Rahmen\ senden} + T_{Rahmen\ verarbeiten} + T_{Rückmelderahmen\ senden}$.

Läuft der Sendertimer zu früh ab, kann es zu einer Deadlock-Situation kommen. Der Empfänger bekommt dann nie die Möglichkeit, seine erhaltenen Rahmen zu bestätigen. Daraufhin überträgt der Sender ständig den gleichen Rahmen.
Kommen die Daten beim Empfänger nicht korrekt an, verwirft er sie und schickt keine Rückmeldung. Der Sender überträgt nach Ablauf des Timers erneut den ursprünglichen Rahmen, falls bis dahin keine Rückmeldung eingegangen ist. Dieser Vorgang wird so lange wiederholt, bis der Rahmen richtig beim Empfänger eingetroffen ist.
In der Sicherungsschicht muß außerdem verhindert werden, daß aufgrund mehrerer Übertragungsfehler, durch die auch Rückmelderahmen zerstört werden können, Pakete fälschlicherweise doppelt an die Vermittlungsschicht weitergegeben werden. Der Empfänger sollte deshalb Rahmen, die er zum ersten Mal erhalten hat, von erneut übertragenen Duplikaten unterscheiden können.
Dazu gibt der Sender im Nachrichtenkopf eines jeden gesendeten Rahmens eine Folge- oder Sequenznummer an.
Die Anzahl der erforderlichen Folgenummern kann man durch folgende Überlegung festlegen: Der Rahmen $m + 2$ wird nur dann geschickt, wenn eine Rückmeldung von $m + 1$ angekommen ist. Das setzt wiederum voraus, daß m korrekt empfangen worden ist und damit auch auf der anderen Seite sein Rückmeldungsrahmen. Deswegen können nur Verwechslungen zwischen einem Rahmen und seinem direkten Vorgänger oder Nachfolger vorkommen.
Geht Rahmen m verloren, wird er vom Empfänger nicht bestätigt und daraufhin vom Sender erneut gesendet.
Abhängig davon, ob die Rückmeldung beim Sender korrekt ankommt oder nicht, wird dieser den Rahmen m oder $m + 1$ schicken.
In unserem Fall genügen also Folgenummern mit nur einem Bit (also 0 oder 1). Sobald ein Rahmen mit korrekter Folgenummer ankommt, wird er angenommen und die erwartete Folgenummer im modulo-2-Verfahren inkrementiert.
Zusammenfassung der möglichen Szenarien eines Stop-and-Wait-Protokolls:
Nach der Übertragung eines Rahmens und dem Setzen des Timers wartet der Sender auf eines von drei Ereignissen: eine Rückmeldung kommt beschädigt oder unbeschädigt an, oder der Timer läuft ab.
Erhält der Sender einen unbeschädigten Rückmeldungsrahmen, übergibt er das nächste Paket an die Vermittlungsschicht. Dadurch wird das vorhergehende Paket aus dem Speicher gelöscht. Anschließend wird die Folgenummer modulo 2 erhöht.
Kommt ein zerstörter Rahmen oder gar keiner an, werden – nach Ablauf des Timers – weder Information im Puffer noch Folgenummer geändert. Der Sender schickt dem Empfänger ein Duplikat.
Erhält der Empfänger einen korrekten Rahmen, überprüft er seine Rahmenfolgenummer. Falls der Rahmen kein Duplikat ist, wird er angenommen, an die Vermittlungsschicht weitergegeben und anschließend für den Sender eine Rückmeldung erstellt.
Bewertung:
Bei einem Stop-and-Wait-Protokoll wird der Kanal nur sehr schlecht ausgelastet. Der Sender kann erst dann einen Rahmen schicken, wenn die Rückmeldung eingetroffen ist; der Empfänger kann erst nach Eintreffen eines Rahmens seine Rückmeldung

abschicken. Zwischen der Übertragung eines Rahmens und seines Nachfolgerahmens befindet sich der Kanal im *idle*-Zustand und zwar für den Zeitraum, der sich aus Übertragungszeit und Verzögerungszeit des Rückmelderahmens zusammensetzt.
Die Auslastung des Kanals ist dann sehr gering, wenn Kanalkapazität und Verzögerungszeit sehr groß sind. Bei einer Punkt-zu-Punkt-Verbindung zu einem Satelliten beträgt die Verzögerungszeit ungefähr 0,5 s. Anhand von Abb. 80 kann man sehen, wie gering die Kanalauslastung bei einer Übertragungsgeschwindigkeit von 50 kBit/s und 48-Bit langen Rückmelderahmen ist. Bei einer Rahmenlänge von mehreren Tausend Bits arbeitet der Kanal mit einer Effizienz zwischen 5 und 10 Prozent.

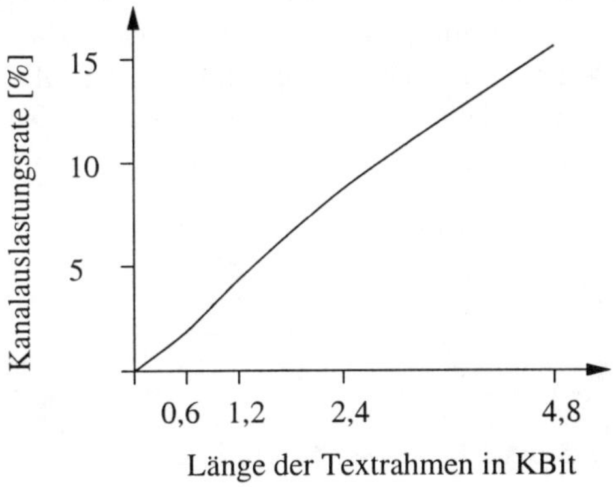

Abbildung 80: Auslastung einer Satellitenverbindung mit einem Stop-and-Wait-Protokoll

4.5.4 Schiebefensterprotokolle

Schiebefensterprotokolle können nur bei Vollduplex-Protokollen angewandt werden. Dabei bietet sich ein sehr praktisches Prinzip an. Schickt der Sender einen Rahmen, so verzögert der Empfänger die Übertragung seines Rückmelderahmens so lange, bis seine Vermittlungsschicht das nächste Paket übermittelt. Die Rückmeldung wird dann einfach an den ausgehenden Datenrahmen gehängt. Diese Methode bezeichnet man auch als **Piggybacking** oder Huckepackverschickung.
Die verfügbare Bandbreite des Kanals läßt sich damit wesentlich besser ausnutzen, da ein separater Rückmelderahmen aus Nachrichtenkopf, Rückmeldung und Prüfsumme besteht, also viel mehr Platz beansprucht (siehe Stop-and-Wait-Protokoll). Oft besteht eine Rückmeldung beim Piggybacking-Prinzip nur aus einem gesetzten Flag im Rahmenkopf des übertragenen Rahmens. Außerdem wird die Zielstation bei einer geringeren Anzahl von ankommenden Rahmen durch weniger Interrupts gestört.
Das Warten auf ein Paket der Empfänger-Vermittlungsschicht kann jedoch nicht beliebig lang dauern, da nach Ablauf des Sender-Timers der Rahmen noch einmal

übertragen wird. Werden aber zum gewünschten Zeitpunkt gerade keine Daten vom Empfänger zum ursprünglichen Sender übertragen, wartet der Empfänger eine zuvor festgelegte Zeitspanne und schickt dann einen separaten Rückmelderahmen. Da die Übertragungskapazität ohnehin ungenutzt ist, verschwendet der Rückmelderahmen keine Bandbreite des Kanals.

Bei **Schiebefensterprotokollen** (*sliding window protocols*) enthält jeder zu schickende Rahmen eine Folgenummer von 0 bis zu einem beliebigen Maximum. Das Maximum ist normalerweise gleich $2^n - 1$, damit die Folgenummer in ein n-Bit-Feld paßt (Stop-and-Wait-Protokolle benutzen $n = 1$).

Der Sender führt eine ständige Liste von aufeinanderfolgenden Folgenummern, deren Länge der Anzahl der Rahmen entspricht, die er schicken darf. Diese Rahmen passen also genau in das Sendefenster. Der Empfänger hat ein Empfangsfenster dessen Größe der Anzahl der Rahmen entspricht, die er empfangen darf. Die beiden Fenster müssen weder die gleiche Größe noch Ober- und Untergrenze haben.

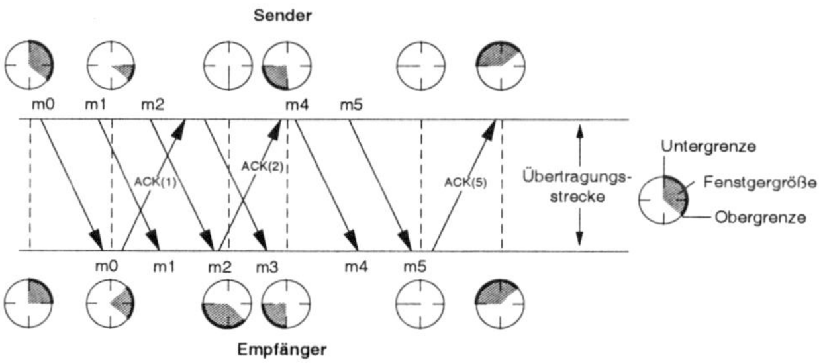

Abbildung 81: Schiebefenster der Größe 3 mit einer 3-Bit Folgenummer

Die Folgenummern im Sendefenster repräsentieren gesendete Rahmen, die noch nicht bestätigt worden sind. Kommt von der Vermittlungsschicht ein Paket, erhält es die nächsthöhere Folgenummer und die Obergrenze wird um eins verschoben. Wenn eine Rückmeldung eintrifft, wird die untere Begrenzung des Fensters weitergerückt. Die unbestätigten Rahmen werden aus dem Grund im Fenster behalten, damit sie bei Verlust erneut übertragen werden können. Beträgt die maximale Größe des Fensters n, so braucht der Sender n Puffer, um alle unbestätigten Rahmen aufnehmen zu können. Bei vollständiger Öffnung des Fensters könnten aber nicht mehr in allen Situationen Rückmeldungen eindeutig zugeordnet werden. Bei einer Fenstergröße 8, zum Beispiel, kann der Sender 8 Rahmen mit den Sequenznummern 0, 1, ..., 7 übertragen, ohne eine Rückmeldung empfangen zu haben. Wenn danach eine Rückmeldung mit der Sequenznummer 0 eintrifft, so ist dies die Laufnummer des nächsten erwarteten Rahmens. Das kann bedeuten, daß der erste Rahmen fehlerhaft empfangen wurde und erneut übertragen werden soll. Oder es kann dadurch implizit angedeutet werden, daß alle 8 übertragenen Rahmen positiv quittiert worden sind und somit das Sendefenster wieder ganz geöffnet werden kann. Deswegen sollte ein Flußfenster bis maximal $n - 1$ geöffnet werden.

Wächst das Fenster bis zur Höchstgrenze, so muß die Sicherungsschicht des Senders

die Vermittlungsschicht blockieren, bis der Puffer wieder frei ist.
Der Fenstergröße des Empfängers entspricht die Anzahl an Rahmen, die er empfangen kann. Jeder Rahmen, der nicht aufgenommen werden kann, wird zerstört. Rahmen, deren Folgenummer der Untergrenze des Fensters entsprechen, werden an die Vermittlungsschicht weitergegeben. Danach wird eine Rückmeldung erstellt und das Fenster um eins weiterbewegt.

Pipeline-Verarbeitung:
Beim Stop-and-Wait-Protokoll muß der Sender erst auf das Eintreffen einer Rückmeldung warten, bis er den nächsten Rahmen losschicken darf. Dabei kann es jedoch zu überaus großen Wartezeiten für den Sender kommen, denn in großen Netzen können die Übertragungszeiten sehr lang sein. Die Leitung wird für längere Zeit blockiert und kann nicht effektiv ausgenutzt werden.
Eine höhere Effizienz erzielt man durch Lockerung dieser Vorgabe. Der Sender darf bis zu w Rahmen abschicken (anstatt bisher nur einen), bevor er blockiert ist. Bei sinnvoller Wahl von w kann der Sender für die Dauer der Übertragung ununterbrochen Rahmen abschicken, ohne daß sein Fenster gefüllt wird. Diese Methode nennt man auch **Pipeline-Verarbeitung**.

Beispiel für $w = 26$:
Im Zeitpunkt $t = 0$ beginnt der Sender mit der Übertragung seines ersten Rahmens. Bei $t = 20$ ms ist die Übertragung beendet. Frühestens bei $t = 270$ ms kommt der Rahmen beim Empfänger an und frühestens bei $t = 520$ ms trifft die Rückmeldung ein. Mit den früheren Verfahren wäre der Sender ein Großteil der Zeit blockiert gewesen.
Bei $t = 520ms$ ist er im Idealfall mit der Übertragung von 26 Rahmen fertig; dann sollte gerade die Rückmeldung von Rahmen 0 eintreffen. Ungefähr alle 20 ms treffen die anderen Rahmen ein. Es sind also ständig zwischen 24 und 26 Rahmen nicht bestätigt.
Bei unzuverlässigen Leitungen ist dieses Verfahren jedoch wenig effektiv. Wenn inmitten eines langen Datenflusses ein Rahmen zerstört wird, so dauert es ziemlich lang, bis der Sender erfährt, daß ein Fehler aufgetreten ist. Was soll der Empfänger mit dem darauffolgenden korrekten Rahmen anfangen? Er ist ja verpflichtet, Rahmen in einer bestimmten Reihenfolge an die Vermittlungsschicht weiterzugeben.

Im folgenden Abschnitt werden zwei Methoden der Fehlerbehandlung beim Pipeline-Verfahren besprochen.

„Go back n":
Bei diesem Verfahren verwirft der Empfänger alle Rahmen, die nach einem zerstörten Rahmen ankommen und schickt keine Rückmeldungen. Nach Ablauf des Timers überträgt der Sender erneut alle unbestätigten Rahmen. (Abb. 82)
Dabei wird jedoch ein Großteil der zur Verfügung stehenden Bandbreite verschwendet.

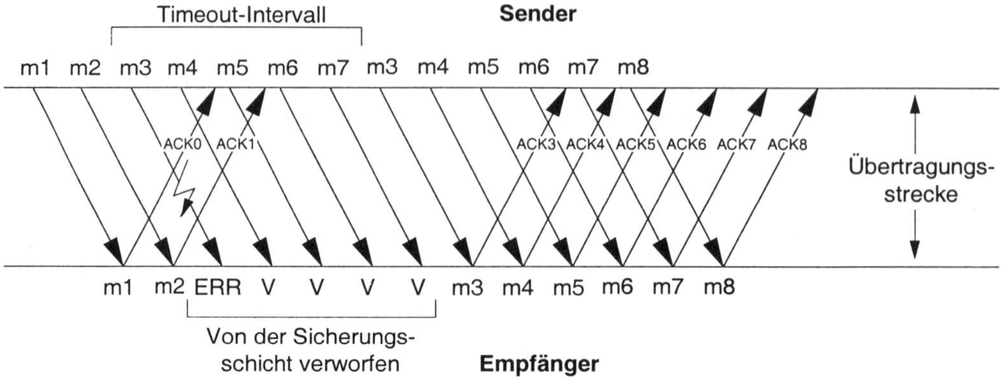

Abbildung 82: Beispiel für „Go back n“

Protokolle mit selektiver Wiederholung

Das Pipeline-Verfahren funktioniert nur bei wenig Übertragungsfehlern. Andernfalls wird zu viel Bandbreite bei der erneuten Rahmenübertragung verschwendet.

Beim Protokoll mit selektiver Wiederholung (Abb. 83) nimmt der Empfänger die Rahmen, die auf einen zerstörten oder verloren gegangenen Rahmen folgen, an und speichert sie vorläufig.

Sowohl Sender als auch Empfänger haben ein Fenster mit möglichen Folgenummern. Anfangs hat das Sendefenster die Größe 0, wächst dann aber im Lauf der Übertragung auf ein vorgegebenes Maximum an. Das Empfängerfenster hat immer eine festgelegte Größe, die diesem Maximum entspricht. Der Empfänger reserviert für jede Folgenummer in seinem Fenster einen Puffer. Für jeden Puffer existiert ein Bit, das angibt, ob der Speicher voll oder leer ist. Sobald ein Rahmen ankommt, wird über seine Folgenummer geprüft, ob er auch in das Fenster paßt. Wenn das der Fall ist und es sich nicht um ein Duplikat handelt, wird er gespeichert. Der Rahmen bleibt so lange im Speicher, bis alle Rahmen mit niedrigerer Folgenummer an die Vermittlungsschicht weitergegeben worden sind.

Bei Übertragungen ohne Beachtung der Reihenfolge treten bestimmte Probleme auf, die es bei Protokollen nie geben kann, die Rahmen nur in der richtigen Reihenfolge akzeptieren.

Schiebt der Empfänger sein Fenster weiter, so kann sich die neue Reihe der gültigen Folgenummern mit der schon dagewesenen überschneiden. Um dies zu verhindern, darf das Empfängerfenster höchstens so groß sein, daß die Hälfte aller Folgenummern hineinpaßt.

Beispiel: 4 Bits für Folgenumern (0 bis 15)

Maximal acht Rahmen sollten unbestätigt sein. So kann der Empfänger eindeutig feststellen – wenn er gerade die Rahmen 0 bis 7 angenommen und sein Fenster für

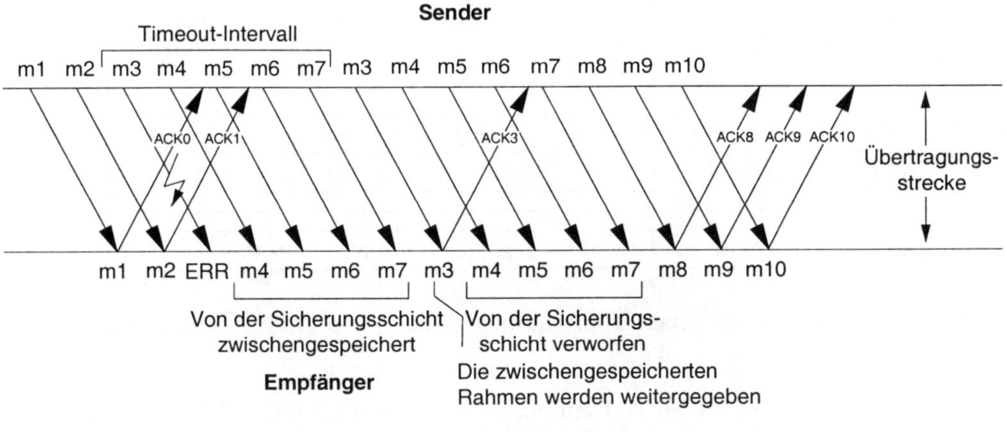

Abbildung 83: Protokoll mit selektiver Wiederholung

die Rahmen 8 bis 15 weitergeschoben hat –, ob die nachfolgenden Rahmen erneut geschickt worden (0 bis 7) oder neu angekommen (8 bis 15) sind.

4.6 BSC, HDLC

Anhand von zwei Übertragungsprozeduren soll in diesem Abschnitt der theoretische Hintergrund ein wenig verdeutlicht werden.

4.6.1 Synchrone Übertragungsverfahren:

BSC (*binary synchronous communication*) ist eines der ersten Kommunikationsprotokolle auf Einzelleitungen und wurde von IBM in den 60er Jahren entwickelt. Es ist nicht Teil des OSI-Modells. BSC gehört zu der Klasse **synchroner** Übertragungsprozeduren, für die auch der gebräuchliche Name *basic-mode*-Prozeduren verwendet wird.
Bei synchronen Übertragungsverfahren ist der Gleichlauf zwischen Sender und Empfänger über eine längere Zeitdauer (während der Übertragung) gewährleistet. Dem gegenüber stehen **asynchrone** Übertragungsverfahren, auch Start-Stop-Verfahren genannt, bei denen die Synchronisation zwischen Sender und Empfänger am Anfang und Ende jedes übertragenen Zeichens hergestellt wird (zeichenorientierte Übertragungsart).
Bei der synchronen Übertragung wird der Beginn der Übertragung einer Zeichenfolge (oder eines Übertragungsblocks) durch eine Folge spezieller Synchronisationszeichen gekennzeichnet.

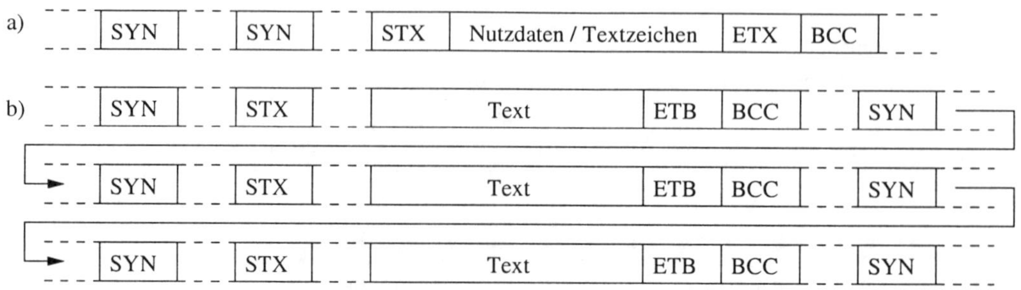

Abbildung 84: Aufbau eines Übertragungsblocks (a) und von Teilblöcken (b)

Abb. 84 zeigt den prinzipiellen Aufbau eines Übertragungsblocks. Die Synchronisation erfolgt durch zwei bis vier SYN-Zeichen. Der Anfang des Blocks wird durch STX (*start of text*), das Ende durch ETX (*end of text*) gekennzeichnet. Dazwischen liegen die zu übertragenden Nutzdaten. Am Schluß stehen zwei BCC-Zeichen (*block check character*), die für die Fehlersicherung verwendet werden.
Passen die Daten nicht in einen Block, so können Folgen von Teilblöcken gebildet werden, die jeweils mit dem Zeichen ETB (*end of text block*) enden und dem Empfänger dadurch anzeigen, daß noch weitere Daten folgen.
Im industriellen Bereich ist BSC die Standardprozedur, die für jeden datenübertragungsfähigen Mikro- oder Minirechner angeboten wird. Inzwischen gibt es so viele Weiterentwicklungen, daß unterschiedliche BSC-Versionen nicht immer gleich arbeiten. Siemens z.B. hat zwei firmenspezifische BSC-Adaptionen entwickelt: MSV1 und MSV2 (*medium speed variant*).
Alle *basic-mode*-Prozeduren sind jedoch zeichenorientiert, was größere Einschränkungen mit sich bringt:

- Zwischen Sender und Empfänger muß ein bestimmtes Alphabet verabredet werden.
- Innerhalb dieses Alphabets müssen spezielle Steuerzeichen für die Synchronisation und Blockbildung vorhanden sein (z.B. SYN, STX, ETB, ETX).
- Bei einem Alphabet mit einer Zeichenlänge von z.B. 8 Bits, können als Nutzdaten nur Bitfolgen übertragen werden, deren Länge eine Vielfaches von 8 sind.

Manchmal werden die *basic-mode*-Prozeduren deswegen auch als **zeichensynchrone** Verfahren bezeichnet.

Bitsynchrone Übertragungsverfahren:
Für uneingeschränkte Rechnerkommunikation ist eine derartige Zeichenorientierung jedoch unangemessen, da oft beliebige Bitfolgen, wie z.B. der Inhalt von Binärdateien übertragen werden sollen. Zu diesem Zweck verwendet man **bitsynchrone** (bitorientierte) Übertragungsverfahren, die durch folgende Punkte charakterisiert werden:

- Übertragungsblöcke werden als Rahmen (*frames*) bezeichnet, deren Inhalte aus Bitfolgen beliebiger Länge bestehen können.
- Anfang und Ende solcher Rahmen werden durch spezielle Bitfolgen (*flags*) gekennzeichnet.
- Die Fehlersicherung erfolgt durch das CRC-Verfahren. Die dazu verwendete Bitfolge wird im Anschluß an die Nutzdaten, unmittelbar vor dem den gesamten Rahmen begrenzenden *flag*, übertragen.

Ein solches **bitsynchrones** oder bitorientiertes Verfahren wurde erstmals von IBM in Form der **SDLC**-Prozedur (**synchronous data link control**) für deren **SNA** (**system network architecture**) entwickelt. ANSI modifizierte das SDLC-Protokoll zu **ADCCP** (**advanced data communications control protocol**); die ISO änderte es zu **HDLC** (**high-level data link control**); CCITT übernahm das HDLC-Protokoll und modifizierte es für ihr **LAP**(**link access procedure**, Leitungszugangsverfahren) als Teil der X.25-Norm und änderte es später nochmals zu LAPB, um so die Kompatibilität zu den späteren Versionen des HDLC zu gewährleisten.
All diese Protokolle sind bitorientiert und verwenden Bitstuffing, um die Datentransparenz zu gewährleisten.

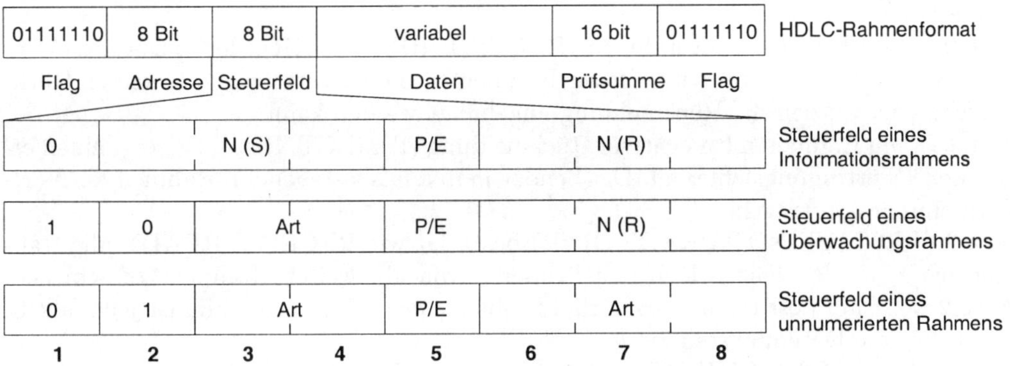

Abbildung 85: HDLC-Rahmenformat

Abb. 85 zeigt den Aufbau eines HDLC-Rahmens.
01111110 ist der Rahmenbegrenzer.
Die **Adresse** ist bei Übertragungsleitungen mit mehreren Stationen von Bedeutung, da damit ein bestimmtes Terminal identifiziert werden kann.

Das Feld **Steuerung** wird für Folgenummern, Rückmeldungen etc. verwendet.
Das Feld **Daten** kann Informationen aller Art mit beliebiger Länge enthalten.
Das Feld **Prüfsumme** stellt eine Variante des CRC-CCITT-Codes dar, mit der auch verlorene Flagbytes entdeckt werden können.
HDLC ist ein Vollduplex-Protokoll, die Flußsteuerung wird mit Hilfe des Sliding Windowmechanismus geregelt und durch Verwenden von Piggybacking kann die Bandbreite besser ausgenutzt werden.
Beim HDLC-Protokoll unterscheidet man drei Rahmenformate: den Informationsrahmen (I-Rahmen, *information format*) für die eigentliche Informationsverarbeitung, den Überwachungsrahmen (S-Rahmen, *supervisory format*) für die Steuerung während der Datenübertragungsphase und den unnumerierten Rahmen (U-Rahmen, *unnumbered format*) für die Verbindungseröffnung und -beendigung.
Das Feld *Steuerung* legt die Bedeutung des betreffenden Rahmens fest.
Der **Informationsrahmen** wird durch eine 0 an der ersten Stelle des Steuerungsfeldes charakterisiert.
N(S) gibt die Nummer (modulo 8) des übertragenen Rahmens an; N(R) gibt die Nummer (modulo 8) des nächsten erwarteten Rahmens an, mit dem impliziten Hinweis, daß die Rahmen bis zu $N(R) - 1$ korrekt angekommen sind.
Das Bit **P/E** steht für *Poll/End*. Es wird eingesetzt, wenn ein Rechner (Primärstation) eine Gruppe von Terminals (Sekundärstationen) zyklisch abfragt. Steht das Bit auf P, so erlaubt der Rechner dem Terminal, seine Daten abzuschicken. Alle vom Terminal geschickten Rahmen, außer dem letzten, haben dann das P/E–Bit auf P gesetzt; im letzten steht es auf E.
Ein **Überwachungsrahmen** wird durch die Kombination 1 0 in den ersten zwei Bits des Steuerfelds gekennzeichnet.
Mit Hilfe des Art-Feldes (Bit 3 und 4) werden verschiedene Arten von Überwachungsrahmen unterschieden:
Art 0 ist ein Rückmeldungsrahmen (RECEIVE READY, RR), der anzeigt, daß der nächste Rahmen erwartet wird. Dieser Rahmen wird eingesetzt, wenn es keinen Rückverkehr gibt, an den die Rückmeldung angehängt werden kann.
Art 1 ist ein Rahmen mit negativer Rückmeldung (REJECT, REJ). Er zeigt einen erkannten Übertragungsfehler an. Der Sender muß alle ausstehenden Rahmen ab $N(R)$ noch einmal übertragen.
Art 2 (RECEIVE NOT READY, RNR) bestätigt wie RECEIVE READY alle Rahmen bis zu $N(R)$, hält jedoch den Sender davon ab, weitere Rahmen zu schicken. ART 2 weist auf bestimmte kurzzeitige Probleme des Empfängers hin, ist jedoch kein Ersatz für die Datenflußsteuerung.
Art 3 (SELECTIVE REJECT, SREJ) bittet um Wiederholung eines ganz bestimmten Rahmens. HDLC und ADCCP lassen diesen Rahmentyp zu, SDLC und LAPB nicht (Art-3-Rahmen sind dort nicht definiert).
Einen **unnumerierten Rahmen** erkennt man an dem Bitmuster 1 1 in den ersten beiden Bits des Steuerfelds. Da es keine Rahmennumerierung gibt, ist Platz für 32 Befehle. Es werden jedoch nicht alle 32 Möglichkeiten verwendet.

DISC	(*disconnect*) Ankündigung eines Rechners sich abzuschalten, die Verbindung abzubauen
SNRM	(*set normal response mode*) Wiedereintritt eines Rechners ins Netz, Setzen der Folgenummern auf Null. Aufbau ist asymmetrisch: Master-/Slave-Verhältnis zwischen Sender und Empfänger
SABM	(*set asynchronous balanced mode*) Verbindungsaufbau mit gleichwertigen Partnern (nur bei HDLC und LAPB)
SABME	(*Set asynchronous balance mode extended*)
SNRME	(„E“: *extended*) Entsprechen weitgehend SABM und SNRM, erlauben aber erweitertes Rahmenformat mit 7-Bit-Folgenummern (statt nur 3-Bit Folgen)
FRMR	(*frame reject*) Zeigt an, daß Rahmen mit korrekter Prüfsumme, aber nicht akzeptabler Semantik angekommen sind (z.B. Überwachungsrahmen der Art 3 im LABP-Protokoll); FRMR enthält Datenfeld mit 24 Bits, das angibt, was mit Rahmen nicht in Ordnung war
UI	(*unnumbered information*) Enthält beliebige Information, die nicht für Vermittlungsschicht, sondern für die Sicherungsschicht des Empfängers gedacht ist
UA	(*unnumbered acknowledgement*) Bestätigung von Steuerrahmen, die genau wie Datenrahmen verloren gehen können

Die übrigen Steuerrahmen verwendet man für Initialisierung, Polling und Zustandsmeldungen.

SDLC-Protokoll:

Der Vollständigkeit halber soll noch kurz das SDLC-Protokoll erwähnt werden. Es ist dem HDLC-Protokoll aufgrund seiner geschichtlichen Entwicklung sehr ähnlich. Formate und Bedeutung der Rahmen sind so gut wie gleich.

SDLC unterscheidet jedoch strikt zwischen Primär- und Sekundärstation. Nur die Primärstation kann von sich aus aktiv werden. Die Sekundärstation darf nur nach Aufforderung der Primärstation Informationsrahmen senden. Zu diesem Zweck wird das P- bzw. E-Bit gesetzt (s.o).

4.7 Die Sicherungsschicht im Internet

Im Internet gibt es zwei Arten von Punkt zu Punkt Verbindungen: Verbindungen von Router zu Router, z.B. über Mietleitungen bei WANs und Wahlverbindungen über Telefonleitungen zwischen dem PC eines Anwenders und dem Router des Internet Dienstleisters. In beiden Fällen sind Punkt zu Punkt Protokolle der Siche-

rungsschicht erforderlich, die Rahmenbildung, Fehlerkontrolle und andere Funktionen dieser Schicht erledigen. Internet kennt dafür zwei Protokolle: SLIP und PPP.
Das **Serial Line Internet Protocol**, **SLIP**, ist ein sehr einfaches Protokoll zur Verbindung eines PC Anwenders mit einem entfernten Router zum Austausch von IP Paketen. SLIP beinhaltet Rahmenbildung, aber viele wichtige Funktionen fehlen, wie Fehlerbehandlung, Authentifizierung, Unterstützung von Netzen, die nicht IP als Sprache benutzen, z.B. Novell LANs.
Durch IETF entstand deshalb ein neues leistungsfähiges Punkt zu Punkt Sicherungsprotokoll, das **Point-to-Point Protocol**, **PPP**, definiert als offizieller Internet Standard in RFC 1661 bis RFC 1663. PPP behandelt Fehlerentdeckung, Authentifizierung, unterstützt mehrere Protokolle, erlaubt, daß IP Adressen beim Aufsetzen einer Verbindung ausgehandelt werden und hat noch weitere Verbesserungen gegenüber SLIP. Das PPP Rahmenformat entspricht fast dem HDLC Format, mit Ausnahme, daß PPP zeichenorientiert ist während HDLC bitorientiert arbeitet. Das PPP Rahmenformat umfaßt auch Fehlerbehandlung durch Prüfsummenbildung.
PPP beinhaltet weiter das Protokoll **Link Control Protocol**, **LPC**. LPC schaltet Leitungen an, prüft sie, verhandelt über Optionen und schaltet die Leitungen auch wieder ordnungsgemäß ab, wenn sie nicht länger gebraucht werden. LPC Optionen sind z.B. Absprachen zwischen PC Host und Server oder zwischen zwei Router über die maximale Länge des Feldes, das die Nachricht trägt.
Das Protokoll **Network Control Protocol**, **NCP**, dient zum Aushandeln von Optionen der darüberliegenden Vermittlungsschicht. Es gibt dazu verschiedene NCP Protokolle für die verschiedenen Vermittlungsschichten, z.B. IP, OSI. Eine Option ist z.B. die Vergabe von IP Adressen. Wenn z.B. viele Hosts an den Server eines Serviceanbieters angeschlossen sind, dieser Server aber nur wenige IP Adressen besitzt, werden diese IP Adressen den zu aktivierenden Verbindungen zugeteilt und nach deren Trennung wieder zurückgenommen.
Literatur: COME 95, FORD 93.

Literatur zu Kapitel 4: BLAC 93, HOLZ 91, JAIN 90, STEV 94, WALR 91.

4.8 Prüfungsfragen

Was sind die Aufgaben der OSI Schicht 2?
Welche Sicherungsverfahren gibt es?
Wozu braucht man Flußkontrolle?
Was ist Flußkontrolle und welche Mechanismen gibt es?
Was ist der Unterschied zwischen Stau- und Flußkontrolle?
Was versteht man unter einem Stop-and-Wait Protokoll?
Wie kann es bei Stop-and-Wait zu Deadlocks kommen?
Wie bestimmt die Zeit nach der der Sender bei Stop-and-Wait erneut ein Paket sendet?
Was sind die Nachteile von Stop-and-Wait und wie kann man es verbessern?
Erläutern Sie das Schiebefensterprotokoll?
Was versteht man unter Piggybacking?
Was versteht man unter Pipeline-Verarbeitung?
Wie funktioniert Go back n?
Erklären Sie BCC genauer.
Erläutern Sie das CRC - Verfahren!
Welches mathematische Prinzip steckt hinter CRC?
Welche Auswirkungen hat das Generatorpolynom bei CRC auf die Restfehlerrate?
Wie sichert man die richtige Reihenfolge ab?
Wie kann man Duplikate erkennen?
Was gibt es bei der Rahmenerstellung zu beachten?
Was versteht man unter Bytestuffing bzw. Bitstuffing?
Erklären Sie das HDLC Protokoll!

5 Vermittlungsschicht

5.1 Überblick

Die Vermittlungsschicht (*network layer*) hat die Aufgabe, Pakete von einem Rechner möglichst effizient und ohne Stau zu einem anderen Rechner zu bringen. Für diese Aufgabe werden bestimmte Leitwegbestimmungsalgorithmen (siehe Abschnitt 5.2) und Verfahren zur Staukontrolle oder Überlaststeuerung (siehe Abschnitt 5.3) in dieser Schicht implementiert.
In einigen Netzen läuft die Vermittlungsschicht in den Knotenrechnern und die Transportschicht in den Ziel- und Senderechnern (host). In diesem Zusammenhang wird der Begriff „Knotenrechner" als Überbegriff für Paketvermittlungsknoten (*packet switch node*), Transitsystem (*intermediate system*) und Datenvermittlungsstelle (*data switching exchange*) gebraucht. Somit ist die Schnittstelle zwischen Vermittlungsschicht und Transportschicht gleichzeitig die Grenze zwischen Host und eigentlichem Netz (*subnet*).
Da das Subnet oft von öffentlichen Anbietern (z.B. Telekom) betrieben wird, sind die Dienste, die die Vermittlungsschicht der Transportschicht anbietet, die Dienste, die der Benutzer vom Netzbetreiber verlangen kann.
Der Subnetanbieter kann das Subnet somit beliebig austauschen, solange die Dienstschnittstelle gleich bleibt. Der Benutzer muß keine Kenntnisse von den Abläufen im Subnet besitzen.
Der Benutzer und das Subnet müssen sich jedoch trotzdem ergänzen. Ist das Subnet nämlich unzuverlässig, muß der Host die Fehlerüberwachung und Flußsteuerung (in der Transportschicht) übernehmen. Auf der anderen Seite kann man sich eine doppelte Fehlererkennung und Flußsteuerung in der Transportschicht des Hosts sparen, wenn diese Aufgaben bereits die Vermittlungsschicht des Subnets übernimmt.
Je nachdem, ob man die Auffassung vertritt, daß das Subnet seine Aufgaben zuverlässig ausführen muß, oder ob man lieber auf die Sicherung der Kommunikation beim eigenen Host vertraut, wurden zwei verschiedene Dienste in der Vermittlungsschicht implementiert: die **verbindungsorientierten** und die **verbindungsunabhängigen Dienste**. Diese werden im Kapitel "Schichtunabhängige Protokollkonzepte" ausführlich diskutiert.
Abschnitt 5.2 befaßt sich mit bestimmten Leitungswegbestimmungsalgorithmen.
Die Leitwegbestimmungsstrategien, oft auch als Routingstrategien bezeichnet, lassen sich grob in zwei Klassen einteilen: statische bzw. nichtadaptive und dynamische bzw. adaptive Strategien.

Definition: (Nicht adaptive Verfahren)
Nichtadaptive Routingverfahren verwenden im allgemeinen im Voraus berechnete statische Wegeleitungstabellen. Schätzungen und Messungen des momentanen Datenverkehrs, Änderungen der Topologie (z.B. Ausfall eines Knotens) und Überlastungen einzelner Leitungen werden vom Routingverfahren nicht berücksichtigt: Die Wegelenkung paßt sich nicht selbstständig den Veränderungen der Netzsituation an.

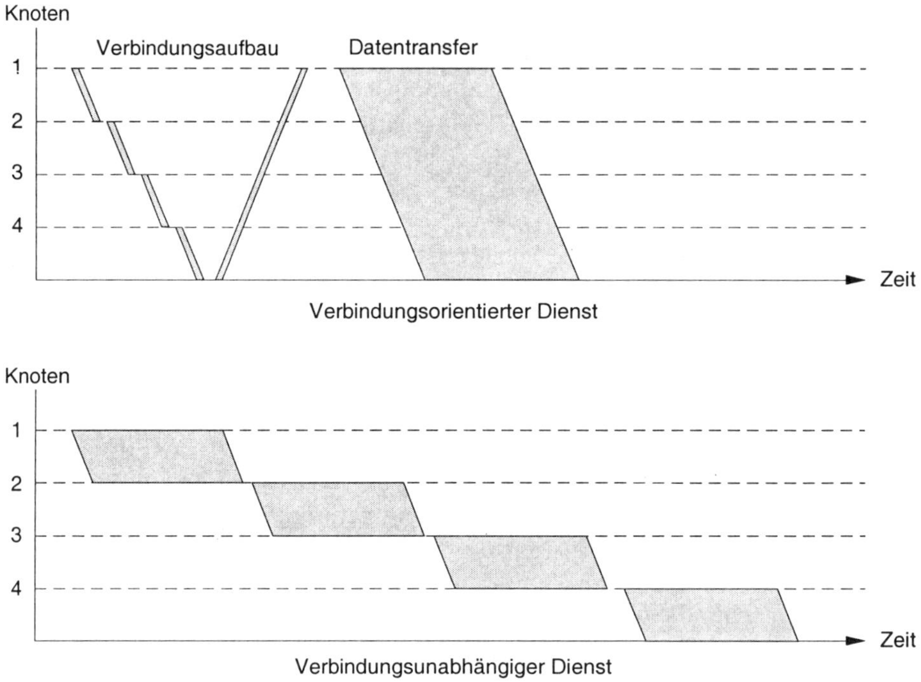

Abbildung 86: Verbindungorientierter und verbindungsunabhängiger Dienst

Beispiele für nicht adaptive Routingverfahren sind das Verfahren des kürzesten Weges (*shortest delay first* siehe Abschnitt 5.2.1) und das Überflutungsverfahren (*flooding* siehe Abschnitt 5.2.2).

Definition: (Adaptive Verfahren)
Adaptive Routingverfahren passen sich dem momentanen Zustand des Netzes an. Für die Wegewahl sind Veränderungen der Topologie oder die aktuelle Auslastung einer Leitung entscheidend. Für die Berücksichtigung des momentanen Netzzustandes ist ein Informationsaustausch zwischen den Knoten notwendig.

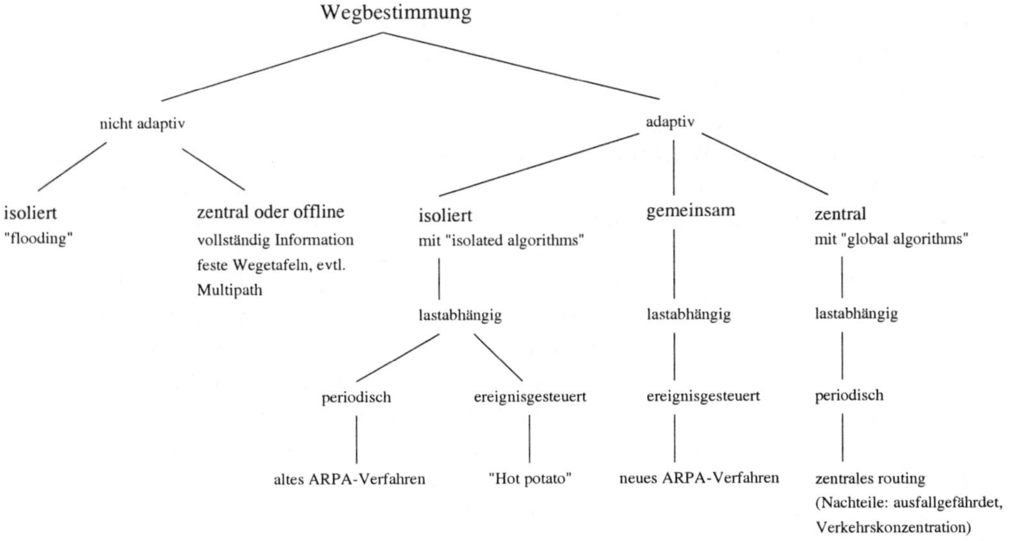

Abbildung 87: Praktisch wichtig: hierarchische Wegbestimmung

Es gibt drei Familien von adaptiven Routingverfahren:
Beim **isolierten adaptiven Routingverfahren** verwendet der Knoten nur die ihm lokal verfügbaren Informationen. Die Information kann aus dem Zustand des benachbarten Knotens, der Länge der Warteschlange vor der Leitung zum Nachbarn oder dem Ausfall eines Nachbarn bestehen. Ein Beispiel für ein isoliertes Routingverfahren ist das „Heiße Kartoffel - Verfahren (*hot-potato*)" (siehe Abschnitt 5.2.3).
Beim **zentralistischen adaptiven Routingverfahren** werden die Informationen aus dem ganzen Netz zusammengetragen. Der Knoten versucht dadurch eine optimale Entscheidung zu treffen.
Die Verbreitung der Informationen vermindert die nutzbare Netzkapazität. Außerdem kann eine Information veraltet sein, wenn sie in einem weit entfernten Teil des Netzes ankommt. Als Beispiel dient der Mehrfachleitwegbestimmungsalgorithmus (siehe Abschnitt 5.2.4).
Eine Kombination aus isoliertem und zentralistischem Routingverfahren wird **verteiltes Routingverfahren** genannt (siehe Abschnitt 5.2.5).
Die Verbindung zweier Netze mit verschiedenen Übertragungsprotokollen ist eine sehr schwierige Aufgabe, die Gateways zu lösen versuchen. Eine einfache Lösung gibt es aber, wenn eine Nachricht von einem Netz, z.B. einem LAN, in ein anderes, gleichartiges zu befördern ist, dazwischen jedoch ein fremdes verschiedenartiges Netz liegt. Dazu wird die Adresse der abgehenden Nachricht am Eingang zum fremden Netz in die Nutzdaten eingewickelt und dem fremden Netz als Nutznachricht übergeben. Am Eingang des Empfängernetzes wird die Adresse wieder ausgewickelt und so die Ori-

ginalnachricht hergestellt. Diese Methode heißt “tunneln“ (**tunneling**).

Abschnitt 5.3 behandelt Algorithmen zur Staukontrolle oder Überlaststeuerung. Bewegt sich eine große Anzahl von Paketen oder Datagrammen durch ein Netz von Leitungen von einem Knoten zu einem anderen, so kann es leicht zu Überlastungen einzelner Leitungen oder Knotenpunkte kommen. Überlastungen einzelner Leitungen oder Knoten führen zu einer deutlichen Verringerung des Netzdurchsatzes, weshalb man versucht, eventuell auftretende Stausituationen frühzeitig zu erkennen und zu vermeiden.

Eine analoge Situation ist uns aus dem Straßenverkehr bekannt: Die Verkehrsteilnehmer entsprechen dabei den Paketen oder Datagrammen, die Straßenkreuzungen den Netzknoten. Durch eine intelligente Verkehrsführung können Stausituationen besser vermieden werden (z.B.: Wenn bei einem Kreisverkehr einmündende Fahrzeuge Vorfahrt haben, dann wird der Kreisverkehr manchmal so gefüllt, daß der Abfluß aus dem Kreisverkehr behindert wird.). Bei Blockierungen von Straßen muß der Verkehr reduziert oder umgeleitet werden, um nicht noch andere Straßen zu blockieren.

Treten in einem Netz einmal gewisse Stausituationen auf, d.h. das Netz ist an bestimmten Stellen überlastet und es findet keine Stauregulierung statt, dann wird der Durchsatz stark behindert, weil eventuell auftretende Stausituationen auch auf intakte Leitungen Rückwirkungen haben können, oder Knoten mit der Verkehrsaufnahme nicht mehr fertig werden und Pakete oder Datagramme verlieren. Durch eine Überlaststeuerung versucht man das Netzverhalten an die maximale Transportkapazität anzupassen.

Die Entwicklung von Staukontrollstrategien wird dadurch erschwert, daß die Erkennung und Auflösung von Stausituationen netzglobale Aufgabenstellungen sind, deren Lokalisierung zunächst nicht möglich ist. Den einzelnen Netzknoten ist nicht bekannt, wieviele Pakete oder Datagramme sich momentan im Netz befinden, so daß eine Einschränkung des Netzzuganges auf die maximale Pufferkapazität des Netzes nicht möglich ist. Außerdem würde bei Einhaltung der Bedingung, daß nur soviele Pakete oder Datagramme vom Netz aufgenommen werden wie gesamte Pufferkapazität im Netz vorhanden ist, trotzdem eine lokale Überlastung eines einzelnen Knotens nicht verhindern werden können.

Die Flußsteuerung ist eine Aufgabe der Sicherungsschicht und regelt den Punkt-zu-Punkt Datenverkehr eines festen Sender - Empfänger Paares. Die Flußsteuerung reicht jedoch nicht aus, netzglobale Stausituationen zu vermeiden. Nur wenn beim Aufbau einer Verbindung zwischen zwei Teilnehmern in jedem beteiligten Knoten für beide Übertragungsrichtungen Nachrichtenpuffer exklusiv reserviert werden, werden Stausituationen weitgehend vermieden. Logisch entspricht eine solche Pufferzuteilung genau dem Leitungsvermittlungsverfahren. Zu Stausituationen kann es aber dennoch kommen, wenn alle Teilnehmer des Netzes nahezu gleichzeitig dem Netz große Datenmengen übergeben wollen. Die Überlastungssteuerung sorgt also für eine globale Bewältigung des Datenverkehrs zwischen den Knoten. Die Steuerung umfaßt das Verhalten der Knoten, der Leitungen und alle anderen Faktoren, die die Transportkapazität verringern können.

5.2 Leitwegbestimmungsalgorithmen

5.2.1 Verfahren des kürzesten Pfades

Zur Bestimmung der Leitwege nach dem kürzesten Pfad Algorithmus soll ein Netz mit folgendem Graph beschrieben werden:

$\mathcal{N}$	$= (\mathcal{K}, \mathcal{L})$ Netz aus Leitungen $\mathcal{L}$ und Knoten $\mathcal{K}$
$\mathcal{K}$	$= \{$i, i $\in N, 0 \leq i \leq n\}$ Menge der Knotenindices
$\mathcal{L}$	$= \{$(i, j) Verbindung von i nach j existiert$\}$
$W_{q \to z,f}$	$= \{$ (n, m) $\in \mathcal{L}$, (n, m) liegt auf dem f-ten Weg von Knoten q nach Knoten z$\}$
Kostenfunktionen:	
D_{qz}:	$W_{q \to z,f} \longmapsto x \in R$

D_{qz}^{opt} optimal, wenn gilt:
$\exists f(\forall f' : D_{qz}^{opt} = D_{qz}(W_{q \to z,f}) \leq D_{qz}(W_{q \to z,f'}))$

Algorithmus nach Dijkstra

Die Berechnung des kürzesten Pfades nach Dijkstra erfolgt folgendermaßen:
$D_{qz} = W_{qz}$ falls Knoten q und Knoten z benachbart sind und eine Leitung (q, z) vohanden ist,
$D_{qz} = \infty$ sonst.

Im k-ten Schritt (d.h. alle Knoten von 1 bis k dürfen in der Wegewahl berücksichtigt werden) wird D_{qz} folgendermaßen berechnet:
$D_{qz}^{(k)} = min(D_{qz}^{(k-1)}, D_{q\zeta}^{(k-1)} + D_{\zeta z}^{(k-1)})$
für $1 \leq \zeta \leq k$
Für k = n steht dann das Ergebnis fest. Im folgenden Beispiel gilt:
$\mathcal{K} = \{1, 2, \cdots, 6\}$
$\mathcal{L} = \{(1,2),(1,3),(1,4),(1,6),(2,3),(2,6),(3,5),(4,5)\}$
D_{qz} läßt sich aus der Tabelle ablesen:

q\ z	1	2	3	4	5	6
1	-	7	6	10	∞	15
2	7	-	2	∞	∞	5
3	6	2	-	∞	4	∞
4	10			-	∞	∞
5	∞				-	∞
6	15					-

Nach Dijkstra gilt:
$D_{ij} = D_{i\zeta} + D_{\zeta j}$

q\ z	1	2	3	4	5	6
1	-	7	6	10	∞	15
2	7	-	2	(∞)	∞	5
3	6	2	-	(∞)	4	(∞)
4	10			-	∞	(∞)
5	∞				-	∞
6	15					-

$\zeta = 1$						
q\ z	1	2	3	4	5	6
1	-	7	6	10	∞	15
2	7	-	2	17_1	∞	5
3	6	2	-	16_1	4	(21_1)
4	10	17_1		-	∞	(25_1)
5	∞	∞			-	∞
6	15	5				-

$\zeta = 2$						
q\ z	1	2	3	4	5	6
1	-	7	6	10	(∞)	(15)
2	7	-	2	17_1	(∞)	5
3	6	2	-	16_1	4	7_2
4	10	17_1	16_1	-	(∞)	22_2
5	∞	∞	4		-	(∞)
6	15	5	7_2			-

$\zeta = 3$						
q\ z	1	2	3	4	5	6
1	-	7	6	10	10_3	13_3
2		-	2	17_1	8_3	5
3			-	16_1	4	7_2
4	10	17_1	16_1	-	20_3	22_2
5				20_3	-	11_3
6				22_2		-

$\zeta = 4$						
q\ z	1	2	3	4	5	6
1	-	7	6	10	10_3	13_3
2		-	2	17_1	8_3	5
3			-	16_1	4	7_2
4				-	20_3	22_2
5	10_3	8_3	4	20_3	-	11_3
6					11_3	-

$\zeta = 5$						
q\ z	1	2	3	4	5	6
1	-	7	6	10	10_3	13_3
2		-	2	17_1	8_3	5
3			-	16_1	4	7_2
4				-	20_3	22_2
5					-	11_3
6	13_3	5	7_2	22_2	11_3	-

Endtabelle						
q\ z	1	2	3	4	5	6
1	-	7	6	10	10_3	13_3
2		-	2	17_1	8_3	5
3			-	16_1	4	7_2
4				-	20_3	22_2
5					-	11_3
6						-

Beispiele für Wegwahl:
Von Knoten 1 zum Knoten 5: Kosten: 10 über Knoten 3;
Von Knoten 1 zum Knoten 3 und von Knoten 3 zum Knoten 5 keine Zwischenknoten:
Ergebnis: Knoten 1 → Knoten 3 → Knoten 5
Von Knoten 5 zum Knoten 6: Kosten 11 über Knoten 3;
Von Knoten 5 zum Knoten 3 keine Zwischenknoten, aber von Knoten 3 zum Knoten 6 Zwischenknoten 2
Von Knoten 3 zum Knoten 2 und vom Knoten 2 zum Knoten 6 keine Zwischenknoten
Ergebnis: Knoten 5 → Knoten 3 → Knoten 2 → Knoten 6

5.2.2 Überflutung (*Flooding*)

Bei diesem Vefahren wird jede erhaltene Nachricht an alle Nachbarknoten, außer an den, von dem die Nachricht gekommen ist, weitergegeben. Dadurch werden sehr viele Duplikate erzeugt, deren Lebensdauer begrenzt werden muß. Dies kann durch einen **Zeitstempel** auf jedem Duplikat, nach dessen Ablauf das Duplikat vernichtet wird,

geschehen. Eine andere Möglichkeit ist ein Zähler (*hop counter*) im Nachrichtenkopf jedes Pakets oder Datagramms, der bei jedem Knoten um 1 erniedrigt wird.
Das Fluten des Netzes mit den Duplikaten belastet das Netz zwar stark, aber es kann auch nützlich sein, wenn z.B. bei verteilten Datenbankanwendungen alle Datenbanken auf den neuesten Stand gebracht werden sollen. Das Verfahren funktioniert auch dann, wenn sehr viele Knoten ausfallen, und ist sehr robust. Außerdem wird beim flooding - Verfahren der kürzeste Weg (*shortest delay*) immer gefunden.

5.2.3 „Heiße Kartoffel" (*Hot-Potato*) - Verfahren

Der bildhafte Name sagt schon viel über den Algorithmus aus. Denn bekommt man eine heiße Kartoffel in die Hand gedrückt, dann will man sie so schnell wie möglich wieder los werden. Genauso verfährt ein Knoten, dem ein Paket oder Datagramm übermittelt worden ist und der dann versucht, das Paket oder Datagramm auf alle Fälle so schnell wie möglich wieder abzuschicken. Dabei kann der Knoten das Paket z.B. auf die Ausgangsleitung legen, die die kürzeste Warteschlange hat. Hierbei kann es jedoch zu sehr großen Umwegen für die einzelnen Pakete kommen, weil die Ausgangsleitung mit der kürzesten Warteschlange gemeinhin nicht mit der Ausgangsleitung für den kürzesten Weg zusammenfällt. Zur stärkeren Zielorientierung hat man deshalb eine Bewertung der Ausgangsleitungen eingeführt, die, mit der Idee der kürzesten Warteschlange kombiniert, zu zielsicheren Routingentscheidungen führen soll.
Die Knotenverweilzeit wird zwar lokal minimiert, aber die netzglobale Transportzeit kann sich verlängern. Außerdem kann eine Lastsituation zur Blockade des gesamten Netzes führen, denn es werden selbst dann noch Datagramme oder Pakete angenommen, wenn der direkte Weg zum Ziel verstopft ist.
Jolly und Adams haben 1978 folgende Verfeinerung eingeführt:

- Für jede Ausgangsleitung wird eine maximale Länge der Warteschlange festgelegt. Es werden keine Datagramme oder Pakete mehr angenommen, wenn die Warteschlange voll ist.

- Beim vorletzten Knoten zum Ziel dürfen keine Umwege mehr begonnen werden, d.h. Datagramme oder Pakete müssen zwischengespeichert werden, bis die Leitung zum Zielknoten frei ist.

5.2.4 Mehrfachleitwegbestimmungsalgorithmus

Ein Nachteil der oben beschriebenen Leitwegbestimmungsalgorithmen ist, daß zwischen zwei Knoten nur der „beste" Pfad bestimmt wird. Es könnte aber mehrere gleich gute Pfade geben, auf die man die ganze Last verteilen könnte. (In obigen Beispiel wird sehr viel Verkehr über die Leitung von Knoten 2 nach Knoten 3 laufen; vielleicht ist es manchmal schneller, wenn eine Nachricht nicht von Knoten 6 über

Knoten 2 und 3 nach Knoten 5 läuft, sondern von Knoten 6 über Knoten 1 und 4 nach Knoten 5.).
Die Mehrfachleitwegbestimmung ist auf Datagramm - Subnets und Subnets mit virtuellen Verbindungen anwendbar. In jedem Netzknoten existiert eine Wegetabelle, die für alle möglichen Zielknoten den Nachbarknoten angibt, zu dem ein zum Zielknoten zu sendendes Paket oder Datagramm weitergeleitet werden soll. Um eine gleichmäßige Auslastung der Netzleitungen zu gewährleisten, wird die Tabelle so umgeformt, daß für ein bestimmtes Ziel mehrere Nachbarknoten mit Gewichtung (0.0 - 1.0) angegeben werden können. Kommt jetzt ein Paket oder Datagramm bei einem Knoten an, erzeugt der Knoten eine Zufallszahl y ($0 \leq y \leq 1$) und schickt dann das Paket oder Datagrammm zu dem Nachbarknoten, dessen Gewichtung größer als y ist.

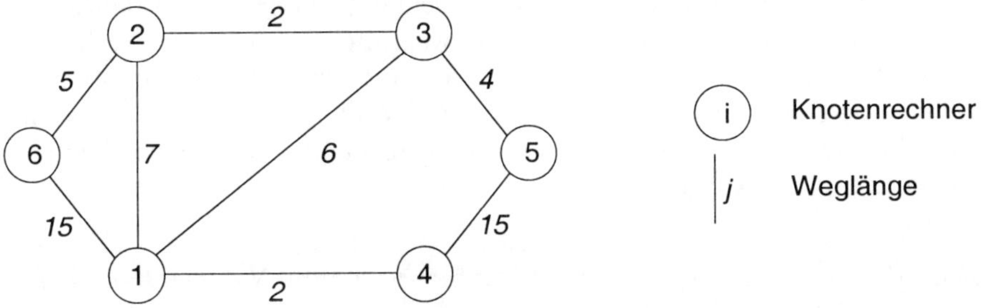

Zielknoten	1. Wahl		2. Wahl	
	Gew.	Nachbar	Gew.	Nachbar
1	0,60	1	0,70	6
2	—	—	—	—
3	0,55	3	0,65	1
4	0,40	1	0,50	3
5	0,60	3	0,70	1
6	0,65	6	0,75	1

Abbildung 88: Wegewahltabelle für Knoten 2 mit gewichteten Alternativen

Die Wegewahltabellen basieren im allgemeinen auf globale Optimierungen und werden vor Inbetriebnahme des Netzes berechnet. Jedoch muß die Tabelle bei Topologieveränderungen neu berechnet werden. Eine Anpasssung an die aktuelle Lastsituation ist nicht möglich. Die Tabellen für jeden Knoten werden in jedem Knotenrechner gespeichert, können aber prinzipiell auch in einem Zentralrechner gehalten werden.

5.2.5 Verteilter Leitwegbestimmungsalgorithmus

Dieser Leitwegbestimmungsalgorithmus wurde ursprünglich im ARPANET benutzt. Er sieht vor, daß in regelmäßigen Abständen jeder Knoten mit seinen Nachbarknoten Daten über den kürzesten Weg austauscht. Die erhaltenen Daten werden von jedem Knoten ausgewertet und in knoteneigene Tabellen eingetragen. Die Tabelle enthält für jeden Zielknoten im Subnet einen Eintrag über die Wegelänge und die bevorzugte Ausgangsleitung für diesen Zielknoten.
Jeder Knoten muß außerdem die Entfernung zu seinen Nachbarknoten kennen.
In den Parametern ,,Wegelänge" und ,,Entfernung" können nicht nur geometrische Werte aufgenommen werden, sondern auch Maße über die Teilstreckenanzahl, die geschätzen Verzögerungszeiten oder die Warteschlangenlänge berücksichtigt werden. Nachdem alle benachbarten Knoten ihre Leitwegtabellen ausgetauscht haben, weiß jeder Knoten Q durch die Addition der ,,Entfernung" zum Nachbarknoten mit dem Leittabelleneintrag des Nachbarknotens zum Ziel Z die ,,Wegelänge" zum Ziel über diesen Nachbarknoten. Das Minimum dieser errechneten Werte wird zum neuen Leittabelleneintrag des Knotens Q:

$$\begin{aligned} Leittabelleneintrag_{neu}(Q) = \ & min\{Entfernung\ zum\ Nachbarknoten\ K \\ & +Leittabelleneintrag\ (Nachbar\ K)\} \end{aligned}$$

Berechnung der Leitwegtabelle von Knoten 2:

	Leitwegtabelle von Nachbarknoten		
Zielknoten	(6)	(1)	(3)
1	12	-	6
2	5	7	2
3	7	6	-
4	22	10	16
5	11	10	4
6	-	12	7

Neue Messungen haben ergeben, daß die Weglänge zu den Nachbarknoten sich verändert haben:

	Wegelänge zum Nachbarknoten		
	(6)	(1)	(3)
Weglänge	6	15	2

Mit obigen Werten ergibt sich eine neue Leitwegtabelle für den Knoten 2:

Zielknoten	Weglänge	Nachbarknoten	Berechnung:		
1	8	3	$\min\{(6+12)_{über6},$	$(15)_{über1},$	$(2+6)_{über3}\ \}$
2	-	-			
3	2	3	$\min\{(6+7)_{über6},$	$(15+6)_{über1},$	$(2)_{über3}\ \}$
4	25	1	$\min\{(6+22)_{über6},$	$(15+10)_{über1},$	$(2+16)_{über3}\ \}$
5	6	3	$\min\{(6+11)_{über6},$	$(15+10)_{über1},$	$(2+4)_{über3}\ \}$
6	6	6	$\min\{(6)_{über6},$	$(15+12)_{über1},$	$(2+7)_{über3}\ \}$

An diesem Beispiel sieht man, daß nicht nach jeder Leitwegtabellenberechnung sofort der optimale Weg gefunden wird. Zwar ändert sich der optimale Weg von Knoten 2 nach Knoten 1, aber als der optimale Weg von Knoten 2 nach Knoten 4 wird nach wie vor der Weg über den Knoten 1 gewählt (siehe Tabelleneintrag), obwohl der Weg von Knoten 2 zum Knoten 4 über die Knoten 3 und 1 besser wäre.
Die optimalen Wege werden erst bei nachfolgenden Leitwegtabellenberechnungen gefunden.

5.3 Staukontrolle oder Überlastungssteuerung

5.3.1 Verwerfen von Paketen

Bei dieser Art der „Stauregulierung" wird ein Paket von einem Knoten verworfen, wenn kein Puffer für das Paket beim Knoten frei ist. Das Verfahren verstößt zwar gegen die allgemeinen Ziele beim Entwurf eines Netzes, soll aber der Vollständigkeit halber hier erwähnt werden.

- Wenn das Transportsystem einen verbindungslosen Dienst anbietet, werden Datagramme weggeworfen. Es sind keine weiteren Vorkehrungen erforderlich: Die Erkennung des Datenverlusts und eine eventuelle Neuübertragung ist in die Verantwortung und das Belieben der kommunizierenden Teilnehmer gestellt.

- Wenn das Transportsystem einen verbindungsorientierten Dienst realisiert, dann ist das unquittiert vernichtete Paket noch anderswo im Transportsystem gespeichert (in der Regel im Knoten am anderen Ende der Eingangsleitung, über die das weggeworfene Paket empfangen wurde). Es wird nach kurzer Zeit erneut übertragen und erst nach mehrmaligen, erfolglosen Übertragungsversuchen wird abgebrochen und die Quelle dieser Daten benachrichtigt, daß augenblicklich ihrem Übertragungswunsch nicht entsprochen werden kann.

Problematisch ist auch das Verwerfen von Paketen, die Quittungen enthalten, denn Quittungen könnten eventuell Puffer beim Knoten wieder frei machen, weil keine Kopie mehr nötig ist. Es muß also gewährleistet werden, daß Quittungspakete Vorrang haben und Pakete mit Quittungen erkannt werden. Hierfür kann man pro Eingangsleitung einen Puffer reservieren, um die Pakete wenigstens empfangen und nach Quittungen untersuchen zu können.

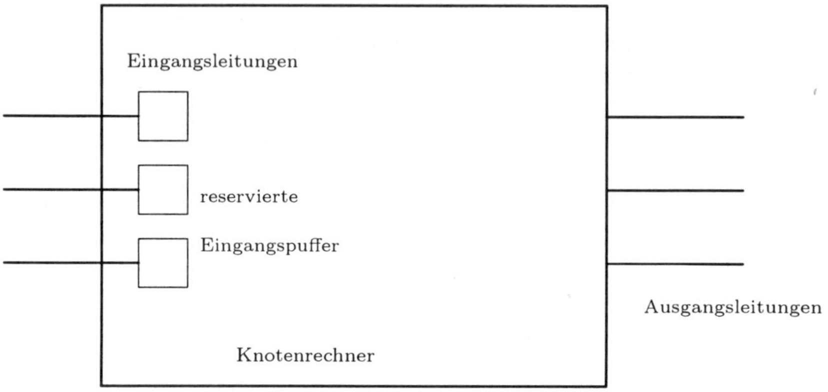

Abbildung 89: Knoten mit reservierten Puffern an Eingangsleitungen

5.3.2 Reservieren von Puffern

Beim Aufbau einer virtuellen Verbindung sucht sich das Verbindungsanforderungspaket einen Weg durch das Subnet von einem Knoten zum anderen und aktualisiert die Tabelleneinträge in jedem Knoten, so daß alle nachfolgenden Datenpakete den gleichen Weg nehmen können. Wird für die Überlaststeuerung der Weg gewählt, im vornherein Puffer für eine virtuelle Verbindung zu reservieren, so werden beim Verbindungsaufbau auch die Puffer für die nachfolgenden Datenpakete reserviert. Steht jedoch bei einem Verbindungsaufbau bei einem Knoten kein freier Puffer mehr zur Verfügung, so muß ein anderer Leitweg durch das Subnet gewählt werden oder ein „Besetzt - Zeichen" zur Quelle zurückgesendet werden.
Bei der Vergabe der Puffer an eine virtuelle Verbindung können verschiedene Regeln beachtet werden. Sind bei einem Knoten keine getrennten Ein- und Ausgangspuffer vorgesehen, und wird einer virtuellen Verbindung sämtlicher freie Pufferbereich zugeteilt, kann es zu einer Verklemmung kommen, wenn zwei benachbarte Knoten jeweils eine virtuelle Verbindung zum Nachbarknoten aufbauen wollen, aber kein freier Pufferbereich mehr vorhanden ist (Abb. 90).

Es muß also vermieden werden, daß eine Verbindung sämtlichen Pufferbereich für sich reservieren kann. Eine Abhilfe kann darin bestehen, daß für die Eingangs- und Ausgangsleitungen jeweils ein Puffer vorab reserviert ist. Somit kann jeder Knoten auf

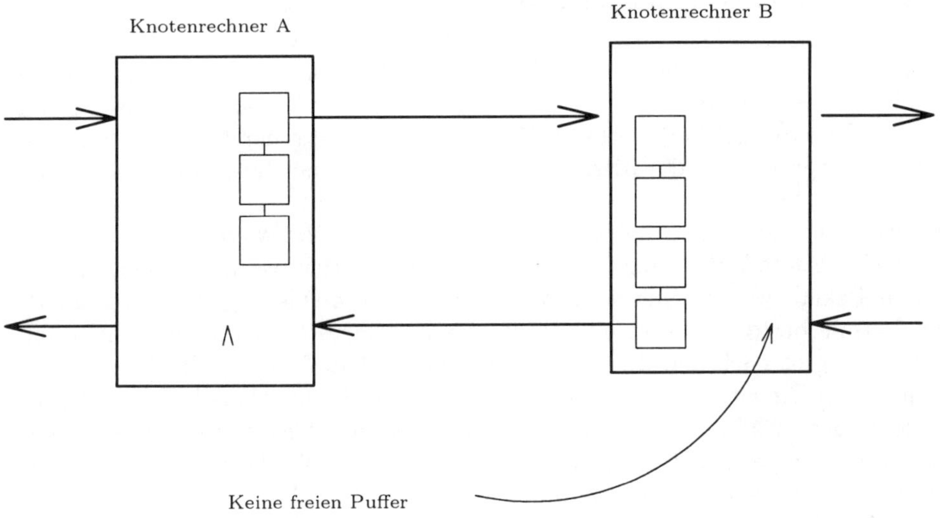

Abbildung 90: Verklemmung zweier benachbarter Knoten

alle Fälle noch Pakete empfangen und abschicken. Eine Beschränkung der Obergrenze für die Warteschlangenlänge (Pufferanzahl) vor jeder Ausgangsleitung erhöht den Knotendurchsatz zusätzlich.
Irland hat 1978 eine Faustregel für die Obergrenze aufgestellt. Die Obergrenze für die Warteschlangenlänge vor jeder Ausgangsleitung ist der Quotient aus der Anzahl p der Puffer des Knotens und der Quadratwurzel der Ausgangsleitungsanzahl a.

$$Obergrenze = \frac{p}{\sqrt{a}}$$

Beim ARPANET wird jeder Ausgangleitung eine Ober- und Untergrenze für die Warteschlangenlänge zugeordnet. Durch die Beschränkung der Warteschlangenlänge kann es natürlich leicht passieren, daß auf einer Ausgangsleitung noch andere Pakete übertragen werden sollen, obwohl die Warteschlange vor dieser Ausgangsleitung bereits voll ist. Somit müssen nach wie vor Pakete vernichtet oder Verbindungsanforderungen abgewiesen werden. Man versucht jedoch den Schaden zu minimieren, indem man das Paket vernichtet, das den kürzesten Weg zurückgelegt hat. Es kann also auch ein bereits gepuffertes Paket vernichtet und durch ein neues ersetzt werden. Eine weitere Verbesserung stellt sich ein, wenn ein bereits reservierter, aber unbenutzter Puffer (durch Timer zu erkennen) auch anderweitig wieder verwendet werden kann. Der Puffer muß dann neu angefordert werden.

5.3.3 Isarithmetische Staukontrolle

Die isarithmetische Stauregulierung wurde in Großbritannien im Rahmen einer Arbeit am *National Physics Laboratory* entwickelt (isarithmetisch: Verbindung durch Linien benachbarter Punkte gleicher Werte, z. B. Höhenlinien). Bei der Methode wird eine netzglobale Obergrenze für die Anzahl der Pakete im Subnet bestimmt (nach Davis 1972).
Um zu verhindern, daß die Obergrenze überschritten wird, werden genauso viele „Fahrkarten" (*permits*), wie Pakete gleichzeitig transportiert werden sollen, im Netz ausgegeben. Pakete werden nur dann angenommen, wenn der Quellrechner mindestens ein Permit besitzt. Das Paket nimmt die Fahrkarte bis zum Zielrechner mit. Der Zielrechner gibt nach dem Erhalt des Paketes die Fahrkarte wieder frei.
Wie bereits in der Einleitung zur Staukontrolle erwähnt, läßt die globale Beschränkung der Last keine Beschränkung der Last für einzelne Knoten zu. Einzelne Knoten können von Paketen überschwemmt werden. Die Fahrkarten müssen außerdem immer wieder gut verteilt werden, weil eine Ansammlung von Fahrkarten bei einem Rechner dazu führt, daß einige Rechner keine Permits zur Verfügung haben. Verlorengegangene Permits verringern die Gesamtleistung des Netzes, weil die Anzahl der Permits im Netz nicht gezählt werden kann.

5.3.4 Kanallastbegrenzung mit Verwarnungspaketen

Dieses Verfahren geht weniger auf die Pufferverwaltung ein, sondern versucht die Leitungsüberlastung zu vermeiden. Dabei überwacht jeder Knoten zyklisch seine Ausgangsleitungen. Ist eine Ausgangsleitung zu belastet (d.h. eine festgelegte Warteschlangenlänge ist überschritten), verschickt der Knoten an den oder die Verursacher der drohenden Überlastung eine Warnung (*choke-packet*). Die Adressen liegen dem Knoten in den gepufferten Paketen vor. Die Teilnehmer, die ein solches Choke-Paket erhalten, müssen dann für ein bestimmtes Zeitintervall ihre Datenerzeugung drosseln. In dem Zeitintervall schickt der Teilnehmer weniger Pakete ins Netz, dann beschleunigt er seine Datenerzeugung wieder langsam und muß auf neue Verwarnungen wieder verabredungsgemäß reagieren. Nimmt die Kanalbelastung trotz ausgesprochener Verwarnungen nicht erkennbar ab, so können auch Pakete vernichtet werden.
Ein Nachteil dieses Verfahrens ist, daß durch das Verschicken von Choke-Paketen noch zusätzlicher Datenverkehr entsteht. Ungünstig gewählte Parameter (wie Länge des Zeitintervals oder die Obergrenze der Warteschlange) können die Leistung des Netzes nachteilig beeinflussen.

5.3.5 Flußsteuerungsmechanismen

Flußsteuerungsmechanismen, die die Überladung von Knoten durch einen Nachbarknoten verhindern sollen, wurden in einigen Netzen (z.B. ARPANET) eingesetzt, um Überlastungen zu vermeiden. Ende-zu-Ende-Protokolle sind jedoch in einem Netz schwer zu implementieren.

5.3.6 Blockierungen

Eine Form der Überlastung ergibt sich, wenn sich zwei Knoten gegenseitig blockieren. An einem einfachen Beispiel erklärt, würde die Szenerie ungefähr so aussehen: Zwei Personen wollen sich gleichzeitig anrufen. Jeder würde nur ein Besetztzeichen erhalten und die Verbindung würde nicht zustande kommen.
Die einfachste Form von Blockierung (*deadlock*) ist der direkte Teilstreckenlockup (*store and forward lockup*), bei dem nach obigem Analogon Teilnehmer A Teilnehmer B blockiert und umgekehrt. Allerdings können alle anderen Personen untereinander kommunizieren. Dies ist jedoch bei Rechnernetzen anders: Dadurch daß alle Puffer von Knoten A und Knoten B durch Nachrichten an B bzw. A blockiert sind, können diese Knoten keine Nachrichten von anderern Knoten annehmen. Somit sind alle Wege über Knoten A und Knoten B blockiert.
Ein indirekter Teilstreckenlockup würde nach unserem Telefonmodell so aussehen: Teilnehmer A will Teilnehmer B, Teilnehmer B will Teilnehmer C, und dieser möchte wiederum Teilnehmer A gleichzeitig anrufen.
Zur Vermeidung von Blockierungen haben P. M. Merlin und P. J. Schweitzer 1980 ein Verfahren gefunden, das auf gerichtete Graphen zwischen den Puffern als Knoten basiert [MERL 80]. Die gerichteten Graphen lassen sich wie folgt konstruieren:

1. Gegeben sei ein Netz mit N Knoten und einem längsten Weg mit Länge M von einem Knoten zum anderen.

2. Jeder Knoten benötigt M+1 Puffer, die von 0 bis M durchnummeriert sind.

3. Von jedem Puffer i eines Knotens wird ein gerichteter Graph zum Puffer i+1 aller Nachbarknoten eingerichtet (Abb. 91). Die gerichteten Graphen werden nur zwischen den von den Leitwegbestimmungsalgorithmen bestimmten Wegen konstruiert.

Die Pakete oder Datagramme können nur entlang dieser gerichteten Graphen von einem Puffer an den anderen weitergegeben werden. Ein Paket wird am Quellknoten in den Puffer 0 gelegt. Von dort wird es in den Puffer 1 eines Nachbarknotens gelegt usw. Nach weiteren M-1 Schritten müßte das Paket oder Datagramm beim Ziel angekommen sein. Liegt ein Paket jedoch im Puffer M eines Knotens, dann ist das Paket durch eine Schleife gegangen und darf vernichtet werden.
Der Beweis, daß dieser Algorithmus Blockierungen verhindert, ist sehr einfach: Nehmen wir den schlimmsten Fall an, nämlich daß alle Puffer aller Knoten belegt sind. Nachdem die Puffer M aller Knoten immer wieder geleert werden, haben die Nachbarknoten die Möglichkeit, ihre Pakete in den Puffern M-1 zu übertragen. Somit

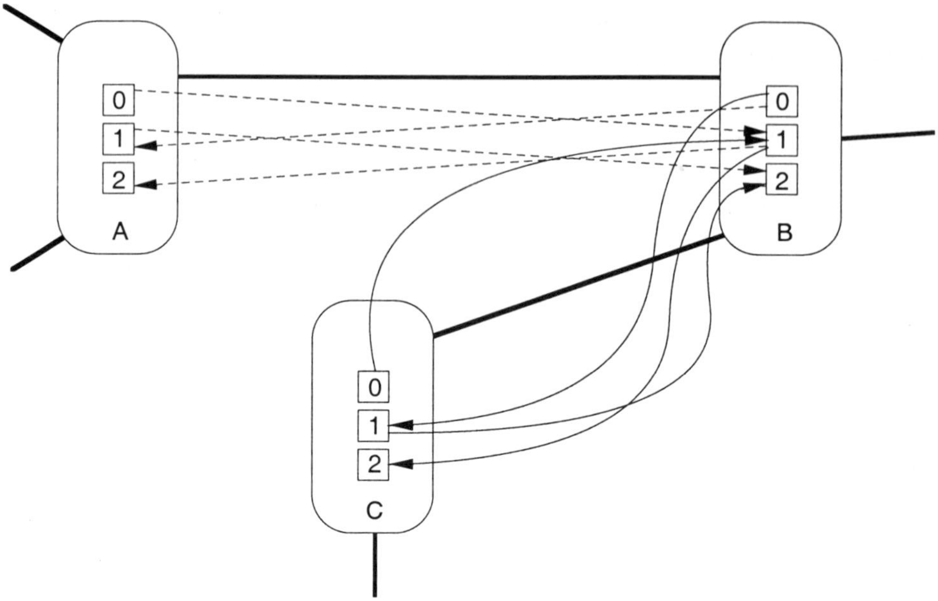

Abbildung 91: Gerichtete Graphen zwischen den Puffern

werden alle Puffer M-1 frei und die Nachbarknoten bekommen wiederum das Recht, ihre Pakete in den Puffern M-2 zu übertragen usw.
Viele Puffer bleiben jedoch mangels geeigneter Pakete immer oder oft leer.

Ein weiterer Algorithmus zur Verhinderung von Deadlocks wurde 1987 von Blacewicz veröffentlicht. Zur Durchführung muß jedoch jedes Paket oder Datagramm einen Zeitstempel tragen. Eine Synchronisation der Knotenuhren ist zwar nicht zwingend notwendig, aber sie erhöht die Fairness beträchtlich.
Außerdem soll jeder Knoten einen Eingangspuffer für jede Eingangsleitung reservieren, die anderen Pufferelemente sind frei für die Ausgangsleitungen verfügbar. Die Pakete werden gemäß ihres Zeitstempels in der Warteschlange der Ausgangsleitung abgelegt. Folgende Situationen können sich zwischen zwei benachbarten Knoten exemplarisch abspielen:
Knoten A hat ein wichtiges Paket für Knoten B, dabei kann Knoten B

1. einen freien Puffer zur Verfügung haben. Knoten A kann sein Paket somit einfach senden.

2. keinen freien Puffer haben, aber ein Paket für Knoten A in ihrer Ausgangsleitung nach A gespeichert haben. Durch die reservierten Eingangspuffer können Knoten A und B ihre Pakete austauschen. Dabei wird dann der Puffer verwendet, der gerade vom anderen Paket frei gemacht wurde.

3. weder einen freien Puffer noch ein Paket für den Knoten A haben. Jetzt wird der Knoten B gezwungen, ein nicht für den Knoten A bestimmtes Paket auszuwählen und wie im 2. Fall mit dem Paket von Knoten A auszutauschen.

Die Knoten tauschen permanent ihre ältesten Pakete über die unbenutzten Verbindungen aus. Dabei muß zwar manchmal ein junges Paket Umwege in Kauf nehmen, weil es durch ein älteres verdrängt wird, aber irgendwann wird das junge Paket zum ältesten und findet dann den kürzesten Weg zum Zielknoten.

5.3.7 Vereinigungsblockierung

Als Vereinigungsblockierung (*reassembly lockup*) bezeichnet man die Blockierung eines Hosts oder Knotens, bei dem verschiedene Pakete einer Nachricht angekommen sind, aber die Pakete nicht wieder zu einer ganzen Nachricht montiert und an die Transportschicht weitergegeben werden können, weil ein Folgenummerpaket fehlt und dieses Folgenummerpaket nicht mehr aufgenommen werden kann, weil alle Puffer bereits belegt sind. Die verschiedenen Pakete blockieren somit den Host.

Bei der Realisierung des ARPANETs hat man folgende Lösung gewählt: der Quellknoten fragt den Zielknoten um Erlaubnis, eine Mehrpaketnachricht senden zu dürfen. Der Zielknoten schafft genügend Puffer, um die ankommenden Pakete wieder zu einer Nachricht vereinigen zu können. Die Nachrichten bestehen beim ARPANET jedoch nur zu 4 % aus Mehrpaketnachrichten.

5.4 Die Vermittlungsschicht im Internet

Das Internet ist hierarchisch gegliedert: Breite Verkehrsadern (**backbones**) überspannen und verbinden Kontinente, daran angeschlossen sind in einer zweiten Ebene nationale, regionale oder firmenspezifische Verteilnetze an denen schließlich in einer dritten Ebene lokale Netze hängen. Die zentrale Funktion des **Internet Protokolls, IP**, ist genau spezifizierte Datagramme vom Absender zum Empfänger zu befördern, ohne Rücksicht darauf, ob sendende und empfangende Maschine zum gleichen Netz gehören oder ob andere Netze dazwischenliegen. Der Ablauf ist dabei wie folgt: Die Transportschicht zerlegt den vom Host kommenden Datenstrom in Datagramme, maximal 64 kByte, in der Praxis 1 500 kByte lang. Jedes Datagramm wird durch das Internet übertragen, möglicherweise auf seinem Weg in kleinere Stücke aufgebrochen. Am Zielpunkt fügt die Vermittlungsschicht die einzelnen Stücke wieder zu dem ursprünglichen Datagramm zusammen. Dort übergibt sie das Datagramm der Transportschicht, die es in den Eingangsstrom des empfangenden Prozesses einfügt.
Das Datagramm setzt sich zusammen aus Nachrichtenkopf (**header**) und Nutzlast (**payload**). Abb. 93 zeigt die Gestaltung der headers mit seiner Steuerinformation. Der header besteht aus einem festen Teil von 20 Byte und einem Optionsfeld von variabler Groẞe.

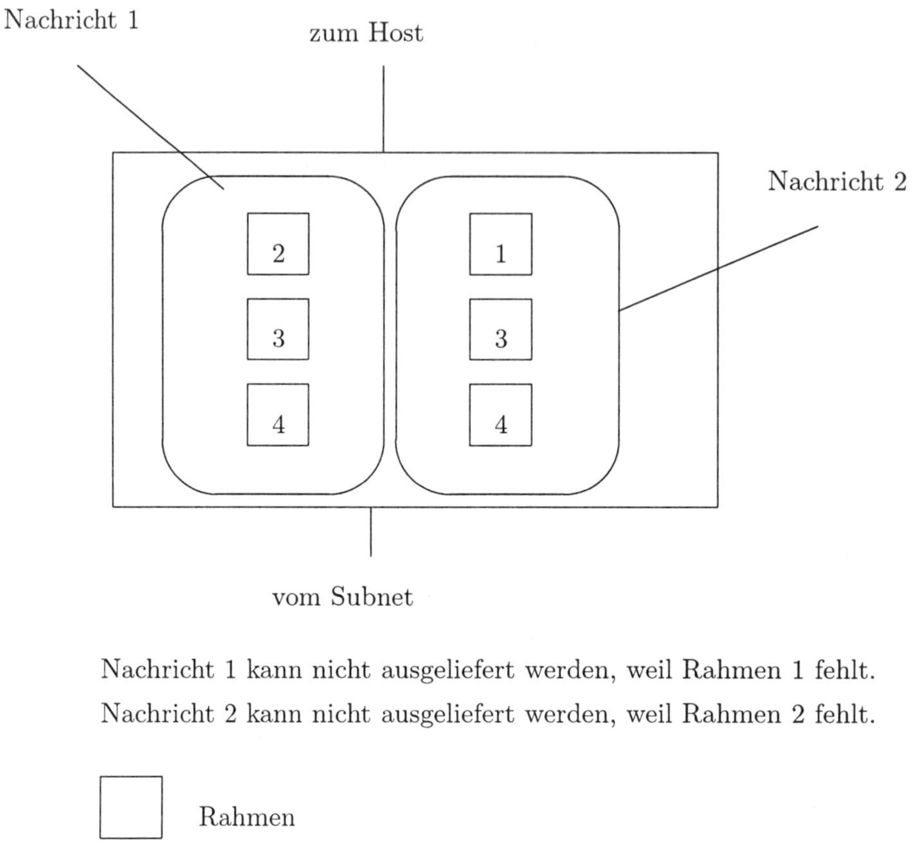

Abbildung 92: Reassembly Lockup

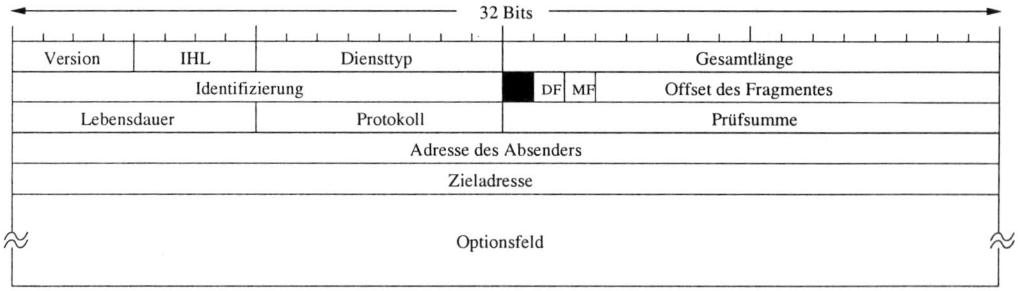

Abbildung 93: Der IP (Internet Protokoll) Header

Dabei bedeutet:

- "Version": die Versionsnummer der benutzten Protokolls der Vermittlungsschicht.
- "IHL": Internet Header Length, gibt in 32 Bit Worten die Gesamtlänge des headers an einschließlich Optionsfeld.
- "Diensttyp": Über dieses Feld kann der sendende Host dem Netz mitteilen, welche Dienstart gewünscht wird, z.B. schnelle Übertragung für Sprache oder fehlerfreie Übertragung für Datentransfer.
- Das Feld "Gesamtlänge" gibt an, wie lang das Datagramm ist, header und Nutzlast zusammen. Die größte Länge ist 65 535 Bytes.
- "Identifizierung" zeigt dem empfangenden Host an, zu welchem Datagramm ein ankommendes Fragment gehört, wenn das Datagramm unterwegs in kleinere Stücke zerlegt worden ist. Alle Fragmente eines vom Absender kommenden Datagramms haben die gleiche Identifikationsnummer, ihre Position in diesem Datagramm ist durch das Feld "Offset des Fragmentes" angegeben. Die 13 Bits des Offsetfeldes erlauben es, das vom Host kommende Datagramm maximal in 8 192 Fragmente zu zerlegen. Die Einheitslänge eines Fragments ist 8 Bytes, Fragmente können davon ein Vielfaches annehmen.
- "DF" bedeutet: Don't fragment, eine Anweisung an Router, das Datagramm nicht weiter zu zerlegen, da die empfangende Station unfähig ist, die Fragmente wieder zusammenzufügen.
- "MF" sagt: More fragments, alle Fragmente eines bestimmten Datagramms tragen dieses Bit, mit Ausnahme des letzten Fragments.
- Das Feld "Lebensdauer" ist ein Zähler, der bestimmt, wann ein Paket verworfen werden muß, das im Netz herumirrt. Dieser Wert kann auf eine Lebensdauer von maximal 255 Sekunden gesetzt werden, jede Zwischenstation, bei der auch Wartezeiten auftreten konnen, hat die Aufgabe den aktuellen Wert neu zu bestimmen und in dieses Feld einzusetzen.
- Das Feld "Protokoll" gibt an, welches Transportprotokoll beim Empfänger zu benutzen ist, z.B. TCP oder UDC.
- Die "Prüfsumme" bezieht sich auf alle Felder des headers.

Da sich in jeder Zwischenstation das Feld "Lebensdauer" ändert, ist sie dort immer neu zu berechnen. Auch die Adressenfelder des headers sind strukturiert (Abb. 94). Jeder Host und jeder Router des gesamten Netzes hat seine eigene IP Adresse, bestehend aus Netznummer und Hostnummer. Es gibt 5 Klassen von Adressen bezeichnet mit den Buchstaben A, B, C, D, E. Die Klasse A erlaubt maximal 126 Netze mit je 16

Millionen Hosts, Klasse B 16 382 Netze mit je 16 000 Hosts, Klasse C zwei Millionen Netze, z.B. LANs, mit je 254 Hosts, Klasse D ist eine Sonderadresse, die gestattet, ein Datagramm an eine Vielzahl von Hosts zu verschicken. Klasse E ist noch nicht vergeben. Eine zentrale Stelle: **Network Information Center**, **NIC**, ist verantwortlich Netz und Hostnummern zu vergeben.
Weitere Protokolle der Vermittlungsschicht regeln Fehlermeldungen, Adressensuche u.a.m.

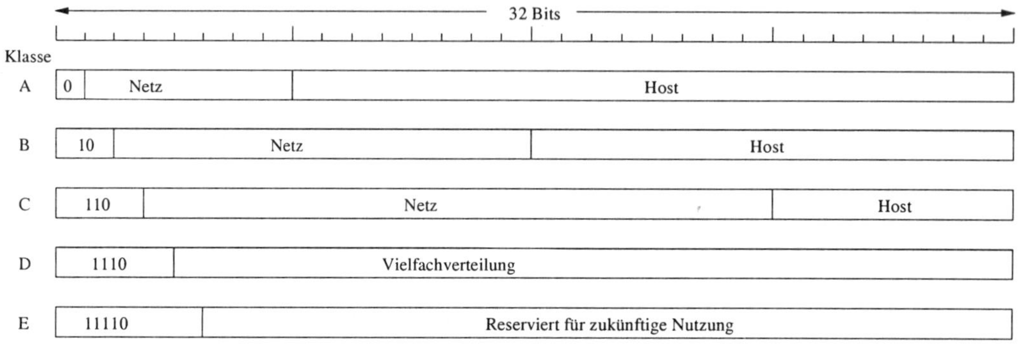

Abbildung 94: IP Adressenformate

Gegenwärtig ist die Version 4: IPv4 des Vermittlungsprotokolls im Einsatz. Aufgrund des Erfolges von Internet und dem Aufkommen neuer Anwendungen wie Multimedia reicht der Funktionsumfang von IPv4 in naher Zukunft nicht mehr aus. Eine neue Version IPv6 wurde deshalb entworfen, die folgende Anforderungen erfüllen soll: Unterstützung von Milliarden von Hosts durch einen vergroßerten Adressraum: 16 Bytes anstatt 4 Bytes in IPv4, verbesserte Sicherheit: Authentifizierung und Verschlüsselung, Verträglichkeit (compatibility) mit IPv4 u.v.a.. IPv6 soll im Laufe der nächsten Jahre IPv4 graduell ersetzen.

Literatur zu Kapitel 5: HUIT 95, PERL 92, YANG 95

5.5 Prüfungsfragen

Was sind die Aufgaben der OSI Schicht 3?
Wozu braucht man Wegewahlverfahren?
Welche Wegewahlverfahren kennen Sie?
Wo werden Wegewahlverfahren hauptsächlich eingesetzt?
Was wünscht man sich bezüglich eines Weges?
Wie kann man kürzeste Wege in einem Rechnernetz finden?
Wovon hängt die Länge eines Weges ab?
Wie funktioniert das Routing im Internet?

Was ist ICMP?
Wie sieht eine Wegewahltabelle aus?
Beschreiben Sie ein adaptives dezentrales Wegewahlverfahren?
Erläutern Sie das Hot-Potato Verfahren!
Was ist der Vorteil von Flooding?
Was sind die Nachteile beim Flooding?
Wie verhindert man beim Flooding, daß Pakete ewig weitergegeben werden?
Vergleichen sie adaptive und nicht adaptive Verfahren!
Wozu braucht man Staukontrolle?
Welche Verfahren der Staukontrolle kennen Sie?
Welches ist das beste Verfahren der Staukontrolle?
Welche Pakete sollte man keinesfalls verwerfen?
Was versteht man unter isarithmetischer Staukontrolle?
Welche Nachteile hat die isarithmetische Staukontrolle?
Was ist der Unterschied zwischen Stau- und Flußkontrolle?
Wie kann es in Rechnernetzen zu Blockierungen kommen?
Wie kann man Blockierungen verhindern?
Wie funktioniert IP?

6 Transportschicht

6.1 Überblick

Das Kapitel „Transportschicht“ gliedert sich in zwei Themengebiete: Dienste der Transportschicht und Beispiele für die Implementierung der Transportschicht.

Abschnitt 6.2 beschreibt die Dienste der Transportschicht.
Die Transportschicht ist der Kern der gesamten Protokollhierarchie und die oberste Schicht des Transportsystems (OSI-Schicht 1 bis 4). Sie arbeitet nur mit Endsystemen, kümmert sich nicht um das tatsächlich vorhandene Netz mit seinen Knoten und Verbindungen.
Die Transportschicht stellt zwei Arten von Diensten zur Verfügung: den verbindungsorientierten und den verbindungsunabhängigen Dienst. Der verbindungsorientierte Dienst gliedert sich in die drei Phasen Verbindungsaufbau, Datentransfer und Verbindungsabbau. Diese Aspekte sind im **Abschnitt 7.7** beschrieben.
Die Schicht 4 hat als eine über der Vermittlungsschicht gelagerten Schicht die Aufgabe, die Dienstgüte zu verbessern, unterbrochene Netzverbindungen wieder aufzunehmen und sich eventuell um Fehlererkennung und -behebung zu kümmern.
Schicht 1 bis 4 bezeichnet man auch als **Transportdienstleister**, Schicht 5 bis 7 als **Transportdienstbenutzer**.

Die Verbesserung der **Dienstgüte** (*quality of service, QoS*) der Vermittlungsschicht wird in Abschnitt 6.2.1 behandelt. Je nachdem wie sicher die Schicht 3 arbeitet, fällt für Schicht 4 mehr oder weniger Arbeit an. Beim Verbindungsaufbau vereinbaren die Partnerinstanzen die jeweiligen Dienstgüteparameter. Darunter fallen Merkmale wie Durchsatz, Übertragungsverzögerung, Restfehlerrate, Ausfallwahrscheinlichkeit bei Transfer und Verbindungsabbau.

Die **Transportprotokolle** realisieren die oben angeführten Dienste. Die Art der Protokolle hängt sehr stark von den Dienstgüteparametern und der Qualität der darunterliegenden Vermittlungsdienste ab.
Die im Bereich der Transportschicht ausgetauschten Dateneinheiten bezeichnet man als **TPDU** (*transport protocol data unit*).

Im zweiten Abschnitt des Kapitels, **Abschnitt 6.3** werden zwei konkrete Beispiele für die Implementierung der Transportschicht genauer beschrieben.
Fast alle öffentlichen Netze arbeiten mit dem verbindungsorientierten OSI-Transportdienst (ISO 8072) und den OSI-Transportprotokollen (ISO 8073).
Die Transport-TPDU besteht aus einem *length indicator*, einem festen und einem variablen Nachrichtenkopf und den Benutzerdaten. Insgesamt gibt es zehn verschiedene TPDUs.
Das OSI-Transportprotokoll bietet außer den verbindungsorientierten Diensten und Protokollen auch verbindungsunabhängige Dienste und Protokolle an. Der Benutzer

kann mittels T-UNITDATA Nachrichten verschicken, ohne zuvor eine Verbindung aufgebaut zu haben. Dafür wird nur ein TPDU-Format zur Verfügung gestellt.

Das **TCP** (*transmission control protocol*) im Internet ist speziell auf Netze vom Typ C zugeschnitten, also mit dem OSI-Transportprotokoll der Klasse 4 vergleichbar.
Beim TCP haben alle TPDUs einen gleich aufgebauten, sehr großen Nachrichtenkopf, der eine minimale Länge von 20 Bytes haben muß. In Abschnitt 6.3.2 werden die einzelnen Bestandteile genauer erklärt.
Auch im Internet wird ein verbindungsunabhängiges Transportprotokoll angeboten, das UDP (*user datagram protocol*), mit dem Daten ohne vorherigen Verbindungsaufbau verschickt werden können.

Das Ende dieses Abschnitts bildet der Vergleich des OSI-Transportprotokolls der Klasse 4 mit dem Protokoll des TCP.
Beide Protokolle stellen einen zuverlässigen, verbindungsorientierten End-zu-End-Transportdienst zur Verfügung, der sich in die drei Phasen Verbindungsaufbau, Datenübertragung und Verbindungsabbau gliedert.
Neben diesen grundsätzlichen Gemeinsamkeiten unterscheiden sich beide in folgenden Punkten:
Anzahl an unterschiedlichen TPDUs, Aufbau und Nachrichtenkopf einer TPDU, Existenz von Dienstgüteparametern, Struktur der zu übertragenden Daten, Handhabung von Vorrangdaten, Methoden der Flußsteuerung, etc.

6.2 Dienste der Transportschicht

Die Transportschicht nimmt im ISO/OSI-Modell eine besondere Rolle ein: sie ist der Kern der gesamten Protokollhierarchie, die oberste Schicht des Transportsystems (Schicht 1 bis 4) und wird von den oberen drei Schichten für den reinen Nachrichtentransport beauftragt. Die Transportschicht arbeitet nur mit Endsystemen, das tatsächlich vorhandene Netz mit seinen Knoten und Datenübertragungsleitungen spielt dabei keine Rolle. Die Transportschicht kann auf jedem beliebigen Netz arbeiten, ist also nicht an ein Netz mit OSI-Normen für Schicht 1 bis 3 gebunden.
Die Hauptaufgabe der Transportschicht besteht im zuverlässigen und kostengünstigen Datentransport zwischen Instanzen der Sitzungsschicht. Dazu bedient sie sich der Dienste der Vermittlungsschicht.

Als **Transportinstanz** bezeichnet man die Hardware und/oder Software, die innerhalb der Transportschicht die Dienste ausführt. Abb. 95 zeigt die Beziehungen der Vermittlungs-, Transport- und Sitzungsschicht. Wie in der Vermittlungsschicht gibt es in der Transportschicht zwei Arten von Transportdiensten: den verbindungsorientierten und den verbindungsunabhängigen Dienst. Adressierung und Flußsteuerung beider Schichten sind sehr ähnlich.

Wozu benötigt man dann überhaupt zwei Schichten, wenn ihre Funktionalität doch

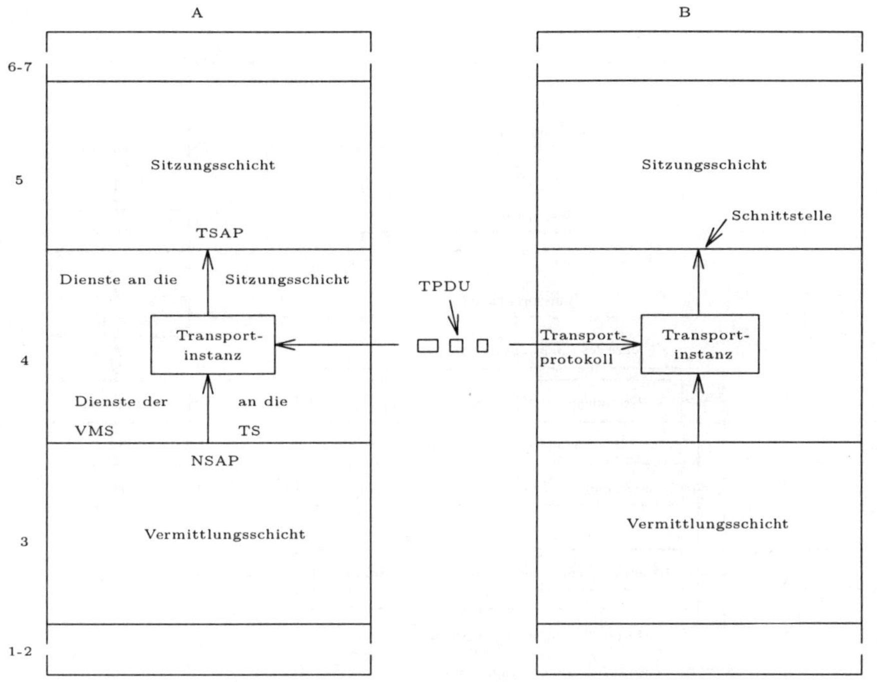

Abbildung 95: Beziehungen der Vermittlungs-, Transport- und Sitzungsschicht

sehr ähnlich ist?
Abb. 96 zeigt, daß die Vermittlungsschicht Teil des Kommunikations-Subnets ist und vom Betreiber implementiert wird. Bietet die Vermittlungsschicht nur unzuverlässige Dienste an oder versagt sie, hat der Benutzer keine Möglichkeit dies zu kompensieren, da er keine Kontrolle über das Subnet hat.
Als Lösung bietet sich eine über die Vermittlungsschicht gelagerte Schicht an, die die Dienstgüte verbessert, unterbrochene Netzverbindungen wieder aufnimmt und verlorene oder zerstörte Pakete aufspürt und abfängt.
Die Dienstelemente der Transportschicht arbeiten unabhängig von denen der Vermittlungsschicht, die ja bei verschiedenen Netzen ganz unterschiedlich aussehen können. Ein verbindungsunabhängiger LAN-Dienst ist ganz anders aufgebaut als ein verbindungsorientierter WAN-Dienst.

Somit schirmt die Transportschicht die oberen Schichten von den technischen Gegebenheiten, dem Aufbau und den Unzulänglichkeiten des Subnets ab. Man unterscheidet deswegen zwischen Schicht 1 bis 4, den **Transportdienstleistern**, und Schicht 5 bis 7, den **Transportdienstnutzern**.

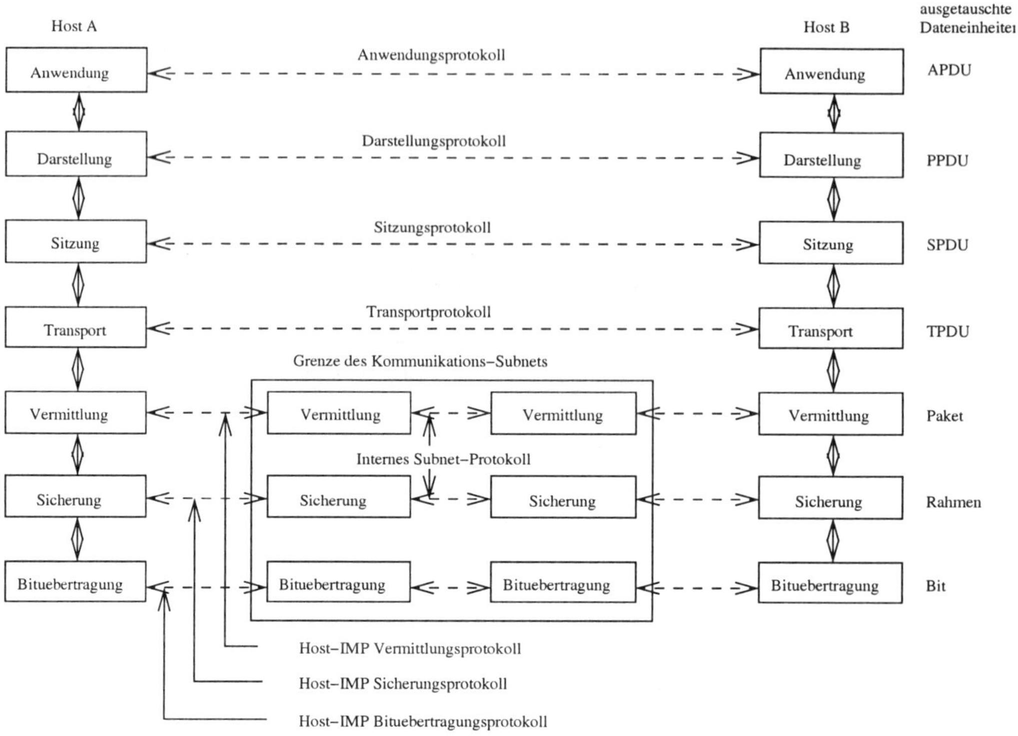

Abbildung 96: OSI-Modell

6.2.1 Die Dienstgüte

Zum Aufgabengebiet der Transportschicht zählt die Verbesserung der **Dienstgüte** (**QoS**, **quality of service**) der Vermittlungsschicht.
Funktioniert die Vermittlungsschicht einwandfrei, fällt für die Schicht 4 wenig Arbeit an. Arbeiten die Dienste der Schicht 3 jedoch fehlerhaft, muß die Transportschicht versuchen, die Lücke zwischen dem, was die Transportdienstbenutzer verlangen und dem, was die Vermittlungsschicht liefern kann, zu schließen.

Für die Teilnehmerverbindung zwischen zwei Partnerinstanzen sind verschiedene Dienstgütemerkmale vorgesehen. Sie werden beim Verbindungsaufbau zwischen den Benutzern des Transportdienstes über Parameter vereinbart und gelten für die Dauer der Verbindung. Die Transportschicht wählt dann das geeignete Netz für die geforderte Dienstgütequalität aus. Falls die QoS-Wünsche nicht zu erfüllen sind, wird der Verbindungsaufbau abgelehnt.
Erkennt die Transportschicht des Senders, daß der gewünschte Parameterwert nicht eingehalten werden kann, dafür aber ein niedrigerer und noch akzeptabler Wert,

wird dieser an die Transportschicht des Empfängers gesendet. Kann der Empfänger mit diesem Wert nicht arbeiten, so wird der Verbindungsversuch zurückgewiesen. Ansonsten hat er die Möglichkeit, seine Parameter auf den übergebenen Wert einzustellen. Anschließend wird der ursprüngliche Sender darüber informiert, ob die Verbindung aufgebaut oder abgelehnt wurde.

Der folgende Abschnitt geht auf die Dienstgüteparameter im Einzelnen ein.

Verbindungsaufbaudauer: Maximal akzeptierte Dauer für den Aufbau einer Teilnehmerverbindung. Die Zeit, die von der Anforderung einer Transportverbindung bis zum Eintreffen der Bestätigung beim Benutzer des Transportdienstes benötigt wird.

Ausfallwahrscheinlichkeit beim Verbindungsaufbau: Verhältnis von gescheiterten Verbindungsaufbauwünschen zu der Summe aller Verbindungsaufbauwünsche.

Durchsatz: Anzahl der übertragenen Benutzerbytes, die pro Zeitraum (z.B. Sekunde) erfolgreich übertragen werden. Der Durchsatz ist unabhängig für jede Übertragungsrichtung definiert.

Übertragungsverzögerung Zeitdauer von einem T-DATA.request und der zugehörigen T-DATA.indication. Die Zeitspanne, die vom Senden einer Nachricht durch den Transportdienstbenutzer auf dem Quellrechner bis zum Empfang durch den Transportdienstbenutzer auf dem Zielrechner benötigt wird. Auch dieser Wert wird für jede Richtung getrennt gemessen.

Restfehlerrate: Das Verhältnis der Gesamtheit aller fehlerhaften, verlorengegangenen und duplizierten Dateneinheiten zur Gesamtheit aller übertragenen Dateneinheiten.

Ausfallwahrscheinlichkeit beim Transfer: Das Verhältnis aller gescheiterten Übertragungen zu allen Übertragungsversuchen in einem Beobachtungszeitraum.

Verzögerung beim Verbindungsabbau: Die Zeit, die zwischen der Einleitung eines Verbindungsabbaus seitens des Transportbenutzers und der tatächlichen Trennung am anderen Ende verstreicht.

Ausfallwahrscheinlichkeit beim Verbindungsabbau: Das Verhältnis aller gescheiterten Verbindungsabbauwünsche zu allen Verbindungsabbauwünschen.

Schutz: Verschiedene Mechanismen zum Schutz und zur Sicherung von Daten, z.B. vor Mithören oder unerlaubter Manipulation von Daten, vgl. Kapitel 7.5.

Priorität: Gewährleistet, daß vorrangige Verbindungen vor weniger wichtigen abgewickelt werden.

Störausgleichverhalten (*resilience*): Die Wahrscheinlichkeit, daß die Transportschicht bei internen Problemen oder Überlastungen spontan eine Verbindung auflöst.

6.2.2 Die Dienstelemente

OSI-Transport-Dienstelemente gibt es sowohl für verbindungsorientierte als auch für verbindungsunabhägige Dienste. Transport- und Vermittlungsschicht sind zwar sehr ähnlich strukturiert, unterscheiden sich jedoch darin, daß der Vermittlungsdienst im Gegensatz zum Transportdienst ein tatsächlich existierendes Netz mit allen Fehlern und Schwächen repräsentiert. Netze können aber Pakete verlieren oder aufgrund interner Netzprobleme spontan N-RESETs auslösen. Rückmeldungen und N-RESETs der Vermittlungsschicht werden von Transportinstanzen abgefangen und vom Transportprotokoll behoben. Wird eine Vermittlungsverbindung abgebrochen, kann die Transportschicht eine neue aufbauen und an der Stelle anknüpfen, an der die alte Verbindung unterbrochen worden ist. So stellt die Transportschicht ein fehlerfrei arbeitendes Netz dar, dessen Dienste von der darüberliegenden Schicht in Anspruch genommen werden können.
Abb. 97 gibt einen Überblick über die existierenden Dienstelemente der Transportschicht. In Abb. 98 werden die vielfältigen Beziehungen der Dienstelemente untereinander dargestellt.
Links und rechts der Doppellinien hat man sich die beiden Transportdienstbenutzer vorzustellen, zwischen den beiden Linien den Transportdiensterbringer. Die Zeitachse verläuft von oben nach unten.

Abb. 98a zeigt den ganz normalen **Verbindungsaufbau**. In diesem Fall akzeptiert der Dienstbenutzer am anderen Ende mit T-CONNECT.response den Aufbauwunsch. In Abb. 98b lehnt er den Wunsch mit T-DISCONNECT.request ab. Tritt ein Fehler beim Transportdienstbenutzer (falscher Parameter bei T-CONNECT.request) oder beim Transportdienstleister (kein freier Tabellenplatz) auf, kann der Transportdienstleister den Verbindungswunsch abblocken.

In Abb. 98d, e und f sieht man drei Möglichkeiten für den **Verbindugsabbau**. Normalerweise schickt einer der Partner ein T-DISCONNECT.request, das vom anderen Partner als T-DISCONNECT.indication empfangen wird. Geben beide Partner gleichzeitig ein T-DISCONNECT.request aus, wird die Verbindung sofort gelöst (b). Stürzt z.B. ein Trägernetzwerk ab und reagiert nicht mehr, dann kann der Transportdienstleister selbst durch Senden von T-DISCONNECT.indication nach beiden Seiten die Verbindung unterbrechen. In gewisser Weise entspricht dies dem N-RESET.indication der Vermittlungsschicht.

Die beiden Abb. 98 g und h zeigen den normalen und den beschleunigten **Datentransfer**, bei dem keine ausdrückliche Rückmeldung an den Sender geschickt wird.

T- CONNECT.request(callee, caller, exp_wanted, qos, user_data)
T-CONNECT.indication(callee, caller, exp_wanted, qos, user_data)
T-CONNECT.response(qos, responder, exp_wanted, user_data)
T-CONNECT.confirm(qos, responder, exp_wanted, user_data)
T-DISCONNECT.request(user_data)
T-DISCONNECT.indication(reason, user_data)
T-DATA.request(user_data)
T-DATA.indication(user_data)
T-DATA-ACKNOWLEDGE.request(user_data)
T-DATA-ACKNOWLEDGE.indication()
T-EXPEDITED-DATA.request(user_data)
T-EXPEDITED-DATA.indication(user_data)

(a)

T-UNITDATA.request(callee, caller, user_data)
T-UNITDATA.indication(callee, caller, qos, user_data)

(b)

Abbildung 97: (a) verbindungsorientierte Dienstelemente (b) verbindungsunabhängige Dienstelemente

In der Transportschicht wird das Warteschlangenmodell der Vermittlungsschicht verwendet, d.h. die Daten werden normalerweise nacheinander übertragen.
Mit Hilfe des Dienstelementes T-EXPEDITED-DATA kann man kurze Dateneinheiten vorrangig übertragen, d.h. sie können andere, sich bereits in der Warteschlange befindliche Daten einfach überspringen. Vorrangsdaten können auch dann übertragen werden, wenn der Empfänger momentan normale Dateneinheiten überhaupt nicht annimmt. Man verwendet dieses Dienstelement normalerweise nur dazu, um Unterbrechungscodes wie BREAK oder DEL zu übertragen, damit das aktuelle Programm unterbrochen werden kann.
Die Reihenfolge, in der die Dienstelemente verwendet werden können, ist strengen Regeln unterworfen. Abb. 99 zeigt den sogenannten Transportprotokoll-Automaten. Dabei gibt es nur vier gültige Zustände:

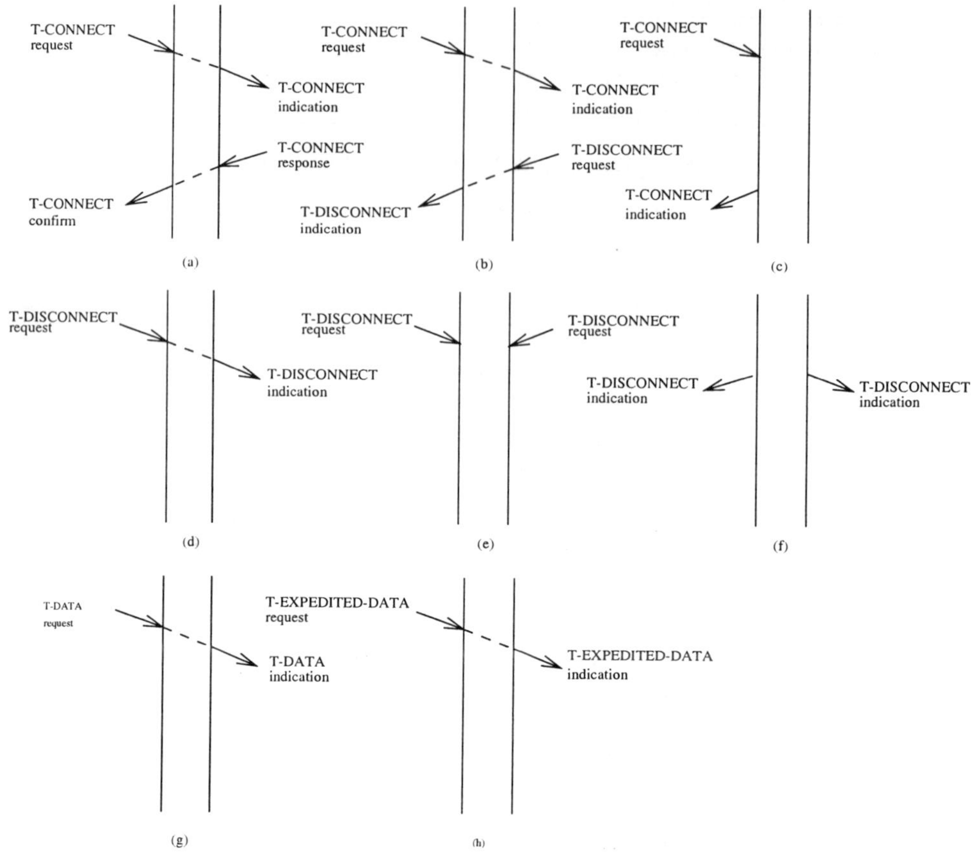

Abbildung 98: (a) Normaler Verbindungsaufbau (b) Angerufener Benutzer lehnt Verbindungswunsch ab (c) Transportschicht lehnt Verbindung ab (d) Normale Trennung der Verbindung (e) Gleichzeitige Trennung durch beide Partner (f) Transportschicht fordert Trennungen (g) Normaler Datentransfer (h) Beschleunigter Datentransfer

- **Ruhe:**
  Es besteht keine Verbindung, eingehende und ausgehende Verbindungen sind möglich.
- **Ausgehende Verbindung im Aufbau:**
  T-CONNECT.request wurde ausgegeben. Partner hat noch nicht geantwortet.
- **Eingehende Verbindung im Aufbau:**
  T-CONNECT.indication wurde empfangen.
- **Verbindung aufgebaut:**
  Ende der Aufbauphase. Datentransfer kann beginnen.

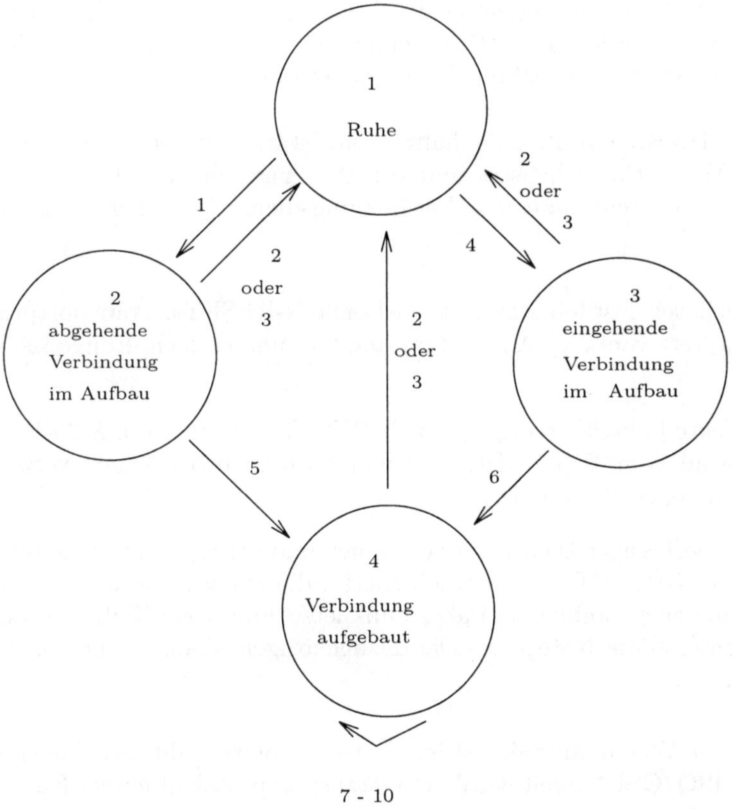

Abbildung 99: Transportprotokollautomat

6.2.3 Das Transportprotokoll

Die Dienste der Transportschicht werden durch **Transportprotokolle** realisiert. In einigen Punkten ähneln die Transportprotokolle den Sicherungsprotokollen, denn beide befassen sich mit Fehlerüberwachung, Folgesteuerung und Flußsteuerung. Die Unterschiede sind in den unterschiedlichen Arbeitsumgebungen begründet: bei der Sicherungsschicht kommunizieren zwei IMPs direkt über einen physikalischen Kanal miteinander. Bei der Transportschicht wird der physikalische Kanal durch das gesamte Subnet ersetzt. Deswegen muß dort ausdrücklich der Zielpartner angegeben werden, was in der Sicherungsschicht entfällt, da zwischen zwei IMPs nur ein physikalischer Kanal existiert. (IMP: Ein Subnet besteht aus zwei Komponenten: den Übertragungsleitungen (Bittransport) und den Schalteinheiten. Schalteinheiten sind Computer, die Übertragungsleitungen miteinander verbinden. Kommen an einer

Eingangsleitung Daten an, bestimmt die Schalteinheit, über welche Ausgangsleitung sie weitergeschickt werden. Diese Schalteinheiten bezeichnet man in der Terminologie von Internet als **IMPs, Interface Message Processor**.)

Die Art der Transportprotokolle hängt sehr stark von der Qualität des darunterliegenden Vermittlungsdienstes und von den angegebenen Dienstgüteparametern ab. Deswegen unterteilt man den Vermittlungsdienst bezüglich seiner Qualität in drei Klassen:

Typ A: Tadelloser, fast fehlerfreier Dienst ohne N-RESETs. Transportprotokolle, die über ein Netz vom Typ A arbeiten, sind klar und einfach. Einige LANs sind vom Typ A.

Typ B: Perfekte Paketübertragung mit N-RESETs. Die meisten X.25-Protokolle und WANs sind vom Typ B. Die Transportprotokolle bei einem Netz vom Typ B sind komplexer als vom Typ A.

Typ C: Unzuverlässiger Dienst mit verlorenen und verdoppelten Paketen und möglicherweise N-RESETs. Weitverkehrsnetze, die nur verbindungsunabhängige Datagrammdienste anbieten, Paket-Funknetze und viele Teilnetze des Internets fallen unter diese Kategorie. Die dazugehörigen Transportprotokolle sind aufwendig.

Je schlechter der Vermittlungsdienst ist, desto komplexer fällt das Transportprotokoll aus. Für das ISO/OSI-Modell wurde ein Transportprotokoll entworfen, das aus fünf Varianten besteht.

Klasse	Netzwerktyp	Bezeichnung
0	A	Einfache Klasse
1	B	Klasse mit einfacher Fehlerbehandlung
2	C	Multiplexing-Klasse
3	D	Klasse mit Multiplexing und Fehlerbehandlung
4	E	Klasse mit Fehlerüberwachung und -behebung

Abbildung 100: Protokollklassen

Die **Klasse 0** ist per Definition sehr einfach und entspricht der CCITT-Empfehlung T.70 für Teletex. Die Netzdienste erfüllen die QoS-Anforderungen des Transportbenutzers ohne Zutun der Transportschicht. Die Schicht 4 stellt nur Mechanismen zum Auf- und Abbau von Transportverbindungen zur Verfügung.

Die **Klasse 1** wird dann eingesetzt, wenn die Restfehlerrate zufriedenstellend, die Anzahl der von der Vermittlungsschicht durch N-RESET gemeldeten Fehler jedoch zu hoch ist (Netztyp B). Nach Aussetzen der Vermittlungsverbindung müssen sich die beiden Transportinstanzen resynchronisieren und dort aufsetzen, wo sie unterbrochen worden sind. Für die Synchronisation benötigt man Folgenummern. Fehlerüberwachung oder Flußsteuerung übernimmt Klasse 1 nicht.

Die **Klasse 2** arbeitet wie Klasse 0 mit dem Netwerktyp A. Laufen aus Kostengründen mehrere Transportverbindungen über eine Vermittlungsverbindung, muß die Transportschicht multiplexen. In Klasse 2 kann man wahlweise mit expliziter Flußsteuerung arbeiten. Der Vorrang-Datentransport ist nur dann zugelassen, wenn die explizite Flußregelung angewendet wird.

Die **Klasse 3** ist eine Kombination aus Klasse 1 und 2: Sie kümmert sich um das Multiplexen und kann sich von N-RESETs erholen. Zusätzlich zu den Funktionen der Klasse 2 werden hier Fehlersituationen behandelt, die von der Vermittlungsschicht gemeldet werden. Die explizite Flußsteuerung wird hier immer verwendet. Klasse 3 setzt auf Netztyp B auf.

Die **Klasse 4** bietet alle Funktionen der Klasse 3, muß sich dazu noch um verlorene, duplizierte und aus der Reihenfolge fallende Pakete der Vermittlungsschicht kümmern. Sie arbeitet auf dem Netztyp C.

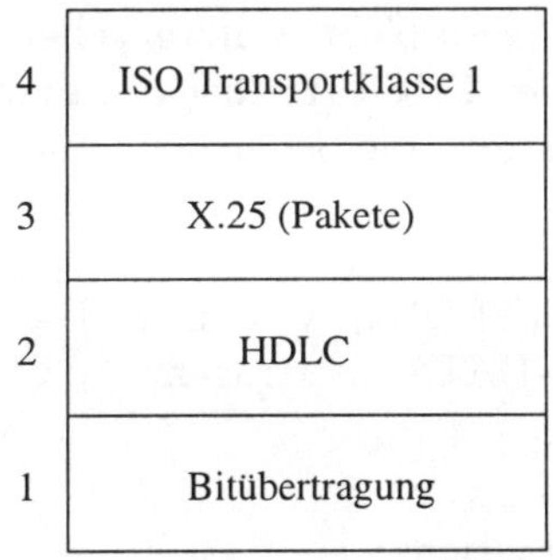

Abbildung 101: Beispieldienste für Schicht 1 bis 4

Abb. 101 zeigt ein Beispiel für aufeinander abgestimmte Dienste. Typ und Eigenschaften von Bitübertragungsschicht, Sicherungsschicht und Vermittlungsschicht hängen sehr stark vom Systemtyp ab. In diesem Beispiel wird das Protokoll HDLC in der Sicherungsschicht verwendet, um eine fast vollständige Fehlerkorrektur und sequentielle Zustellung von Datenrahmen sicherzustellen. Das X.25-Protokoll in der Sicherungsschicht versorgt die Transportschicht mit einem fast fehlerfreien virtuellen Verbindungsdienst und Paket-Sequenzierung. Die Transportschicht kann daher sehr einfach strukturiert sein und Protokollklasse 1 würde hier vollkommen genügen.

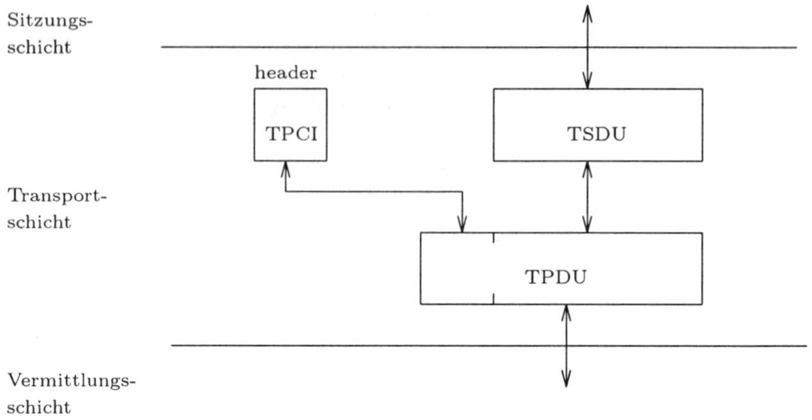

Abbildung 102: TPDU, TSDU, TPCI

Elemente eines Transportprotokolls: Im Bereich der Transportschicht bezeichnet man die ausgetauschten Dateneinheiten als **TPDUs** (**transport protocol data unit**). Eine **TSDU**(**transport service data unit**), eine Information, die von der Transportschicht an die Sitzungsschicht weitergegeben wird, bezeichnet man häufig auch als **Nachricht**. Im Header **TPCI** (**transport protocol control information**) stehen verschiedene Angaben, z.B. die Sequenznummer.

Protokolldateneinheiten:
Die Protokolldateneinheiten (TPDUs) werden im Datenfeld der Dienstelemente N-DATA bzw. N-EXPEDITED-DATA übertragen.

Protokolldateneinheiten der Schicht 4:

CR	CONNECTION REQUEST Aufbauwunsch für Teilnehmerverbindung
CC	CONNECTION CONFIRM Bestätigung eines Verbindungsaufbauwunsches
DR	DISCONNECT REQUEST Abbauwunsch oder Ablehnung eines Aufbauwunsches. Daten, die nach Absenden von DR ankommen, werden ignoriert.
DC	DISCONNECT CONFIRM Bestätigung für Auflösung der Verbindung
DT	DATA Übertragung von Benutzerdaten

ED EXPEDITED DATA
Vorrangiger Datentransport.

AK DATA ACKNOWLEDGE
Bestätigung für den Empfang von TPDUs. Nur bei Protokollklassen, die explizite Flußregelung erlauben

EA EXPEDITED ACKNOWLEDGE
Bestätigung des Empfangs vorrangiger TPDUs.

RJ REJECT
Im Fehlerfall wird der Partnerinstanz zum Zweck der Resynchronisation die Nummer der nächsten erwarteten TPDU mitgeteilt. Nur in Protokollklassen 1 und 3.

ER ERROR
Signalisierung von Protokollfehlern an die Partnerinstanz

Protokollelemente, die in allen Klassen vorkommen:
Alle verbindungsorientierten Protokolle müssen Elemente beinhalten, die den Verbindungsaufbau ermöglichen und gleichzeitig dem Angerufenen erlauben, eine angeforderte Verbindung zu akzeptieren oder abzulehnen.

Die zu übertragenden Nachrichten können beliebig lang sein, werden aber von der Transportschicht für den Transport in TPDUs unterteilt (Segmentieren). Auf der anderen Seite werden die TPDUs so zusammengesetzt, daß sie die ursprüngliche TSDU bilden (Reassemblieren).

Hat ein Rechner mehrere Verbindungen geöffnet, wird jeder Verbindung eine Nummer zugewiesen und diese in die zu übertragende TPDU geschrieben. Dadurch erfährt die Transportinstanz auf der anderen Seite, zu welcher Verbindung die empfangene TPDU gehört.

Ein normaler Verbindungsabbau findet ebenfalls in jeder Klasse statt, jedoch bildet die Klasse 0 dabei eine Ausnahme.
Ein Abbauwunsch auf der einen Seite führt direkt zum Abbau der Verbindung im Netz. Das wiederum bewirkt den Abbau der Verbindung mit dem Netz und Transportverbindung auf der anderen Seite. Vor dem Einleiten eines Verbindungsabbaus muß aber gewährleistet sein, daß alle Nachrichten angenommen worden sind.
Bei den anderen Klassen erfolgt der Verbindungsabbau explizit über Verschicken von TPDUs, da beim Multiplexen von verschiedenen Transportverbindungen auf eine Vermittlungsverbindung die vorhergehende Methode nicht mehr anwendbar ist. Die Verbindung mit dem Netz muß dabei so lange aufrecht gehalten werden, bis die letzte Teilnehmerverbindung aufgelöst worden ist.

Außerdem müssen in allen Protokollen Protokollfehler behandelt werden.

Abb. 103 gibt einen Überblick über weitere Elemente des Transportprotokolls.

Protokollelement	0	1	2	3	4
Verbindungsaufbau	X	X	X	X	X
Verbindungsablehnung	X	X	X	X	X
Zuweisung der Vermittlungsverbindung	X	X	X	X	X
Aufteilung langer Nachrichten in TPDUs	X	X	X	X	X
Zuordnung von TPDUs zur Verbindung	X	X	X	X	X
TPDU-Übertragung	X	X	X	X	X
Normaler Abbau	X	X	X	X	X
Protokollfehlerbehandlung	X	X	X	X	X
TPDU-Verkettung zum Benutzer		X	X	X	X
Fehlertrennung	X		X		
TPDU-Numerierung		X	O		X
beschleunigter Datentransfer		O	O	X	X
Flußsteuerung in der Transportschicht			O	X	X
Neusynchronisierung nach RESET		X		X	X
Aufbewahrung der TPDUs bis ACK		X		X	X
Neuzuordnung nach Netzwerktrennung		X		X	X
eingefrorene Verweise		X		X	X
Multiplexing					X
Verwendung von mehreren V-Verbindungen					X
Übertragungswiederholung nach Timeout					X
erneute Herstellung der TPDU-Reihenfolge					X
Inaktivitäts-Timer					X
Prüfsumme in der Transportschicht					O

X = vorhanden O = optional leer = nicht vorhanden

Abbildung 103: Elemente des Transportprotokolls

6.3 Beispiele für Implementierung der Transportschicht

6.3.1 ISO 8072 / ISO 8073

Fast alle öffentlichen Netze arbeiten mit dem verbindungsorientierten OSI-Transportdienst (ISO 8072) und den OSI-Transportprotokollen (ISO 8073).

Das gesamte Transportprotokoll setzt sich aus zehn verschiedenen TPDU-Typen zusammen, die jeweils aus bis zu vier Teilen bestehen. Abb. 104 zeigt den allgemeinen Aufbau einer Transportprotokoll-TPDU.

Bytes 1	abhängig v. TPDU	abhängig v. Parametern	variabel
length indicator	Fester Teil des Nachrichtenkopfes	Variabler Teil des Nachrichtenkopfes	Benutzerdaten

Abbildung 104: Allgemeiner Aufbau einer Transportprotokoll-TPDU

- Der *length indicator* (**LI**) im ersten Byte gibt die gesamte Länge des Nachrichtenkopfes bis zu einer Länge von 254 Bytes an (sowohl fester als auch variabler Teil).
- Die Länge des **festen Teils** des Nachrichtenkopfes variiert je nach TPDU-Typ.
- Im **variablen Teil** des Nachrichtenkopfes stehen Optionen, die nicht immer benötigt werden. Beim Verbindungsaufbau kann z.B. die initiierende Instanz an dieser Stelle die maximale TPDU-Größe vorschlagen.
- **Benutzerdaten** sind nicht nur in Daten-TPDUs enthalten, sondern auch in anderen TPDUs.

In Abb. 105 sind alle zehn TPDUs abgebildet. Was die jeweiligen Typen bedeuten, wird im folgenden Abschnitt genauer erklärt.

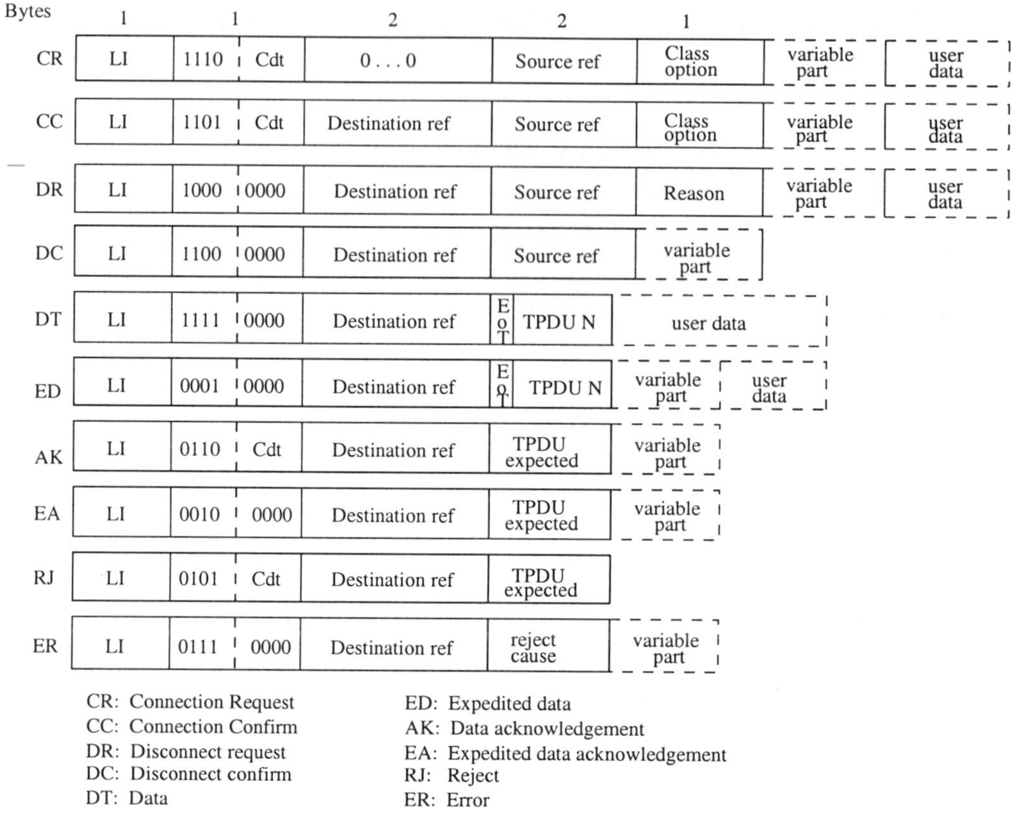

Abbildung 105: TPDUs des OSI-Transportprotokolls

LI (*length indicator*)**:** Gibt die gesamte Länge des Nachrichtenkopfes an.

Cdt (*credit*)**:** Im Credit-Fenster kann der Empfänger dem Sender mitteilen, wieviele TPDUs er bei der ersten Übertragung senden darf. Nur relevant für Protokolle der Klasse 4, die statt des Schiebefensterprinzips das Kreditschema verwenden.

destination reference / source reference: Die beiden Felder identifizieren die Verbindungen. Wichtig bei Abwärtsmultiplexen.

class option: Wird für Absprache über Protokoll-Klasse verwendet

variable part: Enthält verschiedene Optionsparameter, wie z.B. Durchsatz, Restfehlerrate, Priorität, Schutzparameter, ...

user data: Kann bis zu 32 Datenbytes enthalten

Das OSI-Transportprotokoll arbeitet mit dem Drei-Wege-Quittungsbetrieb.
source reference und *destination reference* werden nach Abbau der Verbindung als eingefrorene Verweise *frozen reference* verwendet. Diese Verweise werden dabei so lange nicht angetastet, bis gewährleistet ist, daß Pakete von alten Verbindungen längst verworfen worden sind.

Außer diesen verbindungsorientierten Diensten und Protokollen bietet die OSI-Transportschicht auch verbindungsunabhängige Dienste und Protokolle an, die sowohl mit verbindungsorientierten als auch verbindungsunabhängigen Vermittlungsdiensten arbeiten können. Der Benutzer kann mittels T-UNITDATA Nachrichten verschicken, ohne zuvor eine Verbindung aufgebaut zu haben. Jede TPDU wird in einem eigenen Paket verschickt, das aber nicht durch eine Rückmeldung bestätigt wird.

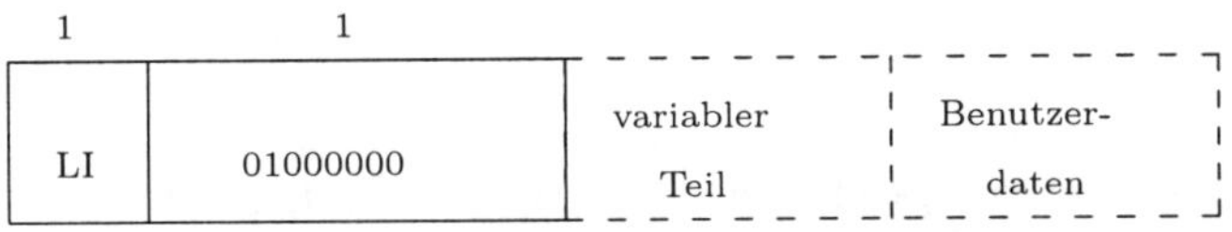

Abbildung 106: Format des verbindungsunabhängigen OSI-Transportprotokolls

Beim verbindungsunabhängigen Transportprotokoll existiert nur ein TPDU-Format (Abb. 106). Im variablen Teil stehen Quell- und Zieladressen und, falls vorhanden, die Prüfsumme.

6.3.2 TCP im Internet

Bei der Planung von ARPA-Net (*advanced research projects agency*) ab dem Jahr 1969 ging man von einem absolut zuverlässig arbeitendem Subnet aus. Dementsprechend fiel der Entwurf des ersten Transportprotokolls NCP (*network control protocol*) aus. ARPA-Net entwickelte sich im Lauf der Zeit zum Internet, einem heterogenen Netz. Aufgrund der erforderlichen flexiblen Anpassung wurde das Transportprotokoll überarbeitet und als **TCP** (**transmission control protocol**) herausgegeben. TCP ist speziell auf Subnets vom Netztyp C zugeschnitten und deswegen mit dem OSI-Transportprotokoll der Klasse 4 vergleichbar.
Zusammen mit TCP wurde auch ein neues Protokoll für die Vermittlungsschicht entworfen: IP (*internet protocol*).

Abb. 107 zeigt den Aufbau einer TPDU des TCPs. Auffallend ist der grosse Nachrichtenkopf, der eine minimale Länge von 20 Bytes haben muß. Im Gegensatz zur Klasse 4 des OSI-Transportprotokolls (**TP4**), gibt es für alle TPDUs einen gemeinsamen Nachrichtenkopf. Im folgenden werden die einzelnen Bestandteile kurz erklärt.

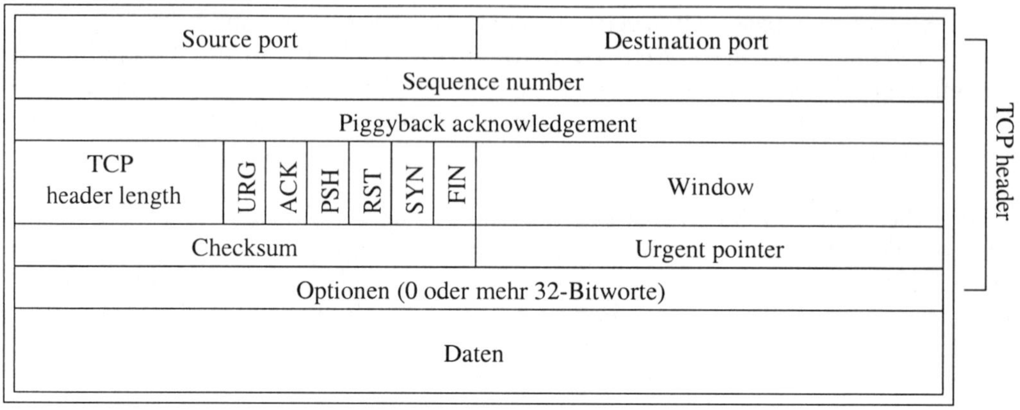

Abbildung 107: TPDU-Struktur des TCPs

source port, destination port (jeweils 2 Bytes): Identifiziert Anfangs- und Endpunkt einer Verbindung.

sequence number (4 Bytes): Folgenummer, die jedes von TCP übertragene Datenbyte erhält. Nummernbereich ist deswegen groß gewählt, um zu verhindern, daß alte Duplikate fälschlicherweise als Originale angenommen werden.

piggybacking acknowledgement (4 Bytes): Bestätigung bei Huckepack-Transport.

TCP (*header length*) (1 Byte): Gibt an, wieviele 32-Bit-Wörter im TCP-Nachrichtenkopf enthalten sind. (Optionenfeld ist variabel).

URG (*urgent pointer*) (1 Bit): Zeigt relativen Bytebezug zur aktuellen Folgenummer an, in der wichtige Daten enthalten sind ($\doteq$ EXPEDITED-DATA).

SYN (1Bit): Wird für Verbindungsaufbau belegt.

ACK (1 Bit): Zeigt an, ob piggybacking acknowledgement Feld gültig ist.

FIN (1 Bit): Falls gesetzt, gibt dieses Bit an, daß Sender keine Daten mehr schicken will. Danach können aber Daten beliebig lange empfangen werden.

RST (*reset*) (1 Bit): Zurücksetzen einer Verbindung im Falle eines Fehlers.

PSH (*push data*) (1 Bit): Aufforderung an den Empfänger, die Daten sofort auszuliefern und nicht zwischenzuspeichern.

window (2 Bytes): TCP verwendet variablen Schiebefenstermechanismus zur Flußsteuerung. Das Feld gibt an, wieviele Bytes außer den bestätigten gesendet werden dürfen.

checksum (2 Bytes): Prüfsumme. Bei diesem Prüfsummenalgorithmus werden alle Daten als 16-Bit-Wörter addiert und davon das Einerkomplement genommen.

Urgent Pointer (2 Bytes): Zeigt auf Nachrichten innerhalb der Daten, die von besonderer Wichtigkeit sind.

options (3 Bytes): Enthält optional weitere Angaben, z.B. über Puffergröße.

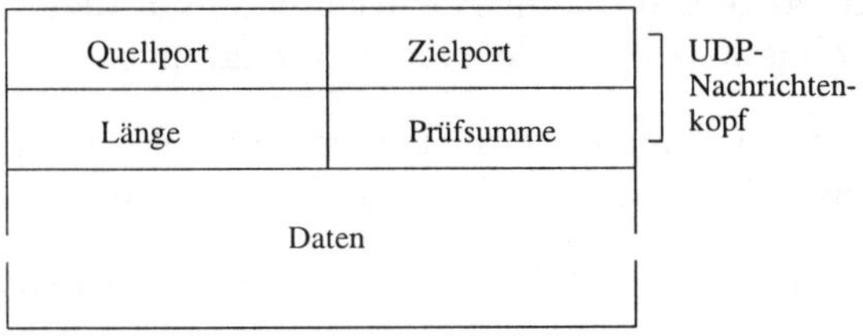

Abbildung 108: Format des UDP

Auch das Internet bietet, wie das OSI-Transportprotokoll, ein verbindungsunabhängiges Transportprotokoll an: **UDP** (**user datagram protocol**). Damit können Benutzer ohne Verbindungsaufbau Nachrichten versenden.

6.3.3 Vergleich von OSI-Transportprotokoll der Klasse 4 (TP4) mit TCP

Gemeinsamkeiten

- Beide Protokolle leisten zuverlässige, verbindungsorientierte End-zu-End-Transportdienste auf unzuverlässigen Vermittlungsverbindungen.
- Bei beiden gliedert sich der Kommunikationsablauf in Verbindungsaufbauphase, Datenübertragungsphase und Verbindungsabbauphase unter Verwendung des Drei-Wege-Quittungsbetriebs.

Unterschiede

- TP4 enthält 10 verschiedenen TPDU-Typen, TCP dagegen nur einen.
- TCP ist zwar einfacher aufgebaut, muß dafür aber einen viel größeren Nachrichtenkopf in Kauf nehmen (mindestens 20 Bytes im Gegensatz zu mindestens 5 Bytes bei TP4).
- TP4 beinhaltet ein Drei-Wegeschema für die Absprache über Dienstgüteparameter; TCP besitzt überhaupt kein Dienstgütefeld (die QoS-Parameter können im IP in einem 8-Bit-Feld in kleinem Maße ausgewählt werden).
- TP4 sendet eine Folge geordneter Nachrichten, TCP dagegen einen fortlaufenden Bytestrom ohne ausdrückliche Nachrichtengrenzen.
- TP4 multiplext zwei getrennte Datenströme, normale Daten und Vorrangdaten. TCP benutzt das Feld URG, um wichtige Daten zu kennzeichnen.
- Im Gegensatz zu TP4 bietet TCP eine Huckepackverarbeitung an.
- TP4 verläßt sich bei der Flußsteuerung entweder auf das Fensterprinzip der Vermittlungsschicht oder verwendet ein Creditschema.
  TCP verwendet immer ein ausdrückliches Flußsteuerungsschema, bei dem in jeder TPDU die genaue Fenstergröße definiert wird.
- TP4 arbeitet mit abrupter Trennung. Gehen dabei Daten-TPDUs verloren, werden sie vom Protokoll nicht wiederhergestellt.
  Um diesen Datenverlust bei Verbindugsabbau zu vermeiden, arbeitet TCP mit dem Drei-Wege-Quittungsbetrieb (im OSI-Modell in der Sitzungsschicht vorgesehen).

Literatur zu Kapitel 6: COME 95, ECKH 88, PROS 93, STAL 94, STEV 94.

6.4 Prüfungsfragen

Was sind die Aufgaben der OSI Schicht 4?
Nennen Sie Beispiele für Protokolle in der Transportschicht!
Welche Schichten gehören zum Transportsystems?
In welche Schicht des OSI Modells würden Sie TCP einordnen?
Erläutern Sie TCP!
Vergleichen Sie TCP mit dem OSI Modell?
Welche Fehler können in der Transportschicht auftreten?
Was versteht man unter Quality of Service?
Welche Parameter sind für die Dienstgüte wichtig?

7 Schichtunabhängige Protokollkonzepte

7.1 Überblick

Dieses Kapitel behandelt schichtunabhängige Protokollkonzepte, also Konzepte, die sich nicht genau in eine Schicht des ISO/OSI-Modells einordnen lassen oder in mehreren Schichten vorkommen.
In 7.2 werden Anforderungen aufgezeigt, die an Protokolle gestellt werden. Dannach folgt in 7.3 ein Einblick in die Namens- und Adressensgebung und deren Schwierigkeiten. In 7.4 und 7.5 wird das Fehlermanagement und die Datensicherheit näher betrachtet. Anschließend folgt in 7.6 eine Einführung in die Datenkompression. In 7.7 werden Aspekte wie Verbindungsaufbau, Verbindungsabbau, Flußsteuerung, Maßnahmen nach dem Systemabsturz und verbindungsorientierte im Vergleich zu verbindungsunabhängige Dienste behandelt. In 7.8 erfolgt eine Einführung in die verschiedenen Techniken des Multiplexens. Am Schluß wird noch die Warteschlangentheorie behandelt.

7.2 Protokolle

Bevor zwei Datenstationen Daten austauschen können, müssen zahlreiche Vereinbarungen getroffen werden und zwar nicht nur über technische Aspekte, z.B. verwendete Codes, Betriebsart, Übertragungsgeschwindigkeit, sondern insbesondere auch über den Ablauf der Übertragung, z.B. welche Station wann und wie lange sendet, wie empfangene Daten quittiert werden, was bei Übertragungsfehlern zu geschehen hat. Die Festlegung dieses Ablaufs bezeichnet man als Übertragungsprozedur oder Kommunikationsprotokoll (kurz Protokoll).

Definition: (Protokoll)
Ein Protokoll ist eine (syntaktische und prozedurale) Spezifikation der Vorschriften und Regeln zum Informationsaustausch zwischen zwei Partnern auf derselben Stufe (hinsichtlich Dienstelementen) eines Kommunikationssystems.

Protokollfestlegungen enthalten Aussagen über:

- logische Datenobjekte (Syntax):
  z.B. Zeichen, Dateien, Auftragsbeschreibungen, Formate, Codes (häufig in ASN.1 spezifiziert)

- das virtuelle Kommunikationsmedium:
  z.B. Prioritäten, Geschwindigkeit, Pufferfähigkeit, Reihenfolgegarantien, Fehlerrate, Verfügbarkeit

- Kommunikations-Konventionen (Prozedurales):
  z.B. Steuerung (*master/slave*, *contention* (Konkurrenzbetrieb)), Nachrichtenfluß (simplex/duplex/halbduplex), Fehlerbehandlung und Wiederherstellung, Synchronisation

- Auswirkung der Nachricht (Semantik)

Ablauf einer verbindungsorientierten Datenübertragung:

1. Phase: Verbindungsaufbau
2. Phase: Aufforderung an andere Datenstation zum Datenaustausch
3. Phase: Datenaustausch
4. Phase: Beendigung des Datenaustauschs
5. Phase: Verbindungsabbau

Eine Datenübertragung verläuft allgemein in fünf Phasen, von denen nur die 2. bis 4. Phase in einem Protokoll festgelegt werden.

Beispiel: Telefonverbindung

Abb. 109 zeigt den Ablauf einer Telefonverbindung. Es fehlen unter anderem die

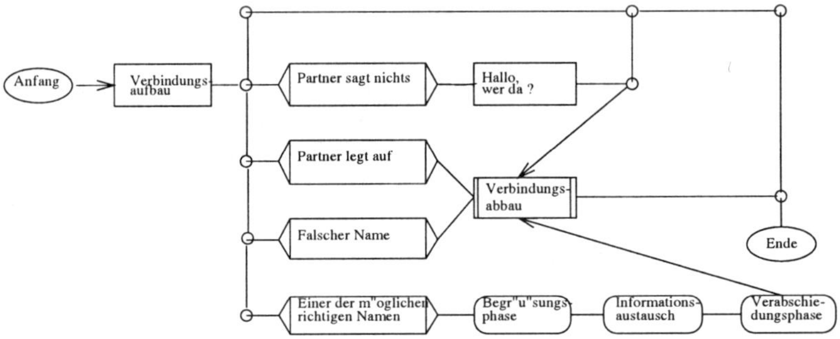

Abbildung 109: Telefonverbindung

genauere Beschreibung vom Verbindungsaufbau und -abbau, von der Begrüßungsphase, der Verabschiedung und der Art des Informationsaustausches.
Außerdem werden weder Störungen und Unterbrechungen, noch die Bedeutung der Zeit berücksichtigt. Auch die Rolle einer Telefonauskunft wird nicht näher erörtert. Das dargestellte Protokoll ist also nicht vollständig.

Problembereiche der Protokollbeschreibung:

- Adressierung: Bezeichnung und Auffinden von Komponenten

- Verbindungsauf- und abbau

- Sicherung der Übertragung: Quittungsdienst, Fehlererkennung, Flußsteuerung

- Aufbau der Nachricht
- Zusammenspiel mit Protokollen anderer Schichten
- Vermeidung von Endlosschleifen bzw. Wartezeiten
- Darstellung von Protokollspezifikationen:
  z.B. Zustandsmodelle, Formale Sprachen, Logik Kalküle (LOTOS), Petri–Netze, Ablaufdiagramme, Beschreibung abstrakter Datentypen (ASN.1), Programmiersprachliche Modelle

7.3 Namen und Adressen

Informelle **Definition**:
„The name of a resource indicates what we seek, an address indicates where it is, and a route tells how to get there."

Namen

- dienen dazu, beliebige Objekte (z.B. Rechner, Gateways, Netze, Benutzer, Server, Dienste, Instanzen) zu identifizieren.
- liegen häufig in symbolischer Form vor, d.h. für den Menschen lesbar.
- sind nicht eindeutig, d.h. die Bedeutung hängt vom Kontext ab.

Adressen

- dienen dazu, beliebige Objekte zu lokalisieren und anzusprechen (adressieren).
- liegen meist in fest vorgegebener numerischer Form vor, die für die maschinelle Verarbeitung geeignet ist.
- müssen eindeutig sein.

Ein Liste von Namen, die den Pfad von der Quelle zum Ziel repräsentieren, wird als **Weg** bezeichnet.

7.3.1 Physische versus logische Adressierung

Logische Adressen (Namen) lassen sich vom Benutzer einfacher merken und sind deshalb weniger anfällig gegenüber Eingabefehlern als physische Adressen.
(z.B. hphalle0.informatik.tu-muenchen.de $\doteq$ 131.159.4.1).
Ein weiterer Nachteil von physischer Adressierung ist die mangelnde Netztransparenz.

So läßt sich beispielsweise ein Netzausbau oder eine Umkonfiguration mit logischen Adressen leichter durchführen, da nicht jeder Teilnehmer über die Veränderung informiert werden muß, sondern nur eine Änderung in der Zuordnungstabelle erfolgt.
Falls ein Teilnehmer mehrfach an das Netz angeschlossen ist (mögliche Gründe: Ausfallsicherheit, Bandbreitenerhöhung), so besitzt er auch mehrere physische Adressen. Bei Ausfall einer Leitung wird nicht automatisch auf eine andere betriebsbereite Leitung verwiesen, was bei logischer Adressierung allerdings leicht zu realisieren ist.

7.3.2 Entwurf eines global eindeutigen Namensraumes

Alternative 1: uniformer globaler Namensraum also z.B. fortlaufende Durchnummerierung aller Objekte.
Beispiel: Ethernet-Adressen von XEPOX (2^{48} Adressen)
Alternative 2: hierarchische Konkatenation
Beispiele: Telefonnummern, Netz.Host.Prozeß.Port,
X.400 Adresse: dau@hphalle0.informatik.tu-muenchen.de
Kriterien:

- Bequemlichkeit für den Benutzer (Mnemomic)
- Relokation von Objekten ohne Abänderung der Bezeichnung
- Erzeugung von eindeutigen Namen in verteilter Umgebung
- Ineinandergeschachtelte Objekte ohne Namenskollisionen
- Mehrere Inkarnationen von logisch identischen Objekten

7.3.3 Umfang des Adreßraumes

Alternative 1: Umfang groß

- Vorteil: Adressen können permanent zugeordnet werden.
- Nachteil: großer Nachrichtenkopf (Header), der die Netzlast erhöht, großer Puffer (Speicherplatz)

Alternative 2: Umfang klein

- Adressen müssen unter Umständen mehrfach verwendet werden
- Vergabestrategien erforderlich
- Adressen müssen nach dem „Sterben“ eines Objektes eine bestimmte Zeit erhalten bleiben (Lebensdauer)

- Synchronisation notwendig, insb. für zeitkritische Daten wie z.B. Sprache

Wertung:
Es ist günstiger einen großen Header zu haben als ein kompliziertes Protokoll. Große Header spielen wegen den fallenden Speicherkosten keine große Rolle mehr. Deshalb ist ein großer Adreßraum vorzuziehen.

7.3.4 Einordnung in das OSI-Modell

Die Aufgabe innerhalb des OSI-Schichtenmodells besteht darin, die Protokollinstanzen einer jeden Schicht geeignet zu adressieren. Eine wichtige Rolle übernehmen hierbei die Dienstzugangspunkte (SAP *service access point*). Durch einen N-SAP erfolgt

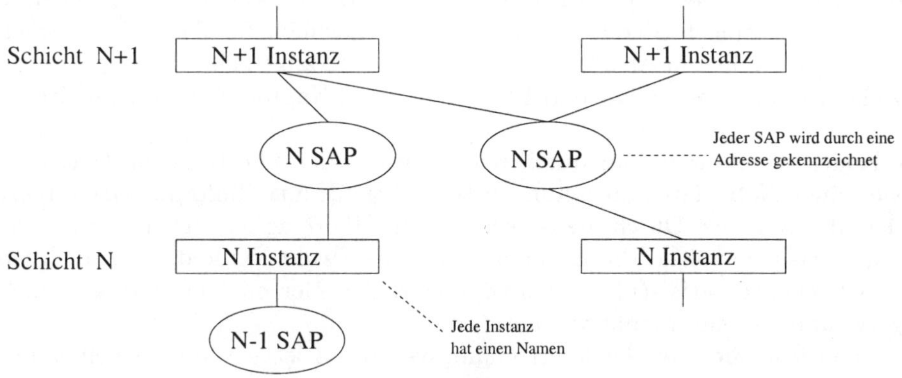

Abbildung 110: Service Access Point SAP

die eindeutige Adressierung der Instanz, weil an einem N-SAP genau eine Instanz gebunden ist. Es gibt keine Verzweigungen von einem SAP zu verschiedenen Instanzen, wohl aber von einer Instanz zu mehreren SAP's. Dieses Konzept erlaubt eine schichtunabhängige Namensgebung.

7.4 Sichere Übertragung über einen gestörten Kanal

7.4.1 Problemstellung

Die Übertragung von digitalen Daten zwischen unterschiedlichen Verarbeitungssystemen basiert letztlich auf der Übertragung von Bits. Unabhängig von verwendeten Übertragungsverfahren bedarf es dazu zweier wohlunterscheidbarer Signale, die zwischen Kommunikationspartnern ausgetauscht werden können und von allen einheitlich als Kodierung der beiden möglichen Werte eines Bits interpretiert werden.
Bei Rechnernetzen werden die Signale in aller Regel in Form von elektrischen oder

elektromagnetischen Impulsen kodiert. Dabei gibt es eine ganze Reihe von Einflußfaktoren, die zu Störungen und Fehlern bei der Übertragung führen können:

- Nebensprechen in Leitungsbündeln
- Atmosphärische Überspannungen
- Leitungsrauschen bei hoher Verstärkung
- Leitungsunterbrechungen (Stromausfall, Beschädigung eines Kabels)

Solche Störungseinflüsse kann man nur durch Zusatzfunktionen kompensieren, wie z.B. durch Methoden der Fehlererkennung und -behebung. Das Fehlermanagement könnte prinzipiell in jeder Schicht des ISO/OSI Modells geschehen, falls der untergeordneten Schicht kein Vertrauen, was die Fehlerfreiheit anbelangt, geschenkt wird. Die Sicherungsschicht ist die Schicht, die hauptsächlich für das Fehlermanagement zuständig ist. In diesem Abschnitt werden vertiefend allgemeine Konzepte vorgestellt. Spezielle Verfahren wie CRC und BCC werden im Kapitel Sicherungsschicht behandelt.

Eine Fehlererkennung ist nur durch Redundanz in den übertragenen Daten möglich. Neben reinen Nettodaten müssen noch zusätzliche Kontrollinformationen übertragen werden, die zwar den Durchsatz senken, für die Übertragungssicherheit aber notwendig sind. Das prinzipielle Problem dabei ist, daß sowohl Nutzdaten als auch Kontrollinformationen so verfälscht werden können, daß Fehler mit dem verwendeten Sicherungsverfahren nicht erkannt werden.

Das eigentliche Ziel von Fehlererkennungsverfahren ist es, die verbleibende **Restfehlerwahrscheinlichkeit**, d.h. die Wahrscheinlichkeit, mit der beim angewendeten Verfahren noch mit dem Auftreten unentdeckter Fehler zu rechnen ist, hinreichend klein zu halten.

Die absolute Anzahl der Übertragungsfehler, d.h. der Mittelwert der bei der Übertragung verfälscht ankommenden Bits, hängt von der Qualität der eingesetzten Übertragungstechnik ab. Basierend auf Langzeittests hat die Telekom für ihre öffentlichen Netze physikalische Fehlerwahrscheinlichkeiten zwischen 10^{-4} und 10^{-7} ermittelt, d.h. ohne zusätzliche Sicherungsmaßnahmen kann man in höheren Schichten durchschnittlich pro übertragenen 10^4 bis 10^7 Bits mit einem verfälschten Bit rechnen.

Empirische Untersuchungen zeigen, daß Übertragungsfehler nicht gleichmäßig verteilt auftreten, sondern lange Zeiten fehlerfreier Übertragung unterbrochen werden von kurzen Fehlerhäufungen (Bündelstörung, *burst error*), d.h. Perioden, in denen die Übertragung insgesamt gestört ist. Durch Auftreten solcher Fehlerhäufungen wird eine verläßliche Fehlererkennung zusätzlich erschwert, weil Folgen fehlerhaft übertragener Bits viel schwerer zu erkennen sind als Einzelbitfehler.

Ein einzelnes Bit enthält keine Information darüber, ob es während einer Übertragung verfälscht worden ist, da der neue, falsche Wert ebenfalls einen zulässigen Bitwert repräsentiert. Um derartige Fehler erkennen zu können, müssen also größere Datenportionen, d.h. Bitfolgen, betrachtet und gesichert werden.

Größere Datenblöcke, Zeichenfolgen mit einer Länge zwischen etwa 30 und einigen hundert Zeichen, werden durch ein oder zwei zusätzliche Zeichen gesichert.
Übertragungsfehler auf Zeichen- oder Blockebene können naturgemäß nur durch den Empfänger erkannt werden. Stellt der Empfänger einen Fehler fest, soll er die Möglichkeit haben, doch noch in den Besitz der korrekten Information zu gelangen.
Dazu wendet man zwei Techniken an:

- Der Empfänger veranlaßt direkt oder indirekt die erneute Übertragung der Daten durch den Absender
- Der Empfänger kann mit dem Erkennen des Fehlers die korrekte Nachricht rekonstruieren.

7.4.2 Zeichenweise Paritätssicherung

Bei diesem Verfahren wird jedes zu übertragende Zeichen um ein zusätzliches **Paritätsbit** ergänzt, das als redundante Zusatzinformation für die Überprüfung der Übertragung verwendet wird. Für jedes Zeichen wird die Anzahl der Einsen ermittelt. Das Paritätsbit erhält dann den Wert, der diese Anzahl

- bei gerader Parität auf eine gerade Zahl,
- bei ungerader Parität auf eine ungerade Zahl

ergänzt. Ob auf gerade oder ungerade Parität ergänzt werden soll, ist an den entsprechenden Übertragungseinrichtungen meist einstellbar.
Dieses Verfahren ist sehr verbreitet. Das IA Nr.5 (=internationales Alphabet Nr.5 mit 7 Bits pro Zeichen, identisch mit ASCII) ist als 8-Bit-Alphabet normiert und besteht aus 7 Informationsbits und einem zusätzlichen Paritätsbit.
Bewertung:
Erkannt werden alle Verfälschungen einer ungeraden Anzahl von Zeichenbits (1,3,5,7 Bit-Fehler). Die Rate der unerkannten Bitfehler wird auf etwa 10% des Wertes ohne Sicherung gesenkt. Diese Verbesserung wird durch eine Durchsatzminderung erkauft, die von der Länge der Zeichenkodierung abhängt. Bei einem 7-stelligen Code reduziert sich die für die Nutzdaten zur Verfügung stehende Bandbreite um ca. 15%.
In der Praxis wird die Paritätssicherung bei neueren Datenübertragungsverfahren fast durchgängig eingesetzt. Im allgemeinen koppelt man sie aber noch mit anderen Vorkehrungen gegen Übertragungsfehler, um eine höhere Übertragungssicherheit zu erzielen.

7.4.3 Selbstkorrigierende Codes

Bei **selbstkorrigierenden Codes** (*error correction codes*) wird die Zeichencodetabelle so dünn besetzt, daß die Verfälschung eines beliebigen Bits zu einer Bitfolge

führt, die keine zulässige Zeichenkodierung darstellt. Ein solcher unsinniger Code wird als Übertragungsfehler erkannt. Wenn man dazu noch feststellen kann, welches Bit verfälscht worden ist, kann man dieses Bit durch Invertierung korrigieren.
Das Verfahren geht zurück auf den Mathematiker R. W. Hamming, der sich als erster mit selbstkorrigierenden Codes beschäfigt hat. Selbstkorrigierende Codes werden deshalb auch **Hamming-Codes** genannt [HAMM 50].

Definition: (Hamming-Abstand oder Hamming-Distanz)
Der Hamming-Abstand zweier Bitfolgen wird definiert als die Anzahl von Bitpositionen, an denen ihre Codierungen unterschiedliche Bitwerte aufweisen. Für ein gesamtes Alphabet wird der Hamming-Abstand als das Minimum der Distanzen zwischen allen Paaren von Codewörtern definiert.

Der Hamming-Abstand von 1011001 und 0011100 ist beispielsweise 3.
Hamming hat ein Verfahren angegeben, das mit einer minimalen Anzahl theoretisch erforderlicher Redundanzbits effektiv auskommt: Dabei werden alle Bits auf Zweierpotenzen, also die Bitpositionen 1, 2, 4, 8,... als Prüfbits verwendet, während die dazwischenliegenden Stellen für bedeutungstragende Bits genutzt werden.

b: bedeutungstragende Bits
r: redundante Prüfbits
$n = b + r$: Codewort

Verfahren für 4 bedeutungstragenden Bits:
Aus der theoretisch abgeleiteten Abschätzung ([FRAN 86] S.71) $b + r + 1 \leq 2^r$ ergibt sich r zu 3. Ein Codewort besteht also aus $n = 4 + 3 = 7$ Bits.
Prüf- oder Kontrollbits (K-Bit) sind, von links nach rechts gezählt, das erste, zweite, vierte Bit; die übrigen sind Informationsbits (I-Bits).
Abb. 111 liefert ein konkretes Beispiel:
K-Bit 1 sichert Bit 1, 3, 5, 7 ab,
K-Bit 2 sichert Bit 2, 3, 6, 7 ab,
K-Bit 4 sichert Bit 4, 5, 6, 7 ab.

Der konkrete Wert der Prüfbits wird im Beispiel jeweils auf gerade Parität für alle zu sichernden Bitwerte ergänzt.
Der Empfänger kann dieses Sicherungsschema nutzen, um bei Auftreten eines **1-Bitfehlers** bei einem K- oder I-Bit die Position zu ermitteln, an der der Fehler aufgetreten ist.
Um jedes Codewort zu überprüfen, initialisiert der Empfänger einen Zähler mit Null. Über die Prüfbits wird der korrekte Wert der I-Bits kontrolliert. Tritt ein Fehler auf, wird die Bitposition des Prüfbits zum aktuellen Zählerstand addiert.
Nach Abschluß dieser Prüfung enthält der Zähler bei einem korrekt übertragenen Wort den Wert Null. Andernfalls enthält er die Position des fehlerhaft übertragenen Bits, das somit leicht korrigiert werden kann.
Das Verfahren kann über die Erkennung und Korrektur von 1-Bitfehlern hinaus

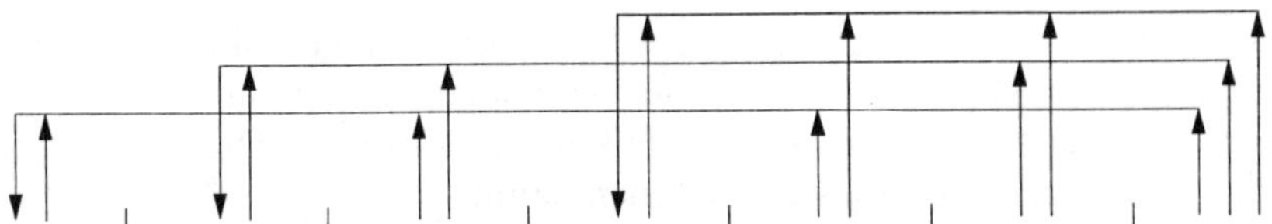

Wert der i-Bits	K1	K2	I3	K4	I5	I6	I7
0	0	0	0	0	0	0	0
1	1	1	0	1	0	0	1
2	0	1	0	1	0	1	0
3	1	0	0	0	0	1	1
4	1	0	0	1	1	0	0
5	0	1	0	0	1	0	1
6	1	1	0	0	1	1	0
7	0	0	0	1	1	1	1
8	1	1	1	0	0	0	0
9	0	0	1	1	0	0	1
A	1	0	1	1	0	1	0
B	0	1	1	0	0	1	1
C	0	1	1	1	1	0	0
D	1	0	1	0	1	0	1
E	0	0	1	0	1	1	0
F	1	1	1	1	1	1	1

MSB LSB

Beispiel: K1 ⊕ I3 ⊕ I5 ⊕ I7 = K1 ⊕ 0 ⊕ 1 ⊕ 1 = K1 ⊕ 0 = 0; K1 = 0
K2 ⊕ I3 ⊕ I6 ⊕ I7 = K2 ⊕ 0 ⊕ 0 ⊕ 1 = K2 ⊕ 1 = 0; K2 = 1
K4 ⊕ I5 ⊕ I6 ⊕ I7 = K4 ⊕ 1 ⊕ 0 ⊕ 1 = K4 ⊕ 0 = 0; K4 = 0

⊕ ≙ XOR-Operation:

A	B	Q
1	1	0
1	0	1
0	1	1
0	0	0

Abbildung 111: Beispiel für Hamming-Codes zur Korrektur von 1-Bit Fehlern

erweitert werden: Durch Zufügen weiterer redundanter Bits pro Zeichen können auch mehrere Bitverfälschungen erkannt und korrigiert werden.
In der Praxis der Datenübertragung werden Hamming-Codes nur in Ausnahmefällen eingesetzt, z.B. im Simplexbetrieb, wenn der Empfänger keine Möglichkeit hat, den Sender über einen aufgetretenen Fehler zu informieren und um eine Wiederholung der Übertragung zu bitten.
Im heutzutage üblichen Duplex- oder Halbduplexbetrieb verwendet man wesentlich ökonomischere Codes (z.B. Manchester, siehe Abschnitt 2.3.2).

7.5 Einführung in die Datensicherheit

In Rechnernetzen werden häufig Daten ausgetauscht, die vertraulich sind, oder die ein Dritter nicht manipulieren darf. Beispiele sind: private Briefe, Bankgeschäfte, militärische Daten, Datenbankabfragen, Steuerungsdaten von Anlagen und Geräten. Über Hardwarekonzepte kann meistens die nötige Sicherheit in Rechnernetzen nicht

gewährleistet werden. Leitungen und Funkverbindungen sind leicht abzuhören und übertragene Daten können absichtlich verändert, d.h. manipuliert werden. Es muß immer davon ausgegangen werden, daß ein unbekannter Dritter (Angreifer) Einfluß auf die übertragene Information nehmen kann.
Es müssen also die Daten geschickt verschlüsselt und geeignete Konzepte gefunden werden um folgende Anforderungen zu erfüllen:

- Vertraulichkeit:
  Kein Unbefugter darf Kenntnis der übertragenen Information erhalten.
- Datenintegrität:
  Niemand darf in der Lage sein Daten zu verändern, ohne daß es die Kommunikationspartner merken.
- Verbindlichkeit und Authentizität:
  Es darf kein Abstreiten durchgeführter Aktionen möglich sein.
  (Digitale Unterschrift)
- Anonymität:
  Es soll möglich sein zu verschleiern, wer mit wem wie oft kommuniziert.

Über Hardwarekonzepte läßt sich meist nur die Identifizierung (Einloggen) direkt am Datengerät kontrollieren. Zum Beispiel über Spracherkennung, Fingerabdrücke, Netzhautabtastung oder über eine Zugangskarte. Dies geschieht trotzdem noch meist über Paßwörter, also über Verschlüsselungstechniken, weil diese preisgünstiger sind. Die Kosten und Effizienz spielen auch bei der Datensicherheit eine große Rolle. Ein Verschlüsselungssystem ist in der Praxis unbrauchbar, wenn der autorisierte Empfänger zulange rechnen muß, um die Nachricht zu entschlüsseln. Andererseits kann ein System als praktisch sicher gelten, wenn es nur durch einen Supercomputer gebrochen werden kann, der Millionen Dollar kosten würde. Allerdings für extrem vertrauliche Information ist auch dieses System nicht anwendbar, da man davon ausgehen muß, daß ein Geheimdienst oder das Militär solche Rechner besitzen. Leider werden bei einigen Netzen selbst die einfachsten Sicherheitsanforderungen nicht beachtet.

7.5.1 Vertraulichkeit

Die übertragene Nachricht muß so verschlüsselt werden, daß sie kein unberufener Dritter entschlüsseln kann. Einzig der Empfänger soll dazu in der Lage sein. Zur Verschlüsselung gibt es schon lange vor der Einführung von Computern und Rechnernetzen ausgeklügelte Systeme, aber leider auch sehr schlechte Varianten. So verschob Cäsar das Alphabet um drei Stellen nach hinten, aus einem A wurde ein D, aus einem B ein E usw.
In der heutigen Praxis haben sich sogenannte symmetrische (Private Key) bzw. asymmetrische (Public Key) Verfahren durchgesetzt.

Private Key Systeme

Bei symmetrischen Systemen ist der Schlüssel zum Ver- und Entschlüsseln gleich, oder leicht voneinander ableitbar. Dies zeigt auch gleich den großen Nachteil dieser Systeme: Es muß vor der Kommunikation ein gemeinsamer Schlüssel ausgetauscht werden. Geht dieser geheime Schlüssel im Klartext über das Netz, ist keine Sicherheit mehr gegeben.

Ein typischer Vertreter und Standard von symmetrischen Verschlüsselungsverfahren ist der DES (*Data Encryption Standard*). Der DES wurde von IBM entwickelt und ist 1977 vom *National Bureau of Standards* (NBS) zum US-Verschlüsselungsstandard erklärt worden. Um allgemeines Vertrauen in den DES zu erzielen und zu zeigen, daß es keine Falltüren gibt, ist der DES vollständig publiziert. Die genaue Funktionsweise des DES ist zwar nicht kompliziert würde aber im Detail mehrere Seiten beanspruchen.

Hier folgt nur eine kurze Skizzierung:

In Abb. 112 ist die Grobstruktur des DES dargestellt. Das recht aufwendige Verschlüsseln mit den sehr vielen Permutationen und Substitutionen findet in der Abbildung in der Box 'Verschlüsselungsschritt' statt. Der Schlüssel des DES-

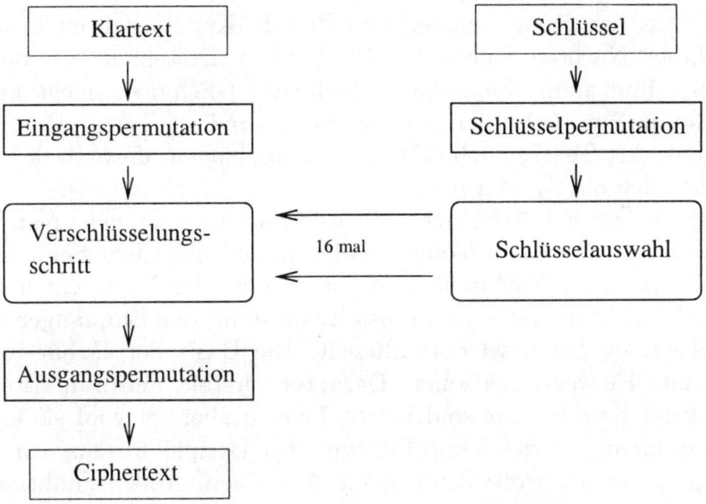

Abbildung 112: Struktur des DES

Verfahrens besteht aus 64 Bit. Davon sind aber 8 Bit Paritätsbits, so daß es nur 56 wirksame Bits gibt. Es gibt also 2^{56} (ca. $7,2 \cdot 10^{16}$) verschiedene Schlüssel.

Aus dem Original-Schlüssel werden nach einem festen Schema sechzehn verschiedene 48 Bit Schlüssel gebildet. Der zu verschlüsselnde Text wird binär kodiert und in jeweils 64 Bit Blöcke aufgeteilt. Dann folgt eine Reihe von Iterationen, wobei die sechzehn Teilschlüssel mit dem Klartext XOR-verknüpft werden. Dabei werden die Bits anhand von vorgegebenen Matrizen permutiert und substituiert. Die

Entschlüsselung erfolgt nahezu auf die gleiche Weise [DES 77].
Die rasante Entwicklung im Bereich der Mikrocontroller hat Hardware-DES-Beschleuniger hervorgebracht, die bei massiver Parallelisierung ein Durchprobieren aller möglichen Schlüssel erlauben. Regierungen und Organisationen, welche genügend finanzielle Mittel aufbringen können sind somit in der Lage, DES-verschlüsselte Daten in wenigen Stunden zu entziffern.
Bei der stetigen Leistungssteigerung in der modernen Computerhardware kann der DES mittelfristig nicht mehr als sicher gelten. Die US-Standardisierungsbehörde hat dies rechtzeitig erkannt und eine Ausschreibung für einen adäquaten Nachfolger durchgeführt. Mehrere Algorithmen wurden eingereicht und der weltweiten Gemeinde von Kryptologen zur Evaluierung zugänglich gemacht. Schließlich wurde der Rijndael-Algorithmus zum AES (Advanced Encryption Standard) erklärt [RIJN 01]. Der AES gilt als Nachfolger des DES und wird in vielen Sicherheitsunternehmen bereits eingesetzt.
Weitere Beispiele für symmetrische Blockchiffre sind FEAL (*Fast Data Encipherment Algorithm*), IDEA (*International Data Encryption Algorithm*) und Triple-DES (dreifacher DES mit doppelter Schlüssellänge).

Public Key Systeme

Wie erwähnt liegt der große Nachteil von Private Key Verfahren in der Schlüsselverteilung. Dieser Nachteil wurde bei Public Key Systemen behoben [DIFF 76], [RIVE 78]. Hier muß man den privaten (geheimen) Schlüssel nicht mehr mit dem anderen Kommunikationspartner austauschen, sondern kann den Schlüssel des Partners in einer Art Telefonbuch öffentlich nachschlagen, deshalb der Name Public Key. Wie kann solch ein System funktionieren?
Jeder Partner hat zwei Schlüssel einen öffentlichen und einen geheimen. Der geheime Schlüssel muß natürlich geheim bleiben, während der öffentliche Schlüssel jedermann zugänglich sein soll. Eine Nachricht wird vom Sender der Nachricht mit dem öffentlichen Schlüssel des Empfänger verschlüsselt, während der Empfänger die Nachricht mit seinem geheimen Schlüssel entschlüsselt. Die Basis der Public-Key Verfahren bilden sogenannte Einweg-Funktionen. Darunter versteht man Funktionen, die ohne größeren Aufwand berechenbar sind, deren Inverse aber, obwohl sie existiert, nicht ohne weiteres ermittelt werden kann. Ein typisches Beispiel für eine Einweg-Funktion ist $f(p,q) := p \cdot q$ mit p,q große Primzahlen. Aus einem großen Funktionswert lassen sich p und q nur sehr schwer errechnen. Gibt es aber eine Zusatzinformation mit der sich die Inverse leicht errechnen läßt, so spricht man von Einweg-Funktionen mit Falltür. Diese Zusatzinformation ist also quasi der geheime Schlüssel.

Definition:

Ein Public Key Kryptosystem besteht aus einer Menge M von Nachrichten und einer Verschlüsselungsfunktion E sowie einer Entschlüsselungsfunktion D. Es gibt öffentliche Schlüssel k_p und geheime Schlüssel k_s
Das System muß folgende Eigenschaften erfüllen:

1. $D(E(M, k_p), k_s) = M$, d.h. man erhält nach Ver- und Entschlüsseln wieder den Klartext.

2. E und D sind einfach zu berechnen

3. Der geheime Schlüssel k_s ist aus Kenntnis des öffentlichen Schlüssels k_p nicht mit vertretbaren Aufwand zu berechnen.

Jeder Partner hat ein Schlüsselpaar k_p und k_s . Ein typischer Vertreter und Quasi-Standard von Public Key Systemen ist das RSA-Verfahren, benannt nach seinen Entwicklern *R*ivest, *S*hamir und *A*dleman [RIVE 78]. Das Kernstück ist die Annahme, daß es sehr schwer ist große natürliche Zahlen in ihre Primfaktoren zu zerlegen. Diese Annahme ist keineswegs bewiesen, ist aber plausibel, da noch kein Mathematiker einen schnellen Algorithmus zur Primfaktorzerlegung entwickeln konnte, aber seit Jahrhunderten danach gesucht wird.
Mathematische Grundlagen:
Eulersche Funktion $\varphi(n)$:
Sei n eine natürliche Zahl, dann ist $\varphi(n)$ die Anzahl der Zahlen die kleiner als n und teilerfremd zu n sind.
Beispiel: $\varphi(9) = 6$, denn 1,2,4,5,7,8 sind teilerfremd und kleiner als 9.
Das Verfahren im Einzelnen:

1. wähle zwei große Primzahlen p und q und berechne $n = p \cdot q$
2. wähle d aus [0,n-1], so daß d relativ prim zu $\varphi(n) = (p-1) \cdot (q-1)$ ist, d.h. $ggT(\varphi(n), d) = 1$
3. berechne e aus [0,n-1] mit $e \cdot d = 1 \; mod \; \varphi(n)$
4. verschlüssele eine Nachricht m aus [0,n-1] durch $E(m) = m^e \; mod \; n$
5. entschlüssele einen Kryptotext x aus [0,n-1] durch $D(x) = x^d \; mod \; n$

In dem RSA Verfahren bestimmt das Paar (e,n) den öffentlichen Schlüssel und der geheime Schlüssel wird durch das Paar (d,n) festgelegt, wobei d geheimzuhalten ist. Selbstverständlich müssen auch p,q und $\varphi(n)$ geheimgehalten werden. Der zu verschlüsselnde Text muß natürlich in gleich große Zahlenblöcke aufgeteilt werden.

Beispiel (mit für Praxis viel zu kleinen Primzahlen):

Sei	$p = 47, q = 59$ und der Klartext sei 100
daraus folgt	$n = p \cdot q = 2773$; $\varphi(2773) = (p-1) \cdot (q-1) = 2668$
wähle nun etwa	$d = 157 \Rightarrow e = 17$ (da $e \cdot d = 1 \; mod \; \varphi(n)$)
dann gilt	$E(m) = E(100) = 100^{17} \; mod \; 2773 = 1952$

1952 ist also die Verschlüsselung von 100

Entschlüsseln	$D(1952) = 1952^{157} \; mod \; 2773 = 100$

Da diese Berechnungen nicht allzu effizient durchzuführen sind, wählt man häufig Mischformen aus Public und Private Key Verfahren. Zuerst wird der Schlüssel für das Private Key Verfahren mittels z.B. RSA übertragen und dann geht es bei zukünftigen Übertragungen mit z.B. DES weiter.

Steganographie (Geheimschrift):
Der Vollständigkeit halber ist bei Vertraulichkeit von Nachrichten noch die Steganographie zu erwähnen, also das Verstecken von Information. Sie könnte in Zukunft eine noch größerer Rolle spielen, da viele Staaten erwägen, darunter die Bundesrepublik, das Verschlüsseln von Nachrichten zu verbieten. Bei Steganographie wird versucht, die tatsächliche Information in einer allgemein lesbaren aber eigentlich unwichtigen Nachricht zu verstecken. So könnten bei einer Email nur die Anfangsbuchstaben der einzelnen Wörter die eigentliche Nachricht enthalten. Oder bei Übertragung eines Bildes sind, für das Auge nicht sichtbar, die Grauwerte zum Orginalbild modifiziert und enthalten so in geeigneter Weise kodiert die eigentliche Nachricht.

7.5.2 Datenintegrität

Es darf einem Angreifer nicht möglich sein eine Nachricht unbemerkt zu verändern. So könnte zum Beispiel das Verschieben eines Kommas bei einem Bankgeschäft einen großen Schaden anrichten. Eine Möglichkeit ist es, den Klartext redundant zu gestalten, also z.B. den Geldsummenbetrag mehrmals in den Klartext zu schreiben und anschließend zu verschlüsseln. Das hat aber zwei Nachteile: Erstens ist ein redundanter Verschlüsselungstext (Ciphertext) leichter zu brechen und zweitens kann auch so keine 100 prozentige Datenintegrität gewährleistet werden. Dies kann behoben werden indem man die redundante Information als Authentifizierungs-Code der Nachricht hinzufügt. Dieser Authentifizierungs-Code darf natürlich nicht unbemerkt modifiziert werden können, das unterscheidet ihn z.B. vom Paritätsbit oder vom CRC. Eine Standardisierung zur Bildung dieses Codes im Bankgeschäft gibt es von ANSI (X9.9) und ISO (ISO 8731).
Eine bessere Lösung zur Feststellung von Fälschungen bieten sogenannte digitale Unterschriften, die im folgenden Kapitel näher beschrieben werden. Um auch das Wiedereinspielen von alten Nachrichten zu verhindern, ist es ratsam vor der Verschlüsselung den Klartext mit einer eindeutigen Nummer zu versehen.

7.5.3 Verbindlichkeit und Authentizität

Es muß bei Kommunikationspartnern möglich sein zu beweisen, daß bestimmte Aktionen (Emails, elektronische Aufträge) einem bestimmten Sender zuzuordnen sind. Also wie bisher eine geleistete Unterschrift (Überweisung, Versicherungspolice usw.) ein Dokument beurkundet. Dies sollen digitale Unterschriften leisten, die auch vor Gericht standhalten. Eine naheliegende Lösung bilden die Public Key Systeme, wenn sie noch eine vierte zusätzliche Anforderung erfüllen: $E(D(M,k_s),k_p) = D(E(M,k_p),k_s) = M$

Dies bedeutet:
Der Absender A verschlüsselt die Nachricht M mit seinem geheimen Schlüssel und anschließend mit dem öffentlichen Schlüssel des Empfängers. Der Empfänger E entschlüsselt die Nachricht mit seinem geheimen Schlüssel und danach mit dem öffentlichen Schlüssel des Absenders. Zum Beweis für eventuell spätere Streitigkeiten speichert der Empfänger die originale Nachricht. Außer E kann niemand die Nachricht mitlesen, da nur er im Besitz seines geheimen Schlüssels ist. Und nur A konnte die Nachricht geschickt haben, da nur er Kenntnis seines geheimen Schlüssel hat. Auch E kann die Nachricht später nicht mehr manipulieren, da dazu der geheime Schlüssel von A nötig wäre. Mit diesem System kann der Empfänger sicher sein, daß der Sender auch wirklich der ist, der er vorgibt zu sein (Authentizität), daß der Sender später nicht abstreiten kann der Absender zu sein (Verbindlichkeit), und daß an der Nachricht nicht manipuliert wurde (Integrität). Wenn der Absender seinen geheimen Schlüssel auch wirklich geheim hält, kann auch er sicher sein, daß sich niemand für ihn ausgeben kann. Zusätzlich sollte jede Nachricht mit einem Zeitstempel versehen werden. Authentizität is in heutigen Systemen wichtiger als Vertraulichkeit. Es gibt besondere Verfahren, welche nur zum Signieren, nicht aber zum Verschlüsseln von Nachrichten geeignet sind, wie zum Beispiel das DSA-Verfahren (Digital Signature Algorithm).

7.5.4 Anonymität

Wie im Leben (Einkaufen, bar bezahlen, Bahn fahren) sollte es auch in Rechnernetzen möglich sein, bei bestimmten Aktionen anonym zu bleiben und Kommunikationsverbindungen zu verschleiern. Anonymität steht also im Gegensatz zu Authentizität, aber beides sollte je nach dem in sicheren Rechnernetzen implementiert sein.
Warum ist Anonymität zu gewährleisten ? Firmen könnten zum Beispiel detaillierte Benutzerprofile erstellen und so dem Benutzer gezielt mit genau für ihn elektronisch generierter und zugeschnittener Werbung überhäufen.
Um Nachrichten auszutauschen, schlug bereits 1981 David Chaum ein System vor, die Nachricht nicht direkt an den Empfänger sondern zuvor an sogenannte umcodierende Mixe zu schicken. Jeder Mix hat die Aufgabe, dafür zu sorgen, daß keine Zuordnung zwischen den in Mix einlaufenden und auslaufenden Nachrichten möglich ist. Ein Angreifer, der in der Lage ist, alle Nachrichten abzuhören, die beim Mix eintreffen bzw. ihn wieder verlassen, darf nicht in der Lage sein herauszufinden, welche der vom Mix empfangenden Nachrichten wohin gesendet wurden. Der Absender geht wie folgt vor: Zuerst wählt er eine beliebige Folge 1 bis n von Mixen, dessen Adresse und öffentlichen Schlüssel er kennt. Er verschlüsselt die zu sendende Nachricht mit dem öffentlichen Schlüssel des Empfängers. Dann verschlüsselt er das Ganze mit dem öffentlichen Schlüssel des n-ten Mixes und versieht das Paket mit der Adresse des Empfängers. Nun wird das Ganze mit dem öffentlichen Schlüssel (n-1)-ten Mix verschlüsselt und mit der Adresse des n-ten Mixes versehen. Das geht immer so weiter, bis er beim ersten Mix angelangt ist. Ihm schickt er dann die n+1 (Mixe+Empfänger) mal verschlüsselte Nachricht. Die Mixe entschlüsseln jeweils das ankommende Paket mit ihrem geheimen

Schlüssel und schicken die Nachricht an die angegebene Adresse weiter. Zuvor sollten sie die ankommenden Nachrichten durchmischen (daher der Name) und evtl. mit Zufallsdaten auffüllen, so daß über die Größe der Pakete keine Rückschlüsse möglich sind. Die Mixe sollten natürlich vertrauenswürdige Instanzen sein, aber selbst wenn einige Mixe nicht vertrauenswürdig sind, kann über eine große Anzahl von Mixen Anonymität gewährleistet werden.

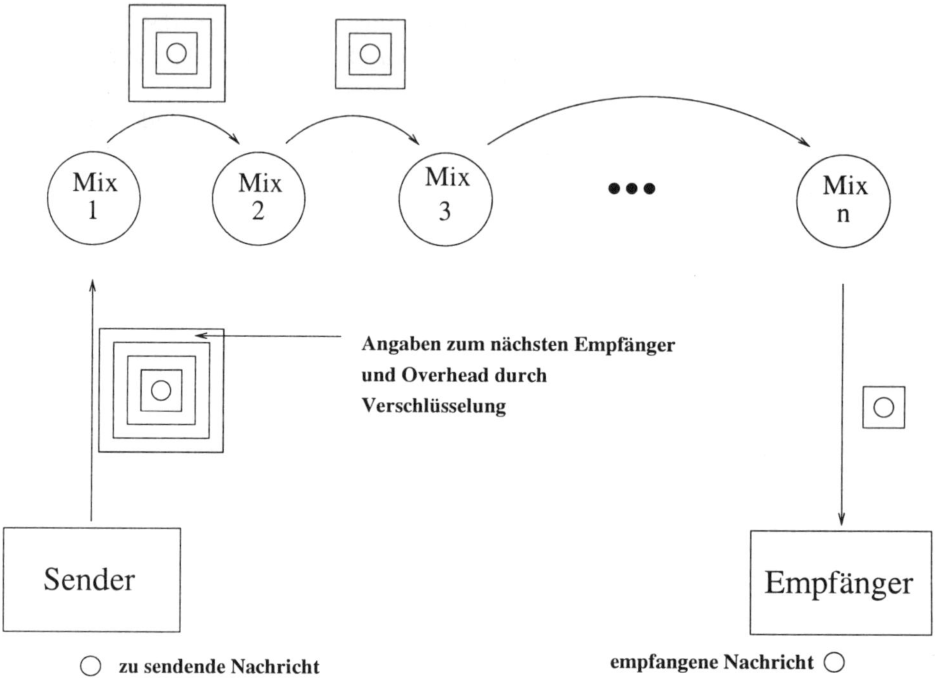

Abbildung 113: Anonymisierung durch umcodierende Mixe

7.5.5 Praktische Hinweise zur Rechnersicherheit

Auch eigentlich sichere Rechensysteme sind unsicher, falls die Benutzer des Systems nicht einige elementare Sicherheitsregeln beachten. Deshalb folgen hier einige praktische Tips zur Rechnersicherheit.

Paßwörter:

Eine einfache Sicherheitsmaßnahme ist es, möglichst 'gute' Paßwörter zu wählen. Viele Benutzer verwenden Paßwörter, die leicht zu raten sind oder in Wörterbüchern zu finden sind. Das eigene Login, ein Filmheld oder der Name der Freundin sind keine guten Ideen. Allerdings sollte man sich das Paßwort auch leicht merken können, damit man es nicht aufschreiben muß. Man sollte es auch schnell schreiben könnnen, um ein Mitlesen beim Eintippen zu verhindern. Gute Paßwörter können zum Beispiel so aussehen: Fre!B!eR (Freibier), LeSidHa (Lieber einen Spatz in der Hand als ...). Das Paßwort sollte auch gelegentlich gewechselt werden und auf verschieden Rechner sollte man auch unterschiedliche Paßwörter verwenden. In Rechnernetzen geht das Paßwort oft im Klartext durch das Netz. Das kann man als Benutzer zwar nicht verhindern, sollte man aber im Gedächtnis behalten.

Wichtige Daten:
Wichtige Daten (Kreditkartennummer, Zugangscodes, etc.) dürfen nur wie oben beschrieben verschlüsselt übertragen werden. Zum Beispiel muß das WWW (*World Wide Web*) als unsicher bezeichnet werden. Auch einige WWW-Browser, die angeblich verschlüsseln, sind keineswegs sicher.

Login:
Ein großer Nachteil von vielen Systemen ist es, daß sich der Benutzer dem System gegenüber identifizieren muß, aber nicht der Rechner gegenüber dem Benutzer. Ein Angreifer kann also leicht einen eigenen Login-Screen konstruieren und dem Benutzer glauben machen er kommuniziere mit dem System. Irgendwelche Auffälligkeiten (Zeitverzögerung, Fehlermeldungen) beim Einloggen sind also unbedingt zu beachten. Ausserdem muß man unbedingt die Meldung des letzten Logins verifizieren um sicherzustellen, daß sich kein anderer einen Zugang erschlichen hat. Beim ersten von meistens drei Versuchen zur Passwortverifikation sollte man stets ein falsches Passwort eingeben, denn nur das "echte" System wird es als solches erkennen. Mit dem wachsenden Bedrohungspotential wird die Verwendung von Chipkarten und biometrischen Merkmalen (Fingerabdruck-, Iris-, Gesichtserkennung usw.) zum Rechnerzugang an Bedeutung gewinnen.

7.6 Einführung in die Datenkompression

Die Motive der Datenkompression sind vielseitig: Als Speicherplatz (z.B. Festplatte) noch kostenintensiv war, überlegte man sich, wie redundante (überflüssige) bzw. wiederholend auftretende Datenfolgen zusammengefaßt werden können, um wertvolle Speicherkapazität zu sparen. Datenkomprimierung kann man anschaulich so beschreiben: Eine ausgebreitete Tischdecke (entspricht den Daten) würde von der Fläche her in keine der üblichen Reisetaschen (entspricht der Festplatte) passen. Soll sie verstaut werden, kann man die Tischdecke solange falten, bis sie in der Tasche untergebracht werden kann (Komprimierung). Nun kann die Reisetasche solange transportiert werden, bis man die Tischdecke zur Benutzung aus der Tasche nimmt und sie auseinanderfaltet (Dekomprimierung).
Obwohl Massenspeicher heutzutage viel preiswerter geworden sind, ist Datenkompression unverzichtbar. Das mit der Zeit wachsende Datenaufkommen verlangt Kompressionsverfahren u.a. im Bereich Netze, Festplatten und Multimedia. Damit beispielsweise Bilder ruckfrei über eine Leitung übertragen werden können, ist eine Bildfrequenz von mindestens 25 Bilder pro Sekunde notwendig, wobei die Auflösung der Bilder sowie die Anzahl der Farben (Farbtiefe) für die Qualität der Animation ebenfalls eine Rolle spielt. Hinzu kommen begleitende Audiodaten, die das gesamte Datenaufkommen

zusätzlich erhöhen. Als Beispiel einer sehr einfachen Animation ohne Audio: 25 Bilder mit einer Auflösung von 320x200 und 256 Farben benötigen eine Videodatenrate von ca. 1,5 Mbyte/s. Die heutigen Ansprüche sind jedoch größer (begleitende Audiodaten, höhere Auflösung, mehr Farben). Die Komprimierung dieser Daten verhilft zum rascheren Transfer über Übertragungsmedien. Die Bandbreite einiger Übertragungsmedien (z.B. ISDN mit 64 Kbit/s je B-Kanal, Single-Speed CD-ROM-Laufwerke mit 150 kbyte/s) reichen dennoch nicht aus, wenn die oben angesprochenen Daten verlustfrei (d.h. ohne Informationsverlust) übertragen werden sollen. Damit ein Transfer unter diesen Bedingungen trotzdem noch möglich ist, müssen Video- und Audiodaten an Informationen abnehmen. Da das menschliche Auge bzw. Ohr Qualitätsunterschiede bis zu einem bestimmten Grad nicht wahrnimmt, können die Daten verlustbehaftet komprimiert werden, um eine bessere Übertragungsrate zu erzielen (Quantisierung).

7.6.1 Quantisierungsmöglichkeiten im Bereich Grafik

Aufgrund der spezifischen Seheigenschaft des Menschen ergeben sich im Bereich Grafik einige Möglichkeiten zur Datenkompression:

- Geeignete Wahl des Farbmodells: Farbveränderung in kleinem Umfang nimmt das menschliche Auge weniger wahr als Helligkeitsunterschiede (Bilder mit Farb- und Helligkeitsanteilen z.B. YUV Farbmodell, bei dem die RGB-Werte zuerst durch Matrizenmultiplikation umgerechnet werden müssen).
- Interframe-Verfahren (Nicht zu verwechseln mit Intraframe-Verfahren): Bei manchen Bildsequenzen bleibt der Hintergrund (z.B. eine Bühne) immer gleich, während im Vordergrund nur die Figuren sich bewegen. Diese zeitliche Redundanz kann mittels Bildkompressionsverfahren eingespart werden, die Differenzbilder oder Bewegungsvektoren verwenden.

7.6.2 Symmetrische und asymmetrische Verfahren

Die Zeit für die Codierung und Decodierung bei Bildkompressionsverfahren können unterschiedlich aber auch entscheidend sein.

- Ist die Zeit für Codierung und Decodierung ungefähr gleich, so ist vom symmetrischen Verfahren die Rede.
- Dauert die Codierung länger als die Decodierung, so spricht man vom asymmetrischen Verfahren. Angewendet wird dieses Verfahren z.B. bei Nachschlagewerken, die nur einmal codiert werden.
- Eine Echtzeitbearbeitung kann eine Zeitspanne zwischen Codierung und Decodierung bei kleiner als 150 ms vorweisen, da die zeitliche Auflösung von Bildfolgen beim Menschen maximal bei etwa 16 Bilder/s liegt.

7.6.3 Was bedeutet Redundanz?

Bei der Datenkomprimierung geht es darum, redundante Daten im Eingabestrom durch einen kürzeren Code zu ersetzen. Der enstandene Ausgabestrom dabei soll möglichst wesentlich kleiner sein als der Eingabestrom. Ist dies der Fall, so kann man von einer effektiven Komprimierung sprechen. Es gibt i.a. kein Kompressionsverfahren, das für jeden Eingabestrom konzipiert ist, da unterschiedliche Arten von Daten und somit verschiedene Redundanzarten vorliegen können (Texte, Video usw.). Redundanzarten können folgende sein:

- Wiederholung von bestimmten Zeichen: Aufeinanderfolgende Zeichen gleicher Art finden sich oft bei Bitmap-Grafiken (z.B. Zeichenketten mit ASCII-Code 0 bei weißem Hintergrund).
- Wiederholung von Zeichenmuster: Textdateien enhalten häufig Wörter, die im Laufe des Textes wiederholt auftreten (z.B. die Wörter 'und', 'der', 'die', 'das' usw.).

7.6.4 Verlustfreie Kompression

Datenkomprimierung heißt bei vorliegenden Daten einen Strom von Symbolen in Codes umzuwandeln. Grundsätzlich besteht die Datenkomprimierung aus zwei Vorgängen: Modellierung und Codierung. Das Modell entscheidet darüber, welche Symbole bzw. welche Reihen von Symbolen durch welche Codes ersetzt werden. Es besteht aus einer Ansammlung von Regeln, nach denen Eingabesymbole bearbeitet und Codes ausgegeben werden. Die Wahrscheinlichkeit des Auftretens der Symbole kann dadurch bestimmt werden. Die Codierung nutzt die anhand des Modells festgelegten Wahrscheinlichkeiten, um schließlich den Code zu generieren. Modell und Codierung sind deshalb auseinander zu halten, weil auf Daten verschiedene Modelle angewendet werden können, und vielleicht derselbe Codierungsprozeß stattfinden kann. Je nach Modell können unterschiedliche Kompressionsraten zustande kommen.

7.6.5 Lauflängencodierung

Bei der Lauflängencodierung werden hintereinander auftretende Zeichen zu einem kürzeren Code zusammengefaßt. Dabei gibt es folgende Möglichkeiten:

1. Möglichkeit: Sei die Zeichenkette AAAAABBCCCDDDE gegeben. Dann kann sie auf die Form 5A2B3C3DE komprimiert werden. Nachteil: geringe Effizienz
2. Möglichkeit: Sei der Binärcode 1110111100111000 gegeben. Dann könnte der Code auf 3 1 4 2 3 3 verkürzt werden. Nachteil: geringe Effizienz

3. Möglichkeit: Sei die Zeichenkette AAAAABBCCCDDDE gegeben. Die 1.Möglichkeit (siehe oben) wird verbessert, indem die Ziffern durch Buchstaben ersetzt werden, wobei A=1, B=2, C=3, D=4 usw. darstellen.
   Nach der Komprimierung: EABBCCCD$AE ($ dient als Begrenzer, da auch mehrstellige Zahlen vorkommen können)

Die Lauflängencodierung eignet sich nicht für Texte, kann jedoch bei Grafiken eine Verkürzung erreichen.

7.6.6 Huffmann-Codierung

Auch die Huffmann-Codierung (Methode von D.Huffmann 1952) teilt sich in Modell und Codierungsprozeß [HUFF 52]. Der Codierer erzeugt Ausgabesymbole, die von einer Reihe von Wahrscheinlichkeiten abhängen. Tritt ein Eingabesymbol mit höherer Wahrscheinlichkeit auf, so wird ein Code erzeugt, der nur aus wenigen Bits besteht. Kommt ein Eingabesymbol dagegen häufiger vor, so bekommt man einen Code, der eine größere Anzahl an Bits enthält. Ein Huffmann-Code ist nie Anfangswort eines anderen Codes und kann deshalb eindeutig decodiert werden. Ein Modell der Huffmann-Codierung kann so aussehen: Zu jedem Eingabesymbol wird eine Wahrscheinlichkeit angegeben, die aussagt, wie oft das Eingabesymbol in den Daten anzutreffen ist.

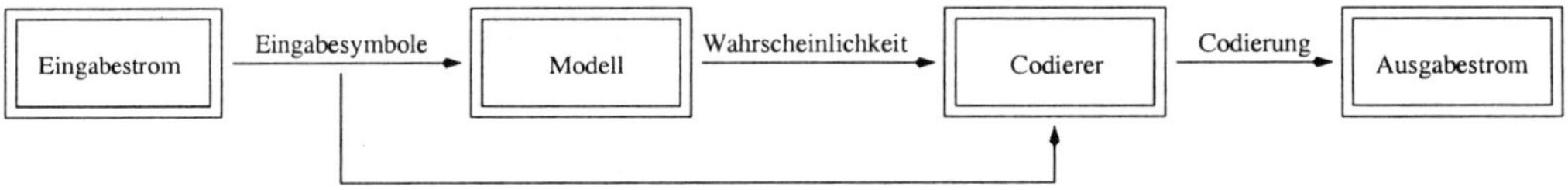

Abbildung 114: Darstellung Huffmann-Codierung

Das Prinzip der Huffmann-Codierung kann so beschrieben werden:
Oft auftretende Zeichen werden durch wenige Bits ersetzt. Zeichen, die relativ selten auftauchen, werden durch viele Bits dargstellt. Wenn eine Zeichenkette wie beispielsweise ABRACADABRA codiert werden soll, so gibt es zwei Möglichkeiten: Jede Buchstabe erhält ein Code mit fester Bit-Länge (z.B. Bit-Länge=5 also A=00001, B=00010, C=00011, D=00100 usw.). Dann ergibt sich eine Codierungslänge von 55 Bits für die o.g. Zeichenkette. Zweite Lösung: die Bit-Länge wird nach der Häufigkeit der Buchstaben vergeben (z.B. A=0 Häufigkeit 5, B=1 Häufigkeit 2, C=10 Häufigkeit 1, D=11 Häufigkeit 1, R=01 Häufigkeit 2). Letztere Alternative bietet eine kürzere Codierung an (15 Bits gegenüber 55 Bits). Jedoch können die Zeichen nicht voneinander unterschieden werden (Begrenzer notwendig). Um die Eindeutigkeit der Codes zu gewährleisten ist der sog. **Trie** (von retrieval, wiederauffinden) eingeführt worden. Der Trie ist ein Binärbaum (linker Ast=0, rechter Ast=1), wobei die Blätter Keys (Schlüssel) darstellen. Von der Wurzel (root) aus bis zum Blatt ist der Code des jeweiligen Zeichens beschrieben:

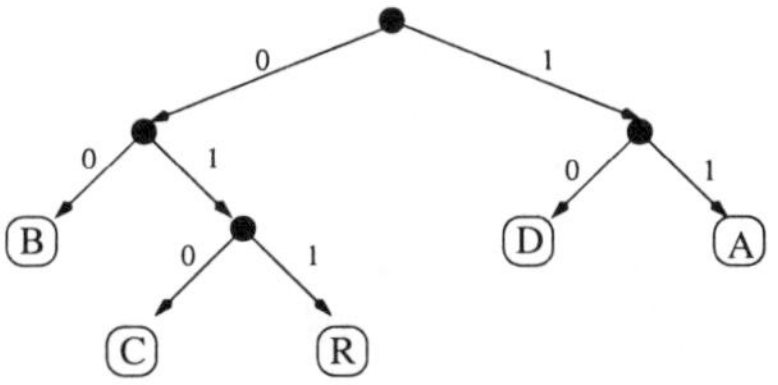

Abbildung 115: ABRACADABRA als Trie-Baum

Man erkennt, daß jedes Zeichen seine eindeutige Zuordnung besitzt. Um einen günstigen Trie-Baum zu generieren, muß die Bedingung, daß die Bit-Länge für ein Zeichen möglichst kurz sein soll, erfüllt sein. In der Huffmann-Methode wird zuerst die Häufigkeit aller vorkommenden Zeichen festgestellt und danach folgende Codes erstellt: Zeichen mit geringer Häufigkeit besitzen Codes mit größerer Länge und Zeichen, die häufig vorkommen, erhalten kürzere Codes. Folgendes Beispiel soll diese Methode verdeutlichen:
Für jedes Zeichen wird zuerst eine Auftrittswahrscheinlichkeit ermittelt. Im Beispiel ABRACADABRA sind diese: A=$\frac{5}{11}$, B=$\frac{2}{11}$, C=$\frac{1}{11}$, D=$\frac{1}{11}$, R=$\frac{2}{11}$ Beim ersten Schritt der Trie-Baum-Generierung wird ein Teilbaum erstellt, in dem als Blätter zwei Zeichen mit den geringsten Wahrscheinlichkeiten vorkommen (Abb. 116). Die beiden

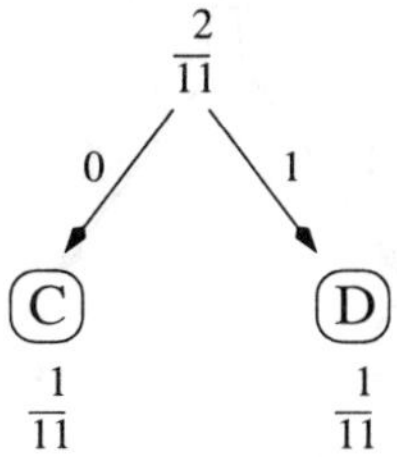

Abbildung 116: Erster Schritt der Trie-Baum-Generierung

Wahrscheinlichkeiten aus Abb. 116 werden zusammengefaßt, und eine neue Wahrscheinlichkeitstabelle entsteht: A=$\frac{5}{11}$, B=$\frac{2}{11}$, CD=$\frac{2}{11}$, R=$\frac{2}{11}$
Wieder wird ein neuer Teilbaum generiert, in dem nun CD und R mit den geringsten Wahrscheinlichkeiten auftauchen (da die Wahrscheinlichkeit von B=CD=R ebenfalls $\frac{2}{11}$ ist, kann man auch CD und B zusammenfassen). Siehe Abb. 117.

Neue Wahrscheinlichkeitstabelle: A=$\frac{5}{11}$, B=$\frac{2}{11}$, CDR=$\frac{4}{11}$
Wendet man das Verfahren solange an, bis alle Wahrscheinlichkeiten zusammen addiert 1 ergeben, entsteht der endgültige Trie-Baum mit den zugehörigen Codes (Abb. 119):
Neue Wahrscheinlichkeitstabelle: A=$\frac{5}{11}$, BCDR=$\frac{6}{11}$
Neue Wahrscheinlichkeitstabelle: ABCDR=1
Damit wird die Verteilung der Codes an folgende Zeichen deutlich: A=0, B=10,

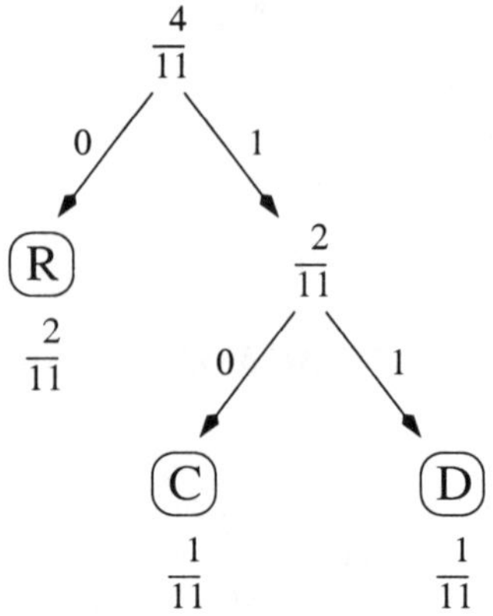

Abbildung 117: Zweiter Schritt der Trie-Baum-Generierung

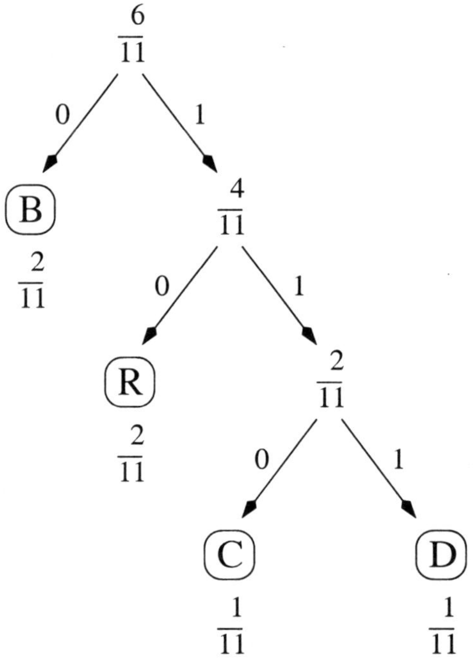

Abbildung 118: Dritter Schritt der Trie-Baum-Generierung

C=1110, D=1111, R=110
Die Huffman-Codierung hat sich im Laufe der Zeit bewährt und wird u.a. bei FAX-Geräten, Komprimierungsprogrammen eingesetzt. Ein bekanntes Beispiel der Huffman-Codierung ist auch der Morse-Code (z.B. wird der Buchstabe 'e', der am häufigsten vorkommt, mit einem '.' codiert)

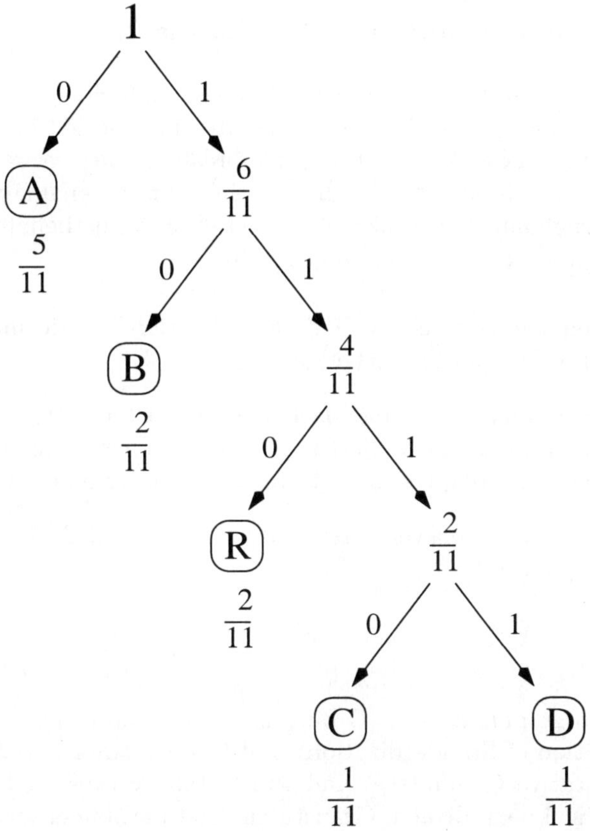

Abbildung 119: Letzter Schritt: Endgültiger Huffmann-Baum

7.6.7 Bekannte Kompressionsprogramme

Es gab in den letzten Jahren eine Reihe von Kompressionsprogrammen für eine Vielzahl von Plattformen. Einige davon sind im folgenden aufgeführt:

- LHarc (von Haruyasu Yoshizaki)
- COMPRESS
- GZIP (GNU-ZIP)
- ARJ (von Robert Jung)
- PKZIP

7.6.8 Komprimierung im Bereich Multimedia

Bei der verlustbehafteten Datenkompression tauscht man einen (kontrollierten) Qualitätsverlust gegen eine größere Kompressionsrate ein. Speziell bei Bildern und digitalen Sprachdaten ist diese Art der Datenkompression effektiv, da visuelle und akustische Signale anfangs analog vorliegen und ein kleiner Genauigkeitsverlust für die menschliche Wahrnehmung noch akzeptabel ist. Die verlustbehaftete Datenkomprimierung läßt sich in drei Arbeitsvorgängen aufteilen:

- Daten werden mit Hilfe eines FFT (Fast Fourier-Transformation) - ähnlichen Algorithmus in Frequenzbereiche konvertiert.
- Hohe und tiefe Punkte werden danach abgerundet (geglättet), wobei Informationen verloren gehen. Je nach Glättungsgrad entstehen mehr oder weniger Daten am Ende, und die Kompressionsrate fällt tiefer oder höher aus.
- Verlustlose Kompressionsverfahren übernehmen schließlich das Komprimieren der Frequenzpunkte.

7.6.9 JPEG

JPEG (Joint Photographic Experts Group) ist eine Zusammenarbeit von ISO (International Organization of Standardization) und CCITT (International Telegraph and Telephone Consultative Committee) und wurde 1992 verabschiedet. Dieser internationale Standard, soll dazu dienen, Graustufen- und Farbbilder zu de-/komprimieren und die Austauschbarkeit von Grafikdaten zwischen verschiedenen Plattformen zu ermöglichen. Neben der Einzelbildkomprimierung, läßt sich JPEG prinzipiell auch für Bewegtbilder verwenden. Jedes Einzelbild wird dann intraframe-codiert komprimiert (Motion-JPEG). Intraframe steht im Gegensatz zu interframe; es nutzt nicht zeitliche Redundanz aus, um z.B. bei gleichbleibenden Hintergrundbildern eine bessere Kompressionrate zu erreichen. Als Qualitätsfaktor bietet der JPEG-Standard einen Bereich von 0 bis 100. Komprimierungsgrade von 5% bis 10% sind bei geringer Degradation üblich. Einer der Nachteile von JPEG ist, daß der JPEG-Algorithmus keine Echtzeitbearbeitung gestattet, so daß erst die Verwendung von Hardware als Unterstützung eine akzeptable Abarbeitung herbeiführt.
JPEG läßt sich im wesentlichen in vier Kompressionsmethoden aufteilen:

- Sequentieller Modus
  Das DCT-basierte sequentielle Kompressionsverfahren ist dabei am weitesten verbreitet und geht wie folgt vor: Das Bild wird in Blöcke zerteilt, wobei jeder Block aus $8 \cdot 8$ Pixeln besteht (Abb.120). Eine diskrete **Cosinus-Tranformation (DCT)** wird auf jedem dieser Blöcke angewandt und es entstehen 64 Koeffizienten, die zu einer endlichen Menge von Werten quantisiert werden. Das Ergebnis der diskreten Cosinus-Transformation ist ein konstanter

Term, welcher den Gleichspannungsanteil (DC) darstellt. Jeder Block besitzt einen mittleren Pixelwert (DC-Wert). Für jeden dieser Werte wird die Differenz zum DC-Wert des vorhergehenden Blocks in Abtastreihenfolge (von links nach rechts und von oben nach unten) gebildet und abgespeichert.

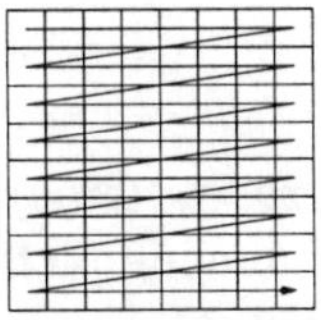

Abbildung 120: Abarbeitung der DC-Werte in Abtastreihenfolge (8 · 8 Blöcke)

Die frequenzabhängigen Terme als Ergebnis der DCT stellen AC-Koeffizienten dar, die danach schlangenförmig (Abb. 121) codiert werden (hier die restlichen 63 AC-Koeffizienten.

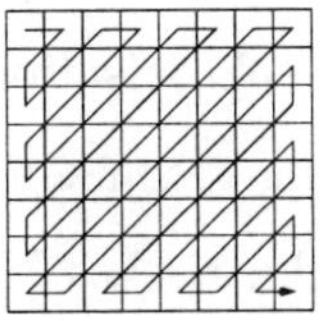

Abbildung 121: Abarbeitung der 63 AC-Koeffizienten nach Schlangenlinie

Schließlich erfolgt eine Codierung der Daten mittels Huffmann- oder artihmetischer Codierung.

- Progressiver Modus
- Hierarchischer Modus
  Bei der hierarchischen Kompressionsmethode wird das Bild gleich für mehrere Auflösungen codiert. Diese unterscheiden sich in der horizontalen und vertikalen Auflösung voneinander. In diesem Verfahren werden verlustlose und verlustbehaftete (DCT) Techniken miteinander verbunden. Man erhält den Vorteil der schnellen Skalierbarkeit des Bildes bei verschiedenen Auflösungen und bezahlt mit der niedrigeren Kompressionsrate gegenüber einem Bild mit einer Auflösung.
- verlustfreier Modus

7.6.10 H.261 (auch px64)

Der von der CCITT 1990 abschiedete Standard soll zur Kompression und Dekompression von farbigen digitalen Animationsbildern in Echtzeit dienen. Hintergrund war dabei die Übertragung von Bildern per ISDN (Bildtelefon und Videokonferenz). Die Bilder (Bildfrequenz 29,97 Hz), die kodiert werden sollen, dürfen dabei das Zeilensprungverfahren nicht verwenden. Sie können mit einer Rate von 40 kbit/s bis 2 MBit/s übertragen werden.

7.6.11 MPEG-1

MPEG steht für *Moving Pictures Experts Group* und heißt offiziell: ISO/IEC 11172 „Information technology - Coding of moving pictures and associated audio for digital storage media at up to about 1.5 MBit/s“
Die ISO/IEC verabschiedete im Jahr 1993 diesen Standard mit dem Ziel, für Medien mit niedrigerer Übertragungsrate (etwa 1 Mbit/s bis 1,5 Mbit/s) einen Transfer von farbigen Animationsbildern in akzeptabler Bildfrequenz (23,976 Hz, 24 Hz, 25 Hz, 29,97 Hz, 30 Hz, 50 Hz, 59,94 Hz, 60 Hz) sowie digitale Audiodaten zu ermöglichen, wobei möglichst noch eine gute Ausgabequaltät gewährleistet werden soll.
MPEG-1 besteht aus drei Abschnitten:

- Abschnitt 1 - **System**: Für Synchronisation und Multiplexing verantwortlich
- Abschnitt 2 - **Video**: Codierungstechniken
- Abschnitt 3 - **Audio**: Psychoakustisches Modell

Eine Auswahl der typischen MPEG-1-Funktionen:

- wahlfreier Zugriff auf Daten
- Vorwärts- und Rückwärtssuchlauf (schnell oder langsam)
- Abspielen vor- und rückwärts
- Synchronisierung von Video- und Audiosignalen

Der MPEG-Standard hat sich im Laufe der Zeit durch Standardisierung in verschiedenen Bereichen (CD-I, digitales Fernsehen, Spielekonsolen) etabliert und hat gute Chancen sich in der Zukunft durchzusetzen.

7.6.12 MPEG-2

MPEG-2 besitzt eine komplexere Kodierung als MPEG-1 und wird in einem anderen Bereich eingesetzt. Während MPEG-1 im Umfeld CD-ROMs (Video-CD CD-V, CD-Interactive CD-I), MD (Mini-Disc) und DCC (Digital-Compact-Cassette) angewendet wird, wird MPEG-2 beispielsweise verwendet für die Übertragung von digitalen Fernsehprogrammen auf einem Satellitenkanal. Weitere Anwendungsgebiete des MPEG-2: Video-On-Demand (Heimkino), Übertragung von Videosignalen in Studioqualität.
Die in MPEG-2 verwendeten Techniken ähneln denen des MPEG-1: DCT, Huffmann- und Lauflängencodierung.

7.6.13 Fraktale Bildkompression

Fraktale (geometrische Gebilde) lassen sich häufig durch einfache Regeln beschreiben. Mathematische Abbildungen können bei wiederholter Anwendung zu einem Fraktal führen. Bekannt sind Fraktale als ästhetisch schöne Bilder, die von einer Vielzahl von Programmen erzeugt werden (z.B. Mandelbrot: Apfelmännchen).
Literatur: [BARN 96].

7.6.14 MPEG-4

Die MPEG-4 Norm wurde 1993 begonnen und ist noch nicht verabschiedet worden (geplant 1998). Ziel dieser Norm ist es, Übertragungsmedien mit sehr niedriger Bandbreite (4,8 kBit/s bis 64 kBit/s, Auflösung $176 \cdot 144$ bei 10 Hz) für die Codierung von audiovisuellen Daten zu unterstützen. Die neue Norm bedient sich neuer Datenkompressionsalgorithmen (Fraktale Kompression, Wavelets, Morph-Techniken, modellbasierte Bildcodierung usw.), die sich teilweise noch in Entwicklung befinden, um die hohen Anforderungen zu erfüllen. Man erhoffte, MPEG-4 in vielen Bereichen einsetzen zu können: Bildtelefon (z.B. ISDN), Electronic Publishing, virtuelle Realität, mobile Kommunikation mit Bild und Ton (multimedial), Unterhaltung (Spiele), audiovisuelle Nachrichtensysteme, usw.

7.7 Verbindungsmanagement

7.7.1 Verbindungsaufbau

Der Aufbau einer Verbindung ermöglicht es den beiden Partnern, die beidseitige Existenz zu verifizieren und über optionale Parameter und die für die Verbindung benötigten Ressourcen zu verhandeln.
Beim Verbindungsaufbau wird eine passende Netzverbindung ausgewählt. Sofern die geforderten QoS (*Quality of Service, Dienstgüte*) der Teilnehmerverbindungen und der zur Verfügung stehenden Endsystemverbindungen es zulassen, wird entschieden, ob man mehrere (Transport)-verbindungen auf eine Vermittlungsverbindung multiplext. Außerdem entscheidet man über die optimale Länge der TPDU's (*transport protocol data unit*), die Wahl von Fehlerbestimmungsalgorithmen und identifiziert die Verbindung über eine Nummer. Teilnehmer- und Vermittlungsadressen werden aufeinander abgebildet.
Ein Verbindungsaufbau besteht also nicht nur aus dem Senden einer CONNECTION.-request-TPDU (Nachricht) und dem Warten auf eine CONNECTION.confirm-TPDU. Vielmehr wird der ganze Ablauf kompliziert durch Verlust, Zwischenspeichern und Verdoppeln von Paketen innerhalb des Subnets.
Man arbeitet deswegen mit Methoden, mit Hilfe derer man ursprüngliche Nachrichten von Duplikaten unterscheiden kann.

Der folgende Abschnitt stellt drei Lösungsansätze vor, die Paketen im Subnet eine begrenzte Lebensdauer geben.

1. Um zu verhindern, daß Pakete im Subnet in Schleifen geraten, nimmt man den längstmöglichen Pfad als oberste Richtlinie. Überschreitet ein Paket auf seinem Weg durch das Subnet diese Maximalweglänge, so wird es verworfen.
2. Jedes Paket wird mit einem Sprungzähler versehen, der sich immer dann erhöht, wenn ein Paket einen Knoten im Subnet passiert. Ab einem bestimmten Wert werden die Pakete verworfen.
3. Jedes Paket erhält einen Zeitzähler und wird nach Ablauf einer festgesetzten Zeitspanne als „alt“ verworfen.

Nicht nur alte Pakete, sondern auch dadurch ausgelöste Rückmeldungen und Reaktionen dürfen nicht mehr im Netz kreisen. Wählt man eine Variable, die als Grenzwert nur ein kleines Vielfaches der Paketlebensdauer hat, so kann man sicher gehen, daß nach Ablauf dieser Zeitspanne keines der Pakete mehr im Netz existiert.

Three-Way Handshake:

Zu Beginn jedes Verbindungsaufbaus müssen sich die Partnerinstanzen über die Anfangsfolgenummern einigen, damit beide Seiten wissen, welche Nummern bei der folgenden Übertragung gültig sind. Jetzt kann es natürlich passieren, daß auch duplizierte Steuer-TPDUs verspätet ankommen. Um dadurch hervorgerufene Schwierigkeiten zu verhindern, hat man den **Drei-Wege-Quittungsbetrieb** (*three-way-handshake*) eingeführt.

Abb. 122 zeigt zwei mögliche Protokollabläufe.

Wie man sieht, müssen die beiden Partner nicht unbedingt mit derselben Sequenznummer anfangen.

Normaler Betrieb (Abb. 122(a))

- A sendet Folgenummer an B,
- B antwortet mit CC-TPDU (*connection confirm* Nachricht), die Folgenummer x bestätigt, und kündigt eigene Anfangsfolgenummer y an.
- A bestätigt y in der ersten Daten-TPDU.

In Abb. 122(b) sieht man, was beim *three-way-handshake*-Verfahren mit duplizierten Steuer-TPDUs geschieht.

- B erhält TPDU mit einem verzögerten CR-Duplikat (*connection request*) einer Verbindung, die gar nicht mehr existiert.
- B sendet CC-TPDU an A, um den Verbindungsaufbauwunsch zu bestätigen.
- A streitet Verbindungswunsch ab.
- Verbindung kommt nicht zustande.

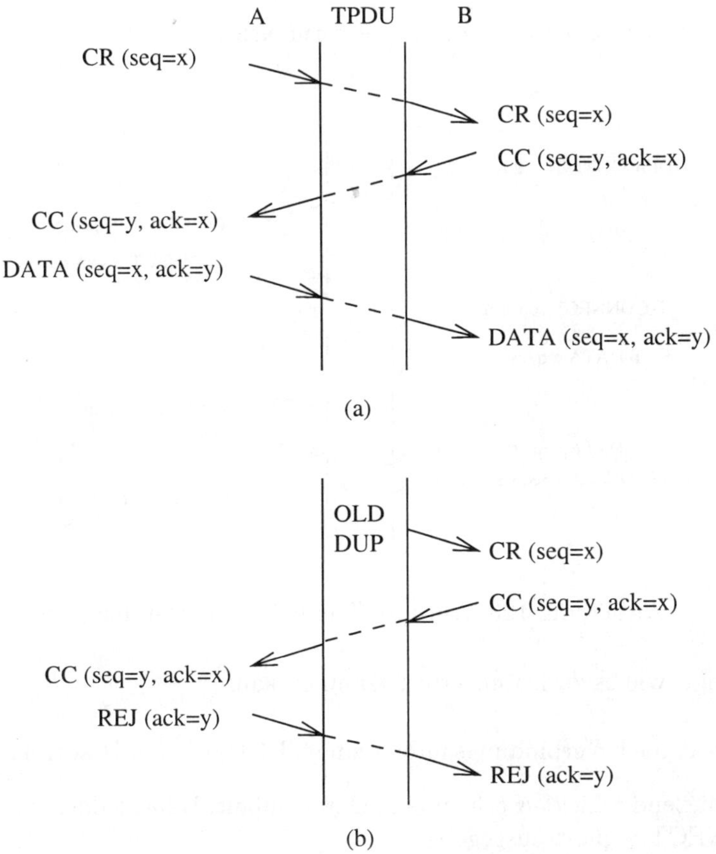

Abbildung 122: Protokollabläufe beim Verbindungsaufbau mit dem three-way-handshake

7.7.2 Verbindungsabbau

Eine Verbindung kann **implizit** durch Auflösen der untergelagerten Vermittlungsverbindung gelöst werden (Protokollklasse 0). Man bezeichnet eine Transportverbindung auch dann als implizit aufgelöst, wenn für die zugehörige Endsystemverbindung, z.B. aufgrund eines nicht behebbaren Fehlers, ein N-DISCONNECT oder N-RESET gegeben wird.

Bei einer **expliziten** Auflösung verständigen sich die Partnerinstanzen über DR (disconnection request)- bzw DC(disconnection confirm)- Protokoll-TPDUs.

Die Identifikatoren für eine Verbindung können für eine gewisse Zeit „eingefroren", d.h. für eine Neuvergabe gesperrt werden. Dadurch verhindert man, daß TPDUs der alten Verbindung, die sich noch im Netz befinden, einer neuen Verbindung fälschlicherweise zugeordnet werden.

Ein Verbindungsabbau ist zwar wesentlich einfacher durchzuführen als ein Verbindungsaufbau, kann jedoch auch Probleme verursachen.

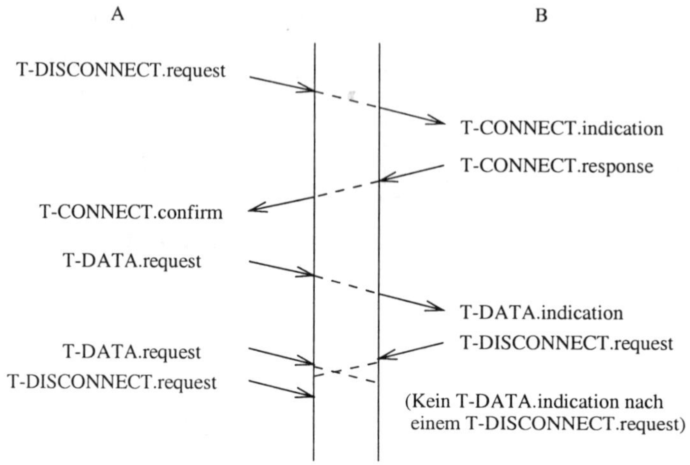

Abbildung 123: Abrupte Trennung mit Datenverlust

Abb. 123 zeigt, wie es zu Datenverlust kommen kann.

- A schickt nach Verbindungsaufbau eine TPDU, die bei B korrekt ankommt.
- Anschließend schickt A erneut eine Dateneinheit. B hat jedoch zuvor ein T-DISCONNECT.request ausgegeben.
- Die von A gesendete Dateneineit kann von B nicht mehr empfangen werden und geht somit verloren.

Ein möglicher Lösungsansatz wäre sicher, beide Seiten daran zu hindern, T-DISCONNECT Requests zu senden, bevor nicht sicher gestellt ist, daß auch alle abgeschickten Daten eingetroffen sind.

In Abb. 124 und 125 sieht man vier mögliche Protokollabläufe für den Verbindungsabbau, wobei die Timer gewissermaßen eine Kontrollfunktion ausüben.

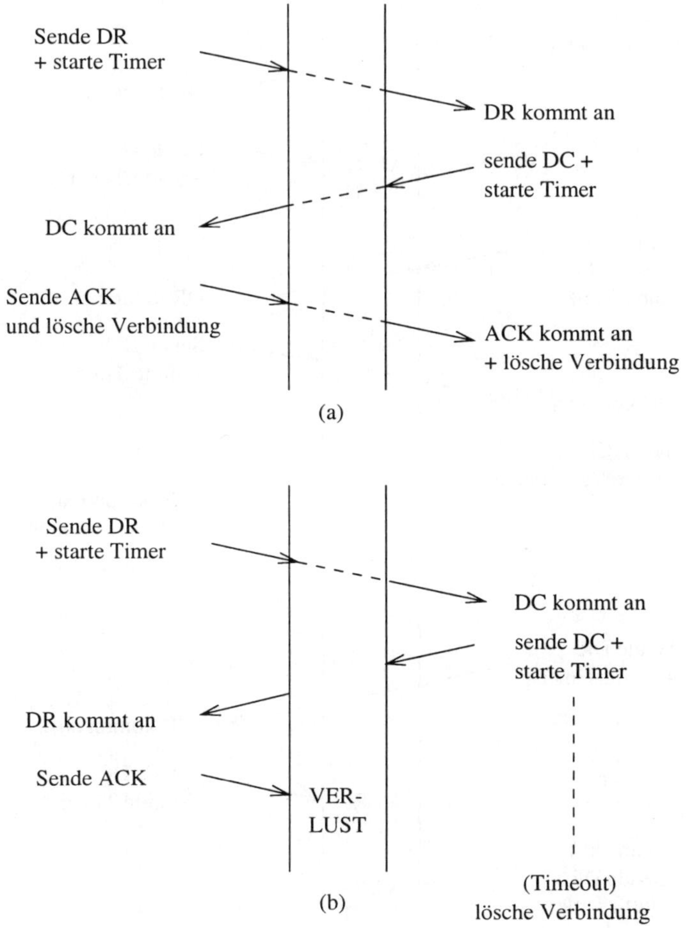

Abbildung 124: Protokollabläufe für den Verbindungsabbau

(a) Ein Benutzer sendet eine DR-TPDU, um den Verbindungsabbruch einzuleiten. Der Empfänger schickt eine DC-TPDU zurück und setzt für den Fall, daß DC verloren geht, einen Timer.
Nach Eintreffen der DC-TPDU schickt der Sender eine ACK-TPDU zurück und löscht die Verbindung.

(b) Geht jedoch die letzte ACK-TPDU verloren, so läuft der Timer ab, was wiederum zum Verbindungsabbau führt.

(c) Geht nun die DC- (oder DR-) TPDU verloren, erhält der Benutzer, der den Verbindungsabbau initiiert hat, kein DC. Nach Ablauf des Timers sendet er erneut eine ACK-TPDU.

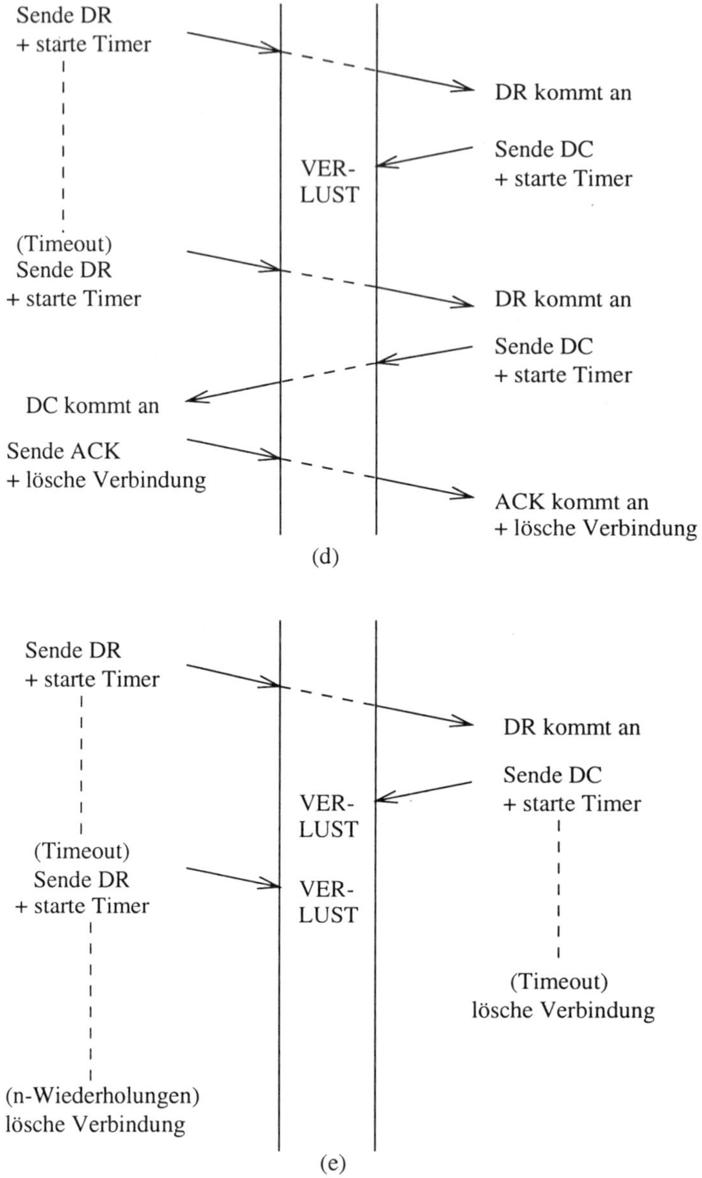

Abbildung 125: Protokollabläufe für den Verbindungsabbau

(d) Entspricht Fall (c), außer daß sämtliche Versuche mißlingen, eine DR-TPDU zu verschicken. Nach n-Wiederholungen gibt Sender auf und löscht die Verbindung. Beim Empfänger leitet ein Timeout ebenfalls den Verbindungsabbruch ein.

7.7.3 Flußsteuerung

Die Flußsteuerung der Transportschicht ist teilweise identisch mit derjenigen der Sicherungsschicht. Hauptansatzpunkt in beiden Schichten ist es, zu verhindern, daß ein schneller Sender den langsameren Empfänger mit Daten überschwemmt.

- Ist der Sender darüber informiert, daß beim Empfänger immer genügend Pufferplatz zur Verfügung steht, muß er seine gesendeten TPDUs nicht zwischenspeichern. Die Daten kommen ja korrekt an und werden auf Empfängerseite zuverlässig gepuffert. Es kommt also zu keinem Datenverlust.
- Falls der Empfänger jedoch nicht garantieren kann, daß jede eingegangene TPDU akzeptiert wird, muß der Sender die TPDU doch puffern. Das bedeutet aber gleichzeitig, daß eine Rückmeldung aus der Vermittlungsschicht keine Garantie dafür gibt, daß die TPDU vom Empfänger akzeptiert wurde. Sie besagt nur, daß sie angekommen ist.

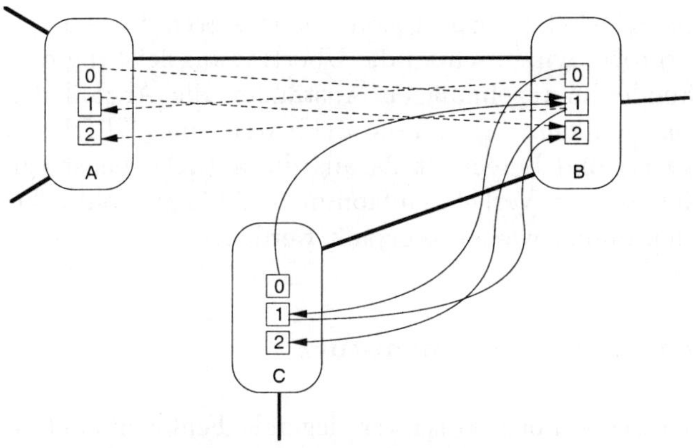

Abbildung 126: Puffergrößen

Wie groß soll nun aber ein solcher Puffer überhaupt sein?
Sind alle TPDUs gleich groß, bietet sich ein Puffer mit fester Größe an (Abb. 126a). Schwankt die Größe der TPDUs, verwendet man am besten einen Puffer mit variabler Größe, aber aufwendigerer Speicherverwaltung (Abb. 126 b).
Hätte man als feste Puffergröße die der größten TPDU gewählt, würde man Speicherplatz vergeuden. Bei einer zu kleinen Puffergröße, müßte man eine TPDU aufteilen und in mehreren Puffern abspeichern.
Sind alle Hostverbindungen stark ausgelastet, wird der Speicherplatz am besten ausgenützt, wenn man für jede Verbindung einen festen Kreispuffer zur Verfügung stellt (Abb. 126c).
Generell kann man festhalten, daß der Sender bei schubweisem Verkehr mit niedriger

Bandbreite und der Empfänger bei gleichmäßigem Verkehr mit hoher Bandbreite jeweils am besten die Pufferung übernimmt.
Das Transportprotokoll erlaubt dem sendenden Host, Pufferplatz am anderen Ende anzufordern. Das geschieht durch dynamische Pufferzuteilung. Der Sender fordert für sein voraussichtliches Datenaufkommen eine bestimmte Anzahl von Puffern beim Empfänger an. Im Gegenzug stellt der Empfänger so viele Puffer zur Verfügung, wie es ihm möglich ist.
Diese Probleme treten nur auf, wenn Speicher teuer und knapp vorhanden ist. Speichermedien werden jedoch immer billiger, und so ist es heutzutage kein grosses Problem mehr, Hosts mit ausreichender Speicherkapazität auszustatten.
Nicht Pufferplatz sondern Übertragungsleistung des Subnets beschränken den Datenfluß. Geht man davon aus, daß zwischen zwei Hosts maximal x TPDUs pro Zeiteinheit übertragen werden können und es k unabhängige Pfade zwischen zwei Hosts gibt, dann können maximal kx Dateneinheiten pro Sekunde übertragen werden.
Ein Flußsteuerungsmechanismus in Schicht 4 sollte sich also mehr an der Übertragungsleistung eines Subnets orientieren. Er muß auf der Senderseite angewendet werden, um zu verhindern, daß der Sender zu viele unbestätigte TPDUs auf einmal zu verwalten hat.
Es bietet sich ein Schiebefensterprotokoll (siehe Abschnitt 4.5.4) an, bei dem der Sender die Fenstergröße dynamisch an die Übertragungsleistung des Subnets anpaßt. Dazu mißt der Sender in regelmäßigen Abständen die Anzahl der TPDUs, die er pro Sekunde bewältigen kann (c) und die Zykluszeit eines TPDUs (von Übertragung bis Rückmeldung) (t) und berechnet daraus die aktuelle Fenstergröße (ct). Da die Leistung eines Netzes vom Verkehrsaufkommen abhängt, sollte die Fenstergröße in geringen Abständen immer wieder angepaßt werden.

7.7.4 Maßnahmen nach Systemabsturz

Innerhalb eines Netzes können so schwerwiegende Fehler auftreten, daß es zur Unterbrechung von einer oder mehreren Netzverbindungen kommt. Normalerweise wird diese Unterbrechung durch ein N-DISCONNECT oder N-RESET eingeleitet.
Löscht man einfach alle Transportverbindungen, die diese unterbrochene Verbindung verwendet haben, so kommt es zum Verlust von Daten, die sich gerade auf dem Transportweg zwischen beiden Instanzen befunden haben. Haben zwei Instanzen mehrere Verbindungsleitungen parallel benutzt, so können bei Ausfall einer Vermittlungsverbindung die Transportverbindungen auf die restlichen Vermittlungsverbindungen umgeleitet werden (Abwärtsmultiplexen).
Stehen jedoch keine Ausweichsvermittlungsverbindungen zur Verfügung, müssen die beiden Instanzen versuchen, eine neue Verbindung einzurichten. Nach der Wiederherstellung einer solchen Verbindung synchronisieren sich die beiden Transporteinheiten, um die richtige Sequenzreihenfolge wiederherzustellen und die verloren gegangenen Daten erneut zu übertragen.
Stürzt jetzt aber ein Host ab, so gestaltet sich das Thema Wiederherstellung ganz

anders.
Anhand des folgenden Beispiels wird gezeigt, wo die Probleme beim Resynchronisieren in diesem Fall liegen.
Wir gehen von folgender Ausgangssituation aus: Ein Host (Sender) schickt einem anderen Host (Empfänger) eine längere Datei unter Verwendung eines einfachen Stop-and-Wait-Protokolls. Die eingehenden TPDUs werden nacheinander an den Dienstbenutzer weitergegeben. Während der Übertragung stürzt der Empfänger ab. Sobald er wieder betriebsbereit ist, werden seine Tabellen neu initialisiert. Anschließend weiß er jedoch nicht mehr, an welchem Punkt die Übertragung unterbrochen worden ist.
Aus diesem Grund schickt der Empfänger an alle Hosts eine Nachrichten-TPDU mit der Information, daß er abgestürzt sei und der Bitte, ihm doch den Status aller offenen Verbindungen zu schicken.
Der Sender kann sich zu diesem Zeitpunkt in zwei möglichen Zuständen befinden: im Zustand S1, Rückmeldung von TPDU fehlt, oder im Zustand S0, alle Rückmeldungen erhalten. Je nach Zustand, entscheidet sich der Sender, ob er eine TPDU erneut verschicken soll oder nicht.
Es kann natürlich vorkommen, daß der Empfänger abgestürzt ist, nachdem er eine Rückmeldung an den Sender geschickt hat, jedoch bevor er einen Eintrag darüber gemacht hat. Dazu muß man wissen, daß das Senden einer Rückmeldung und das Senden einer TPDU zwei unteilbare Vorgänge sind, die nicht gleichzeitig ausgeführt werden können.
In diesem Fall befindet sich der Sender nach dem Absturz des Empfängers im Zustand S0, geht also davon aus, daß die TPDU korrekt angekommen ist und schickt sie deswegen nicht nochmals. Die TPDU geht verloren.
Gleichgültig wie geschickt man Sender und Empfänger auch programmiert, es können immer Situationen auftreten, in denen sich das Protokoll nicht mehr erholen kann.
Der Empfänger hat die Möglichkeit, die TPDU zuerst zu bestätigen und anschließend den Eintrag vorzunehmen, oder umgekehrt.
Es gibt also drei mögliche Abläufe: Rückmeldung senden (A, *acknowledge*), Ausgangsprozeß schreiben (W, *write*) und Abstürzen (C, *crash*). Kombiniert man diese drei Vorgänge miteinander, so kommt man auf sechs mögliche Kombinationen, wobei nach einem C weder A noch W ausgeführt werden können (deswegen auch die Klammern in Abb. 127).
Beim Sender kann man sich vier verschiedene Verhaltensmuster vorstellen:
er überträgt nach einem Absturz immer die letzte TPDU nochmals,
er überträgt die TPDU nie erneut,
er überträt die TPDU nur dann nochmals, wenn er sich gerade im Zustand S0 befindet,
und er überträgt die TPDU nur dann erneut, wenn er sich gerade im Zustand S1 befindet.

Abb. 127 zeigt die verschiedenen Ablaufkombinationen für Sender und Empfänger. Wie man sieht, gibt es bei jeder Kombination mindestens eine Folge, die das Protokoll zum Scheitern bringt.

Strategie des Senders	Strategie des Empfängers: erst ACK, dann Eintrag			erst Eintrag, dann ACK		
	AC(W)	AWC	C(AW)	C(WA)	WAC	WC(A)
Immer neue Übertragung	OK	DUP	OK	OK	DUP	DUP
Nie erneute Übertragung	LOST	OK	LOST	LOST	OK	OK
Erneute Übertragung, wenn S0	OK	DUP	LOST	LOST	DUP	OK
Erneute Übertragung, wenn S1	LOST	OK	OK	OK	OK	DUP

OK = Protokoll arbeitet korrekt DUP = Protokoll erzeugt Duplikat LOST = Nachricht verloren

Abbildung 127: Ablaufkombinationen für Sender und Empfänger

Auch durch Differenzieren des Protokolls kommt man nicht weiter, da dadurch am Grundproblem nichts geändert wird: der Sender kann nie sicher sein, ob der Empfänger vor oder nach dem Eintrag abgestürzt ist.
Eine Wiederherstellung nach dem Absturz eines Hosts kann für die darüberliegende Schicht deswegen auch nie transparent ablaufen. Allgemein ausgedrückt heißt das, daß eine Wiederherstellung nach Absturz in Schicht *N* nur von Schicht *N + 1* übernommen werden kann und auch nur dann, wenn Schicht *N + 1* genügend Statusinformationen besitzt. Das bedeutet aber auch, daß eine völlig sichere End-zu-End-Verbindung gar nicht möglich ist.

7.7.5 Verbindungorientierte Dienste

Ein verbindungsorientierter Dienst ist durch folgende Eigenschaften gekennzeichnet:

1. Die Quellinstanz muß eine Verbindung mit der Zielinstanz aufbauen, bevor Daten gesendet werden. Diese Verbindung, mit einer speziellen Kennung versehen, wird solange benutzt, bis alle Daten übertragen worden sind, und wird erst dann wieder explizit abgebaut.

2. Sobald die Verbindung aufgebaut ist, können sich beide Transportinstanzen und die dienstleistende Vermittlungsschicht über die Dienstparameter wie Qualität und Kosten der angebotenen Dienstleistung absprechen.

3. Kommuniziert wird in beide Richtungen, und die Pakete werden der Reihe nach fehlerlos übertragen, gemäß einer geordneten FIFO-Warteschlange (first in, first out).

4. Eine automatisch durchgeführte Flußsteuerung soll verhindern, daß ein Sender seine Pakete schneller in der Warteschlange ablegt als der Empfänger sie entnehmen kann.

Nur während des Initialaufbaus einer Verbindung wird die Zieladresse benötigt. Der Initialaufbau schafft zwischen der Quelle und der Senke eine **virtuelle Verbindung**, für die eine Verbindungskennung verwendet werden kann. Die Fehlerüberwachung und Staukontrolle übernimmt meistens die Vermittlungsschicht im Subnet.
Als Veranschaulichung eines verbindungsorientierten Dienstes könnte man folgende Analogien aus der Telekommunikation anführen:
Beim öffentlichen Telefonnetz wählt der Kunde (Quelle) eine Nummer (Adresse) um eine Verbindung herzustellen (Initialaufbau). Die Post findet eine virtuelle Verbindung zum anderen Teilnehmer (Senke) und benachrichtigt ihn, daß eine Verbindung gewünscht wird, indem sie dessen Telefon läuten läßt. Hebt der Teilnehmer ab, so wird dem Kunden angezeigt, daß die Verbindung besteht (kein Rufton). Jetzt können die Teilnehmer in beide Richtungen Daten austauschen. Sind beide Teilnehmer fertig, wird die Verbindung wieder explizit abgebaut.

Verbindungsaufbau
N-CONNECT.request(callee, caller, acks_wanted, exp_wanted, qos, user_data)
N-CONNECT.indication(callee, caller, acks_wanted, exp_wanted, qos, user_data)
N-CONNECT.response(responder, acks_wanted, exp_wanted, qos, user_data)
N-CONNECT.confirm(responder, acks_wanted, exp_wanted, qos, user_data)

Verbindungsabbau
N-DISCONNECT.request(originator, reason, user_data, responding_address)
N-DISCONNECT.indication(originator, reason, user_data, responding_address)

Datenaustausch
N-DATA.request(user_data)
N-DATA.indication(user_data)
N-DATA-ACKNOWLEDGE.request()
N-DATA-ACKNOWLEDGE.indication()
N-EXPEDITED-DATA.request(user_data)
N-EXPEDITED-DATA.indication(user_data)

Fluß- und Staukontrolle
N-RESET.request(originator, reason)
N-RESET.indication(originator, reason)
N-RESET.response()
N-RESET.confirm()

Begriffserklärung

callee:	Vermittlungsadresse (NSAP), die angerufen werden soll
caller:	Vermittlungsadresse (NSAP), der Quell-Transportinstanz
ack_wanted:	(bool) Bestätigung verlangt
exp_wanted:	(bool) beschleunigte Datensendung erwünscht
qos:	Gewünschte Dienstgüte (quality of service)
user_data:	0 oder mehr Bytes mit übermittelten, aber nicht untersuchten Daten
responder:	Vermittlungsadresse (NSAP), mit der eine
originator:	Verbindung besteht
reason:	Angabe, weshalb N-RESET ausgelöst wurde

7.7.6 Beispiel für verbindungsorientiertes Subnet: X.25

CCITT hat 1974 international genormte Netzprotokolle für die Schichten 1, 2 und 3 entwickelt. Diese Normen wurden unter der Bezeichnung X.25 zusammengefaßt. Das Protokoll auf Schicht 3 wird X.25 PLP (*packet layer protocol*) genannt, auf Schicht 2 wird ein HDLC-Protokoll verwendet und auf Schicht 1 auf die Norm X.21 verwiesen. In der CCITT-Norm werden die Hosts als DTE (*Data Terminal Equipement*, Datenendeinrichtung), die Ausrüstung des Trägers DCE (*Data Circuit Equipement*) und

ein Knotenrechner DSE (*Data Switching Exchange*) genannt.
Wenn das Protokoll X.25 für den verbindungsorientierten Vermittlungsdienst verwendet werden soll, müssen die OSI-Dienstelemente auf die X.25 Aktionen abgebildet werden (Abb.128):

Eine Verbindung zwischen der Quell-Transportinstanz und der Ziel-Transportinstanz wird wie folgt aufgebaut: Die Quell-Transportschicht bedient sich des Quell-Vermittlungsdienstes N-CONNECT.request. Die Vermittlungsschicht des DTE erstellt ein CALL REQUEST Paket und gibt es an die DCE weiter. Das Subnet leitet das Paket an die Ziel-DCE über DSE weiter. Wenn das Ziel DTE den Anruf akzeptiert, sendet sie ein CALL ACCEPTED Paket zurück. Empfängt die Quelle DTE das CALL ACCEPTED Paket, ist die virtuelle Verbindung hergestellt. Wenn die Verbindung wieder aufgehoben werden soll, sendet eine Seite ein CLEAR REQUEST Paket zur anderen Seite. Zur Bestätigung wird ein CLEAR CONFIRMATION Paket zurückgeschickt.

Dienstelement	**X.25 Aktion**
Verbindungsaufbau	
N-CONNECT.request	sende CALL-REQUEST
N-CONNECT.indication	CALL-REQUEST kommt an
N-CONNECT.response	sende CALL-ACCEPTED
N-CONNECT.confirm	CALL-ACCEPTED kommt an
Verbindungsabbau	
N-DISCONNECT.request	sende CLEAR-REQUEST
N-DISCONNECT.indication	CLEAR-REQUEST kommt an
Datenaustausch	
N-DATA.request	sende Datenpaket
N-DATA.indication	Datenpaket kommt an
N-DATA-ACKNOWLEDGE.request	kein Paket
N-DATA-ACKNOWLEDGE.indication	kein Paket
N-EXPEDITED-DATA.request	sende INTERRUPT
N-EXPEDITED-DATA.indication	INTERRUPT kommt an
Fluß- und Staukontrolle	
N-RESET.request	sende RESET-REQUEST
N-RESET.indication	RESET-REQUEST kommt an
N-RESET.response	keine
N-RESET.confirm	keine

Abbildung 128: Abbildung der OSI-Dienstelemente auf X.25

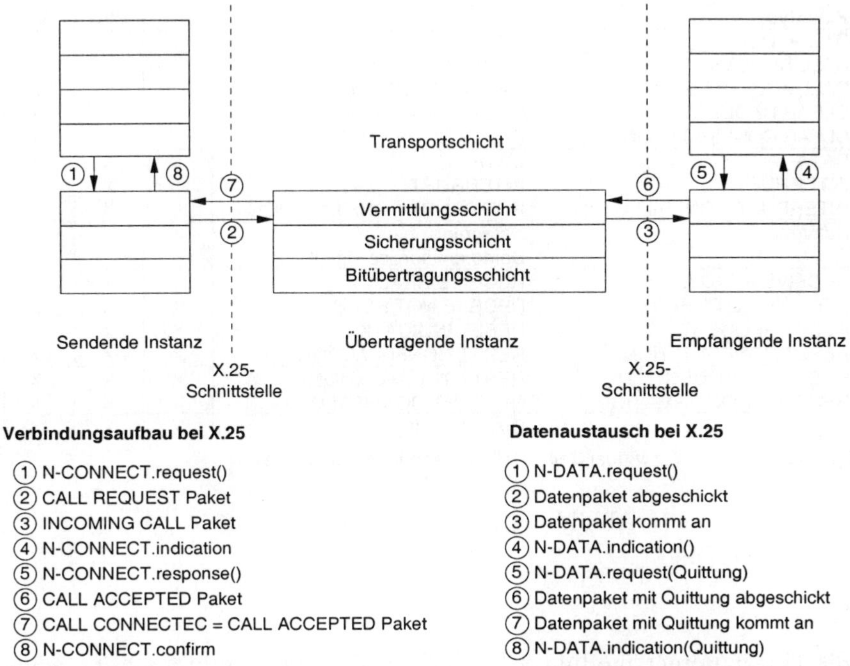

Abbildung 129: Verbindungsaufbau und Datenaustausch bei X.25

Das X.25 PLP kennt neben den zwei verbindungsorientierten Diensten (virtuelle Anrufe und permanente virtuelle Verbindung (vgl. Standleitung)) auch den verbindungsunabhängigen Datagramm-Dienst, der hier nicht näher besprochen werden soll. RESET bezieht sich nur auf eine virtuelle Verbindung, wohingegen RESTART alle virtuellen Verbindungen beeinflußt.

X.25 - Paketformate:

Datenpaketformat:

<table>
<tr><td>Q</td><td>D</td><td>Modulo</td><td>Gruppe</td></tr>
<tr><td colspan="4">K A N A L</td></tr>
<tr><td>PPP</td><td>M</td><td>Folge</td><td>0</td></tr>
<tr><td colspan="4">Daten</td></tr>
</table>

Das D-Bit zeigt an, ob das Paket erfolgreich zur örtlichen DCE übertragen worden ist (D = 0), oder ob die entfernte DTE erfolgreich erreicht worden ist (D =1). Bei D = 1 handelt es sich um eine wirkliche Ende - zu - Ende Bestätigung.

Die Felder *Folge* und *PPP* werden zur Flußsteuerung benutzt, dabei zeigt *Modulo*

Pakettyp		**DG**	**PVC**	**VC**
DTE → DCE	DCE → DTE			
CALL REQUEST	INCOMING CALL			X
CALL ACCEPTED	CALL CONNECTED			X
CLEAR REQUEST	CLEAR INDICATION			X
CLEAR CONFIRMATION	CLEAR CONFIRMATION			X
DATA	DATA		X	X
INTERRUPT	INTERRUPT		X	X
INTERRUPT CONFRIMATION	INTERRUPT CONFIRMATION		X	X
Datagram	Datagram	X		
	Datagram service signal	X		
RECEIVE READY	RECEIVE READY	X	X	X
RECEIVE NOT READY	RECEVE NOT READY	X	X	X
RESET REQUEST	RESET INDICATION	X	X	X
RESET CONFIRMATION	RESET CONFIRMATION	X	X	X
RESTART REQUEST	RESTART INDICATION	X	X	X
RESTART CONFIRMATION	RESTART CONFIRMATION	X	X	X
	DIAGNOSTIC	X	X	X

DG: Datagram VC: Virtual Call PVC: Permanent Virtual Call

Abbildung 130: Datenpaketformat

an, ob die Folgenummer modulo 8 (*Modulo = 01*) oder modulo 128 (*Modulo = 10*) gerechnet werden.
Das M-Bit erlaubt einer DTE eine Gruppe von Paketen als zusammengehörig zu kennzeichnen.
Die Norm legt eine maximale Paketlänge von 128 Datenbytes fest.

Steuerpaketformat:

0 0 0 1	Gruppe
K A N A L	
Steuerung	
zusätzliche Informationen	

Das *Steuerungs*-Byte ist wie folgt definiert:

DATA	PPPM SSS0
CALL REQUEST	0000 1010
CALL ACCEPTED	0000 1111
CLEAR REQUEST	0001 0011
CLEAR CONFIRMATION	0001 0111
INTERRUPT	0010 0011
INTERRUPT CONFIRMATION	0010 0111
RECEIVE READY	PPP0 0001
RECEIVE NOT READY	PPP0 0101
REJECT	PPP0 1001
RESET REQUEST	0001 1011
RESET CONFIRMATION	0001 1111
RESTART REQUEST	1111 1011
RESTART CONFIRMATION	1111 1111
DIAGNOSTIC	1111 0001

SSS: Folgenummer

7.7.7 Verbindungsunabhängige Dienste

Will ein Benutzer einen verbindungsunabhängigen Dienst in Anspruch nehmen, muß er sich um die Fehlererkennung und Flußsteuerung selbst kümmern, denn beim verbindungsunabhängigen Dienst wird jedes Paket mit der Zieladresse versehen und muß seinen Weg durch das Subnet selbstständig finden. Beim verbindungsunabhängigen Dienst ist also kein Initialaufbau vorgesehen.
Die Schnittstelle zwischen Transportschicht und Vermittlungsschicht ist weniger umfangreich als bei den verbindungsorientierten Diensten. Der Absender übergibt dem Subnet mit Hilfe der N-UNITDATA-Funktion die Daten mit der Zieladresse, aber ohne Fehlerüberwachungs- und Flußsteuerungsinformation. Die Transportschicht muß dafür sorgen, daß die Datagramme wieder in der richtigen Reihenfolge zusammengesetzt werden. Die Vermittlungsschicht kann dem Benutzer mit Hilfe der Dienstelemente N-REPORT und N-FACILITY Probleme (z.B. Adresse nicht erreichbar) bzw. Fragen nach Übertragungsmerkmalen (z.B. aktueller Stand der Übertragung) mitteilen.

N-UNIDAT.request(source_address, destination_address, qos, user_data
N-UNIDATA.indication(source_address, destination_address, qos, user_data)
N-FACILITY.request(qos)
N-FACILITY.indication(destination_address)
N-REPORT(destination_address)

qos: Gewünschte Dienstgüte (quality of service)
user_data: 0 oder mehr bytes mit übermittelten, aber nicht untersuchten Daten

7.7.8 Vergleich von virtuellen Verbindungen und Datagrammen im Subnet

Thematik	Datagramm-Subnet	Subnet mit virtuellen Verbindungen (VV)
Verbindungsaufbau	nicht möglich	erforderlich
Adressierung	jedes Paket enthält die volle Quell- und Zieladresse	jedes Paket enthält eine kurze VV-Nummer
Speicherbedarf im Knoten	niedrig	hoch
Leitwegbestimmung	einzeln für jedes Paket	Leitweg wird bei Aufbau der VV bestimmt; alle Pakete folgen diesem Leitweg
Folgen von Netzknoten-fehlern	Keine außer während des Absturzes verlorenen Pakete	alle durch die ausgefallene Einrichtung führende VV werden beendet
Überlastungssteuerung	schwierig	einfach; wenn für jeden VV-Aufbau genügend Puffer zugewiesen werden können
Komplexität	in der Transportschicht	in der Vermittlungsschicht
Geeignet für	verbindungsorientierte und -unabhängige Dienste	verbindungsorientierte Dienste

7.8 Multiplexing

Multiplexing bedeutet vereinfacht die gemeinsame Nutzung einer Verbindung durch mehrere quasiparallele Datenströme um eine möglichst gute Wirtschaftlichkeit zu erreichen. Der Begriff Multiplexing ist nicht begrenzt auf Übertragungsmedien, sondern findet auch Anwendung bei Verbindungen durch Paarung von Prozessen. Dadurch verbessert sich die Leistung eines Systems, und Prozeß-Kontext-Switches werden vermindert.
Ein Multiplexer stellt eine Einrichtung dar, das Signale mehrerer Eingangsleitungen zusammenfaßt und sie auf eine Ausgangsleitung überträgt. Dabei wird jeweils ein Eingang mit dem Ausgang zu einem bestimmten Zeitpunkt verbunden. Ein Beispiel mit einem Multiplexer und drei Terminals, die am Eingang anliegen, sowie einem Ausgang, der die Daten der drei Terminals ausgibt, soll durch Abb. 131 skizziert werden:

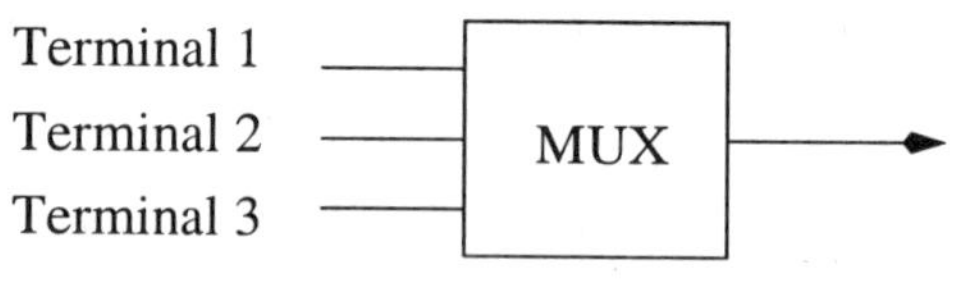

Abbildung 131: Darstellung Multiplexer mit drei Terminals am Eingang

Welcher Eingang zu welchem Zeitpunkt mit der Ausgangsleitung kommuniziert, kann von verschiedenen Verfahren geregelt werden. Zwei unterteilte Klassen des Terminalcontrollers - TDM und ATDM - werden nun näher beschrieben.

7.8.1 Zeitmultiplexer - Time Division Multiplexer (TDM)

Die Funktionsweise des TDM sieht folgendermaßen aus: Daten von Eingängen des TDM werden periodisch in einer bestimmten Reihenfolge für ein festes Zeitintervall (Zeitscheibe, Zeitslot) entgegengenommen und in derselben Reihenfolge zum Ausgang geleitet. Für ein TDM mit 4 Terminals am Eingang bedeutet es beispielweise: Zuerst wird der Eingang des 1.Terminals mit dem Ausgang verbunden, dann wird der Eingang des 2.Terminals mit dem Ausgang verbunden, (123412341234...) usw. Dabei erhält jedes Terminal 1-4 immer den gleichen Anteil an Zeitscheibe für das Weiterleiten der Daten. In einer Zeitschiene sieht dies so aus:

Abbildung 132: Zeitmultiplexer

Zu beachten ist die notwendige größere Kapazität der Ausgabeleitung gegenüber einer Eingangsleitung. Arbeitet beispielsweise ein Terminal mit 1200 bps am Eingang, so sollte die Ausgabeleitung die Summe der Eingangskapazitäten - bei vier Terminals also 4800 bps - unterstützen. Kommen in einer Zeitscheibe keine Daten vom angesprochenen Terminal, so wird stattdessen ein Leerzeichen (Dummy) gesendet. Da die gesendeten Daten keinerlei Informationen über die Herkunft (von welchem Terminal) enthält, ist ein Überspringen der Abfrage (Polling) von z.B. Terminal 1 auf Terminal 3 nicht möglich. Würde man die Reihenfolge 1234 auf 134 (2 wird übersprungen) ändern, so würde das System annehmen, daß die Daten, die in Wirklichkeit von Terminal 3 kommen, ihren Ursprung bei Terminal 2 haben. Die Vorgabe muß also erfüllt sein, da sonst eine Fehlinterpretation der ankommenden Daten die Folge ist. Man erkennt daraus einen Nachteil des TDM: Zeitscheiben werden dadurch verschwendet, daß eine Abfrage stattfindet, auch wenn keine Daten an den Eingangsleitungen anliegen (Leerzeichen ersetzt echte Daten). Das Ergebnis ist eine eventuell schlechte Kanalauslastung, da nicht jedes Zeitintervall ausgenutzt wird. Zusätzliche Probleme könnten bei der Synchronisation der Zeitscheiben entstehen.

7.8.2 Statistischer Multiplexer - Asynchronous Time Division Multiplexer (ATDM)

ATDMs nennt man auch Konzentratoren. Um die Nachteile des TDM zu beseitigen, wird eine andere Methode angewandt, um Zeitscheiben besser auszunutzen. Leerzeichen, die beim TDM gesendet werden, entfallen. Die Idee besteht darin, neben vom Terminal übermittelte Daten zusätzlich die Herkunftsinformation (die Terminalnummer) vorausgehend mitzusenden. Die Zeitschiene in Abb. 133 verdeutlicht dies.

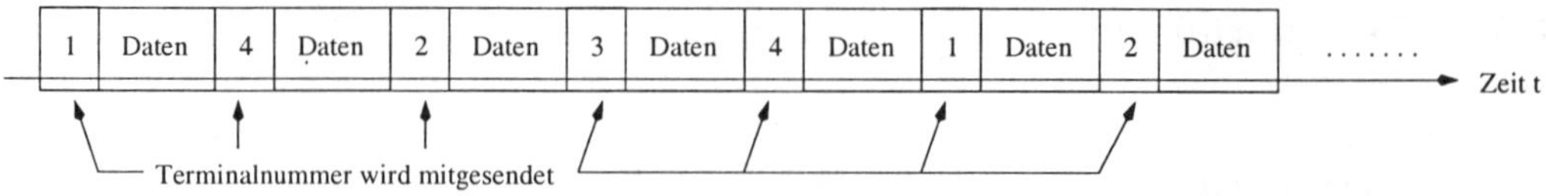

Abbildung 133: Statistischer Multiplexer - Konzentration

Man sieht im Unterschied zu TDM, daß jede Zeitscheibe für die Datenübertragung ausgenützt wird. Diese Technik ist ebenfalls mit Nachteilen behaftet: Wenn jedes Terminal mit maximaler Geschwindigkeit Daten ausgibt, wird die Kapazität der Ausgabeleitung überlastet, was einen möglichen Datenverlust zur Folge hat. Um dies zu umgehen, wird zusätzlicher Pufferspeicher als Abhilfe für Datenspitzen installiert. Je mehr Pufferspeicher vorhanden sind, desto geringer ist die Wahrscheinlichkeit des Datenverlusts bei Auslastungsspitzen, allerdings auch desto kostenintensiver ist die Anschaffung. Da Datenverkehrsstatistiken bei einem Systemaufbau nicht unbedingt vorliegen müssen, spielt die Erfahrung des Systemoperators eine wichtige Rolle. Er erstellt die optimale Kombination zwischen der richtigen Größe von Bandbreite der Ausgabeleitung und Pufferspeicher. Andernfalls können Daten verlorengehen, wenn von beiden zuwenig vorhanden sind oder unnötige Kosten verursacht werden, wenn zuviel Speicher vorgesehen wurde.

7.8.3 Frequenzmultiplexverfahren - (FDM)

Beim Frequenzmultiplexverfahren erhält jeder Benutzer ein eigenes Frequenzband für die Übermittlung von Informationen. Zeitscheiben, wie sie bei TDM und ATDM verwendet werden, kommen nicht vor.

Breitbandübertragung

Bei der Breitbandübertragung wird ein Trägersignal unter Verwendung von digitalen Signalen moduliert. Zum Einsatz kommen Modulationsmethoden wie Amplitudenmodulation, Frequenzmodulation und Phasenmodulation, die hier nicht näher beschrieben werden. Die Trägerfrequenz muß innerhalb der Bandbreite (bei Telefonleitungen allgemein von 300 bis 3300 Hz) des Kanals liegen. Dadurch, daß das gesamte Frequenzband (z.B. 10 bis 450 MHz) in Teilbänder aufgeteilt wird, entstehen verschiedene koexistente Übertragungskanäle, die mit Hilfe des Frequenzmodulationsverfahrens angesteuert werden. Häufig wird die Gesamtfrequenzbreite 300 MHz oder 400 MHz in 6-MHz-Frequenzbänder unterteilt. Als Übertragunsmedium dient üblicherweise das Koaxialkabel. Sind beispielsweise zwei Stationen über das Modem miteinander verbunden, muß die Trägerfrequenz vom Modem auf die des betreffenden Informationskanals eingestellt sein, und die beiden Stationen müssen dieselben Kanäle benutzen. Vorteil dieser Technik ist es, mehrere Informationskanäle gleichzeitig betreiben zu können, gleichgültig, um welche Art von Informationen es sich dabei handelt (z.B. können Datenpakete, Videosignale, Telefongespräche parallel übertragen werden). Die Breitbandübertragung wird im Bereich des Kabelfernsehens (CATV Cable-Television) und häufig bei WANs eingesetzt.

7.8.4 Multiplexing und das Schichtenmodell

Eine Funktion innerhalb der (N)-Schicht ist die Anwendung des Multiplex-Verfahrens auf (N-1)-Verbindungen. Durch die (N)-Schicht werden (N)-Verbindungen auf (N-1)-Verbindungen abgebildet, wobei folgende Abbildungen zustande kommen:

- Eine Eins-zu-Eins Verbindung (= degeneriertes Multiplex-Verfahren)
- mehrere (N)-Verbindungen auf eine (N-1)-Verbindung (= Aufwärts-Multiplexen, Abbilden von mehrfachen Verbindungen einer höheren Schicht auf eine Verbindung einer niedrigeren Schicht)

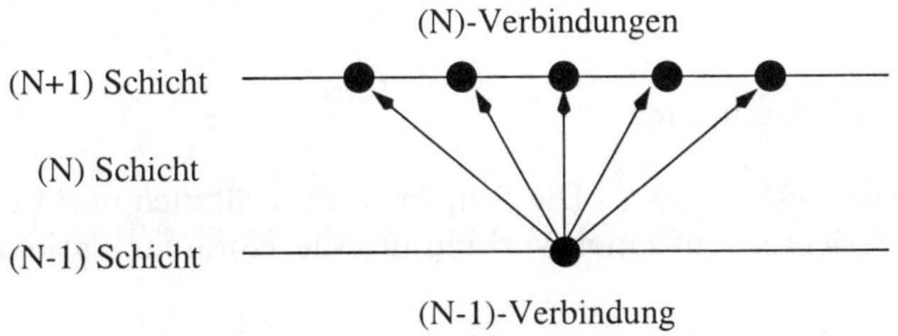

Abbildung 134: Aufwärts-Multiplexen

- Eine (N)-Verbindung auf mehrere (N-1)-Verbindungen (= Abwärts-Multiplexen, Splitting, Unterstützung einer einzigen Verbindung durch mehrfache Verbindungen einer niedrigeren Schicht; Abb. 135)

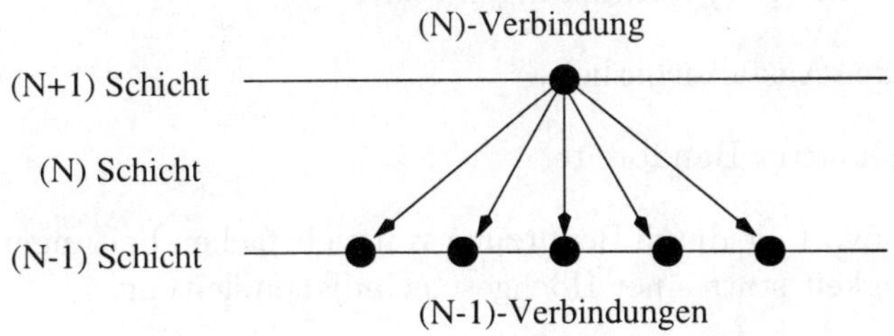

Abbildung 135: Abwärts-Multiplexen

7.8.5 Gründe und Protokollkonzepte für Aufwärts- und Abwärts-Multiplexing

Gründe für Aufwärts-Multiplexen

- Effiziente und ökonomischere Nutzung der (N-1)-Verbindungen (z.B. wenn die Verbindungskosten hoch sind),
- Unterstützung mehrerer (N)-Verbindungen, falls nur eine (N-1)-Verbindung verfügbar ist.

Nötige Protokollkonzepte beim Aufwärts-Multiplexen

- Identifizieren der unterschiedlichen Datenströme - Jede Verbindung benötigt einen Identifizierer für die Verbindung, weil sie am entfernten Ende demultiplext wird,
- individuelle Flußsteuerung,
- gerechte Vergabestrategien - Die Schicht muß zusätzlich dafür sorgen, daß nicht zuviele Nachrichten auf einer Verbindung die Kommunikationsressourcen verbrauchen.

Gründe für Abwärts-Multiplexen

- Redundante physikalische Leitungen steigern die Zuverlässigkeit,
- die Kapazität der (N)-Schicht-Verbindung erhöht sich, weil der Datenverkehr über mehrfache (N-1)-Verbindungen läuft,
- Erhöhung der Ausfallsicherheit,
- Erzeugung höherer Bandbreite,
- Evtl. Kostenvorteile durch Benutzung von mehrfachen Leitungen mit niedrigerer Geschwindigkeit statt einer Hochgeschwindigkeitsleitung.

Nötige Protokollkonzepte beim Abwärts-Multiplexen

- Reihenfolgesicherung - Nachrichten werden sequentiell numeriert, damit diese am anderen Ende wieder richtig eingeordnet werden können,
- Vergabestrategien für (N-1)-Verbindungen.

7.9 Warteschlangentheorie

Dieses Unterkapitel soll einen kurzen Überblick über Warteschlangensysteme geben und elementare Definitionen liefern [KLEI 76].

Das Warteschlangensystemmodell:
Warteschlangensysteme (*queuing systems*) können zur Nachbildung von Vorgängen benutzt werden, bei denen Kunden ankommen, auf eine Dienstleistung warten, bedient werden und dann das System wieder verlassen (vgl. ein Patient geht zum Arzt, wartet im Wartezimmer, wird behandelt und geht dann wieder nach Hause). Abb. 136 zeigt ein Warteschlangensystem mit einem Diensterbringer (*single server queue*).

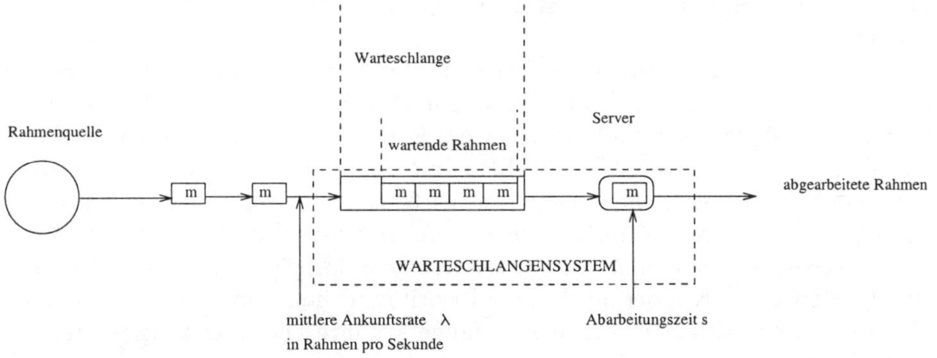

Abbildung 136: Allgemeine Übersicht über ein single server Warteschlangensystem

Nach D. G. Kendall wird eine standardisierte Notation für das Warteschlangensystem benutzt. Die allgemeine Form der Notation besteht aus einem 6-Tupel **A/B/c/K/N/Z** mit folgenden Bedeutungen:

A: Wahrscheinlichkeitsdichtefunktion der Ankunftsintervalle

B: Wahrscheinlichkeitsdichtefunktion der Dienstleistungsdauer

c: Anzahl der Server

K: Maximale Anzahl der Kunden im Warteschlangensystem

N: (konstante) Anzahl der Kunden im System Quelle und Warteschlangensystem

Z: Wartedisziplin

Wenn K unbegrenzt ist und eine konstante Anzahl N nicht existiert, wird die Notation auf **A/B/c** verkürzt.

Die Ankunftsintervalle können folgende Wahrscheinlichkeitsdichten haben:

A = M (M steht für Markov) exponentielle Wahrscheinlichkeitsdichte

$$f(x) = \begin{cases} \lambda \cdot e^{-\lambda x} & \text{für } x \geq 0 \\ 0 & \text{für } x < 0 \end{cases}$$

A = D (Deterministisch) d.h. alle Kunden haben das gleiche Ankunftsintervall

A = G (*general*) allgemein d.h. beliebige Wahrscheinlichkeitsdichte

Die Wahrscheinlichkeitsdichtefunktion der Dienstleistungsdauer ist analog zur Wahrscheinlichkeitsdichtefunktion der Ankunftsintervalle aufgebaut:
B = M | D | G
Die Anzahl der Server beinflußt die Leistung des Systems, denn je mehr Server in der Lage sind, die geforderten Dienstleistungen zu erbringen, desto schneller arbeitet das System. Die Wartedisziplin beschreibt die Reihenfolge, in der die Kunden aus der Warteschlange bedient werden. Bei **FCFS** (*first come first serve)* werden die Kunden in der Reihenfolge bedient, in der sie in die Warteschlange aufgenommen worden sind. Im Gegensatz dazu wird bei **LCFS** (*last come first serve*) der zuletzt ankommende Kunde zuerst bedient. Sollen in der Warteschlange Prioritäten berücksichtigt werden, dann werden zwar die Kunden nach ihrer Priorität bedient, aber dabei müssen eventuell Kunden mit niedriger Priorität sehr lange auf ihre Dienstleistung warten.
Die Pufferkapazität ist ein Maß dafür, wieviele Kunden maximal in einer Warteschlange warten können. Ist die Pufferkapazität der Warteschlange zu klein, kann es passieren, daß einige Kunden abgewiesen werden oder sogar verloren gehen.

Die Formel von Little
In einem allgemeinen Warteschlangensystem erwartet man, daß für eine große Anzahl von Kunden auch die Wartezeit dementsprechend hoch ist. Daraus erkennt man, daß es einen einfachen Zusammenhang zwischen der **durchschnittlichen Anzahl von Kunden** im System, der **durchschnittlichen Ankunftsrate** der Kunden und **der durchschnittlichen Systemzeit** der Kunden geben muß. Dafür werden folgende Maßzahlen als Funktion der Zeit definiert:

α**(t):** Anzahl der Ankünfte im Zeitintervall [0,t].

δ**(t):** Anzahl der Kunden, die das System im Zeitintervall [0,t] verlassen.

Damit ist auch die Anzahl der Kunden im System zum Zeitpunkt t gegeben, nämlich

$$N(t) = \alpha(t) - \delta(t)$$

Andererseits repräsentiert die gestrichelte Fläche zwischen den in Abb. 137 dargestellten Kurven, bis zu einem Zeitpunkt t, die gesamte Zeit, die alle Kunden bis dorthin im System verbracht haben. Diese kumulierte Fläche bezeichnen wir mit $\gamma(t)$, die durchschnittliche Ankunftsrate im Intervall [0,t] mit λ_t.

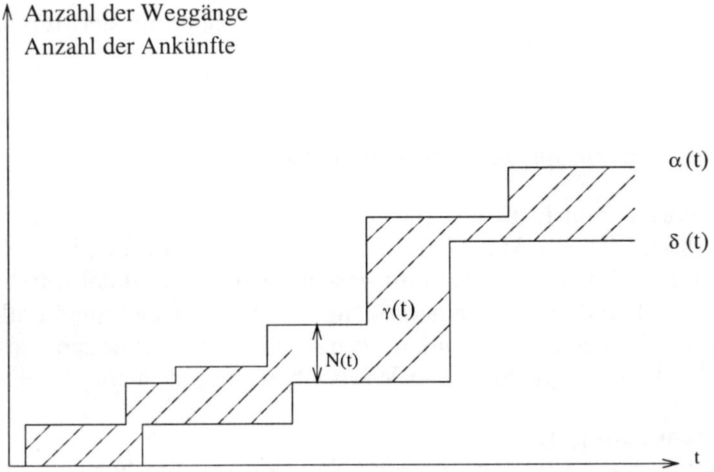

Abbildung 137: Graphische Unterstützung für eine heuristische Berechnung von Little's Formel

$\gamma(t)$: Gesamtzeit, die alle Kunden bis zum Zeitpunt t im System verbracht haben.

λ_t: Durchschnittliche Ankunftsrate, gemessen in Kunden pro Sekunde.
$\lambda_t = \frac{\alpha(t)}{t}$

Im weiteren definieren wir T_t als die durchschnittliche Systemzeit der Kunden im Intervall [0,t] und $\overline{N}_t$ als die durchschnittliche Anzahl von Kunden im Intervall [0,t].

T_t: Durchschnittliche Systemzeit pro Kunde. $T_t = \frac{\gamma(t)}{\alpha(t)}$

$\overline{N}_t$: Durchschnittliche Anzahl von Kunden im System im Zeitintervall [0,t] $\overline{N}_t = \frac{\gamma(t)}{t}$

Aus den drei letzten Gleichungen erkennt man folgenden Zusammenhang:

$$\overline{N}_t = \lambda_t \cdot T_t$$

Unter der Annahme, daß die Grenzwerte

$$\begin{aligned} \lambda &= \lim_{t\to\infty} \lambda_t \qquad \textit{und} \\ T &= \lim_{t\to\infty} T_t \end{aligned}$$

existieren, folgt, daß auch der Grenzwert für $\overline{N}_t$ existiert. Diesen wollen wir $\overline{N}$ nennen. Dieser Grenzwert gibt uns jetzt die durchschnittliche Anzahl der Kunden im System an und berechnet sich folgendermaßen:

$$\overline{N} = \lambda \cdot T$$

Analog dazu gilt für die Verweilzeit in der Warteschlange und der durchschnittlichen Anzahl der Kunden in der Warteschlange:

$$\overline{N}_q = \lambda \cdot T_q$$

Diese Formel ist bekannt als **Formel von Little** [LITT 61].

Definition: (Formel von Little)
Die durchschnittliche Anzahl der Kunden im System ist gleich dem Produkt aus der durchschnittlichen Ankunftsrate der Kunden und der durchschnittlichen Zeit, die der Kunde im System verbringt. Little's Formel gilt in allen Systemen und für alle Klassen von Kunden, wenn die Voraussetzungen für die Existenz von λ und T gelten, nicht nur in Warteschlangensystemen.

Leistungsbetrachtungen:
Folgende Darstellung in etwas geänderter Notation soll die Formel von Little noch weiter verdeutlichen.
Für das System, das aus kooperierenden Funktionseinheiten besteht, herrsche Flußgleichgewicht, d.h. ihre Erwartungswerte oder Zahl der Auftragseinkünfte ist gleich der Zahl der Auftragsfertigstellungen.
Die **Füllung** eines Systems ist die Zahl der Aufträge, die aktuell ihre Verweilzeit im betrachteten System zubringen.
Die **Verweilzeit** ist die Zeitdauer von Auftragsannahme bis zum Ende der durch den Auftrag verlangten Handlung. Die **Bedienzeit** ist das Minimum der Verweilzeit. Der **Durchsatz** eines Systems ist die Zahl der in einem Zeitintervall beendeten Aufträge geteilt durch die Dauer dieses Zeitintervalls.
Der **Grenzdurchsatz c** eines Systems ist der maximal mögliche Durchsatz dieses Systems.
Die **Auslastung** ist das Verhältnis von Durchsatz zu Grenzdurchsatz.
Unter der weiteren Annahme von seriellem Betrieb des Systems gilt die Beziehung zwischen den Erwartungswerten für Füllung **E[F]**, Verweilzeit **E[Y]** und Durchsatz **E[D]**:

$$\mathbf{E[F] = E[Y] \times E[D]} \qquad \textbf{(Little)}$$

In Abb.138 sind die Abhängigkeiten von E[Y] und E[D] als Funktion der Füllung d.h. der Last aufgetragen. Es ist einsichtig, daß für kleine Füllung die Verweilzeit eines Auftrags gleich der Bedienzeit ist und dabei der Durchsatz des Systems linear zu der Zahl der eingehenden Aufträge anwächst. Bei steigender Füllung = Last = Zahl der Auftragseingänge je Zeiteinheit wächst auch der Durchsatz, allerdings nicht mehr linear, und nähert sich dem Grenzdurchsatz. Auch die Verweilzeit steigt mit wachsender Füllung an, da Wartezeiten für ankommende Aufträge eintreten, d.h. das System ist noch beschäftigt, frühere Aufträge abzuarbeiten. Die Asymptoten 1 und 2 in Abb.138 ergeben sich wie folgt:

$$E[Y_S] = \frac{E[F_S]}{E[D_S]} \qquad E[D_S] = \frac{E[F_S]}{E[Y_S]}$$

Da die Verweilzeit immer grösser ist als die Bedienzeit:

$$E[Y_S] \geq E[B_S] \rightarrow E[D_S] \leq \frac{E[F_S]}{E[B_S]}$$
$$\rightarrow Asymptote(1)$$

Da der Durchsatz immer kleiner ist als der Grenzdurchsatz

$$E[D_S] \leq C_S \rightarrow E[Y_S] \geq \frac{E[F_S]}{C_S}$$
$$\rightarrow Asymptote(2)$$

In Abb.138 ist noch der Schnittpunkt von Asymptote (1) mit dem Erwartungswert der Bedienzeit, der gleich ist wie dem Schnittpunkt von Asymptote (2) mit dem Grenzdruchsatz, der bei der sogenannten Sättigungsfüllung $E[F_S{}^*]$ auftritt:

$$E[F_S{}^*] = E[B_S] \times C_S$$

$E[F_S{}^*]$ trennt grob zwei Bereiche:

1. $E[F_S] \ll E[F_S{}^*]$: die Aufträge behindern sich kaum, bei steigender Füllung wächst die Verweilzeit nur wenig, der Durchsatz aber noch fast linear.

2. $E[F_S] \gg E[F_S{}^*]$: die Aufträge behindern sich stark, bei einer Vergrösserung von $E[F_S]$ tritt keinen Durchsatzwachstum ein, $E[Y_S]$ wächst linear.

In vielen Systemen wächst die Inanspruchnahme überproportional mit $E[F_S]$, insbesondere durch „Overhead-Effekte", d.h. durch Systemverwaltung, Pufferzuteilung. Dadurch steigt $E[Y_S]$ stärker an, der Durchsatz kann sogar abfallen: Gestrichelte Kurven!

Das M / M / 1 - Warteschlangensystem:
Der derzeitige Stand der Technik reicht von M/M/1 - Warteschlangensystemen, über die sehr viel bekannt ist, bis zum G/G/m - System, für das es keine exakte analytische Lösung gibt. Zum Verständnis von Netzen reicht ein M/M/1 - System als grundsätzliches Hilfsmittel aus. In der Rechnernetzpraxis hat sich gezeigt, daß die Bedienzeiten nicht wie beim M/M/1-Modell angenommen negativ exponentiellverteilt sind.
Zur Bestimmung der Warteschlangenlänge dient eine Markov - Kette, bei der die Zustände die Anzahl der Kunden in der Warteschlange ausdrücken und die Übergänge von einem Zustand zu einem anderen mit der Wahrscheinlichkeit dieses Zustandsüberganges (genannt die Übergangsrate) beschriftet ist.
Jetzt sollen die Wahrscheinlichkeiten $p_k(t)$, daß k Kunden in der Warteschlange zum Zeitpunkt t sind, berechnet werden. Folgende Annahmen werden dabei getroffen:
Die Ankunftsraten λ_k für jeden Zustand werden auf die Konstante λ, die Dienstleistungsrate μ_k auf die Konstante μ reduziert. Außerdem soll die Wahrscheinlichkeit,

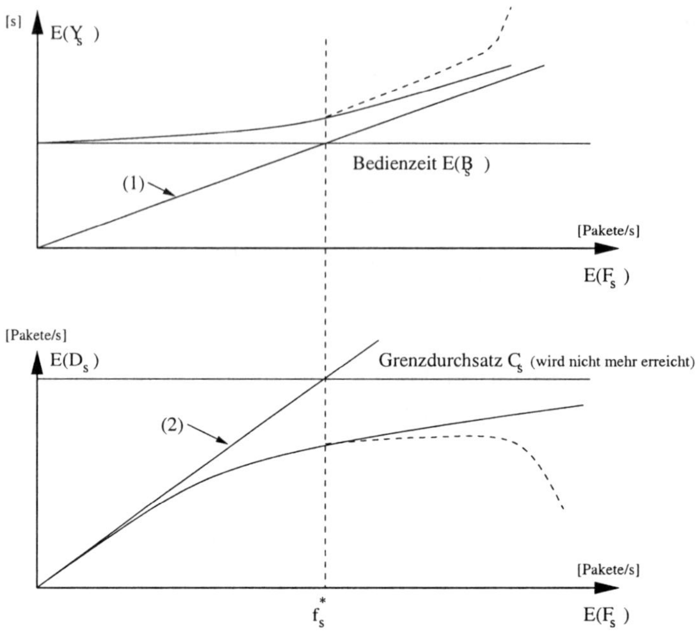

Abbildung 138: Zur Formel von Little: Erwartungswerte von Systemverweilzeit Y_s und Systemdurchsatz als Funktion des Erwartungswertes der Systemfüllung F_s. f_s* ist die Sättigungsfüllung.

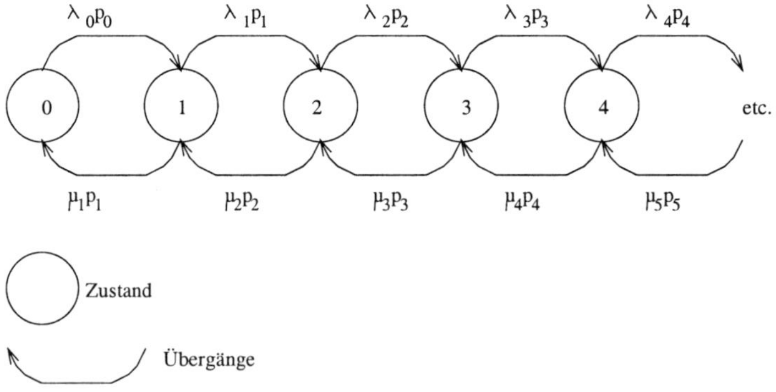

Abbildung 139: Zustandsübergangsdiagramm für M/M/1 Warteschlangensystem - Markovkette

daß k Kunden in der Warteschlange sind, konstant sein, d.h. das System hat einen stationären Zustand erreicht. Hierfür muß der Fluß aller Übergänge in einem Zustand gleich dem aller Übergänge aus dem Zustand sein. Folgende Zustandsübergänge existieren am Zustand n:

1. Vom Zustand n-1 zum Zustand n mit λp_{k-1} (die Warteschlange verlängert sich um einen Kunden)
2. Vom Zustand n+1 zum Zustand n mit μp_{k+1} (ein Kunde wird aus der Warteschlange durch Abarbeitung entfernt)
3. Vom Zustand n zum Zustand n-1 mit μp_k (ein Kunde wird aus der Warteschlange durch Abarbeitung entfernt)
4. Vom Zustand n zum Zustand n+1 mit λp_k (die Warteschlange verlängert sich um einen Kunden)

Abb. 140 zeigt die vier Übergäng am Zustand n.

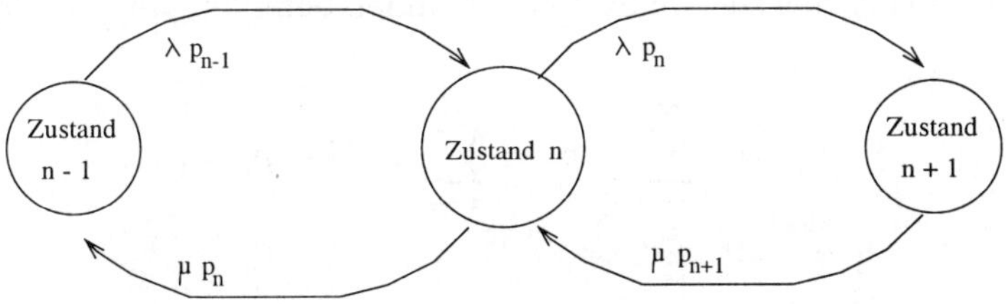

Abbildung 140: Zustandsübergänge am Zustand n

Wegen des stationären Gleichgewichtes folgt:

$$\begin{aligned} \textit{Fluß in den Zustand} &= \textit{Fluß aus dem Zustand} \\ \lambda p_{k-1} + \mu p_{k+1} &= \lambda p_k + \mu p_k \quad \textit{für } k \geq 1 \end{aligned}$$

Beim Zustand 0 gilt folgende Randbedingung:

$$\lambda p_0 = \mu p_1$$

oder

$$p_1 = \frac{\lambda}{\mu} p_0 = \rho p_0,$$

wobei $\rho < 1$. ρ wird als **Auslastung** bezeichnet. Die Auslastung muß kleiner als 1 sein, denn Warteschlangensysteme, die Eingaben schneller erhalten, als der Server

verarbeiten kann, sind von Natur aus instabil, und ihre Warteschlangen wachsen unbeschränkt.
Bei der rekursiven Lösung der Gleichgewichtsgleichungen ergibt sich

$$p_k = \rho^k \, p_0$$

Nachdem die Wahrscheinlichkeiten aller Zustände gleich 1 sein muß, gilt:

$$\sum_{k=0}^{\infty} p_k = 1 = \sum_{k=0}^{\infty} \rho^k \, p_0 = p_0 \, \frac{1}{1-\rho}$$

Obige Formel nach p_0 aufgelöst ergibt $p_0 = 1 - \rho$ und somit

$$p_k = \rho^k \, (1-\rho)$$

Die mittlere Anzahl der Kunden im System ist somit die Summe aller Produkte aus der Wahrscheinlichkeit, daß sich im System k Kunden befinden, und der dazugehörigen Kundenzahl k.

$$\begin{aligned} \overline{N} &= \sum_{n=0}^{\infty} n \cdot p_n = \sum_{n=0}^{\infty} n\rho^n(1-\rho) = \\ &= \frac{\rho}{1-\rho} \end{aligned}$$

Mit Hilfe von Little's Formel $\overline{N} = \lambda T$ finden wir die durchschnittliche Wartezeit im System

$$\begin{aligned} T &= \frac{\overline{N}}{\lambda} = \frac{\rho}{\lambda(1-\rho)} = \\ &= \frac{1}{\mu(1-\rho)} = \frac{1}{\mu \, (1+N)} \end{aligned}$$

Für die Zeit, die ein Kunde in der Warteschlange verbringen muß, gilt:

$$T = \frac{1}{\mu} + T_q$$

und somit

$$T_q = T - \frac{1}{\mu} = \frac{1}{\mu(1-\rho)} - \frac{1}{\mu} = \frac{\rho}{\mu(1-\rho)}$$

mit $N_q = \lambda \cdot T_q$ ergibt sich eine durchschnittliche Anzahl von Kunden in der Warteschlange

$$N_q = \lambda T_q = \frac{\rho^2}{1-\rho}$$

Anmerkungen zu obigen Ergebnissen
Bei der obigen Markov-Kette handelt es sich um ein „*birth - death- system*". Die Birth-Death-Systeme stellen einen Spezialfall der Markov-Prozesse dar, und erlauben nur noch Übergänge von einem Zustand in einen benachbarten Zustand. Das bedeutet, daß ein Zustand X_k nur von X_{k-1}, X_k oder X_{k+1} errreicht werden kann.
Sinkt die Ankunftsrate λ auf 0 ($\lambda \to 0$), so nähert sich die Auslastung ebenfalls 0 an. Als Systemzeit $T = \frac{1}{\mu(1-\rho)}$ bleibt also nur noch die Abarbeitungszeit $\frac{1}{\mu}$ übrig. Die Warteschlangenlänge N_q ist gleich 0, weil keine Kunden das System betreten.
Die Berechnung der Wahrscheinlichkeit, daß sich mehr als L Kunden in der Warteschlange befinden, kann hilfreich zur Bestimmung der Puffergröße sein, wenn ein Pufferüberlauf mit einer bestimmten Wahrscheinlichkeit ausgeschlossen werden soll.

$$P(n > L) = \sum_{n=L+1}^{\infty} p_n = (1-\rho) \sum_{n=L+1}^{\infty} \rho^n = \rho^{L+1}$$

Als Beispiel soll ein System dienen, bei dem die Ankunftsrate halb so groß ist wie die Abarbeitungsrate.

L	P($n > L$)
1	0.250
3	0.063
5	0.016
10	$4.9 \cdot 10^{-4}$
15	$1.5 \cdot 10^{-5}$

Anwendung der Warteschlangentheorie
Als Beispiel für die Anwendung der Warteschlangentheorie analysieren wir kurz die Leistungsfähigkeit eines Netzes mit Token-Ring-Zugriffsverfahren. Die Rahmen sollen nach den Gesetzen eines Poissonprozesses erzeugt werden und alle Rahmen, die in der Warteschlange einer Station warten, sollen nach dem Erhalt des Tokens abgeschickt werden. Die mittlere Warteschlangenlänge soll $\overline{N}$ Rahmen betragen. Die gesamte Ankunftsrate aller T Stationen zusammen wird durch λ (Rahmen pro Sekunde) ausgedrückt.
Die Dienstleistungsrate (die Anzahl von Rahmen/Sekunde, die eine Station übertragen kann) ist μ. Die Ringumlaufzeit (*propagation delay*) t_{PD} besteht aus der Zeit, die ein Bit zur Umrundung des leeren Ringes braucht (1-Bit Verzögerung an jeder Station und Ausbreitungsverzögerung des Signals).
Bis zum Wiedererhalt des Tokens vergeht demnach eine mittlere Zeit S mit

$$S = (T+1)t_{PD} + \frac{\overline{N}}{\mu}$$

Die mittlere Länge der Warteschlange ist leicht herzuleiten, da sie einfach die Anzahl der Rahmen ist, die während des Zeitraumes, während der die Station das Token nicht besitzt, bei der Station ankommen.

$$\overline{N} = s\frac{\lambda}{T}$$

somit

$$S = t_{PD} + \frac{\lambda s}{\mu}$$

Durch die Einführung der Auslastung $\rho = \frac{\lambda}{\mu}$ und Auflösen nach S ergibt sich:

$$S = \frac{t_{PD}}{1-\rho}$$

Als Ergebnis läßt sich festhalten, daß die Verzögerung proportional zur Netzumlaufzeit t_{PD} ist, und zwar sowohl bei hoher als auch bei niedriger Auslastung.
Bei obigem Beispiel besteht das System aus einer einzigen Warteschlange (Addition aller Puffer der Stationen) und einem einzigen Server (Netzzugriffe der Stationen).

7.10 Normen im Bereich der drahtlosen Telekommunikation

7.10.1 GSM (Global System for Mobile Communication)

GSM ist ein ursprünglich europäisches Mobilfunkkonzept, das auf den GSM-Standard von der Entwicklergruppe „Groupe Speciale Mobile (GSM)“ basiert. 1989 setzt ETSI (European Telecommunications Standards Institute) diesen Standard fort. Mittlerweile ist GSM ein erfolgreicher internationaler Standard für den Mobilfunk mit Einsatz in mehr als 110 Ländern mit über 200 Netzbetreibern. GSM gibt es in zwei Varianten: GSM 900 für den Frequezbereich 900 MHz und GSM 1800 von ETSI mit höherer Funkzellendichte im Frequezbereich 1800 MHz. Die Datenübertragungsgeschwindigkeit beträgt maximal 9600 Bit/s.

7.10.2 HSCSD (High Speed Circuit Switched Data)

HSCSD ist Standard in GSM-Netzen. Das Prinzip von HSCSD ist die Nutzung von mehreren Zeitschlitzen (time slots). Die jeder der GSM-Trägerfrequenzen (GSM 900, GSM 1800) zugeordneten acht Zeitschlitze pro GSM-Rahmen werden gebündelt um die Übertragungsgeschwindigkeit zu erhöhen. Die Bündelung von ein bis acht derartiger Zeitschlitze zu einem Kanal lässt sich die Datenübertragungsrate dynamisch je nach Bedarf erniedrigen oder bis auf 76,8 kBit/s erhöhen. Benötigt werden Endgeräte, die eine Aufsplittung bzw. eine Wiederherstellung des Datenstromes unterstützen. HSCSD-Kanäle (time slot) werdem durchnumeriert, ein HSCSD-Kanal wird für Steuerinformationen zum Hauptkanal deklariert.

7.10.3 GPRS (General Packet Radio Service)

Das GPRS-Verfahren arbeitet paketvermittelt, d.h. der Datenstrom ist nicht kontinuierlich. Es werden ähnlich wie TCP/IP Datenpakete gesendet. Das Mobilfunkgerät bleibt ständig online. Die Gebührenabrechnung erfolgt nicht nach der Verbindungszeit sondern nach der Menge der übertragenen Daten. GPRS gibt es im verbindungslosen (connectionless mode) und im verbindungsorientierten (connectionoriented mode) Übertragungsmodus. Im verbindungslosen Übertragungsmodus besitzen die Datenpakete die vollständige Adresse des Senders und Empfängers. Die Pakete suchen sich selbständig durch das Netz. Im verbindungsorientierten Übertragungsmodus wird mit einer reservierten Ende-zu-Ende-Verbindung gearbeitet und ermöglicht so das Bestimmen der Dienstqualität (Quality of Servce, QoS) beim Aufbau der Verbindung. Übertragungsgeschwindigkeiten von bis zu 115 kBit/s sind dabei möglich. GPRS wird als Übergang zu UMTS betrachtet.

7.10.4 UMTS (Universal Mobile Telecommunications Systems)

UMTS soll der Mobilfunk-Hochgeschwindigkeit-Standard für Europa werden und den bisher verwendeten GSM-Standard in Zukunft ablösen. Die neue Technolgie im Frequenzband von 2 GHz erlaubt Übertragungsgeschwindigkeiten bis zu 2 MBit/s (im Vergleich zu 9,6 kBit/s von GSM) und sorgt für eine wesentlich schnellere Daten-Kommunikation. UMTS sieht zwei Kernkomponenten vor: Funknetz und Trägernetz. Im Funknetz kommunizieren Mobilgeräte und Basisstation per Funkübertragung. Im Trägernetz findet die Kommunikation zwischen den Basisstationen untereinander statt und ermöglicht so Verbindungen zum ISDN-Netz und Internet.

7.10.5 Bluetooth

Bluetooth entstand 1999 durch die SIG (Special Interest Group, mittlerweile ca. 500 Unternehmen) bei `http://www.bluetooth.com` und soll als Funksystem im Nahbereich (ca. 10 Meter, mit Erhöhung der Sendeleistung bis zu 100 Meter) für eine drahtlose Kommunikation zwischen mobilen Endgeräten (z.B. Headset/Notebook, PDA/Notebook, Digitialkamera/Notebook) sorgen. Der Standard unterstützt sowohl Punkt-zu-Punkt-Verbindungen als auch Punkt-zu-Mehrpunkt-Verbindungen. Bluetooth ermöglicht Synchronverbindungen mit 64 KBit/s sowie eine Asynchronverbindung mit bis zu 721 KBit/s in eine Richtung und 57,6 KBit/s in die Gegenrichtung oder 432,6 KBit/s in beide Richtungen.

Literatur zu Kryptographie: BAUE 95, FUMY 94, DIFF 76, ELGA 95, SCHN 96.
Literatur zu Kompression: MARK 93, MILD 93.
Literatur zu diesem Kapitel: ADAM 95, CHOU 95, JAIN 91, KAUF 95, KERS 95, RIVE 78, SCHN 91.

7.11 Prüfungsfragen

Was ist ein Protokoll?
Welche Störungen können bei einer Netzkommunikation auftreten?
Wie können Störungen erkannt werden?
Welche Fehler können durch Paritätssicherung entdeckt werden?
Wie kann man eine Verbindung gegen Störungen absichern?
Was ist ein selbstkorrigierender Code?
Warum verwendet man in der Praxis kaum fehlerkorrigierende Protokolle?
Was versteht man unter dem Hamming Abstand?
Was wissen Sie über die Adressierung?
Wie ist die Adressierung im Internet realisiert?
Was wissen Sie über Kryptographie?
Erläutern Sie DES!
Was versteht man unter einem Public Key System?
Was ist RSA?
Warum braucht man Kompressionsverfahren?
Welche Kompressionsverfahren kennen Sie?
Wie arbeitet die Huffman-Codierung?
Unter welchen Umständen kann es günstig sein verlustbehaftet zu komprimieren?
Was ist beim Verbindungsmanagement wichtig?
Was wird bein Verbindungsaufbau alles ausgehandelt?
Was versteht man unter Multiplexing?
Wann ist Multiplexing nötig?
Welche Arten von Multiplexing kennen Sie?
Erläutern Sie die Formel von Little!
Welches Warteschlangenmodell kennen Sie?
Erläutern Sie das M/M/1 Modell.

8 Sitzungsschicht

8.1 Überblick

Während die bisher behandelten, unteren Schichten (Bitübertragungsschicht, Sicherungsschicht, Vermittlungsschicht, Transportschicht) für eine zuverlässige Ende-zu-Ende-Kommunikation zuständig sind, bieten die oberen Schichten (Sitzungs-, Darstellungs- und Anwendungsschicht) benutzerorientierte Dienste an.
Die Sitzungsschicht stellt den höheren Instanzen Dienstelemente zur Dialogsteuerung und zur Synchronisation des Datentransfers zur Verfügung. Die wesentlichen Konzepte hierzu sind:

- Tokens (zur Berechtigungssteuerung)
- Neben- und Hauptsynchronisationspunkte (Dialog-/Activity-Begriff)

Viele dieser Dienste gehen jedoch schon von der Anwendungsschicht aus, so daß sie von der Sitzungsschicht nur unverändert durchgereicht werden müssen (Durchreichdienste). Diese Schicht ist daher eine sehr dünne Schicht mit einer geringen Funktionalität.

Die Notwendigkeit einer Dialogsteuerung wird an folgendem Beispiel deutlich: Zwei Schachspieler wollen über Telefon miteinander eine Partie Schach spielen. Dabei muß sichergestellt werden, daß nur derjenige zieht, der am Zug ist, nicht beide Spieler gleichzeitig einen Zug machen und im Falle des Verstoßes gegen die Spielregeln der unerlaubte Zug wieder zurückgenommen werden kann (Resynchronisation).

8.2 Aufgaben der Sitzungsschicht

Die Sitzungsschicht erbringt für die Darstellungsschicht folgende Dienste:

- Einrichten der Sitzungsverbindung
- Auflösen der Sitzungsverbindung
- Normaler Datentransfer
- Beschleunigter Datentransfer
- Dialogsteuerung
- Synchronisieren der Sitzungsverbindung
- Benachrichtigung über irreparable Fehler

Dafür stehen der Sitzungsschicht folgende Funktionen zur Verfügung:

- Zuordnen der Sitzungsverbindung zur Transportverbindung
- Flußkontrolle der Sitzungsverbindung
- Beschleunigter Datenaustausch
- Sitzungsverbindung wiederherstellen
- Sitzungsschicht-Verwaltung

Eine detailliertere Beschreibung der Dienstelemente und Funktionseinheiten der Sitzungsschicht wird in Abschnitt 8.5 gegeben.

Hauptaufgabe der Sitzungsschicht ist es, dem Sitzungsbenutzer (Darstellungsinstanz oder Benutzerprozeß) zu ermöglichen, eine Verbindung (Sitzung) aufzubauen, über die geordnet Daten übertragen werden können.
Die Aufgaben der Sitzungsschicht sollen an folgendem Beispiel veranschaulicht werden: Zwei Menschen sind telefonisch miteinander verbunden und haben sich u.a. auch schon gegenseitig vorgestellt (Funktion der Schicht 4). Mit Funktionen der Schicht 5 greifen sie nun ein Thema auf (eröffnen eine Sitzung), führen zu diesem Thema einen Dialog, in dem das Rederecht wiederholt von einem zum anderen übergeht (Sitzungssteuerung), bis sie das Thema abschließen, d.h. die Sitzung beenden oder übereinkommen, das Telefonat schriftlich zu bestätigen. Dies wiederum bedeutet, die Sitzung über eine andere Transportverbindung fortzusetzen.

Es gibt 3 Möglichkeiten, eine Sitzung auf eine Transportverbindung abzubilden (Abb. 141).

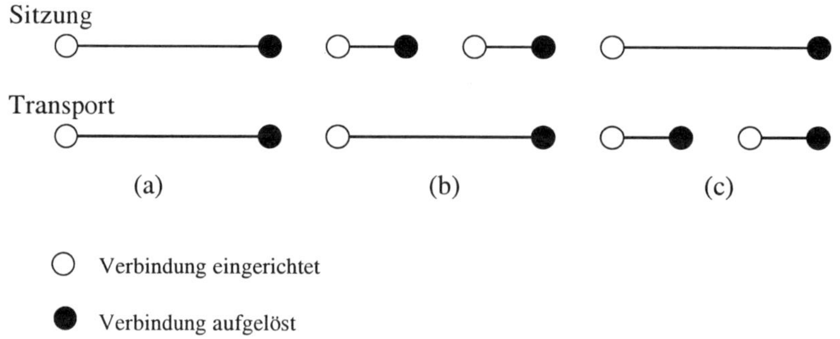

Abbildung 141: Abbildung von Sitzungen auf Transportverbindungen

Der einfachste Fall ist eine 1:1 Abbildung (Abb. 141a), d.h. bei Sitzungsbeginn wird eine Transportverbindung eingerichtet und bei Sitzungsende wieder abgebaut.

Die zweite Möglichkeit besteht darin, daß mehrere aufeinanderfolgende Sitzungen dieselbe Transportverbindung benutzen (Abb. 141b). Ein Anwendungsgebiet wäre hierfür z.B. das Buchungssystem der Fluggesellschaften. Jeder Buchungsvorgang ist eine Sitzung. Da jedoch oft mehrere Flüge nacheinander gebucht werden, ist es nicht nötig, die darunterliegende Transportverbindung nach Sitzungsende abzubauen. Bei der folgenden Buchung wird einfach die bestehende Transportverbindung wiederverwendet.
Im dritten Fall verwendet eine Sitzung mehrere Transportverbindungen (Abb. 141c). Dies kann erforderlich sein, wenn z.B. eine Transportverbindung ausfällt. Die Sitzungsschicht eröffnet dann eine neue Transportverbindung und führt die Sitzung hierüber weiter.
Es sei hier erwähnt, daß eine Transportverbindung maximal eine Sitzung zur Zeit tragen kann. Das Multiplexing ist der Transportschicht vorbehalten.

8.3 Das Tokenkonzept

Token sind Berechtigungsmarken für gewisse Dienste. Damit kann die Ausführung dieser Dienste zugelassen oder verzögert werden. Der Besitzer des Tokens hat das Exklusivrecht auf den zugehörigen Dienst. Die anfängliche Zuordnung wird bei Sitzungsaufbau ausgehandelt. Der rufende Teilnehmer hat anfangs Priorität.

Es gibt verschiedene Tokentypen:

- **Data Token:** Dies entspricht im Halbduplexbetrieb der Sendeberechtigung. Nur der Kommunikationspartner, der im Besitz des Data Tokens ist, darf senden.
- **Synchronize Minor Token:** Zum Initiieren eines Neben-Synchronisationspunktes
- **Major/Activity Token:** Initiierung von Aktivitäten bzw. Eigenschaften und Haupt-Synchronisationspunkten
- **Release Token:** Initiierung der Auflösung bzw. Ablehnung einer Session

Dienstelemente zur Tokenverwaltung:

- **S-TOKEN-GIVE:** Dieser Dienst dient zur nichtbestätigten Tokenübergabe. Das Abgeben eines Tokens wird durch S-TOKEN-GIVE Request eingeleitet. Der Partner übernimmt das Token dann mit einer S-TOKEN-GIVE Indication. Ein Parameter gibt hierbei an, ob das Data Token oder ein anderes Token gemeint ist.
- **S-TOKEN-PLEASE:** Dieser Dienst dient zur nichtbestätigten Tokenanforderung. Eine Anwendungsinstanz fordert mit S-TOKEN-PLEASE Request ein

Token an. Die Partneranwendungsinstanz erhält daraufhin ein S-TOKEN-PLEASE Indication. Sie ist jedoch nicht verpflichtet, das Token tatsächlich abzugeben.

- **S-CONTROL-GIVE:** Dieser Dienst dient zur Übergabe aller Token.

8.4 Das Synchronisationskonzept

Die Synchronisation wird verwendet, um die Sitzungsinstanzen nach einem Fehler oder einem Problem wieder in einen bekannten Zustand zurückzusetzen. Natürlich können so nur Fehler der Kommunikationsinstanzen und nicht der oberen Schichten behoben werden.
Synchronisationspunkte können in einen Datenstrom eingestreut werden, deren Bedeutung der Sitzungsschicht bekannt ist.

Es gibt zwei Arten von Synchronisationspunkten:

- **Major-Sync-Points** (Hauptsynchronisationspunkte) dienen zur Unterteilung des Datenstroms in Dialogeinheiten. Sie müssen bestätigt werden. Es wird ein Update eingeleitet. Bei Neusynchronisierung ist es nur möglich, zum letzten Major-Sync-Point zurückzukehren.

- **Minor-Sync-Points** (Nebensynchronisationspunkte) dienen zur Unterteilung der Dialogeinheiten. Bei Neusynchronisation kann zu jedem Minor-Sync-Point zurückgekehrt werden, der seit dem letzten Major-Sync-Point gesetzt wurde.

Die Abb. 142 veranschaulicht den Zusammenhang zwischen Sitzung, Dialogeinheit, Haupt- und Nebensynchronisationspunkt.

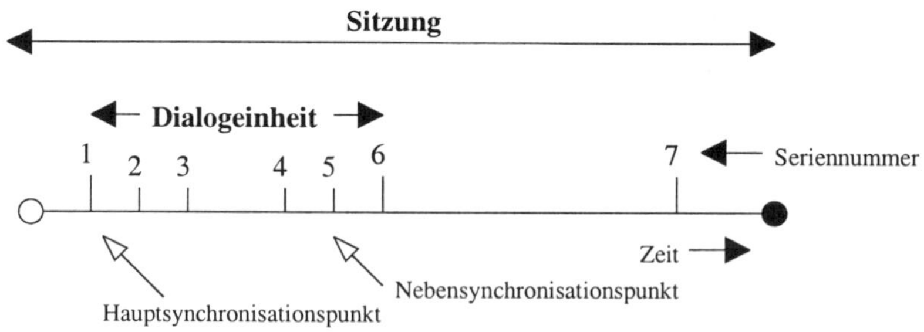

Abbildung 142: Haupt- und Nebensynchronisationspunkte

Das folgende Modell soll die Begriffe Sychronisation und Aktivität verdeutlichen: Die anwendungsorientierten Instanzen legen zur Durchführung ihrer Kommunikation ein 'Gedächtnis' an, das das lokale Wissen über die an die Partnerinstanzen übermittelte Information speichert (Updates). Eine Session wird zur sequentiellen Ausführung mehrerer Aufgaben in Abschnitte unterteilt (Dialog, Aktivität). Sechs Funktionen kennzeichnen das gemeinsame Wissen über den Verlauf einer Kommunikationsbeziehung:

- Establish (Es): Einrichten einer Session.
- Initialize (Iz): Initialisieren eines Abschnitts innerhalb einer Session.
- Update (Up): Fortschreiben des Verlaufswissens nach Möglichkeit mit definierten Unterbrechungspunkten.
- Normalize (Nz): Beenden eines Abschnitts innerhalb einer Session.
- Resume (Rs): Fortführen eines unterbrochenen Abschnitts.
- Terminate (Te): Freigabe einer Session.

Eine **Aktivität** ist eine logische Einheit des Datenstroms. Sie wird vom Benutzer definiert. Jede Aktivität ist vollkommen unabhängig von den vorhergehenden und den nachfolgenden Aktivitäten. Die Aktivitätsverwaltung stellt Funktionen zur Verfügung, um eine Session zu strukturieren, d.h. Aktivitäten zu starten, zu beenden, zu unterbrechen und wieder aufzunehmen.

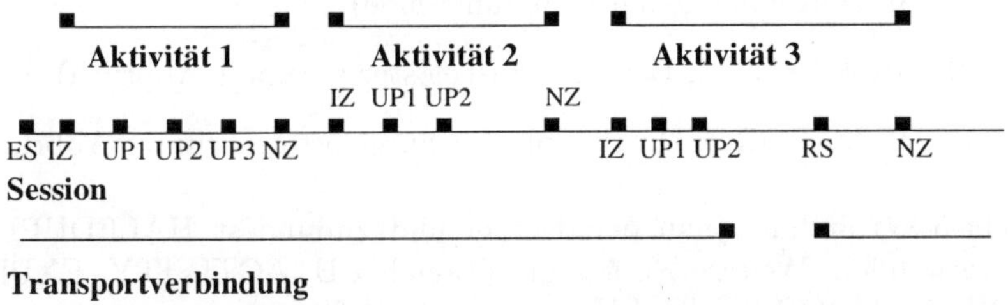

Abbildung 143: Beispiel: Verlauf einer Session

Beispiel: Die Abb. 143 schildert den möglichen Ablauf einer Session. Nach dem Einrichten (Es) der Sitzung wird die 1. Aktivität initialisiert (Iz). Es werden 3 Updates (Up) durchgeführt und danach die Aktivität 1 beendet (Nz). Aktivität 2 verläuft analog. Nach dem 1. Update der 3. Aktivität fällt dann jedoch die Transportverbindung aus. Die Sitzungsschicht veranlaßt nun einen Wiederaufbau der Transportverbindung und setzt dann die Aktivität 3 fort (Rs).

Folgende Dienstelemente sind Bestandteil der Aktivitätsverwaltung:

- S-ACTIVITY-START (Eine Aktion starten)
- S-ACTIVITY-END (Eine Aktion beenden)
- S-ACTIVITY-DISCARD (Eine Aktion aufgeben)
- S-ACTIVITY-INTERRUPT (Eine Aktion aussetzen)
- S-ACTIVITY-RESUME (Eine ausgesetzte Aktion wieder aufnehmen)

8.5 Die Funktionseinheiten

Funktionseinheiten (functional units, FUs) sind Gruppierungen von logisch zusammenhängenden Diensten (Baukastensystem). Die Funktionseinheiten werden beim Verbindungsaufbau durch einen Parameter im S-CONNECT ausgesucht.

Zur Funktionseinheit Kernel gehören die Dienstelemente, die immer benutzt werden:

- S-CONNECT (Sitzungsaufbau)
- S-DATA (Normale Datenübertragung)
- S-RELEASE (Ordnungsgemäßes Sitzungsende)
- S-USER-ABORT (Durch Benutzer ausgelöster abrupter Abbruch)
- S-PROVIDER-ABORT (Durch Anbieter ausgelöster abrupter Abbruch)

Jede Schicht-5-Verbindung muß den Kernel und zumindest HALFDUPLEX oder DUPLEX verwenden. Weitere FU's sind optional, z.B. ACTIVITY, EXPEDITED, MINOR SYNC, MAJOR SYNC. FUs lassen sich zu Gruppen, sogenannten Profilen, zusammenfassen. Beispiele hierfür sind das Basic Combine Set (BCS), das Basic Activity Set (BAS), welches bei X.400 Verwendung findet und das Basic Synch Set (BSS).
Eine Zusammenstellung der Funktionseinheiten und Dienstelemente der Schicht 5 bietet Abb. 144.

8.6 Prüfungsfrage

Was sind die Aufgaben der OSI Schicht 5?

Funktionseinheit	**Dienstelemente**	**Token**
Kernel	S-CONNECT S-DATA S-RELEASE S-U-ABORT S-P-ABORT	
Halbduplex	S-TOKEN-PLEASE S-TOKEN-GIVE	Data Token
Duplex	keine zusätzlichen Dienstelemente	
Negotiated Release	S-RELEASE S-TOKEN-PLEASE S-TOKEN-GIVE	Release Token
Expedited Data Minor Synchronize Major Synchronize	S-EXPEDITED-DATA S-SYNC-MINOR S-TOKEN-PLEASE S-TOKEN-GIVE S-SYNC-MAJOR S-TOKEN-PLEASE S-TOKEN-GIVE	 Sync-Minor-Token Sync-Major-Token
Resynchronize	S-RESYNCHRONIZE	
Activity Management	S-ACTIVITY-START S-ACTIVITY-RESUME S-ACTIVITY-INTERRUPT S-ACTIVITY-DISCARD S-ACTIVITY-END S-TOKEN-PLEASE S-TOKEN-GIVE	Major/Activity Token

Abbildung 144: Funktionseinheiten und Dienstelemente der Schicht 5

9 Darstellungsschicht

9.1 Überblick

Aufgabe der Darstellungsschicht ist es, die Dateneinheiten der Anwendungsschicht unter Erhaltung ihres Informationsgehalts zu übertragen und Aufgaben der Verschlüsselung (Krpytologie) zu übernehmen. Sie befreit die Anwendungsschicht von Syntaxfragen der Anwenderinformation und ermöglicht eine semantische Interpretation der übergebenen Daten.
Während die bisher behandelten Schichten die Daten möglichst unverändert weitergegeben haben, nimmt die Darstellungsschicht Veränderungen an den Daten vor. Diese Manipulationen betreffen jedoch nur die Repräsentation der Daten, nicht aber deren Inhalt.
Die Anwendungsprozesse definieren eine Menge von Darstellungstypen mittels einer **abstrakten Syntax**.
Die Codierung dieser Typen im System (**lokale Syntax**) und während des Transports (**Transfersyntax**) ist in den Anwendungsinstanzen jedoch nicht definiert. Dies erledigt die Darstellungsschicht. Sie enthält Vorschriften (**Codierregeln**, encoding rules) zur Abb. der abstrakten Syntax in eine konkrete Transfersyntax. Abb. 145 soll dies veranschaulichen.
Die **lokale Syntax** wird durch die abstrakte Syntax und die Codierregeln des lokal verwendeten Compilers bestimmt. Der Compiler setzt die Typendefinitionen der Anwendung (abstrakte Syntax) enstprechend seiner Codierregeln in die Datenrepräsentation der verwendeten Maschine um.
Für die Datenübertragung zwischen zwei Rechnern wird nun eine der lokalen, konkreten Syntaxen der beteiligten Partner oder eine allgemeine, konkrete Syntax ausgewählt. Jeder der an der Kommunikation beteiligten Partner muß einen Encoder/Decoder zur Übersetzung seiner lokalen, konkreten Syntax in die gemeinsame **Transfersyntax** besitzen. Die Auswahl der Transfersyntax erfolgt beim Verbindungsaufbau oder beim Context Management.
Ein weiterer wichtiger Begriff ist der **Presentation Context** . Er wird aus der abstrakten Syntax und der Transfersyntax bestimmt (gemeinsam mit der Kenntnis der lokalen Syntax und ihrem Compiler). Der Presentation Context bestimmt die Übersetzungsregeln für den Encoder/Decoder.

Beispiel: Lohnbuchhaltung

Der Buchhalter gibt über seine Tastatur Zeichen aus einem international genormten Code (ISO 7bit Code, der dem IA5 genannten Internationalen Alphabet Nr.5 des CCITT entspricht) in ein Dialoggerät ein. Dort wird dieser Code in den rechnerinternen Code (EBCDI-Code) umgesetzt. Diese Umsetzung macht für ihn das für Schicht 6 zuständige Programm der Datenverarbeitungsanlage (DVA). Die Ausgaben der DVA gehen einen ähnlichen Weg vom EBCDIC über IA5 zur bildlichen Darstellung von Buchstaben auf dem Bildschirm. Dabei ist die Umwandlung eine Aufgabe

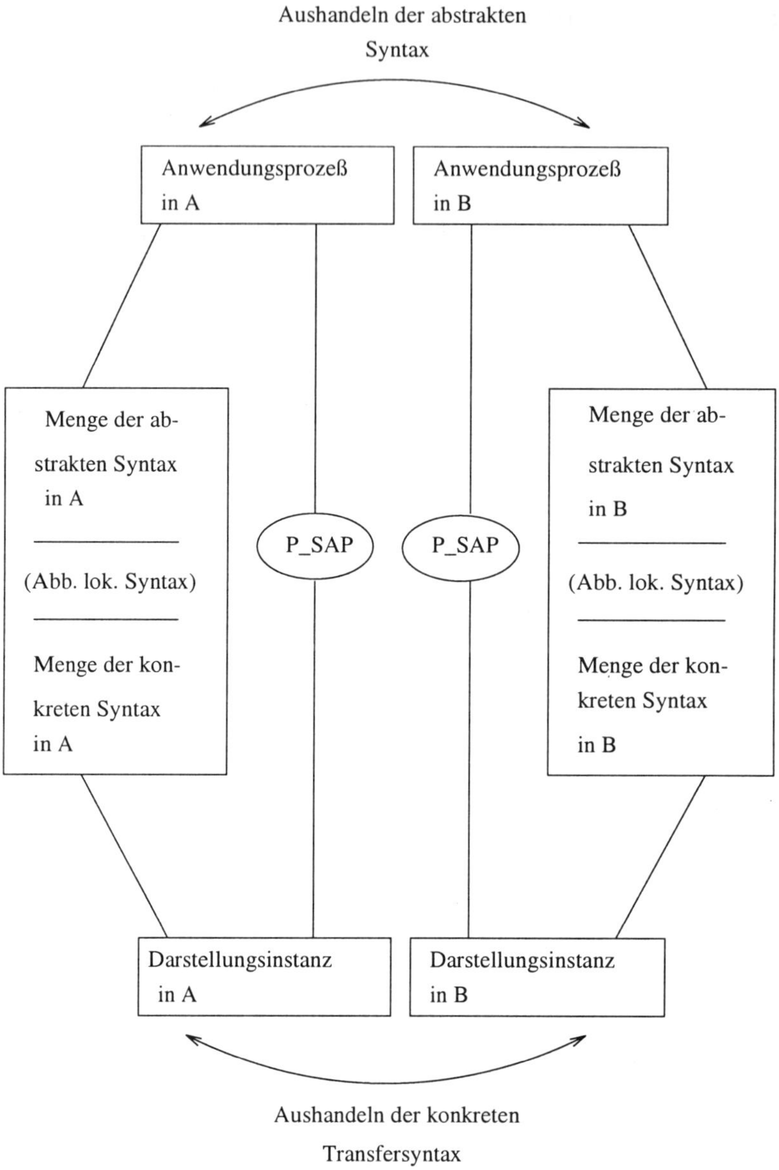

Abbildung 145: Abbildung der abstrakten Syntax auf die konkrete Transfersyntax

der Schicht 6. Die beiden Instanzen der Schicht 6 müssen sich dabei über den gemeinsam verwendeten Code, die Formate, Zeilenlängen etc. einigen. Dies erfolgt mit Protokollen der Schicht 6.

Es gibt im wesentlichen 2 Möglichkeiten, die Transfersyntax auszuwählen:

- a priori Festlegung unter Bezugnahme auf mit Namen festgelegte Syntax
- Übersenden einer Syntaxbeschreibung in einer festgelegten Syntaxspezifikationssprache.

Die von OSI entworfene Notation zur Beschreibung von Datenstrukturen heißt **ASN.1** (Abstract Syntax Notation One). Die Codierregeln für die durch ASN.1 definierte Syntax sind die **Basic Encoding Rules (BER)**.

9.2 ASN.1 und BER

Zwei Anwendungsprozesse können erst dann miteinander kommunizieren, wenn sie eine gemeinsame Menge von Datentypen (*abstrakte Syntax*) verstehen. Diese Notation muß eindeutig und für alle Programmierer verständlich sein.
Zur formalen Definition der abstrakten Syntax gibt es mehrere Möglichkeiten, z.B. eine BNF-Grammatik (Backus Naur Form) oder die Typenbeschreibungssprache einer Programmiersprache wie Pascal. Von OSI wurde wurde hierfür die *Abstrakt Syntax Notation One* (ASN.1) genormt.
Die ASN.1-Dienstelemente sind in Abb. 146 zusammengestellt. Diese Typen sind in die Sprache eingebaut und bilden die Bausteine für noch komplexere Typen. Ihre Namen sind reservierte Wörter und werden, wie die anderen reservierten Wörter in ASN.1, immer in Großbuchstaben geschrieben.
Die letzten drei Typen sollen hier kurz erläutert werden. Taucht ANY im Feld eines Datensatzes auf, kann im nachhinein ein beliebiger gültiger Typ eingegeben werden. ANY ist daher die Menge aller Typen.
NULL bedeutet keine Typenangabe und ist somit das Gegenstück zu ANY. Wird einem Feld in einem Datensatz der Wert NULL zugeteilt, so hat dieses Feld keinen Wert. Bei der Übertragung dieses Datensatzes müssen die NULL-Felder nicht mitgeschickt werden. Die interne Darstellung der NULL hängt von der jeweiligen Implementierung ab.
Wird eine Sitzung aufgebaut, so wird auf Betreiben der Darstellungsschicht eine Absprache durchgeführt, damit gewährleistet ist, daß beide Partner dieselbe abstrakte Syntax und dieselben Kodierungsregeln und Protokolle für ihre jeweilige Anwendung verwenden. All das sind Objekte, die mit Objektkennungen (OBJECT IDENTIFIER) gekennzeichnet werden. Objektkennungen bestehen grundsätzlich aus mehreren Wörtern in geschweiften Klammern. Beispiel: ISO standard 8571 part 4 ftam-pci(1) beschreibt ein Objekt, das in Teil 4 der ISO-Norm 8571 definiert ist.
Die einzelnen Dienstelementtypen können zu komplexeren Typen kombiniert werden. Abb. 147 führt die von ASN.1 für diesen Zweck bereitgestellten Grundbausteine auf. Mit SEQUENCE werden Typen gebildet, die einem Record in Pascal entsprechen. Während die Felder von SEQUENCE beliebige Typen sein können, werden mit OF Listen eines einzelnen Typs gebildet. Dies können auch zusammengesetzte Typen

Dienstelementtyp	**Bedeutung**
INTEGER	ganze Zahl von beliebiger Länge
BOOLEAN	TRUE oder FALSE
BIT STRING	Liste mit 0 oder mehr Bits
OCTET STRING	Liste mit 0 oder mehr Bytes
ANY	Vereinigung aller Typen
NULL	keiner der Typen
OBJECT IDENTIFIER	Objektname (z.B. eine Bibliothek)

Abbildung 146: Dienstelemente von ASN.1

Baustein	**Bedeutung**
SEQUENCE	geordnete Liste mit verschiedenen Typen
SEQUENCE OF	geordnete Liste mit nur einem TYP
SET	ungeordnete Sammlung mit verschiedenen Typen
SET OF	ungeortnete Sammlung mit nur einem Typ
CHOICE	beliebiger Typ aus einer gegebenen Liste

Abbildung 147: Hauptbausteine von ASN.1

sein, wie z.B. eine Liste aus Records.
Der Typ SET ist ähnlich wie der Typ SEQUENCE. Beim Typ SET müssen die

Bausteine jedoch beim Empfänger nicht unbedingt in der Reihenfolge ankommen, in der sie verschickt wurden. Dies bringt für die Darstellungsschicht zusätzliche Flexibilität mit sich.
Der Typ CHOICE wird verwendet, wenn in einer Datenstruktur einer von mehreren Typen zur Auswahl steht. Es ist vergleichbar mit dem Pascal-Variantenrecord.
ASN.1 bietet auch die Möglichkeit, Felder als OPTIONAL zu benennen, die dann auch nicht übertragen werden müssen. Eine andere Möglichkeit ist, diese Felder DEFAULT zu nennen, gefolgt von einem Wert, der vom Empfänger eingesetzt wird, falls das Feld nicht übertragen wird.
Es kann jedoch zu Schwierigkeiten kommen, wenn beispielsweise SEQUENCE übertragen werden soll, die mehrere Felder vom Typ INTEGER und OPTIONAL hat. Der Empfänger hat keine Möglichkeit festzustellen, welche Felder übertragen wurden.
Um dieses Problem zu beheben, wurden in ASN.1 Identifizierungskennzeichen, sogenannte **Tags**, eingeführt (Abb. 148).

Datentyp	**Aufbau**	**Definition**	**Gültigkeit**
UNIVERSAL	elementar, zusammengesetzt	vordefiniert	Internationaler Standard
APPLICATION	zusammengesetzt	selbstdefiniert	eine Anwendung, mehrere Organisationen
PRIVATE	zusammengesetzt	selbstdefiniert	eine Organisation

Abbildung 148: Identifizierungskennzeichen (Tags) von ASN.1

Zur Klasse UNIVERSAL gehören alle Typen, wie sie in Abb. 146 und Abb. 147 zusammengestellt sind.
Die Klasse APPLICATION schränkt den Gültigkeitsbereich einer Typendefinition auf eine Anwendung ein. Sie dient zur Bezeichnung selbstdefinierter Typen.
Typendefinitionen der Klasse PRIVATE sind innerhalb der Anwendungen einer Organisation gültig.
Um ASN.1-Typenbeschreibungen für den Computer lesbar zu machen, wurde von ISO ein genormter Satz von Regeln zur Codierung von Datenwerten in eine **Trans-**

fersyntax, die **Basic Encoding Rules** für ASN.1, geschaffen. Es reicht nämlich nicht aus, die reinen Datenwerte zu übertragen. Im Datenpaket muß auch enthalten sein, welchen Typ die Daten haben, damit der Empfänger des Datenpakets den Inhalt wieder erfassen kann. Die ASN.1 Transfersyntax wurde so konzipiert, daß alle Werte, gleichgültig ob einfach oder zusammengesetzt, aus vier Feldern bestehen können:

- Kennung (Typ oder Tag)
- Länge des Datenfeldes in Bytes
- Datenfeld
- Inhaltsendeflag, wenn die Datenlänge unbekannt ist

Die ersten drei Felder müssen immer besetzt sein, während das letzte optional ist. Betrachtet man den Aufbau der Kennung genauer, so ergibt sich eine Darstellung wie in Abb. 149. Die Kennung enthält die nötige Typeninformation. Die Klasse ist

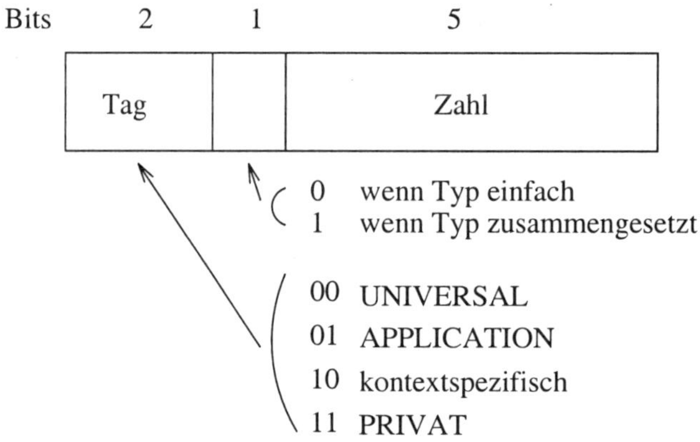

Abbildung 149: Aufbau der Kennung eines Datenpaketes mittels BER

entweder UNIVERSAL, APPLICATION oder PRIVATE. Die letzten 5 Bits geben an, um welchen Typ der Klasse es sich genau handelt. Dieser Wert kann demnach im Bereich zwischen 0 und 30 liegen. Für Werte größer 30 werden diese 5 Bits auf 11111 gesetzt und der Wert des Klassentyps wird im folgenden Byte verschlüsselt. Der UNIVERSAL Typ ISO646STRING (=ASCII String) hat beispielsweise die (vordefinierte) Kennung UNIVERSAL 22. Man kann in ASN.1 auch selbstdefinierten Typen eigene Kennungen zuordnen. Die Länge gibt die Länge des Inhalts in Bytes an. Das Datenfeld selbst kann entweder einfach oder zusammengesetzt sein. Im zweiten Fall ist es dann auch wieder von der Form Kennung, Länge, Daten. Dies ist z.B. der Fall, wenn das Datenfeld vom Typ SEQUENCE ist.

Beispiel: Hier soll anhand eines Beispiels die Definition einer Datenstruktur in ASN.1 und die Codierung eines Datensatzes dieser Datenstruktur in die Transfersyntax mit Hilfe der Basic Encoding Rules verdeutlicht werden.

```
TestPDU ::= SEQUENCE {
            aNumber INTEGER,
            anotherNumber INTEGER,
            today UTCTime OPTIONAL,
            theText CHOICE {
                    multilingualText   ISO10646String,
                    standardText       VisibleString
                    }
            }
```

Abbildung 150: Beispiel: Typendefinition in ASN.1

Ein gültiger Datensatz zu dieser Datenstruktur wäre:
{3,42,1992-10-6 10:09:34,"Hey!"}
Mittels BER codiert sieht der Datensatz dann so aus, wie in Abb. 151 dargestellt.

9.3 Aufgaben und Dienstelemente der Darstellungsschicht

Auch die Darstellungsschicht hat Durchreichdienste und "echte" Dienste. Die Durchreichdienste der Schicht 6 vermitteln zwischen der Anwendungsschicht und der Schicht 5. Sie stellt dem Anwender die Funktionen zur Dialogkontrolle (Tokenmanagement, Synchronisationspunkte, ...) zur Verfügung, die bekanntlich Aufgabe der Schicht 5 sind. Ruft eine Anwendung z.B. P-TOKEN-GIVE auf, so wird dieser Aufruf als S-TOKEN-GIVE an die Sitzungsschicht weitergegeben.
Abb. 152 zeigt die **Durchreichdienste** der Darstellungsschicht. Die "echten" Dienstelemente sind in Abb. 153 zusammengestellt.

30 80	30: zusammengesetzter SEQUENCE-Typ 80: undefinierte Längenangabe, da nicht feststeht, wie lang die SEQUENCE schließlich sein wird. Deswegen muß das Ende der SEQUENCE durch eine 00 00 Komponente markiert werden.
02 01 03	02: Dies ist ein Integer Wert. 01: Länge des Wertes ist 1 Byte. 03: Der Wert 3.
02 01 2a	02: Dies ist ein Integer Wert. 01: Länge des Wertes ist 1 Byte. 2a: Der Wert 42.
17 0d 39 32 31 30 30 36 31 30 30 39 33 34 5a	17: Typ UTCTime. 0d: Länge 13 Bytes. 39 .... 5a: Datum und Zeit codiert.
1a 04 48 65 79 21	1a: VisibleString Alternative von CHOICE. 04: Länge 4 Byte. 48 .... 21: Hey in ASCII codiert.
00 00	Ende der SEQUENCE.

Abbildung 151: Beispiel für die Codierung in die Transfersyntax mittels BER

Die Darstellungsschicht hat folgende Aufgaben zu erfüllen:

- Verbindungsauf- und abbau
- Context Management
- Datentransfer mit Datentransformation

- Durchreichdienste

P-TOKEN-GIVE-REQUEST, -INDICATION
P-TOKEN-PLEASE-REQUEST, -INDICATION
P-SYNC-MINOR-REQUEST, -IND., -RESP., -CONF
P-SYNC-MAJOR-REQUEST, -IND., -RESP., -CONF
P-RESYNCHRONIZEREQUEST, -IND., -RESP., -CONF
P-ACTIVITY-START-REQUEST, -INDICATION
P-ACTIVITY-RESUME-REQUEST, -INDICATION
P-ACTIVITY-END-REQUEST, -IND., -RESP., -CONF
P-ACTIVITY-INTERRUPT-REQUEST, -IND., -RESP., -CONF
P-ACTIVITY-DISCARD-REQUEST, -IND., -RESP., -CONF

Abbildung 152: Durchreichdienste der Darstellungsschicht

Zum **Verbindungsaufbau** werden die P-CONNECT-Dienstelemente verwendet. Mit dem P-CONNECT-REQUEST erhält die Darstellungsschicht von der Anwendungsschicht eine Liste von abstrakten Syntaxen und Presentation Context Identifiern, die zur eindeutigen Identifizierung des Presentation Context dienen. In der Darstellungsschicht wird diese Presentation Context Definition List mit den für jede abstrakte Syntax bekannten Transfersyntaxen ergänzt. Die von der Anwendungsschicht festgelegten Parameter (Quality-of-Service, Initial-Assignment-of-Token) werden beim Verbindungsaufbau an die unteren Schichten weitergegeben.
Der **Verbindungsabbau** erfolgt entweder normal mit P-RELEASE oder unvorhergesehen mit P-ABORT. Im zweiten Fall geben Parameter die Abbruchursachen an.
Das **Context Management** ist für die Verhandlung über den Presentation Context zwischen den beteiligten Partnern zuständig. Jede Instanz besitzt eine Liste mit den ihr bekannten abstrakten Syntaxen und den dazugehörigen Transfersyntaxen. Die Anwendungsschicht gibt der Darstellungsschicht beim Verbindungsaufbau die gewünsche abstrakte Syntax bekannt. Die Darstellungsschicht ergänzt nun die ihr bekannten Transfersyntaxen und schickt diese Liste zur Partnerinstanz. Diese wählt nun einen ihr bekannten Presentation Context aus der Liste aus, mit dessen Hilfe nun die Datenübertragung stattfindet. Wird keiner gefunden, so findet die Verbindung nicht statt.
Wenn ein Vorgang unterbrochen wird, um einen anderen einzuschieben (z.B. ein Filetransfer), kann es nötig sein, den Presentation Context vorübergehend zu ändern. Auch hierfür ist das Context Management zuständig. Es stehen dafür die Dienst-

Dienst	**Dienstelemente**	**Parameter**
Verbindungsaufbau	P-CONNECT-REQUEST	Presentation-Context-Definition-List, Quality-of-Service, Initial-Assignment-of-Tokens, ...
	P-CONNECT-RESPONSE P-CONNECT-CONFIRM	Result-List, Quality-of-Service, Initial-Assignment-of-Tokens, ...
Verbindungsabbau	P-RELEASE-REQUEST P-RELEASE-INDICATION P-RELEASE-RESPONSE P-RELEASE-CONFIRM P-U-ABORT-REQUEST P-U-ABORT-INDICATION P-P-ABORT-INDICATION	User Data, Reason " " " User Data, Reason " "
Context Management	P-DEFINE-CONTEXT-REQUEST P-DEFINE-CONTEXT-INDICATION P-DEFINE-CONTEXT-RESPONSE P-DEFINE-CONTEXT-CONFIRM P-DELETE-CONTEXT-REQUEST P-DELETE-CONTEXT-INDICATION P-DELETE-CONTEXT-RESPONSE P-DELETE-CONTEXT-CONFIRM	Presentation-Context-id Definition-List Result-List " Presentation-Context-Identifier-List Result-List "
Datentransfer	P-DATA-REQUEST P-DATA-INDICATION P-EXPEDITED-DATA-REQUEST P-EXPEDITED-DATA-INDICATION	User Data: Presentation-Context-id, tag, value

Abbildung 153: "Echte" Dienstelemente der Darstellungsschicht

elemente der Gruppen P-DEFINE-CONTEXT und P-DELETE-CONTEXT zur Verfügung. Abb. 154 soll die Verhandlung über den Presentation Context anhand eines Beispiels verdeutlichen.
Ist die Verbindung aufgebaut, kann der **Datentransfer** beginnen. Die Anwendungsinstanz übergibt der Darstellungsinstanz die Datenpakete mit einem Vermerk, welche abstrakte Syntax und welcher syntaktische Typ innerhalb der Syntax vorliegt. Die Darstellungsschicht kann nun den Presentation Context auswählen und die Übersetzung in die Transfersyntax vornehmen. Im Empfänger findet dann der umgekehrte Vorgang statt.

Darstellungsinstanz	**Ort A**	**Ort B**
a) Repertoire	MHS/TS1 + TS2 Lohn/TS2 Personal/TS4	MHS/TS1 + TS2 + TS3 Lohn/TS2
b) Verhandeln	P-CONreq oder P-DEFINE-CONTEXTreq (MHS/TS1 + TS2, Lohn/TS2)	
		P-CONresp oder P-DEFINE-CONTEXTresp (MHS/TS1, Lohn/TS2)
c) Ergebnis = Defined-Context-Set	MHS/TS1, Lohn/TS2	MHS/TS1, Lohn/TS2

Abbildung 154: Vereinbarung von Presentation Contexts
a) Presentation Contexts, die der Instanz A und B jeweils bekannt sind.
b) A will eine Verbindung aufbauen. Die Anwendungsinstanz in A will Daten der Strukturen MHS und Lohn (abstrakte Syntax) übertragen. Die Darstellungsinstanz in A ergänzt diese Liste um die ihr dazu bekannten Transfersyntaxen TS1 + TS2 bzw. TS1. B bestätigt und sendet ihrerseits die Presentation Contexts, die sie ausgewählt hat.
c) Als Ergebnis liegt sowohl A als auch B dasselbe Defined-Context-Set vor.

Eine weitere interessante Frage ist die nach der **Implementierung** der Darstellungsschicht. Die Normen legen nahe, daß es sich hierbei um einen Prozeß handeln muß, doch ist dies nicht unbedingt nötig. Eine andere Implementation ist eine Bibliothek, in der Dienstelemente der Darstellungsschicht abgelegt sind, so daß sie von den Anwendungsprogrammen aufgerufen werden können. Auf diese Art kann die Datenumwandlung vom internen Format in die Transfersyntax ohne einen Interpreter erledigt werden. Die Umwandlung erfolgt dann mittels einer Bibliotheksroutine, die die Eingabezeichen mit Hilfe einer Tabelle auf die entsprechenden Zeichen der Transfersyntax abbildet und diese dann direkt im Ausgangspuffer ablegt. Diese Implementation bedeutet eine Eingliederung der Codierfunktion in die Anwendungsschicht.

9.4 Prüfungsfragen

Was sind die Aufgaben der OSI Schicht 6?
Wie realisiert man eine Transfer-Syntax?
Was ist ASN.1?
In welcher Schicht würden Sie Datenkompression und Datenverschlüsselung realisieren?

10 Anwendungsschicht

10.1 Überblick

Die Anwendungsschicht nach OSI soll den Anwendern bzw. den auf die Anwendungsschicht aufsetzenden Applikationen bestimmte Dienstleistungen bieten, um Informationen auszutauschen. Ursprünglich sollten für jede Art von Applikation eine komplette Protokollspezifikation und getrennte Dienstleistungen angeboten werden. Da jedoch mehrere Applikationen die gleichen Funktionen der Schicht 7 benötigen, führte man sogenannte **Application Service Elements** (ASE) ein. Die von OSI genormten Applikationen stützen sich auf diese Serviceelemente. Eine Applikation muß nicht alle ASEs benutzen, sondern wählt sich eine geeignete Untermenge aus. Die Auswahl dieser Bausteine, ihre Zusammenfügung zu Anwendungsprozessen und die Ergänzung durch nichtstandardisierte Elemente ist Aufgabe des Anwendungsprogrammierers.

Beispiel: *Der Weinhändler*

Dieses Beispiel soll das Zusammenwirken der Serviceelemente einer verteilten Anwendung verdeutlichen. Eine solche Anwendung könnte aus zwei kooperierenden **Anwendungsprozessen (AP)** bestehen, die auf räumlich verteilten Systemen ablaufen. Der eine AP ist der beim Besteller. Er hat die Aufgabe, eine Liste lieferbarer Sorten aus einer Datei beim Lieferanten abzurufen und in den lokalen Rechner zu transferieren. Nach eventuellen Manipulationen der Daten (z.B. Selektieren aller Weine des Jahrgangs 1992, Ausarbeitung eines Bestellungsvorschlags etc.) sollen diese dann am Bildschirm des Bestellers ausgegeben werden. Der AP des Lieferanten hat die Aufgabe, den Suchauftrag anzunehmen, die Suche durchzuführen und die gewünschte Liste an den Rechner des Partnerprozesses zu übertragen.
In den APs dieses Beispiels treten einige Aufgaben auf, die typisch für sehr viele verteilte Anwendungen sind, nämlich der Aufbau einer Verbindung zwischen den beiden APs, das Abfragen einer entfernten Datenbank und die Übertragung der gesuchten Daten. OSI stellt hierfür die beiden Bausteine ACSE (für den Verbindungsaufbau) und FTAM (Durchführung der Suche beim Partner und Übertragung der Daten) zur Verfügung. Die Bausteine des Anwendungsprogramms, die an die spezielle Aufgabe gebunden sind, wie z.B. ein Analyse- und Bildschirmprogramm auf der Bestellerseite, sind nicht von OSI genormt. Sie werden hier *Application Layer User* (ALU) genannt. Abb. 155 gibt einen Überblick über die Dienstleistungen der Anwendungsschicht. Hier sollen nun die ASEs der Anwendungsschicht kurz vorgestellt werden. Im weiteren Teil dieses Kapitels werden sie noch ausführlicher beschrieben.

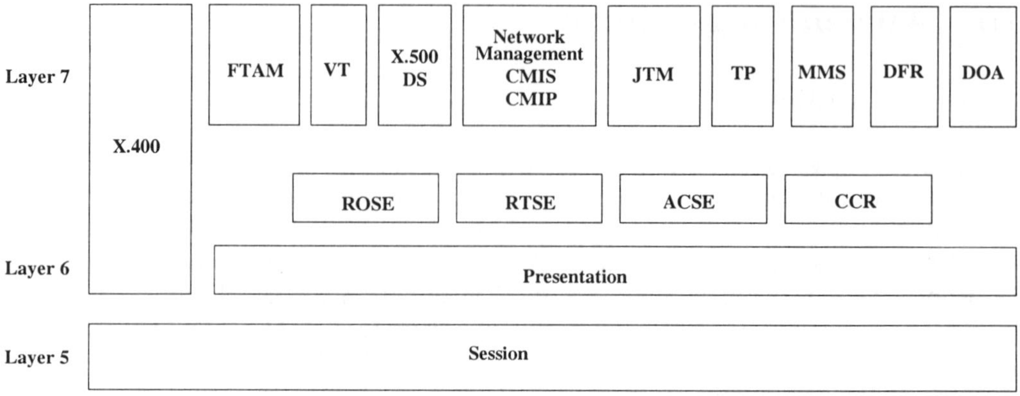

Abbildung 155: Dienstleistungen der Anwendungsschicht

OSI hat folgende Serviceelemente genormt:

- **ACSE** (Association Control Service Element) dient zum Auf- und Abbau von Anwendungsverbindungen (sog. Application Associations).
- **CCR** (Commitment, Concurrency and Recovery) dient zur Synchronisation und Fehlerbehebung bei mehreren Anwendungen, insbesondere zur Erhaltung der Datenkonsistenz. *Commitment* bedeutet: Updates von gemeinsamen Daten im Netz werden „atomar" ausgeführt, das heißt entweder alle oder gar nicht. *Concurrency* regelt gleichzeitige Lese- und Schreiboperationen auf demselben Objekt im Netz. *Recovery* bietet Dienste zur Behebung von Ausfällen von Systemen und Verbindungen im Netz.
- **RTSE** (Reliable Transfer Service Element) bietet Dienste für einen zuverlässigen Transfer von Daten innerhalb einer gewissen Zeit über eine Anwendungsverbindung. Zuverlässig heißt, entweder sind die Daten angekommen, oder die Applikation wird über einen Fehlerfall informiert.
- **ROSE** (Remote Operations Service Element) stellt allgemeine Mittel zur Kommunikation zur Verfügung (Anfrage, Antwort). Wenn zum Beispiel ein Auftrag zur Speicherung einer Nachricht (Message) in das Netz geschickt wird, bekommt die Applikation über die wirkliche Ausführung der Speicherung eine Antwort. Anmerkung: ROSE und RTSE wurden für MHS (Message Handling System - Email) eingeführt.

Neben diesen Serviceelementen gibt es noch weitere genormte Dienste der Anwendungsschicht. Hier eine (nicht vollständige) Zusammenstellung:

- **X.400** (MHS, electronic mail system)
- **FTAM** (File Transfer Access and Management) ist ein Protokoll, mit dem sowohl einfache Dateiübertragungen und FTP realisiert werden können, als auch direkte Zugriffe auf Remote File Systems (wie bei NFS) ermöglicht werden.
- **VT** (Virtual Terminal) Protokoll und Service erlauben der Applikation den Zugriff auf ein zeichenorientiertes Terminal. Dazu gehören Cursorbewegungen, Zeichensätze, Farbe, Zugriffsrechte auf Felder usw.
- **JTM** (Job Transfer and Manipulation) Protokoll und Service dienen zur Verteilung von Programmen und Files auf verschiedenen Hosts und der Kontrolle der darauf laufenden Rechenprozesse, sowie der Abfrage des Status der Prozesse und ihrer Ergebnisse.
- **TP** (Transaction Processing) ist ein Service für Transaktionen auf verteilten Datenbanken.
- **MMS** (Manufacturing Message Specification) Service und Protokoll wurden für die Steuerung und Integration von Industriemaschinen und Robotern entwickelt.
- **X.500** ist der OSI Directory Service (DS) für verteilte Datenbanksysteme.
- **DFR** (Document Filling and Retrieval) erlaubt die Abfrage von ASCII-Text, -Hypertext, -Software Packages usw. (ähnlich Gopher).
- **DOA** (Distributed Office Applications) ist ein Service für verteilte Büroanwendungen.
- **CMIS** und **CMIP** (Common Management Information Service/Protocol) dienen zur Kontrolle aller Teile des Computernetzwerks, z.B. für Router, Accounts, Sicherheitsabfragen, Versionen der installierten Software, Uhren etc.

10.2 Application Service Elements - ASE

10.2.1 ACSE - Association Control Service Element

ACSE dient zur Assoziationssteuerung, d.h. es regelt die Verbindungen in der Anwendungsschicht (Assoziationen). Anders als in den bisherigen Schichten erfolgt der ACSE-Dienst nicht über einen SAP. Der Aufbau einer Assoziation zwischen Anwendungsprozessen erfordert die Möglichkeit der Prozeßadressierung. Diese wird über den Prozeß-Titel, einer Kennung zur Identifizierung der Anwendungsinstanz (welcher die Adresse des P-SAP der Instanz in einem Prozeßverzeichnis zugeordnet ist) und einer

Kennung für den Aufruf erreicht. Durch eine Assoziation wird ein bestimmter *Anwendungskontext* festgelegt. Im Gegensatz zum Presentation Context handelt es sich beim Anwendungskontext um ein für eine konkrete Verbindung aufgebautes Zusammenspiel von Benutzerelementen und Anwendungseinheiten, sowie der dabei verwendeten Semantik in zwei Endsystemen. Aus dem Anwendungskontext ergibt sich auch die abstrakte Syntax und bei gegebener Transfersyntax damit auch der Presentation Context. Abb. 156 zeigt die ACSE-Dienstelemente.

OSI ACSE-Dienstelement	**Beschreibung**	Req.	Ind.	Res.	Con.
A-ASSOCIATE	baut eine Assoziation auf	x	x	x	x
A-RELEASE	löst eine Assoziation auf	x	x	x	x
A-ABORT	vom Benutzer ausgelöster Abbruch	x	x		
A-P-ABORT	vom Dienstleister ausgelöster Abbruch		x		

Abbildung 156: ACSE-Dienstelemente (Erklärung: Req.=Request, Ind.=Indication, Res.=Response, Con.=Confirm)

Jedes ACSE-Dienstelement kann 1:1 auf das entsprechende Dienstelement der Darstellungsschicht abgebildet werden. Ein Multiplexen mehrerer Assoziationen auf eine Verbindung der Darstellungsschicht ist nicht möglich. Gründe für die Schaffung der ACSE-Dienstelemente waren zum einen die Forderung nach Einheitlichkeit, da alle anderen Schichten auch ihre eigenen Dienstelemente zum Verbindungsaufbau besitzen, und zum anderen eine größere Flexibilität, da eine Erweiterung der einzelnen Dienste so leichter möglich ist (z.B. eine zusätzliche Prüfung der Zugriffsberechtigung beim Verbindungsaufbau).

10.2.2 RTSE - Reliable Transfer Service Element

Das *Reliable Transfer Service Element* wurde für einen zuverlässigen Datenaustausch geschaffen, da der von der Darstellungsschicht bereitgestellte Zuverlässigkeitsgrad für die meisten Anwendungen nicht ausreicht. RTSE setzt auf die verbindungsorientierten Datentransfermöglichkeiten der Darstellungsschicht auf. Neu im Gegensatz zum einfachen Datenaustausch des Transportsystems ist hier, daß das RTSE auf der Senderseite für einen fehlerfreien Datenaustausch verantwortlich ist. Es muß im Fehlerfall für eine Wiederholung des Datentransfers sorgen, bis der Transfer abge-

schlossen ist. Es bietet damit eine Recoverfunktion bei Übertragungsunterbrechung und minimiert die Anzahl der nochmals zu übertragenden PDUs.
RTSE verändert nicht die Struktur der Daten. Es kann von anderen ASEs benutzt werden und setzt selbst auf ACSE auf. Damit unterstützt es nur Datentransfer auf einfachen Assoziationen. Soll ein Datenaustausch über mehrere verkettete Asoziationen stattfinden, ist ein zusätzliches Protokoll notwendig (siehe CCR). Werden ACSE-Dienste von RTSE genutzt, so können sie gleichzeitig von keinem anderen ASE genutzt werden, da sonst die Verbindung mehrfach aufgebaut werden würde. Abb. 157 zeigt das Zusammenwirken der Schichten 5 bis 7 bei Verwendung von RTSE. Die Zuverlässigkeit des Datenaustausches stellt RTSE durch Quittungen

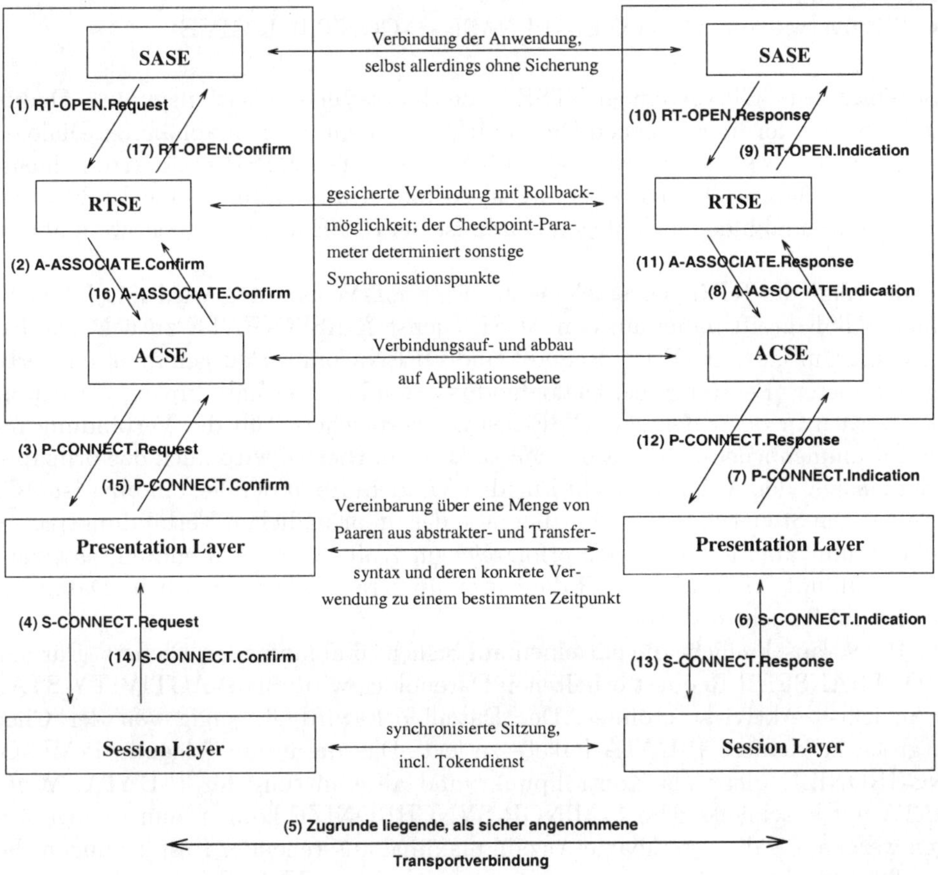

Abbildung 157: Zusammenspiel der Schichten 5-7 nach OSI

der Partnerinstanz sicher. Der sendende Benutzer bekommt eine Quittung zugestellt, während der empfangende Benutzer sich nicht mit der Quittungserstellung befassen muß. Eine Benutzernachricht wird auf Anforderung im Erfolgsfall innerhalb einer über Parameter vorgegebenen Zeitspanne von RTSE genau einmal übertragen. Der sendende Benutzer bekommt von RTSE eine positive oder im Fehlerfall eine negative Quittung zugestellt. Ein Fehlerfall wird dann gemeldet, wenn alle im RTSE-Protokoll vorgesehenen Fehlerbehebungsmechanismen ohne Erfolg geblieben sind.

RTSE greift direkt auf folgende Dienste der Darstellungschicht zu:

- Aktivitätsverwaltung (Start, Unterbrechung, Wiederaufnahme, Ende)
- Synchronisation (keine Hauptsynchronisations-Punkte !)
- Standardmäßige Datenübertragung (P-DATA)
- Exception-Report
- Tokenverwaltung (P-TOKEN-PLEASE, P-CONTROL-GIVE)

Im Gegensatz zu CCR verwendet RTSE keine Hauptsynchronisationspunkte. Dadurch kann der Strom der übertragenen Daten nicht in voneinander unabhängige Dialogeinheiten gegliedert werden. Werden also über eine mittels RTSE gesicherte Schicht-7-Verbindung mehrere Dateien übertragen, so bilden alle Dateien eine Einheit. Eine Gliederung in unabhängige Dialogeinheiten ist bei RTSE nicht möglich, wohl aber bei CCR.

Abb. 158 zeigt die RTSE-Dienstelemente. Eine RT-Verbindung wird mit RT-OPEN eröffnet. RTSE greift dabei auf den ACSE-Dienst A-ASSOCIATE zurück. Die beim Verbindungsaufbau mit OPEN.Request und OPEN.Confirm ausgehandelten Verbindungsparameter (Fenstergröße, Dialogmodus - simplex oder halbduplex, Checkpointgröße) werden in der rufenden RTSE-Instanz gespeichert, um die Verbindung nach einem Zusammenbruch wieder aufbauen zu können. Hierbei wird auch das prinzipielle Zusammenspiel der ASEs deutlich: Für den Wiederaufbau der Verbindung ist ACSE zuständig. Die Steuerung, also die Übergabe der ursprünglichen Verbindungsparameter übernimmt aber RTSE. Nach erfolgreichem Aufbau der Anwendungsassoziation werden dann mit RT-TRANSFER die Daten übertragen. Der eigentliche Datentransfer findet auf Schicht 6 statt.

Abb. 159 veranschaulicht die einzelnen auf Schicht 6 ablaufenden Dienste. Für jeden mit RT-TRANSFER.Request erhaltenen Datenblock wird mit P-ACTIVITY-START eine Schicht-6 Aktivität eröffnet. Der Datenblock wird abhängig von der Checkpointgröße in kleinere P-DATA-Pakete zerlegt. Das daraufhin folgende P-MINOR-SYNCHRONIZE dient als Kontrollpunkt und als Quittung für P-DATA. Weitere P-DATA mit anschließendem P-MINOR-SYNCHRONIZE können nun solange übertragen werden, bis die vereinbarte Anzahl maximal ausstehender Bestätigungen (Fenstergröße) erreicht ist. In unserem Beispiel wurde beim RT-OPEN eine Fenstergröße (F) von 2 vereinbart (Default: 3). Der Sender zählt F beim Erhalt eines P-MINOR-SYNCHRONIZE.Confirm weiter. Hier hat sich das P-MINOR-SYNCHRONIZE-RC verspätet und der Sender kann bis zu dessen Eintreffen keine weiteren P-DATAs mehr verschicken.

Wenn die letzte P-DATA-Einheit versendet wurde, folgt keine weitere Synchronisation. Statt dessen gibt der Sender mit P-ACTIVITY-END das Ende der Aktivität be-

OSI RTSE-Dienstelement	**Beschreibung**	Req.	Ind.	Res.	Con.
RT-OPEN	Aufbau einer RT-Beziehung	x	x	x	x
RT-CLOSE	Abbau einer RT-Beziehung	x	x	x	x
RT-TRANSFER	gesicherte Übertragung eines Datenblocks	x	x		x
RT-TURN-PLEASE	Tokenanforderung	x	x		
RT-TURN-GIVE	Tokenübergabe	x	x		
RT-U-ABORT	Abort durch den Benutzer	x	x		
RT-P-ABORT	Abortanzeige der Darstellungsschicht		x		

Abbildung 158: RTSE-Dienstelemente (Erklärung: Req.=Request, Ind.=Indication, Res.=Response, Con.=Confirm)

kannt. Der Empfänger gibt daraufhin den kompletten RTSE-Datenblock an seinen Benutzer weiter und quittiert den erfolgreichen Transfer mit RT-TRANSFER.Indication. Diese Quittung leitet der Sender als RT-TRANSFER.Confirm an seinen Benutzer weiter. Der in Abb. 159 beschriebene Ablauf zeigt eine Datenübertragung ohne Auftreten eines Fehlers. Im Fehlerfall ist es Aufgabe von RTSE, die Verbindung selbstständig wiederaufzusetzen. Im folgenden Beispiel (Abb. 160) hat RTSE auf Empfängerseite ein Verbindungsproblem festgestellt, das kein Abort erfordert. Die Aktivität wird unterbrochen und mit P-ACTIVITY-RESUME am letzten Checkpoint wieder aufgesetzt. Es folgt das P-DATA mit der PDU, die dem Checkpoint folgte. RTSE eignet sich besonders für Anwendungen, die hauptsächlich Datentransfer betreiben, wie z.B X.400. Sind die Anwendungen komplexer, so ist RTSE weniger geeignet, da z.B. die Verwaltung eines Transaktionsbaums nicht möglich ist. In so einem Fall ist CCR vorzuziehen. Die Vorteile von RTSE liegen in seinem einfachen Synchronisationskonzept. Zusammen mit ROSE ist es geeignet, einfache verteilte Anwendungen zu unterstützen.

10.3 CCR - Commitment Concurrency and Recovery

Während RTSE für einfache Übertragungen gedacht ist, ermöglicht CCR zusammen mit TP (Transaction Processing) eine komplexere Transaktionssicherung. Dabei ist

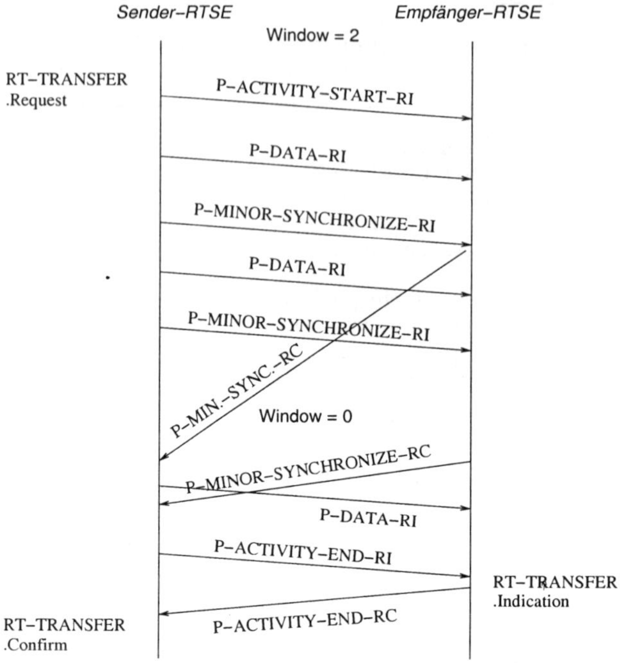

Abbildung 159: RTSE als Benutzer der Darstellungsschicht (-RI steht für .Request und .Indication, -RC steht für .Response und .Confirm)

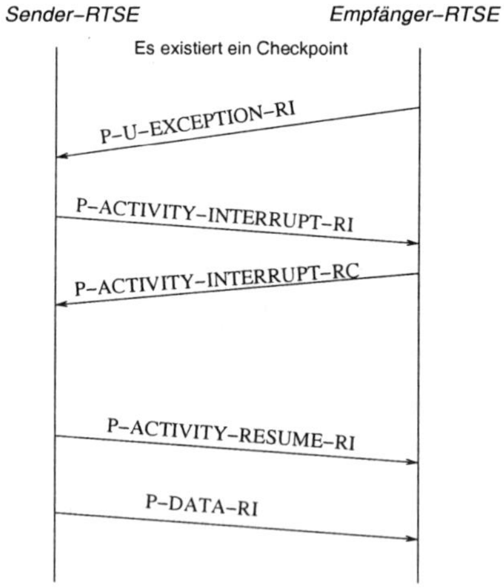

Abbildung 160: Wiederaufsetzmechanismus in RTSE

CCR für Commitment und Rollback (Wiederholung) der einzelnen Teiltransaktionen zwischen den Partnern zuständig, während TP die Koordination des gesamten Dialoges und der Transaktionen übernimmt.
CCR wird für Anwendungen eingesetzt, bei denen es auf Zuverlässigkeit ankommt, und ermöglicht sogar ein Wiederaufsetzten nach mehrfachen Systemabstürzen. Die wesentlichen Konzepte hierzu sind ein atomarer Baum (Atomic Tree) und das zweistufige Festschreiben der Daten am Ende der Transaktion (Two-Phase-Commitment). CCR bietet also Dienste für eine verteilte Transaktionsverarbeitung an. Dabei versteht man unter einer **Transaktion** eine Menge von Aktionen mit folgenden Eigenschaften:

- *Atomizität:* Die Transaktion wird entweder vollständig oder gar nicht durchgeführt.
- *Konsistenz:* Manipulierte Daten werden nur von einem konsistenten Zustand in einen anderen konsistenten Zustand überführt.
- *Isoliertheit:* Teilresultate, die im Verlauf der Durchführung der Transaktion erzielt werden, sind außerhalb der Transaktion nicht sichtbar.
- *Dauerhaftigkeit:* Die Ergebnisse der Transaktion müssen gegen Fehler jeder Art geschützt werden (z.B. Kommunikationsfehler, Datenverlust durch Hardwaredefekt).

Dies wird auch oft als ACID-Prinzip bezeichnet (Atomic, Consistency, Isolation, Durability). Die Atomizität ist bei CCR sichergestellt, da jede Transaktion entweder die erfolgreiche Ausführung der ganzen Transaktion mit Commit bestätigt, oder aber alle bereits gemachten Änderungen wieder rückgängig macht (Rollback). Konsistenz und Isoliertheit wird gewährleistet, indem die von der Transaktion geänderten Daten an die Transaktion *gebunden* werden. So ist es anderen Transaktionen nicht möglich, zur gleichen Zeit auf diese Daten zuzugreifen. Um die Konsistenz zu erhalten, dürfen natürlich nur Operationen definiert werden, die dies gewährleisten. Die Dauerhaftigkeit wird im wesentlichen durch Datensicherung gewährt, so daß im Falle eines Hardwaredefekts die Daten rekonstruiert werden können. Die beiden folgenden Beispiele sollen verdeutlichen, wofür Transaktionen notwendig sind.

1. Beispiel: *Banküberweisung*
Bei einer Banküberweisung wird vom Konto des Überweisers ein bestimmter Betrag abgebucht und dieser dem Konto des Empfängers gutgeschrieben. Sollte es zu Problemen kommen, weil z.B. die Datenleitung defekt ist oder der Zentralrechner außer Betrieb ist, so darf keiner der Schritte ausgeführt werden und der Überweiser muß über den Mißerfolg seines Überweisungsvorgangs informiert werden. Ansonsten wäre denkbar, daß zwar die Abbuchung des Betrags vom ersten Konto erfolgt, nicht aber die Gutschrift auf dem zweiten. Eine solche Inkonsistenz ist natürlich nicht tragbar. Daher muß eine solche Operation als Transaktion ausgeführt werden und die ACID-Eigenschaften erfüllen.

2. Beispiel: *Reisebuchung*

Ein Kunde will im Reisebüro einen Flug von München über Frankfurt nach Hong Kong buchen. Die Anfrage per Computer bei der Fluggesellschaft ergibt, daß am gewünschten Tag von München nach Frankfurt noch ein Platz in einer Maschine frei ist. Der Weiterflug nach Hong Kong ist in akzeptabler Zeit jedoch nicht möglich, da alle Plätze besetzt sind. Es macht wenig Sinn, den ersten Flug zu buchen. Statt dessen muß dieser wieder storniert werden und eine Anfrage für einen späteren Reisetermin für den kompletten Flug gestellt werden. Solche voneinander abhängigen Aktionen werden im allgemeinen zu einer Transaktion zusammengefaßt.

OSI CCR-Dienstelement der Phase I	
Bezeichnung	**Zweck**
C-BEGIN-Request/ Indication	dient als Aufforderung zur Empfangsbereitschaft an den Subordinate
C-PREPARE-Request/ Indication	dient als Aufforderung an den Subordinate, C-READY bzw. C-REFUSE zu senden
C-READY-Request/ Indication	hiermit bestätigt der Subordinate dem Superior seine Bereitschaft zum C-COMMIT
C-REFUSE-Request/ Indication	hiermin weist der Subordinate die Aufforderung zum C-COMMIT zurück

Abbildung 161: CCR (Commitment, Concurrency and Recovery) Dienstelemente der Phase I

Die Sicherstellung der geforderten Eigenschaften bei Transaktionen erfolgt durch Verwendung geeigneter Protokolle, z.B. dem 2-Phasen-Sperrprotokoll (Two-Phase-Locking, 2PL). Das Sperrprotokoll beschreibt die Reihenfolge der Sperraktionen, d.h. der Sperranfragen und -freigaben. Die Abb. 161, 162 und 163 zeigen die Dienstelemente von CCR, mit deren Hilfe dieses Protokoll realisiert wird.
Um die Atomizität zu gewährleisten, sind bei CCR die an einer Transaktion beteiligten Partner nicht mehr gleichberechtigt wie bei RTSE, sondern es gibt verschiedene „Rollen“. Der Initiator der Transaktion ist der „Master“. Er kontrolliert den gesamten Vorgang, vergibt Aufträge an seine Untergebenen, die „Subordinates“, überwacht

OSI CCR-Dienstelement der Phase II	
Bezeichnung	**Zweck**
C-COMMIT-Req./Ind.	hiermit fordert der Superior den Subordinate auf, die durchgeführte Transaktion dauerhaft zu machen
C-DONE-Req./Ind.	hiermit bestätigt der Subordinate, daß die Transaktion korrekt abgeschlossen wurde
C-ROLLBACK-Req./Ind.	hiermit fordert der Superior den Subordinate auf, alle innerhalb der Transaktion durchgeführten Änderungen rückgängig zu machen
C-ROLLBACK-Resp./Conf.	hiermit bestätigt der Subordinate die vollständige Wiederherstellung des Zustandes vor Beginn der Transaktion

Abbildung 162: CCR (Commitment, Concurrency and Recovery) Dienstelemente der Phase II

deren korrekte Ausführung und ordnet im Fehlerfall das Rollback der ganzen Transaktion an. Ein Untergebener (Subordinate) führt die erhaltenen Aufträge aus und meldet Erfolg bzw. Mißerfolg an seinen Vorgesetzten (Superior) weiter. Er kann selbst auch wieder Vorgesetzter sein. Um eine Erfolgsmeldung an seinen Vorgesetzten weitergeben zu können, müssen alle seine Untergebenen ihre Aufgaben erfolgreich beendet haben. Bleibt auch nur eine Erfolgsmeldung eines Untergebenen aus, so darf der Master keine Änderung am Datenbestand vornehmen. Im weiteren sollen nun die beiden Phasen des **Two-Phase-Locking**s beschrieben werden:

Phase I: Die Phase I wird vom Superior durch Absetzen des Dienstelements C-BEGIN-Request eingeleitet. Ist der Superior Master, so wird eine neue atomistische Aktion (Transaktion) eröffnet. Auch ein anderer Vorgesetzter, der nicht Master ist, kann dieses Dienstelement benutzen. Er eröffnet damit einen neuen Ast im atomistischen Baum. Der Zustand zu Beginn der Phase I wird auf einem sicheren Datenträger (z.B Magnetband, Festplatte) gespeichert. Er wird im Fehlerfall nach einem Rollback wieder eingenommen und entspricht damit einem Hauptsynchronisationspunkt auf Ebene der Sitzungsschicht (Eröffnung einer Sitzung). Nach

OSI CCR-Dienstelement in beiden Phasen	
Bezeichnung	**Zweck**
C-RESTART-Req./Ind.	hiermit wird der jeweilige Protokollpartner aufgefordert, auf einen früheren Zustand im Protokollablauf zurückzusetzen
C-RESTART-Resp./Conf.	hiermit bestätigt der Protokollpartner, daß auf den geforderten früheren Protokollzustand zurückgesetzt wurde

Abbildung 163: CCR-Dienstelemente in beiden Phasen

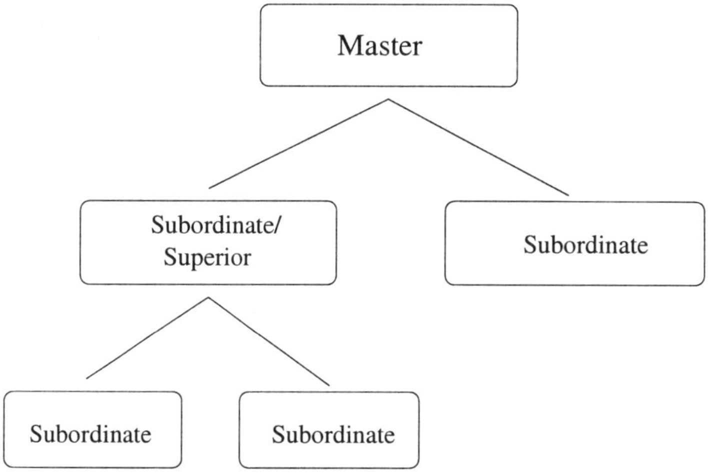

Abbildung 164: Der atomistische Baum

Eintreffen von C-BEGIN-Indication beim Subordinate können nun Daten zwischen Vorgesetztem und Untergebenem ausgetauscht werden.
Ist der Master seinerseits fertig und möchte keine weiteren Äste im Transaktionsbaum eröffnen, so sendet er C-PREPARE-Request. Er signalisiert dabei seinen Untergebenen, daß er bereit ist mit der Phase II zu beginnen. Ist alles fehlerfrei verlaufen, so senden die Subordinates daraufhin C-READY-Request. Ein Subordinate signalisiert damit, daß alle zur Transaktion gehörigen Dateneinheiten ausgetauscht worden

sind und er bereit ist, die Transaktion abzuschließen. Trat ein Fehler auf, so sendet der Subordinate stattdessen C-REFUSE-Request. Dies erzwingt beim Master ein Rollback der ganzen Transaktion.

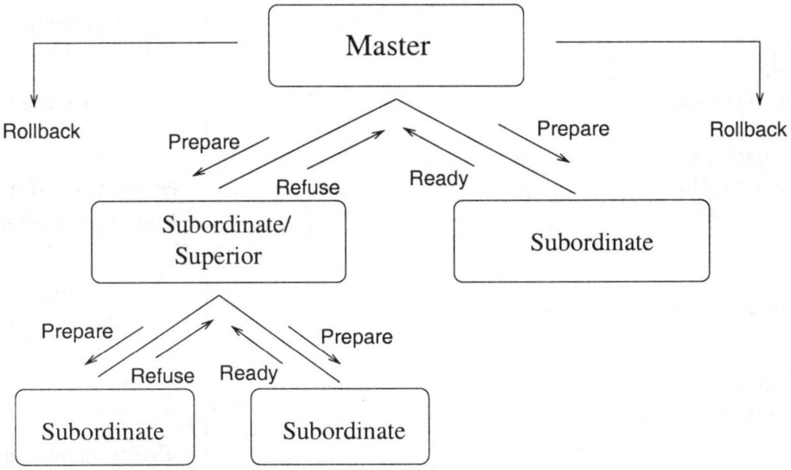

Abbildung 165: CCR-Transaktionsmechanismus

Phase II: Ist kein Rollback erforderlich, so sendet der Superior zu Beginn der Phase II C-COMMIT-Request. Dies ist für den Superior die Aufforderung zum erfolgreichen Beenden der Transaktion. Er muß die Änderungen nun festschreiben und die angeforderten Betriebsmittel wieder freigeben. Wenn der Subordinate dies getan hat, so zeigt er dies seinem Superior mittels C-DONE-Request an. Zu diesem Zeitpunkt wird auf Sitzungsebene ein weiterer Hauptsynchronisationspunkt gesetzt und ein Rollback ist nicht mehr möglich.
Will der Master auf Grund eines Fehlers (Erhalt eines C-REFUSE-Requests) ein Rollback anordnen, so tut er dies mit C-ROLLBACK-Request. Jeder Subordinate, der dies erhält, muß den ursprünglichen Zustand wiederherstellen, d.h. wenn er Untergebene hat, muß er diese Refuse-Anforderung an seine Subordinates weiterleiten. Mit einem C-ROLLBACK-Response bestätigt er schließlich, daß der Anfangszustand wieder eingenommen wurde und alle Betriebsmittel wieder freigegeben sind. Bisher wurde nur der Fall einer Transaktion zwischen zwei Partnern betrachtet. Es ist jedoch auch möglich, daß zwischen einem Superior und seinem Subordinate zwei parallele Transaktionen existieren. Hier ist es nun erforderlich, die Datenpakete eindeutig den Transaktionen zuordnen zu können. Hierfür wird die Kennung aus der Anwendungsschicht verwendet, der noch ein Suffix (Atomic Action Identifier) angehängt wird. Dieser ist beiden Partnern bekannt und während der Transaktion eindeutig. Erst nach Transaktionsende darf er erneut vergeben werden.
Ein weiteres Dienstelement (C-RESTART) steht zur Verfügung, um in einem

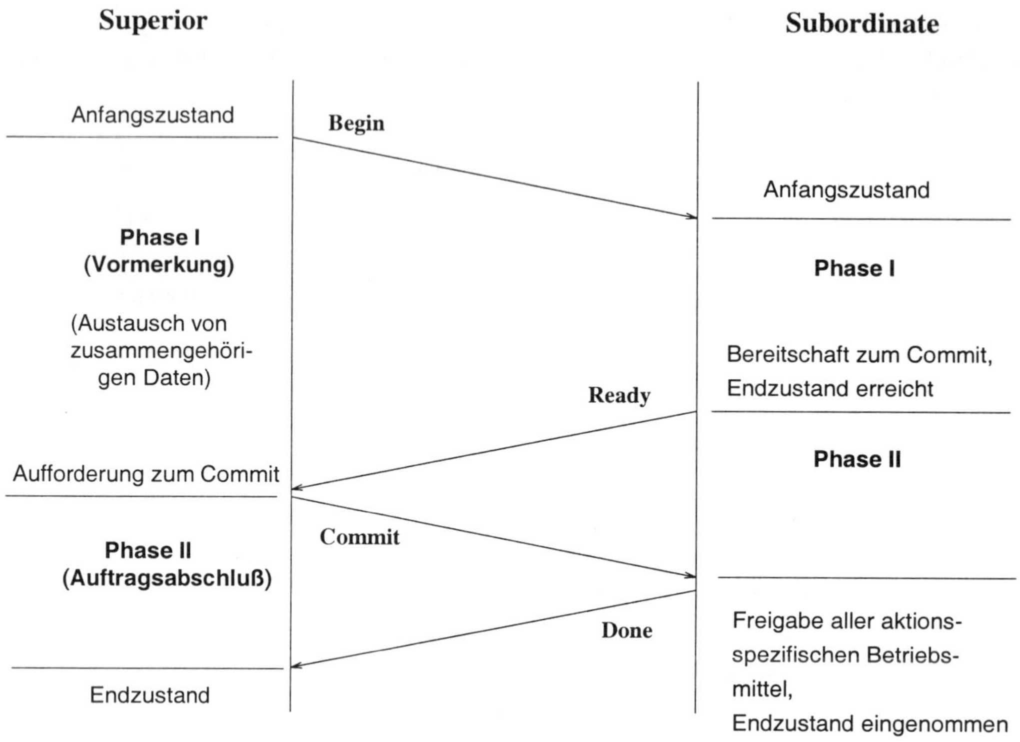

Abbildung 166: 2-Phasen-Commitment

Fehlerfall, der nicht durch ein Rollback beseitigt werden kann (z.B. vollständiger Systemzusammenbruch), trotzdem einen konsistenten Zustand zu erhalten. Es dient im wesentlichen dazu, beide Partner auf den gleichen Stand im Protokollablauf zu bringen. Dafür muß bei Wiederanlauf des Systems zunächst geklärt werden, wer Master war und in welcher Phase sich die Transaktion zuletzt befand. War sie in Phase I, so kann einfach auf den Zustand, der bei Transaktionsbeginn abgespeichert wurde, zurückgegangen werden. War sie bereits in Phase II, so wird vom Superior mittels eines speziellen Parameters des Dienstelementes C-RESTART-Request ein Rücksetzen auf einen früheren Protokollzustand initiiert. Der Subordinate bestätigt dies mittels C-RESTART-Confirm.

10.4 ROSE - Remote Operations Service Element

ROSE stellt Trägerdienste für Operationskommandos von SASEs zur Verfügung. Seine Aufgabe ist dabei, Sprachmittel für eine Kommunikation zu entfernten Anwendungen zu bieten. ROSE nutzt dabei, wenn im Applikationskontext definiert, die

Service-Primitiven von RTSE. Ansonsten setzt es direkt auf ACSE auf. Es ist also sowohl eine gesicherte Datenübertragung mittels RTSE möglich, als auch eine ungesicherte. Im zweiten Fall wird die Verbindung mit dem ACSE-Dienst A-ASSOCIATE aufgebaut und die Daten werden direkt mit den Diensten der Darstellungsschicht übertragen. Abb. 167 zeigt diese Alternativen graphisch.
Man unterscheidet bei jeder Operation den Initiator (Invoker) und den Ausführenden (Performer). Der Invoker setzt eine Aktion in Gang, wobei diese Aktion wieder Folgeoperationen haben kann. Dabei wird dann der Performer der ersten Operation zum Invoker der zweiten.

In der ISO-Norm 9072/1 sind folgende Operationsklassen definiert:

- **Klasse 1:** synchron, mit Bestätigung für Erfolg und Mißerfolg.
- **Klasse 2:** asynchron, mit Bestätigung für Erfolg und Mißerfolg.
- **Klasse 3:** asynchron, Bestätigungen werden nur für ein Scheitern der Operation vergeben.
- **Klasse 4:** asynchron, Bestätigungen werden nur für eine erfolgreiche Operation vergeben.
- **Klasse 5:** asynchron, ohne Bestätigung.

Synchron bedeutet hier, daß eine weitere Operation von ROSE erst gestartet werden kann, wenn die vorhergehende erfolgreich abgeschlossen wurde. Asynchron heißt, daß weitere Aktionen jederzeit begonnen werden können, gleichgültig ob die vorhergehende schon beendet wurde oder nicht. Der synchrone Modus empfiehlt sich für Dialogapplikationen, der asynchrone für Filetransfer und Batchverarbeitung. Es wird von ISO jedoch empfohlen, nur Klasse 1 und 2 zu verwenden, da es bei den anderen Klassen zu Schwierigkeiten kommen kann (Mehrfachausführung einer Operation oder gar keine Ausführung). ROSE hat folgende Service-Primitiven:

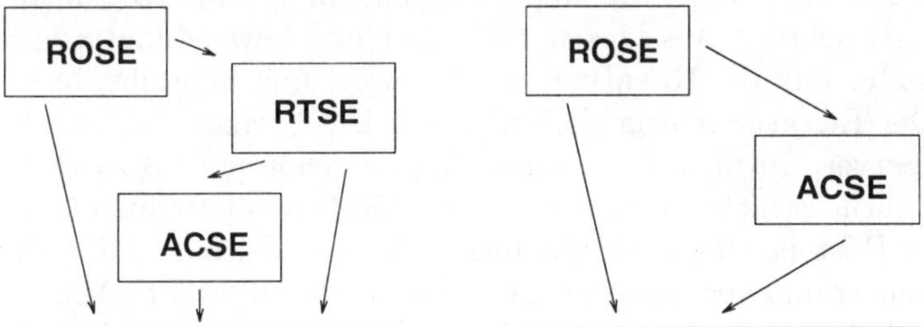

Abbildung 167: ROSE im Applikationskontext

RO-INVOKE dient zum Transport der PDUs. Parameter geben die ROSE-Benutzerid, die Operationsklasse, das Benutzerargument (PDU) und weitere Eigenschaften an.

RO-RESULT liefert das Ergebnis der Operation.

RO-ERROR signalisiert das Scheitern der Operation. Mit dieser Primitive werden auch Returncode und weitere Fehlerinformation bereitgestellt.

RO-REJECT-U besagt, daß der Partner des ROSE-Benutzers die gewünschte Operation nicht erfolgreich interpretieren kann.

RO-REJECT-P besagt, ROSE selbst hat einen Fehler entdeckt, d.h. die Nachricht konnte nicht gesendet werden, weil die Verbindung abnormal beendet wurde oder die Nachricht enthält einen syntaktischen Fehler.

10.5 Domain Name System: DNS

Programme greifen selten auf Hosts oder andere Betriebsmittel durch ihre binäre Netzadresse zu, sondern benützen ASCII Zeichenreihen, z.B. chan@informatik.tu-muenchen.de. Das Netz versteht jedoch nur Binäradressen, so daß ein Mechanismus erforderlich ist, der diese ASCII Reihen in Netzadressen konvertiert.
In den Tagen des ARPANET genügte eine einzige Datei um alle Hosts und ihre IP Adressen zu verwalten und zu speichern, die jede Nacht von allen Maschinen abgefragt wurde, um die lokalen Dateien auf den neuesten Stand zu bringen. Angesichts der Ausdehnung des Internet, der großen Zahl von Hosts und den möglichen Adressenkonflikten war dieses Verfahren bald nicht mehr gangbar. Um diese Probleme zu lösen wurde das **Domain Name System** (**DNS**) erfunden.
Das Konzept von DNS ist erstens ein hierarchisches domänenorientiertes Namenssystem und zweitens ein verteiltes Dateisystem zur Realisierung dieses Namenssystem. DNS wird hauptsächlich benutzt um Hostnamen und email-Adressen auf IP-Adressen abzubilden, es kann aber auch für andere Zwecke dienen. DNS ist definiert in RFC 1034 und RFC 1035.
DNS arbeitet dabei wie folgt: Um einem Namen eine IP-Adresse zuzuordnen ruft der Host, der eine Nachricht abschicken will, über ein Anwendungsprogramm eine Bibliotheksprozedur auf, die **Resolver** genannt wird und übergibt ihr den Namen als Parameter. Der Resolver schickt daraufhin ein UDP Paket mit dem Namen an den lokalen DNS Server, der über den Namen die dazugehörige IP Adresse findet, diese an den Resolver zurückschickt, der sie dem rufenden Host übergibt. Mit der IP Adresse kann dann der Host eine TCP Verbindung aufbauen oder ein UDP Paket abschicken.
Der DNS Namensraum vom Internet ist hierarchisch aufgebaut (Abb. 168). Die oberste Schicht enthält hunderte von **Domänen**. Jede Domäne hat Unterdomänen, diese haben weitere Unterdomänen usw. Alle diese Domänen können als Baum dargestellt werden mit Blättern am Ende. Jedes Blatt kann dabei ein einzelner Host oder aber auch eine Firma sein mit tausenden von Hosts.
Die oberste Ebene mit hunderten von Domänen ist zweigeteilt in Domänen mit ge-

nerischen Namen und mit Ländernamen. Generische Namen sind z.B. **com**: comercial, Firmen, **edu**: education, Bildungseinrichtungen, **org**: Non-Profit Organisationen. Ländernamen sind mit einem Symbol für jedes Land abgekürzt, z.B. de für Deutschland, definiert durch ISO 3166.
Jede Domäne ist benannt nach ihrem Pfad nach oben bis zur unbenannten Wurzel des Baumes. Die dabei durchlaufenen Domänen sind mit ihrem Namen jeweils durch einen Punkt voneinander getrennt, also z.B. Chan@informatik.tu-muenchen.de . Wie in diesem Beispiel gezeigt, ist es ohne Bedeutung, ob große oder kleine Buchstaben verwendet werden.
Domänennamen können absolut oder relativ sein. Absolute Domänennamen enden mit einem Punkt, relative ohne Punkt, die noch weiter interpretiert werden müssen. Im obigen Beispiel: Welche Adresse hat "chan" im Bereich "informatik".
Um eine neue Domäne einzurichten, muß eine Genehmigung der nächst höheren Domäne eingeholt werden . Eine neue Domäne kann wieder von sich aus Unterdomänen einrichten usw. Nach diesem Prinzip ist der DNS Namensbaum entstanden. DNS Server sind entweder einer Domäne zugeordnet oder einer Gruppe von geogra-

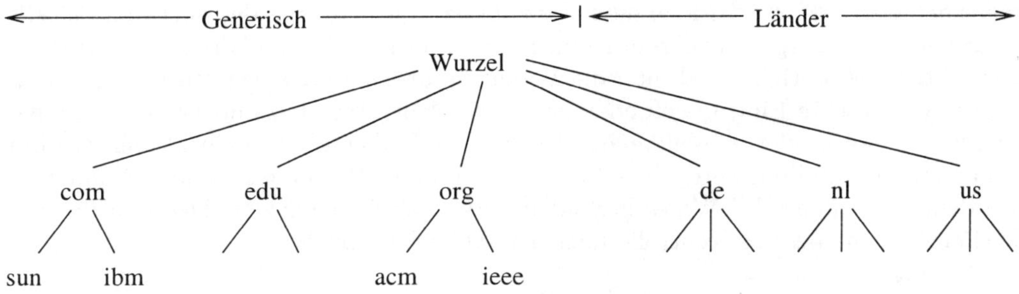

Abbildung 168: Interner Domänen-Namensraum

phisch benachbarten Domänen, z.B. einer Universität.
Jede Domäne, gleichgültig ob es sich um einen einzelnen Host oder eine Domäne der obersten Schicht handelt besitzt einen Satz von **Resource Records**. Für einen einzelnen Host enthält der Resource Record üblicherweises seine IP Adresse. Wenn ein Resolver einen Namen einem DNS Server übergibt, erhält er als Antwort alle Resource Record, die diesem Namen entsprechen.
Ein Resource Record besteht aus einem Fünf-Tupel: Domain_name, Time_to_live, Class, Type, Value.
Domain_name gibt an, zu welcher Domäne ein bestimmter Resource Record gehört.
Time_to_live zeigt an, wie stabil der Record ist: Stabile Records können z.B. mit 86 400 - der Zahl der Sekunden des Tages - ausgezeichnet sein, instabile mit 60 - eine Minute.
Class (Klasse), das dritte Feld, enthält IN, wenn es sich um Information vom Interner handelt. Informationen von außerhalb des Internets tragen einen anderen Code.

Type (Typ), gibt an um welche von vielen möglichen Arten des Records es sich handelt. Als Beispiel zwei wichtige Arten: "A" bedeutet: IP Adresse eines Hosts, "MX" bedeutet: Name der Domäne, die bereit ist e-mail für die spezifische Domäne entgegenzunehmen.
Value (Wert), ist ein Zusatzfeld für eine Zahl, einen Domänennamen oder eine Reihe von ASCII Zeichen.
Zwei Arten von Records stehen in der Liste der DNS Server: **Authoritative Records**, die aus der Domäne des Servers selbst stammen und **Cached Records**, Records von entfernten Domänen, die für kürzere oder längere Zeit gespeichert werden, solange eben der Verkehr mit der entfernten Domäne noch aktiv ist.
Im Fall, daß die durch den Namen der Nachricht angegebene Domäne außerhalb des eigenen Bereichs liegt, gibt es zwei Verfahren:
Bei der ersten, **Recoursive Query** genannt, ist der Ablauf wie folgt: Der dem Absender zugeordnete Name Server findet keinen Eintrag in seiner Tabelle und schickt daraufhin die Anfrage an den Name Server der darüberliegenden Domäne. Ist diese Anfrage wieder erfolglos, kommt der nächst höhere Name Server ins Spiel und so fort bis der Name Server der höchsten Domänschicht erreicht ist. Falls die Anfrage immer noch erfolglos ist, wird sie dem Name Server der Domäne der höchsten Schicht übergeben, der entsprechend dem Namen der entfernten Domäne die oberste Instanz darstellt. Es wiederholen sich nun die Vorgänge, diesmal aber von oben nach unten, bis der gewünschte Eintrag gefunden ist. Da jetzt der Weg bekannt ist, kann die gesuchte Adresse an den Absender in umgekehrter Reihenfolge geschickt werden. Bei dem zweiten Verfahren werden die Namen der auf dem Suchweg liegenden Name Server dem am Anfang des Weges liegenden Server jeweils gemeldet. Dadurch hat der Suchprozeß eine bessere Kontrolle über den Ablauf der Suche.

10.6 Elektronische Post

Elektronische Post, Electronic Mail oder **email**, gibt es bereits seit zwei Jahrzehnten. Die ersten E-Mail Systeme bestanden nur aus Datei-Transfer, file transfer, Protokollen mit der Konvention, daß die erste Zeile jeder Nachricht die Adresse des Empfangers enthielt. Diese einfache Form genügte schon bald den Anwendern nicht mehr, sie forderten:

- Verteilung einer Nachricht an eine Gruppe von Empfängern
- Strukturierung der E-Mail Nachrichten, um z.B. eine Nachricht, die in einer zweiten Nachricht eingepackt ist, wieder herauszulösen
- Bestätigung für den Absender, daß die Nachricht angekommen ist
- Weiterleitung der Nachricht im Fall der Abwesenheit des Empfängers
- Verschickung von Nachrichten, die eine Mischung von Text, Zeichnungen, Faksimile (Fax) und Sprache enthalten.

Diese Forderungen führten zur Entwicklung eines E-Mail System von ARPANET, veröffentlicht 1982 als RFC 821: Transmission Protocol und RFC 822: Message Format. Dieses System ist seither als de facto Internet Standard anerkannt. In den folgenden Jahren entstand auf der Basis von der CCITT Empfehlung X.400 das E-Mail System von OSI mit dem Namen MOTIS: Message Oriented Text Interchange System mit einem reichen Funktionsangebot.
Ähnlich wie bei den Auseinandersetzungen zwischen den Referenzmodellen OSI und TCP/IP konnten sich E-Mail Systeme auf der Basis von X.400 gegenüber dem auf der Basis von RFC 822 nicht durchsetzen, obwohl X.400 weltweit unterstützt wurde von allen Postverwaltungen, vielen Regierungen und teilweise auch von der Computerindustrie. Der Grund dafür ist, daß X.400 so schlecht entworfen und so komplex ist, daß es niemand gut implementieren konnte. So wählten die Anwender lieber ein einfaches aber arbeitsfähiges System als ein funktionsreiches System mit schlechter Qualität. Es sollen deshalb im folgenden nur die E-Mail Protokolle RFC 821 und RFC 822 betrachtet werden, wie sie im Internet Anwendung finden.
E-Mail Systeme bestehen gewöhnlich aus zwei Subsystemen: Aus **User Agents**, Benutzeragenten, die dem Benutzer erlauben E-Mail zu verfassen, zu senden und zu lesen und aus **Message Transfer Agents**, Agenten zur Nachrichtenübertragung, die Nachrichten vom Sender zum Empfänger befördern. Die Benutzeragenten sind lokale Programme, die kommandogesteuert, menügesteuert oder mit graphischen Methoden Komposition, Senden und Lesen unterstützen. Die Übertragungsagenten sind meistens Systemdämonen, die im Hintergrund laufen und die Post durch das System befördern.

E-Mail Systeme unterstützen fünf Grundfunktionen:

- **Composition**, Aufsetzen von Nachrichten und Antworten. Beliebige Texteditoren können benutzt werden, um den Kern der Nachricht zu gestalten. Das System leistet dabei Unterstützung durch Zusatzfelder, Einsetzen von Adressen usw.
- **Transfer**, Übertragung der Nachricht von Sender zum Empfänger. Im einzelnen: Aufbau einer Verbindung zum Empfänger, unter Umständen über Zwischenstationen, Übertragung der Nachricht und schließlich Abbau der Verbindung.
- **Reporting**, Information an den Absender: Ob die Nachricht beim Empfänger ankam, zurückgewiesen wurde oder gar verloren ging.
- **Displaying**, Anzeige der Nachricht für den Empfänger, manchmal verbunden mit Konvertierungsaufgaben, z.B. wenn die Nachricht als PostScript-Datei oder als digitale Sprache ankommt.
- **Disposition**, als letzter Schritt, um die empfangenen Nachrichten vor oder nach dem Lesen zu löschen, sie nochmal zu lesen, in Ordnern abzulegen usw.

Weitere Funktionen sind:
Nachsenden im Fall einer Adressenänderung; Speichern von Post in Briefkästen: **Mailboxes**; Postverteilung über Listen: **Mailing Lists**; Einschreibbriefe; verschlüsselte Briefe; Weiterleiten der Post bei Abwesenheit des Empfängers.
Moderne E-Mail Systeme unterscheiden wie die Briefpost zwischen Umschlag, **Envelope** und Inhalt. Der Umschlag trägt die Transportinformation, wie Adressen, Priorität, Sicherheitsstufe. Der Inhalt besteht wiederum aus zwei Teilen: Nachrichtenkopf: **Header** und Nutznachricht: **Body**. Der Header trägt Kontrollinformation für den Benutzeragenten, die Nutznachricht ist ausschließlich für den Benutzer selbst bestimmt.
Viele Benutzeragenten erwarten DNS Adressen von der Form: Mailbox@location. Postverteilung an viele Adressaten kann entweder der Agent des Absenders oder der des Empfängers besorgen.
Wenn ein Benutzeragent gestartet wird, holt er die Nachrichten aus der E-Mailbox und bringt sie auf dem Bildschirm zur Anzeige mit je einer Zeile pro Nachricht. Eine große Zahl von Befehlen stehen dann dem Anwender zur Verfügung, um diese Nachrichten einzeln oder in Gruppen weiterzuverarbeiten.
Multipurpose Internet Mail Extensions, **MIME**, standardisiert in RFC 1521, ist eine funktionelle Erweiterung von RFC 822, um Nachrichten in anderen Sprachen als englisch sowie Audio und Video senden und empfangen zu können. Zu den "anderen Sprachen" gehören solche mit Akzenten, z.B. französisch, solche ohne lateinisches Alphabet, z.B. griechisch und solche ohne Alphabet, z.B. chinesisch.
Die Grundidee von MIME ist das Format von RFC zu belassen, aber die Nutznachricht, Body, zu strukturieren und Codierungsregeln für nicht-ASCII Nachrichten zu definieren. Damit können MIME Nachrichten mit den bestehenden RFC 822 Mailprogrammen und Protokollen verschickt werden. Nur die Sende- und Empfangsprogramme müssen geändert werden, was aber die Anwender selbst besorgen können.

MIME definiert fünf neue Header:

- **"MIME-Version"** teilt dem Anwenderagenten mit, daß es sich um eine MIME-Nachricht in einer bestimmten Version handelt. Ohne Eintrag nimmt man an, daß der Header eine englische Textnachricht darstellt, die als solche behandelt wird.

- **"Content-Description"** ist eine Kurzbeschreibung des Nachrichteninhalts in Textform.

- **"Content-Id"** ist die Identifizierungnummer der Nachricht.

- **"Content-Transfer-Encoding"** gibt an, wie die Nutznachricht zum Transport durch das Netz verpackt ist: Als 7-Bit ASCII Zeichen, als 8-Bit Zeichen, als binär codierte Nachricht durch **base64 encoding**, manchmal auch **ASCII armor** genannt, oder als **quoted-printable** encoding.
  Im base64 encoding Verfahren werden Gruppen von 64 Bits aufgebrochen in

vier Blöcke mit je 6 Bits und jeder Block als ASCII Zeichen verschickt. Das quoted-printable Verfahren wird benutzt für Nachrichten, die neben ASCII Zeichen einige weinige nicht-ASCII Zeichen enthalten: Nicht-ASCII Zeichen werden durch ein Gleichheitszeichen und anschließenden Zeichenwert als zwei Hexadezimalzahlen codiert.

- **"Context-Type"** spezifiziert die Nutznachricht, wie in Abb. 169 gezeigt. Einige Erklärungen dazu:
  "text/richtext" erlaubt durch die Sprache: **Standard Gereralized Markup Language**, **SDML**, die Form des Textes zu gestalten durch Hervorhebungen wie kursiv, fett, Schriftgröße usw. SGLM ist auch die Basis für die Sprache: **HyperText Markup Language**, **HTML**, des World Wide Web, WWW. Der Begriff "markup" stammt noch aus der Zeit, als die Setzer in Druckereien die Vorlagen durch "markieren" strukturierten.
  "video" beinhaltet nur die Übertragung von Bildern ohne Ton. Die Übertragung von Tonfilm erfordert die getrennte Sendung von Bild und Ton.
  "message/external body" wird benutzt zur Übertragung von sehr langen Nachrichten, z.B. Videofilmen. Dazu dient eine FTP Adresse, die angibt wo die entsprechende Datei zu finden ist.
  "multipart/alternative" erlaubt die Nachricht in verschiedenen Formen zu übertragen als einzelne Teilstücke. Jedes Teilstück trägt dabei der gleichen Inhalt, der aber verschieden codiert ist, z.B. in ASCII oder PostScript, in verschiedenen Sprachen oder als Text mit Ton, Gesang dargestellt ist.

E-Mail wird im Internet übertragen, indem die Maschine des Senders eine TCP Verbindung mit Port 25 der Maschine des Empfängers herstellt. Dort überwacht ein E-Mail Dämon diesen Port, der mit dem **Simple Mail Transfer Protokoll**, **SMTP**, ausgerüstet ist. Dieser Dämon empfängt die Nachrichten und kopiert sie in die entsprechenden E-Mail Boxen. Falls eine Nachricht nicht empfangen werden kann, schickt der Dämon eine Fehlermeldung mit dem Vorspann dieser Nachricht an den Sender zurück.
SMTP ist ein einfaches ASCII Protokoll: Nach dem Aufsetzen der Verbindung mit Port 25 beim Empfänger wartet die Maschine des Senders als Klient, daß die Maschine des Empfängers als Server zuerst spricht. Dieser Server meldet seine Identität und Empfangsbereitschaft an die Maschine des Senders. Falls keine Empfangsbereitschaft besteht, wird die Verbindung gelöst und später ein weiterer Übertragungsversuch gestartet. Falls Empfangsbereitschaft gemeldet wird, gibt der Klient - die Maschine des Senders - bekannt, woher die Nachricht kommt und zu wem sie geht. Falls am Empfangsort der Empfänger existiert, gibt der Server - die Maschine des Empfängers - die Freigabe zur Übertragung der Nachricht. Der Klient sendet dann die Nachricht, deren Empfang zuletzt vom Server bestätigt wird. Falls noch weitere Nachrichten vorliegen, werden auch diese übertragen. Am Schluß wird die Verbindung wieder aufgehoben.
Bisher wurde angenommen, daß alle Anwender mit Maschinen arbeiten, die fähig sind selbständig E-Mail zu senden und zu empfangen. In vielen Fällen trifft dies jedoch

Typ	Subtyp	Beschreibung
Text	Plain	Unformatierter Text
	Richtext	Text mit einfachen Anweisungen zur Formatierung
Image	GIF	Standbild in GIF-Format
	JPEG	Standbild in JPEG-Format
Audio	Basic	Ton
Video	MPEG	Film in MPEG-Format
Application	Octet-stream	Byte Sequenz
	Postscipt	Dokument in Postscript
Message	RFC 822	MIME RFC 8222 Nachricht
	Partial	Nachricht wurde für die Übertragung aufgeteilt
	External-body	Nachricht muss über das Netz geholt werden
Multipart	Mixed	Unabhängige Teile in spezifizierter Reihenfolge
	Alternative	Gleiche Nachricht in verschiedenen Formaten
	Parallel	Teile müssen gleichzeitig betrachtet werden
	Digest	Jeder Teil ist eine vollständige RFC 822 Nachricht

Abbildung 169: MIME Nachrichtentypen: Content-Type

nicht zu. Zum Beispiel sind in vielen Firmen oder auch an Universitäten die Anwender mit ihrem PC mit einem E-Mail Server verbunden, der die Aufgabe hat E-Mail zu senden und zu empfangen. Um Nachrichten senden und empfangen zu können, braucht man ein Austauschprotokoll zwischen PC und E-Mail Server. Eine Reihe solcher Protokolle regeln den Verkehr zwischen einem PC, mehreren PCs oder mobilen Geräten und dem E-Mail Server.
Ein einfaches Protokoll ist das **Post Office Protocol**, **POP3**, definiert in RFC 1225. POP3 holt E-Mail aus einer entfernten Mailbox und lädt sie in die Maschine des Anwenders. Die Befehle für den Anwender sind: log in, log out, Nachrichten holen und löschen. POP besteht aus ASCII Text und ähnelt SMTP.
Ein anspruchvolleres Protokoll ist das **Interactive Mail Access Protocol**, **IMAP**, definiert in RFC 1064. IMAP dient Anwendern, die mehrere Computer benutzen, z.B: einen Arbeitsplatzrechner im Büro, einen PC Zuhause und einen Laptop für unterwegs, und dort Post empfangen möchten. Das Konzept von IMAP ist im E-Mail Server eine zentrale Datei anzulegen, die von jeder Maschine auch über Attribute abgefragt werden kann.
Ein drittes Protokoll ist das **Distributed Mail System Protocol**, **DMSP**, Teil des

PCMAIL Systems und definiert in RFC 1056. DMSP erlaubt dem Anwender E-Mail von dem Server zu empfangen in einem PC, einem Arbeitsplatzrechner oder einem Laptop und dann die Verbindung zu trennen. Hier ist also nicht die ganze E-Mail auf dem Server, wie in POP3 und IMAP. Wird die Verbindung mit dem Server später wieder aufgenommen, synchronisieren sich Server und Maschine des Anwenders mit anschließender Übertragung anstehender E-Mail Nachrichten.

Als letztes sollen **Filter** erwähnt werden, um erwünschte Post von unerwünschter zu trennen. Diese Filter werden aktiv, wenn Post eingeht oder der Benutzeragent gestartet wird.

Zwei Protokolle werden heute viel benutzt zur Verschlüsselung und Authentifizierung von E-Mail Nachrichten: **Pretty Good Privacy**, **PGP**, und **Privacy Enhanced Mail**, **PEM**.

PGP, im wesentlichen von einer Person entwickelt, bietet Verschlüsselung, Authentifizierung, digitale Unterschrift, Schlüsselverwaltung und Textkompression in einem benutzerfreundlichen kostenfreien Paket, verfügbar für MS-DOS/Windows, UNIX und Macintosh Systeme. Die Verschlüsselung beruht auf **RSA**, **IDEA** und **MD5** Algorithmen, die Kompression auf dem Algorithmus von Ziv-Lempel. Die Schlüsselverwaltung obliegt den einzelnen Anwendergruppen. PGP hat das Aussehen eines typischen Internet Protokolls, ist aber nicht von Internet genormt [ZIMM 95].

PEM, entworfen durch das Internet Standard Committee, ist definiert in vier Dokumenten, RFC 1421 bis RFC 1424. PEM, das auf RFC 822 beruht, bietet im wesentlichen die gleichen Funktionen wie PGP. Unterschiede sind aber: PEM leistet keine Kompression. Die Schlüsselverwaltung regelt und kontrolliert eine dreistufige Organisation: Certification Authorities, z.B. Firmen in der untersten Stufe, **Policy Certification Authorities**, **PCAs**, in der mittleren Stufe zur Überwachung der untersten Stufe, und **Internet Policy Registration Authorities**, **IRPA**, in der obersten Stufe zur Zertifizierung der mittleren Stufe. PEM hat das Aussehen eines OSI Standards, z.B. mit OSI X.400 zur Namensdefinition. Implementierungen von PEM kamen später als die von PGP, mit schlechter Qualität und für eine kleinere Zahl von Systemen verfügbar.

In gewisser Weise ähnelt die Entwicklung von PGP und PEM der Auseinandersetzung zwischen TCP/IP und OSI.

Literatur: [PERR 92], [SCHN 91].

10.7 Usenet News

Net news, auch **USENET** genannt ist ein weltweites Forum für Personen, die über ein bestimmtes Thema Neuigkeiten und Meinungen austauschen wollen. Personen, die an einem Thema interessiert sind, treffen sich in Gruppen, in **newsgroups**, von denen es heute schon mehr als 10.000 gibt. Für die Themen selbst bestehen keine Begrenzungen, sie sind hierarchisch geordnet, ähnlich wie die Namen im DNS-System. Abb. 170 zeigt die oberste Schicht der offiziellen Hierarchie. Personen, die an einem bestimmten Thema interessiert sind, melden sich bei der entsprechenden Newsgroup

Name	Themengruppe
Comp	Computer, Informatik, Computer Industrie
Sci	Physik und Ingenieurwesen
Humanities	Literatur und Geisteswissenschaften
News	Diskussion um das USENET selbst
Rec	Freizeitaktivitäten
Misc	Sonstiges
Soc	Geselligkeit, soziale Fragen
Talk	Polemik, Debatten, Argumente
Alt	Alternativer Zweig, der praktisch alles umfasst

Abbildung 170: USENET: Oberste Schicht der Themenhierarchie

als Teilnehmer an. Die Teilnehmer verwenden einen speziellen Anwendungsagenten, um "news", neue Nachrichten zu lesen oder selbst für die Newsgroup zur Anzeige zu bringen. Jede Nachricht wird automatisch an alle Teilnehmer der Gruppe verschickt, gleichgültig an welchem Teil der Welt sie sich befinden, wobei die Transportzeit wenige Sekunden bis zu einigen Stunden betragen kann.
Die Informationsflut im USENET ist beträchtlich, sie übersteigt heute schon 500 MByte pro Tag an neuen Nachrichten. Um den damit verbundenen Problemen zu begegnen, sind eine Reihe von Maßnahmen getroffen worden. Anwender können in ihren Agenten die Funktion **killfile** installieren, die ähnlich wie ein Filter unerwünschte Nachrichten abwehrt. Eine ähnliche Funktion hält Nachrichten über eine Endlosdiskussion des gleichen Gegenstandes fern. Eine weitere Möglichkeit ist eine Gruppe mit einem Moderator zu versehen, also eine **moderated group** zu schaffen, bei der jede neue Nachricht der Gruppe zuerst an den Moderator geschickt wird, der dann entscheidet ob diese Nachricht angenommen oder verworfen wird. Beschränkungen der Verteilung auf geographische Gebiete und Schaffung eines Zulassungskomittees für neue Gruppen sind weitere Regularien.
News Nachrichten haben das selbe Format wie RFC 822 e-mail Nachrichten mit zusätzlichen Headerinformationen, die in RFC 1036 definiert sind. Damit sind sie leicht zu transportieren, größtenteils verträglich mit existierender e-mail Software. Kleine News-Gruppen sind einfach implementiert durch Verteilerlisten. Üblicherweise unterhalten aber Universitäten, Firmen, Dienstanbieter - eine Newsdatei mit Verzeichnissen und Unterverzeichnissen, aus der Teilnehmer Nachrichten je nach Bedarf abholen. Damit benötigt jede Lokation nur eine Kopie einer Nachricht, unabhängig davon wieviele Teilnehmer die entsprechende Gruppe hat. Die Nachrichten tragen Zeitstempel und werden nach einer gewissen Zeit wieder gelöscht.

Jede Lokation ist über eine oder mehrere Verbindungseinrichtungen: **Newsfeed** mit einer oder mehreren anderen Lokationen verbunden. Diese Verbindungen können dabei über Internet oder auch über andere Netze laufen. News-Nachrichten werden zwischen den Lokationen entweder durch periodische Abfrage (polling) ausgetauscht, oder durch Versenden der neuen Nachrichten von einer Lokation an die benachbarte, wenn sich eine genügende Zahl angesammelt hat. Damit ist sichergestellt, daß Nachrichten durch das gesamte USENET gelangen können. Gedanklich stellt also das USENET einen gerichteten Graphen dar, mit den Lokationen als Knoten und den Verbindungsleitungen als Vektoren.
Das **Network News Transfer Protocol**, **NNTP**, definiert in RFC 977, regelt den Nachrichtenverkehr zwischen dem Anwender, dem Klienten und dem entsprechenden USENET Server. NNTP hat Ähnlichkeiten mit SMTP: Der Klient sendet Befehle, der Server antworten, beides in ASCII kodiert. Abb. 171 zeigt einige wesentliche NNTP Befehle.

Befehl	Bedeutung
LIST	Anforderung: Liste aller Newsgroups und allerNachrichten
NEWGROUPS date time	Anforderung: Liste aller Newsgroups entstanden nach: Datum, Uhrzeit
GROUP grp	Anforderung: Liste aller Nachrichten in grp
NEWNEWS grps date time	Anforderung: Liste aller neuen Nachrichten in spezifizierten Gruppen mit Datum und Uhrzeit
ARTICLE id	Anforderung: Spezifische Nachricht
POST	Ich habe eine Nachricht für Sie
IHAVE id	Ich habe Nachricht id, soll ich sie Ihnen schicken ?
QUIT	Sitzung beenden

Abbildung 171: Einige wichtige NNTP Befehle

10.8 Das World Wide Web: WWW

Das bedeutendste Anwendungssystem von Internet ist das World Wide Web. Es gestattet weltweit Dokumente mit beliebigen Themen, die Text, Graphik, Standbild, Bewegtbild und Ton auch in gemischter Form enthalten, zu erzeugen, zu speichern,

gezielt zu suchen und auch interaktiv zu bearbeiten. Die Zahl der Nutzer des Internet, die stetig ansteigt, wird heute (2001) auf etwa 500 Millionen geschätzt.
WWW begann 1989 bei CERN, dem europäischen Kernforschungszentrum in Genf, wo eine internationale Gruppe von Wissenschaftlern komplexe Experimente planten, durchführten und auswerteten. Dabei trat die Forderung auf, auch umfangreiche Dokumente mit Text, Zeichnungen und Photos diesen Fachleuten schnell und gezielt zugänglich zu machen. Aus ersten Anfangen entstand 1993 das kommerzielle Produkt: MOSAIC. 1994 kamen MIT, das Massachusetts Institut for Technology, USA, und CERN überein, ein WWW Konsortium zu bilden mit der Aufgabe WWW weiter zu entwickeln, Protokolle zu standardisieren und die Zusammenarbeit zwischen verschiedenen WWW Installationen zu fördern. Seitdem haben sich hunderte von Universitäten und Industriefirmen diesem Konsortium angeschlossen. MIT ist für das Konsortium verantwortlich für die WWW Belange der USA, das französische Forschungslaboratorium INRIA für die WWW Belange von Europa.
WWW besteht aus einer riesigen weltweit verstreuten Sammlung von Dokumenten, die **Pages**, Seiten, genannt werden. Jede Seite kann Verbindungen, Zeiger, zu anderen verwandten Seiten enthalten, die irgendwo auf der Welt gespeichert sind. Anwender können diesen Zeigern folgen, z.B. durch Aktivieren mit der Maus, worauf die gewünschte Seite auf dem Bildschirm erscheint, die wiederum Zeiger enthalten können usw. Seiten die auf andere Seiten verweisen, benutzen **Hypertext**.
Seiten werden betrachtet mit Programmen, die **Browser** heißen, z.B. mit MOSAIC oder NETSCAPE. Ein Browser holt die verlangte Seite, interpretiert ihren Text, weiteren Inhalt und Formatierungsbefehle und bringt sie auf dem Bildschirm zur Anzeige. Text, der auf andere Seiten verweist, genannt **Hyperlinks**, ist gekennzeichnet durch Unterstreichen, Darstellung in Farbe oder durch beides. Hypertext Seiten, die mit Audio und Video gemischt sind, heißen **Hypermedia**.
Viele Web Seiten enthalten große Bilder, die zur Übertragung und Darstellung viel Zeit erfordern. Hier gibt es zwei Wege dieses Problem zu entschärfen: Einige Browser zeigen zuerst den Text, der schnell erscheint, und bauen dann das Bild langsam auf. Dieses Verfahren erlaubt auch den Ladevorgang zu unterbrechen, falls der Anwender nach Lesen des Textes an dem Bild nicht mehr interessiert ist. Andere Browser zeigen das Bild zuerst recht schnell in einer groben Auflösung, Details werden dann langsam ergänzt.
Einige Seiten sind interaktiv, der Anwender wird aufgefordert z.B. Formulare für Bestellungen auszufüllen. Andere Web Seiten erlauben Vergrösern - zooming - z.B. bei Landkarten.
Um einen Web-Browser beim Anwender einzurichten, muß dessen Maschine direkt mit dem Internet verbunden werden oder zumindest eine SLIP oder PPP Verbindung zu einem Router oder einer anderen Maschine besitzen, die direkt mit Internet verbunden ist. Damit kann der Anwender eine TCP Verbindung aufbauen zu der Maschine bei der die gesuchte Seite gespeichert ist und dann über diese Verbindung um Zusendung dieser Seite bitten.
Jede Web Lokation hat einen Serverprozess, der über Port 80 abhört, ob Verbindungswünsche von Klienten, gewöhnlich Browsern, ankommen. Nachdem eine Ver-

bindung hergestellt ist, sendet der Klient eine Anfrage und der Server sendet eine Antwort. Anschließend wird die Verbindung wieder gelöst. Das entsprechende Protokoll heißt **Hypertext Transfer Protocol, HTTP**. Die Schritte, um eine Seite zu holen sind im einzelnen:

1. Der Klient aktiviert ein hervorgehobenes Zeichen oder eine hervorgehobene Textzeile in einer Web-Seite, der Browser bestimmt daraufhin die dazugehörige URL Information. **URL, Uniform Resource Locator**, besteht aus drei Teilen: Name des Protokolls, Name der Maschine, in der die gewünschte Seite steht, Name der Datei, die diese Seite enthält.

2. Der Browser bitte DNS um die entsprechende IP Adresse.

3. Die IP Adresse trifft beim Browser ein, der eine TCP Verbindung zum Server Port 80 aufsetzt.

4. Der Browser schickt die Seitenanforderung an den Server, der darauf die gewünschte Seite dem Browser zuschickt.

5. Die TCP Verbindung wird gelöst.

6. Der Browser bringt zuerst den Text und anschließend die Bilder zur Anzeige.

Da nicht alle Server in der Welt mit HTTP ausgerüstet sind, sondern auch mit anderen Protokollen, z.B. FTP oder Gopher, ist es erforderlich in diesen Fällen ein Gateway, einen sogenannten **Proxy Server**, z.B. zwischen dem HTTP Browser und dem FTP oder Gopher Server, einzusetzen. Dieser Proxy Server kann auch als Zwischenspeicher von Web-Seiten, als Filter oder als Firewall dienen.
Das Standard Transfer Protokoll von Web ist das **Hypertext Transfer Protokoll, HTTP**. Jede Interaktion besteht aus einer ASCII Anfrage, worauf eine Antwort in der Form von RFC 822 MIME erfolgt. Für die Transportverbindung ist TCP gebräuchlich, im Standard aber nicht verlangt. HTTP wurde entwickelt im Hinblick auf zukünftige objektorientierte Anwendungen. Deshalb ist das erste Wort einer Anweisung der Name der Methode, method - Befehl - auszuführen auf der Web-Seite - oder einem allgemeinen Objekt. Eine Liste der HTTP Anfragebefehle ist in Abb. 172 angegeben. Alle Befehle müssen in Großbuchstaben geschrieben werden. Die Befehle PUT und DELETE erfordern den Nachweis der Berechtigung zur Ausführung dieses Befehls. Beispiele für POST sind das Senden einer Nachricht an eine news group oder das Zufügen einer Datei an ein Anschlagbrett. Es ist hier klar die Absicht zu erkennen, daß Web die Funktionalität des News Systems: USENET übernehmen will.
Eine Web Seite wird mit Hilfe der Sprache **Hypertext Markup Language, HTML**, aufgesetzt, die Text, Graphik und Zeiger auf andere Seiten enthält.
Die Zeiger, Uniform Resource Locator, URL, mit ihren drei Teilen: Benutztes Protokoll, z.B. HTTP, Seitenname als DNS Name, Dateiname, sind bereits oben erwähnt. Das URL Schema ist nicht beschränkt auf HTTP, sondern umfaßt auch

Befehl	Bedeutung
GET	Web Seite holen
HEAD	Nur den Header einer Web Seite holen
PUT	Web Seite an einen entfernten Server senden
POST	Anfügen, z. B. an eine Web Seite
DELETE	Löschen einer Web Seite
LINK	Verbinden von 2 Web Seiten
UNLINK	Löschen einer Verbindung von 2 Web Seiten

Abbildung 172: Liste von HTTP Anfragebefehlen

andere gebräuchliche Protokolle: "ftp" erlaubt FTP Dateien anzusprechen, "news" gestattet USENET news zu holen und zu lesen, "gopher" ist bestimmt für den Zugang zum Gopher System, einem Vorgänger von Web, "mailto" ist bestimmt zum Versenden von E-Mail von einem Web Browser. Durch diese Funktionen macht URL viele spezielle Benutzerschnittstellen überflüssig, sie sind integriert in ein einziges Programm, den Web Browser.
Ein noch ungelöstes Problem von URL ist, daß eine vielverlangte Seite nur an einem einzigen Ort zu finden ist, der Zugriff auf verteilte Kopien, um das Verkehrsproblem zu mindern, ist noch nicht unterstützt. Die Kommission IETF ist gegenwärtig dabei, diese fehlende Funktion "verteilte Kopien" durch ein neues System: **Universal Resource Identifier, URI**, hinzuzufügen.
HTML ist eine Anwendung von **SGML**, **Standard Generalized Markup Language** von ISO Standard 8879, spezialisiert auf Hypertext und angepaßt an Web. Die Formatisierungsbefehle werden **tags** genannt. Damit lassen sich Web-Seiten auf vielfältige Weise gestalten. Einige dieser tags werden in Abb. 173 gezeigt.
Für die Abstufung der Überschriften dient der (Hn) tag: (H1) ist die wichtigste, (H6) die unbedeutendste Überschrift. Die Darstellung einer formatierten Seite ist von der Ausführung der Parser abhängig, die z.B. (H1) bis (H6) in verschiedenen Schriftgrößen aber auch in verschiedenen Farben zur Anzeige bringen können. Mit dem (IMG) tag können Bilder in eine Web Seite eingefügt werden. Der SRC Parameter gibt über URL oder URI an, wie das Bild geholt werden muß. Der HTML Standard spezifiziert nicht welche graphischen Formate zulässig sind. Praktisch unterstützen alle Browser GIF und viele Browser JPEG Dateien.
Auch Tabellen können entworfen und interaktiv bearbeitet werden durch den tag (INPUT). Die Behandlung von Tabellen ist festgelegt in dem Standard: **Common Gateway Interface, CGI**.
HTML Web-Seiten können keine Bewegtbilder oder Animation darstellen, die unter Umständen auch mit Ton untermalt sind. Diese zusätzlichen Eigenschaften bringt

Tag	Bedeutung
<HTML> ... </HTML>	Web Seite wird in HTML geschrieben
<HEAD> ... </HEAD>	Seitenkopf
<TITLE> ... </TITLE>	Seitentitel
<Hn> ... </Hn>	Überschriftsgrösse n (n von 1 bis 6)
<B> ... </B>	Fette Schrift (Bold)
<I> ... </I>	Kursivschrift (Italic)
<P>	Paragraph
<IMG SRC = "...">	Laden eines Bildes an dieser Stelle

Abbildung 173: Einige Beispiele von HTML tags

die Java Sprache mit ihrem Interpreter.

Java entstand ursprünglich, als SUN Microsystems versuchte eine neue Programmiersprache für informationsorientierte Konsumgüter zu entwickeln. Später war diese Entwicklung auf das World Wide Web gerichtet.
Das Konzept von Java soll im folgenden kurz erläutert werden: Eine interaktive Web Seite zeigt auf ein kleines Java Programm, genannt ein **Applet**, das über den Browser geholt auf die Maschine des Anwenders geladen und dort durch einen Interpreter ausgeführt wird.
Java besteht aus vier Teilen, der Java Sprache selbst, dem Java Compiler, dem Interpreter und dem Java Browser.
Java ist eine objektorientierte Sprache und ähnelt C und C++. Java kann aber auch traditionell als prozedurale Sprache benutzt werden. Java besitz keine undefinierten oder systemabhängigen Eigenschaften. Groß- und Kleinbuchstaben können nach Belieben verwendet werden.
Der Compiler übersetzt das Java Quellprogramm in ein Bytecode Programm.
Der Interpreter führt die einzelnen Bytecode Befehle aus. Für Anwendungen, die sehr hohe Leistung erfordern, haben einige Java Interpreter die Fähigkeit, Bytecode in die Maschinensprache zu compilieren.
Der Java Browser implementiert das Java System: Er enthält bei seiner Inbetriebnahme nur das Betriebssystem und den Java Interpreter. Je nach Bedarf wird dann der Browser mit Applets gefüllt (Abb. 174). Die Applets werden durch den tag (Applet) auf einer Web-Seite angesprochen und durch den Browser aus der entsprechenden Datei importiert in der gleichen Weise wie Bilder unter HTML, wie oben beschrieben. Jedes Applet, bestehend aus Bytecodes, erfüllt eine bestimmte Funktion, z.B. Realisierung von HTML, MPEG, Audio, Video usw.

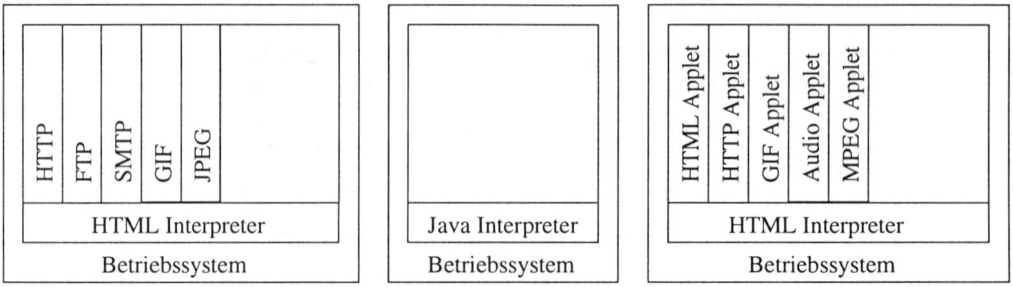

Abbildung 174: Links: Älterer HTML Browser. Die Protokolle sind fest installiert, neue Protokolle lassen sich nicht hinzufügen. Mitte: Java Browser bei Inbetriebnahme. Rechts: Java Browser in Betrieb.

Der Sicherheitsaspekt ist dabei von entscheidender Bedeutung: Unter allen Umständen ist sicherzustellen, daß bei der Ausführung der Applets in der Maschine des Anwenders kein unbeabsichtigter oder gar beabsichtigter Schaden entsteht, z.B. durch fehlerhafte Codierung, durch Viren oder Vandalismus.
Der große Gewinn des Java Systems gegenüber älteren Systemen ist, daß durch das Appletkonzept neue Protokolle und Decoder dynamisch in den Java Browser geladen werden können. Damit vermeidet man auch langwierige nationale und internationale Standardisierugen, wenn sich z.B. eine kleinere oder größere Benutzergruppe spontan auf eine neue Anwendung oder ein neues Protokoll einigt.
Java erlaubt somit außerst flexibel und zukunftsorientiert Animation und Ton für Web-Seiten hinzuzufügen. Eine offene Frage ist allerdings, wie zuverlässig die Sicherungsmechanismen gegen Fehler und Missbrauch sind.

Literatur: [BERN 94], [CAMP 96], [HAND 94], [VAND 96].

10.9 Prüfungsfragen

Was sind die Aufgaben der OSI Schicht 7?
Was ist ROSE?
Nennen Sie einige Protokolle der Anwendungsschicht.
Erklären die die Funktionsweise von FTP.

11 Netzmanagement

11.1 Überblick

In den letzten Jahren hat die Anzahl der vernetzten Rechensysteme stark zugenommen. Dieser Trend wird sich im Rahmen des Down- bzw. Rightsizings, also des Ersetzens von Großrechnern durch Workstations bzw. PCs, weiter fortsetzen.
Ein Rechnernetz bietet eine große Anzahl von Ressourcen an (Benutzerverwaltung, Drucken, verteilte Anwendungen, ...). Mit zunehmender Anzahl wird es immer schwieriger, diese Objekte einzeln zu verwalten. So erwartet der Benutzer eines Rechners, der in ein größeres Netz eingebunden ist, beispielsweise, daß

- er auf Daten auf anderen Rechnern problemlos zugreifen kann,
- ein Druckauftrag an einen von ihm gewüschten Drucker im Gebäude geschickt werden kann (z.B weil er DIN A3 drucken möchte und ein solcher Drucker nur in der Nachbarabteilung verfügbar ist),
- rechenintensive Prozesse auf einem leistungsfähigeren Rechner ausgeführt werden können, während er am eigenen Rechner ohne Leistungsverlust weiterarbeitet,
- er, gleichgültig an welchem Rechner im Netz er sich einloggt, dasselbe Homedirectory vorfindet.

Dies ist nur eine Auswahl möglicher Anforderungen. Seitens der Netzverwalter sind hierfür zahlreiche Tätigkeiten erforderlich. Sie müssen diese Dienste einrichten und auch dafür sorgen, daß sie jederzeit verfügbar sind, also auftretende Fehler beheben. Solange es sich um ein Netz aus wenigen Maschinen handelt, ist dies noch relativ einfach. Bei größeren Netzen mit mehreren 100 Rechnern wird dies jedoch bald zu einer unlösbaren Aufgabe, wenn nicht geeignete Konzepte und Werkzeuge (Tools) zur Verfügung stehen, die ein zentrales und organisiertes Management aller Netzkomponenten und -ressourcen unterstützen.
Folgendes Beispiel soll dies noch einmal verdeutlichen: In ein bestehendes Rechnernetz mit 100 Rechnern soll eine neu gelieferte Maschine integriert werden. Auf das Filesystem des neuen Rechners soll von allen anderen Rechnern aus zugegriffen werden können. Um dies zu erreichen, ist es bei schlechter Organisation nötig, jedem der alten Rechner einzeln mitzuteilen, daß es diesen neuen Rechner gibt, und wie er auf dessen Filesystem zugreifen kann. Was bei einem Netz aus 5 Rechnern noch problemlos möglich ist, wird bei einem Netz von 100 Rechnern zu einer eintönigen und tagesfüllenden Aufgabe. Mit einem zentralen Netzmanagement und den entsprechenden Tools, hier z.B. NIS - Network Information System, kann diese Aufgabe in einer Minute erledigt werden. Die zusätzliche Zeit, die für das Einrichten und Pflegen des Netztools nötig ist, macht sich schon nach kurzem bezahlt.

In letzter Zeit kommt erschwerend dazu, daß die Netze zunehmend heterogener werden. Zum einen kaufen die Betreiber von Netzen Maschinen verschiedener Hersteller, weil die unterschiedlichen Maschinen unterschiedliche Vorzüge anbieten. Ein Anwender benötigt eine Maschine mit besonderen Grafikfähigkeiten, ein anderer besonders "schnelle" Maschinen und dem dritten reicht ein PC, da er nur gelegentlich Textverarbeitungsaufgaben zu erfüllen hat. Es kann auch sein, daß auf Grund des Preis-Leistungs-Vergleichs in einem Jahr Rechner des einen Herstellers favorisiert wurden, im darauf folgenden Jahr aber ein anderer den Preiskampf gewinnt. Zum anderen entstehen zunehmend heterogene Netze durch Zusammenschließen kleinerer Netze auf Grund von Abteilungszusammenschlüssen, firmeninternen Umstrukturierungen oder einer Zentralisierung des Netzmanagements.

Diese heterogenen Netze stellen zusätzliche Anforderungen an das Management. Die Integration unterschiedlichster Hard- und Software zu einem einheitlichen globalen System erfordert leistungsfähige Tools, Konzepte und vor allem ein Fortschreiten der Standardisierung. Was in der Theorie der Normen heute möglich ist, führt im Alltag des Netzadministrators immer noch hier und da zu nicht- bis schwerüberwindlichen Hürden. Denn schon eine kleine Abweichung von der Norm kann beim Zusammenspiel unterschiedlicher Komponenten zu einer schwer behebbaren Inkompatibilität führen.

In den folgenden **Abschnitten 11.2, 11.3, 11.4, 11.5** sollen zunächst die Dimensionen des Netzmanagements weiter untersucht werden. Im **Abschnitt 11.6** werden dann einige typische Probleme des Netz- und Systemmanagements aufgezeigt. Der **Abschnitt 11.7** zeigt eine Aufteilung der Netzmanagement-Architektur in Teilmodelle (Informations-, Organisations-, Kommunikations- und Funktionsmodell). Hier werden auch jeweils die Unterschiede und Eigenheiten der Teilmodelle bei OSI und im Internet betrachtet. Der Abschnitt 11.8 enthält eine vergleichende Übersicht über das OSI- und Internet-Management und beschäftigt sich mit offenen Fragen des Netzmanagements.

Nachdem weiter vorne in diesem Überblick die praktischen Anforderungen beispielhaft dargestellt wurden, soll hier nun eine formale Definition des Netzmanagements folgen:

Ein **verteiltes System** ist ein Rechensystem einschließlich des Anwendungssystems, das aus räumlich getrennten Untersystemen (hier: Rechnern) besteht, die bei der Lösung der gemeinschaftlichen Aufgabe(n) weitgehend unabhängig vorgehen, vom Zustand des Gesamtsystems nur beschränkte Kenntnis haben und verzögerte oder keine Einwirkungsmöglichkeiten auf das andere Untersystem besitzen. Ein verteiltes System ist ein Rechnernetz mit einem gemeinsamen verteilten Betriebssystem. Der wesentliche Unterschied ist die Systemtransparenz des verteilten Systems.

Netzmanagement ist die Summe aller Verfahren und Produkte zur Planung, Konfigurierung, Steuerung, Überwachung, Fehlerbehebung und Verwaltung von Rechnernetzen und verteilten Systemen mit benutzerfreundlicher und wirtschaftlicher Unterstützung der Betreiber und Benutzer bei ihrer Arbeit mit dem Netz und seinen Komponenten.

Von *Netzmanagement* spricht man, wenn das Management der Komponenten eines Rechnernetzes im Vordergrund steht. Von *Systemmanagement* spricht man, wenn das

Management eines verteilten Systems im Vordergrund steht. In diesem Kapitel soll schwerpunktmäßig Netzmanagement behandelt werden. Anmerkung: In der Nomenklatur der Netzanbieter und der ITU (CCITT) wird anstelle von Netzmanagement der Begriff **OAM (Operation, Administration, Management)** verwendet.

11.2 Dimensionen des Netzmanagements

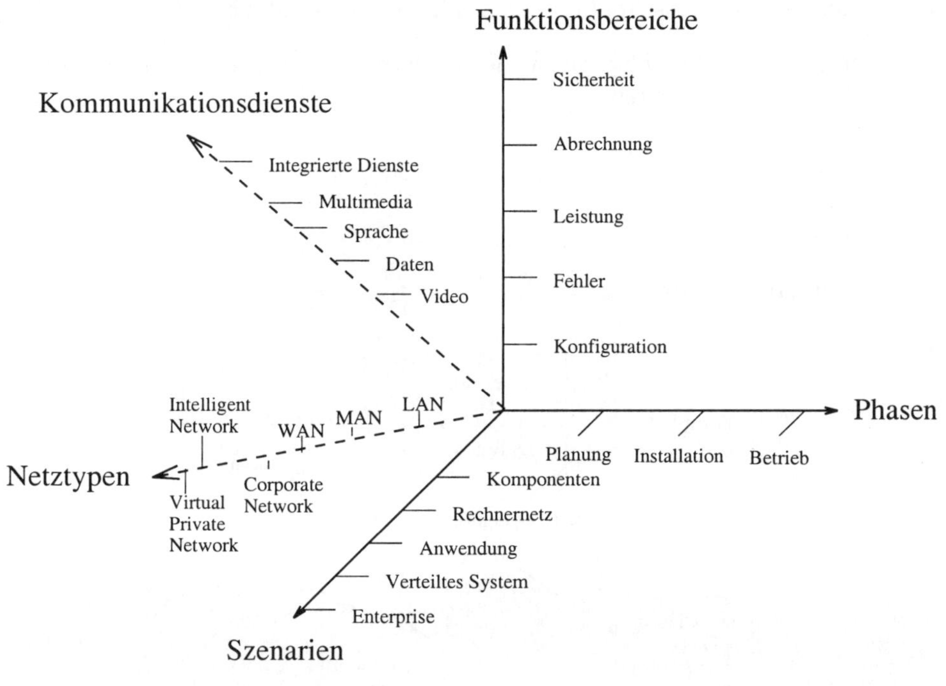

Abbildung 175: Die 5 Dimensionen des Netzmanagements

Abb. 175 zeigt die Dimensionen des Netzmanagements. Die Aufgaben des Netzmanagements können den Funktionsbereichen Konfigurations-, Fehler-, Leistungs-, Abrechnungs- und Sicherheitsmanagement zugeordnet werden. Diese Aufteilung wurde von der ISO im Rahmen ihres Management-Frameworks festgelegt und hat sich allgemein durchgesetzt. Es zeigt sich allerdings, daß diese Aufteilung für gewisse Aspekte des Managements nicht ideal ist. Die Einordnung von Begriffen wie Benutzerverwaltung und Softwaremanagement ist nicht unproblematisch.

11.3 Funktionale Dimension

11.3.1 Konfigurationsmanagement

Das Konfigurationsmanagement (Configuration Management) dient als Basis für die Steuerung des Einsatzes der Funktionseinheiten des Systems, welche die System- bzw. Netz-Funktion wirtschaftlich und sicher erbringen sollen. Es verwaltet die Beschreibung des Netzes mit all seinen Objekten, d.h. den Funktionseinheiten und Komponenten (Hardware).

Typische Teilaufgaben sind:

- (automatisches) Fortschreiben der Konfigurations-Datenbasis
- Änderung der Netzkonfiguration bei Fehlern, Erweiterungen des Netzes, Austausch von Komponenten, ...
- Versionsverwaltung
- Auftragsverfolgung

11.3.2 Fehlermanagement

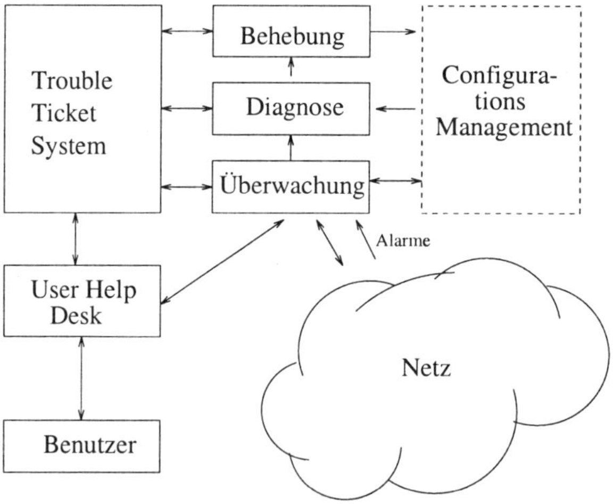

Abbildung 176: Das Fehlermanagement

Das Fehlermanagement (Fault Management) erbringt Überwachungs-, Analyse- und Steuerungsfunktionen, mit denen die Verfügbarkeit (availability) der Netzfunktionen sichergestellt wird. Unter der Verfügbarkeit a(t) versteht man dabei die

Wahrscheinlichkeit, daß eine Funktion zum Zeitpunkt t auf Anforderung korrekt erfüllt wird. Abb. 176 zeigt das Zusammenwirken der einzelnen Komponenten beim Fehlermanagement.
Das Trouble Ticket System ist ein Informationssystem für Fehlermeldungen (Trouble Tickets, TT), die vom Benutzer (möglicherweise rechnerunterstützt), vom User Help Desk oder von den Überwachungs-, Diagnose- und Behebungseinheiten kommen.

Es besteht aus:

- Trouble-Ticket-Datenbasis
- Ein-/Ausgabe-Modul
- Aktionsmodul (z.B. TT-Quittierung an den Sender)
- Aufbereitungsmodul

Das Aufbereitungsmodul ist für die Aufbereitung der erhaltenen Daten zuständig. Es erstellt Statistiken, z.B. nach Fehlerursachen, TT-Bearbeitungszustand (reported, in work, diagnosed, restituted) oder Zeitverläufen.
Nach Eingang der Daten ist eine rechnergestützte Diagnose der Fehlerursache nur mit großen Schwierigkeiten möglich. Dies liegt an der dauernden Änderung der Netzstruktur, an Vielfalt und Asynchronität der Teillasten und an einem unklaren Zustand entfernterer Teilsysteme.

Die typischen Teilaufgaben des Fehlermanagements sind:

- Überwachung, Alarmverarbeitung
- Diagnose
- Erfassung von Fehlern bzw. Verhinderung der Fehlerfortpflanzung
- Fehlerbehebung, Recovery
- Unterstützung des User Help Desk bzw. des Benutzers
- Trouble Ticket System

11.3.3 Leistungsmanagement

Das Leistungsmanagement (Performance Management) übernimmt alle Mess-, Diagnose- und Steuerfunktionen, die dafür sorgen, daß das Netz bei einer akzeptablen Last möglichst viele (die bevorzugten) Transportaufträge im Rahmen der verlangten Dienstgüte abwickelt. Während das Fehlermanagement die stabile Funktion des Netzes sichert, ist das Leistungsmanagement als dessen konsequente Fortsetzung für das "gute" Funktionieren des Netzes verantwortlich. Es ist grundsätzlich einfacher als das Fehlermanagement: Die Überwachung ist einfacher, da hier die Zeitdauer und nicht die Korrektheit der Vorgänge betrachtet wird. Weiterhin lassen sich für die Grunderscheinungen relativ einfach Modelle bilden.

Für das Leistungsmanagement sind erforderlich:

- ein Meß-System
- ein Systemmodell (Konfigurationsmanagement)
- Steuerungsfunktionen (über Routing, Flow Control, ATM: Zulassung von Verbindungen)

Es gibt verschiedene Formen des Leistungsmanagements. Hier sollen das auftragsorientierte und das systemorientierte Leistungsmanagement kurz vorgestellt werden.

Beim **auftragsorientierten Leistungsmanagement** werden folgende Größen ermittelt:

- Nachrichtenübertragungszeit
- Nachrichtenlänge
- Durchsatz der Verbindung
- Zellverluste (bei ATM)

Die Meßwerte werden anhand der QoS-Parameter überprüft. Diese auftragsorientierten Messungen können allerdings sehr aufwendig werden. Daher sind parametrisierte Meßverfahren erforderlich, die nur in Ausnahmefällen mit hoher Auflösung messen. Ansonsten werden analytische Hilfsmittel (z.B. Mittelwertformel etc.) eingesetzt.
Die Steuergrößen sind Routing, Fluß-Steuerung und Zulassung von Verbindungen. Die wichtigsten Zielgrößen sind die Nachrichtenübertragungszeit und der Durchsatz (Abb. 177).

Neben dem auftragsorientierten Leistungsmanagement ist das **systemorientierte Leistungsmanagement** eher zweitrangig, dafür aber einfacher. Hierfür werden die Komponenten-Durchsätze, -Auslastungen und -Besuchszahlen ermittelt. Sie dienen zur Bestimmung:

- des Systemengpasses (Beseitigung durch Routing und Systemausbau),
- der Verkehrsmatrix (sie zeigt, wo Netzausbau bzw. Netzreduzierung angebracht wäre) und
- der zeitlichen Konzentration (Hauptverkehrsstunde).

Eine Aufbereitung erfolgt u.a. in der *Betriebsstatistik.*

Ziel	Maßnahmen
kurze Signallaufzeit	Wahl kurzer Wege, Vermeidung von Satellitenstrecken
kurze Verzögerungen in den Zwischensystemen	Wahl von Wegen über leistungsfähige Zwischensysteme, Vermeidung unnötiger Protokollkonversionen
kurze Wartezeiten	Vermeidung hoch ausgelasteter Leitungen und Zwischensysteme
kurze Nachrichtendauer	Bevorzugte Wegführung über Leitungen großer Übertragungsrate bzw. großen Grenzdurchsatzes
hoher Durchsatz	Engpaß des Weges prüfen, konkurrierende Lastelemente ermitteln, Sendefenster und Paketgrößen anpassen

Abbildung 177: Leistungsmanagement: Ziele und Maßnahmen

11.3.4 Abrechnungsmanagement

Das Abrechnungsmanagement (Accounting Management) dient zur Erfassung der durch den Netzbetrieb entstehenden Kosten und zur Zuordnung der Kosten zu den Abrechnungskonten der Benutzer.

Es bietet dafür folgende Mechanismen an:

- Erfassung von Verbrauchsdaten
- Führung von Abrechnungskonten
- Zuordnungen der Kosten zu den Konten
- Verteilung und Überwachung von Kontingenten
- Führen von Verbrauchsstatistiken

Es gibt unterschiedliche Abrechnungspolitiken, die angeben, wie die Kosten den Benutzerkonten zugeordnet werden sollen. Wichtig ist dabei die Minimierung der Netzkosten, die sich zusammensetzen aus:

- Kosten für Leitungen (Mietleitungen, Kaufleitungen, selbstverlegte Leitungen)
- Kosten für Zwischensysteme
- Kosten für Software
- Wartung
- weitere Personalleistungen
- Mieten, Energie, ...

Es gibt ganz unterschiedliche Abrechnungspolitiken:

- Das Netz wird nicht von den Benutzern gezahlt (z.B. bei einigen Wissenschaftsnetzen).
- Die Netzkosten werden nutzungsunabhängig nach Grenzdurchsatz des Anschlusses umgelegt (z.B. beim DFN-Wissenschaftsnetz).
- Die Netzkosten werden nach Anschlußtyp, Nutzungszeit, Tageszeit und Distanz umgelegt (z.B. beim Fernsprechnetz der Telekom)
- Es gibt grenzkostenorientierte Tarife (z.B. bei Bahn und Post)

Diese Zusammenstellung ist natürlich nicht vollständig. Zu bemerken sei hier noch, daß die Abrechnungspolitik den Umfang der benutzerorientierten Kostenerfassung bestimmt.

11.3.5 Sicherheitsmanagement

Das Sicherheitsmanagement (Security Management) hat die Aufgabe, die Datensicherheit im Netz zu gewährleisten. Es dient zum Schutz gegen gewollte, unzulässige Einwirkungen auf das System und dessen Aufträge. Gründe für solche Einwirkungen sind beispielsweise:

- Spionage (mit dem Ziel, Zugang zu fremden Daten zu erhalten)
- Sabotage
- Bereicherung (durch Manipulation von Abrechnungen)
- Herostratismus (z.B. Internet-Wurm). (Herostratismus bedeutet Verbrechertum aus Ruhmessucht. Der Grieche Herostratos steckte in der Nacht zum 21.7.365 v. Chr. den Artemistempel zu Ephesus in Brand, um berühmt zu werden.)

Die Sicherheit ist für viele Anwendungen ein Schlüsselkriterium und ist in verteilten Systemen wesentlich schwerer zu gewährleisten als in zentralisierten. Dies ist ein wesentlicher Vorteil der klassischen Großrechner-Datenverarbeitung. Es gibt zwar gute Verfahren zur Chiffrierung, Authentifizierung und Sicherung der Daten- u. Nachrichtenintegrität, aber es ist schwer, Sicherheitsverstöße frühzeitig zu entdecken und eine integrierte Sicherheitsarchitektur aufzubauen und zu betreiben, die für angemessene Kosten angemessene Sicherheit bietet.

11.4 Zeitliche Dimension

Jedes Objekt durchläuft einen Lebenszyklus, der in die Phasen Planung, Installation und Betrieb aufgeteilt werden kann. In jeder dieser Phasen treten typische Managementerfordernisse auf.

11.4.1 Planung

Nur selten wird ein Rechnernetz von Grund auf geplant. In den meisten Fällen wird ein bestehendes Netz erweitert. Abb. 178 zeigt die Gestaltung des Planungsprozesses.

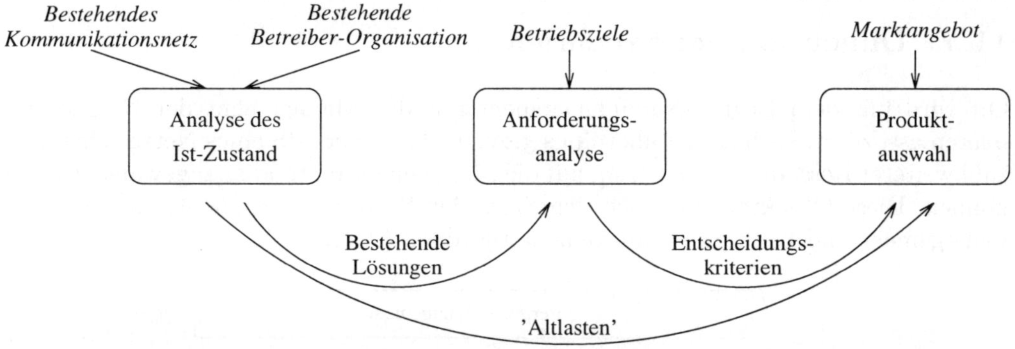

Abbildung 178: Überblick über die Planungsphase

11.4.2 Installation

Zu den bei der Installation anfallenden Aufgaben gehören:

- Hardwarekomponenten werden verkabelt, konfiguriert und in Betrieb genommen. Softwarekomponenten werden an die Hardwarekonfiguration und die Systemumgebung durch Parametrisierung und Generierung angepaßt.
- Die neu installierten Systeme werden auf Funktion und Leistung getestet.

- Das bestehende Netz wird an die neuen Ressourcen angepaßt.
- Topologie und Lastverteilung ändern sich.
- Die Dokumentation für die neuen Ressourcen wird erstellt.

11.4.3 Betrieb

Während des Betriebes eines Rechnernetzes fallen eine Reihe von Management- Aufgaben an.
Kurzfristige Leistungen müssen im Sekunden- oder Minutenbereich erbracht werden. In diesen Bereich fallen alle Überwachungsaufgaben und eine Reihe von Steueraufgaben. Ein Großteil dieser Aufgaben muß auf Grund des knappen Zeitrahmens automatisch ablaufen.
Mittelfristige Leistungen müssen im Stundenbereich erbracht werden. Beispiel hierfür ist die Diagnose eines Fehlers. In der Regel werden hier menschliche Experten mit einbezogen.
Langfristige Leistungen liegen im Wochen- und Monatsbereich. Hier stehen hauptsächlich strategische Aufgaben im Vordergrund, wie das Führen von Statistiken, die für weitere Planungs- und Verbesserungsaktivitäten als Grundlage dienen.

11.5 Dimension der Szenarien

Oft wird mit dem Begriff Netzmanagement nur das Management der Netzkomponenten assoziiert. Es hat sich allerdings gezeigt, daß innerhalb eines Netzes eine Vielzahl weiterer Ressourcen existieren, auf die Managementmethoden angewandt werden können. Diese Objekte lassen sich den Szenarien Systemmanagement, Anwendungsmanagement und Enterprisemanagement zuordnen (Abb. 179).

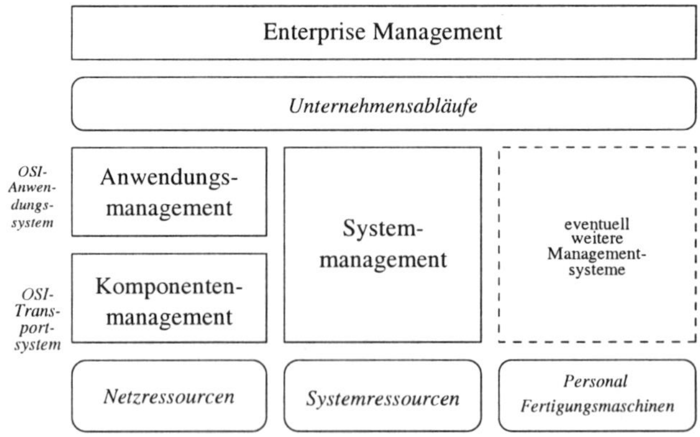

Abbildung 179: Managementszenarien im Überblick

11.5.1 Komponentenmanagement

Komponentenmanagement beschäftigt sich mit der Verwaltung von Netzkomponenten, also der Netzhardware und ihrer Funktion. In diesen Bereich fallen Endsysteme, Transitsysteme (Gateways, Router, Bridges, Repeater, Hubs (Nabe, Speiche), Vermittlungsrechner, Modems) und mit dem Übertragungsmedium verbundene Objekte (Kabel, Anschlußelemente, Verteiler, Sende- und Empfangsstationen). Das sind, vereinfacht ausgedrückt, alle Komponenten der Schichten des Transportsystems (Physical-, Data-Link-, Network- und Transport-Layer). Zentrale Aufgabe des Komponentenmanagements ist es, die Funktionen dieser Netzkomponenten durch steuernde und kontrollierende Maßnahmen sicherzustellen. Die anfallenden Aufgaben lassen sich, wie in Abb. 180 dargestellt, untergliedern.

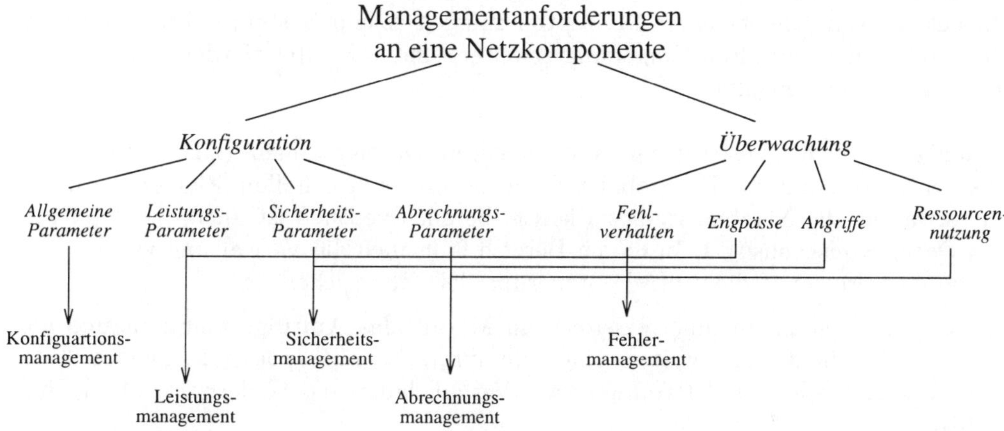

Abbildung 180: Klassifizierung der Anforderungen an das Komponentenmanagement

Beispiel: Bridge-Management

Gesamtkonfiguration: IP-Adresse der Bridge, Zugriffsschutz auf die Bridge, Vergabe von Alias-Namen, Inbetriebnahme durch Booten

Betriebszustandsüberwachung: Überwachung von Hardware, Ports und Kabelanschlüssen

Portkonfiguration: Aktivieren und Deaktivieren, Abfrage und Setzen der Portgeschwindigkeit und der maximalen Datagrammgröße

Kommunikationsfehleranalyse: Kollisionsstatistik, Sende- und Empfangsfehler, interne Fehler.

Auslastungsermittlung: Überwachung der Sende- und Empfangsleistung, Überwachung von CPU- und Pufferauslastung

Verkehrsseparierung: Aktivieren und Deaktivieren des Lernmechanismus bzw. der erlernten Adreßtabelle, Verändern der statischen Tabellen, Konfigurierung des Aging-Timers.

Schleifenunterdrückung: Aktivieren und Deaktivieren des Spanning-Tree-Verfahrens, Festlegung der Bridge-Prioritäten, Bestimmung der Wegekosten, Einstellung von Timerwerten.

11.5.2 Systemmanagement

Das Systemmanagement befaßte sich ursprünglich mit der Verwaltung von einzelnen, unabhängigen Rechnern. Mit steigender Rechnerzahl ist es allerdings nicht mehr möglich, jede Workstation als unabhängiges System zu verwalten. Mit zunehmender Bedeutung von Client-Server-Konzepten müssen lokale Systemfunktionen für den Betrieb in einer verteilten Umgebung erweitert und verwaltet werden. Zuständigkeit des Systemmanagements:

Datenhaltung: Die Verbreitung von verteilten Dateisystemen (z.B. Network File System NFS) nimmt zu. Ein globaler Namensraum ist zu schaffen, Plattenkontingente zu verwalten, die Netzbelastung zu kontrollieren. Eventuell ist auch die Replikation von Daten wünschenswert. In diesen Bereich fällt auch die Verwaltung von File- und Archiv-Servern sowie die zentrale Steuerung der Datensicherung.

Spooling: Auf jedem Rechner existiert ein Modul, das Aufträge annimmt und diese an eine Verteilerstation weiterreicht, die ihrerseits eine passende Device-Station auswählt. Außerdem sind Parameter wie Verfallsdauer und Fehlerbehandlung einzustellen.

Electronic-Mail: Kommunikation über die elektronische Post

Informationssysteme und -dienste: z.B. Message of the Day (MOTD), Domain Name Service (DNS), Anonymous FTP, World Wide Web (WWW), USENET

Benutzerverwaltung: Rechnerkennung, Kontingentierung, Abrechnung

Software-Administration: Neuinstallation, Überwachung der bestehenden Installation, Neukonfigurierung, Überwachung von Software-Lizenzen

Hardware-Administration: Aufstellungsort, Ausbau mit Zusatzhardware.

Operating: Privilegienverwaltung, Protokollierung, Entlastung des Systemadministrators von Routine-Tätigkeiten durch weniger qualifiziertes Personal

Zeitsynchronisation: Bereitstellung und Verbreitung einer an jedem Rechner gleichen Systemzeit.

11.5.3 Anwendungsmanagement

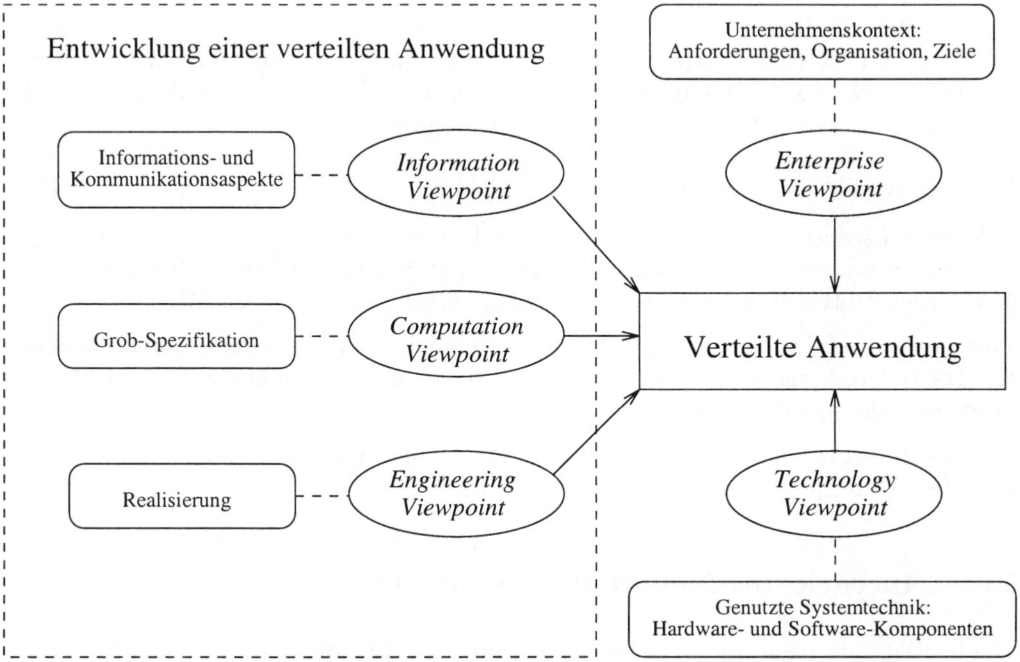

Abbildung 181: ODP (Open Distributed Processing) Viewpoints auf eine verteilte Anwendung

Verteilte Anwendungen finden immer größere Verbreitung. Bereiche, in denen sie heute eingesetzt werden, sind beispielsweise Steuerungssysteme, verteilte Informations- und Auskunftssysteme, verteilte Datenbanken und Systeme zur Computergestützten Gruppenarbeit (computer supported cooperative work, CSCW).
Obwohl dieses Gebiet stark an Bedeutung gewinnt, ist es noch Gegenstand der Forschung, nicht zuletzt bedingt durch die Vielzahl der verschiedenen Anwendungen und Anwendungsmöglichkeiten. Deshalb können hier nur einige Ansätze aufgezeigt werden.
Die ISO versucht, ähnlich zum OSI-Referenzmodell, im Rahmen des "Open Distributed Processing" (ODP) ein Rahmenwerk für verteilte Anwendungen zu erstellen. Wesentlicher Gesichtspunkt ist eine weitere Aufteilung dieses komplexen Gebiets in verschiedene Viewpoints (Abb. 181).
Es wird üblicherweise ein pragmatischer Weg beschritten, um trotz fehlender Rahmen bereits heute verteilte Anwendungen verwalten zu können. Die Prozesse, die eine verteilte Anwendung realisieren, werden als Managed Objects gesehen, erhalten einen Management Agent und werden ähnlich den Netz- und Systemressourcen verwaltet.

11.5.4 Enterprisemanagement

Ziel des Enterprisemanagements ist es, das unternehmensweite Kommunikationsnetz zu verwalten. Bedingt durch seine räumliche Ausdehnung und seine Aufgabenvielfalt setzt sich ein solches "corporate network" aus einer Vielzahl von Netzressourcen zusammen. Enterprisemanagement versucht, einen "Managementschirm" über die verschiedenen Managementanforderungen zu spannen.

Folgende Aspekte sind dabei zu berücksichtigen:

Informationsaspekt: Neben den bisherigen Kommunikationsobjekten (Netzkomponenten, Systeme und Anwendungen) sind auch Enterpriseobjekte (Organisationsstrukturen, Unternehmensabläufe, Unternehmensziele) zu berücksichtigen.

Funktionsaspekt: Den einzelnen Organisationseinheiten müssen die von ihnen benötigten Dienste bereitgestellt werden. Die Zuordnung von Kommunikationsobjekten zu Organisationseinheiten muß verwaltet werden.

Organisationsaspekt: Die Verteilung und Koordinierung von Managementaufgaben muß dem Unternehmensaufbau angepaßt werden.

11.6 Integriertes Netzmanagement

Die heutige Situation im Netz- (und noch mehr im System-) Management ist durch folgende Probleme gekennzeichnet:

Problem 1: *Schnittstellenvielfalt*
Es existiert eine Vielfalt von Schnittstellen für gleichartige Funktionen. Die Komponentenhersteller haben die Schnittstellen für den Netzmanager frei entworfen. Dies führt zu einem hohen Lernaufwand, funktionaler Inkonsistenz und Fehleranfälligkeit.

Problem 2: *Keine globale Netzsicht*
Es sind im wesentlichen nur Managementwerkzeuge für Komponenten vorhanden. Aber heterogene Komponenten kooperieren miteinander und müssen konsistent verwaltet werden. Einige Managementobjekte, wie z.B. Daten, sind komponentenübergreifend.

Problem 3: *Redundante Netzbeschreibungen*
Die isolierten Werkzeuge benutzen abhängig vom Funktionsbereich isolierte Netzbeschreibungen, die sich inhaltlich überlappen, ohne daß dies sichtbar wird (Redundanz, Inkonsistenzrisiko).

Problem 4: *Schichten / Views und Zugriffsrechte*
Es gibt keine Unterstützung von Schichten / Views und abgestuften Zugriffsrechten auf Netzbeschreibungen. Wünschenswert wären z.B. geographische, institutionelle,

protokollspezifische und funktionale Schichten. Heutiges Netzmanagement ist nicht sicher.

Problem 5: *Integration der Zeitbereiche*
Es fehlt eine Integration der Zeitbereiche in das Netzmanagement. So ist z.B. wünschenswert, daß die aktuellen Betriebswerte in Langzeitstatistiken eingehen und daß ein Versionen-Management für den Netzzustand stattfindet.

Problem 6: *Funktionalität der Werkzeuge*
Die Funktionalität der Werkzeuge ist nicht zufriedenstellend. Die Daten und Operatoren sind unzureichend, die Schnittstellen zu schwach.

Ein *ideales Netzmanagement* für ein heterogenes verteiltes System muß

- auf einer einzigen (virtuellen) konsistenten Datenbasis
- mit ausreichend mächtigen, einheitlichen Operatoren,
- zugänglich auf Schnittstellen von jeweils angemessener Abstraktion

arbeiten und möglichst mißbrauchsicher sein.

Der Weg dorthin führt (trotz der unvermeidlichen Heterogenität) über ein **Integrationskonzept**, das die heterogenen Werkzeuge zusammenfaßt und über **Management-Architekturen** (z.B. ISO, INTERNET), die Rahmenfestlegungen für Gebäude aus heterogenen Netzmanagementkomponenten treffen, sowie den Übergang ins Systemmanagement vorbereiten.

Lösungsansätze bei der Integration isolierter Netzmanagement-Werkzeuge sind:

- **Räumliche Konzentration**
  Die Management-Arbeitsplätze für die verschiedenen Werkzeuge stehen nebeneinander, die Netzmanager arbeiten an mehreren Arbeitsplätzen.

- **Arbeitsplatz-Integration**
  Auf einem physikalischen Arbeitsplatz gibt es viele verschiedene Werkzeugbedienoberflächen (Multi-Fenster-Technik).

- **Oberflächen-Integration**
  Es gibt eine gemeinsame Oberfläche für alle Werkzeuge. Dazu wird eine gemeinsame Schnittstelle zwischen Werkzeug und Präsentationssystem geschaffen. Auf diese Art behebt man scheinbar auch die Verschiedenheit der Netzbeschreibungen, wobei in diesem Stadium natürlich immer noch Inkonsistenzen möglich sind.

- **Integration der Netzbeschreibungen und Managementoperatoren** Eine weitergehende Integration der verschiedenartigen Werkzeuge ist i.a. nicht vollständig möglich. Dies liegt daran, daß die Netzbeschreibungen nicht eindeutig aufeinander abbildbar sind (Semantik, Granularität) und die Operatoren nicht äquivalent sind.

Schließlich kann man sagen, daß die heterogenen Werkzeuge nach einheitlichen Protokollen zugänglich sein müssen und Informationen liefern sollen, die nach "außen" eine einheitliche Semantik haben (dies gilt natürlich auch für die Operatoren). Es sind Rahmenfestlegungen für Werkzeuge und eine integrale Datenbasis gefordert (Standards).

11.7 Teilmodelle einer Management-Architektur

Eine **Netzmanagement-Architektur** ist ein allgemeines Rahmenwerk für Netzmanagementsysteme, das den im letzten Kapitel genannten Anforderungen gerecht werden soll und als Basis für Implementierungen dient. Netzmanagement-Architekturen werden in herstellerunabhängigen (z.B. ISO-Normen, INTERNET-Standards, ITU-Empfehlungen) und herstellerabhängigen (z.B. SNA von IBM, Transview von Siemens, Openview von HP) Standards formuliert.

Die Netzmanagement-Architektur strukturiert das Neztmanagement-System in folgende **Teilmodelle**:

- **Infomationsmodell:** Beschreibt die Darstellungs- und Manipulationsformen der zu verwaltenden Objekte als Management-Informationsbasis
- **Organisationsmodell:** Beschreibt die Strukturierungsformen der Zuständigkeiten im zu verwaltenden System
- **Kommunikationsmodell:** Beschreibt die Formen der Management-Kommunikation (Schicht-7-OSI-Problem)
- **Funktionsmodell:** Beschreibt die Funktionen Konfigurations-, Fehler-, Leistungs-, Sicherheits- und Abrechnungs-Management

In den nachfolgenden Abschnitten werden die Anforderungen an diese Modelle sowie ihre Realisierung im OSI- bzw. INTERNET-Management aufgezeigt.

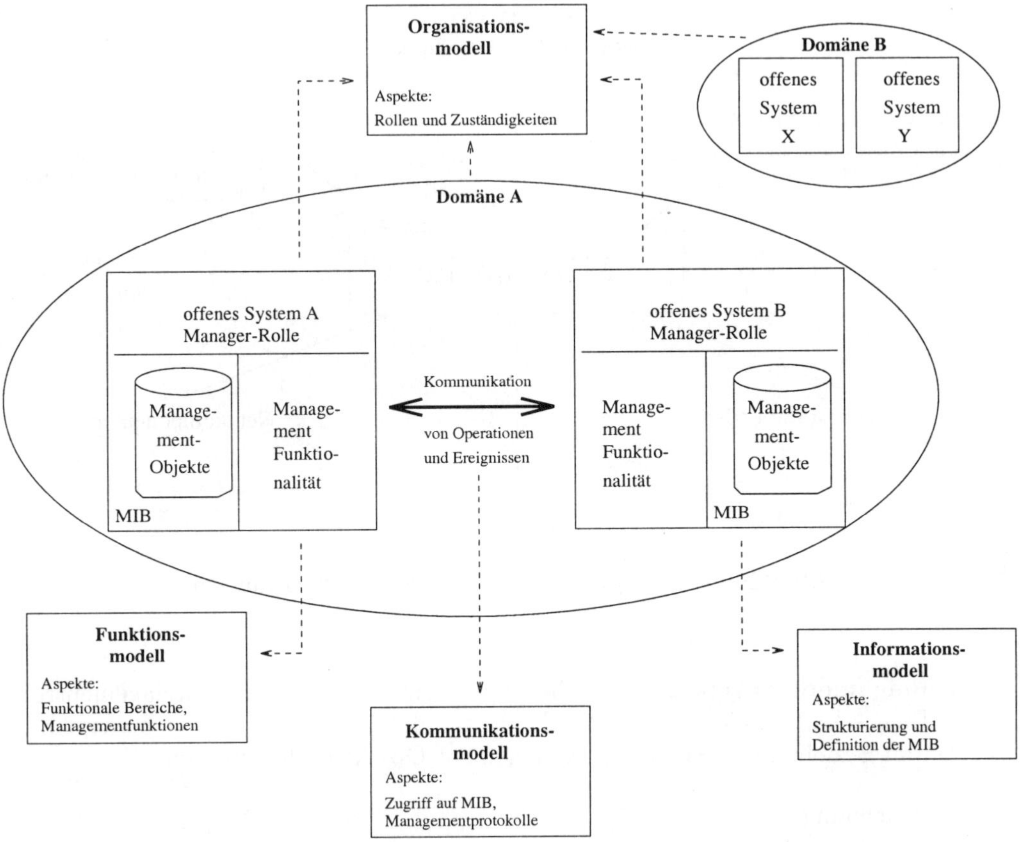

Abbildung 182: Teilmodelle einer Netzmanagement-Architektur

11.7.1 Informationsmodell

Das Informationmodell beschreibt die Darstellungs- und Manipulationsformen der Management-Informationsbasis (MIB, Management Information Base). Diese enthält die Management-Objekte (MOs, Managed Objects), d.h. die Daten- und Funktionsabstraktionen der zu verwaltenden Objekte und deren Beziehungen. Die wichtigste Festlegung ist das *konzeptionelle Schema* der MIB (z.B. Entity-Relationship-Schema, abstrakte Datentypen, objektorientiertes Schema).

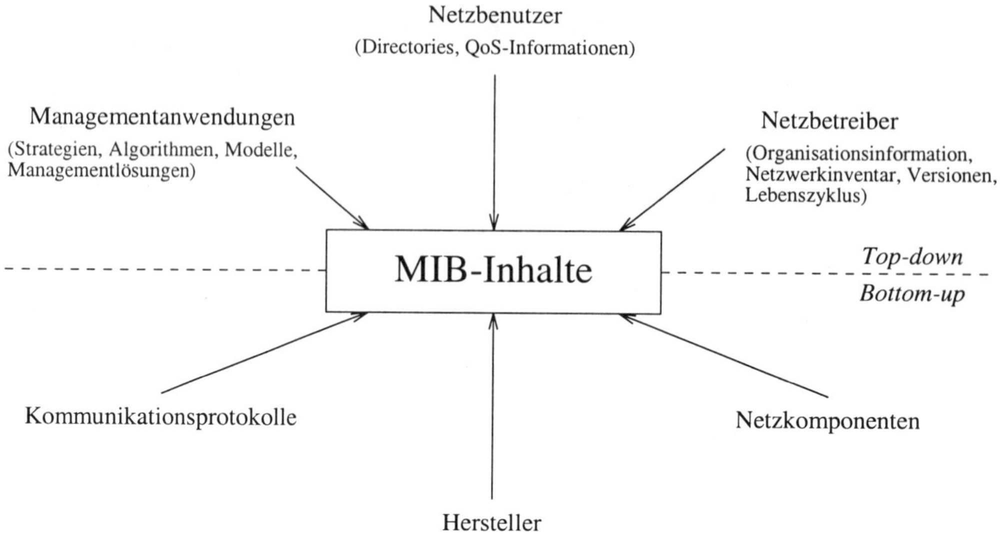

Abbildung 183: Quellen von Managementinformation

Die **Management Objekte** (MO) sind konsistente Abbilder der Managementrelevanten Eigenschaften aller verwalteten Einheiten des Systems und ihrer managementrelevanten Beziehungen. Für jedes Management Objekt ist festzulegen:

- Bezeichnung
- Datenstruktur
- Verhalten
- Operationen (Einwirkungsmöglichkeiten auf das Objekt)
- Relationen
- Werte der Attribute
- Kommunikationseigenschaften

MOs können auch in Versionen vorliegen:

- **Aktuelle Version:** Jede Änderung des MOs ändert den entsprechenden Teilzustand des realen Objektes, und jede Zustandsänderung im realen Objekt ändert die Attribute des MO.
- **Ältere Versionen:** Ein früherer Zustand des realen Objekts wird bewahrt (z.B. für die Analyse von Fehlern, für Abrechnungszwecke, für Rücksetzen auf alte Software-Versionen)

Die Definition und die Attributwerte der Managementobjekte kommen einerseits aus den *Managementanforderungen* der Anwendungen, Betreiber und Benutzer (Top-Down-Verfahren), z.B

- Organisationsinformationen
- Benutzerdaten (Kontingente, Konten)
- System- und Fehlermodelle
- Logs

und andererseits aus den zur Verfügung stehenden *Daten* (Bottom-Up-Verfahren), z.B.

- Daten bzw. Zustände der Netzkomponenten
- Protokollinstanzen
- Verbindungen
- Trouble Tickets
- Benutzeranforderungen.

Kriterium beim Top-Down-Verfahren ist, "Was wird gebraucht?". Es ist sicher schwieriger durchzuführen als das Bottom-Up-Verfahren (Kriterium: "Was ist verfügbar"), da einige Informationen schwer zu beschaffen sind, ist aber mit Sicherheit auch das relevantere Verfahren.

Das **OSI-Informationsmodell** ist konsequent objektorientiert. Beim Umgang mit objektorientierten Schemata sind folgende Begriffe und Ausdrücke gebräuchlich:

- Eine **Klasse** ist die Spezialisierung einer **Unterklasse**, eine Unterklasse die Verallgemeinerung einer Klasse.
- Ein **Objekt** ist die Instanziierung einer Klasse.
- Ist ein Objekt mehreren Klassen zugehörig, spricht man von **Allomorphie**.
- **Generische** Klassen und Objekte sind anpaßbar.
- Ein Objekt **erbt** bei Instanziierung die Eigenschaften der Klasse(n).
- Objekte haben **Attribute**, die durch **Methoden** änderbar sind.
- Klassendefinitionen sollten in **Bibliotheken** vorliegen, um den Aufbau der MIB zu erleichtern.

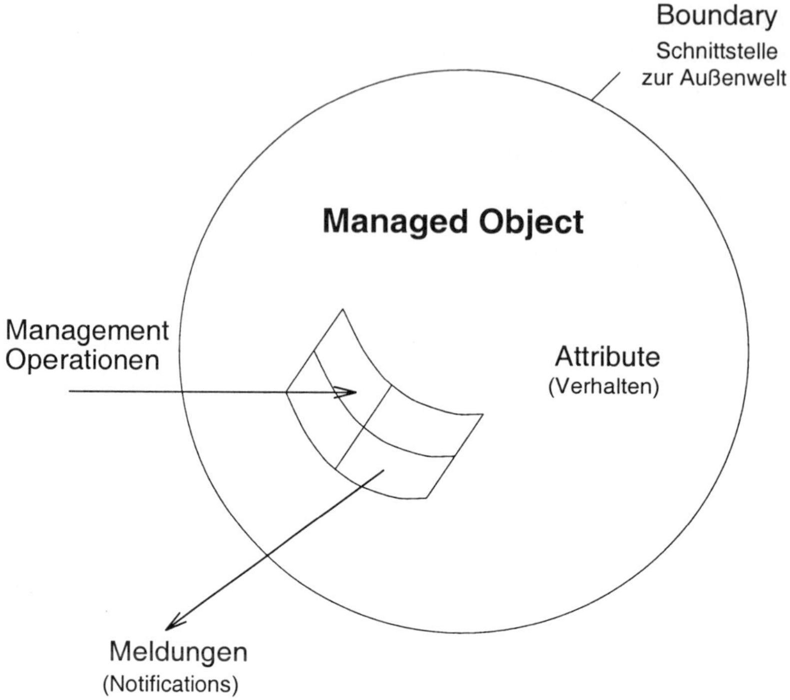

Abbildung 184: OSI-Informationsmodell: Modell eines Managementobjektes

Ein MO im OSI-Informationsmodell spiegelt die managementrelevanten Eigenschaften einer realen Ressource innerhalb des Netzes wieder. Die Menge der MOs eines Systems stellt somit die Beschreibung dieses Systems aus Managementsicht dar (Abb. 184). Der interne Aufbau eines MOs ist von außen unzugänglich. Ein MO bietet an seiner Schnittstelle (MO-Boundary) eine Menge von Attributen und Methoden an (Abstraktion auf der Attribut-/Methoden-Schnittstelle). Die Attribute spiegeln das Verhalten der durch das MO beschriebenen Resourcen wieder. Attribute können einfache, strukturierte oder mengenwertige Datentypen sein. Es existiert ein Katalog vordefinierter Attribut-Typen (Zähler, Pegel, Schwellwert, Timer, ...), der kontinuierlich erweitert wird.
Die Objekte verkehren über Botschaften, die entweder objektbezogene Operationen (create, delete, action) oder attributbezogene Operationen (get, set, replace, add, remove) auslösen. Objekte können nicht nur durch explizite Botschaften, sondern auch "spontan" (z.B. durch Alarme oder andere Ereignisse) verändert werden. In diesem Fall werden entsprechende Meldungen (Notifications) ausgegeben.

Objekte mit gleichen Eigenschaften werden zu Objektklassen zusammengefaßt (MOC, Managed Object Class). OSI verwendet für die Definition der MOCs eine formale Sprache (Metasprache, die auf ASN.1 basiert) mit vordefinierten Teildefinitionen

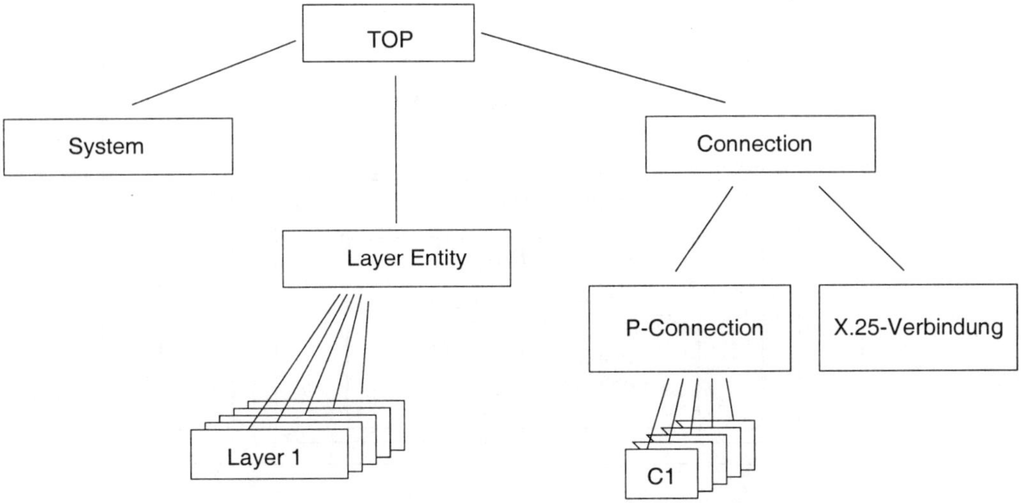

Abbildung 185: OSI-Informationsmodell: Beispiel für die MOC-Vererbungshierarchie

(Templates). Es wird ein Vererbungskonzept angeboten, d.h. eine Unterklasse kann die Eigenschaften einer oder mehrerer Oberklassen erben.
Alle Objekte des Systems sind in eine Enthaltenseins-Hierarchie eingeordnet. Elementare MOs stehen auf der untersten Ebene, zusammengesetzte MOs enthalten weitere MOs. Die vordefinierte Wurzel der Vererbungshierarchie ist "Top", die Wurzel der Enthaltenseins-Relation ist "System" (Abb. 185 und 186). Ein MO erhält bei Instanziierung einen eindeutigen Bezeichner durch Einbringung in die Enthaltenseins-Relation.

Beim **Internet-Informationsmodell** gibt es eine globale Management-Informationsbasis (MIB), die einen Baum aller Objekte, die von Kommunikationsinteresse sind, darstellt. Dieser Baum ist Teil des Objektidentifikator-Namensbaums der ISO und ITU (Abb. 187).

Jedes Objekt der aktuell gültigen MIB-2 (Abb. 187) hat durch die Position im Objektidentifikator-Namensbaum einen global eindeutigen Bezeichner. Die Objekte der MIB-2 sind Typdefinitionen. Man unterscheidet einfache Typen (Adressen, Zähler, Zeit) und Tabellen. Tabellen sind Sequenzen von Records aus einfachen Typen, wobei ein Record-Feld als (nicht notwendigerweise dichter) Index zum Zugriff dient. Von jedem Typ kann es höchstens eine Instanziierung geben, d.h. eine Menge gleichartiger Zahlengrößen wird als (einmaliger) Tabellentyp deklariert. Die Instantiierungen treten in den Agenten-MIBs auf und werden mit angehängtem ".o" ebenfalls eindeutig bezeichnet.
Zur Zeit sind zahlreiche Bibliotheken von Objekttypen im Rahmen von Herstellerspezifischen Management-Informationsbasen in Arbeit. Bei der Hierarchie der Internet-

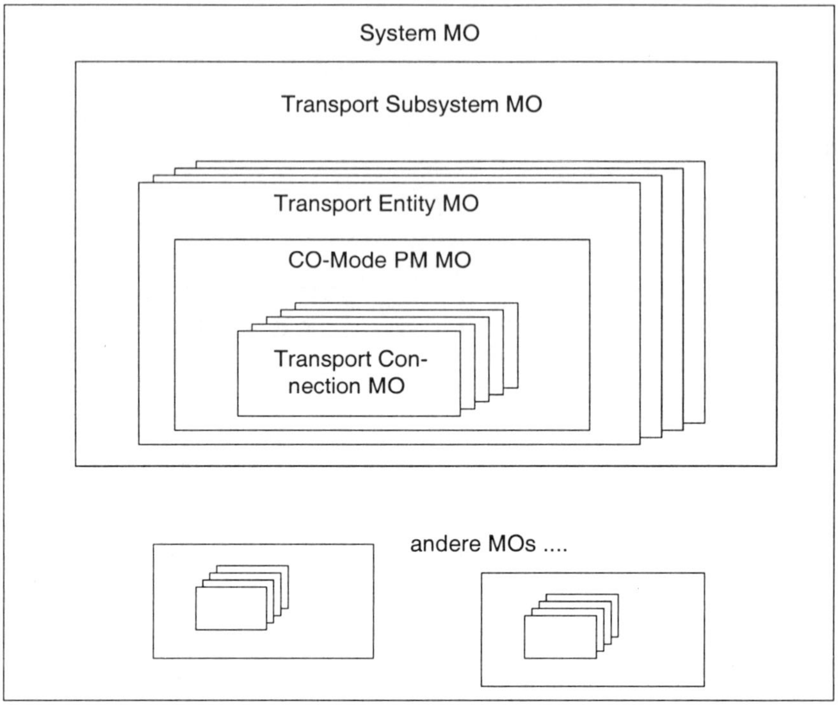

Abbildung 186: OSI-Informationsmodell: Beispiel für die Enthaltenseins-Hierarchie

MIB handelt es sich nicht um eine Vererbungshierarchie von Klassen. Es gibt auch keine Wiederverwendung von Klassen und keine generischen Klassen wie beim OSI-Modell.

11.7.2 Organisationsmodell

Das Netzmanagement ist strukturiert,

- aus eigener Notwendigkeit (Komplexität),
- auf Grund des Umstandes, daß es selbst eine verteilte Anwendung ist,
- zur Anpassung an die Kompetenzbereiche verteilter DV-Systeme ("Abteilungs-Rechner", "Abteilungs-Netze"),
- aus Sicherheitserwägungen.

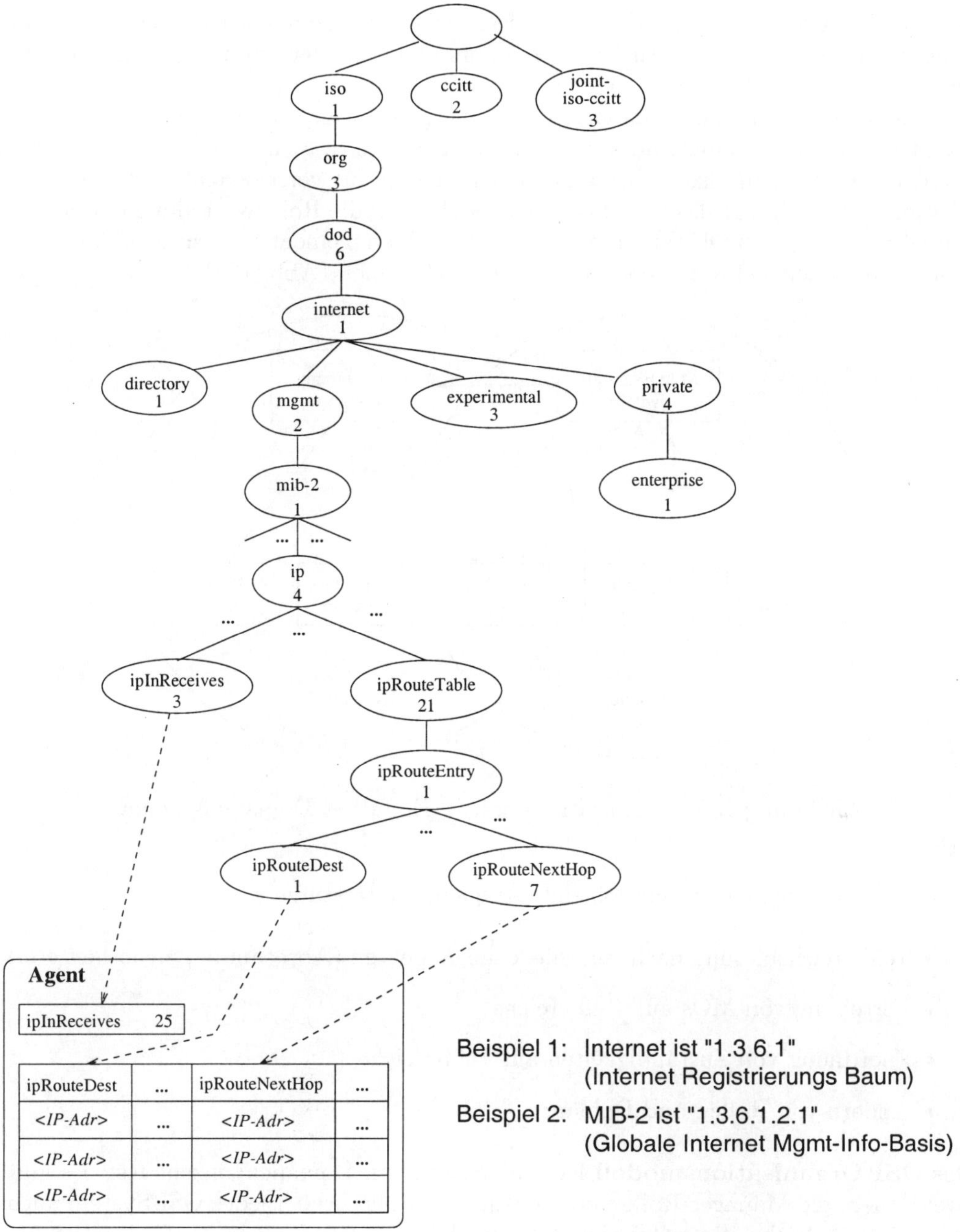

Abbildung 187: Internet-Informatonsmodell: Objektidentifikator-Namensbaum

Das Organisationsmodell legt die Strukturierungsmöglichkeiten des Managements und seiner Objekte fest. Die Stukturierung kann hierarchisch oder symmetrisch-kooperativ sein.
Eine Teilmenge von Managementobjekten, die gemeinsam unter einem Aspekt verwaltet werden, heißt **Domäne** unter diesem Aspekt (z.B. Sicherheits-, Abrechnungs-Domäne). Es können also mehrere Domänensysteme für verschiedene Aufgaben existieren. Außerdem legt das Organisationsmodell noch die Rollenverteilung der einzelnen Objekte fest. Ein Objekt kann beispielsweise Management-System oder Agenten-System sein oder mehrere dieser Aufgaben wahrnehmen (Abb. 188).

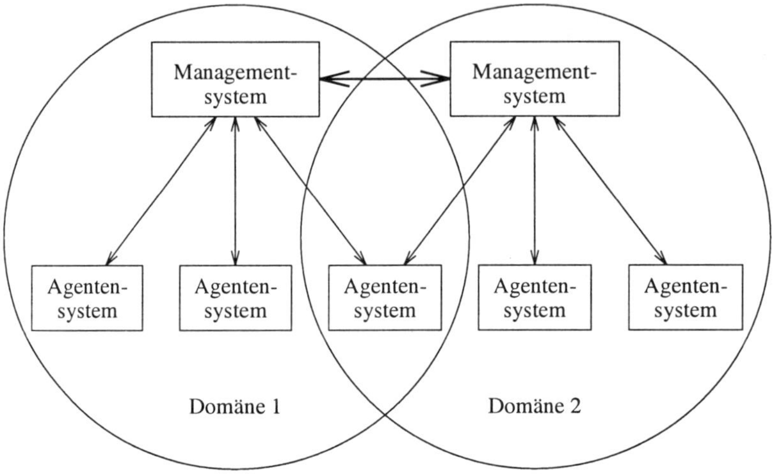

Abbildung 188: Organisationsmodell: Einfaches Domänenschema

Das Organisationsmodell muß folgende Aufgaben unterstützen:

- Teilbereichsbildung nach verschiedenen Aspekten (Abrechnung, Sicherheit etc.)
- Verteilung von MOs auf Teilbereiche
- Zuordnung von Zuständigkeiten auf Teilbereiche
- Ändern von Rollen und Domänen

Das **OSI-Organisationsmodell** legt Rollen und ein Domänenkonzept fest. Es gibt zwei Rollen, die Manager-Rolle und die Agenten-Rolle, wobei jedes OSI-System auch beide Rollen gleichzeitig wahrnehmen kann (Abb. 189).

Die Domänen sind durch ein Gruppenkriterium definiert und besitzen eine (dynamische) regelbasierte Management-Politik. Es gibt organisatorische Domänen (funktionale Kriterien), wie z.B. Sicherungs- und Abrechnungs-Domänen und administrative Domänen (verwaltungstechnische Kriterien), bei denen alle MOs demselben Manager

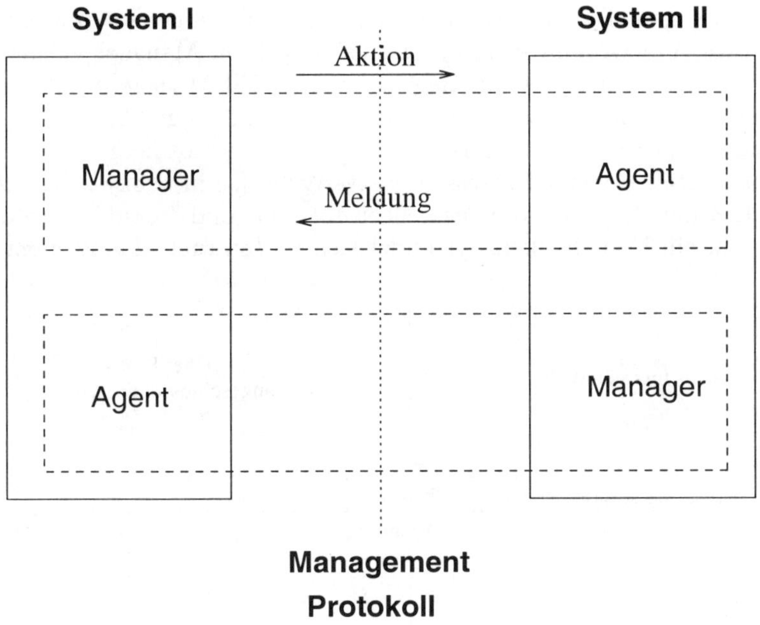

Abbildung 189: OSI-Organisationsmodell: Management-Rollen

unterstellt sind (z.B. X.400 Administration Management Domain). Abb. 190 zeigt das Zusammenspiel von Manager und Agenten bei OSI.

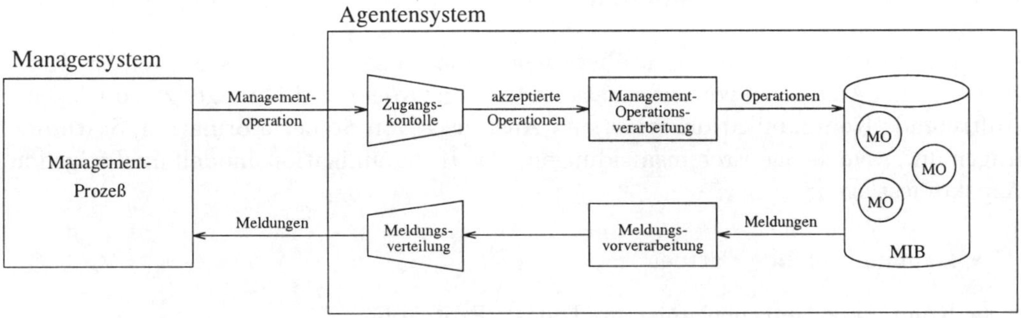

Abbildung 190: OSI-Organisationsmodell: Zusammenspiel zwischen Manager und Agenten

Beim **Internet-Organisationsmodell** gibt es, wie beim OSI-Modell, Manager (Anweisende) und Agenten (Ausführende, Berichtende) in einem nichthierarchischen Modell. Es gibt beliebige n:m Beziehungen, aber keine Manager-Manager oder Agenten-

Agenten Beziehungen. Die Agenten sind meist einfach aufgebaut und gründen sich auf die jeweilige Agent-Manager-Informationsbasis. Dem Manager gehört hier keine Management-Informationsbasis. Im Gegensatz zum OSI-Management ist die Rollenverteilung fest. Ein dynamischer Rollenwechsel ist nicht vorgesehen.
Für nicht auf eigener Hardware aufsetzende oder nicht internetgerecht realisierbare Agenten gibt es Stellvertreter-Prozesse (Proxy-Agents). Ein Proxy-Agent ist ein Gateway zwischen den Internet-Managementprotokollen und fremden Protokollwelten (Abb. 191). Für ein Domänenkonzept findet sich im Internet-Management noch kein

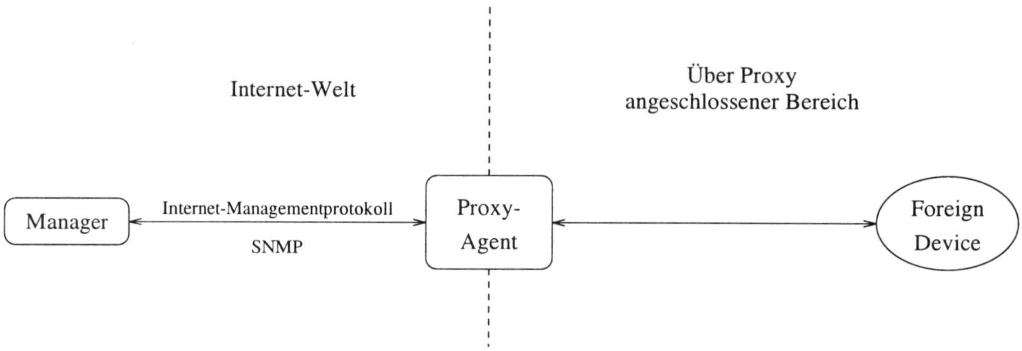

Abbildung 191: Internet-Organisationsmodell: Proxy-Management

Ansatz.

11.7.3 Kommunikationsmodell

Um entfernte Netzressourcen zu überwachen und zu steuern, ist es notwendig, Konzepte für den Austausch von Information zwischen Objekt und Manager zu entwickeln. Auftretende Kommunikationsarten sind Austausch von Steuerinformation, Statusabfragen und asynchrone Ereignismeldungen. Das Kommunikationsmodell muß folgende Aspekte festlegen:

- kommunizierende Partner
- Kommunikationsmechanismus: Dienst, Protokolle
- Syntax und Semantik der Austauschformate
- Schnittstelle zur Kommunikationsarchitektur, die die Verbindung zwischen Manager und Objekt herstellt

Das **OSI-Kommunikationsmodell** kennt drei Management-Kategorien: das schichtenübergreifende Management (Systems Management), das Schichtenmanagement

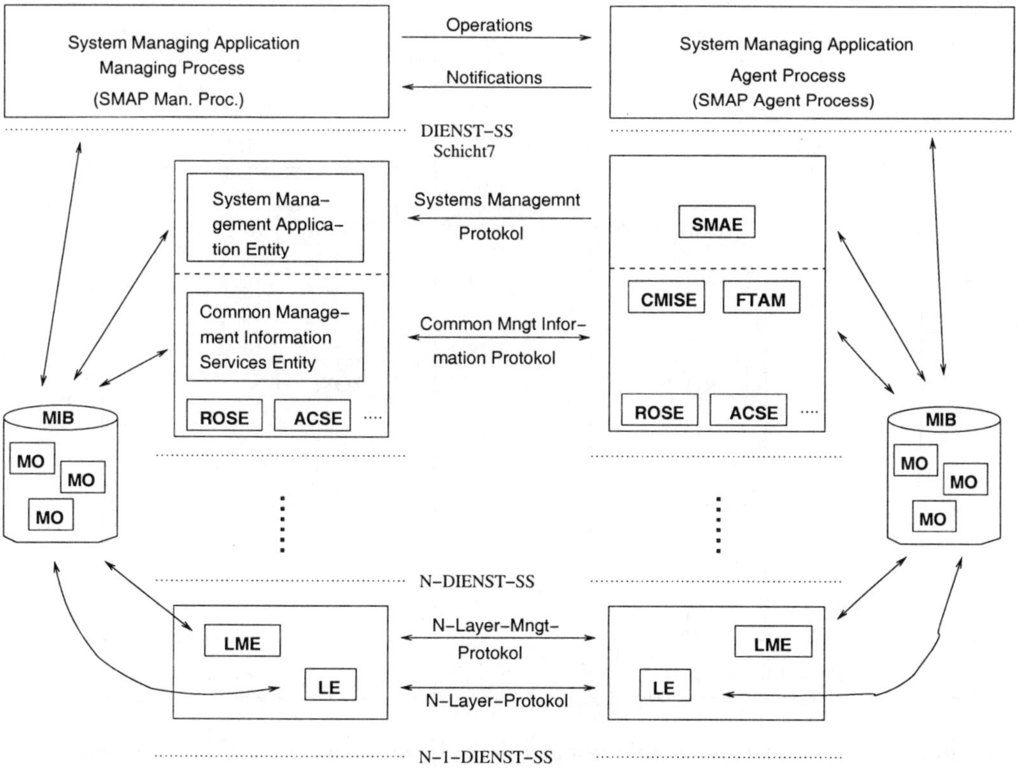

Abbildung 192: OSI-Kommunikationsmodell

(Layer Management) und das Protokollmanagement (Layer Operation). Das *OSI-Schichtenmanagement* beschäftigt sich mit Aufgaben, die spezifisch für eine Schicht sind, und die Dienste höherer Schichten nicht benötigen (z.B. Austausch von Routinginformationen). Das *OSI-Protokollmanagement* beschäftigt sich mit der Verwaltung der Schichtprotokolle (z.B. Fenstergröße, Timer). Beide Bereiche sind bisher kaum ausgearbeitet worden. Das *OSI-Systems-Management* kann Managementaktivitäten im gesamten Netz ausführen. Eine verteilte Managementanwendung (Systems Management Application, SMA) zerfällt in mehrere über das Netz verteilte Prozesse (System Management Application Process, SMAP). Der kommunikationsrelevante Teil eines solchen Prozesses ist die Systemmanagement-Instanz (System Management Application Entity, SMAE). Die SMAEs stützen sich ab auf einen speziell entwickelten Dienst, den **Common Management Information Service (CMIS)** und dem dazugehörigen Protokoll (CMIP). CMIS kennt die Dienstgruppen Verbindungsverwaltung, Operationsausführung und Ereignisreport. Abb. 193 zeigt die Einbettung von CMIS in die OSI-Architektur.

Das **Internet-Kommunikationsmodell** kennt zwei Management-Protokolle, die in ihrere Stellung beide CMIP entsprechen (also Systems Management). Dies sind

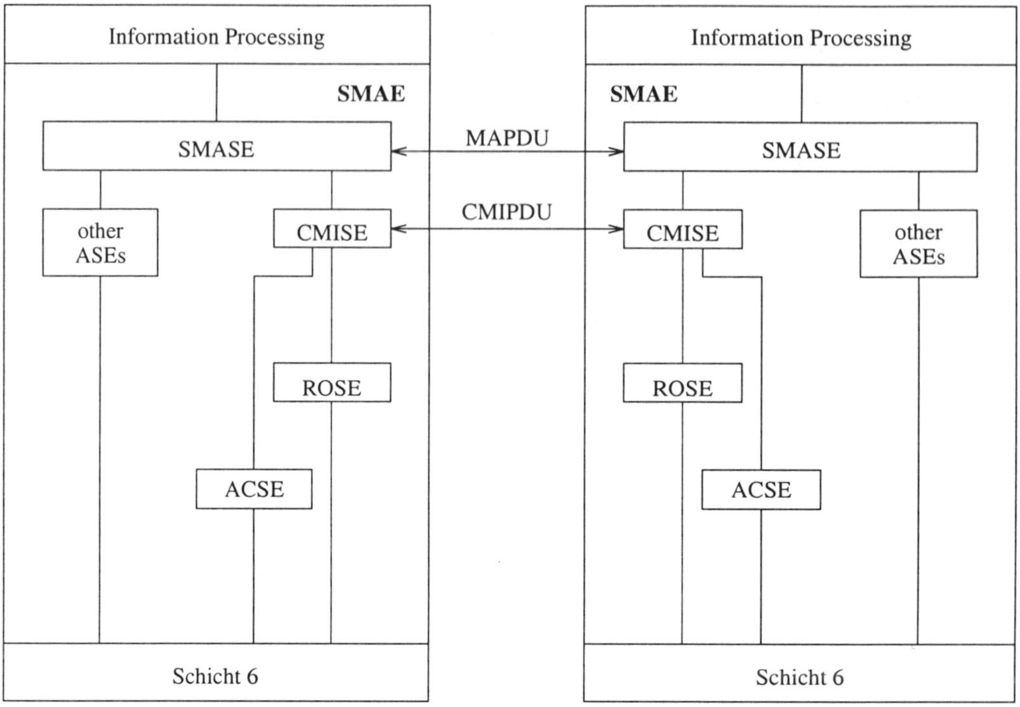

Abbildung 193: OSI-Kommunikationsmodell: Einbettung von CMIS in die OSI-Architektur

CMOT (Common Management Services and Protocol over TCP/IP) und SNMP (Simple Network Management Protocol). CMOT wird im Übergang zu anderen Managementsystemen verwendet. SNMP erlaubt den (asynchronen) Zugriff eines Managers auf die Agenten-MIB (get-request, get-bulk-request, set-request, get-next) und spontane Meldungen des Agenten (trap, entspricht ISO-Notification).
Die Kommunikation im Internet ist nur durch einen Geheimbezeichner des Agenten geschützt (Community String), der ungesichert übertragen wird. SNMP beruht auf dem UDP-Dienst, d.h. es gibt keine überwachte Verbindung, sondern einen Datagramm-Dienst. Die Sicherheitsmängel führen dazu, daß SNMP eher zur Inspektion von Agenten bzw. der von ihnen überwachten "Managed Nodes" eingesetzt wird, als zum Steuern von Netzkomponenten.

11.7.4 Funktionsmodell

Das Funktionsmanagement einer Managementarchitektur zergliedert Managementaufgaben in Funktionsbereiche. Für die einzelnen Bereiche ist festzulegen:

- die erwartete Funktionalität des Bereichs
- die dafür benötigten Dienste
- die betroffenen MOs

Das **OSI-Funktionsmodell** unterscheidet die fünf Gebiete Konfigurations-, Fehler-, Leistungs-, Abrechnungs- und Sicherheits-Management. Um den Entwurf von Managementanwendungen zu vereinfachen, werden eine Reihe von Systemmanagement-Funktionen definiert, die an einer über CMIS liegenden Dienstschnittstelle angeboten werden.
Ein **Internet-Funktionsmodell** ist im Internet-Management nicht vorgesehen. Die Internet-MIB beinhaltet bisher im wesentlichen nur die Modellierung realer Netzressourcen, so daß sich schon die Erfassung der Basisdaten etwa für Leistungs- oder Abrechnungs-Management sehr schwierig gestaltet. Einen ersten Schritt auf ein Funktionsmodell hin stellt die RMON-MIB (Remote Network Monitoring MIB) dar. In dieser MIB stellen Netzüberwachungsgeräte Statistikdaten zur Verfügung, auf die Managementanwendungen aufsetzen können.

11.8 Abschließende Betrachtungen

Abb. 194 gibt einen vergleichenden Überblick über das OSI- und Internet-Management. Anzumerken sei hier, daß bis heute sowohl das OSI- als auch das Internet-Netzmanagement noch unbedeutend sind, im Vergleich zu herstellereigenen Systemen.

	OSI	**Internet**
Ziel	mächtiges Grundsystem mit Erweiterungsmöglichkeiten auf komplexes Management verteilter Systeme	einfache Konzepte, gut implementierbar, für einfache Managementprobleme
Verbreitung	Pilot	verbreitet
heutiger Nutzen	Konzeptentwicklung	Erfahrungsgewinn, Lösung einfacher Mgmt-Probleme
Informations-Modell	objektorientiert	Typinfo in globalem Internet-MIB-Baum, Instantiierung in Agenten-MIB
Organisations-Modell	Manager/Agenten nicht hierarchisch	Manager/Agenten nicht hierarchisch
Kommunikations-Modell	CMIP über OSI-RM auf ROSE, komplexe Zugriffsoperationen in strukturierte MIB	SNMP über Internet auf UDP, Sicherheitsmängel

Abbildung 194: Vergleich OSI-/Internet-Management

Zum Schluß sollen hier noch einmal die heutige Problematik im Netzmanagement angedeutet und offene Fragen aufgezeigt werden.
Die Entwicklung des Netzmanagements läuft den technisch-wirtschaftlichen Möglichkeiten von Netz und verteilten Systemen und den Anforderungen der Betreiber bedrohlich nach. Das gilt sowohl bei den Netzanwendern, als auch bei den Netzanbietern. Die Dienstintegration verbessert zwar die Funktionalität und Wirtschaftlichkeit der öffentlichen Netze wesentlich, erhöht aber auch deutlich die Komplexität. Offene Lösungen des Netzmanagement-Problems sind mitlerweile unerläßlich, liegen aber bis jetzt gegenüber herstellereigenen Lösungen an Funktionalität und Reife um einiges zurück.

Heutige Netzmanagementsysteme haben vor allem folgende Defizite, für die Lösungen gesucht werden:

Problem 1: *Netze und verteilte Systeme*

Es werden zwar die Managementprobleme von Komponenten gelöst, nicht aber von Netzen oder verteilten Systemen.

Problem 2: *Bottom-Up statt Top-Down*

Die Management-Informations-Basen werden faktisch durch die erreichbare und meist noch komponenten- oder herstellerbezogene Information bottom-up vorgegeben, statt durch die Anforderungen des Betreibers und des Managements. Die Anforderungen sind noch schwer zu definieren und die Information ist nicht direkt erreichbar.

Problem 3: *Betriebsziele und Managementtheorie*

Es gibt keine akzeptierten Betriebsziele und keine Managementtheorie, die an geeigneten Modellen die Umsetzung in Vorgaben für die Agenten und die zu gewinnende Information nachweist (abgesehen von kleinen Hoffnungsschimmern im Leistungsmanagement)

Problem 4: *Verifikation*

Es müssen Methoden für die Verifikation (formale Semantik) bzw. Validierung der Interoperabilität von Netzmanagement-Systemen gefunden werden.

Problem 5: *Werkzeuge, Modularität*

Es fehlen sowohl Werkzeuge für die Entwicklung von Management-Systemen als auch Architekturen anpaßbarer Systeme aus wiederverwendbaren NM-Komponenten.

Literatur zu Kapitel 11: BLAC 92, CYPS 91, FEIT 95, GARB 91, HEGE 93, SZAB 92.

12 ISDN

12.1 Überblick

Mehr als 100 Jahre lang war die Grundlage der nationalen und internationalen Telekommunikation das analoge geschaltete (circuit-switched) Telefonsystem. Aufgrund der Nachfrage von Anwendern nach digitalen Verbindungen bis hin zu den Endgeräten entschlossen sich 1984 die internationalen Telefongesellschaften und Postverwaltungen: Post, Telegraph und Telephone, PTT , unter der Leitung von CCITT ein neues voll digitales verbindungsorientiertes Telefonsystem zu entwickeln unter dem Namen ISDN: Integrated Services Digital Network. Zur Unterscheidung gegenüber dem Breitband-ISDN System ist heute auch der Name Schmalband-ISDN üblich. Der Standardisierungsprozess zog sich aber über Jahre hin und Implementierungen folgten erst zögernd. Inzwischen haben sich die Forderungen der Anwender erhöht: Auf dem kommerziellen Sektor finden LANs mit 10 MBit/s bis 100 MBit/s Anwendung, auf dem privaten Sektor besteht Bedarf nach Video auf Anfrage: Video on demand. ISDN wächst auch deshalb bezüglich der Zahl der Anwender nur langsam. Ein positiver Impuls könnte eine neue Anwendung von ISDN sein, nämlich für breite Bevölkerungsschichten einen kostengünstigen und gleichzeitig leistungsstarken Zugang zum Internet zu bieten: Durch Vereinigung von zwei B-Kanalen mit 64 Bit/s in einem ISDN Adapter entsteht ein 128 kBit/s Digitalkanal. Die schnellsten analogen Modems erreichen im Vergleich dazu nur Übertragungsraten von 56 kBit/s und waren bei der Einführung von ISDN sogar auf 28,8 kBit/s begrenzt. Für den Heimanwender ist ein entscheidender Vorteil von ISDN, daß man zwei parrallele B-Kanäle zur Verfügung hat und deshalb gleichzeitig unterschiedliche Dienste wie Telefonieren, Fax- oder Datenübertragung nutzen kann.

Von der CCITT-Komission erstmals 1979 ins Auge gefaßt, 1980 aus der Taufe gehoben und 1981 als Basisversion genau definiert ist ISDN heute ein wichtiges öffentliches digitales Telekommunikations-WAN. Seit 1990 ist in allen europäischen Staaten sowie in Japan und den USA ISDN im Regelbetrieb verfügbar; die flächendeckende Verfügbarkeit in Deutschland wurde erst 1999 erreicht.

Der Inhalt des ISDN kann am besten anhand der vier Teile des Begriffs erläutert werden:

Integrated: Verschiedene Dienste der Telekommunikation werden auf ein und demselben Transportmedium transportiert. Der Endanwender kann mit einem kombinierten Endanschluß die verschiedenen Dienste eines anderen Teilnehmers nutzen, die alle unter der gleichen Rufnummer angeboten werden (eine Dienstkennzahl als letzte Stelle der Telefonnummer unterscheidet die verschiedenen Dienste). Das gesamte ISDN-Netz basiert auf den gleichen Hilfsfunktionen für Signalisierung, Verbindungsauf- und abbau, Überwachung und Kostenrechnung, und alle Dienste benutzen das gleiche physikalische Netz mit den gleichen Vermittlungsstellen. Dabei sorgt ein Hilfskanal (der D-Kanal) für die Übermittlung der Kommunikationssteuersignale. Klassische integrierbare Dienste sind Telefon, Textendgerät, Videotext, Datenendeinrichtung und Faxgerät - FAX: von lat. „fac simile", übersetzt „mach ähnlich".

Services: Ausgehend von Betrachtungen der verschiedenen Anforderungen aller zu integrierenden Dienste wurde ISDN so ausgelegt, daß außer allen bereits bekannten Diensten auch etwaige zukünftige im Konzept Platz fänden. Dabei wurden primär die durchschnittliche Belegdauer, die durchschnittliche Kanalauslastung und die durchschnittliche Belegungsbelastung (BHCA: Busy Hour Call Attempts) untersucht, um Größen für die Transportbedürfnisse zu finden. Leider haben sich diese Werte durch die explosionsartige Verbreitung von Personal Computern stark relativiert.

Digital: Für die Entscheidung für ein digitales Netz waren weniger Erwägungen über den Bedarf an analogen oder digitalen Endgeräten, als vielmehr der Fortschritt in der digitalen Übertragungs- und Vermittlungstechnik ausschlaggebend. Bei analoger Vermittlung lassen sich Merkmale wie räumliche Integration, Fehlerbehebung, Zuverlässigkeit oder Kostenrechnung wenn überhaupt, dann nur schlechter und mit ungleich höherem Aufwand implementieren. Außerdem stellte die Entwicklung der Lichtwellenleiter einen enormen Antrieb für die Entwicklung digitaler Vermittlungsstellen dar. Charakteristisch für ISDN ist die Tatsache, daß alle angeschlossenen Geräte bereits digital arbeiten, eine A/D-Wandlung wird mittels Adaptern nur in einer Übergangszeit vorgenommen, um bereits vorhandene Geräte einbinden zu können.

Network: Für eine zukunftssichere Basis kommender Kommunikationsaufgaben ist eine flächendeckende Vernetzung zu einem frühestmöglichen Zeitpunkt erforderlich. Das existierende analoge deutsche Telefonnetz, das sich hierfür anbietet, muß für ISDN allerdings passend umgerüstet werden, damit die anvisierten 26 Millionen Teilnehmeranschlüsse erreicht werden. Der Sektor der Telefonie wird mit der flächendeckenden Verbreitung von ISDN vollständig absorbiert sein. ISDN ist mithin nicht als Alternative sondern als Obermenge der Telefonie zu verstehen.

Die Grundidee von ISDN ist also, bei der anstehenden Digitalisierung des bestehenden Telefonnetzes dem Endanwender eine einheitliche Schnittstelle für bekannte und zukünftige Datenendeinrichtungen (bis zu 64 kBit/s je Kanal) zu schaffen. Der Anschluß bereits vorhander (analoger) Geräte soll über Adapter ermöglicht werden, damit dem ISDN-Teilnehmer gleich anfangs eine ausreichende Anzahl von Kommunikationspartnern zur Verfügung steht.
Durch die konsequente Verwendung digitaler Vermittlungstechnik stehen die in Abb. 195 dargestellten Komfortdienste zur Verfügung.
Abb. 195 erhebt keinen Anspruch auf Vollständigkeit, sondern soll dem Leser lediglich einige für den Endanwender interessante Merkmale von ISDN vor Augen führen.

Anschlußdienstmerkmal	Datenübermittlung (leitungsvermittelt)	Fernsprechen	Teletex	Telefax	Bildschirmtext
Dienstwechsel während der Verbindung	x	x		x	
Verbindungsdienstmerkmale					
Anklopfen mit Anzeige		x			
Anrufliste		x			
Anrufumleitung	x	x	x	x	
Automatischer Rückruf		x			
Durchwahl	x	x	x	x	x
Gebührenübernahme	x	x	x	x	
Geschlossene Benutzergruppe	x	x	x	x	x
Konferenzverbindungen		x			
Kurzwahl	o	o	o	o	o
Rückfrage, Makeln		x			
Anrufweiterschaltung	x	x	x	x	
Sperre für abgehende Verbindungen		o			
Sperre für ankommende Verbindungen		x	x	x	
Wahlwiederholungen	o	o	o	o	o
Automatisches Wecken		x			
Rundsenden	o		o	o	
Informationsdienstmerkmale		x			
Anzeige der Rufnummer des Anrufers	x	xo	xo	xo	o
Datum und Uhrzeit		x	x	x	
Fangen	x	x	x	x	
Anzeige Gebühreneinheiten	x	x	x	x	xo
Hinweisgabe	x	o	x	x	o

x: Realisierung im Netz
o: Realisierung im Endgerät oder in der Dienstzentrale

Abbildung 195: ISDN-Zusatzdienste

Die Verfügbarkeit der dargestellten Merkmale hängt auch vom Anbieter und dessen Infrastruktur ab. ISDN ist offen konzipiert, das heißt, daß neue benötigte Dienste ohne weiteres implementiert werden können. Um die dargestellten und weitere Komfortdienste anbieten zu können, ist eine Signalisierung zwischen den ISDN-Vermittlungsstellen erforderlich. Sie erfolgt mittels des CCITT-Signalisierungssystems Nr. 7 mit zentralen Signalisierungskanälen zwischen den Vermittlungsstellen.

12.2 Analyse von ISDN nach ISO/OSI

Es folgt eine exemplarische Analyse des ISDN-Standards anhand des ISO/OSI 7 Schichten-Modells, wobei ISDN natürlich nur aus den unteren drei Schichten besteht.

Der besseren Verständlichkeit halber wird die Schichtenhierarchie von oben nach unten behandelt.

Anschluß und Schicht 3

ISDN ist ein reines Übertragungsnetzwerk, somit muß der Anwender selbst für die Implementation aller Dienste von Schicht 4 aufwärts sorgen. Hier wird zusammengefaßt, worauf sich der Anwender stützen kann.
Der Endanwender kann zwischen zwei verschiedenen Anschlüssen von ISDN wählen: Der **Basisanschluß** (BA) bietet zwei Informationskanäle (den sogenannten B-Kanälen) je 64 kBit/s und einen Signalisierungskanal mit 16 kBit/s (dem D-Kanal), über den Synchronisierungs- und sonstige Steuerdaten übertragen werden. Die Nutzung des D-Kanals ist nicht dem ISDN-Anbieter vorbehalten, besondere Gerätefunktionen können über diesen Kanal direkt gesteuert werden, außerdem laufen einige spezielle Dienste ausschließlich über den D-Kanal. Der Anschluß im Haus erfolgt über ein Adapterkästchen, das die ankommende Zweidrahtleitung auf eine Hausinterne Vierdrahtleitung schaltet (den S_0-Bus), der bis zu 600 m lang sein darf. Auf das zur Jahrtausendwende auslaufende Euro-ISDN wird hier nicht eingegangen.

Die Übertragung bis zur ersten Vermittlungsstelle (bis zu 7 km) erfolgt zunächst auf Zweidrahtleitungen; das erforderliche Multiplexen und Demultiplexen der drei Kanäle auf einen 160 kBit/s-Kanal wird beim Teilnehmer in der Anschlußbox erledigt, die etwa die Größe einer Zigarettenschachtel hat. Für anspruchsvollere Teilnehmer, die Nebenstellenanlagen, Konzentratoren oder Mainframe-Rechner anschließen möchten, wird der **Primärratenanschluß** (PA) in Europa angeboten, der aus 30 B-Kanälen und einem schnelleren D-Kanal mit ebenfalls 64 kBit/s besteht. Die Gesamtbandbreite einschließlich Synchronisation beträgt 2 MBit/s, die ebenfalls über eine Zweidrahtleitung und im Zeitschlitzverfahren übertragen werden. Eine Alternative ist der Primärratenanschluß mit 5 H_0-Kanälen je 185 kBit/s und einem 64 kBit/s schnellen D-Kanal, der speziell für die Bedürfnisse schneller Computer-Netze vom CCITT vorgeschlagen wurde, nur leider hierzulande (noch) nicht implementiert ist. Zwischen den Vermittlungsstellen werden alle Verbindungen mittels Vierdrahtleitungen oder LWL hergestellt.
Bei beiden Anschlüssen ist die Möglichkeit gegeben, die zur Verfügung stehenden Kanäle zu bündeln und damit eine höhere Transferrate zu erreichen - falls die Empfängerseite über eine entsprechende Anzahl freier Kanäle verfügt. Gerade hierbei spielt der D-Kanal eine kritische Rolle, da über ihn die Synchronisierung von Daten, die auf verschiedenen Wegen vermittelt wurden, abgewickelt werden muß.

12.2.1 Schicht 3: Vermittlungsschicht (network layer):

In der Vermittlungsschicht des D-Kanals wird die Benutzer-Netz-Signalisierung im engeren Sinne abgewickelt, bei paketvermittelten Verbindungen ist die Vermittlungsschicht zusammen mit den tieferen Schichten auch am Transfer der Informationspakete beteiligt.

Paketvermittlung
Die Paketvermittlung nach X.25 ist ins ISDN integriert, so daß Datenendeinrichtungen ohne Umwege angeschlossen werden können. Es existieren zwei Alternativen: Bei der **integrierten Lösung** ist die Paketvermittlungsfunktion Bestandteil des ISDN. Virtuelle Verbindungen werden über ISDN-eigene X.25-Vermittlungseinrichtungen abgewickelt. Diese Einrichtungen werden *packet handler* oder Service Modul für die Paketabwicklung genannt und können entweder in die Vermittlungsstelle integriert sein, oder als zentralisierte Paketvermittlungseinrichtungen der oberen ISDN-Netzebene zugeordnet werden. Im Falle der **Netzübergangslösung** wird die Paketvermittlungsfunktion eines eigenständigen Paketnetzes PSPDN (Packed Switched PDN) mitbenutzt. Virtuelle Verbindungen werden somit stets über ein separates Paketnetz geführt. Den Teilnehmern werden hierbei Dienste und Zusatzdienstmerkmale für Paketvermittlung entsprechend den Festlegungen für eigenständige Datennetze angeboten.
Die Festlegungen der CCITT bezüglich X.25 sind nicht nur für über Adapter angeschlossene Endeinrichtungen gültig, sondern auch für mittlerweile erhältliche ISDN-Pakt-Endeinrichtungen mit D-Schnittstelle. Unterschiedlich sind in den beiden Möglichkeiten die Prozeduren für den Verbindungsaufbau (Wählen) und der Zugang: bei der integrierten Lösung kann grundsätzlich ein B-Kanal oder der D-Kanal des Basisanschlusses zur Übertragung verwendet werden (die Verfügbarkeit ist allerdings dem Provider überlassen), während bei der Netzübergangslösung stets der B-Kanal Verwendung findet.

Leitungsvermittlung Eine leitungsvermittelte Verbindung wird wird im Netz nur in der Bitübertragungsschicht durchgeschaltet und behandelt; die Protokolle der anderen Schichten werden vom Netz normalerweise nicht interpretiert. Die Benutzer-Netz-Signalisierung wird mit dem D-Kanal *outslot*, also außerhalb der eigentlichen Datenverbindung hergestellt. Dies hat den Vorteil, daß auch bei bestehenden Verbindungen ohne Einschränkungen signalisiert werden kann, und daß das Netz die Zuordnung von Kanälen und Anschlüssen zu Verbindungen und nötigenfalls auch die Zuordnung von Übertragungskapazität zu Kanälen auf einfache Weise treffen kann. Allerdings ist das Durchschalten einer leitungsvermittelten Verbindung nicht so eng mit der Signalisierung korrelliert wie bei der *inslot*-Signalisierung, außerdem muß die Benutzereinrichtung hier den Hilfskanal zusätzlich zu den allgemeinen Kanälen bearbeiten.
Somit werden nur die Informationen des D-Kanals in den passierten Vermittlungsstellen jeweils von Schicht 1 auf Schicht 3 und zurück befördert, während die daraus gewonnenen Entscheidungen zur Steuerung der nur auf Schicht 1 durchgereichten Daten des B-Kanals dienen (Abb. 196).

Vermittlungstechnik
In den ISDN-Vermittlungsanlagen finden folgende Funktionseinheiten für die Bereitstellung und Nutzung der ISDN-Dienste Verwendung (vgl. Abb. 197):

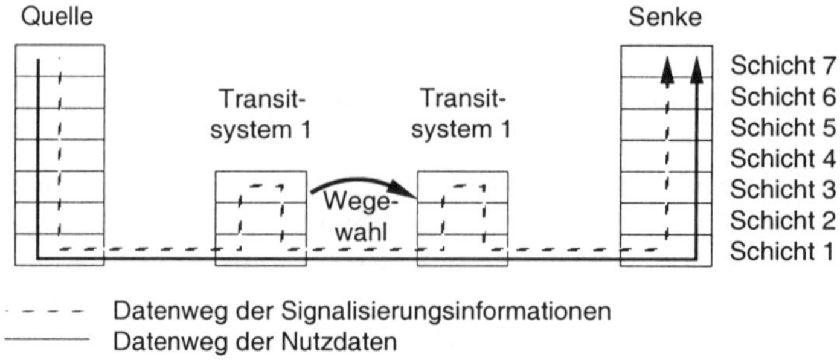

Abbildung 196: Die inslot-Signalisierung im OSI-Schichtenmodell

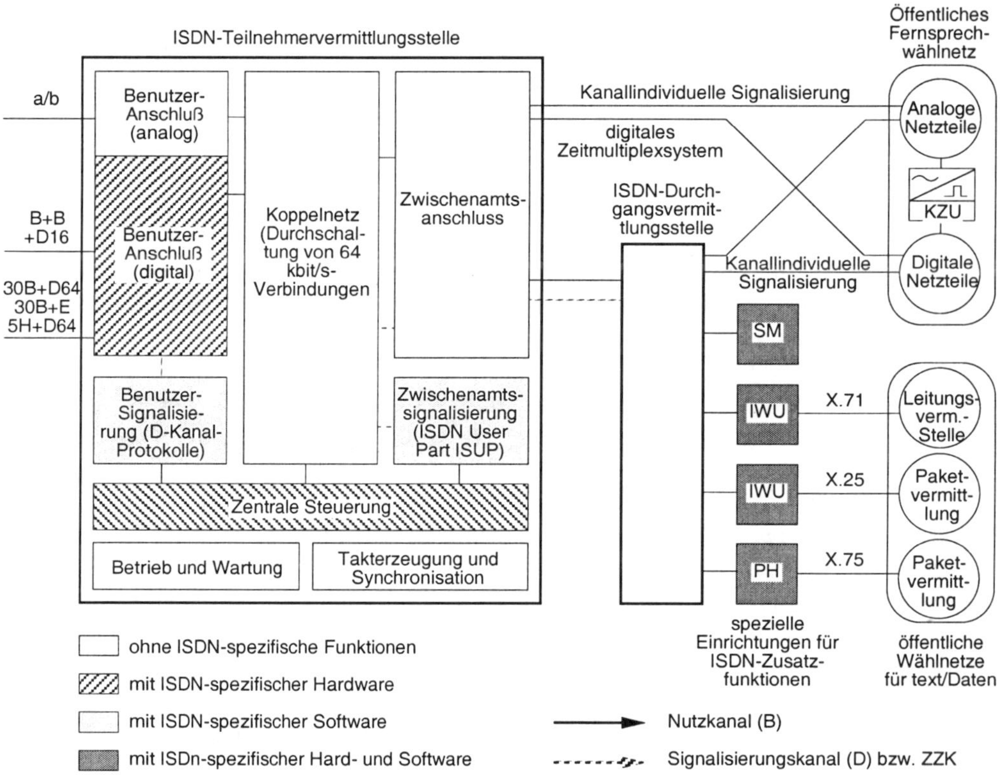

Abbildung 197: Vereinfachte Darstellung einer ISDN-Vermittlungsstelle

- **Benutzeranschluß**: An diesem werden allgemein die zum Endanwender führenden Leitungen angeschlossen, also der Basisanschluß, der Primärratenanschluß und der Anschluß für die klassische analoge Telefonie. Der Benutzeranschluß führt zum Zeitmultiplexanschluß mit 2 048 MBit/s innerhalb der Vermittlungseinrichtung

- **Koppelnetz**: Das Koppelnetz besteht aus verschiedenen Zeit- und Raummultiplexstufen. In den Zeitmultiplexstufen werden die Kanalschlitze von zubringendem und abgehendem Multiplexsystem in gleicher Hierarchiestufe entsprechend der Signalisierungsinformation zugeordnet. Die Vermittlung von Verbindungen mit Teilnehmern, die nicht der gleichen Vermitllungsstelle zugeordnet sind, läuft über den

- **Zwischenamtsanschluß**, der die Verbindung weitervermittelt.

- **Benutzersignalisierung** mit Integration der Analoganschlüsse und

- **Zwischenamtssignalisierung** werten die D-Kanäle aus. Für die Zwischenämter findet das CCITT-Zentralkanal-Signalisierungssystem Nr. 7 Verwendung, das auf einem getrennten 64 kBit/s-Verbindungsnetz läuft. Die Protokollarchitektur dieses Signalisierungssystems entspricht dem 7-Schichten ISO-OSI-Modell. In den unteren 3 Schichten (hier MTP, Message Transfer Part bezeichnet) werden die entsprechenden Funktionen des OSI-Modells realisiert, Schicht 2 in Anlehnung an HDLC. Schicht 4 enthält die verschiedenen User Parts (UP) zur Realisierung der entsprechenden Dienstmerkmale. Hierzu gehören Telefon UP, UP für leitungsvermittelte Daten und der speziell für die Steuerung der ISDN-Dienstmerkmale entworfene ISUP (ISDN User Part).

- **Zentrale und dezentrale Steuerung** bilden das Rückgrat der Vermittlungsstelle. Sie hat die Funktionsbereiche Signalisierung, Anschlußspezifische Anschlußsteuerung, Vermitteln von Anschlüssen unabhängig vom Anschlußtyp sowie Zusammenarbeit mit der Funktionseinheit

- **Betrieb und Wartung**, in der das Einrichten, Ändern und Warten der Anschlüsse sowie der Dienste und Zusatzmerkmale erledigt wird.

- **Takterzeugung und Netzsysnchronisation** sorgen dafür, daß die vermittlungstechnischen Multiplexer verschiedener Vermittlungsstellen einen gewissen Zeitunterschied (Synchronisationsfehler) nicht überschreiten.

In einigen Vermittlungsstellen (nämlich dort, wo es wirtschaftlich erscheint) sind außerdem **Netzübergänge** und spezifische Einrichtungen eingebunden, die das ISDN an andere öffentliche Netze (wie IDN) ankoppelt.

Wichtige Hersteller von ISDN-Vermittlungsstellen sind LME mit ihrem System AXE 10, ALCATEL mit System 1240, AT&T mit System 5 ESS und NEC mit NEAX 61, die jedoch nicht alle auf den gleichen Softwarekonzepten basieren. Eine ISDN-Vermittlungsstelle einer dieser Typen bewältigt zwischen 100 000 und 400 000 Ortsanschlüssen und etwa 60 000 Transitämter. Allein die NEAX 61 bietet außerdem noch 30 000 internationale Fernämter an (Stand 1990).
Die Software der ISDN-Vermittlungssysteme ist überwiegend in der höheren Programmiersprache CHILL (**C**CITT **HI**gh **L**evel Programming **L**anguage, eine seit

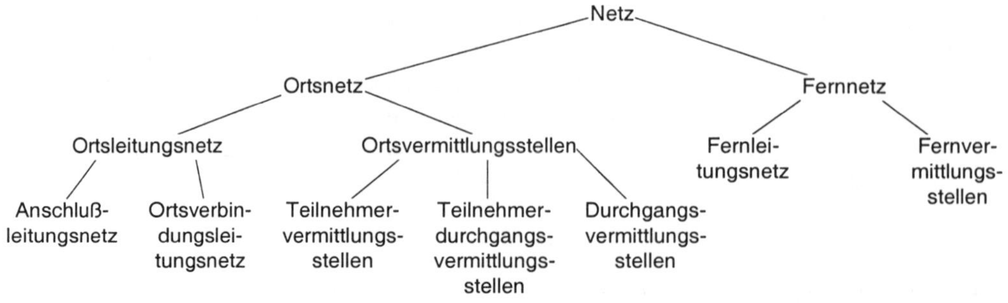

Abbildung 198: Gliederung von Kommuniationsnetzen

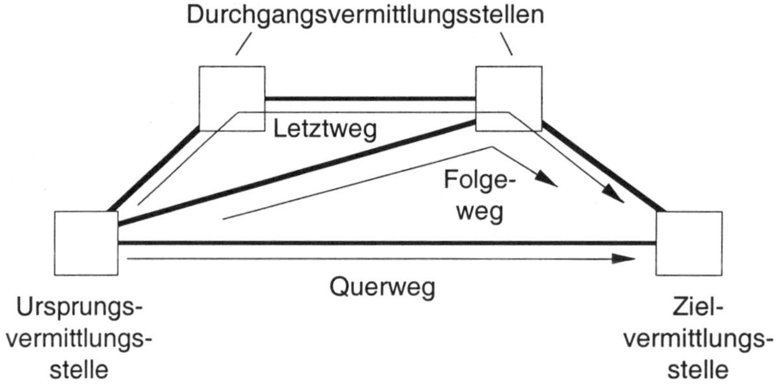

Abbildung 199: Schema der Verkehrslenkung

1975 gepflegte internationale Programmiersprache für Telekommunikationsanwendungen), teilweise aber auch in Assembler und C geschrieben. Das Betriebssystem stützt sich dabei auf einen in Assembler geschriebenen Kern ab, der im wesentlichen Softwareschnittstellen zur Sicherung des Koordinationsprozesses, zur Unterbrechungsbehandlung und zur physikalischen Ein- /Ausgabe bereitstellt.

Wie aus Abb. 198 ersichtlich, sind Kommunikationsnetze generell hierarchisch aufgebaut. Wünschenswert ist immer eine Verbindung, die „quer" verläuft, anstatt in der Hierarchie weit nach oben und wieder nach unten zu laufen. Außerdem wird angestrebt, möglichst wenige Vermittlungsstellen im Signalpfad zu haben. Hier zeigt sich ein weiterer Vorteil der digitalen Vermittlungstechnologie: durch die hohen Kapazitäten einer digitalen Verbindung sind solche Querverbindungen ausgesprochen wirtschaftlich, so daß 80-90% des angebotenen Verkehrs auf diese Weise abgewickelt werden. Die restlichen 10-20% werden über Folgewege und Letztwege abgewickelt (vgl. Abb. 199).

Die Vermittlung erfolgt dezentral und dynamisch.

12.2.2 Schicht 2: Sicherungsschicht (data link layer)

Daten auf den 2 oder 30 Kanälen, die dem Anwender zur Verfügung gestellt werden, werden paketweise übertragen. Dabei ist in beiden Alternativen (PA / BA) ein Rahmen aufgebaut aus den Daten der Kanäle und einigen Hilfs- und Synchronisationsbits, die zu Synchronisationszwecken und dem Ausgleich von Gleichspannungsanteilen dienen. Die Zusatzinformationen des D-Kanals werden getrennt vermittelt. Für die Sicherung der Informationen der B-Kanäle ist CRC im D-Kanal eine vorgesehene Option. Allerdings ist die Checksummenverarbeitung und insbesondere das damit verbundene Fehlerprotokoll nicht international genormt, und wird daher generell nicht verwendet (die entsprechenden Bits sollen auf 1 gesetzt werden). Bei ISDN handelt es sich bei der Leitungsvermittlung um einen unbestätigten verbindungsorientierten Dienst, bei der X.25-Vermittlung um einen bestätigten verbindungslosen Dienst. Fehlererkennung und -behebung werden auf den Anwender von ISDN abgewälzt, dem ja eine Vollduplexverbindung (bzw. X.25-Verbindung) zur Verfügung steht, und der daher auch keine Schwierigkeiten haben sollte, sein eigenes Fehlerprotokoll aufzusetzen.

12.2.3 Schicht 1: Bitübertragungsschicht (physical layer)

In ISDN sind vier Schnittstellen definiert:

R Zwischen einem konventionellen Endgerät und der zugehörigen Anpassungseinheit

S Zwischen einer ISDN-fähigen Endeinrichtung und der Netzabschlußeinrichtung (Anschlußbox)

T Zwischen den Anschlußeinheiten NT1 und NT2 (im Netzabschlußgerät)

U Zwischen dem Netzabschlußgerät und der Anschlußleitung (nicht international einheitlich)

Von der Anschlußbox beim Teilnehmer führt der maximal 600 m lange $S0$-Bus für den BA bzw. der S_2M-Bus für den PA, an den die einzelnen ISDN-fähigen Endgeräte über die ISDN-Anschlußdosen angeschlossen werden. Konventionelle Geräte werden über einen Adapter an den S-Bus gekoppelt.

Anschlüsse:
In Amerika und seit einiger Zeit auch in Deutschland werden Anschlüsse wie in Abb. 200 verwendet. Nachdem von einer weiteren Verbreitung von Telefonanlagen amerikanischer Bauart ausgegangen werden muß, ist international mit einer weiteren Verbreitung dieser sogenannten RJ-45-Steckverbindung zu rechnen. Beide Bilder beziehen sich auf die Verbindung am S-Bus, also dem Anschluß hinter dem Anpassungsgerät. Die Übertragung erfolgt nach dem Full-Duplex-Verfahren; für jede Richtung steht ein eigenes Adernpaar zur Verfügung. Die Bits werden als PCM nach dem HDB3-Code übertragen, der einen geringen Gleichspannungsanteil im Signal und

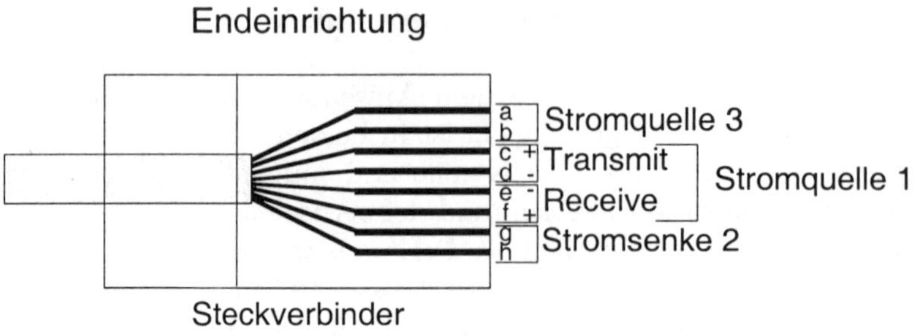

Abbildung 200: der RJ-45-Stecker

damit eine hohe Synchronisationssicherheit garantiert (Abb. 201). Die Kabelverbindungen werden mit UTP vorgenommen. Dies gilt für den Basis- und den Primärratenanschluß gleichermaßen. Die Übertragung mittels LWL findet nur im Bereich der Vermittlungseinrichtungen Verwendung. Als Codierung wird der HDB3-Code verwendet (Abb. 201). Es ist erkenntlich, daß solwohl durch Verwendung dieses Codes als auch durch die Einstreuung spezieller Bits in die Datenrahmen größter Wert auf einen geringen Gleichspnnungsanteil gelegt wird.

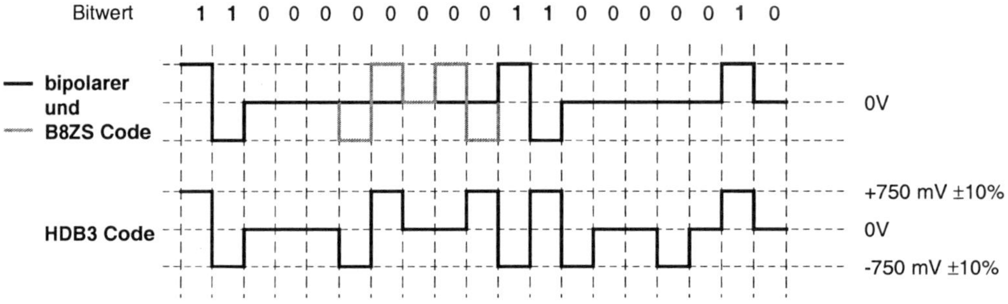

Bipolar: eine "1" triggert abwechselnd einen positiven oder negativen Impuls
B8ZS: acht "0"en werden ersetzt durch 000+-0+- falls vorher ein positiver Impuls erfolgte; durch 000-+0+- sonst
HDB3: vier "0"en werden fogendermaßen ersetzt:

vorhergehender Impuls	Anzahl der Bipolarpulse ("1") seit der letzten Substitution: ungerade	gerade
negativ	000-	+00+
positiv	000+	-00-

Abbildung 201: Codierung von ISDN auf Schicht 1

Der für private Endanwender in Deutschland konzipierte **Basisanschluss** für 2 B- und einen D-Kanal sieht 48 Bit in einem 250 μs langen Rahmen vor (Abb. 202). Die Übertragung von und zur Netzabschlußeinheit unterscheidet sich außer in einem Rahmenversatz von 2 Bit auch in der Struktur der Rahmen von der des Primärratenan-

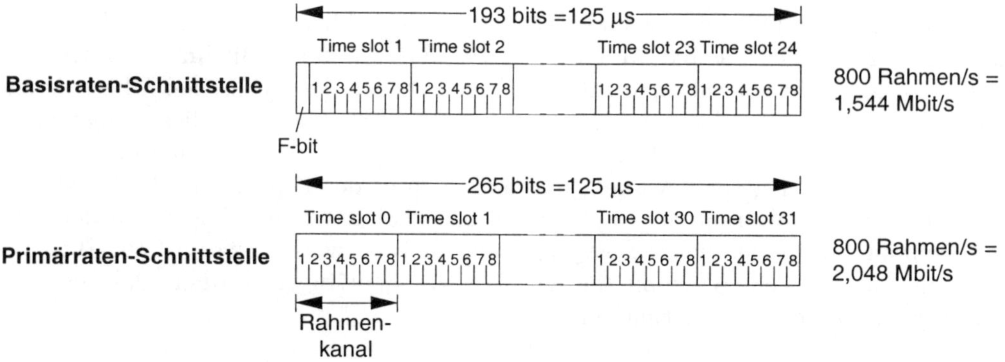

Abbildung 202: Kommunikationspakete im ISDN

schlusses; auf die Feinheiten dieses nur in Deutschland verwendeten Übertragungsprotokolls soll hier jedoch nicht weiter eingegangen werden. Der interessierte Leser findet eine ausführliche Beschreibung in [BOCK 87] auf Seite 76. Wichtigste Eckpunkte des Protokolls sind folgende: jeder B-Kanal ist 8 Bit breit, pro 48 Bit-Rahmen werden jeweils zwei B-Kanäle übertragen. Der D-Kanal, der nur 4 Bit breit ist, wird bitweise nach jedem B-Kanal übermittelt. Dazu gesellen sich noch 12 Ausgleichs- Echo- und Synchronisationsbits. Jeder B-Kanal hat eine Übertragungsrate von 64 kBit/s, der D-Kanal nur 16 kBit/s, die Gesamttransferrate ist 160 kBit/s.
Für den von CCITT vorgesehenen Primärratenanschluß mit 1,544 MBit/s, der in Deutschland zur Zeit keine Verwendung findet, werden Rahmen von 193 Bit Länge alle 125 s übertragen. Jeder Rahmen ist in 24 Zeitschlitze und ein Synchronisationsbit, dem sogenannten F-Bit, eingeteilt. Jeder Zeitschlitz entspricht einem Kanal; typischerweise werden 23 B-Kanäle und ein D-Kanal übertragen, aber auch andere Konstellationen sind möglich, ohne die CCITT-Spezifikationen zu verletzen. Die 193-Bit-Rahmen werden in einem Zyklus von 24 Rahmen übertragen, wobei das F-Bit zyklisch das Synchronisationsmuster 001011, sechs CRC-Bits und 12 noch nicht zugeordnete Bits repräsentiert, die für eine eventuelle zukünftige Verwendung reserviert sind. Während 24 Rahmen ist das F-Bit wie folgt belegt:
mem0mem0mem1mem0mem1mem1, wobei e (von 1 bis 6) die CRC-Summe darstellt, und m die reservierten Bits sind. Diese Rahmenstruktur erlaubt eine noch sicherere Synchronisation als mit dem eingebundenen D-Kanal alleine.
Beim Primärratenanschluß mit 2 048 MBit/s ist die Rahmenstruktur noch einfacher aufgebaut: pro 250 s langem Rahmen werden 265 Bit in 32 Schlitzen 8 Bit übertragen, von denen der erste Synchronisationszwecken dient, gefolgt von den 30 B-Kanälen in aufsteigender Reihenfolge, und zuguterletzt dem D-Kanal. Beim Primärratenanschluß ist auch der D-Kanal 8 Bit breit, damit haben alle Kanäle eine Übertragungsrate von 64 kBit/s. Auch diese Zuordnung von Kanälen auf die Zeitschlitze ist nach CCITT nicht zwingend, nach Bedarf können andere Zuordnungen gewählt werden, wie zum Beispiel die Übertragung von 5 H-Kanälen je 384 kBit/s für die beschleunigte Da-

tenübertragung und einem D-Kanal. Die Bits im Zeitschlitz 0 haben folgende Zuordnung: Bits 2-8 tragen das fixe Muster 0011011, das wie das F-Bit im 1 544 MBit/s-Anschluß der Synchronisation dient. Das erste Bit ist der zyklischen Übertragung eines 4-Bit CRC zugeordnet und international definiert. Nachdem diese Möglichkeit aber nicht in allen Implementationen genutzt wird, soll es im internationalen Verkehr auf konstant 1 gesetzt werden, national kann es der Provider nach Gutdünken benutzen. In einer alternativen Implementation existiert für die Möglichkeit der Fehlererkennung noch eine andere Belegung der acht Bits, wobei außer 5 CRC-Bits pro Rahmen (Bits 4-8) ein Alarmbit und ein fixes Bit übertragen werden. Das Bit 0 ist belegt wie in der ersten Alternative.

12.3 Zwischenamtssignalisierung

In aller Kürze soll hier die Zwischenamtssignalisierung bei ISDN erläutert werden. Im ISDN erfolgt die Zwischenamtssignalisierung im Rahmen des CCITT-Signalisierungssystems (Zeichengabesystems) Nr.7. Dieses Zeichengabesystem ist im Gegensatz zu herkömmlichen nationalen Zeichengabesystemen ein Zentralkanalsystem (outslot). Die Übertragungsinformationen werden gebündelt in 64 kBit/s-kanälen übertragen. Die Signalisierungskanäle zwischen den Vermittlungsstellen bilden zusammen ein eigenständiges, auf dem Prinzip der Teilstreckenvermittlung basierendes Signalisierungsnetz (ZZK-Netz: Zentrales Zeichenkanal-Netz), das völlig vom Nutzkanal-Durchschaltenetz getrennt ist. Zu den Vorteilen dieser Signalisierungsart zählen:

- Die Signalisierung simultan zur Übermittlung von Nutzinformationen bereits aufgebauter Verbindungen ist möglich
- kurze Verbindungsaufbauzeit infolge der verwendeten 64 kBit/s-Signalisierungskanäle
- nahezu unbegrenzter Vorrat an Signalisierungselementen (Nachrichten, Nachrichtenparameter), verbunden mit
- hoher Flexibilitä gegenüber neuen Anforderungen durch die Einführung neuer Dienste und Dienstmerkmale
- rechnerfreundliche Struktur der Signalisierungselemente
- kostengünstig im Vergleich zu kanalgebundenen Verfahren infolge der Bündelung der Signalisierungsinformationen auf einem Kanal (im Fernsprechbereich steuert ein Signalisierungskanal bis zu 4000 Verbindungen)
- Nutzung des Signalisierungsnetzes für weitere Anwendungen (z.B. Paketvermittlung)
- gesicherte Vermittlung der Signalisierungselemente

Interaktionen zwischen Nutzkanal und Signalisierungskanal ergeben sich nur an den Vermittlungsstellen, in denen Signalisierungselemente zur Bearbeitung an die Steuerung übergeben werden.

12.3.1 Der Nachrichtentransferteil MTP

Die unteren drei Ebenen des MTP entsprechen im wesentlichen den OSI-Schichten. Im Einzelnen werden folgende Funktionen erbracht: **Ebene 1:** Übertragungs- und Zusatzfunktionen eines physikalischen Signalisierungskanals **Ebene 2:** sorgt mittels einer HDLC-ähnlichen Prozedur für eine gesicherte Übertragung zwischen den Signalisierungspunkten oder Signalisierungstransferpunkten **Ebene 3:** enthält vor allem für die Nachrichtenlenkung erforderliche Funktionen des Signalisierungsnetzes, d.h. für die korrekte Weiterleitung zwischen den Signalisierungspunkten bzw. zum richtigen Anwenderteil innerhalb der eigenen Vermittlungsstelle. Darüber hinaus ist auch die betriebs- und sicherheitstechnische Gesamtsteuerung des Signalisierungsnetzes (Netzmanagement) in Ebene 3 angesiedelt; dazu zählen z.B. die Lastverteilung des Signalisierungsverkehrs und die Ersatzschaltung von Signalisierungsstrecken bei Ausfall oder Störung.
Als Steuerinformation in Ebene 3 verwendet wird die Adresse der sendenden Vermittlungsstelle (OPC, Originating Point Code), die Adresse der empfangenden Vermittlungsstelle (DPC, Destination Point Code), die Kennzeichnung der ausgewählten Signalisierungsstrecke (SLS, Signalling Link Selection) und das Dienstinformationsoktett (SIO, Signalling Information Octet). Mit dem Dienstindikator SI (Unterfeld des SIO) wird eine ankommende Nachricht zum richtigen Anwenderteil (ISUP, TUP etc.) in der eigenen Vermittlungsstelle weitergeleitet, sofern eine vorausgegangene Auswertung des DPC ergeben hat, daß die Nachricht für den eigenen Signalisierungsendpunkt bestimmt war. Andernfalls wird die Information an die entsprechende Stelle weitergeleitet. Die Zuordnung jeder Nachricht zu einem bestimmten Nutzkanal wird über den CIC (Circuit Identification Code) abgewickelt. Da die SLS Bestandteil der CIC ist, wird gewährleistet, daß sämtliche zu einer Signalisierungsbeziehung gehörigen Nachrichten denselben Weg durch das ZZK-Netz nehmen.

12.3.2 Signalisierungsbeziehungen zwischen ISDN-Vermittlungsstellen

ISDN machte außer der bekannten Link-by-Link-Signalisierung die End-to-End-Signalisierung erforderlich, um die Signalisierungsendpunkte der zwischen Sender und Empfänger liegenden Transitämter umgehen zu können. Primäre Ziele der End-to-End-Signalisierung sind:

- Die Entlastung der ISUPs in den Transitvermittlungsstellen
- die Möglichkeit zur Signalisierung, wenn keine Nutzkanalverbindung besteht

Zum Funktionsumfang der End-to-End-Signalisierung gehören insgesamt Nachrichten zur

- Anforderung eines Dienstmerkmals
- Übertragung Dienstmerkmal-relevanter Ereignisse
- Deaktivierung eines Dienstmerkmals
- Information des Teilnehmers B, wenn Teilnehmer A die Verbindung „parkt“ und später wieder „abholt“, z.B. im Falle des Umsteckens der Endgeräte am S-Bus
- Informationsanforderung von einer Übergangs- oder Vermittlungsstelle
- Übermittlung von Benutzer-Benutzer-Informationen

Der Auf- und Abbau der Nutzkanalverbindung wird dagegen durch Link-to-Link-Nachrichten gesteuert, die von jeder im Verbindungszug liegenden Vermittlungsstelle ausgewertet werden können. Der Auslösevorgang hierfür kann sowohl vom rufenden als auch vom gerufenen Verbindungspartner ausgelöst werden. Zur Kategorie der abschnittweise übermittelten Signalisierungsnachrichten gehören u.a.
für den Verbindungsaufbau:

- Initial Address Message (IAM), die Initialisierungsnachricht des Nutzkanals in Aufbaurichtung
- Subsequent Address Message (SAM), die erforderlichenfalls die nicht in der IAM transportierten Wahlziffern transportiert
- Address Complete Message (ACM), wenn der B-Teilnehmer frei ist und den Ruf mit ALERTing beantwortet
- Answer (ANS) Rufaufnahme durch den B-Teilnehmer mit CONNnect

Für den Verbindungsaufbau:

- Release (REL) für die Initialisierung des Abbaus des Nutzkanals
- Release Complete (RLC) als Quittung auf REL

12.3.3 Protokollarchitektur der ISDN-Zwischenamtssignalisierung

Zur Realisierung der End-to-End-Signalisierung müssen die vom Nachrichtenteil des Signalisierungssystems Nr.7 erbrachten transportorientierten Funktionen ergänzt werden. Es wurden folgende Funktionserweiterungen oberhalb des weiterhin unveränderten MTP vorgenommen:

Bei der SCCP-Methode nimmt der ISDN-Anwenderteil ISUP die Dienste eines zwischen dem Nachrichtenteil MTP und dem ISUP neu eingeführten Steuerteils für Signalisierungstransaktionen SCCP (Sinalling Connection Control Part) in Anspruch. Die End-to-End-Signalisierungsverbindungen zwischen den ISDN-Endvermittlungsstellen kommen hierbei ausschließlich über die MTP-Funktion in den Transitvermittlungsstellen zustande mittels einer als Transportfunktionsteil bezeichneten Teilmenge des SCCP. Darüber hinaus hat der SCCP die Aufgabe, den Dienstumfang des MTP in Einklang mit der OSI-Schicht 3 zu bringen. Die OSI-Netzschicht wird dabei von SCCP und MTP gemeinsam erbracht.
Im Falle der Pass-Along-Methode entsteht die End-to-End-Signalisierungsverbindung dadurch, daß im ISUP der Transit-Vermittlungsstellen einzelne, parallel zu den Abschnitten der Nutzkanalverbindung verlaufende Signalisierungsabschnitte aneinandergekoppelt, d.h. vermittelt werden.

12.4 Kritik

Erst nachdem ISDN zum Standard erhoben worden war, fand man heraus, daß moderne Rechnernetze wesentlich höhere Anforderungen an ein weltumspannendes Kommunikationsnetz stellen, als man erwartet hatte. Zum Zeitpunkt der Spezifikation ging man nicht von einer intensiven Vernetzung von Heimcomputern aus. Die Kanalbündelung stellt zwar einen Ausweg dar, jedoch ist der erreichbare Geschwindigkeitsunterschied sehr teuer zu bezahlen. Der billige Basisanschluß bringt gegenüber dem analogen Telefonnetz heute lediglich eine Steigerung von 57 600 Bit/s auf 64 000 Bit/s, also um Faktor $1,13$; Bei Kanalbündelung sind es $2,26$. Beim Primärratenanschluß liegt der theoretisch erreichbare Faktor bei 68, der aber in der Praxis kaum erreicht werden dürfte, da Inhaber eines solchen Anschlusses selten alle Kanäle zur Bündelung frei haben dürften, und außerdem die Gegenseite eine entsprechende freie Kapazität vorweisen muß. Angesichts der im LAN-Bereich bereits als veraltet geltenden Ethernet-Technologie mit einem Grenzdurchsatz von 10 MBit/s (156 mal die Bandbreite eines ISDN-Kanals) ein nicht gerade berauschender Wert. Als Ausweg hat das CCITT einige Empfehlungen in Vorbereitung die sogenannte H-Kanäle vorsehen, welche speziell auf die Bedürfnisse Daten austauschender Rechner zugeschnitten sind. Ein Einführungszeitpunkt für Deutschland ist bislang nicht veröffentlicht worden
Andererseits wurde ISDN nicht primär mit dem Ziel entworfen, Rechner zu vernetzen, sondern allgemeine Kommunikationsaufgaben der Gegenwart und Zukunft anzugehen. Was die CCITT-Gremien 1979 im Sinn hatten, wird heute fast gänzlich vom Internet erledigt, ohne daß sich irgendjemand die Mühe der Standardisierung gemacht hätte: die Übertragung von Texten, Bildern, Daten, auch die Übermittlung von Sprache und bewegten Bildern sind mittlerweile Domänen, die eher im Internet als in speziellen Heimgeräten zu finden sind. Zur Zeit der Standardisierung des ISDN war man sich noch nicht über das ungeheure Potential der damals noch in den Kinderschuhen steckenden Heimcomputer im Klaren, die heute Kondensationspunkte der multimedialen Kommunikation sind. Das Bedüfnis für mannigfaltige Kommunikationsdienste

ist ja auch eher im wissenschaftlichen Bereich beheimatet, der von jeher die Basis des Internets war. Andererseits ergänzen sich ISDN und Internet hervorragend, da ISDN den idealen Anschluß ans Internet für Privatpersonen darstellt. Die Mittel- und Langstreckenverbindungen bleiben in der Hand privater Anbieter, die die entsprechenden Hochleistungsnetze unterhalten; abgerechnet wird mit dem Internet-Provider.
Anlaß zum Unmut gibt die Deutsche Telekom mit ihrer Politik, Daten über aufgebaute Verbindungen 80 Tage in den Vermittlungsrechnern zu halten. Daneben ist durch die gleichgestellte Verarbeitung von Kommunikationsdaten verschiedener Dienste die datenschutztechnische Sicherheit gefährdet.
ISDN wurde „offen" konzipiert, um allen werdenden Technologien einen Platz in diesem System freizuhalten. Bestehende Services wurden integriert, die Integration wurde teilweise durch die Errichtung noch weitergehender Services weiter vorangetrieben (X.25).
Die von der CCITT herausgegebenen Vorschläge werden in verschiedenen Ländern unterschiedlich implementiert. Die Verfügbarkeit eines Dienstmerkmals ist also nicht global gleich. Abgesehen von verschiedenen Anschlüssen beschränken sich diese Unterschiede allerdings auf das Vorhandensein einiger weniger Dienstleistungen.
Abrechnungs- Kosten- und Verbreitungspolitik der Deutschen Telekom sind rein politischer und wirtschaftlicher Natur und werden hier nicht behandelt.
Anzumerken ist weiterhin, daß - trotz oder gerade wegen ungeahnten technologischen Entwicklungen - ISDN sein Ziel der mulitmedialen dialogischen Vernetzung erreicht, sobald es flächendeckend zum Einsatz kommt. Dabei ist zu honorieren, daß ISDN mit dem Kanalkonzept einen guten Kompromiß zwischen ungenutzter Bandbreite und maximaler Bandbreitenanforderung darstellt.
Festzuhalten bleibt, daß nicht Dienst am Kunden, sondern eine einfache Kostenrechnung für Errichtung und Betrieb eines digitalen anstelle eines analogen Telefonnetzes insbesondere im Vermittlungs- und WAN-Bereich der Antrieb für diese Technologie war.

12.5 DSL-ISDN

Die Begrenzung auf 56 kBit/s für Analoganschlüsse ist aber nicht die wirkliche Grenze der modernen Analogtechnik. Vielmehr werden die Analogsignale in den Vermittlungsknoten ebenfalls in 64 kBit-ISDN umgesetzt und somit die maximale Datenrate vorgegeben. Durch den Einsatz besserer Umsetzer im Vermittlungsknoten und beim Endbenutzer lassen sich deutlich höhere Übertragungsraten erreichen.
Der sogenannte DSL-Anschluß (Digital Subscriber Line) benötigt jeweils ein Modem in der Vermittlungsstelle des Anbieters und ein Modem beim Kunden. Durch diese Technik ist es möglich, auf den normalen Kupferkabeln Übertragungsraten von derzeit bis zu 8 MBit/s zu erreichen. In der Praxis arbeitet man jedoch meistens nur mit reduzierten Transferraten um die gegenseitigen Störungen in den Kabelsträngen (vgl. Nebensprechen) gering zu halten. Viele mittelständige Betriebe sind mit einer DSL-Standleitung angebunden welche mit 1,5 MBit/s arbeitet. Meistens wird ein Router

als Bindeglied zwischen Intranet und Internet verwendet. Für Privatanwender gibt es. ADSL-Anschlüsse (Asynchron DSL) im Leistungssprektrum von 256 kBit/s bis 768 kBit/s. Teilweise wird eine sogenannte Flatrate angeboten, also ein Pauschalbetrag für unbegrenzte Nutzung (Leitungsmiete mit unbegrenztem Datenvolumen).
Man unterscheidet zwei unterschiedliche DSL-Anschlußarten: Der ADSL-ISDN-Anschluß arbeitet asymetrisch und erlaubt höhere Datenübertragungsraten von der Vermittlungsstelle zum Endbenutzer. Dies entspricht der typischen Anforderung, häufig Daten aus dem Internet aus dem Internet zu empfangen, aber nur selten große Datenmengen zu versenden. Der SDSL-Anschluß (Synchron DSL) arbeitet im Gegensatz dazu symmetrisch. Er ermöglicht in beide Richtungen dieselben hohen Übertragungsraten. Firmen welche große Datenmengen, wie hochauflösende Bilder und Fotos, versenden müssen profitieren von einem SDSL-Anschluß. Es soll in diesem Zusammenhang darauf hingewiesen werden, dass der DSL-Anschluß dennoch nicht zum Aufbau eines Web-Servers geeignet ist. Ein Web-Server sollte stets in einem Rechenzentrum mit direkter Anbindung ans Internet installiert werden.

Literatur zu Kapitel 12: BELL 91, BOCK 87, DAGD 94, KESS 93, X.25.

12.6 Prüfungsfragen

Was wissen Sie über ISDN?
Was bedeutet bei ISDN dienstintegriert?
Warum wird ISDN von Datenschützern kritisch betrachtet?
Welche Vorteile bietet ISDN?
Welche Übertragungsraten kann man mit ISDN erreichen?
Erläutern Sie Unterschiede zwischen ISDN und dem OSI - Modell.
Was brauchen Sie um ein herkömliches Telefon an ISDN anzuschliessen?
Ist ISDN heutzutage noch zeitgemäß?

13 Hochleistungsnetze

13.1 Überblick

Hochleistungsnetze haben einen Grenzdurchsatz, der deutlich über dem heutiger Netze liegt (LAN 10 MBit/s bzw. 100 MBit/s, WAN 1,92 bzw. 34 MBit/s). Die erforderlichen Übertragungsgeschwindigkeiten von mehreren Hundert MBit/s werden heute mühelos von modernen Lichtwellenleitern, LWL, (siehe Abschnitt 2.2.3) erbracht. Entsprechende Verarbeitungsgeschwindigkeiten erzielt man in Knotenrechnern, Umsetzern, Schaltgliedern und Endgeräten durch die moderne Halbleitertechnik, insbesondere durch die Großintegration der Bauelemente, VLSI: Very Large Scale Integration, und durch Hochgeschwindigkeitskomponenten in Gallium Arsenid Technik, GaAs. GaAs hat eine höhere Beweglichkeit der elektrischen Träger aber eine Technologie, die schwerer zu beherrschen ist als die von Silizium. Beiden Techniken gemeinsam ist eine außerordentlich hohe Zuverlässigkeit, auch ausgedrückt in kleinen Fehlerraten von 10^{-10} bis 10^{-14}. Diese hohe Zuverlässigkeit erlaubt den Einsatz vereinfachter Protokolle gegenüber früher, z.B. weitgehenden Verzicht oder Vereinfachung von Fehlerprüfung und Fehlerkorrektur, von Wiederholungen von Übertragungen usw. was wiederum zu einer Steigerung des Systemdurchsatzes führt.
In Hinblick auf ihre Eignung zum Audio-/Video-Transport sollten Hochleistungsnetze zusätzlich gute Jitter-Eigenschaften (Jitter: engl.: Zittern; zeitliche Verfälschung des Signalverlaufs) haben. Sie bringen Vorteile für

- großvolumige Einzelnachrichten und
- hohe Summendurchsätze,

nicht aber für kleine Einzelnachrichten.
Eine genaue, genormte Definition, wann ein Netz ein Hochleistungsnetz ist, gibt es nicht. Im Normalfall werden jedoch zumindest FDDI und DQDB mit zu den Hochleistungsnetzen gezählt. Da diese beiden Zugriffsverfahren jedoch schon in einem früheren Kapitel beschrieben worden sind, werden sie hier als bekannt vorausgesetzt und nur zum Vergleich mit anderen Verfahren herangezogen. Die hier betrachteten Kandidaten sind SDH und ATM.
SDH steht für *Synchrone Digitale Hierarchie.* Es ist ein Mediumzugriffsverfahren der OSI-Schicht 1 und wird im Abschnitt 13.2 näher erläutert. SDH wird in der Einführungsphase von ATM und BISDN als unterstes Transportsystem benutzt und ersetzt die **Plesiochrone** (*plesio*: griech. plesios = nahe) **Digitale Hierarchie (PDH)**. Das amerikanische Gegenstück zu SDH ist **SONET Synchronous Optical Network**, das in den Hierarchieebenen leicht von der Synchronen Digitalen Hierarchie abweicht, hier aber nicht näher betrachtet werden soll.
Als klar wurde, daß für moderne Anwendungen ein WAN mit Übertragungsgeschwindigkeiten im kBit/s Bereich bei weitem nicht ausreicht, sondern daß Geschwindigkeiten von 150 MBit/s (z.B. für HDTV - *High-Density-Television* - hochauflösendes

Fernsehen) und mehr gefordert werden, began man mit Überlegungen, die schließlich zum Breitband-ISDN führten. Hierbei kristallisierte sich erst nach und nach heraus, daß ATM die hierfür geeignete Übertragungstechnik ist. Zu Anfang wurden auch andere Varianten der Leitungs- und Paketvermittlung hierfür in Betracht gezogen, die sich jedoch schließlich nicht durchsetzen konnten. Die Anforderungen an ein modernes Netz und die Überlegungen, die schließlich zum BISDN führten, sind im Abschnitt 13.3 näher erläutert.
ATM steht für *Asynchronous Transfer Mode* und wird im Abschnitt 13.5 näher erläutert. Diese Übertragungstechnik wurde als Grundlage für Breitband-ISDN (BISDN) gewählt und ist im ISO-OSI-Referenzmodell ungefähr auf Schicht 1,2,3,4 anzusiedeln. ATM entstand, als die Telekommunikationsindustrie nach einem gemeinsamen Übertragungsmodus für ihre verschiedenen Dienste über die verschiedenen physikalischen Medien hinweg suchte. Dabei war das Problem zu lösen, daß sowohl typisch leitungsvermittelte Dienste (wie das Telefon) als auch typisch paketvermittelte Dienste (wie die gewöhnliche Datenübertragung) auf demselben Netz übertragen werden sollen. Die grundlegend verschiedenen Verkehrscharakteristiken der einzelnen Dienste werfen dabei erhebliche Probleme auf.
Die Abb. 203 gibt einen vergleichenden Überblick über SDH, FDDI, DQDB und ATM.

13.2 Synchrone Digitale Hierarchie - SDH

13.2.1 Entwicklung von SONET und SDH

Eine der ersten Anwendungen von Lichtwellenleitern, LWL, waren die TDM Langstreckenverbindungen (trunks) der Telefongesellschaften als Ersatz für Kabel- und Funkstrecken. Große Bandbreite, hoher Verstärkerabstand, kein Nebensprechen, keine Störung durch elektromagnetische Einstrahlung waren dabei entscheidende Faktoren. Zur Vereinheitlichung der verschiedenen Entwicklungen begannen 1985 bei Bellcore, USA, Arbeiten zu einem Standard, genannt SONET, Synchronous Optical Network. CCITT schloß sich spater diesen Arbeiten an und verabschiedete die Empfehlungen G.707, G.707 und G.709 unter dem Namen SDH, Synchronous Digital Hierarchy. SONET und SDH unterscheiden sich nur geringfügig. Die Grunddatenrate ist 51,84 MBit/s die durch 3 oder 4 faches Multiplexen bis 2 488,32 MBit/s definiert ist. Damit wird auch der Name „Hierarchie„ verständlich. Die Wahl der Grunddatenrate von 51.84 MBit/s bietet internationale Vertraglichkeit mit existierenden Digitalsystemen - USA, Europa, Japan - und dient auch als Basis für ATM, das Übertragungssystem für B-ISDN.

13.2.2 Aufgaben der Synchronen Digitalen Hierarchie

Ziel von SDH ist, einen Satz von Multiplexing-Standards für Hochgeschwindigkeitsverbindungen bereitzustellen. SDH erlaubt die Realisierung von Übertragungskanälen festen Durchsatzes durch Multiplexen auf einem Netz von Glasfasern. An

	SDH	FDDI	DQDB	ATM
Stand	Einführung	verbreitet	Einführung	Einführung
Standards	ja	ja	ja	weitgehend
Grenzdurchsatz bis MBit/s	„13219“ (2488 z.Zt. erreichbar)	100 (FDDI-II: 200)	622, mehr?	622, mehr?
Eignung	MAN,WAN	LAN,MAN	MAN,WAN	LAN,MAN,WAN
Effizienter Fluß vieler schwankender Paketströme	nein	ja	ja	ja
Jitter	nein	ja	gering	gering
sonstige Vorteile	wenig Overhead	billige Anschlüsse	sicherer als FDDI	universell
OSI-Schicht	1	1,2	1,2	1,2

Abbildung 203: SDH, FDDI, DQDB und ATM im Vergleich

den Kreuzungspunkten mehrerer Glasfaserleitungen befinden sich sogenannte **Cross-Connects**. Dies sind „von außen gesteuerte“ Zeitmultiplex-Schalter, die Kanäle ausfiltern, durchschalten und vereinigen.
SDH erlaubt

- die Nutzung der Glasfaser mit schmalen Kanälen festen Durchsatzes,
- minimale Vermittlungszeiten in den Cross-Connects,
- jitterfreie Übertragung.

Kandidaten für die Nutzung der Kanäle sind ISDN-Telefone, XDSL, Video und Daten. Insbesondere können die Kanäle auch für asynchron fließende, paketierte Daten verwendet werden, wie z.B. X.25, IP, ATM, FDDI, DQDB.

Terminal Multiplexer am Ein- und Ausgang des Netzes nehmen die digitalen Datenströme auf, mischen sie und verpacken sie in **Frames** (Rahmen) fester Länge (125 μs, entspricht dem ISDN-Telefon Abtastintervall). Auf den speziellen Fall der Verpackung der 53 Byte großen ATM-Zellen in SDH-Frames wird später noch eingegangen.
Bei SDH gibt es getrennte Signalisierungskanäle (*Outline-Signaling*), wie es bisher hauptsächlich in der Telefonie üblich war. In der Datenkommunikation wurde bisher meist mit Inline-Signaling gearbeitet, d.h. die zuständige Schicht-1-Instanz interpretiert die „Paketverpackung" und gewinnt so die nötige Steuerinformation. Die Cross-Connects werden von dieser Signalisierungsinformation gesteuert.
SDH-Kanäle sind gewisse Vielfache des Basis-Kanals mit 64 kBit/s (ISDN-Telefon). Der größte SDH-Kanal (13 GBit/s) liegt jenseits heutiger Glasfaser-Grenzen. Abb. 205 soll einen Überblick über das Kanalspektrum bieten und die oft gebrauchten Abkürzungen der verschiedenen Normungsgremien in Bezug zueinander setzen.

13.2.3 Die Arbeitsweise von SDH

Bei SDH werden die Daten in Frames übertragen. Dabei muß man sich jeden dieser Frames logisch als zweidimensionalen Rahmen mit Bytes vorstellen, bestehend aus 270 Spalten und 9 Zeilen (Abb. 204).

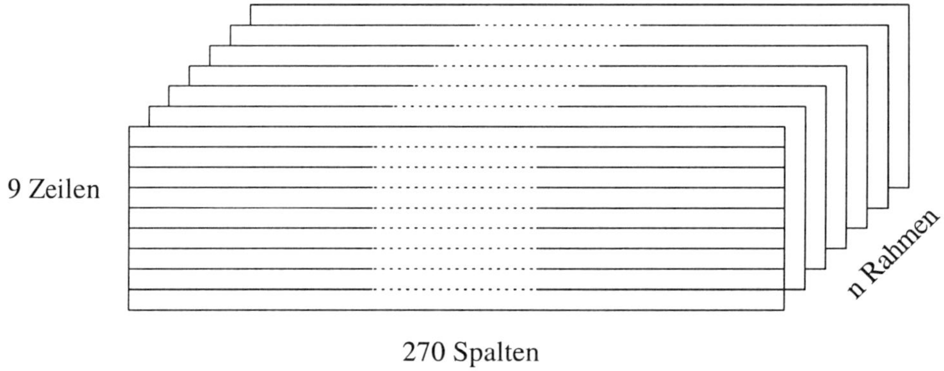

Abbildung 204: Logische Struktur der SDH-Rahmen

Für eine gegebene OC-n Datenrate werden dann n Frames als eine Einheit übertragen. Während bei OC-1 die Daten Frame für Frame übertragen werden, behandelt OC-3 die Daten in Gruppen von 3 Frames, d.h. ein OC-n Frame entspricht n OC-1 Frames. Wie hieraus schon zu ersehen ist, gibt es auch hier etwas verwirrende Bezeichnungen, denn sowohl die einzelnen Rahmen, als auch die Gruppen von n Rahmen werden als Frames bezeichnet.
Bei OC-1 (51,84 MBit/s) enthält ein Frame 51,84 MBit/s $\cdot$ 125 μs = 6 480 bit.

Rate	ISDN	DSx	sonst	OCx
600/1 200/ 2 400/				
4 800/9 600/19 200/			CCITT X.1	
48 000 Bit/s				
64	1	DS0		
128, 256, 512 KBit/s	2..8		fr. T1	
1,544 MBit/s	24	DS1	T1	
2,048	30		E1,H1	
6,312	96	DS2	T2	
8,448	120			
34,368	480			
44,376	672	D3	T3	
51,84	672			OC1
139,264 MBit/s	1920	DS4	H4	
155,52	2016		STM-1	OC3
565,148 MBit/s	7680	DS5		
622,080	9720		STM-4	OC12
2 488,32	32256		STM-16	OC48
13 219,20	171360			OC255

Rate:	Grenzdurchsatz
ISDN:	Anzahl der ISDN-Fernsprechkanäle
DSx:	Digital Signal Level (Elektrische Hierarchie)
sonst:	sonstige Bezeichnungen, z.B. von CCITT, ITU
OCx:	Optical Carrier Level (optische Hierarchie)
STM:	Synchronous Transport Modul
Tx:	US-Norm
Ex, Hx:	Euro-Norm
fr. T1:	fractional T1

Abbildung 205: Übersicht über das Kanalspektrum

Diese werden in Frames strukturiert mit:
270 Spalten · 9 Zeilen · 1 Byte = 2430 Byte = 19440 Bit.
Davon sind 4 Spalten Overhead.

Ein OC-n Kanal kann n OC-1 Kanäle beinhalten. Tatsächlich kann man über eine OC-12 Verbindung (622,08 MBit/s) 12 OC-1 Leitungen oder 4 OC-3 Leitungen multiplexen oder die Verbindung als einen Kanal mit 622,08 MBit/s verwenden (siehe Abbildung 206).

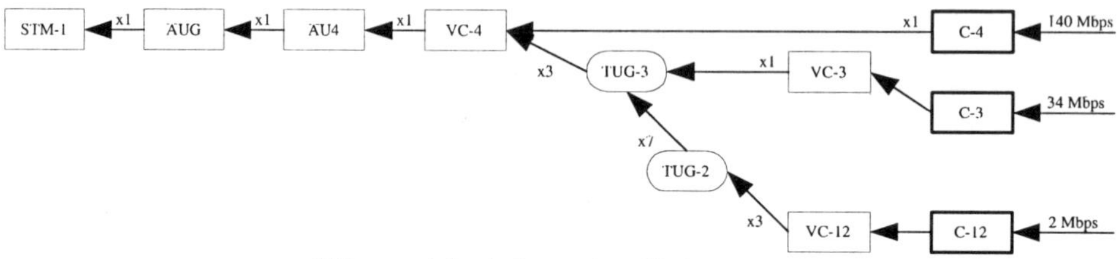

AU	Administrative Unit
AUG	Administrative Unit Group
C	Container
TUG	Tributary Unit Group
VC	Virtual Container

Abbildung 206: Die SDH-Multiplexhierarchie

Die ersten 3 Spalten, das sind 27 Bytes pro Frame, sind für Transport-Overhead-Information reserviert. Die ersten 3 Zeilen heißen *Regenerator Section Overhead* und die letzten 5 Zeilen *Multiplexer Section Overhead*. Der Regenerator Overhead wird in jedem Repeater verarbeitet, während der Multiplexer Overhead im Cross-Connect benötigt wird, um die verschiedenen Datenkanäle zu extrahieren und zu kombinieren. Die SDH-Frames laufen in einem starren Zeitraster über die Leitung (Abb. 207). Daran ändert sich auch nichts, wenn ein Repeater oder ein Cross-Connect die Nutzlast verzögert (Abb.208). Die 5. Zeile des Transport-Overheads enthält Pointer. Sie geben

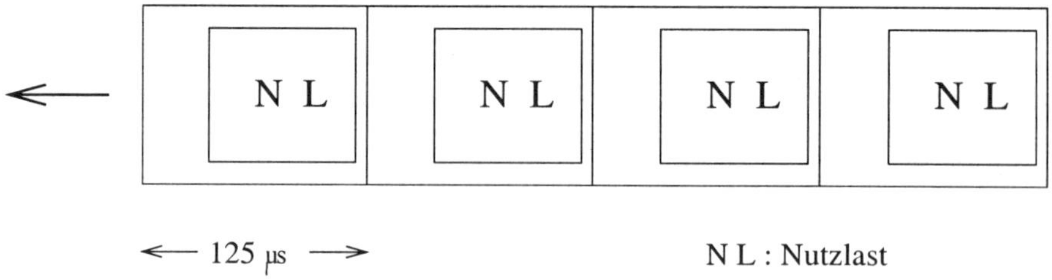

Abbildung 207: SDH-Frames laufen in starrem zeitlichen Raster über die Leitung

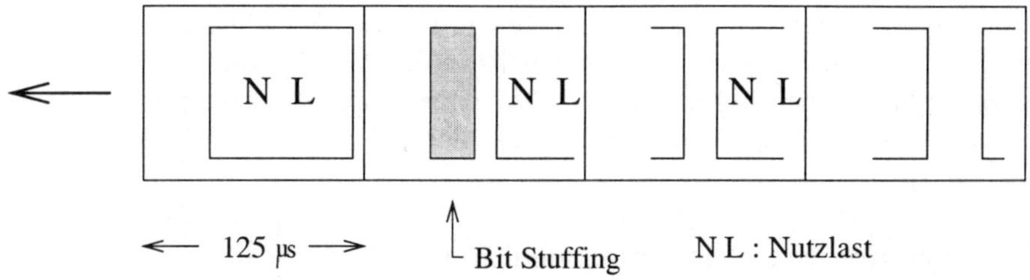

Abbildung 208: Bit Stuffing bei Verzögerung der Nutzlast

die Grenzen der Nutzlast an, deren logisches 125 μs Raster für die Zerlegung und Verschmelzung von Kanälen wichtig ist.

13.3 Der Weg zum Breitband-ISDN

BISDN ist der Nachfolger des bereits weiträumig installierten Schmalband-ISDNs (meist einfach nur ISDN genannt, aber auch NISDN: Narrowband ISDN). BISDN bietet wesentlich höhere Datenübertragungsraten als sein Vorgänger und ermöglicht die Übertragung von Hochleistungsmultimediaanwendungen. An dieser Stelle soll nun zunächst aufgezeigt werden, welche Überlegungen zu ATM (Asynchronous Transfer Mode) als Grundlage für BISDN führten und welche Anforderungen an ein modernes Netz gestellt werden.

13.3.1 Technologische Fortschritte und neue Systemkonzepte

Fortschritte in der *Technologie* und auf dem Gebiet der *Systemkonzepte* ermöglichten eine Entwicklung von kostengünstigen Systemen, die vor einigen Jahren noch nicht oder nur sehr teuer zu realisieren waren.
Im Bereich der **Halbleiter-Technologie** sind die Fortschritte u.a. auf den Gebieten CMOS (Complementary Metal Oxid Semiconductor), bipolarer Silizium-Technologie und GaAs (Gallium Arsenid) von Interesse. Besonders CMOS ermöglicht die Realisierung immer komplexerer und schnellerer Systeme in immer kleineren Chips.
Glasfaserverbindungen erlauben die Übertragung hoher Bitraten über große Entfernung bei sehr guter Übertragungsqualität (sehr geringe Bitfehlerrate). Hier konzentrieren sich die Entwicklungsarbeiten hauptsächlich auf Minituriasierung und Kostenreduktion. So kann man mittlerweile günstige LEDs für die Übertragung bis zu 600 MBit/s anstatt teurer Laser einsetzen.
Neue Systemkonzepte ermöglichen deutlich schnellere Netze. Grundsätzlich bieten paketvermittelte Systeme den Vorteil, daß Resourcen nur dann reserviert werden müssen, wenn tatsächlich Informationen übertragen werden. Die heute existierenden paketvermittelnden Netze, wie z.B X.25, wurden aber zu einer Zeit konzipiert, als

nur qualitativ schlechte Übertragungsmedien mit hoher Bitfehlerrate zur Verfügung standen. Es war damit notwendig, eine vollständige Fehlerkontrolle bei jeder Vermittlungsstation durchzuführen (Abb. 209a). Diese Fehlerkontrolle wird unterstützt vom HDLC-Protokoll (High-Level Data Link Control), welches folgende Funktionen enthält:

- Rahmenbegrenzung, Ausrichtung und Transparenz
- Rahmenmultiplexen
- Überprüfen der Länge des Rahmens (Maximalwert, Minimalwert, ganzes Oktett)
- Fehlererkennung (Cyclic Redundancy Check, CRC)
- Flußkontrolle
- Fehlerbehebung

Daraus resultiert die relativ große Komplexität des HDLC-Protokolls und die Unfähigkeit zu hoher Geschwindigkeit. Mit der Einführung qualitativ besserer Medien, besonders der Glasfasertechnologie, wird diese sich ständig wiederholende Fehlerkontrolle jedoch überflüssig und bringt unnötigen Ballast mit sich.
Die grundsätzliche Idee bei der Konzeptänderung besteht darin, daß nicht alle Funktionen der Fehlerkontrolle in jedem Vermittlungsknoten ausgeführt werden. Ein erster Schritt in diese Richtung ist Frame Relay (Abb. 209b), bei dem nur noch die Kernfunktionen des HDLC-Protokolls implementiert sind (Schicht 2a). Flußkontrolle und Fehlerbehebung laufen dabei nur noch in den Endknoten ab (Schicht 2b).
Für Breitband-ISDN wurde diese Idee noch weiter ausgebaut (Abb. 209c). Auch die Kernfunktionen des Layers 2a laufen nun in den Endknoten ab. ATM stützt sich auf dieses Konzept. Dabei werden Funktionen zur Rahmenbegrenzung und Fehlererkennung nicht mehr von den Vermittlungsknoten im Inneren des Netzes ausgeführt. Diese minimale Funktionalität und damit geringe Komplexität der Vermittlungsknoten bewirkt, daß große Übertragungsgeschwindigkeiten realisiert werden können und die Verzögerung durch das Netz sehr gering ist. Diese Eigenschaften ermöglichen es, über ein ATM-Netz Echtzeitdienste wie Sprache und Video zu transportieren, was mit HDLC und Frame Relay nicht möglich ist.

13.3.2 Neue Anforderungen

Das Bedürfnis nach höheren Geschwindigkeiten war ein wesentlicher Antrieb zur Entwicklung von BISDN. Während im Bereich der informationsverarbeitenden Geräte die Leistung (Prozessorleistung, Festplattenkapazität, Hauptspeicher, Kapazität) ungefähr exponentiell mit der Zeit zunimmt (Abb. 210a), ist diese Entwicklung im Bereich von LAN (Abb. 210c) und WAN (Abb. 210b) bisher nicht zu beobachten.

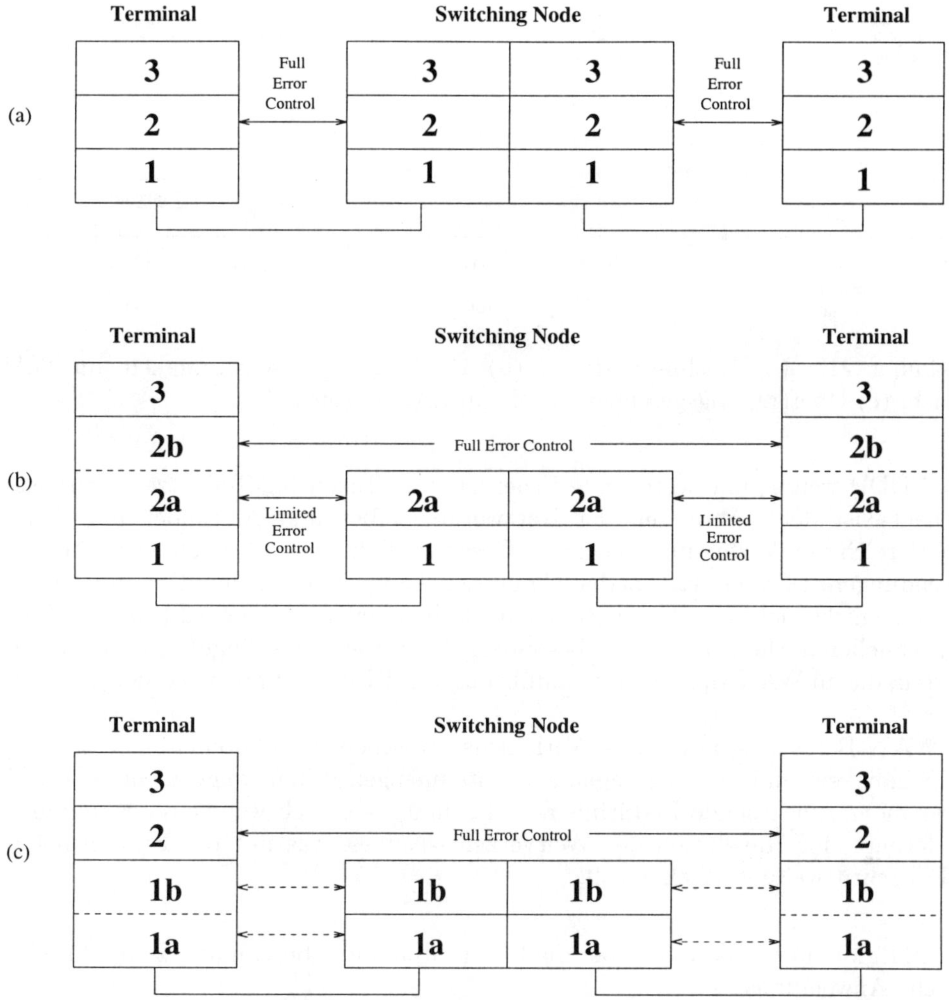

Abbildung 209: (a) Vollständige Fehlerkontrolle durch jeden Vermittlungsknoten in einem paketvermittelten Netzwerk, (b) Verminderte Fehlerkontrolle bei Frame Relay, (c) Cell Switching im ATM Netz

Im **LAN**-Bereich werden diese Anforderungen bisher größtenteils durch konzeptionelle Änderungen kompensiert. Diese bestehen darin, immer weniger Maschinen an ein Netzsegment zu hängen und die Netzlast durch Router, Bridges und Gateways zu reduzieren. Reicht dies noch nicht aus, so helfen oft leistungsfähige Backbone-Netze

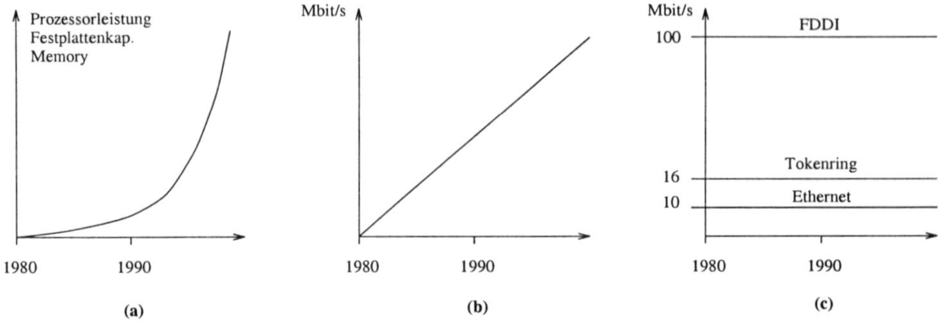

Abbildung 210: (a) Rechnerleistung, (b) Übertragungsgeschwindigkeit im WAN-Bereich, (c) Übertragungsgeschwindigkeit im LAN-Bereich

(z.B. FDDI) weiter, um bestehende Ethernet- und Tokenring-Teilnetze zu entlasten. Bis heute ist der größte Teil der Netzwerkbetreiber und Anwender mit den im LAN-Bereich zur Verfügung stehenden Geschwindigkeiten zufrieden. Nur für einige Anwendungen, z.B. bei Multimedia, Computer-Animation u. Simulation, reichen heutige Netze nicht mehr aus. Es ist jedoch abzusehen, daß auch hier bald eine Nachfrage nach schnelleren Medien einsetzt, besonders dann, wenn das Angebot an Breitbanddiensten, die im WAN-Bereich mit Einführung von BISDN kommen werden, zunimmt.

Im **WAN**-Bereich stimmt das Verhältnis zwischen angebotener Übertragungsgeschwindigkeit und zu übertragenden Datenmengen schon lange nicht mehr. Das immer mehr zunehmende Bedürfnis der Geschäftswelt nach weltweiter Kommunikation fordert eine Revolution des Weitverkehrs-Netzes, was mit der Einführung von BISDN schrittweise geschehen soll.

Abb. 211 gibt einen Überblick über die Datenraten und Übertragungszeiten für einige typische Anwendungen.

Das Angebot **neuer Dienste** steht in direktem Zusammenhang mit der angekündigten Steigerung der Übertragungsgeschwindigkeit. Folgende Breitbanddienste werden vorraussichtlich mit der Einführung von BISDN auf dem Markt erscheinen:

- Datenverkehr mit Bitraten größer 2 MBit/s
- Videotelefon mit hoher Qualität
- Farb-Telefax
- Video- und Audioverteildienste
- HDTV (High-Density Television)
- Homeshopping

Anwendung	**Daten-volumen**	**Übertragungsdauer bei 64 kBit/s**	**Übertragungsdauer bei 100 MBit/s**
Layoutseite	6 MB	13 min	0.5 s
Röntgenbild	8 MB	17 min	0.8 s
Computertomographie	0.5 MB	1 min	0.05 s
Zeitungsseite (sw)	30 MB	$> 1h$	3 s
CAD-File	1 bis 5 MB	2.2 bis 11 min	0.1 bis 0.5 s
Chipentwicklung	10 MB	22 min	1 s
Computersimulation	1 bis 2 GB	ungeeignet	2 bis 4 min
Computeranimation (25 Bilder/s)	1.6 GB	ungeeignet	3 min

Abbildung 211: Datenraten und Übertragungszeiten für typische Anwendungen

- Reisebuchungen, Haus- und Wohnungsbesichtigungen per Fernseher
- Video on demand
- Home education

Die **Anforderungen an moderne Netze** sind im wesentlichen *Service Unabhängigkeit*, *Flexibilität* und *Effizienz*.
Unter **Service Unabhängigkeit** versteht man die Fähigkeit des Netzes, jeden Dienst, unabhängig von seinen speziellen Eigenschaften, effizient zu behandeln. Die heute größtenteils installierten Netze sind serviceabhängig und meist für eine bestimmte Aufgabe konzipiert. Nur in besonderen Fällen ist es möglich, andere Dienste als die ursprünglich vorgesehenen über das Netz zu übertragen. So ist z.B. Sprachübertragung mit X.25 auf Grund der Nachrichtenverzögerung im Netz sehr problematisch. Datenübertragung per Modem über das Telefonnetz ist dagegen bekanntermaßen möglich, doch geschieht dies sehr ineffizient in Bezug auf die Ressourcen.
Schmalband-ISDN ist ein erster Schritt in Richtung eines serviceunabhängigen Netzes, doch gibt es hier noch einige Einschränkungen. Videoübertragung ist z.B. auf Grund der zu geringen Bandbreite nicht möglich.
Unter **Flexibilität** versteht man die Eigenschaft eines Netzes auch neue Dienste, die bei Entwicklung des Netzes noch unbekannt waren, oder alte Dienste mit geänderten Übertragungsparametern, effizient übertragen zu können.

Die heute installierten Netze sind unflexibel. Sind die Bitraten für das Netz einmal definiert, so sind sie praktisch nicht mehr änderbar. Fortschritte im Bereich der Audio-, Video- und Sprachcodierungs-Algorithmen, sowie der VLSI-Technologie beeinflussen jedoch die Bitraten, die von den einzelnen Diensten generiert werden. Damit ändern sich natürlich auch die Anforderungen an das Netz. Wird z.B. heute ein neuer Codierungsalgorithmus für Sprache entdeckt, der die Sprachübertragung statt mit 64 kBit/s nun mit 32 kBit/s erlaubt, so werden in allen bestehenden Netzen ab sofort bei Übertragung von Sprache 50% der Ressourcen verschwendet, da diese nicht anderweitig genutzt werden können. Weiterhin werden in der Zukunft immer mehr neue Dienste angeboten werden, deren Bitraten-Anforderungen zur Zeit noch vollkommen unbekannt sind.
Die **Effizienz** eines Netzes bezieht sich hier auf seine Ressourcennutzung. Die Ressourcennutzung heutiger Netze ist ineffizient. Stehen in einem Netz freie Ressourcen zur Verfügung, so können sie in einem anderen, möglicherweise überlasteten Netz nicht genutzt werden. Ist z.B. das Telefonnetz überlastet, hilft es nichts, daß möglicherweise im DATEX-P Netz noch Kapazitäten frei sind. Von modernen Netzen wird erwartet, daß sie alle Ressourcen effizient zwischen den einzelnen Diensten aufteilen können, und zwar je nach momentanen Anforderungen und unabhängig vom Verkehrstyp (Sprache, Video oder Daten).

13.4 Übertragungstechniken - Die Kandidaten für BISDN

Nachdem die Eigenschaften definiert worden sind, die die BISDN zu Grunde liegende Übertragungstechnik haben muß, ist die Frage zu klären, wie dies technisch zu realisieren ist. Hier sollen nun einige von CCITT bzw. ITU in Erwägung gezogene **Übertragungstechniken** kurz vorgestellt werden. Es soll dabei nachvollzogen werden, warum gerade ATM als die geeignetste ausgewählt worden ist.

13.4.1 Circuit Switching (Leitungsvermittlung)

Circuit Switching ist schon lange vom Telefonnetz her bekannt und wird bei NISDN immer noch verwendet. Im klassischen Fall wird dabei eine Leitung für die gesamte Dauer der Verbindung belegt. In der vorgeschlagenen Breitbandanwendung sollte dagegen TDM (Time Division Multiplexing) verwendet werden.
Bei *TDM* bildet ein Timeslot die Basiseinheit. Mehrere Timeslots werden in einem Rahmen zusammengefaßt. Diese Rahmen werden mit einer bestimmten Frequenz wiederholt. Auf diese Art können nun mehrere Verbindungen im Zeit-Multiplex-Verfahren übertragen werden, indem jeder Verbindung ein bestimmter Timeslot im Rahmen zugeteilt wird. Diese Zuteilung erfolgt für die gesamte Verbindungsdauer.
Nachteile von Circuit Switching sind:

- Es ist inflexibel, da nach Verbindungsaufbau der Timeslot belegt ist, auch wenn gerade keine Daten übertragen werden.

- Es gibt nur eine Basiseinheit (Timeslot). Ist diese zu gering, z.B. 64 kBit/s, können Dienste, die höhere Bitratenanforderungen haben, nicht übertragen werden. Ist sie zu groß (z.B. 2 MBit/s), so werden in großem Umfang Resourcen verschwendet, denn auch ein Dienst für Sprachübertragung, der 64 kBit/s benötigt, muß einen Slot mit 2 MBit/s bereitstellen. Für Breitbandanwendungen ist dies sehr unpassend, da sehr unterschiedliche Bitratenforderungen vorkommen (von wenigen kBit/s bis zu mehreren Hundert MegaBit/s).

13.4.2 Multirate Circuit Switching

Beim Multirate Circuit Switching kann ein Dienst n ($n >= 1$) Basiskanäle allokieren. Dies ist im NISDN-Modell bereits realisiert. Hier können Videosignale mit Bitraten von n mal 64 kBit/s ($n <= 30$) übertragen werden.
Nachteile von Multirate Circuit Switching sind:

- Die Vermittlungssysteme werden deutlich komplexer als bei reiner Leitungsvermittlung, da die einzelnen Kanäle einer Verbindung synchronisiert werden müssen. (Für den Dienst, der die Verbindung benutzt, bilden die von ihm belegten Basiskanäle zusammen eine Einheit).

- Ein weiteres Problem ist die Wahl der Basisrate. Ist sie zu klein, z.B. 1 kBit/s (Bitrate von Telemetrie), muß ein Dienst mit sehr hoher Bandbreite sehr viele Basiskanäle belegen. Das ergibt beispielsweise für HDTV mit einer Bitrate von 140 MBit/s 140 000 Basiskanäle. Dabei wird das Management und die Koordination der Kanäle sehr komplex.
  Wählt man die Basisrate zu hoch, z.B. 2 MBit/s, so liegt wieder eine enorme Ressourcenverschwendung für alle schmalbandigeren Dienste wie z.B. Sprache vor.

Eine Variante des Multirate Circuit Switchings ist die Verwendung von **Slots unterschiedlicher Länge**. Zusätzlich zur Möglichkeit, für eine Verbindung mehrere Timeslots zu zuzuteilen, wird hier der Rahmen in Slots unterschiedlicher Länge eingeteilt.
Nachteile dieses Verfahrens sind:

- Die Ressourcennutzung ist immer noch nicht zufriedenstellend. Ein Service ist darauf angewiesen, daß ein Kanal mit der von ihm angeforderten Basisrate frei ist. Ist dies nicht der Fall, so können freie Kanäle mit anderen Bitraten trotzdem nicht genutzt werden.

- Das Konzept ist nicht zukunftssicher. Es ist nur eine begrenzte Anzahl von Basisraten definiert. Alle Dienste müssen in dieses Schema hineinpassen. Die Einführung neuer Dienste mit anderen Bitraten oder die Nutzung neuer Codierungsalgorithmen, die die zu übertragenden Bitraten für bekannte Dienste reduzieren, werfen unlösbare Probleme auf.

- Ein weiterer entscheidender Nachteil ist die Unfähigkeit, mit „bursty-source" effizient umzugehen. Dies sind Quellen, die sehr unterschiedliche Bitraten produzieren und dazwischen oft Idle-Zeiten haben, in denen keine Daten übertragen werden müssen. Wie in einem leitungsvermittelten Netz üblich, werden hier die Ressourcen für die gesamte Verbindungsdauer belegt. Die gewählte Basisrate muß dabei größer gleich der Spitzenbitrate der Quelle sein.

13.4.3 Fast Circuit Switching

Beim Fast Circuit Switching wird das Konzept der Leitungsvermittlung erweitert, um auch mit bursty-sources effizient umgehen zu können. Die Idee dabei ist, die Ressourcen im Netz nur dann zu belegen, wenn wirklich Information gesendet wird, und sie wieder freizugeben, wenn keine Information gesendet wird. Die Belegung der Ressourcen erfolgt beim Burst, vergleichbar mit dem Datagrammdienst (verbindungslose Paketvermittlung), aber jetzt unter der Kontrolle einer schnellen Signalisierung.
Nachteile von Fast Circuit Switching sind:

- Da die Ressourcen nur bei Bedarf allokiert werden, kann es passieren, daß das Netz nicht alle momentanen Anforderungen befriedigen kann, da nicht genug freie Ressourcen zur Verfügung stehen.
- Der entscheidende Nachteil ist, daß aufgrund der Anforderung, Verbindungen enorm schnell auf- und abbauen zu können, die Kompexität des Systems sehr groß ist. Signalisierung mit einer so großen Geschwindigkeit ist nicht einfach zu realisieren und zu steuern.

Bemerkung: Natürlich kann die Idee des Multirate Circuit Switchings mit Fast Circuit Switching kombiniert werden.

13.4.4 Packet Switching (Paketvermittlung)

In paketvermittelten Netzen ist die Benutzer-Information in Pakete meist variabler Länge verpackt. Zusätzlich zu den Benutzerdaten enthält jedes Paket noch einen Header mit Routing-, Fehler- und Flußkontroll-Informationen.

Die klassische Art der Paketvermittlung, wie z.B. in X.25 realisiert, beinhaltet zuviel Ballast in Form von Fehlermanagement, was der Qualität heutiger Netze nicht mehr angemessen ist. Wie schon oben beschrieben, führte die Weiterentwicklung der Paketvermittlung zu Techniken und Diensten mit immer geringerer Funktionalität in den Vermittlungsstationen. Dabei entstanden Dienste wie *Frame Switching* (reduzierte Funktionalität der Vermittlungsknoten) und *Frame Relay* (noch weiter reduzierte Funktion der Vermittlungsknoten). Am Endpunkt dieser Entwicklung steht zur Zeit das Konzept des Fast Packet Switching. Mit der Entscheidung der CCITT bzw. ITU,

ATM als Übertragungstechnik für BISDN zu benutzen, wurde ATM zum wichtigsten Vertreter dieses Konzepts.

Bemerkung: Auch hier ist wieder die Nomenklatur nicht eindeutig. Einige Autoren setzen ATM und Fast Packet Switching gleich. Andere bezeichnen Fast Packet Switching als Technologiefamilie, die neben ATM auch noch andere Hochgeschwindigkeits-Techniken wie FDDI, MAN (DQDB) und Frame Relay beinhaltet, wobei im allgemeinen offen gelassen wird, was eine hohe Geschwindigkeit ist, und was nicht. Hier soll im Weiteren die zweite Definition verwendet werden, da sie häufiger angetroffen wird.

13.4.5 Fast Packet Switching

Ein Vertreter des Fast Packet Switchings ist der **Asyncronous Transfer Mode** (ATM). ATM ist in der Lage, jeden Service zu transportieren, unabhängig von seinen Verkehrscharakteristiken wie Bitrate, Qualitätsansprüchen oder sprunghaftem Verhalten (Bursts). ATM erfüllt die Anforderungen an moderne Netze, wie sie weiter vorne definiert wurden:

- *Flexibel und zukunftssicher*
  Dienste, bei denen sich die zu übertragene Bitrate ändert oder neue Dienste können von ATM problemlos und effizient transportiert werden. Am ATM Netz müssen dafür keine Veränderungen vorgenommen werden.

- *Effizient bei der Ressourcennutzung*
  Alle verfügbaren Ressourcen können von jedem Dienst genutzt werden. Es gibt keine Spezialisierung.

- *Ein Netz für alle Dienste*
  Da über ein ATM Netz alle Dienste übertragen werden können, reduzieren sich global gesehen die Kosten für Entwicklung, Herstellung, Installation und Wartung.

Im nächsten Kapitel soll nun beschrieben werden, wie ATM im einzelnen funktioniert.

13.5 Asynchroner Transfer Mode - ATM

13.5.1 Die ATM-Zelle

ATM zerlegt Datenpakete in **Zellen** fester Länge. Jede Zelle ist 53 Byte groß, wobei 5 Byte für den Header und 48 Byte für die Benutzerdaten (Payload) vorgesehen sind. Beim Empfänger müssen diese Zellen dann wieder zu einem Paket zusammengesetzt werden (Reassembling).

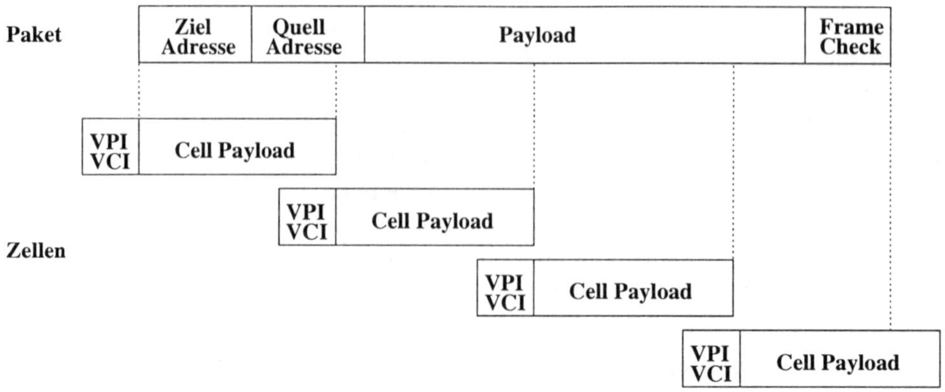

Abbildung 212: Die ATM Zelle

Vorteile von *Zellen* sind:

- effiziente Implementation auf Chipebene ist möglich (definierte Matrix-/Puffergröße)
- Senden mit verschiedenen Bitraten ist möglich. So können unterschiedliche Bandbreitenanforderungen erfüllt werden.
- geringe Paketierungsverzögerung
- geringere Wartezeit in den Warteschlangen der Switches
- Produziert eine Anwendung einen Datenstrom mit geringer Priorität (z.B. reine Datenübertragung), so können zwischen diese Zellen Zellen von Echtzeitanwendungen (z.B. Sprache, Video) mit hoher Priorität zwischengeschaltet werden, vorausgestzt es besteht ein entsprechendes Prioritätenmanagement.

Nachteile von *Zellen* sind:

- Segmentieren und Reassemblieren bringt mehr Overhead und Komplexität mit sich
- Veranschaulicht man sich das Prinzip von ATM anhand des berühmten Beispiels vom Verschicken eines Briefes, so sieht das, auf reine Daten bezogen, etwa so aus: Man schreibe einen Brief, zerreiße ihn in kleine Stücke und schicke dann jeden Fetzen einzeln mit der Post.

Leerzellen sind ein weiteres wesentliches Element von ATM. Bei ATM werden auf jedem Übertragungsabschnitt ununterbrochen Zellen übertragen. Ist keine Nutzinformation vorhanden, so werden speziell markierte Leerzellen gesendet. Auf diese Art

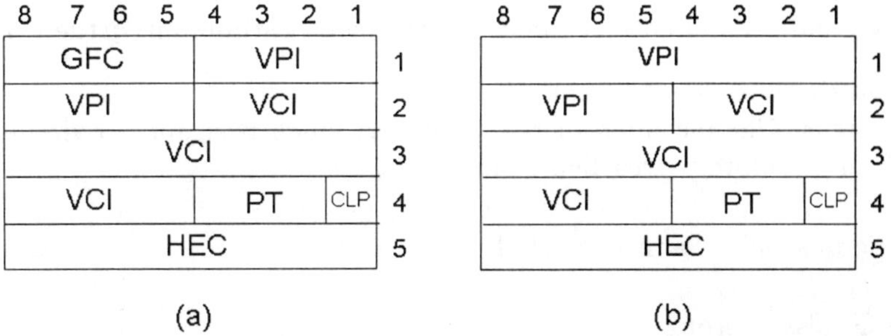

Abbildung 213: ATM-Header-Struktur an der UNI- (a) und der NNI-Schnittstelle (b)

und Weise werden Verbindungen mit beliebiger Nettobitrate ermöglicht. Die Nettobitrate kann sehr klein sein (wenig Nutzzellen) oder annähernd der Transportbitrate entsprechen. Das sind bei 155 MBit/s Transportbitrate ungefähr 130 MBit/s Nutzbitrate.

Abb. 213 zeigt den Aufbau eines **ATM-Headers** (Zellkopf). Er enthält im wesentlichen folgende Informationen:

- *General Flow Control (GFC)*
  Dieses Feld existiert nur in Zellen zwischen Host und Netz, d.h. an der UNI-Schnittstelle (User Network Interface). Es wird vom ersten erreichten Vermittler überschrieben und hat damit keine Ende-zu-Ende-Bedeutung. Innerhalb eines Netzes, d.h. an den NNI-Schnittstellen (Network Network Interface), werden diese 4 Bit zusätzlich für Routing Informationen genutzt und mit einem Teil des Virtual Path Identifiers belegt.

- *Cell Loss Priority (CLP)*
  Das CLP-Feld dient zur Unterscheidung von Zellen, deren Verlust mehr oder weniger tragbar ist. Bei Überlastung des Netzes werden zuerst Zellen mit geringer Priorität (CLP-Bit ist auf 1 gesetzt) verworfen.

- *Header Error Control (HEC)*
  Das HEC-Feld enthält eine Prüfsumme und dient zum Schutz des Headers vor Übertragungsfehlern, insbesondere um Fehlleitung von Zellen zu verhindern. Der gewählte Code ermöglicht die Korrektur von Ein-Bit-Fehlern und das Erkennen von ca. 90

- *Payload Typ (PT)*
  Das PT-Feld definiert die in der Zelle enthaltene Datenart. Es erlaubt die Unterscheidung zwischen Benutzerdatenzellen, Leerzellen und Zellen mit Wartungs- und Ressourcenmanagement-Informationen.

- *Virtual Path Identifier (VPI)*
  Der Virtual Path Identifier identifiziert einen bestimmten virtuellen Pfad.

- *Virtual Channel Identifier (VCI)*
  Der Virtual Channel Identifier identifiziert einen bestimmten virtuellen Kanal auf dem gewählten virtuellen Pfad.

Wie man hieraus sieht, kann von ATM

- keine Flußssteuerung
- keine Fehlerkorrektur und
- keine Quittierung von Zellen

durchgeführt werden. Diese Aufgaben müssen die Protokolle der höheren Schichten übernehmen.
ATM arbeitet *verbindungsorientiert*, das heißt die Reihenfolge der Zellen wird bei der Übertragung beibehalten. Beim **Verbindungsaufbau** gibt der Sender über einen (virtuellen) Signalisierungskanal die gewünschte Bitrate bekannt. Auf diese Art reserviert er auf allen Übertragungswegen die erforderliche Bandbreite. Falls ein Sender seine maximale Bitrate überschreitet, werden von den Vermittlungsknoten entsprechende Maßnahmen ergriffen (z.B. Wegwerfen von Zellen).
Die wesentlichen Elemente des Zellkopfes sind der *Virtual Channel Identifier* (VCI) und der *Virtual Path Identifier* (VPI). Sie identifizieren eine **virtuelle Verbindung** im Netz. VPI und VCI einer Zelle sind jedoch nur eindeutig zwischen zwei Vermittlungsknoten. Beim Vermitteln einer Zelle setzt der Vermittlungsknoten anhand einer Tabelle VPI und VCI auf den aktuellen, neuen Wert für die folgende Übermittlungsteilstrecke um. Dieses hop-by-hop-forwarding nennt man auch *Cell Relay.* ATM ist damit eine Implementation von Cell Relay.

13.5.2 Permanente und vermittelte Verbindungen über ATM

ATM unterstützt sowohl permanente als auch vermittelte Kanäle. Eine permanente virtuelle Verbindung (Permanent Virtual Connection, PVC) wird durch einen administrativen Vorgang dem Netz bekannt gegeben und entspricht einer Standleitung. Um eine vermittelte Verbindung (Switched Virtual Connection , SVC) aufzubauen, müssen die VCI/VPI's an jedem Hop der Verbindungsstrecke zwischen Sender und Empfänger bekannt sein. Ein Protokoll, das dies durchführt, heißt *Signalisierungs-* oder *Setup-Protokoll.* Die Standardisierung eines solchen Signalisierungsprotokoll für ATM war lange Zeit eines der Hauptprobleme bei ATM. In der Pilotphase von ATM Anfang der 90er Jahre wurden im wesentlichen nur permanente Verbindungen unterstützt. Zum Aufbau vermittelter Verbindungen existierten zwar proprietäre Protokolle, doch beim Datenaustausch zwischen ATM-Switches verschiedener Hersteller kam es immer wieder zu Schwierigkeiten, so daß ein sicherer und stabiler Betrieb eines heterogenen ATM-Netzes nicht garantiert werden konnte. Der Grund für die verspätete Standardiesierung der Signalisierung bei ATM und damit der Einführung von vermittelten Verbindungen liegt darin, daß es sich dabei um eine sehr komplexe Aufgabe handelt, was jedoch hier nicht ausführlicher behandelt werden soll. Heutiger Standard ist das ITU-Protokoll namens Q.293. Für den genauen Ablauf des Auf- und Abbaus einer vermittelten ATM-Verbindung wird auf [Tane 97] verwiesen.

13.5.3 Multplexing von ATM-Zellen

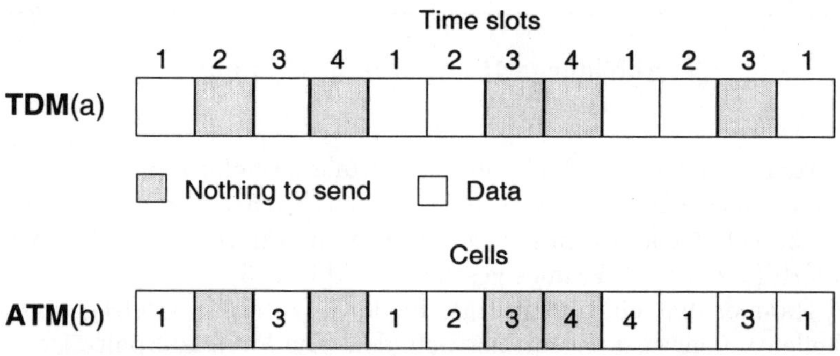

Abbildung 214: (a) TDM : Jeder Benutzer hat seinen eigenen Time Slot, (b) ATM: Ein Benutzer kann Zellen senden, wann immer es nötig ist

Das **Zell-Multiplexing** erfolgt bei ATM *asynchron* (hierher kommt der Name 'asynchroner' Transfer Mode). Im Gegensatz zum 'Synchronen Transfer Mode' (STM), wo jedem Benutzer ein bestimmter Slot zugeteilt wird, kann eine ATM-Zelle jeden beliebigen freien Time Slot belegen. STM verwendet die Time Division Multiplexing Technik, wie sie auch bei Schmalband-ISDN (NISDN) in Verwendung ist. Time Slots, die einem Benutzer zugeteilt sind, der gerade nicht sendet, bleiben leer, auch wenn ein anderer Benutzer mehr senden möchte, als ihm an Slots zugeteilt wurde.

13.5.4 Zusammenspiel von ATM und SDH

SDH ist ein traditionelles TDM System, die gesamte Bandbreite des LWL ist aufgeteilt in Zeitscheiben (slots) für die verschiedenen Unterkanäle. Bits werden in exakten Intervallen gesendet, gesteuert durch eine Synchronuhr mit einer Genauigkeit von $\frac{1}{10^9}$. Im Gegensatz dazu ist Breitband-ISDN ein asynchrones System mit ATM: Asynchronous Transfer Mode. Die Hierarchiestufen OS3 und OS12 sind vorgesehen zum Transport von ATM Rahmen mit 156 MBit/s und später mit 622 MBit/s.
In der Einführungsphase wird ATM jedoch als Overlaynetz über die bereits installierte SDH-Infrastruktur betrieben. Hierfür müssen die ATM-Zellen in **SDH-Container**

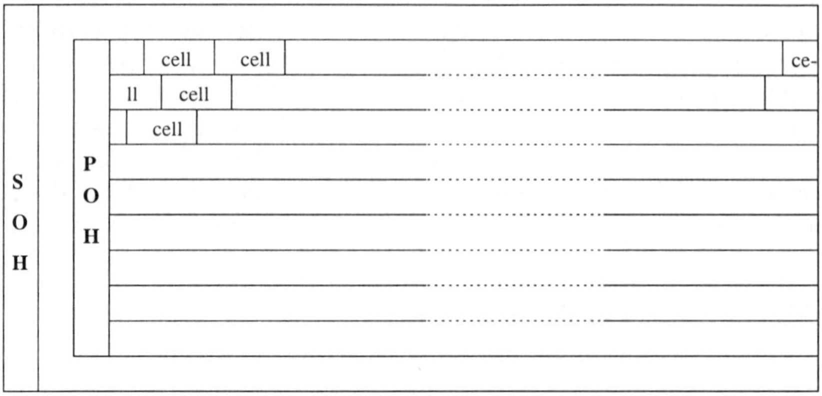

Abbildung 215: ATM in SDH-Frames

verpackt werden, um sie schließlich auf die Leitung zu befördern.
ATM-Zellen können nicht direkt versendet werden. Zunächst müssen Regeln definiert werden, wie die Zellen codiert und die Zellgrenzen markiert werden. Im WAN-Bereich soll dies mit Hilfe von SDH-Frames geschehen (Abb. 215).
Jeder SDH-Rahmen hat eine Spalte mit Payload Overhead (POH), hinter der sich die ATM-Zellen zeilenweise angeordnet befinden. Die Payload-Spalte ist durch einen Pointer im SDH-Overhead (SOH) definiert. Da weder die Zeilenlänge, noch die SDH-Rahmen-Länge ein exaktes Vielfaches von 53 Byte sind, kann es geschehen, daß die Zellen über die Zeilen und Rahmengrenzen hinausgehen. Die Bytes der Zellen müssen dagegen mit den SDH-Byte-Grenzen übereinstimmen. Einzelne Zellen werden gefunden, indem die einzelnen Bytes durchsucht werden, bis ein gültiger Zell-Header gefunden ist. Das ist dann der Fall, wenn die ersten vier Bytes der vermuteten Zelle gültig sind und das 5. Byte die dazugehörige Checksumme besitzt.

13.6 ATM und das BISDN Referenzmodell

Vergleicht man das **BISDN Referenzmodell** (Abb. 216) mit dem OSI-Referenzmodell, so kann man sagen, daß die von ATM übernommenen Funktionen grob denen der Schichten 1 und 2 des OSI-Modells entsprechen. Es unterscheidet sich vom OSI-Modell jedoch im Aufbau der Schichten und deren Modularität.
Das BISDN-Referenzmodell unterscheidet zwischen **Schichten** (Layers) und **Ebenen** (Planes).

Die einzelnen Ebenen haben folgende Aufgaben:
Anwenderebene (User Plane):

- Übertragung von Benutzer-Informationen

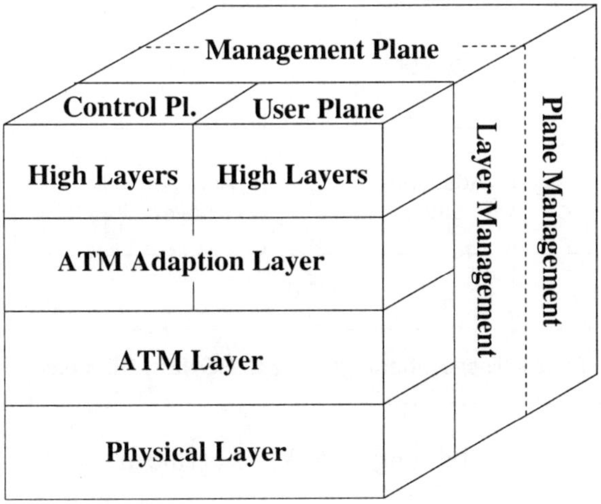

Abbildung 216: Das BISDN Referenzmodell

- Bereitstellung der dazugehörigen Kontrollfunktionen (z.B Fehler- und Flußkontrolle)
- Die Anwenderebene ist geschichtet.

Steuerebene (Control Plane):

- Bereitstellung der Signalisierung für Rufsteuerung (Call Control) und Verbindungssteuerung (Connection Control). Diese Signalisierung ist für vermittelte Dienste nötig.
- Die Steuerebene ist geschichtet.

Verwaltungsebene (Management Plane):

- Die Verwaltungsebene hat die Aufgaben des *Ebenenmanagements* (Plane Managenent) und des *Schichtenmanagements* (Layer Management).
- Das Ebenenmanagement ist für die Koordination aller Ebenen zuständig.
- Das Schichtenmanagement ist für schichtspezifische Management-Funktionen zuständig. Es verwaltet Schichtressourcen und Parameter.

Die Unterteilung in Benutzer- und Kontrollebene, sowie die ATM-spezifische Schichtung gibt Abb. 217 noch einmal vereinfacht wieder.

Die Tabelle (Abb. 218) gibt einen Überblick über die Funktionen der Schichten im BISDN-Modell.

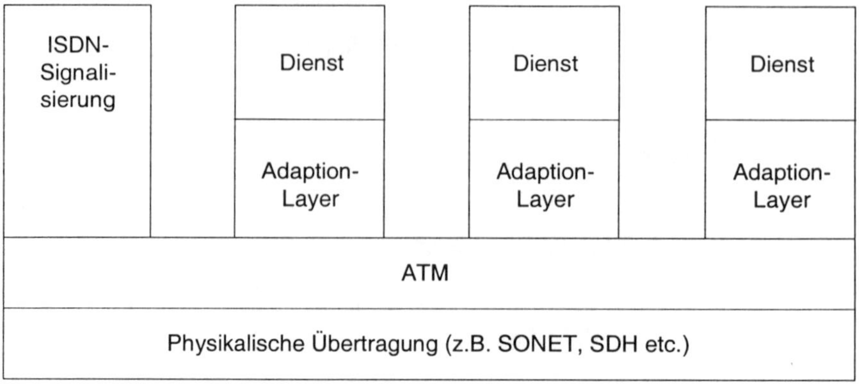

Abbildung 217: ATM-Struktur

Die **physikalische Schicht** (Physical Layer) dient zum Transport der Zellen über das Medium. ATM erlaubt verschiedene Implementierungen der physikalischen Schicht: SONET/SDH, DS-3/E3, 100 MBit/s local fiber (FDDI physical layer) und 155 MBit/s local fiber (Fiber Channel physical layer). Weitere Medien, z.B. die Verwendung von Twisted Pair, sind geplant.
Die physikalische Schicht ist in zwei Teilschichten unterteilt, *Transmission Convergence Sublayer* (TS) und *Physical Medium Sublayer* (PM).

ATM Adaption Layer (AAL)	Convergence Sublayer(CS)	Anpassung der Dienste an das ATM-Prinzip
	Segmentation and Reassembly Sub-layer(SAR)	Segmentieren und Reassemblieren
ATM-Layer		Generic flow control Zellkopf Erzeugung/Entfernung VPI/VCI Translation Multiplexen/Demultiplexen der Zellen
Physical Layer	Transmission Convergence Sublayer (TS)	Zellraten Entkopplung HEC-Sequenz-Generierung bzw. Verifikation Zellenabgrenzung Anpassung an den Übertragungsrahmen Generieren des Übertragungsrahmens
	Physical Medium Sublayer (PM)	Bit-Transfer Bit-Synchronisation Erzeugung des Leitungscodes

Abbildung 218: Funktionen und Schichten des BISDN

Die *Physical Medium Sublayer* (PM) behandelt Funktionen, die vom physikalischen Medium abhängig sind. Er ist zuständig für das Senden bzw. Empfangen eines kontinuierlichen Stroms von Bits. Oft ist diese Sublayer ein bereits existierender Standard wie SONET/SDH, DS3/E3 oder die FDDI-physical-layer.
Die Aufgaben der PM-Sublayer sind:

- Bit-Transfer
- Bit-Synchronisation
- Erzeugung des Leitungscodes

Die *Transmission Convergence Sublayer* (TC) wandelt die von der ATM-Schicht erzeugten Zellen in einen Fluß von Datenbits um, die von einem physikalischen Medium übertragen werden können. Dazu gehört:

- *Zellraten Entkopplung* (Cell Rate Decoupling)

  Durch sendeseitiges Einfügen bzw. empfangsseitiges Entfernen von Leerzellen (Idle Cells) wird der Zellfluß an die Kapazität des Übertragungssystems angepaßt.

- *HEC-Sequenz-Generierung* bzw. *Verifikation*
  Der Sender berechnet aus den Bits des Zellkopfes die Header-Error-Control Sequenz und fügt den Wert im HEC Feld ein. Der Empfänger kann damit den Header auf Fehler überprüfen. Dabei können Einfachfehler korrigiert und Mehrfachfehler erkannt werden. Nicht reperable Zellen werden weggeworfen und nicht an die ATM-Schicht übergeben.

- *Zellenabgrenzung* (Cell Delineation)
  Die Zellabgrenzung erfolgt mit Hilfe des HEC-Feldes und des Zellkopfes. Dieser Mechanismus ist selbstsynchronisierend und dient der Identifizierung der Zellen.

- *Anpassung an den Übertragungsrahmen* (Transmission Frame Adaption)

  Anpassung des Zellflusses an die Übertragungsstruktur (payload structure) des Übertragungsrahmens. Diese Rahmenanpassung ist von der Übertragungsart abhängig. Bei der Übertragung über SDH werden die Zellen z.B. in einem Container übertragen, bei reiner ATM-Übertragung existiert nur ein kontinuierlicher Strom von ATM-Zellen.

- *Generieren des Übertragungsrahmens*

Die **ATM-Schicht** (ATM Layer) gewährleistet den Transport der ATM-Zellen über das Netz, unabhängig von der Übertragungsart und dem physikalischen Medium. Ihre Aufgaben sind:

- *Generic flow control*
  Diese Funktion steuert den Zellfluß und soll verhindern, daß das Netz überlastet wird.

- *Zellkopf Erzeugung/Entfernung*
  Der Sender generiert aus dem Informationsfeld des AAL den Header der ATM-Zelle. Beim Empfänger läuft der entprechend umgekehrte Vorgang ab.

- *VPI/VCI Translation*
  Diese Funktion ist für ATM-Vermittlungsknoten wichtig. Anhand einer Tabelle werden die Virtual Path Identifier (VPI) und Virtual Channel Identifier (VCI) der ankommenden Zellen in die ensprechenden neuen VPI's und VCI's übersetzt. Dies ist nötig, da diese Identifier immer nur für den Weg von einem Knoten zum nächsten gelten und nicht im ganzen Netz eindeutig sind wie z.B. Adressen im Internet.

- *Multiplexen/Demultiplexen der Zellen*
  Zellen der verschiedenen Pfade und Kanäle werden zu einem Zellfluß zusammengefaßt, bzw. auf Empfangsseite wieder getrennt.

Die **ATM-Anpassungsschicht** (ATM Adaption Layer AAL) dient zur Abstimmung zwischen den ATM-Charakteristiken und den Anforderungen höherer Protokolle (z.B. IP, BISDN call control, SMDS oder Frame Relay) oder Services (z.B. Sprache oder Video). Die AAL-Prozedur wird nur dann ausgeführt, wenn Anwendungen auf höheren Ebenen dies erfordern. In Vermittlungsknoten erfolgt lediglich ein Cell-Switchig auf der Ebene des ATM-Layers. Da die Protokolle höherer Schichten sehr unterschiedliche Anforderungen haben, existieren auch verschiedene AAL-Protokolle (AAL Typ1, Typ3/4 und Typ5). Um die Anzahl der AAL-Protokolle klein zu halten wurde eine Dienstklassifizierung eingeführt (Abb. 219).

	Klasse A	**Klasse B**	**Klasse C**	**Klasse D**
Zeitliche Beziehung	verlangt	verlangt	nicht verlangt	nicht verlangt
Bitrate	konstant	variabel	variabel	variabel
Verbindungsart	verbindungs-orientiert	verbindungs-orientiert	verbindungs-orientiert	verbindungslos
Beispiel	Emulation einer konvent. Leitung	Video mit variabler Bitrate	verbindungs-orientierte Datenübertragung	verbindungslose Datenübertragung

Abbildung 219: Die Klassen von AAL-Diensten

Auf die einzelnen Typen der ATM-Anpassungsschicht soll hier nicht weiter eingegangen werden. Allgemein läßt sich der AAL in folgende zwei Sublayer unterteilen:

- Der *Convergence Sublayer* (CS) dient zur Anpassung der Benutzerdaten von den höheren Schichten an ATM.

- Der *Segmentation and Reassembly Sublayer* (SAR) zerlegt sendeseitig die Daten und fügt sie in das Informationsfeld der ATM-Zelle ein. Empfangsseitig muß dann das ursprüngliche Datensignal wieder zusammengesetzt werden.

13.7 ATM - Einsatzgebiete und Einführungsstrategien

13.7.1 ATM im LAN, MAN und WAN Bereich

Bisher wurde nur der Einsatz von ATM im WAN Bereich betrachtet. Ursprünglich wurde ATM für diesen Einsatz geschaffen, doch nachdem ATM als Basis für BISDN normiert wurde und damit ein offizieller Standard ist, eröffnen sich weitere Anwendungsmöglichkeiten, z.B. im LAN Bereich oder als Backbone. Hier sollen nun die einzelnen Szenarien mit ihren Möglichkeiten und Grenzen, sowie Vor- und Nachteilen aufgezeigt werden.
ATM ist die Technologie für zukünftige **Weitverkehrsnetze** und wird sich mit der Einführung von BISDN nach und nach durchsetzen. Es dient hier zur weltweiten Verbindung von LANs und MANs (Metropolitan Area Networks). ATM bildet hierbei die Basis für Breitbanddienste, vor allem auch Multimediadienste (kombinierte Sprach-, Daten- und Bildübertragung). Neben BISDN werden aber auch (zumindest mittelfristig) bereits installierte Netze weiterbestehen. So bieten z.B. Standleitungen nach wie vor eine günstige Möglichkeit, Standorte eines Unternehmens miteinander zu verbinden, vor allem, wenn ausschließlich Daten übertragen werden.
Im **Backbone Bereich** steht ATM in Konkurrenz zu FDDI. Ein Netzwerkbetreiber, der sich ein Backbonenetz anschaffen will (möglicherweise, weil er an die Grenze seiner Netzkapazität stößt), sollte sich gut überlegen, was seinen Anforderungen mehr entspricht: FDDI oder ATM.

Vorteile von ATM sind:

- FDDI ist ein Shared Medium LAN, d.h. alle Stationen müssen sich die 100 MBit/s teilen. Vor allem, wenn das Netz erweitert wird und mehr Stationen dazukommen, bleibt immer weniger Übertragungskapazität für die einzelne Station übrig.

- ATM dagegen ist ein vermittelndes Netz, das heißt jedem angeschlossen Benutzer steht die volle Übertragungskapazität (von zur Zeit 622 MBit/s) zur Verfügung. Der Gesamtdurchsatz ist dabei von der Kapazität des Swiches abhängig (typisch 2,5 GBit/s bei 16 Ports).

- Die Übertragungskapazität von ATM ist grundsätzlich nicht begrenzt. Mit der Weiterentwicklung der zu ATM gehörigen Netzkomponenten werden auch höhere Geschwindigkeiten von 622 MBit/s, 2,5 GBit/s und höher realisiert werden können.

- ATM ist die modernere Technologie und ein Standard der Zukunft.

Vorteile von FDDI sind:

- FDDI ist zur Zeit noch ausgereifter als ATM. Es läuft stabiler und ist kompatibler zu anderen Technologien.
- FDDI verwendet zur Übertragung eine Ringtopologie mit einem ausgereiften Fehlererkennungs- und -behebungs-Mechanismus zur Erkennung von Hardware-Fehlern. Einen solchen Mechanismus mit ATM zu implementieren ist bisher nicht vorgesehen, er wäre auch nicht einfach zu realisieren.

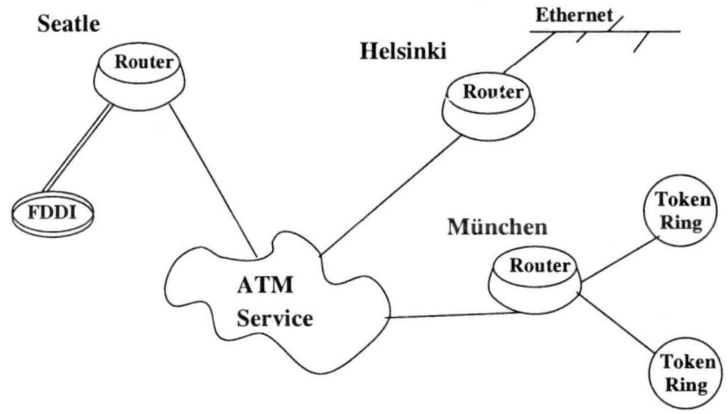

Abbildung 220: Wide Area ATM Application

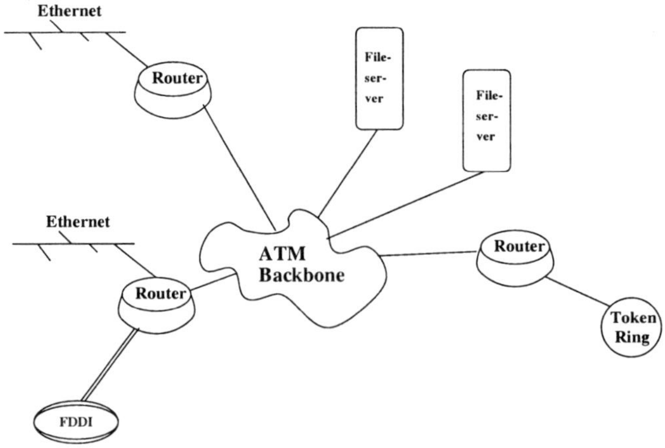

Abbildung 221: Core (Backbone) ATM Application

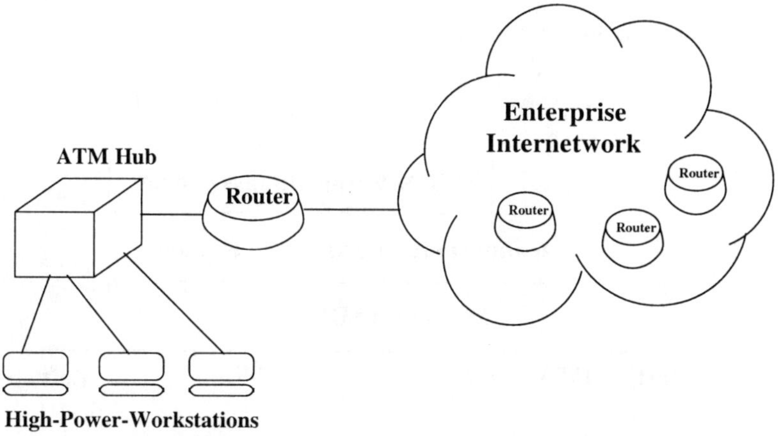

Abbildung 222: Workgroup ATM Application

ATM bis zum Arbeitsplatz (**Workgroup ATM Application**) bietet sich für hochproduktive Anwender wie Flugzeugingenieure, Halbleiterentwickler sowie bei Bewegtbildanwendungen und Animation an. In Kombination mit leistungsfähigen Workstations können so hochproduktive Arbeitsplätze geschaffen werden. Router bilden dabei die Verbindung zu den restlichen Anwendern am LAN.

13.7.2 Einführungsphasen von ATM und BISDN

Zur Realisierung von BISDN mit ATM sind viele Problem zu bewältigen: Für die Telefonindustrie und die Telekommunikationsverwaltungen weltweit bedeutet das neue System eine radikale Abkehr von der vertrauten verbindungsorientierten analogen Schaltkreistechnik (circuit switching). Außer den Schaltzentralen sind auch alle Kupferleitungen durch LWL zu ersetzen, was besonders fur die Verbindungen zu den Endbenutzern ungeheure Investitionen bedeutet. So ist es nicht verwunderlich, daß heute ATM erste Anwendung findet im bescheidenen Anfang als Hochleitungsbus (backbone) bei der Verbindung von mehreren LANs. Der Übergang von bestehenden Technologien zu ATM kann daher nur stufenweise erfolgen. Es muß aus Gründen der Wirschaftlichkeit so weit wie möglich auf bestehende Investitionen aufgebaut werden. Gerade im lokalen Bereich, wo die Entscheidung zur Einführung neuer Produkte in der Geschäftsführung der einzelnen Firmen fällt, sind Wirtschaftlichkeit und Investitionsschutz die zentralen Fragestellungen, die bei der Wahl eines bestimmten Produktes ausschlaggebend sind.
Zunächst wird die stufenweise **Netzevolution zum BISDN** betrachtet. Die Darstellung ist jedoch stark vereinfacht.

Phase 1: MAN und SDH: Bereits seit 1990 laufen verschiedene MAN-Pilotprojekte zum Zusammenschalten lokaler Netze. Die Metropolitan Area Networks

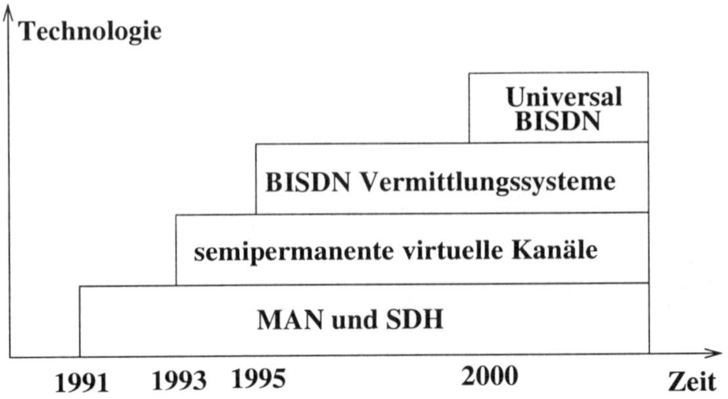

Abbildung 223: Zeitrahmen für die Phasen der Netzevolution

(MAN) basieren auf DQDB und können sich bis zu 300 km ausdehnen.
DQDB (Distributed Queued Dual Bus) beruht genauso wie ATM auf der Übertragung von Zellen gleicher Länge, was ein späteres Zusammenschalten der MANs über ATM stark vereinfacht (direktes Umsetzen der Zellen möglich).
SDH (Synchronous Digital Hierarchy) ist ein dienstunabhängiges Übertragungssystem, basierend auf STM (Synchronous Transfer Mode). Dieses Netz ist bereits zu großen Teilen installiert und ersetzt die Plesiochrone Digitale Hierarchie (PDH). ATM wird zunächst als Overlaynetz über SDH betrieben werden.

Phase 2: ATM-Festverbindungen: Semipermanente virtuelle Kanäle
Dies ist die eigentliche Einführungsphase von ATM. ATM benutzt zunächst die in Phase 1 installierte SDH-Infrastruktur (ATM-Overlaynetz). Dies ist möglich, da das ATM-Prinzip von der darunterliegenden Übertragungstechnik unabhängig ist. Der Auf- und Abbau von Verbindungen sowie Änderungen der Zellrate der Kanäle wird von der zentralen Netzverwaltung durchgeführt (semipermanente virtuelle Kanäle).

Phase 3: ATM-Wählverbindungen: BISDN Vermittlungssystem
In dieser Phase können nun vermittelte Kanäle über die Signalisierung auf- und abgebaut werden. Da eine eigene Signalisierung für ATM zu aufwendig ist, werden die bereits im Schmalband-ISDN verwendeten Signalisierungsprotokolle übernommen.

Phase 4: Universal-BISDN
In der letzten Phase findet der Übergang vom ATM-Overlaynetz zu einem flächendeckenden ATM-Netz statt. Die Kommunikationsknoten bieten dabei Schnittstellen zu PDH- und SDH- Schmal- und Breitbanddiensten an. In dieser Phase können nun auch Multimediadienste und Dienste des Schmalband-ISDN

von BISDN transportiert werden. Für die hier anfallenden, zeitkritischen, bitratenkontinuierlichen Dienste (z.B. Sprache) ist es wegen Paketierungsverzögerungen nötig, die Verbindung von Anfang bis Ende im ATM-Netz zu führen.

Zum Schluß dieses Kapitels soll hier noch **ATM-Forum** kurz vorgestellt werden. Das ATM-Forum ist eine wichtige Kraft bei der Entwicklung von ATM. Bereits über 260 Telekommunikations-Firmen sind hier Mitglied. Das ATM-Forum hat sich zur Aufgabe gemacht, eine möglichst schnelle Standardisierung von ATM zu ermöglichen. Dies ist wichtig, da bei fehlenden Standards Hersteller und Entwickler nur sehr zögernd an ein neues Thema herangehen, was die gesamte Entwicklung eines weltweiten Breitband-Kommunikationsnetzes nur unnötig verlangsamt.

Literatur: AWDE 95, CAMP 96, FISC 94, GORA 95, HAND 94, KAVA 95, KWOK 95, KYAS 95, LAPO 94, LEBO 92, MCDY 95, SIU 95, SMIT 93.

Literatur im Internet:
`http://cell-relay.indiana.edu`
`http://www.adsl.com`
`http://www.atmforum.com`
`http://www.computer.org`
`http://www.tmforum.org`
`http://www.xdsl.com`

13.8 Prüfungsfragen

Was fällt Ihnen zu Hochleistungsnetzen ein?
Was wissen Sie über ATM?
Ist medium access control bei ATM nötig?
Wie ist die Übertragungskapazität von ATM einzuschätzen?
Was garantiert bei ATM, daß sich Zellen nicht überholen?
Warum sind bei ATM kleine Zellen günstig?
Was ist der Unterschied zwischen Paketen und Zellen?
ATM ist doch paketvermittelt; wie funktioniert da die Übertragung von Sprache?
In welchen Bereichen könnte sich ATM durchsetzen?
Erläutern Sie das ATM-Schichtmodell.
Welche Übertragungsverfahren werden bei ATM-Netzen eingesetzt?
Vergleichen Sie ATM mit FDDI.
Erklären Sie SDH!

14 Abkürzungen

2PL	Two Phase Locking
AAL	ATM Adaption Layer
ACID	Atomic, Consistency, Isolation, Durability
ACK	Data Acknowledge
ACM	Address Complete Message
ACSE	Association Control Service Element
ADCCP	Advanced Data Communication Control Protocol
ADSL	Asynchron DSL
AK	Data Acknowledge
ALU	Application Layer User
ANSI	American National Standards Institute
AP	Anwendungsprozeß
ARPA	Advanced Research Projects Agency (heute DARPA)
ASCII	American Standard Coded Information Interchange
ASN.1	Abstrakte Syntaxnotation 1
ATM	Asynchronous Transfer Mode
AUI	Attachment User Interface
BAS	Basic Activity Set
BCC	Block Check Character
BCS	Basic Combine Set
BER	Basic Encoding Rules
BHCA	Busy Hour Call Attempts
BISDN	Breitband - ISDN
BNF	Backus-Naur-Form
BRAM	Broadcast Recognition Access Method
BRAP	Broadcast Recognition with Alternating Priorities
BSC	Binary Synchronous Communication
BSS	Basic Sychronisation Set
CASE	Common Application Service Elements
CC	Connection Confirm
CCITT	Comité Consultatif International Télégraphique et Téléphonique
CCR	Commitment, Concurrency and Recovery
CEPT	Conférence Européenne des Administrations des Postes et Télécommunications
CGI	Common Gateway Interface
CHILL	CCITT High Level Programming Language
CIC	Circuit Identification Code

CMIP	Common Management Information Protocol
CMIS	Common Management Information Service
CMISE	Common Management Information Service Entity
CMOS	Complementary Metal Oxid Semiconductor
CMOT	Common Management Services and Protocol over TCP/IP
CR	Connection Request
CRC	Cyclic Redundancy Check
CS	Convergence Sublayer
CSCW	Computer Supported Cooperative Work
CSMA	Carrier Sense Multiple Access
CSMA/CD	Carrier Sense Multiple Access with Collision Detect
DBP	Deutsche Bundespost (jetzt: Deutsche Telekom)
DC	Disconnection Confirm
DCE	Data Circuit Equipment
DCT	Diskrete Cosinus-Transformation
DEE	Datenendeinrichtung
DES	Data Encryption Standard
DFÜ	Datenfernübertragung
DFR	Document Filing and Retrieval
DIN	Deutsches Institut für Normung
DLE	Data Link Escape
DM	Deltamodulation
DMSP	Distributed Mail System Protocol
DNS	Domain Name Service
DOA	Distributed Office Applications
DPC	Destination Point Code
DPCM	Differenz-Pulscodemodulation
DQDB	Distributed Queued Dual Bus
DR	Disconnection Request
DS	Directory Service
DSA	Digital Signature Algorithm
DSL	Digital Subscriber Line
DSx	Digital Signal Level (Elektrische Hierarchie)
DTE	Data Terminal Equipment
DÜE	Datenübertragungseinrichtung
DVA	Datenverarbeitungsanlage
E/A	Ein-/Ausgabeeinheit
EDA	Expedited Data Acknowledge
EBNF	Erweiterte Backus-Naur-Form
ECMA	European Computer Manufacturer Association
ED	Expedited Data
EIA	Electronic Industries Assosiation

ETB	End of Text Block
ETSI	European Telecommunications Standards Institute
ETX	End of Text
FBE	Fernbedieneinheit
FDDI	Fiber Distributed Data Interface
FDM	Frequence Division Multiplex
FDX	Full-Duplex
FEAL	Fast Data Encipherment Algorithm
FFT	Fast Fourier Transformation
FM	Frequenzmodulation
FTAM	File Transfer Access and Management
FTP	File Transfer Protocol
FU	Functional Unit
GAN	Global Area Network
GE	Gigabit Ethernet
GPRS	General Packet Radio Service
GPS	Global Positioning System
GSM	Global System for Mobile Telecommunications
HDLC	High-level Data Link Control
HDSL	High bit rate DSL
HDTV	High Density Television
HDX	Half-Duplex
HSCSD	High Speed Circuit Switched Data
HTML	HyperText Markup Language
HTTP	HyperText Transfer Protocol
IA	Internationales Alphabet
IA5	Internationales Alphabet Nr. 5
IAM	Initial Address Message
IDEA	International Data Encryption Algorithm
IDU	Interface Data Unit
IEC	International Electrotechnical Commission
IEEE	Institute of Electrical and Electronic Engineers
IMAP	Interactive Mail Access Protocol
IMP	Interface Message Processor
IP	Internet Protocol
IRPA	Internet Policy Registration Authorities
ISDN	Integrated Services Digital Network
ISO	International Organization for Standardization
ISUP	ISDN User Part
ITU	International Telecommunication Union

JPEG	Joint Photographic Experts Group
JTM	Job Transfer and Manipulation
LAN	Local Area Network, Lokales Netz
LAP	Link Access Procedure
LD	Laserdiode
LE	Layer Entity
LED	Light Emitting Diode (Lichtermitternde Diode)
LI	Length Indicator
LME	Layer Management Entity
MAC	medium access control
MAN	Metropolitan Area Network
MD5	Message Digest Algorithm 5
MHS	Message Handling System
MIB	Management Information Base
MIME	Multipurpose Internet Mail Extensions
MIT	Massachusetts Institut for Technology
MMS	Manufacturing Message Specification
MO	Managed Object
MOC	Managed Object Class
MODEM	Modulator Demodulator
MOTD	Message of the Day
MPEG	Moving Pictures Experts Group
MSAP	Mini Slotted Alternating Priorities
MTP	Message Transfer Part
NBS	National Bureau of Standards
NCP	Network Control Protocol
NFS	Network File System
NI	Normausschuß Informationsverarbeitung
NIS	Network Information System
NISDN	Narrowband Integrated Services Digital Network
NNTP	Network News Transfer Protocol
NRZ-Code	Non Return to Zero Code
OCx	Optical Carrier Level (optische Hierarchie)
OAM	Operation, Administration, Management
ODP	Open Distributed Processing
OPC	Originating Point Code
OSI	Open Systems Interconnection
P/E	Poll/End

PA	Primärratenanschluß
PAM	Pulsamplitudenmodulation
PCA	Policy Certification Authorities
PCI	Protocol Control Information
PCM	Pulscodemodulation
PCS	Personal Communication Services
PDH	Plesiochrone Digitale Hierarchie
PDM	Pulsdauermodulation
PDU	Protocol Data Unit
PEM	Privacy Enhanced Mail
PFM	Pulsfrequenzmodulation
PGP	Pretty Good Privacy
PLP	Packet Layer Protocol
PM	Physical Medium Sublayer
POH	Payload Overhead
POP	Post Office Protocol
PPM	Pulsphasenmodulation
PPP	Point-To-Point Protocol
PSK	Phase-Shift Keying
PSPDN	Packed Switched PDN
PVC	Permanent Virtual Connection
QAM	Quadraturmodulation
QoS	Quality of Service
REL	Release
RLC	Release Complete
RFC	Requests for Comments
RGB	Rot Grün Blau
RJE	Remote Job Entry
RMON-MIB	Remote Network Monitoring MIB
ROSE	Remote Operations Service Element
RS	Recommended Standard
RS-232 C	serielle Schnittstelle (19,2 kBit/s)
RS-449	serielle Schnittstelle (2 MBit/s)
RSA	Rivest Shamir Adleman Public Key Kryptosystem, benannt nach den Entwicklern
RTSE	Reliable Transfer Service Element
RZ-Code	Return to Zero Code
SAM	Subsequent Address Message
SAP	Service Access Point
SAR	Segmentation and Reassembly Sublayer
SASE	Specific Application Service Elements

SCCP	Signalling Connection Control Part
SDH	Synchrone Digitale Hierarchie
SDLC	Synchronous Data Link Control
SDML	Standard Gereralized Markup Language
SDSL	Synchron DSL
SDU	Service Data Unit
SGML	Standard Generalized Markup Language
SLIP	Serial Line Internet Protocol
SIO	Signalling Information Octet
SLS	Signalling Link Selection
SMA	System Management Application
SMAE	System Management Application Entity
SMAP	System Management Application Process
SMTP	Simple Mail Transfer Protokoll
SNA	Systems Network Architecture
SNMP	Simple Network Management Protocol
SNR	Signal to Noise Ratio
SOH	SDH-Overhead
SONET	Synchronous Optical Network
STM	Synchroner Transfer Mode
STX	Start of Text
SX	Simplex-Betrieb
SVC	Switched Virtual Connection
TC	Transmission Convergence Sublayer
TCP	Transmission Control Protocol
TDM	Time Division Multiplex (Zeitliche Aufteilung des Kanals)
THT	Token Holding Timer
TP	Transaction Processing
TPCI	Transport Protocol Control Information
TPDU	Transport Protocol Data Unit
TRT	Token Rotation Time
TS	Transmission Convergence Sublayer
TSDU	Transport Service Data Unit
TT	Trouble Ticket
TTRT	Target Token Rotation Time
UDP	User Datagram Protocol
UMTS	Universal Mobile Telecommunications Systems
UP	User Part
URL	Uniform Resource Locator
VCI	Virtual Channel Identifier
VDSL	Very high bit rate DSL

VLSI	Very Large Scale Integration
VoIP	Voice over IP
VPI	Virtual Path Identifier
VT	Virtual Terminal
WAN	Wide Area Network, Weitverkehrsnetz
WWW	World Wide Web
YUV	Farbmodell mit Farb- und Helligkeitsanteilen
ZZK	Zentrales Zeichenkanal-Netz

15 Literatur

[ABEY 91] B. W. Abeysundara, A. E. Kamal: High-speed local networks and their performance. Computing Surveys, Vol. 23, June 1991.

[ABRA 85] N. Abramson: Development of the ALOHANET. IEEE Trans. Inform. Theory, Vol. I T-31, March 1985.

[ADAM 95] J. A. Adam: Privacy and computers. IEEE Spectrum, Vol. 32, Dec. 1995.

[AWDE 95] R. Y. Awdeh, H. T. Mouftah: Survey of ATM switch architectures. Computer Networks and ISDN Systems, Vol. 27, Nov. 1995.

[BARN 96] M. F. Barnsley, L. P. Hurd: Bildkompression mit Fraktalen. Vieweg, 1996.

[BARZ 91] H. W. Barz: Kommunikation und Computernetze. Hanser, 1991.

[BAUE 95] F. L. Bauer: Entzifferte Geheimnisse. Springer, 1995.

[BELL 91] J. Bellamy: Digital telephony. John Wiley, 1991.

[BELL 96] T. E. Bell: Communications. IEEE Spectrum, Vol. 33, Jan. 1996.

[BERG 94] H. L. Berghel: The Client Side Of The Web. Commun. ACM, Vol. 39, Jan. 1996.

[BERN 94] T. Berners-Lee et al.: The World Wide Web. Commun. ACM, Vol. 37, Aug. 1994.

[BLAC 92] U. D. Black: Network management standards. The OSI, SNMP and CMOL Protocols, McGraw-Hill 1992

[BLAC 93] U. D. Black: Data Link Protocols. Prentice Hall, 1993.

[BLAC 95] U. D. Black: TCP/IP and related protocols. McGraw-Hill 1995

[BLAC 96] U. Black: ATM: Foundation for broadband networks. IEEE Press / Prentice-Hall 1996

[BOCK 87] P. Bocker: ISDN: Das digitale Nachrichtennetz. Springer, 1987.

[BOUD 92] J.-Y. Le Boudec: The Asynchronous Transfer Mode, A Tutorial. Computer Networks and ISDN Systems, Vol. 24, May 1992.

[CAMP 94] A. Campbell et al.: A quality of service architecture. Computer Commun. Rev., Vol. 24, Apr. 1994.

[CAMP 96] M. Campione, K. Walrath: The Java language tutorial: Object-oriented programming for the Internet. Addison-Wesley, 1996.

[CARL 93] S. Carl-Mitchell, S. Quarterman: Practical internetworking with TCP/IP and UNIX. Addison-Wesley, 1993.

[CHOU 95] A. K. Choudbury et al.: Copyright protection for electronic publishing on computer networks. IEEE Magazine, Vol. 9, Mai/Jun. 1995.

[CHYL 88] P. Chylla; H.-G. Hegering: Ethernet-LAN: Planung, Realisierung und Netz-Management. DATACOM Buchverlag, 1988.

[COME 95] D. E. Comer: Internetworking with TCP/IP. Prentice Hall, 1995.

[COME 95] D. E. Comer: The Internet book. Prentice Hall, 1995.

[CONR 93] D. Conrads: Datenkommunikation: Verfahren, Netze, Dienste. Vieweg, 1993.
Leicht verständliches, kompakt geschriebenes Buch.

[CYPS 91] R. J. Cypser: Communications for cooperating systems: OSI, SNA and TCP/IP. Addison-Wesley, 1991.

[DAGD 94] N. Dagdeviren et al.: Global networking with ISDN. IEEE Commun. Magazine, Vol. 32, Jun. 1994.

[DAVI 95] P.T. Davis, C. R. Mc Guffin, Wireless Local Area Networks. McGraw-Hill, 1995.

[DAY 83] J. D. Day, H. Zimmermann: The OSI reference model. Proc. IEEE, Vol. 71, Dec. 1983.

[DES 77] National Bureau of Standards: Data Encrpytion Standard. Fed. Inf. Process, Stand. Publ. 46, Jan. 1977.

[DIFF 76] W. Diffie, M. E. Hellman: New directions in cryptography. IEEE Trans. on Information Theory, Vol. IT-22, Nov. 1972.

[DIN 8802.3] DIN ISO 8802 Teil 3, Lokale Netze: Steuerungsverfahren für Vielfachzugriff mit Aktivitätsüberwachung und Kollisionserkennung, CSMA/CD = IEEE Standard 802.3. Beuth, Berlin Juli 1990.

[DIN 8802.4] DIN ISO 8802 Teil 4, Lokale Netze: Bus mit Sendeberechtigungsmarke = IEEE Standard 802.4. Beuth, Berlin Juli 1990.

[DIN 8802.5] DIN ISO 8802 Teil 5, Lokale Netze: Ring mit Sendeberechtigungsmarke = IEEE Standard 802.5. Beuth, Berlin Juni 1988.

[ECKH 88] K. J. Eckhart, R. Nowak: Standardarchitekturen für Rechnerkommunikation. Oldenbourg, 1988.

[ELGA 85] T. EL Gamal: A public-key cryptosystem and a signature scheme based on discrete logarithms. IEEE Trans. Information Theory, Vol. IT 31, Jul. 1985.

[FEIT 95] S. Feit: A Guide To Network Management. McGraw-Hill, 1995.

[FISC 94] W. Fischer et al.: Data Communications Using ATM: Architectures, protocols and resource management. IEEE Communication Magazine, Vol. 32, Aug. 1994.

[FLUC 95] F. Fluckiger: Understanding networked multimedia. Prentice Hall, 1995.

[FORD 93] P. S. Ford et al.: Improving the routing and addressing of IP. IEEE Network Magazine, Vol. 7, May/June 1993.

[FORM 94] G. H. Forman, J. Zahorjan: The challenges of mobile computing. IEEE Computer Magazine, Vol. 27, Apr. 1994.

[FUMY 94] W. Fumy; H.P. Rieß: Kryptographie. Oldenbourg, 1994.

[FURH 94] B. Furht et al.: Design issues for interactive television systems. IEEE Computer Magazine, Vol. 28, May. 1995.

[GARB 91] K. Garbe: Management von Rechnernetzen. Teubner, 1991

[GARC 94] J. Garcia-Haro, A. Jajszcyk: ATM shared-memory switching architectures. IEEE Network Magazine, Vol. 8, Jul./Aug. 1994.

[GARG 96] V. Garg, J. E. Wilkes: Wireless and personal communication systems. Prentice Hall, 1996.

[GÖHR 93] H. G. Göhring, F.-J. Kauffels: Token ring: Principles, perspectives and strategies. Addison Wesley, 1993.

[GORA 95] W. J. Goralski: Introduction to ATM networking. McGraw-Hill, 1995.

[GREE 93] P. E. Green jr.: Fiber optic networks. Prentice Hall, 1993.

[HAC 95] A. Hac: Wireless and cellular architecture and services. IEEE Communication Magazine, Vol. 33, Nov. 1995.

[HAMM 50] R. W. Hamming: Error detecting and error correcting codes. Bell System Tech. J., Vol. 29, Apr. 1950.

[HAND 94] R. Handel et al.: ATM Concepts, Protocols And Applications. Addison-Wesley, 1994.

[HEGE 94] H. G. Hegering, S. Abeck: Integriertes Netz- und Systemmanagement. Addison-Wesley, 1994.

[HELD 92] G. Held: Data communications networking devices. John Wiley 1992.
Ausführliche Beschreibung der Komponenten von Rechnernetzen.

[HELD 94] G. Held: The complete modem reference. John Wiley, 1994.

[HODG 95] W. W. Hodge: Interactive television. McGraw-Hill, 1995.

[HOLZ 91] G. J. Holzmann: Design and validation of computer protocols. Prentice Hall, 1991.

[HUIT 95] C. Huittema: Routing in the Internet. Prentice Hall, 1995.

[HUFF 52] D. Huffman: A method for the construction of minimum redundancy codes. Proc. IRE, Vol. 40, Sep. 1952.

[IEEE 93] D. E. A. Clarke and T. Kanada: Broadband: The last mile. IEEE Communications Magazine. Vol. 31 No. 3, Mar. 1993.

[IEEE 95] Wireless personal communication. IEEE Communications Magazine, Jan. 1995.

[IRME 94] T. Irmer: Shaping future telecommunications, The challenge of global stanardization. IEEE Communication Magazine, Vol. 32, Jan. 1994.

[IVAN 94] W. D. Ivancic et al.: A network architecture for a geostationary communication satellite. IEEE Communication Magazine, Vol. 32, Jan. 1994.

[JABB 95] B. Jabban et al.: Network issues for wireless Communications. IEEE Communication Magazine, Vol. 33, Jan. 1995.

[JAIN 90] R. Jain: Congestion control in computer networks: Issues and trends. IEEE Network Magazine, Vol. 4, May/Jun. 1990.

[JAIN 91] R. Jain: The art of computer systems performance analysis. John Wiley, 1991.

[JAIN 95] R. Jain: FDDI Handbook - High-Speed networking using fiber and other media. Addison Wesley, 1994.

[KAUF 95] C. Kaufman et al.: Network security. Prentice Hall, 1995.

[KAUF 97] F.J. Kauffels: Moderne Datenkommunikation. Thomson Publishing, 1997.

[KAUF 98] F.J. Kauffels: Lokale Netze. Thomson Publishing, 1998.

[KAVA 95] N. Kavak: Data Communication in ATM networks. IEEE Network Magazine, Vol. 9, May/June 1995.

[KERN 92] H. Kerner (Hrsg.): Rechnernetze nach OSI. Addison-Wesley, 1992.
Dieses Buch geht sehr detailliert auf die sieben Schichten des ISO/OSI-Modells mit ihren Diensten und Protokollen ein.

[KERS 95] H. Kersten: Sicherheit in der Informationstechnik. Oldenbourg, 1995.

[KESS 92] G. C. Kessler, D. A. Train: Metropolitan Area Networks: Concepts, standard and services. McGraw-Hill, 1992.

[KESS 93] G. C. Kessler: ISDN. McGraw-Hill, 1993.

[KLEI 76] L. Kleinrock: Queuing systems, Vol.2: Computer Applications. John Wiley, 1976

[KWOK95] T. Kwok: A vision for residential broadband service: ATM to the home. IEEE Network Magazine, Vol. 9, Sep./Oct. 1995.

[KYAS95] O. Kyas: ATM-Networks. Thomson, 1995.

[LAPO 94] T.F. La Porta et al. : B-ISDN: A technological discontinuity. IEEE Commun. Magazine, Vol. 32, Oct. 1994.

[LATI 92] A. Latif et al.: The IBM 8209 LAN bridge. IEEE Network Magazine, Vol. 6, May/June 1992.

[LAUD 95] K. C. Laudon: Ethical concepts and information technology. Commun. ACM, Vol. 38, Dec. 1995.

[LEBO 92] J.-Y. Le Boudec: The Asynchronous Transfer Mode: A tutorial. Computer Networks and ISDN Systems, Vol. 24, Mai 1992.

[LITT 61] D. Little: A proof for the queueing formula: $L = \lambda \cdot$ w. Oper. Res., Vol. 9, Mai 1961.

[LITT 94] T. D. C. Little, D. Venkatesh: Prospects for interactive video on demand. IEEE Multimedia Magazine, Vol. 1, 1994.

[MACA 93] R. C. V. Macario: Cellular radio principles and design. McGraw-Hill, 1993.

[MARK 93] M. Nelsen: Datenkomprimierung - Effiziente Algorithmen in C. Heise, 1993.

[MÄUS 88] R. Mäusl: Analoge Modulationsverfahren. Hüthig, 1988.
Beschreibt etwas eingehender die analogen Modulationsverfahren.

[MÄUS 91] R. Mäusl: Digitale Modulationsverfahren. Hüthig, 1991.
Beschreibt etwas eingehender die digitalen Modulationsverfahren.

[MCDY 95] McDysan, D. L. Spohn: ATM-theory and application. McGraw-Hill, 1995.

[MERL 80] P.M. Merlin; P.J. Schweitzer: Deadlock avoidance in store-and-forward networks. IEEE Trans on Communications, Vol. Com-28, März 1980.

[METC 76] R. M. Metcalfe, D. R. Boggs: Ethernet; Distributed packet switching for local computer networks. IEEE Commun. Magazine, Vol. 32, Dec. 1994.

[METC 93] R. M. Metcalfe: Computer/Network Interface Design: Lessons from Arpanet and Ethernet. IEEE Journal Selected Areas in Commun., Vol. II, Feb. 1993.

[MILD 95] T. Milde: Videokompressionsverfahren im Vergleich. dpunkt, 1995

[MOCH 94] Y. Mochida: Technologies for local access fibering. IEEE Communication Magazine, Vol. 32, Feb. 1994.

[MOGU 93] J. C. Mogul: IP network performance, in Internet system handbook. D. C. Lynch, M. T. Rose (Hsg.), Addison Wesley, 1993.

[NAUG 98] M.G. Naugle: Network Protocols. Mac Graw Hill, 1998.

[NEMZ 95] M. Nemzow: Implementing wireless networks. McGraw-Hill, 1995.

[NUSS 90] H. Nussbaumer: Computer communications systems, Vol. 1. John Wiley, 1990
Dieser 1. Band eines zweiteiligen Werks (englisch) behandelt die Bitübertragungsschicht, Fehlererkennung und Sicherungsschicht und geht dabei sehr ins Detail. Viele Graphiken.

[NYQ 28] H. Nyquist: Certain topics in telegraph transmission theory. Trans. Amer. Inst. Electr. Engrs. 47, 1928.

[PADG 95] J. E. Padgett et al.: Overview of wireless personal communication. IEEE Communication Magazine, Vol. 33, Mar. 1995.

[PAHL 95] K. Pahlavan et al.: Trends in local wireless networks. IEEE Communication Magazine, Vol. 33, Mar. 1995.

[PALA 92] J. C. Palais: Fiber optic communication. Prentice Hall, 1992.

[PAND 95] R. Pandya: Emerging mobile and personal communication systems. IEEE Communication Magazine, Vol. 33, Jun. 1995.

[PART 94] C. Partridge: Gigabit Networking. Addison-Wesley 1994.
Übersichtlich.

[PERL 92] R. Perlman: Interconnections: Bridges and Routers. Addison Wesley, 1992.

[PERR 92] T. S. Perry, J. A. Adam: E-Mail: pervasive and persuasive. IEEE Spectrum, Vol. 29, Oct. 1992.

[PETE 61] W. W. Peterson, D. T. Brown: Cyclic codes for error detection. Proc. IRE, Vol. 49, Jan. 1961.

[PISC 93] D.Piscitello, A.L. Chapin: Open systems networking: TCP/IP und OSI. Addison-Wesley, 1993
Vergleich zwischen TCP und OSI.

[PITT 88] D. A. Pitt: Bridging - The double standard. IEEE Network Magazine, Vol. 2, Jan. 1988.

[PLAT 99] B. Plattner, P. Schulthess: Rechnernetze. In: P. Rechenberg, G. Pomberger: Informatik Handbuch. Hanser, 1999.

[PROS 93] A. Prosser: Standards in Rechnernetzen. Springer 1993.
Gegenüberstellung der gängigen Standards des Transportsystems.

[PRYC 93] M. de Prycker: Asynchronous Transfer Mode. Ellis Horwood, 1993.

[RAO 95] S. K. Rao, M. Hatamian: The ATM Physical Layer. Computer Communication Rev., Vol. 25, Apr. 1995.

[RIJN 01] `http://csrc.nist.gov/encryption/aes/rijndael/`

[RIVE 78] R. I. Rivest et. al.: On a method for obtaining digital signatures and public key cryptosystems. Commun. of the ACM, Vol. 21, Feb. 1978.

[RODR 90] M. A. Rodrigues: Evaluating Performance of high-speed multiaccess networks. IEEE Network Magazine, Mai 1990.
u.a. ein Effizienzvergleich zwischen FDDI und DQDB.

[ROSE 91] M. T. Rose: The Simple Book: An introduction to management of TCP/IP-based internets. Prentice Hall, 1991.

[ROSS 86] F.E. Ross: FDDI - A Tutorial. IEEE Communication Magazine, Mai 1986.
Besonders gut sind das Timerkonzept und Prioritätenschemata erklärt

[ROSS 89] F.E. Ross: An Overview of FDDI: The Fiber Distributed Data Interface. IEEE Journal on Selected Areas in Communication, Band SAC-7, Sep. 1989.
Guter Artikel; geht auf Rahmenformate für FDDI und FDDI-II ein, erklärt Timerkonzepte, FDDI-II Operationen und FDDI-II Prioritätenregelung gut.

[SCHI 88] P. Schicker: Datenübertragung und Rechnernetze. Teubner-Verlag, 1988.

[SCHL 00] J. Schlichter: Komponenten zum Aufbau von Rechnernetzen; Skript zur Vorlesung, Wintersemester 2000/2001. Institut für Informatik, Technische Universität München.
`http://wwwschlichter.in.tum.de/lehre/skripten/`

[SCHN 91] C. P. Schnorr: Efficient signature generation for Smart Cards. Journal of Cryptology, Vol. 4, 1991.

[SHAH 94] A. Shah, G. Ramakrishman: FDDI - A High-Speed Network. Prentice Hall, 1994.

[SHAN 48] C. Shannon: A mathematical theory of communication. Bell System Journal, Vol. 27, 1948.

[SIEG 99] G. Siegmund: Technik der Netze. Hüthig, 1999.

[SPAR 91] J. D. Spargins et al.: Telecommunications protocols and design. Addison-Wesley, 1991.

[SIU 95] K.-Y. Siu, R. Jain: A brief overview of ATM, Protocol layers, LAN emulation and traffic management. Computer Communication Rev., Vol. 25, 1995.

[SMIT 93] P. Smith: Frame Relay. Addison-Wesley, 1993.

[SPRA 91] J. D. Spragins et al.: Telecommunication protocols and design. Addison Wesley, 1991.

[STAD 89] E. Stadler: Modulationsverfahren. Vogel-Buchverlag Würzburg, 1989.
Umfassendes und detailliertes Buch mit vielen Bildern.

[STAL 93] W. Stallings: Local and Metropolitan Area Networks. Macmillan, 1993.

[STAL 94] W. Stallings: Data And Computer Communications. Macmillan, 1994.

[STAL 95] W. Stallings: ISDN and Broadband ISDN with frame relay and ATM. Prentice Hall 1995.

[STEI 95] R. Steinmetz, K. Nahrstedt: Multimedia computing, communications and applications. Prentice Hall, 1995.

[STEV 94] W. R. Stevens: TCP/IP illustrated / Vol. I. Addison Wesley, 1994.

[SZAB 92] M. M. Szabat, G. E. Meyer: IBM Network Managing Strategy. IBM Systems J., Vol. 31, 1992.

[TANE 96] A.S.Tanenbaum: Computer Networks. Prentice Hall, 1980, 1988, 1997. Deutsche ÜIbersetzungen: Wolfram's Fachverlag 1990, 1997.
Die Auflagen 1988 und 1990 sind auf das OSI-Referenzmodell und seine Protokolle ausgerichtet. Die Auflagen 1996 und 1997 sind konzeptionell nach OSI gegliedert, betonen aber die TCP/IP-Protkollwelt.
Die deutschen Übersetzungen sind teilweise mit Fehlern behaftet.
Umfassendes, gut lesbares Werk mit Aufgaben zur Selbstprüfung.

[TANE 98] A.S. Tanenbaum: Computer Netzwerke. Markt & Technik, 3. Auflage 1998
Deutsche Übersetzung von TANE 96.

[TELC 95] V. Riech, G. Ruegenberg: Thermische LWL-Spleißtechnik setzt sich durch. *telcom report, Siemens Telekommunikation*, 3-95.

[UNGE 84] H. G. Unger: Optische Nachrichtentechnik. Hüthig, 1984.

[VAND 96] P. van der Linden: Just Java. Prentice Hall, 1996.

[WALR 91] J. Walrand: Communications networks: A first course. Irwin 1991.

[X.25] CCITT: Recommendation X.25: interface between data terminal equipment and data circuit-terminating equipment for terminals operating in thepacket mode on public data networks. Red Book, Vol. III.3, Genf: ITU 1985

[YANG 95] C. Q. Yang, A. V. S. Reddy: A taxonomy for congestion control algorithms in packet switching networks. IEEE Network Magazine, Vol. 9, Jul./Aug. 1995.

[ZIMM 95] P. R. Zimmermann: The official PGP user's guide. MIT Press, 1995.

Wichtige aktuelle und zusammenfassende Berichte finden sich in verschiedenen IEEE Zeitschriften, wie:

- IEEE Transactions on Communications
- IEEE Network Magazine
- IEEE Communication Magazine
- IEEE Computer Magazine
- IEEE Spectrum

Neueste Ergebnisse aus Forschung und Entwicklung werden veröffentlicht in einer Reihe von internationalen Konferenzen und deren Tagungsbänden, wie

- GLOBCOM
- ICC: International Communication Conference
- ISS: International Switching Symposium

16 Index